ロナルド・ドゥウォーキン著
平等とは何か

小林　公・大江　洋
高橋秀治・高橋文彦　訳

木鐸社

平等とは何か
序　なぜ平等は重要なのか……………………………………………(7)
　　Ⅰ……7
　　Ⅱ……11
　　Ⅲ……15

第Ⅰ部　理論篇

第1章　福利の平等 ……………………………………………………(19)
　　Ⅰ　二つの平等論……19
　　Ⅱ　最初の考察……23
　　Ⅲ　福利の平等の諸観念……26
　　Ⅳ　成功理論……32
　　Ⅴ　喜びの平等……61
　　Ⅵ　客観的な福利理論……66
　　Ⅶ　統合論への示唆……68
　　Ⅷ　高価な嗜好……70
　　Ⅸ　身体障害……85
　　Ⅹ　福利主義……89

第2章　資源の平等 ……………………………………………………(94)
　　Ⅰ　競売……94
　　Ⅱ　考察すべき課題……101
　　Ⅲ　運と保険……104
　　Ⅳ　労働と賃金……117
　　Ⅴ　不完全就業と保険……130
　　Ⅵ　保険料としての税金……140
　　Ⅶ　他の正義理論……152

第3章　自由の地位 ……………………………………………………(168)
　　Ⅰ　緒論：自由と平等……168
　　Ⅱ　二つの戦略……186

Ⅲ　自由を競売にかけることができるか……193
　Ⅳ　抽象化の原理……203
　Ⅴ　他の諸原理……217
　Ⅵ　現実世界への帰還……222
　Ⅶ　自由と不正……234
　Ⅷ　回顧……245

第4章　政治的平等 ……………………………………………………(256)
　Ⅰ　民主主義のための二つの戦略……256
　Ⅱ　権力の平等とは何か……264
　Ⅲ　参加上の価値……277
　Ⅳ　分配上の価値……281
　Ⅴ　立憲主義と原理……287
　Ⅵ　結語……289

第5章　リベラルな共同体 …………………………………………(292)
　Ⅰ　共同体と民主主義……294
　Ⅱ　共同体と配慮……297
　Ⅲ　自己利益と共同体……301
　Ⅳ　共同体との統合……306
　Ⅴ　リベラルな共同体……315

第6章　平等と善き生 ………………………………………………(326)
　Ⅰ　リベラル派の人々は善く生きることができるのか……326
　Ⅱ　哲学的倫理……332
　Ⅲ　倫理から政治へ……374
　Ⅳ　結び……383

第7章　平等と潜在能力 ……………………………………………(385)
　Ⅰ　二つの異論……385
　Ⅱ　偶然性と選択……387

Ⅲ　中毒者と我々……392
　　Ⅳ　人間と運……399
　　Ⅴ　平等と潜在能力……401

第Ⅱ部　実践篇
第8章　正義と高いヘルスケア費 ……………………………………………(413)
　　Ⅰ……413
　　Ⅱ……415
　　Ⅲ……425

第9章　正義・保険・運 ………………………………………………………(429)
　　Ⅰ　序論：正義にとって苛酷な時代……429
　　Ⅱ　戦略的問題……432
　　Ⅲ　保守派の議論……434
　　Ⅳ　お馴染みの非連続的な回答……439
　　Ⅴ　仮想保険事業計画……442
　　Ⅵ　くじ運……452
　　Ⅶ　運・社会階層・世代……459
　　Ⅷ　保険と効用……463

第10章　言論の自由・政治・民主主義の諸次元 ……………………………(465)
　　Ⅰ　序……465
　　Ⅱ　提案された改革……469
　　Ⅲ　民主主義とは何か……471
　　Ⅳ　民主主義と自由な言論……473
　　Ⅴ　法の記録……485
　　Ⅵ　真理に向けての議論……496
　　Ⅶ　提案の再考……498
　　Ⅷ　結論……501

第11章　積極的差別是正措置は成功しているか ……………………………(504)

Ⅰ……504
　　Ⅱ……509
　　Ⅲ……513
　　Ⅳ……521

第12章　積極的差別是正措置は公正か………………………………(536)
　　Ⅰ……536
　　Ⅱ……543
　　Ⅲ……549

第13章　神を演じる：遺伝子，クローン，運 ………………………(560)
　　Ⅰ　はじめに……560
　　Ⅱ　診断と予後……562
　　Ⅲ　クローンと遺伝子工学……572
　　Ⅳ　後記：倫理的個人主義のインパクト……582

第14章　性と死に関わる裁判所 ………………………………………(590)
　　Ⅰ……590
　　Ⅱ……593
　　Ⅲ……603
　　Ⅳ……608

初出 ……………………………………………………………………………(616)
あとがき ………………………………………………………………………(617)
人名索引 ………………………………………………………………………(625)
事項索引 ………………………………………………………………………(627)

序　なぜ平等は重要なのか

I

　平等は政治理念の絶滅の危機に瀕した種である。たった数十年前には，自分がリベラル派であると主張するどのような政治家も，あるいは中道派であると主張する政治家でさえ，真に平等主義的な社会を少なくともユートピア的な目標として支持していたものである。ところが今では，左派であると自称する政治家でさえ，まさに当の平等理念そのものを拒絶している。彼らは自分たちが「新しい」リベラリズムとか，政府の「第三の道」を代表していると主張し，人々の運命を時として残酷な市場の評決に全面的に委ねてしまう「旧右派の」無神経で冷淡な信条を断固として拒絶するものの，これと同時に，市民は自分たちの国家の富の平等な分配を受けるべきであるという「旧左派の」頑固な想定（と彼らが呼ぶもの）もまた拒絶している。

　我々は平等に背を向けることができるだろうか。政府は市民に対して支配権を主張し，市民から忠誠を要求するが，このような市民全員の運命に対して平等な配慮（equal concern）を示さないどのような政府も正当ではない。平等な配慮は——これなしでは政府の支配は単なる暴政にすぎない——政治共同体の至高の徳（sovereign virtue）であり，現代の非常に富裕な国民国家においてさえその富の分配がそうであるように，ある国民国家の富が極めて不平等に分配されているとき，その国家が平等な配慮を示しているか疑わしい。というのも富の分配は法秩序によって生み出されるものであり，ある市民の富は，彼の属する共同体がどのような法を制定したかによって著しく左右されるからである。これは所有や窃盗，契約や不法行為を規律する法に限らず，福祉に関する法や租税法，労働法や市民権法，環境を規制する法その他ほぼあらゆる事柄に関する法について言えることである。政府がこのような法の一つの集合を——他の集合を排して——制定し，あるいは保持し続けたとき，一部の市民の生活状態がこの法の選択によって悪化することが予測可能であるだけ

でなく，この一部の市民が誰になるかということもかなりの程度まで予測可能である。富裕な民主主義社会においては，政府が福祉プログラムを切り詰めたり，拡張することを拒否したときはいつでも，その決定は貧しい人々の生活を相変わらず陰うつなままにしておくだろうと予測することが可能である。我々はこのような仕方で苦痛を被る人々に対して，それにもかかわらず何故彼らが彼らの権利である平等な配慮をもって取り扱われてきたと言えるのか説明する用意ができていなければならない。おそらく我々はこの点について説明することができるだろうが，これは真に平等な配慮と言われるものが何を要求するか——これが本書のテーマである——に依存する。しかしもし我々がこれを説明できなければ，我々としては自分たちの政治的徳を回復するように行動しなければならない。このとき我々は何をすることができ，何をしなければならないか。これもまた本書のテーマである。

「新」左派の人々は平等な配慮を拒否しない。彼らが理念としての平等を拒否するとき，そこで拒否されているのは，平等な配慮は何を要求するかという点に関する単に特定の観念にすぎない。「新」左派は「旧」左派に次のような考え方を押しつけている。すなわち，市民の間に真の平等が存在しているのは，各人が労働することを選択しようとすまいと，またどのような労働を選択しようと，すべての人々が揺りかごから墓場まで同一の富を持つときであり，政府は働き者の蟻から富を取り上げ，これを怠け者のキリギリスに与えることを絶えず行わなければならないという考え方である。しかし私が思うに，誰もこのような考え方を政治理念として真面目に提示することはないだろう。一律的で無差別の平等は単に薄弱な政治的価値といったものではなく，他の価値によって容易に凌駕されてしまう価値といったものでもない。それはそもそも価値ではない。自分たちが労働できるにもかかわらず遊んで暮らすことを選択する人々が勤勉な人々の生産物によって償いを受けるような世界は全くもって擁護不可能である。

しかし，平等な配慮ということの意味が，政府はたとえ各人が何をしようとすべての人々が同一の富を持つことを保障しなければならないということでないとすると，それは何を意味しているのだろうか。この問題に対しては率直な解答や異論の余地のない解答は存在しない。平等という概念は，その意味の解釈をめぐり争いのある概念である。平等を称賛したりけなしたりする人々は，自分たちが称賛したりけなしたりしているものが何であるかについて見解を異にしている。平等の正しい説明それ自体が哲学上の難問となっている。これまで哲学者たちは様々な解答を擁

護してきた。これらの解答の多くが本書で議論されている。それならば最近の風潮に従って，まさに上記のことを理由として当の理念を全面的に放棄してしまったほうが賢明ではないだろうか。真の平等とは例えば機会（opportunity）の平等を意味するのか，結果（outcome）の平等を意味するのか，それともこれらとは全く異なった何か別のものを意味するのか，という点について我々の見解の一致がありえないのであれば，なぜ我々は平等が何であるかに関して頭をひねるようなことを続けなければならないのだろうか。まともな社会は市民が同じ富を持つことを目指すべきか，それとも同じ機会をもつことを目指すべきなのか，あるいは単に各市民が最低限の必要性を充たすに足る富を持つことのみを目指すべきなのか，といった問いを直接的に提起するだけではどうしていけないのだろうか。抽象的な平等のことは忘れて，その代りに上記のような明らかにもっと明確な問いに焦点を合わせてはどうしていけないのだろうか。

　しかし，もし平等な配慮が政治的正当性の前提条件——多数派の法を賢明でないと考え，あるいは不正であるとさえ考えている人々に当の法を強制する権利が多数派に認められるための前提条件——であるならば，我々はこの平等な配慮が要求することは何かという論点を避けて通ることはできない。共同体はすべての人々に最低レヴェルの食料や住居や医療を保障すれば十分であり，他の市民と比べて一部の市民が著しく大きな富を持っているようなことはないかといった点に関心を払う必要はないのだろうか。我々は次のことを問わなければならない。このような政策は，自分たちの仲間の一部が当然のことと見なしている生活を夢見ることさえできない人々に対して平等な配慮の要求を充たしているだろうか。

　これは無意味であるか，少なくとも時期尚早の問いと思われるかもしれない。裕福な民主主義国家がすべての人々に人並みな最低限の生活を本当に保障しているかというと，——ある民主主義国家は他の国家よりもこの目標に近づいているとしても——現実はこのことからさえかなりかけ離れており，それゆえ我々としてはこのような弱められた要求をするだけにしておいて，完全な平等といったより厳しい要求を——少なくとも予測可能な近い将来に関しては——考慮の外に置くほうが賢明だと思われるかもしれない。しかし，共同体内の暮し向きのよいメンバーは，暮し向きのよくない仲間の市民に対して平等の義務を負ってはおらず，ただ何らかの人並みな最低限の生活水準を保障する義務のみを負っているということがひとたび認められると，あまりに多くのことが本質的に主観的な問いに，すなわち，人並みで

最低限の生活とはどのような水準の生活かという問いに左右されることが許容されてしまう。しかし現代史は，暮し向きのよい人々がこの問いに対して高潔な答えを出しそうもないことを示している。それゆえ，現在の嘆かわしい状態においても，単に不平等の何らかの緩和ではなく，平等が正しい共同体の目標でなければならないのか，という問いを放棄することは賢明ではないだろう。

　本書は，平等な配慮は資源の平等（equality of resources）と私が呼んだ実質的平等の一形態を政府が目指すべきことを要求する，と主張している。もっとも，資源の平等という言い方ではなく別の言い方をしても同じように適切かもしれない。本書の議論はⅠ部とⅡ部に分かれている。第Ⅰ部は大きな理論的諸問題で始まり，主に哲学の標準的なやり方で様々な事例を──理論的仮説を例証しテストするために考え出された人為的な例として──利用している。反対に第Ⅱ部は現代において活発な論争の対象となっている諸問題で始まり，これには医療，福祉プログラム，選挙改正，積極的差別是正措置，遺伝子実験，安楽死そして同性愛といった国民全体に関わる諸問題が含まれる。本書のこの部分での議論は，第Ⅰ部での議論を裏返しにしたかたちで行われ，これら危急の政治的諸問題から出発し，これらの問題と適切に関連し，これらの問題の裁定に役立つと思われる理論的な構造へと進んでいく。これらの議論の一部分は第11章のように非常に細かな点にまで立ち入った論証を行い，特定の論点に取り組むための理論的枠組だけでなく，この枠組を適用するために必要な諸事実を提供しようと試みている。それ以外の議論は単に理論的枠組を提示すること，すなわち我々にはどのような事実が必要かを明らかにすることだけを目的としている。

　二つの部分の間の相違は叙述の様式にあるのであって，各々で到達されている抽象性や複雑性の全体的レヴェルにあるのではない。特に，第Ⅱ部の議論は第Ⅰ部で入念に展開された理論の単なる応用といったものではない。「裏から表へと向う」諸章の幾つかには，「表から裏へと向う」先行する諸章と比べて，重要な理論的進展がみられる。例えば選挙運動資金の改革を論じた第10章は，これに先行する諸章に暗黙に含まれている民主主義論をより明確なものにしている。そして医療保障と福祉改革に関する第8・9章は第2章で記述された仮想保険装置の敷衍された事例が考察されているが，ここではこの装置の更に立ち入った理論的考察がなされている。

　私が政治理論と実践的論争の相互依存性を強調するのは，政治哲学は現実の政治

に応答すべきであり，私はこれを根本的に重要なことと思うからである。私は政治哲学者は理論を複雑にするようなことを回避すべきだと言っているのではなく，本書がそれを回避しえていると主張しているわけでもない。我々は実際の政治の中で生じた議論を政治哲学のどのような抽象的領域にまでも——あるいは哲学のより一層一般的な諸領域にまでも——推し進めていくことをためらうべきではない。満足のいく知的解決と我々に思えるもの，あるいは少なくとも到達可能だと我々が感じるかぎりで満足のいく解決と我々に思えるものを手に入れるために，我々はこのような領域の探究へと駆り立てられていく。しかし，最終的には一般哲学へと帰着する議論も我々の生活や経験の内部で開始していたものでなければならない。これは重要なことである。というのも，一般哲学は生活や経験の内部から開始することによってのみ正しい形をとることが期待できるからであり，このことによってのみ哲学は最終的に我々の助けになるだけでなく，我々が雲霧の中へと追い求めてきた諸問題が知的な見地からみても見せかけではなく真の問題であることを最終的に我々に納得させてくれると思われるからである。

II

私が裏から表へと向う本書の性格を強調することには，更にもう一つ別の理由がある。すなわちそれは本書のページを通じて概して不明瞭なままになっているもっと哲学的なレヴェルの議論への導入としての性格を帯びている。私は哲学的なレヴェルでの議論をこれから刊行される書物の中で詳細に展開するつもりである。この書物の内容は1998年の秋に私が『付き合いにくい人々に対する正義』("Justice for Hedgehogs") という表題でコロンビア大学で行ったジョン・デューイ・レクチャーに部分的に基づいたものとなるだろう。このレクチャーで私は本書で展開されているような政治的道徳の理論は倫理や道徳の人間的価値，価値というものの身分や統一性，そして客観的真理の性格と可能性に関するより一般的な説明の中に位置づけられねばならないことを議論した。我々は——平等と同じく民主主義や自由や市民社会といった——あらゆる中核的な政治的価値に関して次のようなもっともらしい理論を期待しなければならない。すなわち，これらの価値のそれぞれが相互に他から生成し合う関係にあり，これらの価値の各々が他の価値の中に反映されていることを示すような理論であり，例えば平等を単に自由と両立可能な価値として観念するだけでなく，自由を讃美する者はまさに自由を讃美するがゆえに同じく平等とい

う価値をも讃美することを示すような説明である。これに加えて更に我々はこれらの価値のすべてに関する次のような理論を期待すべきである。すなわち，これらの価値が人間的生の価値についての，そして自分自身の生活の中でこの価値を実現する各人の責任についての，より基本的なコミットメントさえをも表現していることを示すような理論である。

　このような理論的志向は，リベラルな理論に最も強い影響力を及ぼした現代の代表的な二つの見解——すなわちジョン・ロールズの政治的リベラリズムとアイザイア・バーリンの価値多元主義——とはその精神において異なっており，この異なった精神がどのような帰結を生み出すかは本書においてやがて明らかになるだろう。バーリンは重要な政治的諸価値が劇的な仕方で衝突していることを主張する——特に彼は自由と平等の衝突を強調する——が，本書の第3章と第5章はこの種の衝突を解消し，これらの価値を統合しようと努めている。ロールズの社会契約の装置は，善き生の特性に関する倫理的な諸想定や論争から政治的道徳を分離すべく考案されたものである。しかし本書の議論はどのような社会契約も利用していない。本書の政治的主張がどのような支えを要求しようと，本書はこの支えをいかなる意味でも全員一致の同意や合意の中に見出すことを期待してはおらず，この同意や合意が仮想上のものであっても同様である。むしろ本書はより一般的な倫理的諸価値——例えば第6章で記述されている善き生の構造や，第7・8・9章で記述されている人格的責任の諸原理など——へと訴えており，これらの諸価値の中に自らの立場の支えを見出すことを期待している。本書とロールズの対照的な立場は，福祉を提供するために考案された二つの装置の第9章における区別に具体的に表現されている。すなわち，個人の責任のどのような考慮からも切り離されたロールズの格差原理と，可能なかぎり多くのことをこのような責任に依らしめようと試みる仮想保険のアプローチである。

　倫理的個人主義の二つの原理がこの種の包括的ないかなるリベラルな理論にとっても根本的なものと私には思われ，これらの原理は相俟って，本書で擁護されている平等の説明を形づくり，支えている。すなわち一つは平等の重要性（equal importance）の原理である。客観的な観点からみて，人間の生は無駄にすごされるよりは成功することが重要であり，このことは同じ客観的な観点からみて，各々の人間の生にとって平等に重要である。第二は特別責任（special responsibility）の原理である。我々はすべて人間の生の成功が客観的にみて平等に重要であることを認めるも

のの，この成功に対して特別の最終的な責任を負うのは一人の人間，それがその人の生であるところの本人自身である。

　平等な重要性という原理は，人々がどのような点においても同じであるとか平等であるとか主張するわけではない。人々が平等に理性的であるとか善いとか，人々が創造する生は平等に価値があるといったことをそれは主張していない。問題になっている平等は人々が有する何らかの属性に付着するものではなく，人々の生が無駄にすごされることなく何がしかの意味を持ったものになることの重要性に付着している。誰かある人の行動が正しいか誤っているかという点に対してこの重要性がどのような帰結を生むかは更に別の問題である。多くの哲学者はしばしば善行(beneficence) の原理と呼ばれるものを受け容れている。すなわち，個々の人間は世界のあらゆる他人の運命に対し，自分自身の運命や家族や友人の運命に対するのと同じ程度の配慮をもって常に行動する道徳的義務に服しているという原理である。この原理を受け容れる一部の哲学者たちは，人々は世界に存在する他のすべての人々を平均的にみて最大限に利するような仕方で常に行動しなければならないと結論している。そして他の哲学者は，人々は世界で最も暮し向きの悪い人々を最大限に利するような仕方で行動しなければならないと結論する。しかし，平等な重要性という原理はこの種のどのような善行の原理とも整合しているとはいえ，後者のいかなる原理も前者から論理的に帰結することはない。確かに，もし私が平等な重要性の原理を受け容れるならば，私があなたの子より我が子に多くの注意を向けてもよいことの理由として，我が子が立派な人間になることはあなたの子が立派になることよりも客観的にみてもっと重要であると主張することはできない。しかし私は自分の娘に対する特別な配慮を別の仕方で正当化できるかもしれない。例えば，彼女は私の娘なのだと主張することによる正当化である。しかし平等な重要性の原理は，ある種の状況においては何らかの人間集団に対して平等な配慮をもって行動するように人々に要求する。自らの市民に支配を及ぼし，その法に対する忠誠と服従を市民から要求する政治共同体は，市民の全員に対して公平で客観的な態度をとらなければならず，当該共同体の市民の各々はこのような責任を念頭に置きながら投票しなければならないし，公職者たちも同じ責任を念頭に置きながら法を制定し，政府の政策を作成しなければならない。既に述べたように，平等な配慮は主権者に特殊な徳，主権者に不可欠な徳なのである。

　倫理的個人主義の第二の原理である特別責任の原理は形而上学的なものでも社会

学的なものでもない。この原理は，異なった様々な人々が何故彼らが実際に選択しているような生き方を選択するのかについて心理学や生物学が説得的な因果的説明を提示しうることを否定しないし，またこのような選択が文化や教育や物質的な環境によって影響されることを否定しない。この原理はむしろ関係的である。すなわちそれは，ある人が送る生活の種類に関して選択が行われねばならないかぎりにおいて，資源と文化によって許容される選択の範囲がどれほどであろうと当の選択の範囲内で本人はその選択を自ら行うことに対して責任を負うと主張する。この原理は特定の倫理的価値のいかなる選択をも推奨することはない。それは因襲的で味気のない生活を断罪しないし，逆に新奇でエクセントリックな生活をも断罪しない。その生活が他人の判断によって——すなわち，それが彼の送るべき正しい生活であるといった他人の判断によって——当人に強制されたものでないかぎり，原理はどのような生活も断罪しないのである。

　本書の議論——平等な配慮が突きつける問いに対して本書が与える答え——は，協力一致して作用する次の二つの原理によって支配されている。第一の原理は政府に次のような法や政策を採用するように要求する。すなわち，政府がこれを達成することが可能な限りにおいて，各人が市民たること以外の事柄——例えば各人の経済的背景，性別，人種，あるいは技能やハンディキャップの特定の集合など——に関しどのような人間か，ということに対して当の政府に服する各市民の運命が鈍感（insensitive）になることを保証するような法や政策である。第二の原理は，政府が市民の運命を市民自身が行った選択に敏感（sensitive）に反応させるように行動すべきことを——これもまた政府が達成できる限りにおいて——要求する。本書が是認する中心的な教説や装置——人格的および非人格的な資源を平等の測定基準として選択していること。或る人が非人格的資源を保持しているとき，他人にとっての機会費用を当の保持を測る物差しとして選択していること。再分配的な課税のためのモデルとして仮想保険市場を選択していること——はすべて上記の一対の要求によって形成されたものと見なすことができる。私は人々が自らの信念や選好を，あるいはもっと一般的に自分の人格を選択するといった想定をしていないし，これは人々が自分の人種や身体的ないし知的な能力を選択するなどという想定をしていないのと同様である。しかし，我々はこれらの信念や選好や人格を前提にして行う選択から生ずる結果に対して責任を負っている——我々の殆どすべてが自分自身の生活の中でこのことを想定しているように——，と考えるような倫理学を私は想定し

ているのである。

　私は，今や多くの政治家が「新しい」リベラリズムと彼ら自身が呼ぶ立場を，あるいは古い厳格な右派と左派の中間にある「第三の」道を採用したがっていることに既に触れておいた。このような呼び方は実質を欠いた単なるスローガンにすぎないとしばしば批判されている。この批判は一般には正当化されうるが，それでもこのスローガンにそれなりの魅力があることは何か重要なことを示唆している。古い平等主義者は，政治共同体にはすべての市民に対し平等な配慮を示す集団的責任があることを主張していたが，これら市民の個人的責任を無視するような仕方で当の平等な配慮を定義していた。これに対して保守派の人々は——古い保守派も新しい保守派も——この個人的責任というものを強調したが，集団的責任を無視するような仕方で個人的責任を定義してきた。これら二つの誤った考え方のどちらかを選ぶことなど魅力がないと同時に不要な選択である。これから行われる議論が正しいものであれば，我々は平等と責任に関して，これら二つをともに尊重するような統合された説明を達成することができる。これが第三の道だとすれば，これこそ我々がとる道でなければならない。

III

　本書の諸章の幾つかは以前に——例えば最初の二つの章は1981年に——公けにされたものである。これらは他の研究者による詳しいコメントの対象となってきた。それゆえ私は本書では——印刷上ないし文体上の——細かな点を修正するだけにとどめることにした。しかし批判は私にとって極めて有益であった。私は批判の幾つかをただ一つの章（第7章）において直接的に議論しているにすぎないが，私が批判から受けた影響が第II部の諸章においても明らかであることを期待している。第II部の諸章は本書のために書かれたか，あるいは先行する諸章への評釈が現われた後にはじめて公けにされたものである。

(1) 道徳的判断が要求しうる客観性に関する私自身の説明については，Ronald Dworkin, "Objectivity and Truth: You'd Better Believe It," *Philosophy & Public Affairs* 25 (1996): 87 を参照。

第Ⅰ部

理論篇

福利の平等

I 二つの平等論

　平等は，よく知られてはいるが不可思議な政治理念である。人々は，ある意味においては平等に（あるいは，少なくともより平等に）なっても，これが他の意味においては彼らが不平等になる（あるいはより不平等になる）結果を生むことがある。例えば，人々が平等の収入を得ているときでも，彼らが各自の生活の中に見出す満足の量に相違がみられることはほぼ確実であろうし，その逆も真である。もちろん，だからといって平等が一つの理念として役に立たない，ということにはならない。むしろ終局的にはどのような形態の平等が重要であるかを，通常なされているよりも正確に明示する必要がある。

　これは言語の問題ではなく，また概念的な問題でさえない。これは「平等」という言葉の定義を要求するものではなく，また日常言語におけるこの言葉の使用法の分析を要求するものでもない。それが要求しているのは，我々が平等に関する多様な具体的観念を区別し，そのうえで，これらの諸観念の中で魅力的な政治理念を提示するものがあればそれはどの観念かを確定することである。この課題を私が他の脈絡で設けた区別を用いることにより少し違った仕方で表現することができるだろう。すなわち何らかの財ないし機会の分配に関して，人々を平等に取り扱うこと（treating equally）と，人々を平等な存在として取り扱うこと（treating as equals）の間には相違があるということである。人々の収入はより平等になるべきだと論ずる者は，収入の平等を達成した社会こそ真に人々を平等な存在として取り扱う社会であると主張する。これに対して，人々は平等に幸福でなければならないと要求する人々は，平等な社会の名に値する社会について，これと競合する別の理論を提示する。したがって次の問題が提起される。すなわちこの種の相互に異なる数多くの理論の中でどれが最善の理論といえるのかという問題である。

本書の第1章と第2章において，私はこのような問題の一側面を議論することにしたい。これを分配的平等の問題と呼ぶことができるだろう。いま，ある社会が貨幣やその他の資源を諸個人に分配するための選択可能な幾つかの体制のうちどれかを選ばなければならないと想定しよう。可能な体制のうちで，どの体制が人々を平等な存在として取り扱うことになるのか。これは平等に関するもっと一般的な問題の単なる一側面にすぎない。というのもこれは，分配的平等の側面と対照させるために政治的平等の問題とでも呼びうるような，様々な論点を考察の外に置いているからである。私がここで説明するような分配的平等は，例えば政治権力の分配に関わるものではなく，また資源の量や分前に対する権利とは別種の個人的権利に関わるものでもない。もっとも，私が政治的平等というラベルの下に総括したこれらの問題は，分配的平等との区別が示唆するほどには後者の論点から独立したものでないことは明らかと思われる。自分が住みたいと思っている環境が汚染から保護されるべきか否かが決定される際に何の役割も与えられない人は，このような決定において重要な役割を演じうる人よりも貧しい，と言えるだろう。しかし，政治的平等と分配的平等の両者を含む広範な諸問題を包括的に論ずる完全な平等理論へと接近するには，たとえ少しばかり恣意的な区別になるにしても，これらの諸問題の区別を当初は受け容れることによって議論を始めるのが最も適切なやり方であるように思われる。

　私は，分配的平等に関する二つの一般的な理論を考察するつもりである。第一の理論（これを福利〔welfare〕の平等と呼ぶことにする）は，ある分配上の制度が人々を平等な存在として取り扱っていると言えるのは，資源を更にそれ以上移転しても人々の福利をより一層平等にすることができない時点に至るまで人々の間で資源を分配ないし移転する場合である，と主張する。第二の理論（これを資源〔resources〕の平等と呼ぶことにする）は，ある制度が人々を平等な存在として取り扱っていると言えるのは，資源を更にそれ以上移転しても，資源全体に対する各人の分前をより一層平等にすることができなくなるまで分配や移転がなされている場合である，と主張する。直ぐ前で述べたように，これら二つの理論の各々は，非常に抽象的なものである。というのも，これから我々がみるように，福利とは何かという点については相互に異なった多数の解釈が存在し，また何が資源の平等と見なされるべきかという点についても，同様に様々な理論があるからである。しかしながら，たとえ上記のように抽象的なかたちで提示されていても，二つの理論が多くの具体的事

例において異なった助言を我々に与えることは，十分に明らかなはずである。

　例えばある裕福な父親が五人の子どもを持ち，そのうちの一人は盲目であり，もう一人の子どもは高価な嗜好をもったプレイボーイ，第三の子どもは高くつく野心を抱いた有望な政治家，そして更にもう一人の子どもは質素な詩人であり，最後の一人は高価な材料を用いて創作活動を行う彫刻家だとしよう。この父親はどんな遺言をしたらいいのだろうか。もし彼が福利の平等を自己の目標に置くならば，彼は子どもたちの間の上記の相違を考慮に入れるだろうし，その結果彼らに同じ分前を残すことはないだろう。もちろん，彼は「福利」に関して何らかの解釈を採用することを決定しなければならず，例えば高価な嗜好が身体障害や高くつく政治的野心と同じように，彼の福利計算に組み入れられるべきか否かにつき判断を下さなければならないだろう。しかし，これとは逆に彼が資源の平等を自己の目標として採用した場合には，彼は自分の子どもたちが大雑把に言って平等の富を既に有していると仮定したうえで，自己の目標が相続財産の平等な分割を要求することになるか否かをおそらく判断するだろう。いずれにしても，彼が自らに提起する問題は，二つの場合で非常に異なったものになるだろう。

　確かに，これら二つの抽象的理論の区別は，日常の政治的脈絡においてはそれほど明確なものではないし，特に個々の市民が現実に有している嗜好や人生計画について公職者たちが極くわずかな情報しか持っていない場合はそうである。もし「福利の平等」論者が大部分の市民についてこの種の情報を手にしていないのであれば，彼は，福利の平等を達成する最善の方法は収入の平等を実現することである，と適切にも判断することだろう。しかし，これら二つの抽象的な平等論の理論的な相違は，様々な理由からして，政治の場面においても相変らず重要な意味をもっている。公職者たちが実現しようとする目標が福利の平等であるならば，しばしば彼らは人々がどんな嗜好をもち，誰が身体障害者であるかについて十分な一般的情報を現実に手にしているのであるから，この情報を根拠として（例えば特別な税の割当によって）資源の平等に一般的な調節を加えていくことができる。またたとえ彼らが十分な情報を有していなくても，彼らが考え出すある種の経済構造は，不確実性の条件の下で，福利の不平等を減らしていくように前もって首尾よく計算されていることがあるだろうし，他の構造は資源の不平等を減らすように計算されるだろう。しかし私がここで提起する論点の主たる重要性は理論上のものである。平等論者たちは，そもそも平等が保持するに値することをそれなりの説得力をもって論証するた

めには，自分たちが追求する平等が資源の平等なのか，それとも福利の平等なのか，あるいは両者を混ぜ合わせたものなのか，それともこれらとは全く異なった平等なのかについて判断を下さなければならない。

　しかしだからと言って私は，この問題に何がしかの関心を抱く必要があるのは純粋な平等論者だけである，と言っているのではない。というのも，平等が政治的な徳のすべてであるとは考えない人々でさえ，平等が政治的な徳の一部であることを通常認めており，したがって，たとえ平等が決定的には重要なものではなく，中心的な価値とさえ言えなくても，ある政治制度が不平等を減らすことになれば，このことが当の制度を支持する少なくとも一つの理由となりうることを認めているからである。平等に対してこのように極くわずかの重要性しか認めない人々でも，何が平等と見なされるかを特定化しなければならないことに変りはない。しかしながらここで私が強調しておくべきことは，これから考察される二つの抽象的な平等観念が可能な平等理論のすべてを尽しているわけではないこと，これら二つの観念をいろいろな仕方で結び合わせたとしても可能な平等理論のすべてを尽してはいないことである。他にも重要な諸理論があり，これらの理論はただ作為的な仕方によってのみ前記の二つの理論のどちらかによって捉えられうるにすぎない。例えば何人かの哲学者は分配的平等に関して能力主義的（meritocratic）な理論を信奉しており，この理論のうちのあるものは，しばしば機会の平等と呼ばれるものへと訴えている。この主張には様々な形態があるが，一つの顕著な形態は次のように考えている。つまりある人々が福利か資源のどちらかに関して優越的な地位にあるとき，例えば大学や職業の選択をめぐる競争においてこのような優越的地位が彼らの不利になる仕方で考慮されるならば，彼らには平等が拒否されていることになる，と。

　しかしそれにもかかわらず，福利の平等と資源の平等はともに我々に馴染みの観念であると同時に明白な観念でもあり，私はこれからこの二つの観念を考察しようと思う。本書の第１章で私は前者の主張の様々な形態を検討し，全体としてこの観念を拒否するつもりである。そして引き続く第２章で私は後者の観念の特定の形態を展開し，これを支持するつもりである。更におそらく私はここで二つの論点について付言し，読者に注意を促してもいいだろう。ある特定の人々（例えば犯罪者）は分配的平等に値しないものと広く考えられている。私はこの問題を特に考察するつもりはないが，分配的平等とは何かを考察する際に関係してくる「功績」（merit）とか「値する」とか「当然の報酬」（desert）といった観念について若干の問題を提

起したい。またロールズその他の人々は，次の点を問題にしている。平等な基点からの逸脱が，その時点で最悪の状態にある人々の利益になるとき，分配的平等はこの種の逸脱をむしろ要求しないだろうか。それゆえ，例えば最悪の状態にある人々の福利が他の人々の福利より低くても，これ以外の場合に比べてこの時のほうが前者の福利が向上するならば，福利の平等はむしろ最もよく実現していると言えないだろうか，という問題である。私はこの主張を資源の平等との関連で第2章で論ずることにして，本章ではこれにつき議論しないつもりである。本章で私が提示したいのは，たとえ福利の不平等が最悪の状態にある人々の地位を引き上げることがない場合でも，そもそも福利の平等は好ましい政治的目標とは言えない，という主張である。

II 最初の考察

　平等というものが重要であるかぎり，実現されるべき平等は結局のところ福利の平等でなければならない，という見解は直ちに説得力のあるものに思われる。というのも福利という概念は，単なる手段といったものではなく，まさに生活において根本的なものを記述するために経済学者により作り出され，あるいは少なくとも採用された概念だからである。事実，この概念は資源に適切な価値を割り当てるための尺度を提供するものとして採用された。つまり資源は福利を生み出すかぎりにおいて価値あるものとされるのである。もし我々がどのような平等概念を採用すべきかについて判断を下す際に，平等というものを資源によって定義するならば，つまりそれが生み出す福利とは関係のない資源でもって平等を定義するならば，我々は単なる手段を目的とみなす誤りを犯しているように思われ，単に手段として取り扱うべきものを盲目的に有り難がっているように見えるだろう。もし我々が本当に人々を平等な存在として取り扱うことを望んでいるならば（あるいはそのように思われるならば），我々は人々の生涯がそれぞれ平等に好ましいものとなるように努力し，あるいはそのようになるための手段を彼らに与えるべきであって，単に彼らの銀行預金の額を同じにするだけで済ませるべきではない。

　福利の平等が直ちに魅力のあるものに思われることは，既に述べた家庭内の事例の一側面によって支持されている。例えば子どもたちの間で富をどのように分配すべきかという問題が持ち上がったとき，重大な肉体的ないし知的な障害をもつ子どもが他の子どもより多くの富を要求できることは，どうみても公正なことと思われ

る。これがなぜそうなのかについて，福利の平等という理念はもっともな説明を与えているように思われる。この種の子どもはハンディキャップを背負っており，例えば盲目の子どもは平等な福利を達成するためにより多くの資源を必要とするからである。しかしまた同じ家庭内の事例は，当の理念に対して少なくとも当初は厄介に思われる問題を提起する。というのも大抵の人々は，高価な嗜好をもった者がまさにこのような理由で他の者たちより多くの分前を持てるという結論に反対すると思われるからである。身体障害者だけでなく，例えばシャンパンを好む者もまた（彼の状況をこのように説明してよければ），ビールのほうが好きな者と平等の福利を達成するためにはより多くの資源を必要とする。しかし，このような理由でもって前者がより多くの資源をもつべきだとされるのは公正なことではないだろう。社会の利益になることを行おうという自らの野心を実現するために多額の金を必要とする有望な政治家や，詩人よりも高価な素材を必要とする野心に満ちた彫刻家の場合は，おそらくその中間に位置するだろう。これら政治家や彫刻家志望の子どもたちが父親の財産についてより多くの分前を要求できる論拠は，高価な嗜好を持った子どもの場合より強いだろうが，目の見えない子どもの場合より弱いと思われる。

　それゆえ次のような問題が生じる。福利における平等は，平等の一般理論の中で認められうる唯一の理念ではないが，少なくともその中で一つの場所を占めうる部分的に受容可能な理念と言えるかという問題である。もしそうであるならば，総体としての平等理論は次のように要求することだろう。つまり身体障害者により多くの資源を与えないと，彼らの福利は与えた場合より低くなるのであるから彼らはより多くの資源を持つべきであるが，シャンパンを好む人間についてはこう考えるべきではない，と。平等理念の内部でこの種の妥協が構成される方法には数多くのものがありうるだろう。例えば人々の福利ができるだけ平等になるように社会の資源が原則として分配されるべきことを我々は受け容れるだろうが，この例外として，飲物における好みの相違のような一定の原因に由来する福利の相違は考慮すべきでないと定めることだろう。この見解は福利の平等に優越的な地位を与えているが，ここから生ずる魅力のない一定の個別的な結果を取り除くのである。あるいはまた我々はもう一つ別の極端な立場から，予め特定化された一定の原因——例えば身体障害——から生ずる権利の相違が可能なかぎり小さくなるべきことだけを受け容れるかもしれない。この見解においては，平等について我々がどのような一般理論を採用しようと福利の平等は単に部分的な役割を演ずるだけであり，この場合，一般

理論自体の主要な政治的効力は非常に異なった考え方に求められるべきことになる。

　この種の妥協や結合，あるいは限定が実際にどの程度まで可能で魅力あるものかという問題については，本章の後のほうで議論することにしたい。そして高価な嗜好と身体障害に関して私が既に述べた特殊な問題の考察も後回しにすることにする。しかし先ず私は，福利の平等を他の考え方と妥協させることが可能であるという見解に対するあるタイプの反論を特に取り出し，予めこれを脇に置いておくことにする。この種のどのような妥協に対しても次のような反論がなされるかもしれない。福利という概念は，我々に必要な区別を可能にさせるほどには十分に明確な概念ではないという反論である。例えば，平等な富を有している二人の人間の福利が異なっているとき，この福利の相違のうちどの程度までが彼らの嗜好を充たすためのコストの相違に事実上起因し，どの程度までが両者の肉体的ないし精神的な能力の相違に起因するかを我々は判断することができない。したがって福利の平等という概念を採用するどのような理論も，何らかの特定の原因によって発生したり失われたりする福利ではなく，人々の福利の総体に注意を払わねばならない，と。明らかに，この種の反論には一理ある。もっとも，この反論がどれほど有力であるかは提案された妥協の形態に多く依存することだろう。しかしいずれにしても私は，福利の原因を区別する可能性をめぐるすべての反論を本章では考慮の外に置くことにしたい。

　私はまた，次のような一層一般的な反論をも考察しないでおくことにしたい。つまり福利の原因に関して区別を設けることを別にしても，福利という概念自体はあまりにも漠然としているか，実行に移すことが不可能なるがゆえに，どのような平等理論の基礎にもなりえない，という反論である。私は既に福利については異なった数多くの解釈ないし観念が存在することを指摘し，これらの解釈ないし観念のうちの一つを利用する福利の平等理論は，別の解釈ないし観念を利用する理論とはおそらく非常に異なった帰結を生み，非常に異なった理論的支持を必要とすることを述べた。例えばある哲学者は福利というものを快楽や喜び，あるいは他の何らかの意識状態の問題と考えているのに対し，他の哲学者はこれを各人の計画を達成しようとする際の成功と考えている。後で我々は福利に関する主な諸観念を識別し，これらの観念が提供する権利の平等の様々な解釈を検討する必要があるだろう。しかし我々は，予め次のことを指摘できるだろう。つまり，よく知られている福利観念のどれをとっても，異なった人間の福利のレヴェルを調べて比較する際に概念上かつ実際上明白な諸問題が持ち上がるということである。これらの観念のどれをとっ

ても，福利の比較はしばしば不確定な結果に終る。例えば二人の人間の一方の福利が他方の福利より低いわけではないにもかかわらず両者の福利は同じでない，といった事例も時としてありうるだろう。しかしどのような解釈に立っても，福利の平等という理念は不整合であるとか無益であるといったことにはならないだろう。というのも，この理念はある人間の福利が誰か別の人間の福利よりも低くなるようなことは可能なかぎり避けるべきだという一つの政治原理を述べたものだからである。もしこの原理が健全ならば，福利の平等という理念は次のような実際的な問題を賢明にも未定のままにしておくことだろう。つまり，福利の比較が意味をなすにしてもその結果が不明確なときにどのようにして決定が下されるべきか，という問題を未定にしておくのである。この理念はまた比較が理論的にみても意味をなさないような幾つかの事例がありうることを思慮深くも認めるかもしれない。しかしこの種の事例がそれほど多くないのであれば，当の理念は実際上も理論上も依然として重要なものであり続けるのである。

III 福利の平等の諸観念

既に述べたように，研究者の間では福利とは何かに関して幾つかの理論があり，それゆえ福利の平等についても幾つかの理論が存在する。私はこの種の理論の中で最も優れており適切と思われるものを二つの主要なグループに区別するだろう。もっとも，研究文献にみられるすべての理論がどちらか一方のグループにしっくり適合しうるなどと想定するつもりはない。第一のグループを私は福利の成功（success）理論と呼ぶことにしたい。これらの理論によれば，ある人間の福利とは，彼の選好や目的や企図を実現しようとする際の彼の成功の問題であり，したがって福利の平等の一つの観念である成功の平等は資源の次のような分配や移転を推奨することになる。すなわち更に移転を行っても，このような成功における人々の差異の程度がそれ以上は減少しなくなる時点に至るまで資源の移転を行うことを推奨するものである。しかし，人々は異なった種類の選好を有しているので，原則的には，様々なタイプの成功の平等がありうることになる。

第一に，人々は私が政治的選好と呼ぶものを抱いている。もっとも私は，この用語をしばしば使用されている意味よりも狭いと同時に広い意味で使うことにする。私が念頭に置いているのは，共同体の財や資源や機会が他の人々に対してどのように分配されるべきかに関する選好である。この種の選好は我々に馴染みのタイプの

形式的な政治理論かもしれない。例えば財は功績ないしは当然の報酬に応じて分配されるべきであるといった理論がそうである。あるいはこの種の選好は，理論とは少しも言えないような，もっと非形式的な選好でもありうるだろう。例えば自分が好きな人々や特別の共感を覚えている人々は他の人々より多くの財を持つべきであるといった，多くの人々が抱く選好がそうである。第二に，人々は私が非個人的な（impersonal）選好と呼ぶものを抱いている。つまり，自分自身以外のことに関する選好や他人の生活や状況に関する選好である。ある人々は科学的知識の進歩について多大の関心を抱いており，たとえこの進歩を実現していくのが自分自身（あるいは自分が個人的に知っている誰かしら）でなくても，進歩に大いなる関心を抱いている。これに対して別の人々は彼らが決して観ることがないようなある種の美の保存に同じように深い関心を抱いている。第三に，人々は私が個人的（personal）選好と名付けるものを抱いている。この言葉によって私が念頭に置いているのは，人々が自分自身の経験や状況について抱く選好である。（私は，これらのタイプの選好がオーヴァーラップすることがあること，あるいは選好によってはこれら三つのカテゴリーにうまく分類できないものがあることを否定するつもりはない。幸運にも，私の議論はこれと反対の想定を必要としてはいない。）

　私が考察するつもりの最も無限定的な形態の成功の平等は，再分配というものが，人々によって抱かれた多様な選好のすべてが充足される度合が可能なかぎり人々の間で平等になる時点に至るまで続くべきことを主張する。私はその次にもっと限定された形態の成功の平等，つまり個人的な選好のみが考慮に入れられるべきであるという見解を考察するだろう。これより複雑な形態の成功の平等も，もちろん想定可能である。例えば，様々な集団に属する人々のすべての選好ではなく，この中のある種の選好の充足を結合させるような形態の見解もありうるだろう。もっとも私としては，これから自分が提示する論証でこの種の結合を特定化し考察する必要が生じないことを望んでいる。

　福利の平等理論の第二のグループを意識状態（conscious state）論と名づけることにする。この種の理論と結びついた福利の平等は，人々の意識的生のある側面ないし属性に関して可能なかぎり人々を平等に保つように分配がなされるべきことを主張する。問題となる意識状態について異なった説明ないし記述を採用するに応じて福利の平等の理念に関しても異なった観念が構成されることになる。ベンサムや他の初期の功利主義者たちは福利を快楽とか苦痛の回避に存するものと考えた。この

ように理解すれば，福利の平等は，苦痛を差し引いた快楽の量が人々の間で平等になるような分配を要求するだろう。しかし，大抵の功利主義者や，福利の平等について「意識状態」論を採る他の人々は「快楽」や「苦痛」はあまりに狭すぎる観念であり，福利の算定に含ませるべき意識状態の全範囲を言い表わしたものでないと考えている。例えば「快楽」は特殊な感覚的満足を示唆する言葉であり，悲しく痛ましい戯曲や詩を読むことで生ずる体験——とは言うものの，人々がしばしばそれを持とうと試みるような体験——を記述するには適さない言葉である。そしてまた「苦痛」という言葉でもって，倦怠とか心配とか憂うつといった状態を言い表わすことも難しいだろう。

　この種の議論によって提起される論点を私はここで論じたいとは思わない。その代りに私は，福利の平等についてどのようなタイプの意識状態論を採用しようと，一般に重要だと想定できる好ましい（そして好ましくない）意識状態ないし感情の全範囲を区別なく意味する趣旨で，「喜び」(enjoyment)と「不満感」(dissatisfaciton)という言葉を用いることにする。言うまでもなくこの用語法は，これら二つの言葉が日常言語で有するよりも広い意味を当の言葉に与えることになる。しかし私が二つの言葉をこのような広義の意味で使うにしても，ただ次のことだけは条件として必要である。つまりこれらの言葉は，人々がそれ自体において持とう（あるいは回避しよう）とするような意識状態を命名したものでなければならず，しかもこの状態は内省的に特定可能なものでなければならない，ということである。

　人々はしばしば性行為や食物，太陽や寒さや鋼鉄のようなものからの感覚的刺激によって，直接的に喜びを享受したり不満感を経験する。しかし人々はまた彼らが抱く様々な種類の選好が充足されたり充足されないことで喜びを享受し，不満感を経験することもある。それゆえ，意識状態的な平等観念にも，私が成功の平等に関する諸概念について区別したものに類似した限定的な形態と非限定的な形態が存在することになる。一つの形態の観念は，喜びの原因を限定することなく人々を喜びにおいて平等にすることを目指し，別の形態は，人々が直接的に享受し，非政治的選好に由来するような喜びだけを問題にし，更に別の形態は，人々が直接的に享受し，個人的選好のみに由来するような喜びだけを問題にしながら人々を喜びにおいて平等にしていこうと試みる。成功の平等の場合と同じように，これら相互に異なる様々なタイプの選好を更に細かく分類し，これらの選好に由来する喜びをいろいろ組み合せることで，平等観念の形態についてもっと詳細な区別を設けることも可

第1章　福利の平等

能である。

　更に私は非常に簡単にではあるが，第三のクラスに属する福利の平等の諸観念を考察するつもりである。私はこの観念を客観的観念と呼ぶことにする。私が指摘した以上の区別を細かくして，これら三つのクラスの諸観念を多くの下位観念に分割し，これらを一層詳細に分類することも可能である。福利に関して想定可能な諸理論を十分に完全なかたちで説明するには，このように分割され分類された諸観念を考察する必要があるだろう。既に述べたように上述のリストには全く含まれていないような福利理論も存在する。しかし上記で私が提示した理論は，分配理論を構成するために最も適当な代表的形態と思われる。しかし私は，少なくとも我々が念頭に置くべき二つのタイプの複雑な論点だけには言及しておきたい。第一に，私が識別した諸観念や理論形態の（すべてではないにしても）多くは次の問題を提起する。すなわち各々の観念について平等が達成されたと言えるのは，当の観念が提示する福利に関して人々が実際に平等になっている場合なのか，それともむしろ，仮に人々が関連事実を完全に知ったならば平等になるような場合なのだろうか。成功の平等という目的にとって，ある人間が一定レヴェルの成功に達したと言えるのは，彼の選好が当のレヴェルまで実現したと現に彼が信じている場合なのか，それとも仮に彼が諸事実を知ったならば彼がそのように信じるような場合なのだろうか。後で私は，この種の問題が論証に影響を及ぼすと思われるときは上記の二つの可能性をともに議論するか，あるいは脈絡からしてより適切と私に思われるほうの見解を前提することにしたい。第二に，私がこれから論ずる観念の多くは，時間に関する問題を提起する。例えば人々の選好は変化し，その結果，人生に対するある人間の選好が総体としてどの程度まで実現したかという問題は，彼の様々な選好のうちのどの一組が当の問題に関連のある選好として選択されるかに依存し，あるいは彼が夫々の時点で抱く様々な選好の関数としてどのようなものが選択されるかに依存する。私は，これら時間に関する諸問題のどれかがこれから私の論証する様々な論点に影響を与えるとは思わない。しかし影響を与えると思う読者は，この点についても私の主張が福利の平等の各々の形態について妥当するか否かを考察する必要があるだろう。

　しかし，本題に入る前に予め考慮しなければならないもう一つ別の予備的な問題が存在する。これについては二つの異なった問題を区別することができる。(1)ある人間の総体的な福利——彼にとって本質的に善い状態——とは，彼の選好が首尾よ

く実現する成功の度合の問題（あるいは彼が享受する喜びの問題）に他ならないと本当に言えるだろうか。(2)分配の平等は，このような成功（ないし喜び）において人々を平等に保つことを本当に要求するだろうか。前者の問いは私が説明したような福利に関する諸理論と福利概念それ自体との関係について一定の見解を採用している。つまりこの問いは，両者の関係が正義に関する諸理論ないし諸観念と正義概念それ自体との関係にかなりの程度類似していることを前提にしている。正義が重要な道徳的政治的理念であることは我々の誰もが認めている。そして様々な正義論は，正義が現実にどのようなことに存するかを議論し，我々はこの種の理論のうちどれが最善の理論かを問題にするわけである。これと同様に我々は，人々にとって本質的に善い状態として観念された福利が重要な道徳的政治的概念であることを想定している。そして福利に関する伝統的諸理論（あるいは新たに展開されるかもしれない諸理論）は，このように観念された福利が現実にはどのようなものであるかを議論し，我々はこれらの理論のうちどれが最善の理論であるかを問題にする，と言えるだろう。

　ところが第二の問いは，それ自体では我々が今述べた問題に立ち向うべきことを（あるいはこの問題が意味のある問題だと認めることさえ）要求しない。我々は，真の平等は人々が各自の成功（ないし喜び）の点で平等になることを要求すると考えるかもしれないが，だからと言って，人々にとって本質的に善い状態を単に成功（ないし喜び）の問題として理解することが正しいとは考えないかもしれない。また確かに我々は，成功とか喜びから概念的に独立し，人間に関する更に深い事実と考えられた本質的に善い状態，という観念に対して全面的に懐疑的であるとしても，平等というものは成功における平等を要求すると考えることがあるだろう。すなわち我々は，二人の人間が本質的に善い状態に関して平等であることは彼らが成功において平等であることなのか，という問いが有意味であること自体を拒否しても，成功の平等を魅力ある政治理念として受け容れるかもしれない。そして我々は，この問いが，ある制度が正しいとされるのは当の制度が可能なかぎり最大の平均的効用を生み出すときかという問いと類似していることを否定しても，成功の平等というものを魅力ある政治理念として是認するかもしれない。

　私が以上のことを指摘したのは，福利の平等について特定の観念を擁護したいと望む者が利用するかもしれない二つの戦略を区別することが重要だからである。第一に彼は，福利とは人間にとって本質的に善い状態のことであるという見解を先ず

受け容れたうえで，次に少なくとも彼の論証の試論的な前提として，真の平等は本質的に善い状態に関して人々が平等であることを要求する，という命題を採用するかもしれない。この後で彼は，何が本質的に善い状態かに関する最善の理論として特定の福利理論（例えば成功理論）を支持する論証を行ったうえで，平等は人々が成功に関して同等になることを要求すると結論するだろう。あるいは第二に彼は，もっと直接的な仕方で成功の平等のような何らかの福利の平等観念を支持する議論を行うかもしれない。この場合彼は，本質的に善い状態は果して成功に存するのかという問題に関してはいかなる立場もとらず，この問題がそもそも有意味な問題かという先行する論点に関してさえいかなる立場もとらないだろう。そして彼は次のように論ずるかもしれない。つまり，いずれにしても公正とかその他平等の分析に関連した何らかの理由で成功の平等が要求されるにしても，これらの理由は本質的に善い状態ということの意味や内容についてのどんな理論とも無関係である，と。

　それでは，福利の平等に関して何らかの特定の観念を支持する論拠を評価する際には，これら二つの戦略をともに考察する必要があることになるのだろうか。私にはその必要はないと思われる。なぜなら，第二の戦略の論駁は（少なくともある特定の意味において）同じく第一の戦略の論駁と見なされるべきだからである。私自身としては，様々な解釈を許容する一つの概念として，本質的に善い状態という考え方が無意味であり，したがって，第一の戦略から無意味な内容を除去すればそれはまさに第二の戦略に帰着すると主張するつもりはない。反対に私の見解では，本質的に善い状態という観念は少なくともこれを一定の脈絡によって定義すれば重要な観念であり，ある人間にとって本質的に善い状態というものを正しく解釈すれば，この状態が何に存するかという問題はこれら一定の脈絡においてしばしば大いに重要な問題となるのである。また私は，ある特定の福利観念については人々の福利を平等にすべきではないという結論から，当の観念が（本質的に善い状態として理解された）福利の観念として不適当だということが帰結するとは考えない。むしろ私はこれとは反対の主張にみえるものを否定するのである。すなわちある観念が適正な福利観念であるならば，このように理解された福利において人々が平等にされるべきことが帰結する，という主張を私は拒否する。確かに，前者から後者が帰結するわけではない。例えば人々が本質的に善い状態において平等と言えるのは，各人がそれぞれ抱く特定の選好全体を達成することに大雑把にみて同じ程度成功している場合である，という主張を私は受け容れるかもしれないが，この場合，このよう

な状態への前進がそのまま真正な分配上の平等への前進となることを私は認めないかもしれない。たとえ当初はこれら二つの命題を受け容れたとしても，後になって私がこの種の成功において人々を平等にすべきではない政治道徳上の適切な根拠が存在することに納得し，前者の命題が正しいか否かに関係なくこの根拠が妥当することに納得すれば，後者の命題を私は放棄すべきなのである。それゆえ分配は人々の成功を平等にすることを目的とすべきではない，という主張に政治道徳上の強力な根拠があることを立証して第二の戦略を論駁できる論証は，同じく第一の戦略に対しても有力な反論と見なされなければならない。もっとも，言うまでもないことではあるが，この論証は第一の戦略の暫定的な結論，つまり本質的に善い状態は成功に存するという結論を論駁する論証とは見なされえない。以下に続く議論の中で私は，上記のような仕方で第二の戦略に対する反論を試みるつもりである。

IV 成功理論

　今ここで私は，既述の様々な仕方で観念された福利の平等を検討することにしたい。先ず，私が成功理論と呼んだグループに属する諸理論から始めよう。おそらく私がここで再度確認しておくべきことは，成功理論も含めて福利の平等のどんな観念も，これを実際に適用するとなると色々な困難に突き当るが，私はこのような困難を（それ自体としては）重大なものとして扱うつもりはない，ということである。ある社会が成功（あるいは喜び）の平等について何らかの形態の観念を採用し，この平等の達成に専念したとしても，できることはせいぜい大雑把な平等の実現にすぎず，また当の社会がどの程度まで首尾よく平等を達成しているかという点についても，大雑把なことしか分からないだろう。成功におけるある種の相違は政治的行為によって達成しうることの範囲外にあるだろうし，ある種の相違は他の価値を犠牲にしてしまうような手続によってしか排除できないだろう。したがって，上記のように観念された福利の平等は単に理念上の平等として考えられているにすぎず，実際に存在する様々な政治制度のうちでこの理念を全体として最もよく促進する可能性があるのは（あるいは促進する可能性が最も少ないのは）どの制度かを判断するための基準として——つまり平等を実現する傾向があるのはどの制度か，という事前的な判断の問題として——利用されるにすぎない。しかし，まさにこのような理由で，理念としての観点から福利の平等に関する様々な観念をテストすることが重要となるのである。要するに我々が考察すべき問題は次のことである。上記の様

々な観念のどれか一つにおいて福利の平等を完全に達成することが仮に可能だとしたならば（本当は不可能なのだが），平等の名においてこれを達成することは本当に望ましいことと言えるだろうか。

A 政治的選好

先ず私は，既に明確にされた最も広義で最も無限定な意味における成功の平等から考察を始めたい。すなわち人々の選好の中には他の様々な形態の選好と並んで政治的選好というものが含まれているが，この政治的選好をも含めて人々の選好は平等に成就されねばならない，という見解である。しかし我々は，この平等観念を共同体の中で実現しようとする際に当初から突き当る難問に注目しなければならない。つまり，自分自身の政治的選好の問題として，まさに当の平等理論を信奉する何らかの人間が共同体の中に居る場合，この平等観念を実現しようとする試みは一つの難問に直面するのである。公職者は，自分が行った分配がすべての人々の選好――これには各人の政治的選好も含まれている――を平等に満足させたか否かを知る以前に，上記のような人間の政治的選好が成就したかどうかを知りえないはずである。かくしてここには循環論法の危険性がある。しかし私は，上記のように観念された福利の平等は，この種の社会においても試行錯誤の過程を経て達成されうるものと想定することにする。最も広義に観念された成功の平等が達成されたことに自分は満足している，とすべての人々が自ら公言するようになるまで，資源は分配され再分配されていくだろう。

しかしこの広義の平等観念には当初からもう一つ別の難問があることに注目しなければならない。この平等観念に立つと，ある共同体のメンバーが分配上の正義に関して非常に異なった理論をそれぞれ熱心に信奉しているような場合には，たとえ試行錯誤の方法によっても適当と言える程度の平等を達成することがおそらく不可能になる，ということである。この平等観念に立って我々が財のどのような分配を手配しても，政治理論上の理由によってこれとは異なる分配を熱烈に支持する何らかの集団が存在すれば，この集団に属する人々は個人的にはどれほど良い状態になっても深い不満感を抱くだろうし，他方でこれ以外の人々は当の結果を是認するような政治理論を信奉していることから大いなる満足感を抱くことだろう。しかし私は実際的ないし偶然的な難問は考慮の外に置くことを提案したのだから，次のような社会を前提にすることにしたい。この社会ではすべての人々が大雑把に言って同

じ政治理論を信奉していることから，あるいはたとえ彼らの理論が相互に異なっていても，ある人間が政治的な理由で分配上の解決に不満を抱くときは彼の個人的な状態を特に優遇することでこの不満感を償うことが可能であり，他方，だからと言って今観念されている意味での平等を打ち消してしまうほどには他の人々がこのような優遇に反抗心を抱かないことから，人々の無限定な選好の充足の度合が大雑把に平等となる状態を——今問題とされている広義に観念された大雑把な成功の平等を——達成できるということである。

　ところが，今述べた可能性——つまり自分の信奉する政治理論を拒否されたことで損をする人々は，補償という方法で他の人々より多くの財を貰うことができるということ——は，問題にされている福利の平等の観念を魅力的でないものにしてしまうのである。他の点では福利の平等の理念——これがどのように観念されようと——に魅力を感じている人々も，例えば人種差別主義に起因する損得を計算に入れたいとはおそらく思わないだろう。そこで私は，すべての人々が少なくとも次のような仕方で成功の平等に限定を設けることを望むものと想定する。つまり黒人に対して偏見を抱く人は，黒人が白人と同じくらいの財をもつ状態に不満を抱き，不満に由来する福利の低下を償うほど十分に自分の地位が優遇されないかぎりこのような状態を否認する事実があるとしても，このような事実のゆえに人種差別主義者が他の人々に比べ多くの財をもつことがあってはならない，といった条件を設けることによって成功の平等を限定するわけである。

　しかし，このような条件は単に人種差別主義者だけに限られず，少なくとも成功の平等という一般的な理念と衝突するすべての政治理論にもあてはまらないだろうか。あてはまらないと考えるべき理由があるかというと，これはかなり不確かなことである。例えば上記のような条件は，貴族は平民より多くの財をもつべきであると考える人々，更には，政治道徳の問題として，より才能のある人はより多くの財をもつべきだと考える能力主義論者にも同じように適用されるべきである。そして実際のところこの条件は，人々は政治的選好をも含めた各自のあらゆる選好の成就において平等となるべきだと考えるのではなく，むしろ人々は個人的な生活の中で各自が手にする資源や喜びや成功において平等でなければならない，と考えるある種の平等主義者に対してさえ適用されるべきことになる。もちろん，後者の平等主義は前者の平等観念を受け容れた公職者たちからみれば誤った平等理論であろうが，それでも人種差別主義や能力主義の理論に比べればこれらの公職者にとって尊重に

値するもののように思われるだろう。しかし誤った平等主義者についてみても，次のような事実を償うために特別の割増資源を彼らの貸方に記入すべきだという考え方は依然として奇妙な感じがする。つまり誤った平等主義が公職者によって採用されず，正しい平等主義と想定された別の政治理論が社会において採用されたとき，誤った平等主義者が社会の状況を総体として是認する度合は，現実に採用された正しい平等主義の支持者が当の状況を是認する度合より低くなるのであるから，この事実を償うために前者に特別の資源を与えなければならない，と考えることは奇妙に思われるし，また前者がこのような特別の資源に対してもつ請求権がある意味で上記の事実に依存しているということも奇妙である。これが奇妙に思われるのは（他にも理由はあるが），善き社会とは，当の社会が採用した平等観念を，単にある人々が抱くことのある選好として——つまり他の人々がそれを否定された場合には別の方法で償わなければならないような充足の源として——取り扱うのではなく，それがまさに正しい観念であることからすべての人々が受け容れるべき正義の問題として取り扱うような社会だからである。基本的政治制度がある種の選好を誤った選好と見なし，人々がこの選好を抱くことは間違っていると宣言しているとき，このような善き社会は誤った選好を抱く人々に対して償いなどしないだろう。

　人種差別主義というものがそれを抱く人々に対してより多くの個人的財を与える正当事由と見なされるべきでないのは，この種の政治理論ないし態度が適正な平等観念によって断罪されているからであって，人種偏見を抱く者が必然的に不誠実な人間であり，無思慮あるいは邪悪な人間であるからではない。しかし，だとすれば，非平等主義的な他の形態の政治理論も同様に無視されて然るべきだし，たとえ平等主義であってもそれが誤って観念された平等理論であれば同じように無視されるべきである。更に，非平等主義であれ誤った平等主義であれ，いかなる者もこの種の政治理論を信奉しておらず，ただ，ある一部の人々が単に利己的な人間であるのに対して他の人々は善意の人間であるような場合を想定してみよう。前者の人々は単なる利己主義者であり，いかなる政治的信念も——広義の意味で理解された政治的信念でさえも——抱いていない結果，何らかの分配がなされた後で彼らが自ら置かれた状態を総体的に是認しても，これは単に彼ら自身の私的な状況の問題であるとする。他方，これ以外の人々は善意の人間であることから，例えば社会から貧困がなくなれば彼らが社会状態を是認する度合も強くなると想定しよう。このようなとき，我々が善意というものを成功の積極的な源として考慮に入れることを拒否しないか

ぎり——つまり善意の人々の総体的な選好が充足されるとき，善意というものが選好充足の積極的な源として考慮に入れられることを拒否しないかぎり——，ここでも再び我々は，利己的な人々により多くの財を与えなければならない羽目に陥るだろう。というのも，善意の人々は当の善意によって利己的な人々より成功した（より多くの選好が充足された）ことになり，これを償うために後者に対してより多くの財を与えなければならないことになるからである。しかしどのような平等観念であろうと，人々が平等を否認する度合が強ければ強いだけ，あるいは人々が平等に無関心であればあるほど，当の人々がより多くの財を持てるような分配をそれが推奨するとすれば，平等観念のこのような特徴は，確かに我々が当の観念を拒否すべき理由となるだろう。

　最後に別の状況を考察することにしよう。いま，形式的にみて政治理論と言えるようなものを誰も持っていない——いずれにしても非常に強い信念としては持っていない——と想定しよう。しかし多くの人々は，私が広義の意味で理解された政治理論と呼んだものを有していることから——孤児のように——自分たちより不幸な集団の状態に特別な同情心を抱いているとする。もしこれらの選好を考慮にいれることが許されると，結果は次の二つの事態のどちらかにならざるをえない。つまり孤児たちはまさに上記の理由で，この種の特別な選好が存在しなかったならば平等がそれ自体において要求したはずの処遇より良い処遇を受けるだろうし，そうなれば——手足の不自由な人々のように別の意味で不利な立場にある人々を含めた——他の諸集団に対し不可避的に損失をかけることになるだろう。あるいはこのような事態が平等主義的な根拠によって排除されたとすれば，今後は手足の不自由な人々より孤児のことをより気にかける人々がこの特定の選好が成就されない見返りとして余分に資源を貰えることになるだろう（この場合，彼らはこの特別な資源を孤児のために寄附するかもしれないし，寄附しないかもしれない）。しかし，これら二つの結果のどちらも平等主義理論の名誉にはならないことである。

　それゆえ，我々が人々の成功を相互に比較して各人の成功の度合を計算する際に，理論の形式をとった政治的選好と理論の形式をとっていない政治的選好をともに計算から除外することによって，成功の平等の無制約的な観念を拒否する正当な理由が存在することになる。少なくともこのことは，異なった政治的選好をもつメンバーから成る共同体についてあてはまり，ということは，我々に関心のあるほぼすべての現実の共同体についてあてはまることになる。しかし，ここで少し立ち止って，

第1章 福利の平等

このような無制約的な観念を他のあらゆる共同体についても拒否すべきか否か考えてみてもいいだろう。いま，人々が大体において同一の政治的選好を抱いているような共同体を想定してみよう。もし人々に共通の選好が政治的選好の充足という意味での成功をも含めた成功の平等を支持しているならば，実際のところ当の理論は，人々は非政治的な選好の充足において平等に成功しなければならないというもっと限定された理論へと縮小する。というのも，すべての人々が大雑把にみて同等の総体的評価をもって是認する分配が達成されたならば，そして，この分配を自分がどれほど善いと見なしているかについて各人が判断するとき，各人の政治的信念がこの判断に及ぼす力が単に次のことにあるならば，つまり，他のすべての人々が分配を同等の程度において善いと見なしているがゆえに自分は当の結果を是認するということにあるならば，然るべき分配とは，各人が自分の非個人的選好と個人的選好が他の人々と平等に充足されていると見なすような分配になるはずだからである。いま，アーサーが自分の非個人的および個人的な状況についてベッツィーほどには満足していないとしよう。このような意味において彼がベッツィーほどには分配に満足していないとき，この分配を正当化したり要求しうるようないかなる政治理論（あるいは政治的態度）もアーサーは仮定上持つことがありえないのであるから，アーサーにはベッツィーと同じ程度に当の分配を一般的ないし総体的に是認すべき――政治的，非個人的および個人的評価をすべて結合させたうえで是認すべき――いかなる理由もありえないのである。

ところが，人々の共有する政治理論が総体的な是認の度合を平等にするという考え方ではなく，アーサーが上記の分配を是認すべき理由となりうるような別の何らかの非平等主義的な理論であったとしよう。いま，すべての人々がカースト制の理論を受け容れている結果，アマルティアは他の人々より少しばかり貧しくても自分が下位のカーストの成員であることからより貧しくあるべきだと信じており，それゆえ分配の結果，彼の選好の総体は他の人々と平等に充足されているとしよう。したがって，逆にアマルティアがより裕福になると，彼の選好が総体として充足される度合は悪化してしまうとする。そしてまたアマルティアが少しでも裕福になると，より上位のカーストに属するビマルの総体的な満足の度合も低下するとしよう。このような状況において，成功の無制約な平等は，福利の平等の他のどのような観念も推奨することのないような分配を推奨する。しかし，まさにこのような理由によって，成功の無制約な平等という観念は受け容れ難いものとなる。不平等な政治体

制をすべての人々が誤って正しいと信じていても，このことのゆえに当の体制が正しい体制になるわけではない。

　無制約な成功の平等を受け容れることができるのは，人々がたまたま抱いている政治的選好が単に広くゆきわたっているというよりはむしろ正しい選好である場合に限られる。言うまでもなくこのことは，無制約な成功の平等が結局のところ空虚な観念であることを意味している。この観念が役に立つと言えるのは，この観念とは独立に特定の分配が——成功の平等の何らかのより限定された観念や，これとは全く異なった別の政治理念によって——既に正しいことが立証されており，この分配にめくら判を捺すようなときぐらいである。いま誰かがこれを否定し，次のように主張したとしよう。つまりある政治体制がどのようなものであろうと，すべての人々がこれを高く評価し，同じ程度に是認しているならば，当の体制はそれ自体において善い体制なのだ，と。しかし，この主張はあまりに恣意的であり，通常の政治的価値からひどくかけ離れているので，政治理論というものが何であり何のためにあるのかを彼が本当に理解しているのか疑いたくなるほどである。いずれにしても，彼は平等についての魅力ある解釈はおろか，そもそも平等の解釈といえるようなものを述べていないのである。

B　非個人的選好

　確かに我々は成功の平等が企てる計算から，私が人々の非個人的選好と呼んだもののうち少なくともあるタイプの選好を排除することによって，成功の平等を更に一層限定しなくてはならない。というのも平等理念は，人々の抱くあらゆる非政治的な願望が各自同じ程度に実現されるような仕方で人々は平等になるべきだ，などとは——たとえこのような仕方での分配が達成可能であっても——明らかに要求しないからである。いまチャールズが火星で生物が発見されることを熱烈に望んでいるとしよう。あるいは自分の生存中に偉大なアメリカの小説が書かれることや，現在不可避的に浸食が進んでいるヴィンヤドコーストが海水によってこれ以上浸食されないことを熱烈に望んでいるとしよう。このとき，世界のなりゆきについてもっと容易に願望が叶えられた他の人々から資金を取り上げてチャールズに渡せば，チャールズが抱く別の選好が充足されることによって，彼と他の人々の非政治的選好が達成されている度合の総体的な不平等は軽減されるだろう。しかしこのようなことを平等は要求しはしない。

第1章　福利の平等

　以上のことから明らかなように，成功の平等はもっと限定される必要があるわけだが，非個人的選好であっても，このような限定を免れるべきだと考えられるようなものが何かあるだろうか。私がすぐ前で例として挙げた様々な非個人的選好は，すべて叶えられることがそもそも不可能な夢のようなもの，あるいはいずれにしても政府がこれらを実現しようとしても何の手段も講じることのできない夢のようなものだと言われるだろう。しかし，これらの選好が叶わぬ夢であっても，なぜこのことがこれらの選好を無視すべき理由になるのか私には理解することができない。真に非政治的と言えるあらゆる目的や選好に関して人々が失望する度合の不平等を減らしていくことが正しいことならば，政府としてはこの方向でできるかぎりのことをすべきであって，たとえ火星に生物がいる状態を政府が実現できなくても，既に述べたように，政府はチャールズが他の点でもっと成功できるようにしむけて彼の望みが叶わないことに対して少なくとも部分的に補償することができるのである。いずれにしても私は，人々が抱く願望の例として，政府にとって実現することが不可能でないような願望や，それほど特に困難だと思われないような願望でさえ容易に挙げることができただろう。例えばそれぞれ固有の特徴をもったいかなる種もこれからは絶滅することがないようにとの願望をチャールズが抱いており，その理由というのが多様な植物や動物を彼が観て楽しむからではなく，他の人々がこれを楽しめるからという理由でさえなく，むしろ，このような種のどれかが失われると世界が悪化すると彼が考えているからだとしよう。彼は，スネイルダーターを失う犠牲を払うより，非常に有益なダムが建設されないことのほうを圧倒的に選好するだろう（この場合，種の重要性に関する彼の見解が念入りに培われたものでないとする。もしそうだとすれば，私が後で考察するように，高価な嗜好を念入りに培うことをめぐる特別な問題が持ち上がると考えられるだろう。したがって彼は自分がたまたまこれらの見解を抱く人間だということを単に知っただけとする）。しかし政治過程を通じてこの問題が検討され，ダム建設の決定が下されたとする。今や，チャールズの失望は非常に大きいので（そして彼はこれ以外のすべてのことに殆ど無関心なので），あらゆる非政治的選好の充足として理解された彼の福利を社会全体の一般的なレヴェルにまで再び引き上げるには，莫大な額の公的資金を彼に支払うほかはないだろう——例えば彼は，この金を使って，種に対する犯罪がこれ以上なされないようにロビー活動を行うことができる——。私は平等がこのような支払いを要求するとは思わないし，多くの人々がこのような考え方をするとも思わない。た

とえ福利の平等の一般的な観念に魅力を感じている人であっても，このような考え方はしないだろう。

　もちろん，平等は，私が述べた政治過程においてチャールズに一定の地位が与えられるべきことを要求する。彼には，問題の決定を下すであろう公職者の選挙に際して平等の投票権が与えられなければならず，これらの公職者が下すべき決定に関して自らの意見を表明する平等の機会が与えられなければならない。更に，次のようなことも少なくとも論議の対象になりうるだろう。つまり公職者が万事を考慮したうえでダムを建設すべきか否かを判断するために損失と利益の一般的な比較衡量を行うとき，チャールズの失望も計算に入れられるべきであり——おそらく失望がその強さでもって測られることもあるだろう——彼の不満感は一種のベンサム流の計算の中でカウントされ，ダムが他の人々にもたらすであろう利得と比較衡量されなければならない，ということである。たぶん我々は，これよりもっと先に前進して，次のように主張したいと思うかもしれない。すなわち，共同体が経済的効率性と種の保存とを対抗させるような一連の継続的決定に直面しているならば，そのつど個別的に損益計算を行ってチャールズを毎回敗者にするようなかたちで別々に決定を下すべきではなく，少なくとも一回だけは共同体が彼の意見を尊重しなければならないようなかたちで，一続きのまとまったものとして決定を下すべきである，と。しかし以上の主張のいずれも次のような議論へと接近していくことはない。つまり，共同体はチャールズの特異な立場を上記とは異なった仕方で是認し，あらゆる非政治的選好の充足という意味での彼の成功の度合が，一連の決定が完結した段階で他のすべての人々の成功の度合と同じくらいに留まることを可能なかぎり確保しようと企てる場合にのみ彼を平等な存在として扱っていると言えるのであり，彼の非個人的な選好がどれほど奇異であろうとこのことに変りはない，というような議論である。確かにこのような提案は，政治的平等の伝統的諸理念が推奨してきたことを実施に移すというよりは，むしろこれに抵触している。なぜなら，もし共同体がこのような責任を承認したならば，まず間違いなくチャールズの意見は，伝統的諸理念がこの意見に与える役割よりはるかに大きな役割を演ずる結果になってしまうと思われるからである。

　しかし，依然として次のように反論する人がいるかもしれない。すなわち，状況によって非個人的な選好に不合理なものがあり，あるいはむしろ，それが充足されない場合に共同体はそれに対し補償することによって当の選好を尊重するだろうと

期待することが不合理であるようなものがあるが、私の議論はこのような不合理な非個人的選好を人々に帰することに依存しているのだ、と。そして、次のように主張されるかもしれない。非個人的な選好には合理的なものもあり、私の議論はこの種の選好が上記のような仕方で尊重されるべきでないことを示唆してはいない、と。しかし、この主張は議論の中に非常に異質な観念を持ち込んでいる。というのも、この場合我々には非個人的選好が合理的なのはどのようなときか、あるいはある人に対して補償することが合理的なのはどのようなときか、という点に関する独立した理論が必要となるからである。（目下の議論からすると）この種の理論はおそらく次のようなことを想定していると思われる。つまり、各個人の関心事に対しては社会的資源の一定の公正な分前が割り当てられるべきであり、したがって、この公正な分前が各個人の利用に供されていないときは補償への要求は適切であるのに対して、彼が望むような決定を下すことや彼の失望に対して補償することが他人の公正な分前を侵害するときは補償への要求は適切でない、ということである。本節の後のほうで我々は、成功の平等理論の中で公正な分前という観念をこのような仕方で用いたことから生ずる結果を考察するだろう。ここでは、何らかの非個人的選好が成功の平等の計算にとって適格なものと言えるようになるためには以上のように理論を何らかのかたちで極めて精巧なものにしていく必要がある、ということを指摘すれば十分であろう。

　また福利の平等という観念を——あらゆる政治的願望や非個人的願望から区別された——個人的願望を達成する際の成功だけに限定することは不適切なこととは思われない。というのも、この区別は他の様々な意味において魅力的だからである。もちろん、人々は自分自身の政治的な選好や非個人的な選好を気にかけるし、しばしば非常に強くこれらを気にかける。しかし次のように述べても、別に無神経なこととは思われない。つまり、人々を平等にする権利ないし義務が政府にあるとすれば、これは人々を彼らの個人的な状況や状態において平等にする権利ないし義務を意味するのであって、これらの状況や状態の中には各人の政治的権力も含まれているが、人々の相互に異なった政治的信念が共同体によって受け容れられる度合とか、理想的世界についての人々の様々なヴィジョンが現実化する度合を平等にしていくことを意味するものではない、と。むしろ反対に、平等の目的を更に一層限定したほうが自由な国家にとっては相応しいことのように思われる。もっとも、人々を個人的な状態において平等にすると言っても、これが何を意味するか、これから考え

ていかなければならない。

C 個人的成功の平等

(1)相対的成功 それゆえ我々は,これから私が議論する成功の平等の最も限定的な形態を考察しなければならない。この平等は,自分の生活や環境に関する各人の選好が分配を通じてできるだけ同じ程度に充足されるという意味で人々が平等になるように当の分配が計画されるべきことを要求する。福利の平等についてのこの観念は,特殊ではあるが一応もっともらしい哲学的心理学の理論を前提としている。つまりこの観念は,人々が次のような能動的行為者であることを想定する。すなわち,一方で人々は,彼らに個人的に開かれている選択や決定を行う際に成功したり失敗したりすることがあり,他方で,彼らは世界一般について総体的に是認したり否認したりすることがあるが,人々はこれら二つのことを明確に区別できる能動的行為者であり,生活をより良くしたりより悪くするものは何かについて自分自身の観念に従いながら,自らの生活を可能なかぎり価値あるものにしようと試みる一方で,このような目標の追求に対しては道徳的な拘束があること,そして非個人的選好に由来するこれと競合する諸目標があることをも認めるような行為者である。明らかに,この構図は少しばかり理想化されている。これは,どんな人間の行動の記述としても決して完全に正確なものではないかもしれない。そして多くの事例においてこれには著しい限定付けが必要だろう。しかしこの構図は,個人が何であるかをそれに照らして記述し解釈するためのモデルとして,おそらくは我々にもっと馴染みの別の指導的な構図よりは良いものに思われる。

したがって,この心理学理論については異論をさしはさまないでおこう。しかし,我々は次のような指摘の中に一つの難点があることにすぐさま気づかなくてはならない。すなわち,できるかぎり共同体の諸資源は人々が自分の目から見て自らの生活を価値あるものにしていく際に彼らの成功の程度が平等になるように分配されるべきである,という考えには一つの難点がある。人々は自分がどのような種類の生活を送るべきかについて選択するとき,これら様々な生活を送るための手段として大雑把にみてどのようなタイプの資源がどれくらい多く入手可能かに関する想定を背景にして,当の選択を行うのである。彼らは,あるタイプの体験や人間関係や計画達成を実現するためには他のタイプのどんな体験や人間関係や計画達成がどれほど犠牲にされねばならないかという点について判断を下す際に,前記の背景を考慮

に入れるわけである。それゆえ，いま問題になっている成功の平等の限定された観念は，人々が各自どのような種類の生活を送るべきかについて大雑把にでも既に一定の計画を形成したことを前提にしているのであるが，人々にとってみれば，この種の計画のようなものをそもそも考え出せるためには，様々な選択肢のもとで自分がどんな資源を自由に利用できるようになるかについて，それなりの理解が予め必要なのである。これらの資源の一部は生来的なものである。人々は，期待される自分の寿命の長さや健康，才能や資質について，またこれらの資源を自分は他人より多く持つか少なく持つかについて，様々な想定をする必要がある。しかし人々はまさに社会が福利の平等の何らかの体制のもとで割り当てる資源——富や機会など——をどのくらい持つことになるかについても，様々な想定をする必要がある。ところが，ある人間が一定の生活を選択する前に，当の生活のもとで自分がどんな富や機会を利用できるようになるかを予め理解している必要があるとすれば，富の分配のための体制は，単にある人間が選択した生活にかかる費用を計算することによって彼が受け取るべきものを測定するだけで済ませることはできないのである。

それゆえ，ここにもまた致命的な循環論法の危険が存在していることになる。しかし私はこの問題を脇に置いておくことにしたい。これは既に私が最早考察しないと約束したテクニカルな類の問題のもう一つ別の例にすぎないからである。したがって，この点に関しても，試行錯誤の方法によって問題を解決することができると想定することにしよう。いま，実際に人々が平等の資源を持っているような社会を考えてみよう。そしてある人々は，自分の生活の現状について他の人々よりもはるかに満足していることが判ったとする。そこで，前者から資源が取り上げられて後者に与えられ，試行錯誤を基礎として，次のことが真と言える状態に至るまでこれが繰り返されることになる。つまり人々が自分の置かれた状況のあらゆる事実について完全な情報を有しており，各人が今や手にしている資源のレヴェルを前提とすると自分が形成した計画の達成にどれほど成功していると思うか質問されたときに，すべての人が大雑把にみて同じレヴェルないし程度の成功でもって答えるような状態に至るまで資源の分配を続けていくのである。

しかし私が説明した実際的な難点のこのような「解決」は，この実際的な難点が指し示す一つの理論的な問題を表面に浮かび上がらせる。政治的道徳的選好や非個人的な目標と，これと対置される個人的な成功や失敗とのどちらに大きな価値を認めるかは人によって異なるが，これだけでなく，まさに彼らの個人的な状況ないし

状態の構成要素として考えられた成功や失敗に関しても，人々がこれらに与える価値は異なっているのである。少なくとも，成功や失敗のある一つの意味において，彼らはこれらに異なった価値を与えている。というわけは，今や我々は私がこれまで無視してきた重要な区別に注目しなければならないからである。人々は（少なくとも，すぐ前で説明したような仕方で理解された人々は），自分の生活のための計画や企てを，彼らが利用できる生来的で身体的な資源を背景として選択し，このような計画や企てに基づいて個別的な目標を設定し個別的な選択を行う。人々は他の職業や仕事ではなく特定の職業や仕事を選び，他の共同体ではなく特定の共同体で生きることを選ぶ。そしてまた彼らはあるタイプの恋人や友人を捜したり，一つの集団ないし一組の諸集団と自分を同一視し，一連の諸技能を伸ばしたり，一連の趣味や関心事を自分で選んだりする。もちろん，このような典型的態度に近い行動をとる人々でさえも，これらすべての選択を何らかの総体的な企てに照らして計画的に行うわけではなく，おそらくこれらの選択のどれも完全に計画的に行うことはないかもしれない。このような場合，運や偶然や習慣が重要な役割を演ずるだろう。しかし，ひとたび彼らが行おうとする選択が現実に行われたならば，これらの選択は一組の選好群を規定することになり，かくして我々は，ある人がこのような仕方で確定されたあらゆる選好の充足にどの程度まで成功ないし失敗したかを問うことが可能になるのである。これが私の言う意味での彼の相対的成功（relative success）——彼が自らに設定した個別的な諸目標を達成しようとする際の成功——の問題である。

　しかし人々はもっと包括的な別の企図に照らして，これらの選択を行い，これらの選好を形成する。つまり彼らがこれから送るべきたった一度しかない生涯を価値あるものにしようという企図ないし野心や念願である。この包括的な企図を，人々が普通に抱いている単なるもう一つ別の選好として説明することは，誤解を招くものと私には思われる。この企図ないし野心や念願は非常に根本的なものなので，これを選好という名のもとに含ませることにはどうもしっくりしないところがあり，またそれは内容的にもかなり不十分なところがある。選好とは，あるものを別のものより良いとして選択することである。選好は一つの判断から生ずる結果を表現し，人が欲求するものを一層具体的に決めていく過程から生じた結果を表現している。しかし，人生の中に価値を見出そうとする企図は，これ以外の複数の選択肢と比べた結果選択されるものではない。この場合，通常の意味における選択肢は存在しな

いからである。このような企図は様々な計画を更に具体化するものではない。事実それは人々がそもそも何らかの計画をもつための条件なのである。人々は自分の人生に対して何らかの計画を——たとえそれが試行的ないし部分的な計画であっても——ひとたび立てた段階で，つまり，上記の仕方で自分の個別的な選好を確定した段階で初めて自らの現状をこの計画とつき合わせることによってかなり機械的に自分の相対的成功を測定することができる。しかし人々は自分が現に達成したことと，指定された何らかの目標との両者をこのような仕方で単につき合わせることで，自分の人生が価値を見出すことに成功したか失敗したかを判断することはできない。自分の人生の価値を発見するためには，自分の人生を総体として評価しなければならず，これは特定の人間の人生に意味や価値を与えるものは何かに関する哲学的確信として説明するのが最も適切な信念——どれほどこれが不明確であり，本人がこれをそのように呼ぶことにどれほどためらいを感じようと——を伴わざるをえないような判断である。ある人間がこのような仕方で自分の人生に価値を帰することを当の人生の全体的成功（overall success）に関する判断と呼ぶことにする。

　人々は，全体的成功を達成する際に相対的成功がどれほど重要な意味をもつかについて見解を異にしている。ある人は次のように考えるかもしれない。ある特定の経歴（あるいは恋愛やスポーツやその他の活動）において彼が大いに成功する可能性があれば，この事実は彼が当の経歴を選択するか追求すべきことを支持する強力な理由になる，と。したがって彼が芸術家になるか法律家になるか未だ決めていないときに，自分は輝かしい法律家になれるが芸術家としては単に優れているだけだろうと考えているならば，彼はこのような考えを法曹職を選ぶべき決定的な理由と見なすだろう。しかし他の人は相対的成功をはるかに低く評価するかもしれない。上記と同じ状況にあったとき，この人は輝かしい法律家であるよりも優れた芸術家であることを選好するかもしれない。なぜなら法律家がなしうるどんなことよりも芸術のほうがはるかに重要である，と彼は考えるからである。

　この事実——人々が以上のように相対的成功を異なった仕方で評価している事実——は，次のような理由で今問題になっていることと関係してくる。私は福利の平等を先ず最初に抽象的な形態において提示しておいたが，この抽象的な形態における福利の平等の基本的で直接的な魅力は，次のような考え方の中に存する。すなわち人々にとって真に大切なのは金や財ではなく，これらとは区別される福利それ自体である。金や財が役に立つのはそれらが福利をもたらすからであり，この意味で，

それらは単に手段として人々にとって大切であるにすぎない，という考え方である。したがって福利の平等は，あらゆる人々にとって真に，そして根本的に重要なものに関して人々を平等にすることを提案するわけである。分配によって人々の福利を平等にすることを目指す計算の中に政治的選好や非個人的選好の充足をどんな場合にも含めてはならない，という前に示した結論はこの魅力を損うものと思われるかもしれない。というのも，この結論は人々がそれぞれ平等な程度において充足すべきだと考えられる選好を，私が個人的選好と名づけたものだけに限定するのであるが，政治的信念や非個人的目標と対置された個人的選好の充足に対して，人々は同じ程度に関心を払うわけではないからである。ある人々は他のタイプの選好と比較して個人的な選好のほうに関心を払う度合が他の人々より強い。しかし私が説明した直接的な魅力の相当部分は依然として存続している。もっとも，この平等の趣旨を今や少しばかり異なった仕方で述べるべきだろう。そこで次のように言えるかもしれない。福利の平等は，人々の個人的状態や状況が関係しているかぎりにおいて，人々がすべて同じ程度に，そして根本的に価値があると考えていることに関して彼らを平等にしていく，ということである。

　しかしこのようにして主張を存続させたとしても，福利の平等が人々の相対的成功を平等にしていく——これが分配によって達成できるかぎりにおいて——ものとして構成され，人々が自分に対して設定した目標の実現する度合が平等になるようにするものとして構成されるならば，福利の平等はその魅力を喪失してしまうことになる。このような観念に従えば，ある人々が他の人々より大きな価値を認めていたり，ある人々は実際に殆ど価値を認めていないような点に関して人々の平等を達成するために，他の人々を排して特定の人だけに金が与えられたり，ある人から金が取り上げられて別の人に与えられることになり，このためにある人々がより大きな価値を認めている別のことに関しては不平等の犠牲が払われる，といった事態が生ずるのである。極く限定された能力しかない人間は，自分が成功する見込みの高い非常に限定された人生を選ぶ。というのも，彼にとっては何かで成功することが非常に重要だからである。もう一人の人間は彼にとって意味あることはチャレンジであるという理由で殆ど不可能な目標を選択するだろう。このとき，相対的成功の平等は，これら二つの非常に異なったタイプの目標の実現に際して両者が平等に成功するチャンスをもつように資源が分配されるべきことを——おそらくは二人のうち前者にははるかに少ない資源が，後者にははるかに多い資源が分配されるべきこ

とを——要求するのである。

いま誰かが,福利の平等の魅力は私がそこにあると考えたような点にあるのではない,と答えたとしよう。それによれば,福利の平等の目的は,人々が根本的に重要な価値を付与している事柄において彼らを平等にすることではない。たとえこの重要な価値を彼ら自身の生活にとっての価値だけに限定してもそうである。むしろ福利の平等の目的は,彼らが根本的に重要な価値を付与すべき事柄において彼らを平等にすることなのである。しかし権利の平等に対する主張をこのように変化させても,何も達成されたことにならない。というのも,人々が人生において相対的に成功しているとき,その人生の内在的価値や重要性を顧慮せずに,ただ相対的成功だけに彼らは価値を見い出さねばならない,と想定するのはばかげているからである。おそらく一部の人々——大きな障害を背負っている人々——は,自分のできることが非常に限られているので,ある一つの事柄において最小限成功できるような仕方でのみ選択を行わざるをえないことは確かである。しかし大抵の人々は,ある事柄において相対的に大いなる成功を収めても,これ以上のことを行うことを目指すべきである。

(2)全体的成功 以上の議論は,福利の平等についてもっと良い解釈があることを示唆しているように思われるかもしれない。すなわち相対的成功ではなく,全体的成功の平等という観念である。しかし,もし我々がこの観念における福利の平等を探究していくべきだとすれば,相対的成功を比較する際には必要でなかった(あるいは,いずれにしてもそれほど明らかには必要と思われなかった)一つの区別を設けなければならない。換言すると我々は,ある人間の全体的成功に関する本人自身の判断(あるいはこう言ったほうがよければ,通常関連してくる類の事実について彼が完全な知識をもつと想定した場合に彼が下すであろう判断)と,彼が現実にどれほど全体として成功しているかに関する客観的な判断とを区別しなければならない。本人自身の判断は(たとえ彼が事実について完全な知識をもつとしても),既に述べたように,人生に価値を与えるものは何かに関する彼自身の哲学的信念を反映したものになるだろうし,客観的判断の視点からすると,これらの信念が混乱していたり,不正確であったり,あるいは端的に間違っていたりすることもあるだろう。ここで私は,全体的成功の平等とは,本人自身によって判断された人々の全体的成功の平等のことであるという想定に立つことにしたい。つまり全体的成功の平等とは,おそらく相互に異なるであろう各人の哲学的信念を前提として,各人が自

ら判断する全体的成功の平等のことである。もっと後で私は，客観的福利理論という表題のもとに人々の成功をより客観的な何らかの方法で判断し，このように客観的に判断された成功の平等を要求するような別の理論を考察するつもりである。

　それゆえ，我々が想像してきた企てをここで変更することにしよう。いまや我々は，可能なかぎり資源を次のような仕方で分配し直すことにする。我々が分配を終えた段階で，各人が――少なくとも人々が完全な知識をもつと仮定すれば――自分の全体的な成功について同一の評価を与えるように，資源を分配し直すのである。この場合，各人は自分のために選定した諸目標を達成しようとする際の相対的成功ではなく，価値ある人生を送る際の全体的成功について同一の評価を与えることになる。しかし我々が各人の意見だと考えるものを記述するとき，注意が必要である。というのも，ある人間が自分の全体的成功を評価すると言われるとき，評価と見なされうるものには様々な信念があり，これら異なった信念の各々がすべて全体的成功の評価と言えるからである。したがって平等の名において資源を再分配する際に役割を演ずるのはこれら様々な信念の中のどれであるかを決定することが，極めて重要な問題になる。この点，厚生経済学や功利主義の文献に目を向けるのが自然なやり方であるが，我々は両者のどちらからも大した指針を得ることができない。というのも福利は選好の充足にあると主張ないし想定するこれらの論者の多くは，全体的成功というよりはむしろ相対的成功を念頭に置いていたように思われ，いずれにしても，これら二つの観念が分離されたときに前者の観念が提起する問題を議論することがなかったからである。彼らが用いる言葉――選好（あるいは願望とか欲求）という言葉――は，人生全体の価値に関する包括的で特殊な判断を表現するには粗雑すぎるのである。

　二つの問題を区別することから議論を始めてよいだろう。一つは，ある人間がこれまでの自分の生涯をどれほど価値あるものであったと考えているかという問題であり，他の一つは，自分の生涯がどれくらい長く続くことを彼が望んでいるかという問題である。明らかにこの二つは異なった問題である。確かに，ある人々は自分の生涯を失敗と見なし，これを理由に生涯が終ってしまうことを望むか，いずれにしても，生涯が更に続くか否かについて殆ど無関心だろう。しかし他の人々は，自分の生涯があまりに輝かしいものであったがゆえに，もうこれ以上色あせたものになってほしくはないと考え，これを理由に死にたいと思うだろう。更に他の人々は，創造的行為としての自殺をちょうどよいときに用いることによって，成功した自分

の生涯を一層成功したものにすることができると考えている。つまり，これまで送ってきた生涯に誇りを感じている人も，これで生涯を終らせたいと思うことがある，ということである。それでは少なくとも次のようには言えるだろうか。ある人が死にたいと思っているならば，その人は死ななかったならば送るはずの未来の生涯を全くあるいは殆ど無価値なものと見なしていなくてはならない，と。大抵の場合，確かにそのとおりだと言えるだろう。しかし，それにもかかわらず両者の結びつきは偶然的であると私は考える。彼はただ次のように考えているだけかもしれない。自分は未来の生涯で大いに成功するだろうが，今自分の生涯が終ったほうが生涯全体はより成功したものになるだろう，と。またある人が想像できるかぎり長く生き続けたいと非常に強く願望しているからと言って，彼が自分の今の生活を成功した生活と思っていることには必ずしもならないし，自分の未来の生活が特に成功した生活になるだろうと思っていることにさえならない。むしろ反対に，彼は自分の生活が不成功であったと考えるからこそ，もっと長生きしたいと思うのかもしれない。もっとも，彼が長生きしたいと思うのは単に彼が死を恐れているからなのかもしれない。この可能性のほうが高いだろう。しかし，やりがいのあることをする時間がもっとほしいから，彼は長生きを望んでいるかもしれないのである。ここで私が設けたいと考えている区別をおそらく次のように要約することができるだろう。ある人が自分の人生の長さに関して抱く選好は，まさにそのことに関する選好に他ならず，この点で仕事や恋人の選択と何ら異なるところがない。人々は資源についての背景的な想定を前提として，万事を考慮したうえでどのような人生が最も価値のある人生かを判断するわけであるが，人生の長さに関する選好は，人生の価値に関するこのような支配的な判断作用の一部として固定された独立の選好なのである。したがってこの種の選好はそれ自体では全体的成功とか全体的失敗についての判断ではない。

　更に我々は，ある人が自分の人生の中に見出す価値と，彼が自分にとって当の人生が帯びると信じている価値とを区別できるだろうか。これら二つの価値を対比したとき，後者の言い方はこの対比の一部分として何を意味しているのだろうか。この点私には確信が持てない。ときどき我々は，ある人間は彼自身の人生に低い価値しか与えていないといった言い方を次のような意味で用いる場合がある。つまり，このとき我々が言おうとしているのは，自分が送っている――あるいはこれから送ろうとしている――人生に彼が誇りを抱いていないということではなく，むしろ彼

が自分の義務に与えている価値や他人の生活に認める価値に比べて，自分自身の生活の価値をより低いものと見なしているということである。しかし，我々が今ここで考察しているのは，これとは異なったことである。換言すると我々は，ある人が自分の道徳的ないし非個人的価値と比べて彼自身の生活に与えている相対的な価値を考察しているのではなく，彼が自分自身の状態を評価する際に，その評価の一部として彼が自分の人生に与えている価値を考察しているのである。

　おそらく「ある人の人生が彼にとって帯びる価値」といった表現は，自分の人生が続くことに対する彼の選好の強さを意味するだけなのだろう。もしそうならば，ある人が自分の人生の中に見出す価値と，当の人生が彼にとって帯びる価値の区別は，既に我々が論じた区別である。しかし，この表現を用いる者は，これよりもっと複雑でつかみどころのない別のことを念頭に置いているのかもしれない。例えば彼は，ある一つの人生（あるいはむしろ人間の人生一般）が，宇宙全体にとって有する価値をある人が判断する場合と，その人が内側から自分の人生を判断する場合，つまり自分の人生を何か価値あるものにすべき責任を負った人間の視点から人生が判断される場合とを区別しようとしているのかもしれない。もしそうならば，ここで我々に関心があるのは後者の判断である。あるいは彼は次のような区別を考えているのかもしれない。すなわち，上記のような責任を負った人が自分のもつ能力と自分に与えられた機会を前提として，この責任の遂行にどれほど自分自身が成功しているかを判断する場合と，ある人が一定の能力と機会と信念を有することから，上記の責任ある生き方をすれば極めて価値ある人生を送れるような人間であるとき，果してこのような能力や機会や信念をもったことが自分にとってよいことであったか否かを当人が判断する場合との区別である。このように理解された区別を例証する様々な人生を想像することは，そんなに難しいことではない。事実，誰でも知っているように，しばしば偉大な芸術家は喜びから創作するのではなく（喜びという言葉を最も広義に理解しても），むしろ周知の言い方をすれば，彼らにとって詩作や作曲をしないこと，絵を描かないことがまさに不可能だからこそ絶えざる悲惨さの中で創作するのである。このように述べる詩人がいたとすれば，彼はおそらく次のように考えているのだろう。他の仕方で自分の人生を過していたならば，その人生は最も根本的な意味において失敗であった，と。しかしこの場合，彼は同時に次のように考えているのかもしれない。自分が一定の才能と信念をもつからこそ両者が相俟って自分を上記のような人間にしているのであるが，このような才能と信念

の両者をもったことは自分にとって不幸であった，と。これは単に，もし彼にこの種の才能が欠けているか，彼がこの種の信念を抱いていなかったならば，彼の生活はもっと楽しいものになっていただろうが，彼はこの才能と信念を振り払うことができず，したがって万事を顧慮すれば悲惨と絶望の中で詩作する生活が彼にとって最も送る価値のある生活である，ということを意味する。いま，我々が彼に対して哲学者や感傷的な小説家だけがするような暗い質問をしたとしよう。あなたは自分が生まれてこなかったほうが，あなた自身にとってよかったと思いますか，と。もし彼がこれを肯定すれば——事実，何らかの気分でもってこう答える詩人もいるだろう——，我々は彼が言おうとしたことを理解するだろうし，この場合，それは彼が人生の中で価値のあることは何もやらなかったということではないだろう。もしある人が自分の人生の価値について下す判断と，自分の人生が彼にとって帯びる価値について彼が下す判断との区別を以上のように理解するならば，全体的成功についての判断という言い方で私が意味するのは前者の判断のほうである。しかし当の区別をこのような仕方でか，あるいは私が考察した別の仕方のいずれかで理解することができないならば，私にはその区別が理解できないし，むしろそれがそもそも区別と言えるかどうか疑わしいように思われる。

　以上私がややまとまりのない仕方で述べてきたことは，我々が人々の全体的成功は平等になるべきだと提案する際に試みなければならない比較衡量を明確にするためであった。このような全体的成功の比較は，単に二人の人間が自ら抱く確定した選好を発見し，両者が置かれた状況をこれらの選好とつき合わせるだけで行えるものではない。これでは単に両者の相対的成功の比較でしかない。我々は，相対的な判断ではなくて全体的な判断を彼らにして貰わなければならない（あるいは彼らの観点から我々自身が全体的な判断をしなければならない）のであって，この全体的判断においては，確定した選好は評価の基準とされるのではなく，むしろ判断される対象の一部になるのである。しかし，いざ我々が二人に対し彼ら自身でこのような評価を行うように頼み，その後で各人が行った評価を相互に比較しようとすると，以下のような難問にぶつかるだろう。いま，ジャックとジルの各々に，各自の人生の全体的成功を評価して貰うことにし，この際我々が全体的成功という言葉に与えている意味を様々な区別によって彼らに明示したとしよう。つまり全体的成功が，相対的成功とか喜びとか，自分の人生がどのくらい長く続いてほしいといったこととは異なることを彼らに理解して貰ったとする。そして彼らに，「全面的失敗」か

ら「非常な大成功」まで，その間に幾つかの中間段階を含む一組のラベルを与えて，その中から一つを選んで貰うことにする。このとき，これらのラベルのどれをとっても，各人が当のラベルをもう一人と同じ仕方で用いるという保証は全くない。別言すれば二人が同じラベルを選んでも，我々が独自に同じ判断だと見なせることを報告するために両者がラベルを使っている保証はないのである。ジャックはこれらのラベルの一つないしそれ以上のものをジルが用いる意味とは違った意味で用いているのかもしれない。また彼らはラベル間の間隔を測る際に，異なった物差しを用いているかもしれない。例えばジャックは「大成功」と「非常な大成功」の間にはかなりの差があると考えるのに対し，ジルはこれらの用語を単にマージナルな差を強いて区別したにすぎないものと理解する。その結果，二人がともに後者のラベルを用いて自分の判断を報告しても，両者は実際のところ非常に異なった判断をしていることになるだろう。我々は更に彼らと会話を交わし，これを基礎として，二人の判断が実際は非常に異なることを理解するに至るだろう。とはいえ，以上のように説明された難問は，いわば翻訳上の難問にすぎない。そこで私は，いちおう我々がこの問題を原理的には克服できること，つまり，いま指摘したばかりの会話を更に進めることによって，少なくとも我々と同じ言葉を話す人々については以上の問題を原理的には克服できることを仮定しよう。

　しかし言うまでもなく，これらすべてのことは，我々がジャックとジルの各々に下してくれるように頼んでいる（あるいは我々が彼らに代って彼らの観点から下そうと提案している）特別なタイプの全体的判断が存在することを前提にしており，そのうえこの判断が実際に彼らの人生の内在的価値についての判断であること，それゆえ，これが相対的成功についての判断と異なっており，またある人が自分の人生がどれくらい長く続いてほしいと思っているかに関する判断や，その人が自分の人生にどの程度の喜びを見出しているかに関する判断とも異なっていることを前提にしている。もちろん，このように解釈されたこの種の判断については，多くの人々が懐疑的である。もし，これらの人々が正しいならば，我々がジャックとジルに要求している判断は無意味な判断となるだろう。こうなると全体的成功の平等という観念も，同じ理由で無意味なものになる（もっともある人々は，ここで我々が検討する必要のない様々な理由を挙げて，それでも人々は各人の錯覚の性格に関して平等にならなければならない，と依然として主張するかもしれない）。しかし，もし我々が懐疑的な人々が誤っていると（あるいは錯覚の平等が真の目標であるとさ

え）想定するならば，確かに全体的成功の平等は突如として奇妙な目標に見えてこざるをえないし，少なくとも次のような状況においてはそうである。

　いま，ジャックとジルが平等の資源を手にしており，この他の点に関しても，私がこれから述べる信念に関する以外はすべての面で大雑把にみて類似した人間だと想定しよう。両者とも健康であり，身体的障害はなく，彼らが選んだ職業でともにそれなりの成功を収め，また両者ともにそれほど際立って仕事に関し熟達してもおらず創造的でもないとしよう。彼らは日常生活から大雑把にみて同じ程度の喜びを得ている。ところが（風俗画によって大きな影響を受けた）ジャックは様々な企てに全面的に従事する日常生活ならどんな生活でも価値ある生活であると考えるのに対し，ジルは（おそらくニーチェに心酔していることから）はるかに多くのことを生活に対し要求しているとする。例えばジャックは，殆ど何も実現することなくまた何の功績も残せない忙しいだけの農夫の生活も十分な価値に充ちたものだと考えるのに対し，ジルはこのような生活を単に失敗に満ちただけのものと考えている。このとき，両者がそれぞれ各自の人生の全体的価値を評価するように求められたならば，ジャックは自分の人生を高く評価するだろうし，ジルは自分の人生を低く評価するだろう。しかしこのような事実の中には，ジャックからジルへと資源を移転させるべきいかなる根拠も存在しないことは確かである。この移転の結果，ジルの人生は依然として全体的に成功していないとしても，彼女は前よりは少しばかり高く自分の生活を評価することだろう。しかし単にこのことだけで，ジャックからジルへの資源の移転が正当化されることはない。

　この事例によって露呈された難問は，ただ単に我々のやり方が，人生に価値を与えるものは何かに関する非常に異なった理論を基礎として下された二つの価値判断をあえて比較しようと試みることから生じているにすぎない，と思われるかもしれない。ある人は次のように反論するだろう。むしろ我々はジャックとジルのそれぞれに各々の比較のために独自の基準を用いて比較判断をするように要請し，その後で，彼らの哲学的信念の相違を中和化するような何らかの方法で両者の比較判断を比べたほうがいいだろう，と。この考えは間違っていると私は考える。とはいうものの，この指摘を検討してみるべきだろう。いま，ジャックが身体的および精神的能力の理想状態と考えるものがあり，また彼が自由に利用できる物的資源と機会の集合で彼が理想的と考えるものがあるとしよう。我々はジャックに対して，もし彼がこのような理想的能力と理想的な資源と機会を持ったら送ると思われる生活の価

値と，彼の現実の生活が彼の目からみて持つ価値とを比較するように要請できるかもしれない。あるいはこれと同じやり方で，彼が最悪と考える状態に置かれたなら送ると思われる生活と現実の生活とを比べるように要請できるだろう。資源や機会を全く，あるいは殆ど持たなければ彼が送ることになる生活と比べて，現実の生活のほうがどれほど良いかを彼に問うわけである。そして，我々は同じ質問をジルにもしてみるだろう。あるいは以上のものとはかなり異なったタイプの質問を各人にしてみることも可能である。つまり彼らに現実とは異なった物質的状況を想像するように要求するのではなく，むしろ彼らの現実の生活を，各人にとって全く価値がないと思われる生活と比べてみるように要請するのである(1)。我々は各人に対し，全く価値のない生活に比べて彼らの現実の生活が価値においてどれほど勝っているかを問うことができるだろう，等々。これら様々な質問のどれか一つ（あるいはおそらくウエイトを加味したこれら各々の質問のある種の集合）が，何らかの理由で目的にとって特に相応しいものとしてひとたび選定されれば，政治理念としての全体的成功の平等は，返答を通して仮言的に報告された比率ないし単純量が，再分配の方法によって達成可能なかぎりあらゆる場合に同一となる状態に近づくまで，当の再分配を行うように推奨するだろう。

　ここで私は直ちに次のように言うべきである。上に述べたすべての質問が現実に答えられるかどうか少なくとも疑う余地があり，ことによるとどの質問にも答えられないのではないか。あるいは性格的に極めて哲学的な性向の返答者でもないかぎり，これらの質問には誰も答えられないのではないか，と。しかし私はこの疑問を棚上げにして，人々は一般的にこれらの質問に対して賢明に答られるほど十分に価値理論を把握している，と想定することにしたい。とはいえ，質問が異なるに応じて，これによって促された返答も異なってくることは言うまでもない。たとえ各々の返答がすべて全体的成功の平等という理念と結びついたものであっても，それらが推奨する再分配のやり方は相互に異なってくるのである。例えばジャックは自分の現実の生活を，想像しうる最悪の生活よりはるかに良いが最善の生活よりはるかに悪いと考えるのに対し，ジルは自分の生活のことを最悪の生活よりはるかに良いとは言えないが最善の生活よりはるかに悪いとも言えないと考えているとしよう。このとき，再分配の方向は，全体的成功のレヴェルを比較する際に上記二つの比較方法のどちらがより重要なものと考えられるか，という点に依存することになる。たとえ我々に思いつくあらゆる質問に対するあらゆる返答が再分配に関して同一の

第1章 福利の平等

方向を指し示すとしても，我々としては，少なくともこれらの質問のうち一つは問うに値する正しい質問であることを依然として立証しなければならない。

しかし私が挙げた幾つかの質問をもっと注意深くみると，これらが全くもって誤った質問であることが判明する。私が想定したように，ジャックとジルが各自選んだ人生の中でいまや大雑把に平等な資源を持ち，両者の感じている喜びも大体平等であり，更に相対的成功も大雑把に平等であるが，例えば次の点に関する判断が根本的に異なっているとしよう。すなわち，もし彼らが持ちうるあらゆるものを現実に持っていたとしたら，彼らの生活は，今よりどれほど価値あるものになるか，という点に関する判断である。ジャックはこれらすべての資源を手にできれば，宇宙の起源の謎を解けると信じており，この謎を解くことはおそらく人類にとって想像しうる最大の功績であるとしよう。他方，ジルはこの謎を解くことは不可能だと信じており，ジャックの夢に比較できるような夢を抱いていないとする。それゆえジャックは自分の現実の人生を理想的な人生に比べて極くわずかの価値しかないものと考えるが，ジルは自分の生活のことを可能な理想的人生と比べてそれほど悪いものとは考えていないことになる。しかしこの場合，平等の名においてジルからジャックへと資源を移転し，前提とされた両者の資源と喜びと相対的成功の平等を破壊すべき理由が我々にないことは確かである。たとえ，このような移転の結果，自分の新しい生活が謎解きの理想生活のレヴェルに少しばかり近づいたとジャックが評価するにしても，我々にはこのような移転を行う平等上の理由は存在しない。

次に，ジャックは自分の現実の人生を，彼が少しも価値がないと考えるであろうどんな人生よりもはるかに価値があると考えるのに対し，ジルは自分の生活を彼女が全く価値がないと考えるであろう生活より——人生の価値を単純などのような物差しで測っても——ほんの少しだけより良いと考えているにすぎないと想定しよう。しかし，両者がこのように考えるのは，既に指摘された理由によるとする。ジャックは彼が現実の生活で日々享受する喜びと同じ程度の喜びを伴い，活動的で充実した生活であればどんな生活でも大いに価値があると考え，このような生活を大切に保護され追求されるべきものと考えている。彼は自分に関心のない生活を想像することができるが，この生活はあまりに貧しい生活なので，これより彼の生活のほうがはるかに良い生活であることを何の困難もなく断言することができる。他方，ジルもジャックと大体同じくらい大きな日々の楽しみや喜びを感じている。彼女は憂うつな性格の持主というわけではない。むしろ前述したように，どんな生活が真に

成功した生活と見なされうるかに関して，彼女の考え方があまりに過大なことを要求するのである。したがって彼女がこの厳粛な問題を哲学的な気分で考えるように真面目に要求されたとき，たとえ彼女の生活が表面的には豊かであっても，自分の人生が実際に真なる価値に満ちたものであると彼女は言うことができない。彼女は，全くもって何の価値もないと自分が考えるような人生を容易に想像することができ，すべてを考慮に入れたうえで，自分の人生がこのような人生よりはるかに価値があると本気で思っているなどと述べることはできない。ところがここでもまた，資源がジャックからジルへと移転されることを平等が要求するとは思われないのである。

　価値の比較に関するこれらすべての質問が，かくも明白に誤った質問であるのは何故だろうか。その理由は，単純な質問から比較の質問へと切り換えても，我々が前者に見出した難問を実際には回避しえていないからである。我々がジャックとジルの間にあると指摘した相違は依然として彼らの信念における相違であって，彼らの人生自体の相違ではないからである。これらの相違は，両者の人生が現実のものとは非常に異なった奇妙な状況を前提にするとどれほど良く，あるいは悪くなるか，という点に関する彼らの思索的な空想上の相違でしかなく，何らかの人生に大きな価値を付与しうるものは何かに関する彼らの哲学的信念の相違でしかない。しかし，まさにこのような理由によって上記の相違は，彼らの人生が現にどのようなものであるかについての相違ではないことになる。我々が提示した種々の質問に対する答えとしてジャックないしジルが下す判断のそれぞれを両者の人生の価値，あるいは全体的成功についての判断と考えることは可能である。しかしこれらは全く同じ判断というわけではなく，これまで我々が説明した判断のどれも全体的成功の平等理論にとって適切なものとは思われない。

　これから私は人々の人生の全体的成功を比較する方法として，上述のすべての質問で示唆されている比較とは非常に異なっており，少なくとも分配的平等の諸問題と関係があるように見える別の比較方法を示唆してみたい。自分の人生がどの程度までうまくいっているかに関する人々の判断上の相違が，単に彼らの信念上の相違ではなく彼らの人生自体の相違と言いうるのは，それら判断上の相違が空想や信念上の相違ではなく，成就（fulfillment）における相違である場合に限られる。ここで私が言う成就とは，ある種の基準に照らして個人的な成功や失敗を測定する問題であることに変りはないが，この測定は，単にたぶんありえたかもしれないことを基準にするのではなく，そうでなければならなかったことを基準にするのである。重

要で目下の問題にとって適切な比較は，私には次のようなことだと思われる。自分が持たないこと，あるいは自分が行わなかったことを人々が遺憾に思うとき，そのような感情をもつべきことが合理的であればあるほど，そのような人々の人生の全体的成功はより少ないものになる，ということである。

言うまでもなく，ここでは「合理的」という言葉が非常に重要な意味をもつ。超自然的な身体的ないし精神的能力をもった人やメトセラのように長寿な人ならば送れたはずの人生が自分に送れなかったことを遺憾に思う者がいても，その感情は合理的なものでありえない。したがって，この種の生活は哲学的に見て彼の現実の生活より無限に大きな価値を帯びると彼が考えるからと言って，万事を顧慮したうえで彼の人生の成功がより少なくなるわけではない。しかし，大抵の人々がもっている普通の能力や寿命が自分になかったことを遺憾に思うのは合理的な感情と言えるであろう。また世の中の資源の不公正なほど大きな分前をもつ人なら送れた人生が自分に送れなかったことを遺憾に思う者がいても，その感情は合理的でありえず，それゆえある人がこのように富裕な状態に置かれれば自分の生活はもっとはるかに価値あるものになると考え，別の人はこう考えないからと言って，これを理由に前者の人生は後者ほど成功していないなどとは言えない。しかし，自分に持つ権利のある物的資源が自分にないことを遺憾に思うのは，合理的な感情と言えるのである。

今や論点は明らかと言えるだろう。全体的成功の平等についてどんな説明を提示しようと，それが上記のような仕方で合理的遺憾の観念（あるいはこれに類する何らかの観念）を重要視することがないならば，その説明は分配の平等の理にかなった理論を展開する目的にとって的はずれなものになるということである。このような説明は，何らかの目的には役立つ全体的成功の概念を展開できるかもしれないが，この目的に役立つ概念を展開することはできない。しかし，合理的遺憾の観念を重要視するどのような説明を提示しようと，その説明が全体的成功の平等を記述する際には，公正な分配とはどのようなものかに関する幾つかの仮定がその記述の中に含まれていなければならず，これは公正な分配の理論を正当化ないし構成するために全体的成功の平等を用いることができないことを意味している。私は単に，幾つかの事例に関するかぎり公正な分配に関する独立した理論を持つことなくして成功の平等を適用することは不可能であり，このような事例のためには補足としてこの種の分配理論が必要になる，ということを言っているのではない。もし，私の論点が単にこのことだけならば，それはただ全体的成功の平等のみが分配理論において

問題とされるべきことのすべてではないことを示しているにすぎないだろう。私の論点はもっと強烈である。合理的遺憾の観念を中心に据えないで全体的成功の平等を魅力ある理念として述べることは全く不可能であり，更に合理的遺憾の観念は社会的資源の公正な分前に関する独立した理論（これは例えばすべての人には資源の平等な分前を貰う権利があるといった理論かもしれない）を必要とするのであるが，この理論は単にある種の事例において全体的成功の平等と矛盾するだけでなく，全面的にこれと矛盾する，ということなのである。

いまある人が，この重要な結論に対して次のような異議を唱えたとしよう。この人は，正しく理解された成功の平等の目的が，人々が合理的に遺憾と思うべきことに関して彼らを平等にしていく点にあることは認めている。しかし彼は，合理的遺憾の観念がある形態の成功の平等理論，ないしこの理論の洗練された形態の他には資源の公正な分前に関するいかなる理論も必要としないような何らかの仕方で解明されうることを信じている。彼は次のような主張を提示するかもしれない。人々は，超自然的能力をもった人と同じ人生を自分が送れないからと言って，これを遺憾に思うことは合理的でありえない。成功したサディストの人生を送れないことについても同様であり，更に次のような人生を送れないことについても同様である。仮に彼らが一定の資源を持っていれば，これらの資源を用いて彼らが達成できる人生は，他の人々がそのとき自分たちに残された資源を用いて送る人生と比べて合理的に遺憾とすべき点がより少なくなるとしても，彼らはこのような人生が送れないことについて合理的な遺憾の念を抱くことはできない，等々。しかし，以上の主張はうまくいかないだろう。我々は，人々が合理的に遺憾と思うべきことにおいて彼らを平等にしよう（自分が持っていなくて残念だと彼らが合理的に思うべき資源が平等になるようにしよう）と試みているのである。いま（前と同様に）ジャックとジルが平等の資源を持っているとしよう。（既にみたように）ジャックは大きな野心を抱いており，彼は自分が何か特定のものに対して権利があるとは思っていないが，彼が現に持っている以上のものを持たないことに常に遺憾の念を抱いているとしよう。我々が知りたいのは，それでもジャックとジルは彼らが合理的に遺憾と思うべきことにおいて平等か（自分が持っていなくて残念だと彼らが合理的に思うべき資源が平等か）どうかということである。既に提示されたテストによれば，我々はジャックに次のことを質問しなければならない（あるいは彼の観点に立って我々が自問しなければならない）。いま，ジャックが一定量の資源を持てたならば，彼が合理的

第1章　福利の平等

に遺憾だと思う（自分が持っていなくて残念だと彼が合理的に思う）資源の量は，同じ時点で他の人々がそう思う資源の量と同じくらいになるとする。仮にジャックが（他のことに加えて）このような一定量の資源をもてば送れるはずの人生と，彼がいま現実に送れる人生とを比べてみた場合，後者はどの程度まで前者に達していないと言えるだろうか。我々はこのことをジャックに質問しなければならない。しかしジャックはこの質問に答えることができない（我々も答えることができない）。彼は現実とは異なった何らかの分配を，例えば彼が現実より百万ドル多く持ち，その結果他の人々が全体として百万ドル少なく持つようになる分配を任意に取り上げることができる。しかし，このような分配の後に生じる自分の新しい人生が，彼の現実の人生を測定するための適正な基準線となりうるか否かを判断するためには，彼は自分が百万ドル多く持ったときに感ずる合理的遺憾の念が，同じ時点で他の人々が感ず合理的遺憾の念と——つまり全体として百万ドルを減らされた人々がそのときに抱く合理的な遺憾と——大体同じくらいになるかどうかを知らなければならない。しかし彼がこの点について判断を下すためには，百万ドル多く持った人生で彼が抱く遺憾の念をそれに照らして測定できるような，更に新しい何らかの分配（この分配において，おそらく彼は現実より二百万ドル多く持つことになるだろう）を取り上げなければならない，等々。したがって，事態は無限に後退していく。もちろん，我々には（他の欠陥を修繕するために試みたような）何らかの試行錯誤の方法によって上記の欠陥を修繕していくことなどできない。というのも，ここでの問題はテストすべき初期的分配へと達するための非循環論的なアルゴリズムを我々が提示できない点にあるのではなく，むしろ分配がどのような仕方で達せられるにせよ，そもそも分配をテストするためのいかなる方法も我々は提示できない点にあるからである。(2)

　私は次のように結論する。ある遺憾の念が合理的か否かを判断する際の基準となる分配上の前提の中に，合理的遺憾の観念自体が入り込むことはありえない，と。また私は全体的成功の平等に関する他の観念やその洗練された形態の中で，上記の基準としての役割を果しうるものを思い浮かべることができない。もしそうだとすると，合理的に遺憾と思うべきことにおいて人々を平等にしていくという目標は，私が説明したような意味で自己矛盾していることになる。私は人生における成就の比較——つまり各々の人々は，それぞれの目からみて自分たちの人生をどの程度まで成功させることができたかに関する比較——は平等の議論で何の役割も果さない，

と言っているわけではない。人々の全体的遺憾の念が異なってくる数多くの事例——つまり自分たちが行わなかった事柄について人々が正当に遺憾の念を持つべきであるような数多くの状況——が身体障害や不運や意志の弱さから生じており，また価値があると実際に考えられるものは何かという点に関する人々の観方が実際に変化し，何をしても遅すぎて遺憾の念しか残らないといった場合にも，全体的遺憾の念の相違が生じる。しかし資源の真に不平等な分配の最終的な不正は，ある人々がまさに次のような事実の中に遺憾の念の理由を見出す場合に生ずると言ってよい。つまり他の人々には人生を価値あるものにするために一定のチャンスが与えられていたのに，自分たちは欺されてこのようなチャンスを奪われてしまった，というようなことを理由にして遺憾の念をもつ場合である。成就とか遺憾の念の理由といった観念が不平等に反対するこのような最終的論拠を表現できるのは，これらの観念がまさに不平等がそれ自体で独立に何であるかをその諸前提の中で表現するような観念だからである。

　言うまでもなく，平等にとって適切であると同時に分配の平等についての先行的諸前提からも独立した全体的成功の測定基準を誰も考案することはないだろう，といったことを私が証明できるわけではない。だからこそ私は，そのような基準が見つかりそうもないと私が考える理由を示そうと試みながら，この種の測定基準として示唆されてきた様々な方法を広範に亙って考察したのである。確かに，私が気づいたかぎりでは，現在存在する文献の中でこの種の適切な基準を提示しえているものは一つもない。しかしいまここで，全体的成功の平等を擁護するある人が，分配から独立したこの種の測定基準が見つからないことを認めたとしよう。このとき彼は次のような理由で全体的成功の平等が独立の政治目標として役に立たないことを認めねばならない，と私は想定してきた。つまり全体的成功の平等はそれが公正であると見なす独立の分配からの変更を推奨しているのであるから，実はそれが不公正であるとして断罪する分配を推奨していることになる，ということである。しかし，この結論は急ぎすぎだろうか。

　そこで彼が，全体的成功の平等を達成するための測定基準と手段とを我々は区別しなければならないと主張したとする。例えばある人間の現在の全体的成功を判定するために採用される公正な分配は資源の平等な分配である，と彼は指摘するかもしれない。我々はジャックとジルに対し，社会において資源が平等に割り当てられたならば送ることのできた最善の人生と比べて自分の現実の人生をどれほど成功し

ていないものと見なしているかを質問することで各人の全体的成功を算定する。このようにして測定されたジャックの全体的成功がジルのものより大きければ，両者の相違を減少させることができるまで資源をジャックからジルへと移転する。このときジャックとジルが平等の資源を持たなくなることは確かである。ジルはジャックより多くの資源を持つことになるだろう。しかし，合理的遺憾の念を志向する適正な方法で測定された全体的成功に関しては，両者は（より一層）平等になるだろう。全体的成功を確定するための測定法の内部で，平等の資源という観念を内的なかたちで用い，この後で資源の平等ではなく全体的成功の平等を達成すべく資源を現実に再分配することには何の矛盾も存在しない。

　しかし，上記の返答は論点を見逃している。全体的成功を確定するために合理的遺憾の念を用いる測定法は，どのような分配が公正であるか，人々はどのような分配を要求する権利があるか，という点に関し，既に一定のことを前提にしている。もし当の測定法が，公正な分配とは資源の平等な分配であることを前提にしており，そしてジルが平等な分前より多くのものを後で貰えるようになるならば，結局のところ彼女には，移転を正当化すると想定されている理論的論拠が彼女の公正な分前だと述べているものより多くのものが与えられたことになる。もちろんジルは，彼女が仮定上それに対して権利をもっている資源の分前より多くのものを持つことについて不平は言わないだろう。しかしジャックは，彼に権利があると移転の正当化が想定している資源より少ない資源しか持たないことについて不平を言うだろう。そして，ジルの権利上の分前より多くのものを彼女に与える唯一の手段は，ジャック（あるいは他の誰か）に彼の権利上の分前より少ないものしか与えないことなのである。

V　喜びの平等

　これから私は，私が初めに区別しておいた福利の平等の様々な観念のうち，第二のグループに属する観念を議論することにしたい。これらの観念は，福利の平等を，意識状態の平等な量ないし程度に存するものと理解する。私は，この観念に初めて言及したときにそうしたように，議論を単純化するために喜びという概念を，問題となっている意識状態（ないし意識の諸状態）の特に広い範囲を指し示すものと見なし，当の概念を既に説明したような広い意味で用いることにしたい。幸いにも，これからの議論は別の意味においても単純化が可能である。というのも，無限定な

形態の成功の平等を考察する際に私が用いた論証の多くは，無限定な形態の喜びの平等にも同じようにあてはまるからである。

既に述べたように，人々は自分の個人的な選好から直接に喜びを得ると同時に，自分の政治的で非個人的な選好の満足からも喜びを得ることがあり，逆に，この種の政治的で非個人的選好が叶えられなかったときは不満感を味わう。しかし成功の平等の限定された形態を支持したのと同じ論拠が，喜びの平等に関しても類似の限定を設けるべきことを要求する。つまり成功の平等理論が推奨する計算の中で，この種の選好を充足させることに成功したか失敗したかを勘定に入れないような限定された形態の成功の平等を我々は支持したが，同じ論拠によって喜びの平等についても，このような限定を設けるべきである。そこで私は分配の平等に関する理論として理解された喜びの平等は，資源が可能なかぎり次のような仕方で分配されるべきことを要求すると想定したい。人々が自分の個人的選好が達成されたと考えることから直接的に感じる喜びが平等になるように資源は分配されるべきだ，ということである。

このように限定された形態の喜びの平等に対する私の最初の反論もまた，私が成功の平等に対して反論する際に用いた議論を模範にしている。喜びの平等の限定された形態に認められる主な魅力は，人々の個人的な状態に関するかぎりで，すべての人々が同じように根本的に価値があると見なすものにおいて彼らを平等にしなければならない，とそれが要求している点に存する。しかしこの魅力は長続きしない。というのも喜びという言葉を様々な意識状態を記述する最広義の意味で理解しても，各々の人間が喜びに認める重要性は人によって異なるからである。仮に（喜びという）この一つの側面で彼らが平等になっても，数多くの人々がより大きな価値を認めている別の側面で彼らが不平等になることもあるだろう。

ほぼすべての人々にとって苦痛や不満感は悪であり，人生をより好ましくなく，より価値のないものにする。ほぼすべての人々にとって，快楽とかこれ以外の何らかの形態の喜びは価値があり，人生の好ましさに寄与する。積極的および消極的なこの種の何らかの形態の意識状態は，善い生に関するあらゆる人々の観念の構成要素の中に含まれている。しかし，これはあくまで構成要素でしかない。なぜなら喜びだけしか追い求めないような人は殆どいないし，またわずかの量の苦痛を避けるために，自分が価値あると考える別のものの多くを犠牲にしようとする人もいないだろう。そして，この種の意識状態に関してでさえ，人々がこれらに与えるウエイ

トは人によって非常に異なっているのである。例えば二人の学者はともに創造的な仕事を価値あるものと考えているが，一方の学者は社会的な楽しみや名声を得ることと引換に，あるいは既にほぼ完成に近づいた一つの研究を成就させることから生ずる満足と引換に，実際にはもっと独創的な仕事を放棄しようとする度合が他方の学者より大きいかもしれない。

　ここで次のように反論する人がいるかもしれない。この場合，他方の学者は喜びに対して一方の学者よりも小さな価値を与えているわけではなく，むしろ異なった原因の中に——社会における楽しみとか名声の喜びではなく，真なる発見を追求する深い満足感の中に——喜びを見出しているのだ，と。しかし，明らかにこれは必ずしもそうではなく，普通はそうだとさえ言えないのである。最も野心的な学者（そして芸術家や政治家や陸上競技者）のある者は，自分たちに失敗しかもたらされないだろうと予測される方向へと人生を歩んでいくことがあり，しかもこの方向へと歩んでも，自分が高い目標を目指しているという単なる事実の中にはいかなる喜びや満足も感じず，むしろ自分がどれほど目標へと達していないかを自覚してただ苦悩するだけであることを承知しているのである。彼らは（前に私がその見解を説明した詩人と同じ精神で）何の偽りもなく次のように言うかもしれない。このような目標や計画が自分の心に浮かんだり，自分の人生の歩みの中に現われなかったほうがよかった。また自分にはそれなりの才能があるからこの目標を追求せざるをえないのであるが，このような才能が自分にないほうがよかった。なぜなら万事を顧慮した結果，そのほうが自分の生活はもっと満足のいく喜びに溢れたものになると思われるからである，と。このように彼らが述べているとき，彼らは本当は自分が現実に送ってきた生活により大きな喜びを見出している，と主張することは彼らの報告の曲解だろう。というのも彼らがまさに言おうとしているのは，自分が送る人生は自分の意識的生に一定の性格を与えるにもかかわらず自分はそのような人生を送ってきたということであり，人生が意識的生に一定の性格を与えるからこそ自分はそのような人生を送ってきた，ということではないからである。

　さて，言うまでもなく多くの人々は，このように特に奮闘的な仕方で何らかの野心的企図に打ち込むことはない。しかし私の考えでは，我々の多くは，単なる喜びだけには尽ない事柄に打ち込むものである。我々が何かあることに専念するとき，それが達成されれば喜びを感じるものの，そのことの価値が単にこのような喜びには尽ず，このような喜びによっては捉えられない場合があり，更にある人々は他の

人々と比べてより多くの事柄にこのような態度でもって専念し，あるいはより一層熱心に専念することがある。我々が所有するものや行動したことから喜びを感じる場合でさえ，我々がそれを喜ぶのは，我々がそれを価値あるものと考えるからであり，その逆ではないことがしばしばある。そして時として我々は，最も野心的な学者と同じ程度に劇的とは言えなくても，同様のやり方でより少ない喜びしかもたらしてくれないと思われる人生を，それが他の意味では送るに値するより善い人生だという理由で選択することがある。このことは，次のような心理的事実の中に明らかに示されていると思われる。この事実は，ある意味では別の論点を例証しているのであるが，それでも目下の問題と関連している。いま，あなたが次の二つの人生のどちらかを真に選択しなければならなかったとしよう（そして，ひとたび選択したら，あなたはこのことを忘れてしまうとする）。つまりあなたは自分にとって重要なある目標を現実に達成するが，このことに気がついていないような人生と，あなたは自分がその目標を達成したと間違って信じており，それゆえ，そう信じることから喜びや満足を感じているような別の人生である。[3] もしあなたが，多くの人々がそうすると思われるように前者を選択するならば，喜びがどのように説明されようと，あなたは喜びを何か別のことより重要でないものとして格付けしていることになる。

　しかし，誰かが次のように述べたとしよう。喜びの平等は魅力のある政治的目標である。しかしその理由は，自分にとって重要なことは何であるかについて判断を下す際に，すべての人々が同様に喜びの状態を根本的に価値あるものと考えているからではなく，むしろそう考えるべきだからである，と。このように述べる人は，私が説明した野心的な学者は本当は喜びを価値あるものと考えているのだ，と主張するのではなく，この学者は喜びを価値あるものと考えていないのだから誤りを犯しており，おそらく不合理な人間でさえあると主張するのである。このように反論する人は，福利の平等についてどのような観念を採るにせよ，この観念の直接的魅力として私が指摘したものを放棄するわけである。人々が根本的に価値があると同じように考えていることを平等にしていくべきだという主張がこの観念の直接的な魅力であるが，上記の反論は福利の平等のこのように魅力ある主張を放棄する。彼は，この政治理念の魅力は，むしろ人々が根本的に価値があると同じように考えるべきことを平等にしていく点にある，と主張するのである。

　私はこの主張に対し二つの仕方で答えることができると思う。第一に，価値があ

ると人々が見なすべきものに関して，彼の見解は誤っている。喜びという意識状態がどれほど広義に理解されようと，最も価値のある人生は喜びが極大化された人生であると想定している点で，あるいは最善の人生に関するこのような見解をすべての人々が採用すべきだと想定している点で，彼は間違っている。第二に，価値があると人々が考えるべきものは何かという点に関しては彼の考え方のほうが私の考え方よりもっともらしいと仮定しても，あるいは彼の考え方が本当に正しいと仮定しても，善き人生に関するこの種の観念に基礎づけられた政治的平等理論は，次のような社会にとって魅力あるものではない。つまり大部分とは言わないまでも多くの人々がこの観念を拒否し，また自分自身の人生の善について極めて深い信念を抱く一部の人々が当の観念を自分の信念と相容れないものとして拒否しているような社会にとって，それは魅力のない理論だろう。

　更に我々は，全体的成功の平等に反論した際に我々が考察した幾つかの議論の中に，喜びの平等の限定された形態に反論する際にも有効な第二の議論を見出せるだろう。私は，野心的な人々はすべて自分の奮闘的な人生の中に喜びを感じているとか，これらの生活がもたらす喜びのゆえに彼らはそのような人生を追求している，といった想定に誤りがあることを強調した。しかしそれにもかかわらず，確かに野心のある人々は自分が大きな目標を達成できなかったことにしばしば不満感を抱くし，自分の成功の可能性を高めてくれる能力や手段となる追加的資源を手にしていないことを残念に思って不満感を抱くことがある。そしてこのことは，彼らには現実に持っているものより多くのものを受けとる権利がある，と想定するような政治理論を彼ら自身が採用しているか否かとは無関係である。私がジャックとジルの話をしたときには話の内容に含まれていなかったが，話を変えて例えば次のように想定することができるかもしれない。すなわちジャックは謎を解く能力や手段が自分にない事実に強い失望感を抱き，不満を感じながら毎日の生活を送っている，と。しかしながら，既述の方法で測定されたジャックの成功の度合が低いという理由で資源を彼に移転することが誤りであったのと同様に，このように彼がより大きな不満感を抱くという理由で彼に資源を移転することも誤っていると思われる。私の考えでは，不満感を計算する際に，合理的遺憾の念の中に見出される不満感以上のものを勘定に入れたいと思うような人はいないだろう。しかし，もし私が前に提示した議論が正しければ，この種の限定を設けるために合理的遺憾の観念を導入することは，喜びの平等の言明自体の中に，そして喜びの平等の正当化の中に，これと不

整合な別の分配理論を導入することを意味するだろう。

VI 客観的な福利理論

これまで考察されてきた福利の平等の諸観念は，次のような意味ですべて主観的な理論であった。つまり採用された福利の基準を自分がどの程度まで充たしているかについてある人が評価するとき，この評価が首尾一貫していて十分な情報に基づいていれば，当人の評価が本当に正しいか否かを問題にすることなくこれらの観念を実行に移すことができる，という意味で主観的なのである。もちろん，福利の平等の様々な観念のどれを採用するかによって，この平等を支持する論証が，人々によって重要と考えられているものを間違いだと見なすことはあるだろうし，あるいは関連事実について十分な事実を知ったうえで人々が重要と考えるものでさえ間違っていると見なすことがあるだろう。例えば我々は，喜びの平等を支持する次のような論証を検討した。つまり多くの人々はそう考えていない事実があるにもかかわらず，人々は喜びを自分の人生にとって根本的に重要な価値があるものと見なさなければならない，とする論証である。しかしたとえ意識状態の観念がこのような仕方で擁護されるにしても，それは，問題となる喜びについていかなる評価も行うことなく適用されうるだろう。この観念は公職者に対し，各々の人間が自分の送る人生の中に平等の喜びを感ずるような分配を実現するよう命じ，この場合，人々が各自送る人生の中に喜びを感ずることが果して正しいと言えるかどうかは問題にされない。

我々が考察したようなタイプの全体的成功の平等も，同じように主観的である。それは各人がもっと大きな価値があると見なす人生があるにもかかわらずこの人生を送れないことに対し各人が合理的に抱きうる遺憾の念の程度ないし度合（我々は今やこのように言うべきである）を人々の間で平等にしていくことを目指している。確かに，この判断はある意味では主観的なものではない。例えばこの判断は，問題となる人間自身が拒否するかもしれないような拘束条件を合理的遺憾という観念に課している。人生に価値を与えているものは何かという点に関する当人の評価が，人生の経過につれて変化していくならば，彼の様々な判断を何らかのかたちで融合したり，これらの判断から幾つかのものを選びとることが，全体的判断にとって必要となる。しかしこの判断は，人生の価値が当人によって全く無関係な仕方で評価されていたり，たとえ彼が日常的な事実を十分に知っていても拒否するような仕方

第1章 福利の平等　67

で評価されている場合には，当人の合理的遺憾の念がこの種の評価を基礎として算定されることを許容しないのである。

　しかし，ここでは私はまさに上記の意味でより客観的な形態の全体的成功の平等論について触れてみたい。ある論者は人々が自分の現実の人生について抱くべき遺憾の念の強さを平等にしていくべきだ，と主張するかもしれない。この修正されたテストによれば，公職者は例えば次のような人間が間違っているか否かを問題にすべきことになるだろう。この人間は実際に友情を価値あるものとは考えておらず，自分の人生は孤独であり愛もないが善い人生だと考えており，しかも他の人々が友情の中に見出す慰めや喜びに気づいているにもかかわらずそのように考えているとする。公職者がこの人間は間違っていると判断すれば，資源が彼へと直接的に移転されるか，友情の価値について特別な教育が彼に施されることを通じて間接的に移転されるかもしれない。そしてこのような移転の根拠は次の点に存する。つまり当人は自分の全体的成功を高く評価していても，少なくとも特別の教育が効果を発揮するまでは彼の実際の全体的成功はわずかである，ということである。

　そこで我々としては次のように反論できるだろう。公職者は人生を価値あるものにするのは何かに関する自分自身の判断に依拠して富を再分配するようなことをすべきではない，と。我々はこのような再分配の体制は個人の自律性を侵害しているか，あるいは他の何らかの意味において，リベラリズムの正しい原理とは異質なものだと考えるかもしれない。しかし，これらの反論を考察する必要はない。というのも，この全体的成功の平等に関するより客観的な形態の観念は，私がもっと主観的な形態の観念に反対したときに用いたものと同じ反論に出くわすからである。ある人間が現実に送っている人生に対してどれほどの遺憾の念を抱くべきかについて判断を下すとき，たとえ人生を価値あるものにするのは何かという点に関して本人の理論ではなく最善の理論に依拠したとしても，その判断の基準が適切と言えるためには，当の人間がそもそも何らかの人生を送るときにどのような資源を自由に利用できる権利を有しているか，ということに関する一定の考え方を前提としなければならない。それゆえ，客観的な形態の理論も主観的な形態の理論と同様に，公正な分配に関する独立した理論を前提にしなければならず，かくして，この分配理論のもとで人々が持つ権利を与えられているものより多い資源を或る人々に与え，それより少ない資源を別の人々に与えることを正当化できるような，より強い効力をこの理論はもっていないことになる。全体的成功の平等のどちらの形態も，これと

は別の何らかの分配理論のもとで公正であることが独立に立証された分配状態の変更をそれらが推奨するかぎり,自滅的な理論なのである。

ごく簡単にではあるが,福利の平等のもう一つ別の観念と推定され,また客観的な観念と考えられるものに言及しておかねばならない。この観念が想定するところによれば,ある人間の福利は彼に利用可能な資源に存し,この資源は,物的資源に加えて身体的および精神的な能力,そして教育や様々な機会を包含するように広義の意味で理解されている。あるいはこの観念のある形態においては,資源はもっと狭く理解され,人々がどのように考えようと彼らにとって実際に非常に重要な資源だけを含むものとされている。この平等観念によれば,二人の人間がともに健康で,精神的に健全で,良い教育を受け,同じくらい裕福であれば,たとえ一方の人間が何らかの理由で不満感を抱いていたり,一方の人間が他方よりも有効に資源を活用できなくても,両者は同じ福利のレヴェルを占めるものとされる。この観念は或る人間が自分の福利について下す判断を受け容れることを拒否し,彼の福利はむしろ彼が自由にできる基本的な資源のうち少なくともあるタイプのものによって確定すると主張している点で,客観的な理論に属している。

以上のように理解された福利の平等は,単に予め指定された資源に関して人々が平等であるべきことを要求するにすぎない。それゆえ,このような形態の福利の平等は資源の平等と異なるところがなく,少なくともある種の資源における平等と異なるところがないだろう。むしろこの観念は,資源の平等を(誤解を招くような)福利の言語で言い表わしたものなのである。もちろん,既に述べたように,資源の平等の抽象的な言明は資源と見なされるものは何か,資源の平等はどのようにして測定できるか,といった問題を未決定なままにしている。これは本書の第2章のために残された複雑な問題である。しかし,これらの問題は,資源の平等という理念に次のような考え方を追加することで,より答えやすいものとなるわけではない。つまり資源の平等の正しい観念に従って人々の資源を平等にしていけば,人々は何らかの客観的な福利概念に関しても平等になるだろう,といった考え方を追加することで上記の問題がより答えやすいものになる,と考えるべきいかなる根拠も存在しないのである。

VII 統合論への示唆

ここで私は,一見すると賢明で統合論的な示唆と思われるものについて検討しな

ければならない。おそらく福利の平等の魅力的な観念は，我々がいま検討して退けた様々な観念のどれか一つだけに見出されるのではなく，これらの観念を思慮深く混合させた何らかの複雑な形態の観念の中に見出されるのかもしれない。この場合，私がすぐ前の三つの節で従ってきた戦略は，福利の平等の各観念が必ずしもすべての点でうまくいかないというのであれば，全面的にそれを無視してよいと想定することによってそれぞれの観念をすべて拒否したのであるが，「分割して征服する」というこの戦略は誤解を招く誤った戦略なのかもしれない。おそらく福利の平等の理念を考察する唯一正しい方法は次のようなものかもしれない。つまり，成功の平等の無限定な形態と限定された形態，そして同じく喜びの平等の無限定な形態と限定された形態，これら様々な平等観念の各々をそれぞれ孤立した理論としてではなく，一つの複雑なパッケージの中で理解されるべき要求として扱うのである。

　福利の平等については，この考え方を魅力あるものにするようないかなる新しい観念も述べることができない，と初めから断定してしまうことは愚かだろう。我々は新しいどのような観念が提示されるかを見定めるために，もう少し待たねばならない。しかし，我々が考察した様々な観念を，より大きな何らかのパッケージの要素として用いながら新しい観念を作り上げようとしても，成功した観念は生まれないと想定するのはおそらく愚かなことではないだろう。いずれにせよ，私の議論はこの種の試みに対する信頼を低下させることを意図したものであった。私は単に，私が議論した観念形態のいずれもそれ自体においては満足のいくものではないとか，各々の観念は何らかの別の観念によって抑制されないと魅力のない帰結へと達してしまう，ということだけを主張したのではない。もし私の議論が単にこの種の性格のものだったならば，確かにそれは次のような示唆を促したことだろう。すなわち，これらの観念を結び合わせることによって，それぞれの観念を単独の観念として見た場合に認められる欠点を補ったりチェックすることができる，という示唆である。しかし私が意図したのはもっとラディカルな批判を支持すること，別言すれば福利の平等のこれら様々な観念形態のどれかを分配的平等の理論として――たとえこれらを単に分配理論としてのみ理解した場合でも――受け容れねばならない理由など全く存在しない，という批判を支持することであった。

　たとえ哲学者や政治家たちが，全体的成功という目標の主観的な形態と客観的な形態とが衝突するときにどちらが優位に立つべきか，という点に関して見解を異にしていても，人々の全体的成功が向上するということ自体は，少なくともある意味

で好ましいことは言うまでもない。しかし，既に説明したような理由で，どちらかの形態をとってみても，それは分配の平等に関して無益であるか自滅的な原理以外のものを提供しえないのである。同じ理由によって，いずれの観念も，福利の平等の様々な観念を集めた何らかの複雑なパッケージの中に有用な要素として登場することもありえない。仮に全体的成功の平等が——たとえ数多くの要素の中の一つとしてであっても——そこに登場するとすれば，それは公正な分配についての独立した何らかのテスト規準が予め想定されているからなのである。そして全体的成功の平等が，このような規準からの逸脱を推奨することはありえないだろうし，パッケージ全体にしても同様だろう。

　我々は福利の平等の他の諸観念についても考察し，これを同じく拒否したが，その理由は全体的成功の平等の場合とは異なっている。共同体は，これらの諸観念のどれか一つに従って人々をより一層平等にすることを自らの目標として受け容れるべきだ，といった考えに賛成すべき理由を我々は見出せなかった。たとえ共同体が他のいかなる観念をも害さずに人々を当の観念に従って平等にすることができるとしても，このことに変りはない。だとすれば，これら様々な観念を寄せ集めたり相互に妥協させるような何らかの仕方で人々をより平等にしていくことを共同体は自らの目標として受け容れるべきだ，といった考え方も正しいものとは思われない。結合とかトレード・オフが適切な意味をもちうるのは，それぞれ独立の魅力をもち，相互に競合している一組の目標ないし原理がすべて同時には充足されえないような場合である。何らかの目標や原理がそれ自体において——少なくとも平等理論として——魅力のあることが立証されていないかぎり，これらを結合したり妥協させることには何の意味もないのである。

Ⅷ　高価な嗜好

　最初に私は次のように述べておいた。福利の平等は，我々が後に区別した様々な観念のどれかを特定せずに，単にこれを抽象的に述べた場合でも，当初から我々を困惑させるような反例を生じさせるように思われる，と。これらの反例の中で最も顕著なのが，高価な嗜好の問題である（私は殆どの場合，高価な嗜好という表現を，高くつく企図や野心をも含む意味で用いることにする）。いま，シャンパンが好きな人がいて，この人にとっては，もっと安い嗜好の持主と単に同じレヴェルの福利を達成するだけのためにも，より多くの収入が必要だとする。このとき福利の平等

第1章 福利の平等

は，まさにこのことを根拠にして，この人がより多くの収入を持つことを推奨するように思われる。しかし，これは我々の直観に反しているだろう。それゆえ，既に私が指摘したように，この平等理念に基本的には魅力を感じている人でも，自分の理論がこのような帰結を惹き起さないように当の理念を制限したり限定しようと欲するのである。私はここでもう一度，この指摘に立ち返ることにしたいが，それは，高価な嗜好の問題が政治において実際に重要な意味をもっているからではなく，むしろ次のような二つの異なった理由からである。第一に，最初から福利の平等の或る観念に魅力を感じている読者たちは，彼らが支持するこの観念に対して私が直前の幾つかの節で差し向けた反論は福利の平等という観念の私の記述の中に高価な嗜好から生ずる帰結を排除するための適切な制限や限定を組み入れたならば効力を失うのではないか，と疑うかもしれない。この点私は，もしこのような疑いが現に存在しているならば，それは誤った疑いだと考えている。しかし，だからこそこのような制限が実際に可能かどうかを考察してみる価値があるだろう。第二に，読者の中には私の以前の議論によって依然として説得されていなくても，もし自分の支持する福利の平等の観念が上記の帰結を回避できるような仕方で実際には限定されえないことに納得すれば当の平等観念を放棄する人もいるだろう。

　それがどのような観念であろうと，この種の観念について可能な限定化を考察する場合には，原理を妥協させることと原理に矛盾することとを注意深く区別しなければならない。妥協は，独立し競争する或る原理の重みを反映しているのに対し，矛盾はむしろもともとの原理それ自体の否定を反映するような限定化である。私が強いて提示したい問題は次のようなことである。福利の平等原理からは，シャンパンを嗜好する人々はより多くの資源を持つべきであるといった主張のように，一見して直観に反する帰結が生ずるが，このような帰結を阻止できるような仕方で福利の平等原理を（福利の平等とは何かに関してどのような解釈を採用しようと）妥協させることができるだろうか。それとも，このような帰結を阻むどのような限定化も原理と矛盾することになり，結局は当の原理が不適切であることを認める結果となるのだろうか。

　ある特定の社会が福利の平等の理念について何らかの観念を選択し，この観念に従って福利の平等を首尾よく実現したと想像しよう。また当の社会は，事実上（おそらく単なる偶然の一致で）すべての人々に平等の富を与えるような分配を通じて，このことを達成したと想定してみよう。いま，ある人間（ルイ）が現在の自分には

ない何らかの嗜好ないし野心を意図的に培い始めたが，この嗜好ないし野心は次のような意味で高価なものだとする。ひとたびこれが培われると，より多くの富を彼が更に獲得しないかぎり，社会が選択した観念において理解された彼の福利が以前のレヴェルほど高くなくなってしまう，という意味で高価なものだとする。この種の新しい嗜好は食物や飲物への嗜好かもしれない。ケニス・アローが挙げている有名な千鳥の卵や，ブドウネアブラムシの被害に遭う以前のクラレット酒への嗜好がその例である。(4) あるいは同じような意味で，それは歌劇への嗜好かもしれない。あるいは創造的な芸術や探検や政治へと捧げられた人生への嗜好の場合もあるだろう。このようなとき，社会が受け容れた福利の平等の理念と矛盾することなく，それほど高価でない嗜好を身につけた（あるいは既に持っている嗜好を単に維持し続けた）人々から富を取り上げて，特別な富をルイに与えることを拒否できるだろうか。

　先ず，ルイが行ったことを我々はどのように説明できるか考えてみよう。疑いもなく人々はしばしば新しい嗜好を獲得すれば自分の状態が本当によりよくなるか考えもしないで，あるいは自分の状態が悪化することを倒錯的に承知しさえしながら，不注意に，あるいは気紛れにそのような嗜好が身についてしまう状態に自らを置くことがある。たとえ自分の状態がよりよくなると彼らが考えている場合でも，彼らのその考えは間違っているかもしれない。しかし私は，ルイが不注意にではなく意図的に行動しているのみならず，人々が自分たちの選好を形成し変更する際にしばしば彼らが下す（と私が指摘した）類の判断を基礎として行動しているものと想定したい。彼は何らかの仕方で自分の人生をより善い人生にしようと努めている。しかし私の考えでは，このことによって特別な資源に対する彼の要求がより説得的になったり，我々の直観にそれほど反しないものになるわけではない。むしろ反対に，彼が自分の利益になるように意図的に行動しているという事実は，一時の快楽のために気紛れで高価な体験にトライし，その後で病みつきになってしまった人間の要求に比べると，彼の要求をむしろより説得力のないものにしてしまうように思われる。

　もちろんルイは，人生をより善くするものは何か，彼自身の本質的な幸福はどこにあるのか，という点に関して彼なりの見解を抱いている。しかしながら，彼の社会が福利の個別的な諸観念——喜びとか相対的成功など——の中から一つを選択し，このようにして選択された観念に従って人々の福利を平等にしていくべきことを既に決めたならば，ルイが，自分の幸福はこのように観念された福利の最大量にある，

第1章　福利の平等

と考えていることはありえない．もし彼がそう考えているならば，彼の行動は意味をなさなくなるだろう．このことは彼が行ったことに関する説得力がある一つの説明が実は誤りでなければならないことを意味する．最初この話を聞いたとき，多くの人々は，ルイが高価な嗜好を培うのは他の人々を出し抜くためであるから，もし彼がより多くの収入を受けとるべきだとすると，それは不当な努力に対して報酬を与えることになると考えたかもしれない．しかし他人を出し抜くことが，社会の選択した福利観念に従って他人より大きな福利を得ることを意味するならば，これは実現不可能である．言うまでもなくある人は，実際には千鳥の卵が嫌いなのに，より多くの収入を得るために千鳥の卵が好きな振りをして，その後で秘かに鶏の卵をもっと沢山買うことにこの収入を費すことによって，他の人々が享受しうる以上の喜びを獲得することがあるかもしれない．しかし，高価な嗜好の問題は欺瞞の問題ではない．――欺瞞の問題は，福利の平等に基礎を置くどんな社会においても別個に取り扱われねばならない．というのも結局のところ自分が障害者である振りをする人がいる可能性があるからである――もしルイが千鳥の卵への嗜好を身につけることに着手し，これがうまくいったならば，彼が千鳥の卵を入手しないかぎり選択された観念における彼の福利が実際には低下してしまうということであれば，彼がこの種の嗜好に関する決定を下すことによって，福利の形態における利益を他人より少しばかり多く獲得しようと企てている，というようなことはありえない．もちろん，鶏の卵より千鳥の卵のほうがコストがかかるにしても，1ドル分の鶏の卵よりも1ドル分の千鳥の卵のほうが結局のところより大きな福利（既に述べられた観念における福利）を自分に与えてくれるだろう，と彼が考えていることもありうるだろう．この場合彼は，もし自分が首尾よく嗜好を培えたならば自分の収入が減ることを知っているわけである．あるいは，彼は自分が千鳥の卵への嗜好を培うことによって1ドルあたりの自分の福利が向上することなく，むしろ低下すると思っているのかもしれない．この場合には，彼は次の事態を知っていることになる．つまり，このとき社会全体に生じうる福利の総体（社会のメンバーをn人とすれば，結局のところ彼はこのn分の一の福利しか期待できないわけである）は減少するがゆえに，自分の福利（これは相変らず既に選択された観念において理解されている）も全体的にみて減少することを知っているのである．しかし彼がより大きな収入を得るために，自分の福利を――それが絶対的な福利であろうと，他人に対する相対的な福利であろうと――低下させようとしている，と考えるのは不合理だろう．結

局，彼は他の人々より大きな収入を得るかもしれないが，これらの人々は選択された福利観念において，仮定上，彼より悪い状態に置かれることはないわけであり，彼自身についてみれば，千鳥の卵への嗜好を培わなかった場合に比べ，彼の状態は少なくともある程度は悪化しているわけである。

　既に述べたように，ルイはもし自分が新しい嗜好を培うならば人生はより善くなると確かに考えている。しかし，これは彼が次のことを受け容れていないからである。すなわち，彼の社会は何らかの理由で或る福利観念を選択し，この観念に従って人々の福利を平等にしようと企てるのであるが，彼はまさにこのような福利観念によって自分の人生の価値が測定されることを受け容れないから，そのように考えるのである。このことが，彼は不適切に行動したという指摘をどのようにして正当化できるというのだろうか。同じくこのことが，彼により多くの資源を与えることなく，選択された福利観念において彼を他の人々に対して不平等なままにしておく決定をどのようにして正当化できるというのだろうか。これら二つのどちらについても，この種の正当化を理解するのは困難である。当の福利観念の選択は社会が行った選択であり，ルイの選択ではない。そして社会は当の福利観念において人々が平等になることを選択したのであって，ルイがより大きな価値を認めている別の福利観念において人々が平等になることを選択したわけではない。いずれにしても，ルイの福利観念に従うならば彼が新しい嗜好を培う以前から人々の福利は平等であったと考えるべき根拠は存在しないし，たとえ彼が社会によって選択された福利観念において平等な状態に連れ戻されたとしても，ルイの福利観念からみれば，彼の福利が依然として他の人々より低い場合もあるだろう。

　私が述べたように，ルイはもし自分が高価な嗜好ないし野心をもったならば，たとえ社会が選択した福利観念に従って平等な状態が自分のために回復されたとしても，彼は当の福利観念に従って理解された福利を少しばかり失うことになるのであるが，たとえこのようなコストを少々払っても，高価な嗜好や野心をもったほうが自分の人生は全体的にみてより成功した人生になる——遺憾の念を抱く理由がより少なくなる——だろう，と考えているのである。むしろ彼は，たとえ社会が自分のために平等を回復してくれなくても，自分の人生は全体的にみてもっと成功したものになるだろう，と考えているかもしれない（現に，増大したコストを人々が自分自身で負担しなければならない我々自身の社会においてさえ，人々は高価な嗜好を持つようになる）。いま，社会によって選択された福利観念が喜びであったとする。

もしルイが千鳥の卵への嗜好を持つようになったとすれば，彼は次のように考えていかなければならない。つまり高価な嗜好を満足させようとする人生は，たとえそれが喜びをそれほどもたらさないとしても，全体的にみればより善い人生である，と。更に彼は，たとえその人生がはるかにわずかな喜びしか与えてくれないようなものであっても，それをより善い人生だと考えるかもしれない。事実，そう考えるのももっともなことだろう。あるいは少なくとも，千鳥の卵といった不自然な例の代りに，実際に人々が自分自身の利益になるものとして意図的に培うように思われる類の高価な趣味——技を磨くことから生まれるスポーツへの趣味や公共善に関心を抱くことから生ずる実践的能力への欲求など——を考えれば，そのような考えももっともなことと言えるだろう。加えて我々の経済社会に生きる人々が，よく例に挙げられるようなそれほど称賛に値しない高価な嗜好——例えばシャンパンへの嗜好——を持つようになるのはなぜか，という点に関する最も適切な説明の中にさえ上記の類の考えが登場する，と想定することも正しいように思われる。というのは，ルイのような人が『ニューヨーク・マガジン』の広告にでてくるような人々の生活を送りたいと思えば，それは彼が次のように考えているに違いないからである。すなわち，珍らしくて高価な品々を味わえる生活は，それだけ一層多彩な楽しみやより洗練された楽しみ，あるいは端的に他の人々が経験できないような楽しみを経験できるがゆえに，たとえ全体的にみればそこに含まれる喜びは少なくなっても，より善い生活なのだ，と考えているに違いないからである。

　ルイの行動の以上のような説明は，意図的に培われた高価な嗜好と，人々の福利に影響を及ぼす生来的欲求や社会的に押しつけられた嗜好のような個性ない人格の他の側面との間に我々が想定してきた区別の重要性を疑問視している。なぜなら上記の説明は，前者の嗜好がしばしば一定の信念——どのような人生が全体としてみてより成功した人生と言えるかについての信念——に対する応答として培われることがあり，他方，この信念自体は意図的に培われたものでも選択されたものでもないような場合があることを示唆しているからである。他の点では福利の相違をなくしていこうとしている共同体がこの種の信念から生じた福利の相違についてはこれを無視することが正当化される，という意味で当の信念が培われたものであるとか，選択されたものであるとか言えない場合がある，ということである。私は，これらの信念は例えば盲目のように，人々がたまたまそのようなものを自分が持っていることを知り，それが自分の身に降りかかったことを知るような難儀に似たものであ

る，と言っているわけではない。人々が他の様々な信念について考えをめぐらすときと同じようなやり方で人生に価値を与えるものは何かについて様々な見解を検討することは確かである。しかし，例えば他人への奉仕活動や創造的な芸術や学問に身を捧げる人生，あるいは優雅な人生といったものが送るに値する最も価値ある人生だということは，別に彼らが選択して決めたことではなく，それゆえ彼らがそのように考えるべきだということも彼らが選択したことではない。もっとも我々は依然として次の二つを区別できるかもしれない。つまり一つはある人間が一定の嗜好をもった人間になろうという決定を，あるいはそのような結果をもたらしそうな生活を送ろうという決定を意図的に下すことであり，もう一つは，ある人が嗜好や企図ないし野心を自分がただ単に持っている事実を発見することである。しかし，この区別はしばしばそう考えられているほど重要なものではない。というのも，前者の決定が意図的であることはあっても，それが最初から最後まで意図的であることはめったにないからである。

　もしルイの住む社会が，喜びや相対的成功のような，これまで我々が彼の話をするときに想定してきた個々別々な福利の観念の一つにおいてではなく，主観的な全体的成功において人々を平等にしようと試みるならば，彼がどうして高価な嗜好を培うのか，そして彼に特別な資源を拒否することが公正であるか否かについて，少しばかり異なった説明が必要となるだろう。私は既に，全体的成功の平等のどのような魅力ある形態も合理的遺憾の観念に対して占めるべき場所を与えなければならないこと，そしてこの観念がまた，資源の公正な分配を定義する何らかの独立した非福利主義的理論を前提にしていることを議論した。もしこのことが正しいならば，うわべは全体的成功の平等によって支配されている共同体において，高価な嗜好のために特別な資源を要求することなど誰もできないだろう。彼が新しい嗜好を培う以前に彼の資源の分前が公正であるならば，彼がその嗜好を培った後も彼の分前は公正であり続ける。しかし私としては本節において独立した論証を提示したいと思っているので，私の以前の論証が不適切であったと仮定し，全体的成功の平等の主観的な形態の観念で，既述のような意味において自滅的ではない観念を展開できるものと仮定することにしたい。

　しかしこの場合，選択された観念は今や全体的成功ということになるので，我々は最早，ルイがそういう行動をとるのは，選択された観念によれば彼の成功の程度は低下するにしても，彼自身は自分の人生がこのことで全体的により成功したもの

になると信じているからに他ならない，と述べることはできない。いま，ルイが高価な嗜好を考えつく以前は，自分の人生が大雑把に言って他のあらゆる人々と同じくらい全体的に成功していることに得心しているとする。この後で彼は，もし自分が例えば金のかかる何らかの趣味を培ったならば人生はもっと価値あるものになる，と信じるに至った。ここで我々は彼に次のような質問を，すなわち彼がそのような信念を形成する以前に送っていた人生の価値を今はどのように考えているか，という質問をしなければならない。彼は次のように考えるかもしれない。彼の以前の人生は，当時彼がそう考えていたのと同じくらい善い人生であったし，彼が新しい趣味を追求できなくても相変わらずそのように善い人生であることだろう。しかし，新しい趣味を追求できるなら，彼の人生はもっと善いものになるだろう，と。この場合高価な嗜好の問題は生じない。というのもルイは，選択された福利観念において他人より多くの福利が自分に生ずるように追加的な資源を要求しているわけであり，彼にはこのようなことをとりあえず要求する一応の権利さえないからである。しかし彼は自分の以前の人生がどれほど価値あるものであったか，という点について，むしろ考え方を変えたのかもしれない。彼はもっと幅広く色々な書物を読み，あるいはより深くものごとを反省した結果，自分の以前の人生は，確かに昔は自分にとって魅力あるものに見えたが，本当は無価値で面白味のない人生であった，という結論に到達したのかもしれない。今や彼は，自分のこれまでの人生は欠陥のある人生であったと考え，彼が欠陥だと理解しているものを修繕するために，より興味をそそる新しい嗜好を培いたいと思っている。そこで彼は，他の人々がそれぞれ自分たちの人生を価値あるものと考えているのと同じ程度に自分の人生を価値あるもの——追加的資源が利用可能となった後に，彼の目からみて同じ程度に価値あるもの——にしたいと考え，このために必要な資源だけを要求することになる。平等へとコミットした社会が，この点でいかにしてそのような資源を彼に対して拒否することができるだろうか。どのような人生が最善であるかについて反省し続けるようなことをしたルイが誤っていたのである，などと社会は主張できない。その価値が検討されることのない人生は，まさにこのことのゆえに貧しい生活なのである。ルイが，資源の当初の分配以前から人生の価値について現在と同じ意見に到達していたならば，彼は当初の分配の時点で，彼が今要求している資源を貰ったはずである。どうして今彼はその資源を拒否され，他のすべての人々が各自の人生に認めている価値より少ない価値しか彼が見出せないような人生を宣告されなければならないの

だろうか。⁽⁵⁾

　我々が到達した立場を次のように要約できるだろう。もし仮に選択された福利観念が，全体的成功以外に我々が考察した個別的な福利の観念のどれか一つであるならば，ルイは，選択された当の福利観念における平等を保持しながら，彼がもっと価値があると考える何らかの別の福利観念に基づいて自己の福利を向上させようと試みていることになる。しかし選択された観念が平等にとって本当に重要なものならば，そして，いずれにせよ他の人々はルイがより善いと考える観念に立っても彼より大きな福利を既に手にしている可能性があるとすれば，社会は何を根拠にして，選択された観念における平等を今彼に対して拒否できるというのだろうか。反対に，選択された観念が全体的成功（これは議論を可能にするために，自滅的な観念ではないと想定されている）ならば，特別な資源に対する要求が少しでも持ち上がったとすれば，それは今やルイが以前の分配を誤りに基づく分配と考えるからに他ならない。彼は特別に有利な立場を要求しているわけではなく，ただ以前に自分がもっとはっきりとものごとを見定めることができたならば社会が実現していたはずの分配を社会が実現してくれるように要求しているのである。社会は何を根拠にして，この分配を彼に対して拒否できるのだろうか。

　おそらく一つの根拠がおのずと示唆されるだろう。つまり社会における平均的福利（我々はこれを選択された観念における福利を意味するものと理解しなければならない）はできるだけ向上すべきである，という通常の功利主義的原理である。もし社会が高価な嗜好を持つようになった人々に対し，この種の嗜好を満たすための特別な資源を与えることによって報いることになれば，人々にこのような嗜好を持つことを思い止らせることはできないだろう。しかし高価な嗜好は（定義上）一定量の資源から生まれうる福利の総体を低下させる。それゆえ独立した効用原理は，人々にこの種の嗜好を持つことを思い止まらせるために，たとえ彼らが高価な嗜好を持つようになっても人々の福利を同等にしないように勧めることによって，福利の平等という原理を妥協させることを正当化するわけである。もし選択された福利観念が個別的な福利の観念であるならば，これは次のことを意味する。つまり同じ福利を実現するためにより多くの資源が必要になるような状態を惹き起せば自分たちの人生はより成功したものになると人々が考えていても，平均的の効用を向上させるために，人々にそのような状態を惹き起すことを思い止まらせなければならないということである。これに対して，選択された福利観念が主観的に判断される全体的

成功であれば、現実に送る人生の価値に不満感を抱くようになるかもしれないやり方で自分の人生を再検討するようなことを人々に思い止まらせなければならない、ということになる。

　しかし、実際のところ効用原理は、ここで説明を必要としているものを説明していない。せいぜいそれは、高価な嗜好を持つようになった人々に補償することが非効率である理由を説明できるぐらいである。それは平等理念がなぜそのような補償を推奨しないのかを説明できない。結局のところ、正しい社会は効率性と分配を何らかの方法で相互に妥協させなければならない、ということは政治理論においては馴染みの考え方である。正しい社会は平均的効用を向上させるために、完璧とは言えない平等を寛恕することがある。しかし高価な嗜好の問題によって直観的に要求されている妥協は、このような効率性と平等の間の妥協ではない。むしろそれは平等観念の内部での妥協なのである。我々が直面している難問は、ルイは自分をシャンパン好きにさせたのであるから平等は彼により多くの資源を与えるように要求する、と我々は考えるにもかかわらず、効用の総体量を保持するためには、我々は彼に対して平等を拒否しなければならないということではない。平等とは福利の平等を意味する、という理論にとって高価な嗜好が厄介な問題になるのは、まさに我々が、効率性の問題は別にしてそれ自体において考えられた平等は、意図的に培われた高価な嗜好に対して補償することを推奨せず、むしろこのような補償を非とすると考えているからである。

　因みに私は次のことも指摘しておくべきである。つまり効用原理をそれ自体としてみた場合、それが説明しようとしていることを本当に説明しえているかでさえ少しも明らかでない、ということである。効用原理は、効率性のために平等を弱めたいと考える社会がなぜ高価な嗜好を平等の犠牲が問題となる論点として選択するのかを説明しようとするが、それがこのような説明を本当に提示しえているかどうか少しも明らかでないのである。高価な嗜好を持つようになる人々に補償を拒むことが平均的効用を保持することになるのは、ただそれが、そうでもしないとこの種の嗜好を持ってしまう少なくとも一部の人々に対し、それを思い止まらせることに成功する場合に限られる。この種の予防効果がない場合でも果して福利の平等を信奉する社会がこの種の実験をどれほど実施するか予測することは不可能だし、また予防効果があったにしても、それがどの程度の効果か予測することは不可能である。（結局のところ人々は、高価な嗜好を持つようになったときに特別の資源を受けると

ころがなくても，自分の社会の中でどのみちこの種の嗜好を持つようになるのである。）次に予防の成功についていかなる特定の想定に立っても，効用に関してどのような結果が長期的にみて生ずるか予測することも不可能である。無補償の手段を予防措置として用いることを決定したどんな社会も，人々の嗜好や野心が変化したとき，どの場合に補償がなされ，どの場合に補償がなされないかを合理的な程度にはっきりと定めるような，それなりに明確な政策を採用しなければならない。この政策は例えば意図的に培われた嗜好と，知らないうちに人々が単に身につけてしまった嗜好とをどのようにして区別するのだろうか。ある嗜好が安くつく嗜好ではなく高くつく嗜好だとされるための基準として，どのレヴェルの費用が——例えば1ドルのコストでもって喜びを生み出す効率性のどのようなレヴェルが——取り決められるだろうか。このような意味においては，ビールはシャンパンより安価だろうが，水よりは高価である。いま，以上の難問に対して共同体が次のような態度でもって対処したとしよう。すなわち，人々が新しい嗜好を獲得しようとして何らかの積極的な措置を採ったとき，あるいは単にこの種の嗜好を獲得する可能性が強くなる（ことを彼らが知っていなければならない）ような仕方で行動したときでさえ，たとえ新しい嗜好が，これに取って代られた以前の嗜好——以前に嗜好があったと仮定して——より高くついても，共同体は新しい嗜好に対して人々に補償するようなことはどんな場合にも拒否するとしよう。もしこの政策が，新しい嗜好を人々に思い止まらせるための実験としてかなりの成功を収めたならば，我々が知るかぎり，この種の共同体はおそらく退屈でものごとに順応しやすく，想像力に欠け，その他の点でも魅力のない共同体に終ることだろうし，長期的な効用の点からみても劣った共同体に終るだろう。後者の帰結が予測されることについては数多くの理由が存在するが，その中で最も明白な二つのものだけに言及しておこう。第一に，ある種の嗜好は数少ない人間によって採り上げられるにすぎないうちは高価であっても，これら数少ない人々が手本となって広範な人々に浸透することで安価になる——現在の嗜好よりも1ドルにつきより多くの効用をもたらす——ときがある。第二に，退屈で順応しやすくなった社会は，何かあることに大きな楽しみを抱くような人が一人もいない社会であり，あるいは人々は目標というものを単に他人から機械的に受け取るだけで，自分自身で育むことがない結果，目標の達成について人々が非常に深い関心を払うようなことのない社会である。この社会は，それほど意図的でない仕方で獲得された嗜好については補償の一般原理を採用し，意図的な嗜好につい

ては以上のような無補償の政策を採用してこれを前者の原理に付加するのである。もちろん，この無補償の政策が上に述べたような結果をもたらすかどうかは明らかでない。しかしこれは，我々とは非常に異なったこの種の社会においてどのような様々なレヴェルの効用が達成されうるか，という点についてどんな仮説も大した価値がないからに他ならない。そしてこのことは，福利の平等を信奉すると同時に功利主義をも採用する社会が補償を拒むのは何故かに関する上記の説明をいささかも推奨することはないのである。

　それゆえ，高価な嗜好を意図的に培った人々が現実にそのような嗜好を持つようになっても，平等は彼らの福利が他の人々と同じになることを要求しない，というのが我々の直観であるが，この直観を正当化すると想定された功利主義的見解は，二つの理由で失敗していることになる。依然として我々は，この直観の正当化を手に入れていない。しかし，ここである人が次のように主張したとする。人々が自分たちの人生を全体としてより成功したものにするのは何かに関する自分自身の信念を，選択によって決めるわけでないことは確かである。しかし，これらの信念に基づいて行動すべきか否か，あるいはどの程度まで行動すべきかにつき人々は実際に選択しているのである。ルイは，例えば喜びの平等を実現しようとする社会において自分が高くつく何らかの嗜好を培い，その結果補償を受けたならば，このことのために他の人々の享受できる喜びが減少することを知っており，あるいは少なくとも知っているべきである。もし彼が，このことを知りつつより高価な人生を選択したならば，彼はこのような補償を受けるに値しない。最早彼は，人生において平等の喜びを享受するに値する人々の集団の一員ではないのである。

　ルイは選択に直面している。一方で彼は，既に私が説明したような現在彼が持っている平等な資源をそのまま保持し，今と同じ喜びは享受できるが，自分が培おうと思った嗜好や企図ないし野心は諦める人生で手を打つことができる。あるいは彼は現在持っている資源を保持し続けながら，現在の人生に比べて喜びはより少ないが，全体的により成功していると彼が考える人生のほうを選ぶこともできる。しかし彼に第三の選択を許すことは全くもって不公正である。第三の選択とは，自分の喜びは少しも犠牲にしないで，他の人々には迷惑をかけながら彼らより高価な人生を送るということでもあるが，ただ単に彼が他の二つの人生のどちらよりもこの人生のほうが全体としてより成功している――至極もっともなことに――考えているというだけの理由で，彼がそのような人生を送れるようにすべきだ，というのは

全くもって不公正なことである。ルイが補償を受けるに値しない理由は，彼が選択するかもしれない高価な人生が必然的に悪しき人生だからではない。喜びだけが重要なことではなく，喜びの点ではより貧しい人生でも，個人的な観点からみれば全体としてより成功した人生でありうるのだ，という彼の見解は正しいのかもしれない。我々が主張しているのは，ただ最初の二つの選択は間違いなく彼の選択であるが第三の選択はそうではないということである。

　私自身は，以上の議論を強力であると同時に魅力的なものと考えている。それはまた，次のような理由で重要な議論である。上で述べられたような第三の選択をルイに許すことに対する反論は，もっと自然なかたちで次のように言い換えることができる。ルイは，自分に与えられた社会的資源の公正な分前を用いてできるかぎり人生を最善なものにしていける（少なくとも，擁護可能な形態のパターナリズムによって許容された限界内で）自由をもつべきである。しかし彼に他の人々の公正な分前を侵害する自由を認めるべきでない。このようなことは他の人々に対して不公正だからである，と。言うまでもなく，論点がひとたびこのような仕方で表現されれば，それは単に高価な嗜好の問題に合わせて福利の平等を妥協させるための議論というわけにはいかなくなる。この場合，公正な分前という観念が単に社会が選択した福利観念に従って人々に平等の福利を与えるような分前を意味していることはありえない。なぜならルイが特別な資源を要求するときに訴えているのは，まさに社会が選択した福利観念だからである。しかし公正な分前が，このような福利観念とは独立に決められる分前だとするならば，公正な分前という観念を用いるどのような妥協も矛盾していることになる。

　それでは，このような妥協を目的として，公正な分前という観念を次のような何らかのやり方で定義することが可能だろうか。つまり選択された福利観念に従って平等な福利を生み出す分前が自動的に公正な分前であると考えることはしないが，それにもかかわらず，この福利観念と矛盾することを回避するようなやり方で当の観念を利用しながら，公正な分前という観念を定義できるだろうか。いま，ある人間の公正な分前とは，選択された福利観念に従って平等な福利を生み出すような分前，あるいは問題の人間が高価な嗜好を意図的に培わなかったならば平等な福利を生み出すような分前であると考えられているとする。既に見たように，選択された福利観念が全体的成功であれば，そしてルイが新しい嗜好を培わなかった場合に自分が送ることになる人生の全体的成功は，他の人々が各自の人生の中に見出す全体

的成功より劣ったものになる，と考えているならば，公正な分前に関する上記の考えは役に立たないだろう。たとえ選択された福利観念が，喜びのような個別的な福利の観念の一つだとしても，上記の方法で公正な分前を定義することは役に立たないだろう。私が強力に思われると述べた議論は福利の平等に限定を加えるよう勧告するが，それは，公正な分前という観念を，このような限定を単に記述するためだけでなく，この限定を正当化するためにも利用している。この議論は，私が既に本節で提示した様々な反論にもかかわらず，公正に関する矛盾のない独立した諸事由がどうして福利の平等を妥協させることを正当化できるのかについて説明を試みている。しかし，問題となっている妥協が特定化されざる何らかの理由によって公正であることを公正な分前の定義がただ前提にしているだけならば，公正な分前へと単に訴えたところで，このこと自体が，循環論法と直ちには言えないような正当化を提供することはありえない。公正な分前という観念が何らかの機能を果しうるためには，分配上の公正に関する何らかの独立した説明へと訴えなければならないのであるが，独立したどのような説明も，既に私が述べたように，当の説明が付加された本来の観念と矛盾してしまう。というのも，この観念は自らに対してそれが要求するあらゆる空間を独占するからである。そこで，私がここで付言しておきたいのは，ルイの第三の選択に対する反論が強力であると述べたときに私自身の念頭にあった，より適切と思われる独立した説明は，資源の平等のある種の観念だと私は考えているということである。（もっとも，言うまでもなく，これ以外に別の観念も考えられる。例えばより大きな功績のある人がより多くの資源を持つときに資源は公正に分配されている，と主張するような何らかの原理がそうである。）

　おそらく創意工夫をこらせば，問題になっている議論——ルイは単により高価な人生を選択したというだけで，より多くの資源を持つに値するようにはならないという議論——の説明ないし解釈として，公正な分前という観念やこれに類似の観念を用いないようなものが提示できるかもしれない。しかし，この種のどんな説明ないし解釈も，次のような事例に直面することによって結局は失敗に終るのではないかと思われる。いま，改めて喜びの平等を熱心に実現しようとする社会を考えてみよう。この社会で，喜びの平等を達成するために再分配がなされるとき，ジュードは他の誰よりもはるかに少ない金を持つことになる。というのも彼の欲求はあまりにもつつましく，非常に安価に満足されうるからである。ところが或る日（たぶんヘミングウェイを読んだ後），彼は自分の人生が喜びに満ちたものであるにもかか

わらず，他に可能な人生と比べると全体的にみてそれほど成功した人生ではないと判断し，例えば闘牛のような挑戦的なスポーツに対する新しい嗜好を培おうと努めたとしよう。そして新しい嗜好を培った後に彼は，例えばスペインに旅行するための資金が自分にないことで大いなる欲求不満に陥り，更なる再分配によって一層多くの資金が自分に与えられることを要求したとする。事情によってはこのような再分配の後も，彼が依然として他の誰よりも少ない金しか持たないこともあるだろう。この場合，彼は所得の増加に値しないと我々が主張できる何らかの根拠があるだろうか。もし所得の増額が彼に対して拒否されれば，彼は他の誰よりも少ない資金しか持たないと同時に，他の誰よりも少ない喜びしか持たないことを我々は知っているわけであるが，それでも，彼は所得の増額に値しないと主張できる根拠が我々にあるだろうか。このように主張したいと思う人がいるかどうか疑問である。しかし，もしそうならば，ルイが所得の増額に値しない理由は，まさに彼が培った嗜好が高価だからである，と我々は主張できないことになる。ジュードの新しい嗜好も同じように高価かもしれないのである。両者の相違は次の点にある。つまりルイは社会的資源の平等な分前以上のものが自分の人生で利用できることを要求するのに対し，ジュードは単に，平等な分前に近い資源が自分の人生で利用できることを要求しているにすぎない。この相違の真の意味を表現するためには，公正な分前という観念（今挙げた特定の事例においては，資源の平等な分前という観念）が必要になるのである。

　次のように想定してみよう。もしジュードがもっと多くの資金を貰ってスペインに旅行できるようになれば，彼は他のすべての人々と同じくらいの福利に止まらず，他の誰よりも大きな福利を得ることになるが，他方，彼が持つことになる所得は依然として他の誰よりも少ないとする。このとき平等は，彼が追加的な金を貰うようなことは拒否すべきだと要求するだろうか。もし要求しないとすれば，ジュードの事例は，更にもっと強力な主張を提示していることになる。つまりジュードは高価な嗜好を意図的に培ったにもかかわらず，福利の平等を回復できるだけではない。彼は，この種の嗜好を育むことによって他の人々より大きな福利を首尾よく手に入れることさえできるのである。いずれの場合も，そこで作動しているのは資源の平等という観念である。

　この長い一節で私が言いたかったことが今や明らかになったと私は期待する。ある人が福利の平等の何らかの形態ないし観念を擁護したいと思って議論を開始した

とき，他方で，高価な嗜好を育む人々がより多くの所得を持ってしまうような帰結を阻止したいと思うのであれば，彼は最終的には非常に異なった平等理論に到達する，ということである。彼は，福利の平等に関する自分の観念を無益なものか自滅的なものにしてしまう何らかの別の理論を前提とせざるをえないことに気づくだろう。言うまでもなく，まさにこのことこそ，福利の平等の幾つかの観念を別個に考察することによって我々が到達した結論である。考察すべき問題として残されているのは，以上の結論にもかかわらず，福利の平等とは異なった別の平等理論の中で，福利の平等が何らかの役割を果しうるわずかな余地を見つけ出そうと試みる強力な理由が存在するか，という問題であり，私は次の節でこの問題を考察しようと思う。

IX 身体障害

私は冒頭で，真の平等は福利の平等であるという考え方が直ちに魅力あるものに思われることを認めておいた。福利の平等が我々にとって直ちに魅力あるものに思われるのは，身体的ないし知的な障害を背負った人々（あるいはそうでなくてもあるものを特別に必要とする人々）に対して特別な資源が与えられるべき理由を当の平等理論が明白に説得力ある仕方で説明してくれるからである。私が様々な疑問を投げかけたにもかかわらず，福利の平等のこの側面だけは容易に批判を切り抜けることができた，と言えるかもしれない。確かに，障害者が特別な資源を貰えるのは，資源の同じ分前から彼らが達成できる福利が——「福利」という言葉の一般的な意味に含まれるものが——他の人々より少ないからである（と依然として言えるかもしれない）。我々が障害者たちを気づかうのは，彼らが我々より少ない喜びか，あるいはより小さな相対的ないし全体的成功しか達成できないからなのだろう。あるいは彼らが達成できないのは上記の三つのどれかではなく，これらを一定の仕方で結合させたもの，あるいはこれらのすべてであるかもしれない。いずれにしても，何らかの観念において解釈された福利の平等を志向しなければならない，ということが身体障害に関する我々の直観の中に含まれているはずである。もしそうであれば，この事実は最終的にはどんな平等理論も福利の平等に対して少なくとも何らかの余地を与えなければならないことを示している，と考えられるだろう。たとえこれが，おそらく単に別の平等理論を補充ないし限定するためであるとしても，また，身体障害のように特別な意味で不幸な人々のために施すべきだと我々が主張する措置を説明するだけのためだとしても，福利の平等に何らかの余地を認めなければな

らない，ということである。

しかし，身体障害者が健康な人々より時々多くの資源を持たなければならないことがある理由を説明するのに何らかの福利概念が本当に必要かというと，これは少しも明らかなことではない。本書の第2章で私は，福利の比較に依拠することなく身体障害の問題を同様にうまく説明できるかもしれない別のアプローチを叙述するつもりである。このアプローチやそれ以外の様々な指摘を考察する前から，身体障害の問題にとって必要な説明を提示できるのは福利に基礎を置く平等理論だけだ，と想定すべきいかなる理由も存在しない。実際は（むしろそれどころか）福利に基礎を置く理論は，一見してそう思われるほどには満足のいく説明を与えてくれないのである。我々が今考察している主張は，どのような一般的平等論においても福利の平等は少なくとも何らかの場所を占めるに値すること，つまり福利の平等は身体障害者が平等の名においてどのように取り扱われるべきかについての我々の直観を非常に正確に捉えているので，どんな平等理論もこの概念に何らかの余地を認めねばならない，ということである。しかし，本当にそうだろうか。どのような福利観念からみても，強度の身体障害者は一つの人間集団として他の人々より小さな福利しか獲得できない可能性がある，と想定することはもっともなことと思われる。しかし，言うまでもなくこれは単に統計的にみてそうだというにすぎない。多くの場合，身体障害者たちは，その結果としてより少ない収入しか得られず，それゆえ他の人々と同じだけの物的資源さえ持つことができない。しかも一部の人々は甚だしい障害のゆえに単に生き続けるだけのために特別な収入を必要としている。ところが，重い身体障害者の多くはどの福利観念からみても高いレヴェルの福利を——障害のない他の数多くの人々より高いレヴェルの福利——を得ている。このことは，小さなティムとスクルージについて言えることである。ティムはスクルージより幸福であり，世界のなりゆきをより強く是認し，自分自身の目から見て人生により一層成功している，等々。

しかし，身体障害者は特別の資源を持つべきである，という既に述べた直観があてはまるのは，何らかの福利観念に従って解釈された平均的福利を実際に下回る身体障害者だけに限られない。ティムがスクルージと同じくらい多くの金をもっていても（このとき，おそらくティムの福利はスクルージの福利を，もっと大きな差でもって上回ることになるだろう），物理療法のために支払うべき十分な金がティムになければ，我々の多くは，ティムにはこの目的のために特別な資源を貰う権利が

あると考えるだろう。もちろん，この場合我々がそのように考えるのは，単に我々の直観が統計的な事実によってそのように教え込まれてきたからとも言えるだろう。この仮説に立つと次のようなことになる。つまり身体障害者は一つの集団として他の人々より低い福利しか得ていないのであるから，彼らは一つの集団として他の人々より多くの資源を持つべきである，と我々は感じているのであり，そのうえで，この一般原則が個々の事例にあてはまるか否かを確認することなく，この一般的な直観をそのままこれらの事例に適用しているのである，と。しかしこの説明は，我々が現にあるような感情を抱く理由の説明として説得的と言えるだろうか。私はそう思わない。ある特定の身体障害者の福利が特に低くはないことを我々が知っているときに，それでも依然として我々が，その障害のゆえに彼には特別の資源を貰える権利があると考えるのであれば，我々が各々の障害者の福利を識別する力を喪失したと想定することでこのことを説明するのは不適切である。

　それゆえ，身体障害者に関する我々の信念は福利の平等という観念によって正当化されるので，どのような一般理論もこの観念を多少なりとも含んでいなければならないと指摘されたのであるが，実際のところ我々の信念は，このような指摘が正しいと言えるほど当の観念によって正確に，あるいは強力に正当化されるわけではない。身体障害者の福利が相対的に低いということによって我々の信念を説明することは，更に別の意味においても欠陥がある。いま，全身は麻痺しているものの意識のある人の福利（福利をどのように解釈するにしても）が，共同体の他の誰の福利よりもはるかに低いと想定し，また，彼が利用できる金を増加させていくと彼の福利は着実に向上するものの，それが極くわずかの量にすぎないとしよう。更に単に生き続けていくために必要な資源だけは他の人々のために残し，それ以外のあらゆる資源を彼が自由に使えるようになったとしても，彼の福利は依然として他の人々よりはるかに低いままだとする。福利の平等は，このようにラディカルな仕方で今述べたような状況へと到達するまで資源の移転を行うことを推奨するだろう。しかし，上記の事実が存在するときに，平等が果してこのようにラディカルな移転を本当に要求するか——あるいはこのような移転を推奨することさえあるか——私には明らかでないし，他の人々にとっても同様だと思う。平等に優先するとしばしば考えられる類の事柄を顧慮せずに平等をただそれ自体において考慮したとしても，このような移転を平等が要求するか否か私には疑わしく思われる。

　（今述べたばかりの所見が認めているように）私は，原則的に福利の平等を採用

するどのような共同体も、ラディカルな移転を熱心に実現しようと努力するはずだなどと主張しているのではない。共同体が更に別の原理（例えば効用の原理）をも同時に採用していれば、この原理が平等との何らかの妥協を勧めることがあるだろう。しかし、どこで一線を画すべきであろうか。この種の一線を画す仕事は、実務的な政治の直観に任せたほうがいいかもしれない。しかし、これでは全身麻痺の犠牲者が何も貰えないことも起りうるだろう。共同体が身体障害者の初期的な効用の損失はそのまま認めながら、彼に何がしかの財は与えるものの、それ以上の財は与えないでおくようなことを平等原理それ自体が正当化することはないだろう。少なくとも、更に財を移転することで身体障害者に生ずる限界的効用がそれほど低下していかないような既述の状況においては、平等原理それ自体が上記のことを正当化することはないと思われる。平等原理はこの犠牲者に対して可能な移転の全範囲に亙って一様にかん高い声で援助を呼びかける以外に、共同体に対して指針と言えるようなものを殆ど示すことはないだろう。そしてこの種の呼びかけに全面的に応じることなど実際上不可能であるし、またこの呼びかけ自体も、原理に則った妥協と言えるほど筋の通ったものではない。

　いま、これとは異なった事実を想定してみよう。対麻痺の患者がもっとずっと普通の生活を送ることを可能にするような一個の高価な設備があるとする。そして共同体はこの設備を提供することが可能であり、このためには他に必要な事柄や計画をかなりの程度犠牲にしなければならないが、極端に大きな犠牲ではないとする。共同体は患者にこの機械を提供するための特別な税を徴収したほうがいいかどうか投票で決めることにした。しかしこの患者はヴァイオリンに生涯を捧げた優れたヴァイオリニストであることから、自分はこの機械を貰うより、同じ資金で購入することのできるとびきり上等のストラディヴァリウスを入手するほうがいい、と答えたとする。共同体は、彼のこのような選択を尊重せずに、彼の申し出を正当に拒否できるだろうか(6)。我々が福利についてどのような観念を採用しようと、機械ではなくヴァイオリンを所有したほうが対麻痺患者の福利は確かにより向上するかもしれない。たとえ彼がありとあらゆる事実を知りえたとしても、彼はヴァイオリンを貰うほうを選好するだろうし、それは彼に大きな喜びをもたらし、彼個人の目からみても、あるいは客観的にみても、彼の人生は相対的かつ全体的により成功したものになるだろう。また独立した効用原理が同じ選択を推奨することは言うまでもない。

　しかし以上の事実は、福利の平等へと一般的にコミットしたわけではなく、ただ

身体障害という特殊な問題を処置するためにこの観念に限定的な役割を認めているにすぎない体制にとっては，困った問題を提起する。というのも身体障害者ではないが，同じくどの福利観念からしても低レヴェルの福利しか得られていない別の人間を考えてみよう。彼は自分の人生から殆ど喜びを得ておらず，自分の人生を失敗と見なしている，等々。しかし彼の人生がこのようになっている理由は，身体障害者でない他のあらゆる人々と同じ量の富を彼が持っているにもかかわらず，彼が他の何よりもまして切望するストラディヴァリウスを買えるほど彼の富が十分でないからだとしよう。もし対麻痺患者がヴァイオリンを買うために彼に特別に与えられる資金を使うことを許されるならば，この別の人間は正当に異議を唱えることができるかもしれない。対麻痺患者は財の移転を，自分の身体障害を取り除いたり緩和する機会としてではなく，単に自分の福利を他の仕方で向上させる好機として捉えているのであり，もう一人のヴァイオリン愛好家は，彼の福利の低い状態を考えれば，対麻痺患者と同じように財の移転を要求できるように思われる。しかし，身体障害がこのような仕方で特別な資金を用いることを共同体が許さないで，ヴァイオリンの代りに機械を買うように要求したとすれば，共同体の態度は歪んだもののように思われる。というのも，共同体は平均的福利より低い彼の福利を財の移転が向上させるという理由で彼に特別な資金を与えるのに，この資金を用いて彼が自分の福利をできるかぎり向上させようとする権利を彼に拒んでいることになるからである。

X 福利主義

私が本章で提示してきた様々な議論が正しいとするならば，福利の平等は，しばしばそう考えられているほどには整合的ないし魅力的な理念とは言えなくなる。それゆえ我々には資源の平等というもう一つ別の理念を少し注意して検討してみる理由がある。しかし，ここで少し立ち止って，私が福利の平等に対してつきつけてきた反論が他の形態の福利主義に対しても有効か否か，特に私の反論が功利主義に対してどれほど有効かを極く手短かに考察してみる価値があるだろう。（アマルティア・センの説明によれば福利主義とは，分配に関する正義はもっぱら個人的福利の何らかの関数を規定することによって定義されなければならない，とする一般理論である。私はセンのこの説明を採用している。[7]）

我々が考察してきた様々な形態の福利の平等論は，それぞれ福利主義の一形態で

ある。ある何らかの福利観念について極大化的な関数を要求する功利主義も，同じ福利主義のもう一つ別の形態の理論（ないしは理論の集合）である。どの形態の福利主義についても，原則的に二種類の正当化が可能である。福利主義的理論は，約定された福利観念の約定された関数がそれ自体において善いものであり，それ自体のために生み出されるべきものである，という目的論的な根拠によって擁護することができる。あるいはそれは特定の平等観念として，つまり，人々が平等な存在として取り扱われているのはどのようなときかに関する特定の理論として擁護されることが可能である。これら二つのタイプの正当根拠の区別は，功利主義に関してはそれなりに明確だと思われる。この理論を，直接的に目的論的な方法で支持することが可能である。苦痛がそれ自体で悪であるばかりか，快楽（あるいは積極的な福利に関する何らかの他の観念）もそれ自体において善であり，より多くの快楽が存在すればそれだけ状態は善いものとされる。あるいは功利主義は平等観念としても支持されうるだろう。この場合，功利主義は人々の快楽と苦痛（あるいは他の何らかの福利観念の構成要素）が単に量的にのみ考慮され，この意味で各人の快楽と苦痛が一つとしてのみカウントされるときに（そして，このときにのみ）人々は平等な存在として取り扱われている，という理論として理解されている。もちろん，この平等主義的な形態の功利主義は，目的論的な形態とは異なり，それなりに適切と言える一般的な政治理論ないし道徳理論のすべての要素を自らが提供していると主張することはできない。平等主義的功利主義者は，例えば平均的な不幸の極大化を目指すことが平均的幸福の極大化を目指すことのように善いといえないのは何故か，あるいは自然的災害が少数の人々の状態を向上させても何千という人々の命を奪ったとき，何故これが遺憾なこととされるのか，といった点を説明すべきだろう。しかし彼はこの種の説明を更に別の次のような政治原理の中に見出すかもしれない。すなわち他の人々の不幸や失敗を目的とするような人々は，少なくとも人間に権利として認められている配慮を他の人々に対して示していない，と主張する政治原理である。あるいは彼は上記の説明を次のような別個の帰結主義的な道徳の中に見出すかもしれない。つまり，死や苦痛やその他の類の災難はそれ自体において悪であると主張するが，彼の平等主義的功利主義が採用しているものと同じ福利観念や福利の同じ測定基準を用いないような帰結主義的道徳である。

　我々が福利の平等に反対するために考察した様々な議論は，少なくとも一見したところは，功利主義に対しても——功利主義を第二の意味である一つの平等観念と

第1章 福利の平等

して理解した場合に——同様に有効であるように思われる。ここでも再び我々は，功利主義についての様々な解釈を述べることから議論を始めなければならない。これら様々な解釈は，特定の共同体が極大化すべき様々な福利観念を採用することによって構成される。しかしここでも再び，例えば喜びとか相対的成功の向上や低下だけに注目して，これらを人々が平等な存在として扱われているか否かの測定規準にすることは正しいと思われない。なぜなら，人々はこのような特定の観念において理解された福利を，夫々異なった仕方で評価するからである。また全体の成功——これを主観的に解釈しようと客観的に解釈しようと——の向上や低下を測定規準とすることも役に立たない。というのは既にみたようにこの種の福利観念は，どのような場合に人々は平等な存在として取り扱われているかを判断する，これとは別の独立したテスト規準が既に存在することを前提にしているからである。

しかしながら，功利主義が第一のやり方で支持されるときは，すなわち何らかの観念において解釈された福利がそれ自体で本質的に善であるとする目的論的な理論として支持されるときは，以上の様々な議論は明らかに的はずれなものとなる。この目的論的な理論に対しては，人々が同じようには価値を認めていない何らかの特徴に関して人々を平等にしても彼らを平等な存在として扱っていることにはならない，という私の主張は的はずれである。その理由は，このとき問題になっているのは，ただ当の観念において解釈された福利がそれ自体において善であるか否かということだからである。しかし私としては，私の議論と無関係な功利主義の目的論的論拠は，私の議論と関係のあるその平等主義的論拠に比べてはるかに魅力のないものであることを付言しておきたい。私の考えでは，現代の政治家や法律家にとって功利主義的議論が依然として魅力あるものと考えられているとすれば，その魅力を説明してくれるのは，目的論的な論拠ではなく，平等主義的な論拠である。

福利主義的理論を支持するこれら二つのタイプの論拠の区別は，功利主義以外の形態の福利主義に適用された場合には，それほど適切なものと思われないかもしれない。しかし，少なくとも原理的にはこの区別を利用することは可能だと思われ，少なくともあるタイプの福利の平等観念については，目的論的な擁護論を構成できると考えられる。例えばある人は，人々が同じ量の喜びを持つことは端的にそれ自体で善いことなのであり，あらゆる人々が自分の人生において喜びが根本的に重要であることに同意するしないに関係なく，またおそらく，喜びがこのような意味で重要であることに人々が同意すべきか否かにさえ関係なく，このことはそれ自体で

善いことである，と言うかもしれない。私が提示した様々な反論は，このような仕方で理解され擁護された福利の平等にまでは及ばない。私の反論が狙いを定めているのは，人々を平等な存在として扱うことに関する理論として理解された福利の平等である。このように観念された福利の平等は，当初我々がそう考えたほどにはしっかりした理論ではない。それでは，資源の平等はもっと強力な理論だろうか。

(1) 私は，この最後の示唆をデリク・パーフィット氏に負っており，私の理解するところでは，パーフィットを通じて，J. P. グリフィンとJ. マクマホンに負っている。

(2) ジャックではないにしても，ある人々の場合には，我々は次のような資源の一定量を見出せるかもしれない。つまり，この量より多い資源を持っていないことに対してこれらの人々が現実に抱く遺憾の念が非常に弱いことから，この量の資源を手にした時点での彼らの合理的遺憾の念を我々が算定する必要がないような——すなわち，同じ時点で彼ら以外の人々が抱くはずの現実的遺憾の念よりこの合理的遺憾の念が小さくなくてはならないことを主張するために我々が当の合理的遺憾の念をわざわざ算定しなくてもいいような——資源の一定量をつきとめることができるかもしれない。しかし，この場合でも多くの問題が持ち上がる。当の人々が当該の量より多い資源を持てないことを決定するためには，これに先立って，彼ら以外の人々についても，彼らの現実的遺憾の念とは区別されたものとして，その合理的な遺憾の念を算定する必要が依然としてありはしないだろうか。これは無限後退なくしてなされうるだろうか。いずれにしても，このような方法で特定の人々にとっての最大量として確定される資源の総量は，分配のために利用できる資源の総量を明らかに上回るだろう。私はこの種の複雑な論点をここで更に追求することは差し控えたい。

(3) Bernard Williams, "Egoism and Altruism," in *Problems of the Self* (Cambridge : Cambridge University Press, 1973), p. 262 参照。

(4) Kenneth J. Arrow, "Some Oridinalist-Utilitarian Notes on Rawls's Theory of Justice," *The Journal of Philosophy* 70, no. 9 (10 May 1973). p. 254.

(5) 選択された観念が，本節で議論されているような主観的な形態の成功の平等ではなく，何らかの客観主義的な形態の成功の平等であれば，状況は更に違ったものとなる。もしルイの嗜好が変化した結果，彼の人生が今や客観的にみてより一層成功したものになるのであれば，この場合，彼は結論として，より多くの資源ではなく，むしろ逆により少ない資源を持つべきだということになるだろう。もし（ルイの信念が誤っていたことから）嗜好の変化によって彼の人生が客観的にみて悪化したならば，再教育のために更に一層多くの資源を彼のために費すべきだというある人の要求は，特に強力なものになると思われる。しかし，私として

は，全体的成功の平等の客観的な形態は自由社会にとって殆ど魅力のないものだと考えるので，この種の考え方はこれ以上追究しないことにする。

(6) スキャンロンは "Preference and Urgency," *The Journal of Philosophy* 72, no. 19 (6 November 1975) : pp. 659-669 でこの問題を議論している。

(7) A. K. Sen, "Utilitarianism and Welfarism," *The Journal of Philosophy* 76, no. 9 (September 1979) : pp. 463-489.

＊デリク・パーフィット氏は，非常に寛大にも本章の草稿に目を通し，有益なコメントを与えて下さった。私は数多くの点で彼の教示に従った。私はまた，*Philosophy & Public Affairs* の編集者の方々からも鋭い批評をいただき，ここに感謝の意を表したい。

2 資源の平等

I 競売

　本書の第1章で我々は，人々を平等な存在として取り扱うことの一つの解釈として，福利の平等という考え方の様々な主張を考察した。第2章では，これと対抗する資源の平等という考え方の様々な主張を我々は考察することにしよう。しかし，第2章の大部分において我々の関心の対象となるのは，資源の平等の適切な観念を単に定義することに限られ，このような定義自体が一つの擁護論を提供してくれる場合は別として，この観念をそれ自体として弁護することはしないつもりである。この目的のために，私は次のことを想定する。すなわち，資源の平等とは，それがどのような資源であろうと個人によって私的に所有されうる資源に関する平等のことである。公的に，あるいは共同で所有される資源に対する権力の平等をも含む政治権力の平等は，それゆえ別個の論点として取り扱われるべきであり，他の機会に議論されるべきものとして本章で論ずることは差し控えたい。言うまでもなく，このような区別は，多くの理由によって恣意的なものではある。何らかの洗練された経済理論の観点からみると，公的財に対する個人の命令権は，当該個人の私的財の一部分を形成するものである。例えば，各個人が呼吸する空気の質に関する公的決定に影響を与える力をもつ者は，この力をもたない者より裕福だと言える。それゆえ，包括的な平等理論は，私的財と政治権力を統合する方法を発見しなければならない。
　更にまた，私的所有というものは，ある人間と物的資源との間の単一で固定した関係などではなく，むしろ，その多くの側面が政治的に確定されなければならないような織り目の粗い関係なのである。それゆえ，資源のどのような分割が平等な分割と言えるかという問題は，ある資源を割り当てられた者はこれによってどのような権力を獲得するかという問題を包含することになり，そして後者の問題は，政治

第2章 資源の平等

によってこれらの権力に変更が加えられる恐れのある場合に，どのような変更に対しても人は拒否権を行使することができるのか，という別の問題を包含することになる。しかし，本章の大部分において私は，私有を形成する一般的な諸特性は十分によく理解されていると仮定し，したがって，どのような私的所有のパターンが私的資源の平等な分割と言えるかという問題は，これら複雑な論点とは独立に議論されうることを前提として議論を進めたい。

　私が議論したいのは，資源の平等な分割は，主として分析的な装置として，しかしまた，ある程度までは現実の政治制度として何らかの形態の経済市場を前提とする，ということである。しかしこの主張は，次のような予備的なコメントを正当化するに十分なほど逆説的なものに思われる。財の市場という観念は，18世紀以来，相互にかなり異なった二つの形態において政治理論や経済理論の中に登場してきた。先ず第一に，繁栄とか効率性とか総体的効用などと様々に記述され社会全体に適用される一定の目標を定義すると同時にこれを達成する装置として，市場の観念は称賛されてきた。第二に市場は，個人の自由の必要条件として，すなわち，そこにおいて自由な人間が個人的なイニシアティヴや選択を行使し，その結果，各自の運命が彼ら自身の手に握られているような状態の条件として賛美されてきた。市場は，これが生み出す社会全体の総体的利益へと訴える政策の論証によってと同時に，これに代って，何らかの想定された自由権へと訴える原理の論証によっても擁護されてきたのである。

　しかし経済市場は，上記の二つの意味のどちらか一方で擁護されるにせよ，あるいは同時に両方の意味で擁護されるにせよ，これと同じ時代を通じて，平等の敵と見なされるようになった。これは主として，産業国家において発展し実施される経済市場体系の諸形態が，所有に関して広範な不平等を許容し，実際にはこれを促進させてきたことによる。それゆえ，政治哲学者や一般市民は，市場が与えると想定された効率性や自由といった価値に対抗するもの，ないしこれらの価値の犠牲になるものとして平等を思い描いてきたのであり，その結果，賢明で中庸をえた政策とは，経済環境としての市場に拘束を課し，あるいは市場をこれと異なる経済体系で部分的ないし全面的に置き換えることによって，平等と前記の他の価値との間に均衡のとれた妥協を見出すこととされてきた。

　これとは反対に，私は次のことを指摘しようと試みるつもりである。すなわち，資源の平等について何らかの魅力ある理論を展開しようとすれば，その中心に置か

れるべきなのは，極めて多様な財やサーヴィスの価格を決定する装置としての経済市場の観念である，ということである。主要な論旨を手早く立証しようとすれば，それは，後になって我々が直面しなければならない様々な問題を捨象すべく故意に人為的な仕方で，資源の平等に関する適度に単純な課題を構成することによってなされうるだろう。いま，船の難破で生き残った大勢の人々が，資源が豊富にあり現地人のいない無人島に漂着したと想定しよう。そして，多くの年月が経たないと彼らは救出されそうもないとする。これらの移住者は次のような原則を受け容れている。すなわち，島のどの資源に対しても，他人に先立って権利を与えられている者はおらず，むしろ，これらの資源は人々の間で平等に分割されねばならない，という原則である（ある種の資源については，人々がやがて打ち立てるはずの国家により，共有物としてこれを保持するほうが賢明であるかもしれないことに彼らは未だ気がついていないと考えよう）。彼らはまた，資源の平等な分割について，私が羨望テスト（envy test）と呼ぶ次のようなテストを（少なくともさしあたっては）受け容れている。すなわち，ひとたび分割が完成したとき，移住者のうちの誰かが，自己の資源の束よりも他のある人間の資源の束を選好するようなときには，いかなる資源の分割も平等な分割とは言えない，というテストである[1]。

　いま，ある一人の移住者が，当の原則に従いながら分割を達成するために選出されたとしよう。この場合，島にある資源をn個の同一の資源の束へと単純に物理的に分割するだけで，彼がその任務を達成できるとは思われない。例えば，乳牛のような分割不可能な各種の資源の数がnの正確な倍数でないかもしれないし，農耕地のように分割可能な資源のケイスにおいてでさえ，ある土地は他よりも良い土地である場合があり，また，別の利用方法よりも特定の利用方法の見地からみて，ある土地が良い土地とされることもあるだろう。しかしながら，試行錯誤を何度も注意深く繰り返した結果，分割者が資源のn個の束を創りあげたと想定しよう。これら資源の束のそれぞれは他の束とは少しばかり異なってはいるが，それにもかかわらず，分割者は束の一つ一つを各々の移住者に割り当てることができ，しかも事実上，移住者のうち誰も他人の束に対して羨望を抱かないとしよう。

　しかし，このような分配は，羨望テストによっては捉えきれない理由によって，平等な分配として移住者を依然として満足させることができないかもしれない。いま（論点を劇的な仕方で提示するために）分割者が入手可能なあらゆる資源を，千鳥の卵と，ブドウネアブラムシの害に遭わなかったクラレットぶどう酒とからなる

第2章 資源の平等

非常に大きな集合体に（魔術を使って，あるいは当の理由によってのみ物語に登場してくる隣の島の人々との通商によって）変えることにより，彼が実現すべき目標を現実に達成し，かくして，これら多量の資源を同じ数の筐とボトルからなる複数の束へと分割したと想像してみよう。ただ一人だけこれを喜ばない者が居たが，他のすべての移住者はこれを喜んだとしよう。しかし，もしこの一人が千鳥の卵とクラレット酒が嫌いであれば，彼は資源の分割において自分が平等な者として扱われなかったと感ずるだろう。この場合，羨望テストは充足されている——彼は誰か他の人の束の方が自分のものより良いとは考えていない——のであるが，当初に入手可能であった資源を何らかの仕方でもっと公正に扱っていれば自分が持つことになったと思われるものの方を彼は選好しているのである。

これほどには劇的ではないが同じようなタイプの不公正が，たとえ魔術や奇妙な通商を行わなくとも生まれるかもしれない。というのも，分割者が生み出す各々の束を構成する資源の組み合せが，彼が作り出したかもしれない別の異なった組み合せと比較して，他の嗜好よりもある種の嗜好により有利に作用することがあるからである。すなわち，それぞれが羨望テストに合格するような n 個の束の相互に異なった組み合せが試行錯誤により作り出され，その結果，分割者が選択したこのような組み合せのいかなるものについても，当の選択された組み合せの内部においては他の異なった束をより強く選好するような者はいなくとも，分割者が異なった別の組み合せを選択してくれた方がよかったと思う人間がいるだろう。もちろん，当初の分配以後の交換取引によって，当の人間の状態が改善されることはあるだろう。しかし，このような取引を行っても，彼がより強く選好した別の束の組み合せのもとで置かれるはずの状態へと，取引が彼を向上させるようなことはありそうにもないことである。というのも，他のある人々は，この人間が選好した組み合せのもとで彼らが有することになる束よりも現に選択された束の方を選好しているわけであり，それゆえ，前者の束へと向って取引を行う理由は少しも存在しないからである。

それゆえ分割者は，生ずるかもしれない不公正と恣意性という二つの異なった不都合を回避するような装置を必要とする。羨望テストは，どのような仕方であれ資源を単に機械的に分割することによっては充足されえない。このテストを充足するようなもっと複雑な分割法が発見できるのであれば，この種の分割法には数多くのものがあるかもしれないし，そうなれば，これら多数の分割法の中からどれを選択するかは恣意的なものとなるだろう。今や，すべての読者が同一の解決方法を思い

ついていることだろう。上記の問題に答えるためには，分割者は何らかの形態の競売あるいはその他の市場装置を必要とするのである。私は，もしそれがよく機能することになれば容認しうると思われる，相当程度に単純明快な装置を記述しようと思う——もっとも，私が説明するように，この装置は膨大な時間を必要とするので，これが現実に機能することは殆ど不可能ではあるが——。いま，分割者が各々の移住者に同じ数のはまぐりの貝殻を手渡し——この貝殻は十分に多く存在し，これをそれ自体で価値あるものと考える人はいないとする——，次のような形態の市場で貝殻を模造貨幣として用いることにしたと想定しよう。島にある各々の品目（これには移住者自身は含まれない）は，それぞれリストに載せられ，売却されるべき一口として数えられる。この場合，ある者が競売人（分割者は今や競売人となっている）に対して，ある品目の一部分（例えばある区画の土地の一部分などがこれに含まれる）だけに値を付けたいという希望を告げれば，この一部分がそれ自体で独立した一口とされることになる。この後で競売人は，それぞれの品目に対する一組の値段を提案し，この一組の値段が市場の品目をすべて売りさばくことになるか否か，すなわち，当該の値段で各々の品目につき唯一の購買者が存在し，品目がすべて売り切れになるか否かを知ろうとする。もしそのようにならない場合には，市場の品目をすべて売りさばくような一組の値段に達するまで，彼は自分の定める値段を調整していく。しかし，このプロセスはここで停止するわけではない。というのも移住者の各々は，まず最初に市場の品目を売りさばくような一組の値段が達せられたときでも，自分の値付けを変更することや，異なった品目を提案することさえ依然として自由に行いうるからである。しかし，このような気の長いプロセスもやがては終り，すべての人々は自分が満足したことを宣言し，したがって，資源も満足のいくかたちで分配されたと想定しよう。

　今や，羨望テストは充足されたことになるだろう。他人が購入した一組の財を羨む者は誰もいないだろう。というのも，仮定上，彼は自分の貝殻でいま手にした財の束の代わりに彼が羨む当の束を購入しえたはずだからである。また，財の束の組み合せの選択も，恣意的ではない。多くの人々は，羨望テストに合格し，実現されたかもしれない異なった束の一組を想像することはできるだろう。しかし，上記の手続で現実に生じた束の一組は，次のような長所を有している。すなわち，ここにおいて各々の人間は，模造貨幣が当初は平等に保有されているという前提から出発して購入活動を続けることによって，現実に選択された束の一組の決定に際して平

第2章 資源の平等

等な役割を演じた，という長所である。我々が先に示した事例におけるように，自分が嫌悪するものしか与えられなかったような状態に置かれる人間は誰もいない。もちろん，ある人間が想像しうる他の可能な諸事態と比べて現実の結果にどのくらい満足しているかが決まる際には，運というものが一定の役割を演ずる。もし，競売にかけられる資源がただ千鳥の卵と古いクラレット酒だけであったならば，これらの財を嫌悪する人間は，我々が先に示した事例の人間と同様に不幸な状態にあるだろう。彼が欲しい資源がもっと沢山ある島に移住者が漂着しなかったことは，彼にとっては不幸なことであったろう（もちろん，彼が欲しい資源が現実より更にわずかしかない場合に比べれば，彼はより幸運だったわけであるが）。しかし彼は，移住者たちが見出した資源の現実の分割が不平等である，と不平を言うことはできない。

彼はまた別の意味で，自分のことを幸運であるとか不運であるとか思うかもしれない。例えば，どれほど多くの他人が自分と同じ幾つかの嗜好を共有しているかは，運不運に属する事柄であろう。もし彼の嗜好や人生に関する願望が相対的にみて広範に共有されている事実があったとき，彼がほしいと思うものの生産に規模の経済があれば，この事実は競売におてい彼に有利に働くかもしれない。あるいは逆に，彼が欲しいと思うものが稀少であれば，上記の事実は彼に不利に働くであろう。仮に移住者たちが，資源の平等の代わりに福利の平等の体制を確立する決定を下したならば，これら様々な形態の運不運は他人と分有されることだろう。というのも，このときの分配は，幸運が上記の役割を演ずる既述した類の競売に基づくのではなく，福利——どのような福利概念が選択されようと——の差異を平らにしていく方策に基づくことになるからである。しかし福利の平等とは異なり，資源の平等においては，ある人の選好がどのくらい高価につき，どれほど充足されずに終るかを決定するような偶然性を矯正していくべきいかなる類似の理由も存在しない。[(4)]

さて，自分の欲するタイプの生活を送ろうと人々が決意するとき，この選択は，欲するものを持とうとする他人の能力を減少させたり増大させたりすることがある。しかし，福利の平等のもとでは，人々は，他人の能力が自分の選択によってどの程度減少ないし増大するかが決まる際に関連してくる情報とは独立に，自分が欲する生活を送ろうと決意するものと想定されている。[(5)] この種の情報は，ただ第二の政治的レヴェルで意味をもってくるにすぎない。この第二のレヴェルにおいて，統制者は第一のレヴェルで人々が行ったあらゆる選択を集計し，どのような資源の分配が，

これらの選択のそれぞれに対して平等な成功を——すなわち成功の適正な次元とみなされた何らかの福利観念のもとでの平等な成功を——保証することになるかを考えるのである。しかし資源の平等のもとでは，人々は，自分の選択が他人に対して，それゆえにまた，他人が十分に利用することのできる財の全体量に対して課する現実のコストについての情報を背景として，自分がどのような種類の生活を追求すべきかを決定するのである。それゆえ，福利の平等のもとでは独立した政治的レヴェルに委ねられる情報は，資源の平等のもとでは，各個人の選択という当初のレヴェルで既に導入されることになる。我々がすぐ前で記述した競売における運不運の要素は，事実，極めて重要な種類の情報であり，これは競売での選択過程で獲得され利用される情報なのである。

　それゆえ，原料に関する偶然的な事実や，人々がそれぞれどのような嗜好を有しているかといったことは，これを理由にある人間が分配を不平等であるとして非難する根拠とはならない。これらはむしろ，当該の状況において何が資源の平等かを決定する背景的事実なのである。資源の平等のもとでは，平等が要求することを算定するいかなるテスト規準も，これらの背景的事実を度外視することはできず，また，これらの事実自体をテストするために当の規準を利用することもできない。市場的性格をもった競売は，我々の無人島の場合のような極めて単純な試みに際して資源の平等につき生ずる技術的問題を解決するための単に便利な，あるいはアド・ホックな装置にすぎない，と考えるのは誤りである。その理念に含まれる倫理の中核にあるのは，発見と適合の過程の制度化された形態である。資源の平等は，各々の人間の人生に割り当てられる資源は平等でなければならない，と想定する。この目的を達成するためには計量器が必要である。競売が提供するのは，羨望テストが実際に想定していること，すなわち，一人の人間の生涯に割り当てられるべき社会的資源を測定する真の尺度は，当の資源が現実に他人にとってどれほど重要なものかを問うことにより定まる，ということである。競売が主張しているのは，既述の正義の命令を所与としたとき，上記の仕方で測定されるコストが，何が正当に自分のものであるかに関する各人の考え方や，いかなる生活を送るべきかについての各人の判断の中に反映されなければならない，ということである。したがって，人々が当初抱く嗜好の特定の輪郭によって平等が違反されていることを主張する人がいれば，その人は資源の平等を拒否し福利の平等に立ち返らざるをえない。

　言うまでもなく，市場と資源の平等との関連性を問題にする目下の議論において，

人々が平等の条件で市場に入るべきことは至上命令である。もし移住者たちが海岸で争い合って異なった量の貝殻の貨幣を自分のポケットに入れることができ，これを競売において自由に使うことができるのであれば，あるいはまたある者が他人から貝殻を盗むようなことがあれば，無人島での競売は羨望を回避できないであろうし，資源を平等に分割する問題の解決法として競売は何ら説得力のないものになるだろう。我々は，以下に続く議論においても，あるいはこの議論を現代の経済体制に適用しようとする際のいかなる考察においても，上記の事実を見失うべきではない。しかしまた同時に我々は，たとえ現行の体制が不正であることに落胆しても，資源における平等と市場という二つの概念の間にある重要な理論的連関を見失うことがあってはならない。

　もちろん，たとえ私が既述したように競売が平等なものであっても，競売という観念を利用することに対しては上記とは別の非常に異なった種類の反論がありうる。例えば，競売の公正さは，人々が当の競売へと持ち込む選好，あるいは人々が競売の過程において形成する選好が真正の選好であること――経済体制自体が人々に強いる選好ではなくて，行為者の真の選好であること――を前提にしている，と言われるかもしれない。ある人間が他の人間に対抗して財に値を付けるようなどんな種類の競売も，おそらく次のような不当な想定を人々に押しつけることになるだろう。すなわち人生において価値あることは，共同体全体における，あるいは共同体内の何らかの集団全体における一層協力的な企てではなく，ものを個人的に所有することである，という不当な想定である。しかしながら，このような（部分的には不可解な）反論がこの場合に正鵠を射ているとすれば，それは，広範な領域の資源に対して私的所有権を認めることへの反論として当の反論を理解するかぎりのことであり，したがってこの反論は，私的所有における平等とは何かに関して満足のいく説明をしようとすれば何らかの種類の市場がその説明の中に登場しなければならないという主張への反論ではなく，むしろ，政治的平等の表題のもとに考察されるほうが適切であるような反論なのである。

II　考察すべき課題

　平等な競売という装置は，無人島のような単純な脈絡における資源の平等の魅力的な解釈を成し遂げるためのテクニックとして大いに有望なものと思われる。それゆえ更にこの装置が，資源の平等という理念についてより一般的な説明を発展させ

る場合にも有益なものと言えるか否か，という問題が提起されるだろう。我々は，労働や投資や商取引を伴うダイナミックな経済体制をもつ社会において，資源の平等を展開しテストできるような仕組を提供できるように，競売の装置を一層精密なものにすることができるかどうかを問わなければならない。各市民が利用しうる資源は平等に割り当てられるべきである，という我々の当初の要請を満足させるような結果が依然として生じ続けるようにするためには，上記のごとき経済において競売はどのような構造をもつべきか。そして，このような競売に引き続く生産や商取引に対して，どのような調整や補正がなされるべきであろうか。

　この問題における我々の興味は，三つの側面に向けられている。第一に，これから課題とされる試みは，資源の平等という観念の整合性と完全性につき重要なテストを与えるものである。いま，消費しか存在しない単純な社会よりも複雑であるか，これほど現実離れはしていない何らかの社会において，そこから生まれる結果を平等なものとして受容できるようないかなる競売も提示できず，また平等と言えるような結果を生みだす競売後のいかなる取引のパターンも掲示できないと想定してみよう。あるいは，いかなる競売も，独立の正義原理に違反するような拘束や限定を加えることなしには平等を生み出しえない，と想定してみよう。もしこの想定が正しいならば，少なくともこれは，資源の平等についてはどんな整合的な理念も存在しないか，あるいは，結局のところこの理念は政治的に魅力のある理念ではないことを示唆しているだろう。

　あるいはこれと反対に，我々は確かに当の観念の中に欠点や欠陥を見出すかもしれないが，これらは上記ほどには包括的な欠点や欠陥でないかもしれない。例えば，我々が展開した競売のための装置は，当初定められる資源の一組を一定に保ち，人々の関心事や人生への企図を当初定めたとおりに固定したままに保ったとしても，資源の特定の分配を，他の分配がありえないような排他的な仕方で確定することがなく，むしろ，決定の順序や最初に選択肢のリストを作成する際の恣意的な選定，あるいはその他の様々な偶然に応じて著しく異なった結果を生み出すことがありうる。したがって我々は，資源の平等という理念は相互に異なる多様な分配の可能性を包含し，その各々が当の理念を充足させるがゆえに，この理念は部分的に不確定であると結論するかもしれない。これは幾つかの特定の分配の間に我々が差別を設けることができないことを示唆するであろうが，これを理由に，当の理念が不整合であるとか実践的に役に立たないといったことが示唆されていると考えることはで

第2章　資源の平等

きない。それゆえ，政治理念の理論的な地位と効力をテストするものとして，平等な競売という観念の展開を試みることは価値あることなのである。

　第二に，より複雑な社会にあてはまるように平等な競売を十分に発展されたかたちで記述することは，現実世界に存在する制度や分配を判断するための規準を提供してくれる。もちろん，複雑な組織をもついかなる社会も，その歴史過程において，平等な競売とわずかでも比較しうるようなものを経験したことはないだろう。しかし，それにもかかわらず我々は，何らかの現実の分配について次のように問うことはできる。すなわち，当初の資源の擁護可能な記述を背景として，この種の競売から生ずると思われる可能な諸分配の集合の中に，当の現実の分配が包含されるかどうか，と問うことができるのである。また，それが包含されないのであれば，その集合に包含される諸分配の中で現実の分配に一番近いものと，当の現実の分配とを比較して，後者が前者とどれほど異なっているか，あるいは後者がどれくらい前者の分配に未だ達していないかを問題にすることができる。換言すれば，競売の装置は，どのような仕方で実現したものであれ何らかの現実の分配が特定の時点においてどの程度まで資源の平等へと接近しているかを判断するための規準を提供してくれるのである。

　第三に，この装置は，現実の政治制度を計画するときにも役立つと思われる。ある種の（おそらくは非常に限定された）状況のもとでは，平等な競売のための諸条件が少なくとも大雑把にでも充足されているならば，現実の競売は，実在世界において資源の平等に到達し，これを保持するための最善の手段となるかもしれない。特にこれがあてはまるのは，このような競売の結果がすぐ前で指摘されたような意味で予め確定できず，それゆえ，競売で到達される結果であればどのようなものであろうと——たとえ競売からどんな結果が生ずるかが前もってわからなくても——資源の平等を尊重していると言えるような場合である。このような場合には，現実に競売を行ってみるほうが，他の何らかの政治的手段によって，競売から生じうる複数の結果の一つを特に選び出すよりも公正なやり方と思えるだろう。もっとも，この種の場合でさえ，我々の理論的な探究が推奨するような趣旨で現実の競売を実行することは，ごく稀にしか可能でなく，あるいは，これが好ましいと言える事例は殆どないだろう。しかし，競売の代替物を考案することはできるかもしれない。代替物とはすなわち，理論上の平等な競売の諸特徴をそれが十分に兼ね備えているがゆえに，平等な競売が実施可能な場合にはこれを推奨する公正さの論証によって

同じように推奨されるような経済的ないし政治的な制度である。例えば，多くの国々にみられる経済市場は，現実に存在する形態においてさえ，競売の一形態として解釈することができる（それゆえ民主主義的な政治過程の多くの形態も同様である）。ひとたび我々が，（我々に可能なかぎり）現実の競売につき満足のいくモデルを展開したならば，我々はこれらの制度をテストするために当のモデルを利用することができ，このモデルに接近させるために制度を改善することができるのである。

しかしながら，本章で我々が考察すべき課題は，その主要な点に関しては全くもって理論的なものである。我々の関心は先ず第一に，一つの理念の構図を描くこと，そして当の理念を具体的に表現し，その整合性，完全性および魅力をテストするための装置の構図を描くことにある。したがって我々は，情報収集の問題のように，これら理論的な目標それ自体を疑問視するわけではない実際上の難点は考慮の外に置き，また理論的な目標を台無しにするようなことがないかぎりで，ものごとを反事実的に単純化した想定のもとに議論を進めることにしたい。しかし我々は，どのような単純化を行っているのかを努めて銘記しなければならない。というのも，我々は後の段階で現実世界における我々の理念の次善の妥協形態を考察するが，この段階において上記の単純化は――特に，我々の課題を第三の最も実際的な場面で具体化する際に――重要な意味をもつことになるからである。

III　運と保険

もし競売が上述のような仕方で首尾よく終結したならば，当座の間，資源の平等が移住者たちの間で実現したことになる。しかし，おそらくこれは当座の間だけにすぎないだろう。というのも，ひとたび競売が終了した後，人々が各自望むがままに生産活動や商取引を自由に行いうる状況に置かれたならば，羨望テストは間もなく失敗するからである。ある人々は他の人々に比べて，他人が欲求し，それを獲得するために取引しようとするものを生産するより優れた才能をもっているだろう。またある人々は労働を好み，あるいは取引の対象となりうるより多くのものを生産するような労働を好むのに対して，他の人々は労働しないことを好み，あるいは自分たちに大した報酬をもたらさないようなものに労働力を注ぐことを選好するだろう。またある人々は健康であり続けるのに対して，他の人々は病気になるだろう。そして，雷が他人の農場に落ちたのに対して，自分の農場はこれを免れたような人々もいるだろう。これらの理由のいずれか，あるいは他の数多くの理由によって，

ある人々は，例えば5年も経つと，自分が持つ資源の束よりも他人の資産の束のほうを選好するようになるだろう。

　我々は，この種の事実の展開が資源の平等と合致しているかどうか（あるいはどの程度まで合致しているか）を問題にしなければならない。そこで私は，競売の後に移住者たちの境遇に降りかかる運不運の性格と，これが及ぼす影響を考察することから議論を始めたい。少なくともさしあたって私は，二種類の運を区別することにする。一つは選択の運（option luck）であり，これは，結果的に賭け師がどれくらい慎重で，よく計算された賭けをしたことになるかという問題——ある者が特定のリスクを予期したはずであり，そしてそのリスクを冒すことを辞退することもできたとき，その者は当のリスクを受け容れることによって得をするか損をするか，という問題である。もう一つは自然の運（brute luck）であり，これは，上記のような意味での慎重な賭けとは言えないリスクがどのような仕方で人々に降りかかるか，という問題である。もし私が株を買い，その取引率が上昇したならば，私の選択の運は幸運だったことになる。もし落下過程を予測できなかった隕石に私が打たれたなら，私の不運は自然の不運である。（たとえ，隕石が落ちる場所を知りうる何らかの理由が私にあり，それが落ちるほんの少し前に私が移動することができたとしても，これは自然の不運である。）明らかに，これら運の二つの形態の相違を程度の問題として示すことができるときがあり，ある特定の不運の一つをどちらの不運として記述したらいいか我々にとって明らかでないときもあるだろう。例えば，ある人が普通の生活を送る過程で癌になり，病気になるリスクを冒す賭けとして我々が指摘しうるような特定の決定をその人が下したことがないならば，その人は自然の不運に見舞われたと我々は言うだろう。しかし，もしその人が煙草を何本もすったのであれば，彼は賭けに成功しなかった，という言い方を我々は選ぶだろう。

　もし保険というものが利用可能だとすれば，これは自然の運と選択の運を凍結する役目を果すことになるだろう。というのも，災害保険に入ったり，これを拒否することは計算された賭けと言えるからである。もちろん，保険が二つの運の区別を消し去ることはない。医療保険に入った者でも，予期せぬ隕石に当ったならば，依然として自然の不運を被ったことに変りはない。このとき彼は，保険に入ったうえでこれを必要としなかった場合に比べれば，より悪い状態に置かれているからである。しかし，保険に入らなかった場合に比べれば，彼はより良い選択の運をもったことになる。彼は，保険を拒否するような賭けをしなかったおかげで，より良い状

態に置かれているからである。

　人々が異なった選択の運のゆえに，異なった収入や富を持たざるをえないことは，資源の平等に合致したことであろうか。いま，移住者の中のある者が，価値はあるがリスクを伴う作物を植え，他の者はより安全な方策をとったとしよう。そして，前者のうちのある人々は，作物にあわない気候に備えて保険に入り，それ以外の人々はそうしなかったとしよう。言うまでもなく技能というものが，これら様々な計画のうちのどれが成功するかを決定する要因として一定の役割を演じるだろう。我々は，この問題から生ずる諸論点を後に考察する。しかし，選択の運もまた役割を演ずるだろう。この役割は資源の平等を脅かし，あるいはこれを侵害するのだろうか。

　先ず最初に，安全な方策をとった人々と，賭けをしてうまくいった人々との間での富の相違を考えてみよう。ある人々は危険を冒すことに喜びを感じ，他の人々はこれを嫌う。しかし，このような性格上の特殊な相違は，様々な人々が自ら送りたいと思っている生活様式の間のより一般的な相違の中に包含される。賭けをする人によって選ばれた人生は，その一つの要素としてリスクの要因を含んでいる。賭けをしないことを選んだ人は，自分はより安全な生活を選ぼうと決断したのである。我々は既に，人々は自分が送ろうと決断した生活の代価を支払うべきである，と判断した。そして，この代価は，当の人々が送ろうと決断した生活を送れるようにするために他の人々が放棄することになるものによって測定される。これが，当初の資源の平等を達成する装置としての競売がもつ意義である。しかし，より安全な生活の代価をこのような方法で測定すれば，それはまさに，他の人々がそれを見込んで賭けへと向う利益獲得のチャンスを見合わせたことにある。したがって，我々が前に提示した判断を背景とすれば，賭けを断わった人々が，これを断わらなかった人々のうちのある者より少ない富を持つような結果が生じても，これに異議を唱える理由は我々にはないのである。

　しかし我々はまた，賭けをして得をした人の状態と，賭けをして損をした人の状態とを比較しなければならない。この点我々は，後者は異なった人生を選んだのであるから，これに応じて利益を断念しなければならない，とは言えないだろう。というのも，損をした人々も，得をした人々と同じ人生を選んだからである。しかし，損をする可能性は，彼らが選ぶ人生の一部に含まれている——つまり，損をするかもしれない可能性は，得をする可能性の公正なる代価である，と我々は言うことが

できる。我々は，人々が各自の貝殻で（例えば）富くじを買えるようなかたちで，当初の競売を考案することもできたであろう。しかし，富くじの代価は，これを買うために支払った貝殻で購入しえた他の資源の何らかの量（これはオッズと，賭けに対する他の人々の選好によって確定される）ということになるだろうし，これは，富くじが当らなかったときは全面的に放棄されたものとなるだろう。

　これと同じ論点は，賭けの勝者から敗者へと事後的に再分配を行うべきだ，という議論を考察する際にも指摘することができる。もし，勝者が自分の獲得物を敗者に分け与えるように要求されるならば，誰も個人として賭けなどしないだろうし，賭けに最終的に勝った人と負けた人の双方が選好している類の人生も送れないことになるだろう。もちろん，再分配を行うと或る形態の人生はそれほど魅力的ではなくなり不可能とさえなる，といった議論は，資源の平等を達成するためには再分配が必要であると主張する人に対しては有効な議論とは言えない。というのも（我々が本章で想定している）平等の要求は他の要求事項に優先するものであり，後者の事項には，人々が送ることのできる人生の種類が豊富にあることも含まれているからである。（いずれにしても平等というものはある種の人生——例えば，他人を経済的および政治的に支配するような人生——を不可能にしてしまう。）しかし，今問題にしているケースがこれと異なっていることは明白である。なぜなら，賭けの勝者から敗者へと再分配を行う結果，彼らがともに選好する人生が両者から取り上げられてしまうからである。これは次のことを示している。すなわち，このようなことは，人々が送れる人生の諸形態を彼らの意に反して削減させてしまうだけでなく，競売に供される品目の組み合せ方の決定に平等な仕方で参加する機会を彼らから奪ってしまう，ということである。これはちょうど，千鳥の卵もクラレット酒も嫌いな人が，競売に際してこれら二つの品目の束しか与えられないのと同様である。彼らはともに，賭けが初めから競売の中に含まれるか，あるいは彼らが後にそれでもってリスクを冒しうるような資源で表現されるものとして賭けが競売品目の中に含まれることを望むのである。そして，賭けで損をする可能性というものは，賭けで得をする可能性をも含むような人生を送るために支払うべき正しい代価——我々が用いてきたような測定規準で測定される正しい代価——なのである。

　もちろん，我々には，ある種の形態の賭けを禁止すべき特別な理由があるかもしれない。例えば，個人が冒しうるリスクの程度に制限を設けるパターナリスティックな理由が我々にはあるかもしれない。また我々は，政治的平等の何らかの理論に

基づく理由によって，自らの自由や宗教的ないし政治的権利を賭けの対象とすることを，ある人に対して禁止することがあるかもしれない。しかし，目下の論点は，これよりもっと限定的なものである。すなわち，賭けに勝った人が，これに負けた人よりも多くの資源を結果的に利用できるようになるという単なる事実は，当の賭けを全面的に禁止すべき一般的な理由にはならないし，これは，賭けに勝った人は賭けを全く行わなかった人よりも多くの資源を持つようになるという事実が単にそれだけでは賭けを禁止すべき理由にならないのと同様である。我々の当初の原理，すなわち資源の平等は人々が自ら送る生活の真のコストを支払うべきことを要求する，という原理は，人々に対するこのような異なった取り扱いを断罪するどころか，これを支持するのである。

　我々は，（もしそれを望むのであれば）上記の結論を組み入れるような仕方で，羨望テストを調整することもできるだろう。例えば，次のように言えるかもしれない。すなわち，ある人の資源を他の人が羨望するか否かを問うことを目的として，前者がその生涯全体に亙って有する資源の量を我々が計算しようとする場合，成功した賭けでもって獲得されたどのような資源も，現に存在したオッズで当の賭けを行う機会として表現されるべきであり，これと同等な調整を，賭けに負けた人々の資源に対しても行うべきである，と。しかし，羨望テストのこの人為的な構成の要点は，次のことを我々に想起させることにある。すなわち，選択の運における相違が収入や富に影響を与えることを宜しとする議論は，原則的に賭けをする同等の機会がすべての人々に与えられていることを前提とする，ということである。同様なリスクを冒す機会を全く持ったことがなく，しかももしそれが利用可能であったらその機会を捕えてリスクを冒したであろう人は，そのような機会を現実にもった人々のうちのある者を依然として羨望するだろう。

　以上の議論は，自然の不運の事例を未だ論じてはいない。いま，二人の人間がほぼ同じ人生を送っていたが，一人が突然失明してしまった場合を考えてみよう。我々は，この結果彼らの収入に生ずる相違を，一方は他方がそれを冒すことを選択しなかったようなリスクを冒したのだ，と言うことによって説明することはできないし，また両者が選好している生活を両者に対し否定することなしに我々は再分配を行うことができない，と言うことによってこの相違を正当化することもできない。というのも，不慮の出来事は，適切な意味における人々の選択とは何の関連もない（と我々は想定している）からである。一方が失明した場合に他方の資源から再分

第2章　資源の平等

配して貰うことなしに前者が失明のリスクを冒すというようなことは，その人が選択した生活にとって必要なことではない。生まれたときから一方が失明しており，他方がそうでない場合は，なおさらのことそうである。

　しかし，既に示唆したように，保険の可能性が二種類の運を架橋する。というのも，いま，当初の競売において失明に対する保険が利用可能だと想定してみよう。そして，保険契約者は，どのような担保範囲のレヴェルでも保険に入ることを自由に選択できるとしよう。また，目のみえる二人の人間には競売の時点で，失明する事故に遭遇する同等の可能性があり，このような可能性のあることを二人が知っていると想定しよう。いま，一方の人間がこのような保険のために自分の当初の資源の一部を支出することを選択し，他方はこれを行わなかったならば，あるいは，一人が他方より高い担保範囲の保険に入ったならば，両者のこの相違した態度は，各自が将来送ることになる生涯の様々な形態や，そこに含まれる様々な要素間の相対的な価値に対して彼らが異なった見解を抱いていることを反映している，と言えるだろう。態度の相違は，一方の人間が他方よりも視力というものに大きい価値を認めている事実を反映しているのである。あるいはそうでなければこれは次のような事実を反映している。すなわち一方は，失明のような悲劇的な状態を前にして，失明のゆえに金銭上の補償を受けてもこれは無価値なものであると考えるのに対し，他方は，もっと実用的な観点に立って，この種の金銭で入手できるかもしれない援助や特殊訓練に関心を向けている，という事実を反映しているのである。あるいはもっと単純に，一方はリスクというものに対して他方とは異なった考え方や価値づけをしており，例えば，輝かしい生涯を送るために必要な資源を犠牲にして保険に入るような慎重な生活よりも，たとえ失明といった破局が訪れれば瓦解してしまうにしても，輝かしい生涯のほうを試みてみよう，と考えているのかもしれない。

　しかし，いずれにしても，パターナリズム的な配慮を加えることがなければ，資源の平等という観念それ自体は，保険を掛けた人と掛けなかった人が同じ事故でともに失明するという恐ろしい災難に出合ったとしても，前者から後者への再分配を要求することはないだろう。というのも，保険が利用可能であったという事実は，たとえ二人の人間がともに自然の不運に遭ったとしても，両者の間の相違は選択の運に属する事柄であることを意味するからであり，我々が既に提示した論証，すなわち，先行するリスクが平等であるという条件のもとでは選択の運から生ずる結果を乱すべきではないという論証は，ここでもまた妥当するからである。しかし，こ

ういうことになれば、二人のうち保険に入らない決定を行った人だけが失明したとしても、状況は何ら異なるところがないだろう。というのも、ここでもまた両者の相違は、保険に入るかそれとも入らないでおく機会が平等に与えられていることを背景とした、選択の運における相違だからである。もし、両者ともに失明しなかったのであれば、失明に備えて保険に入った人が敗者となったことだろう。つまり、この人は保険のために資源を消費したのであるが、結局のところ災害は起こらなかったのであるから、この資源を別の用途のために消費したほうがよかったことになり、それゆえ——このような言い方をするのは奇妙かもしれないが——彼の選択の運が悪かったということになるだろう。しかし彼はこのような場合に、保険に入らず害にも遭わなかった人から何も要求することはできないだろう。

それゆえ、すぐ上で述べられた条件が満足されれば——すなわち、すべての人々が何らかの災害を被って身体障害者になる平等のリスクが存在し、災害を被るオッズを各々の人が大雑把に掌握していて、これに備えて保険に入る十分な機会を有しているならば——身体障害は資源の平等にとって何ら特別な問題を提起することはないだろう。しかし、言うまでもなく、この条件が現実に満足されることはない。ある人々は生まれながらにして身体障害者であり、また、自分のために保険に入る際に必要とされる十分な知識や資金を持てる以前に、身体障害者となった人もいるだろう。彼らは、災害が起こってしまった後で保険に入ることはできない。これに対して、将来の人生において起る身体障害については、人々はこれに備えて保険を掛けておく機会を確かに有している。しかし、身体障害者になる可能性は人々の間に任意に分配されているのではなく、遺伝的な経路にそって存在しているのである。この結果、巧妙な保険会社は、事態が生起する以前に、同一の保険の担保範囲に対して、ある種の人々にはより高額の掛金を要求することだろう。しかし、このような問題が存在するにもかかわらず、保険市場の観念は、一つの反事実的な指針を我々に与えてくれるのであり、この指針に従って、資源の平等は現実世界における身体障害の問題に対処することができるのである。

そこで、次のような問題を提起することが有意味であり、しかも、我々がこれに対して大雑把な解答を与えることさえ可能であると想定してみよう。もし（現実とは異なり）あらゆる人々が将来特定の年齢に達すると身体上ないし精神上の障害を被る同一のリスクを有しており（これは、未だ誰もこのような障害を被っていないことを前提としている）、他方、障害者となる人々の総数は現在と同じままだとし

た場合，社会の平均的な成員は，このような障害に備えてどのくらいの担保範囲の保険に入ろうとするだろうか。このとき次のように我々は言うことができるだろう。すなわち，これら同等のオッズを変えてしまったような（保険を掛けることが不可能な）自然の運や不運がなかったならば，平均人は特定のレヴェルで保険に入ったことであろうし，これに応じた仕方で障害を被る人々に補償するであろう，と。そしてこの補償は，税の徴収やそれ以外の強制的な手続によって取り立てられた何らかの基金から支払われるが，この基金は，オッズが同等であったならば保険の掛金として提供されたと思われる基金に相当するように企図されている。この場合，身体障害を被る人々は，他の人々よりも多くの資源を自由に利用できることになるだろう。しかし，彼らの資源の割増分は，人々の状況が現状よりもっと平等であったならば人々が行ったと想定される市場での決定によって確定されることだろう。もちろん，以上の議論は次のような架空の想定，すなわち，障害を被るすべての人々は平均的な額の保険に入っていたであろう，という想定を確かに含んでおり，したがって，我々はもっと洗練された議論や戦略を使うことによって，最早このような架空の想定をしないですむようにしたいと思うだろう(6)。しかし当面の目的にとって，このような想定は不適切なものとは思われない。

　我々は，この種の補償のプログラムを発展させるために，十分な確信をもって以上の反事実的な問題に答えることができるだろうか。我々は当初から，少しばかり重要な難問に直面することになる。人々が特定の災害に備えて自分の資源の一部を保険のために使おうと決断するとき，彼らがどれほど多くの資源をこのために使うかは彼ら各自が送りたいと思っている人生についての何らかの考え方によってのみ定まるだろう。というのも，このような人生観を前提にして初めて，彼らは，特定の災害が自分にとってどれほど重大なものとなるか，補償による資源の追加によってこの悲劇をどの程度軽減することができるか，といったことを判断できるからである。ところが，特定の身体障害を生まれつき背負っている人々や，子供のときに障害を被った人々は，人生計画を立てるときに，まさにこのような自分の状況を当然のことながら考慮に入れることだろう。それゆえ，もしこのような人に身体障害がなかったら彼はどのくらいの額の保険に入ったであろうか，という点につき我々は判断を下したいのであるが，このためには我々は，身体障害がなかった場合に彼がどのような種類の人生を計画したであろうか，という点について先ず判断を下さねばならない。しかし，この問いに対しては，原則においてさえ解答などありえな

いだろう。

　この反事実的な判断は全くもって特殊個人的なものであり，まさにそのような理由によって我々を困惑させるものであるが，実のところ，我々にはこのような反事実的な判断を下す必要はないのである。たとえすべての人々が，あらゆるタイプの災害に対して平等のリスクを負っている一方で，ただ彼らの企図や人生計画が相互に異なることだけを理由に保険というものの価値や重要性を全く異なった仕方で評価するとしても，保険市場は，一般的にみて殆どの人々がそれに対して保険を掛けるようなリスクを示す様々なカテゴリーによって構造化されているだろう。そして，結局のところ殆どの災害上のリスクは，現在の現実の保険市場によっても無差別的に分配されているものと見なされているのである。それゆえ，我々は現実の保険実務を見習うことができるであろう。もっとも，この実務は，保険会社が行う差別的な取り扱いを排除すべく修正されねばならない。つまり，保険会社は，ある集団の人々が，おそらくは何らかの遺伝的な理由で特定のタイプの自然的不運を被る可能性がより大きいと知った場合に，これらの集団を差別視するのであるが，我々はこのようなことを排除する。例えば，次のように想定することは適切なことだろう。すなわち，殆どの人々は，失明や四肢の喪失の如く，様々なタイプの人生に極めて広範に亙って影響を及ぼす一般的な身体障害に対して彼らが保険を掛けようとするとき，この保険の価値を大雑把にみて同じような仕方で評価する，と想定してもいいだろう。（これに対して，例えば手に損害を受けることに対して音楽家が入ろうとする保険のように，一層複雑な体制の中で我々が利用したいと思う最も特殊な保険の可能性や輪郭を見極めるためには，我々は現実の市場に目を向けることができるかもしれない。）

　いずれにしても我々は，技術に関する問題に大きな注意を払い，技術が変化するに応じて，我々が保険に使う金額を調整していく用意があるだろう。例えば人々は，災害に備えて保険に入るとき，現実に利用しうる治療上の医学技術や，特別な訓練とか機械の補助，そしてこれらの治療法の費用に関する想定を背景として保険に入ることだろう。また人々は保険の担保範囲を増額することにより新発明の視力補助技術を購入できるのであれば，担保範囲の増額が単に銀行預金を増やすだけで，これを仮に使っても大した満足が得られない場合に比べ，失明に備えてより高いレヴェルでの保険を求めようとするだろう。

　もちろん，ある共同体の公職者が仮想の保険市場の構造に関して下すどのような

第2章　資源の平等

判断も思弁的なものにとどまり，様々な反論にさらされることだろう。しかし，このような思弁を基礎として障害者に補償するやり方が別の方法より原則的に悪いと想定すべきいかなる理由も存在しない——少なくとも，頭からこのような想定をする理由がないことは明らかである——。むしろこのやり方のほうが，資源の平等により合致した理論的解決を目指すものとして長所を有していると言えるだろう。

　今ここで，仮想保険市場に代る別のやり方にどのようなものがあるか想い起してみよう。本書の第1章において私は，福利の平等の体制が，当初の印象とは反対に，極度の障害者に対して特別の資源を補償すべきだという我々の感情を説明することも，これに一定の方向を与えることも，適切な仕方ではなしえないことを論じた。特にこれは，更なる補償の支払いが不幸な人間の福利を向上させるかぎり補償の上界を提示しえない。しかしこの体制は，そう思われるほどには多額の補償を気前よく支払うことにはならないのである。というのも，これは現実の補償のための規準を，同情心で軟化された利己性の政策に委ねるからである。そして，我々が知るかぎりこのような政策は，擁護可能な仮想保険市場が提供する補償を下回る額を支給することになるだろう。

　資源の平等の立場から見た場合，身体障害の問題に関して我々が採りうるもう一つ別のアプローチを考察してみよう。いま，ある人間の身体的，精神的な能力が彼の資源の一部と見なされるべきであり，したがって，障害をもって生まれた者は他人より少ない資源でもって出発することになるがゆえに，予め金銭をこの者に移転することによって彼が他人と同じレヴェルに達することが許されるべきであり，この後で，残った資源を平等な市場において競売にかけることになると想定しよう。人々の能力というものは，物質的な資源とともに，各人の人生を価値あるものにする際に利用されることから，確かに同じく資源と考えられるのである。身体の方は，このような目的のための資源であるが，これに対して，人生で価値あるものは何かに関する観念のように，各人の人格の諸様相は，このような意味での資源ではない。とは言え，資源の平等の構図は，身体的ないし精神的な資源における差異を緩和させるために当初の補償を用意しなければならない，という指摘は，様々な理由によって厄介な問題を提起することになる。例えばそれは，補償の標準としての役目を果す「通常の」(normal) 力[7]に関する何らかの規準を必要とする[8]。しかし，この目的のために誰の力が通常の力と見なされるべきなのだろうか。更に上記の指摘には，福利の平等のもとで問題にされた類似の補償と同一の欠陥が含まれている。事実，

当初の補償額をどれほど増やしても，生まれつき盲目であったり知的障害のある人々を，肉体的ないし精神的資源に関して，何らかの仕方で「通常」と判断された人々と平等にしていくことなど不可能である。それゆえこの議論は，当初の補償についていかなる上界をも設けることなく，むしろ，これを政治的妥協に委ねなければならず，そうなれば，この妥協はおそらく仮想的保険市場が命ずるほどには気前よく補償を与えることはないだろう。

　これら実際上及び理論上の不適切さを度外視しても，別の理由で，上記の指摘は厄介な問題を提起する。力が資源であることは確かだとしても，力の所有というものを資源の平等の何らかの解釈に従い政治的に決定されうるものと見なすことはできない。すなわち力というものは，普通の物的資源がまさにそうであるような意味で，平等理論の対象となる資源とは言えないのである。力は，技術を可能なかぎり駆使したとしても操作したり移転させることができない。このような意味において，資源の平等は人々の肉体的及び精神的な資質を可能なかぎり平等にしていくように努めなければならないと主張することは，身体障害の問題を誤って捉えているのである。問題とされるべきは，むしろ，独立した物的資源の所有のあり方が，身体的および精神的な力に関して存在する相違によってどの程度まで影響されるべきかを決定することであり，我々の理論は，このような言葉遣いを用いて問題に答えなければならない。

　移住者についての我々の物語を現代の状況へと近づけることが（そのときどきに議論を適宜要約していくためだけのものだとしても）賢明なやり方と思われる。競売を補う意味で，移住者たちが今や仮想保険市場を創り出したとしよう。彼らは，強制保険を通じてこの市場を現実化していく。すなわち，様々なハンディキャップを被るリスクが人々にとって事前に同等であったとするなら，平均的な移住者は保険の手段によって何を購入したであろうか，ということの推量に基づいてすべての人々に共通の固定した保険料を定め，この保険料による強制保険を通じて仮想的な保険市場を実現するのである。（すなわち我々は彼らのために，仮想保険市場を生み出すための可能なかぎり単純な方法の一つを選ぶことにする。技能や能力の問題を論ずる際に我々は，そのときに議論される類の一層複雑な仕組を彼らが選ぶことも十分ありうることを見るだろう。）

　しかし，ここで一つの問題が持ち上がる。このような決定は，移住者が上記のような補償の方法でもって取り扱うハンディキャップと，選好や企図ないし野心に関

連する偶然的事情（例えば，どのような物的資源が現実に入手可能であり，ある特定の人間の嗜好を共有している人々が他にどれくらい多く存在しているか，といった点についての偶然的事情）との区別をあまりに重要視しすぎてはいないだろうか。後者の偶然的事情も福利に影響を及ぼすだろうが，我々の体制のもとでは，これらの事情は補償の問題とはならない。そこで，今やエクセントリックな嗜好を一種のハンディキャップとして扱うことが公正であり，また極くありふれた資源でありえたものがたまたま稀少なるがゆえに，満足させることが高くついたり不可能になるような嗜好をハンディキャップとして扱うことが公正と考えられないだろうか。我々は，この種の嗜好をもつ可能性がすべての人々に同等に与えられていると想定したうえで，この可能性に対する仮想上の保険市場を打ち立てることによって，このような状況に置かれた人々に補償することができるだろう。

　この問題については，次のように簡単に答えることができる。重大なハンディキャップを背負って生まれた人間は，まさにこの理由によって，他の人間よりも少ない資源しか与えられていないことを我々は認めるし，彼はこのように少ない資源でもって自分の人生に直面しなければならない。資源の平等を信奉する体制のもとでは，このことこそ補償を正当化する根拠になる。そして，仮想保険市場が状態を完全に正しく立て直すことがなくても——何ものもこれをなしえないのであるが——，結果として生ずる不公正の一側面をこの市場は矯正しようと試みるのである。しかし，理由は何であれある人間が高くつく嗜好を有しているとき，だからと言って，彼が自由に利用できる資源は他の人々に比べて少ないとは言えない。というのも（ある種の形態の「福利の平等」論に依拠することなしには）嗜好や選好が平等に分配されているのはどのような場合であるかを我々は言い表わすことができないからである。ある人間が人々の間に広く行きわたった極く一般的な嗜好を有する結果，他の人々にとって財がより高価になる状況と，ある人間がエクセントリックな嗜好を有する結果，他の人々にとって財がより安価になる状況とを比べたとき，なぜ，後者の状況のほうが資源がより不平等に分配されていると考えるべきなのだろうか。現実に存在している資源と現実に人々が抱く相互に競合した選好とに関する情報を一点に集中させる競売は，個々の人間の誰もが平等の資源を自由に利用しえているか否かを測定する唯一の真の尺度である。もし競売が現実に平等な競売であったならば，エクセントリックな嗜好を抱く人間であっても平等な物的資源を与えられたことになるのであり，ハンディキャップの事例にあっては補償に関する仮想上の競

売を正当化しえたような議論も，ここではそもそも問題となりえないのである。このような議論が，人格（person）とその環境（circumstances）の区別に関する一定の見解を提示しており，ある個人の嗜好や企図を彼の人格に割り当て，身体的および精神的能力を彼の人格の環境に割り当てていることは確かである。これは，私が本章の序論で素描した人格の捉え方であり，予め想定された経済的能力の初期的平等を背景として，自己の企図が他人にどれ程のコストを与えるかを考慮しながら当の企図を形成していくような人間の捉え方である。そしてこの捉え方は，福利の平等によって想定されている構図とは異なっているものの，資源の平等の中核にある構図なのである。

　しかしながら，ある意味において私の議論は，しばしば選好と見なされている少なくともあるタイプの精神状態とハンディキャップの間の区別を必要以上に強調しすぎていると思われるかもしれない。いま，ある人があることを熱望しているが（または，あることに執念や渇望を抱き，あるいは以前の心理学の用語では「衝動（drive）」に駆られているが），本当はこの熱望を持たないことを欲しているとしよう。なぜならばこの熱望は，彼が送りたいと望む人生の障害となり，この熱望が叶えられないときに彼はフラストレーションに陥るか，苦痛さえ感ずるからである。確かに，この種の熱望は彼の肉体的な要求の何らかの特徴であることもあり，他の人々がそれをハンディキャップとは少しも見なさないこともあるだろう。例えば，強度の性的欲求がそうである。しかし，これは彼自身が望んでいない「選好」（この言葉が正しい言葉だとすれば）なのであり，これを持たないほうが彼の幸福になると述べることも十分に意味をもつのである。ある人々にとり，望まれてはいないこのような嗜好の中には，（おそらく知らず知らずに）彼ら自身で育んでしまった嗜好も含まれている。例えば，特殊なスポーツへの好みや，手に入れるのが困難な音楽への好みがそうである。彼らは自分がこの種の嗜好を持っていることを残念に思い，この嗜好を持たないほうが幸福になれると信じてはいるものの，これらを無視することも彼らにとり苦痛なのである。これらの嗜好はハンディキャップである。もっとも，他の人々にとっては，これらの嗜好は，むしろ彼らの生活に価値を与えているものの本質的な部分とされるのであるが。

　さて，これらの事例は少なくとも特定の人々にとっては，人生における企図とか野心といったものとハンディキャップとのボーダーライン・ケースになるようなことはない（もっとも，別の種類のボーダーライン・ケースが思い出されうることは

明らかであるが)。資源の平等の理念が要請するのは，成功した人生とはどのようなものであるかを定義し，当の理念が人格に帰属させるような信念や態度と，人生の成功の手段や障害となり，理念が人格の環境に帰属させるような身体的，精神的ないし人格的諸特徴との間の区別である。自分の性的欲求や歌劇への趣味を望まれざる不利な状態と思う人は，自分の肉体や精神や人格のこの種の特徴を断固として後者（すなわち人格の環境）の方へ含ませることだろう。彼らにとりこれらの特徴はハンディキャップであり，それゆえハンディキャップ一般に対して提案された体制に適応したものである。我々は，たまたまこの種の欲求を持つことになる蓋然性がすべての人々にとって同等であると想定することができる（もちろん，上記のような結果を生む欲求の内容は人によって千差万別だろう。我々がここで想定しているのは，何らかの特定化された欲求が発生するリスクではなく，どんな欲求であれ，認定された人生の諸目的に対し上記の仕方で干渉してくる任意の欲求が発生するリスクである）。そして我々は——失明の場合と同じように理解可能なやり方で，あるいはむしろ同じように理解困難なやり方で——この種のリスクに対して一般的に人々が保険に入ろうとするか否か，もしそうだとすれば，それはどの程度の保険料でどのレヴェルの担保範囲においてか，といったことを問題にしうるだろう。この場合，おそらく多くの人々は，精神病（統合失調症）のカテゴリーに入るほど激しくて彼らの能力を失わせるような欲求以外のものについては，自分たちが保険を得ようとしたならば確定すると思われる保険料率でこの種の保険に入ろうとはしないだろう。しかし，これは別問題である。目下のところ重要な論点は，ここでも保険市場の考え方が有効だということである。というのも，上記のような欲求を現に持っている人について，仮に彼がこの欲求を持っていないと想定しても，これによって彼が自分の人生につき事実上望んでいるものとは異なった観念を持つようになると想定する必要はないからであり，我々は後者を想定することなくして前者を想定することができるからである。それゆえ，仮想的な保険の競売という考え方は，上記の欲求を特定化し，この種の欲求を人格の積極的な特徴から区別する装置を直ちに提供することになり，そしてまたハンディキャップに対して提案された一般的体制の内部にこれらの欲求を組み入れるための装置も提供してくれることになる。

IV 労働と賃金

資源の平等は，ひとたびこれが競売により実現され，更にハンディキャップに対

処すべく修正されたとしても，生産活動と商取引を通じて攪乱されることだろう。例えば，移住者の一人がトマトの生産に殊に秀でているとすれば，彼は自分の余剰物を他のものと交換し，他の誰よりも多くのものを手に入れるようになるだろう。この時，他の人々は彼が手にした資源の束を羨みはじめるだろう。いま，生産及び商取引の種類や程度が人によって異なるにもかかわらず資源の分割が絶えず平等であるような社会を我々が創造したいと望んでいるとしよう。我々は競売を修正することによって，このような社会を創り出すことができるだろうか。

先ず，人々がお互いに相手の資源を羨むようになり，資源の分割がもはや平等とは言えなくなるような状況へと至る出来事の別の経過を考察することから始めるべきである。いま，資源を使って可能となる少数の生産様式があり，事実上すべての移住者の生産能力が十分な程度に平等であることから，同じ一組の資源から大雑把にみて同一の財を各人が生産できると想定しよう。しかしながら，自分の人生をどのようにして送りたいと思っているかは人によって様々である。事実，当初の競売で彼らはそれぞれ異なった資源の束を手に入れ，この後，これらの資源を異なったやり方で利用していく。例えばエイドリアンは，他の人々が高い価値を与えているものをできるだけ沢山生産しようというひたむきな企てをもって資源を選択し，これらに労働を加える。そして一年が経過したとき，彼が貯える財の総量は他の誰にもまして多くなる。他の移住者の各々は，今や自分自身の貯えよりエイドリアンの貯えのほうを選好するようになるだろう。しかしながら仮定上，彼らのいかなる者もエイドリアンの貯えを生産するような人生を送りたいとは思わなかっただろう。もし我々がある特定の時点を選んで羨望を調べてみるならば，一年経った後，すべての人々がエイドリアンの資源を羨望していることになり，それゆえ分割は平等でないことになる。しかし，我々が羨望というものを別の仕方で眺め，これを生涯全体を通じての資源の問題として捉えてみるならば，そして，個人の財の束の一部にその人の職業をも含ませるならば，誰もエイドリアンの束を羨むことはないだろうし，そのために分配が不平等と言われることもありえない。

確かに我々は，第二の通観的な視点を採用すべきである。我々の最終目標は，資源の平等な分前が各個人の人生に対して割り当てられるべきことであり，このような目的のために我々は，ある個人にとり利用可能となるものの価値を当の個人の決定を通して測定する正しい方法として競売を選んだのである。もしブルースがテニスコートとして利用するために土地を手に入れることを選択するならば，平等の分

第2章 資源の平等

前が彼の利用のために供されたか否かを評価するに際して，この選択のゆえに彼の持金からどのくらいの額が要求されるべきかという問題が提起され，彼が請求される金額は，当の土地が他の人々の目的に充てられていたならば彼らが進んで支払おうとしたはずの金額であることが正しいとされる。資源の平等の構図を描くための装置として競売が魅力的なのは，まさに競売が前記のような測定規準を実行に移すからである。しかしこの場合，エイドリアンも同じ土地に値をつけることができないならば，つまりそこでスポーツをするよりは労働を行おうという彼の意図を反映し，またこの決定を下すべく彼を促すあらゆる利益を獲得しようとする彼の意図を反映する値を土地につけることができないならば，前記の計画は失敗に終り，その装置は我々を失望させることになる。というのも，このことが許されないかぎり，トマトが欲しくてエイドリアンがトマトにつける代価を彼に支払おうとする人々は，エイドリアンの決定を通じて間接的にブルースに抗して土地に値をつけることができなくなるからであり，結局ブルースは，あまりに安いがゆえに資源の平等を否定することになるような代価で自分のテニスコートを確保するに至るからである。ここで付言しておくべきは，以上の議論は公正による議論とは明確に区別された効率性による議論ではなく，むしろ，人々の能力が平等であるような上述の状況にあっては効率性は端的に公正と一致し，少なくとも資源の平等のもとで考えられている公正と一致する，という趣旨の議論だということである。もしエイドリアンが，自分の生産物に対して他の人々が支払おうとする代価から利益を得る見返りに人生を単調な骨折り仕事ですごしたいと思うのであれば，彼が骨折り仕事をしようとする土地は，テニスコートという別の目的のために使用されるべきではない。もっとも，当初平等であった抽象的資源の貯えをある人が進んで減らそうとする態度によって測定される価値が，テニスコートの場合のほうが大きければ話は別である。

　さて，以上の考え方は，ものごとを全くもってエイドリアンのトマトを欲しがる人々の観点から，つまりエイドリアンを単に一つの手段としてしか取り扱わない観点から眺める考え方である。しかし我々は，ものごとをエイドリアン自身の観点から眺めても同一の結論に到達する。資源の平等の体制のもとでは，ある人が自分の人生において安価なものを入手することを選択するならば，彼は自分が欲する他のもののためにより多くの余地を残しておくことができるだろう。例えば安いアルジェリアのぶどう酒でもよい人は，千鳥の卵を胃に流し込むためにこれを用いることができるかもしれない。しかし，土地を用いて他ならぬ或る特定のものを生産しよ

うとする決定，あるいは生産ではなく余暇のために土地を利用しようとする決定は，自分の生涯のために何かを選択することでもあり，この決定も同様に安価であるかもしれない。いま，エイドリアンが千鳥の卵をどうしても手に入れたいと思う一方で，シャンパンより安いもので我慢するよりは自分の土地を一所懸命に耕そうとする場合を想定してみよう。このとき，彼の決定が他人に及ぼすコストでもって値を測定するとすれば，その値の総量は，彼が余暇とぶどうジュースの生活を送る場合と同様にそれほど高額なものとならないかもしれない。彼が一所懸命労働したり，他の誰もが従事することを望まないような仕事をすることによって，高くつく自分の嗜好を満足させるに十分な金を稼ぐのであれば，自分の人生に対する彼の選択が社会の他の人々に及ぼすコストは，彼の嗜好がもっと質素である一方で彼がそれほど労働に勤勉でない場合と変りがないことになる。それゆえ，少ない労働で質素な生活を送ることを彼に拒否する理由が我々にはないのと同様に，きつい労働をして高価な消費をすることを彼に拒否する理由も我々にはない。彼が選択する労働と消費のパッケージの総体を他の誰も羨ましがらないかぎり，つまり彼の人生を全体として誰も羨むことがないかぎり，人々の選択は資源の平等のもとでは差異のないものと見なされるべきである。もちろん，エイドリアンは実際は自分のきつい労働を楽しんでおり，いかなる犠牲も払ってはいないのかもしれない。彼は他の何にも増して厳しい労働を好んでいるのかもしれない。しかし資源の平等の下では，このことは彼が労働のあらゆる瞬間を嫌悪している場合よりも少ない金銭その他の財を獲得すべきだ，といった主張の論拠とはなりえない。これはトリュフよりもレタスを本当に好む人に対してはレタスに安い値段をつけてはいけない，といった主張を資源の平等が行わないのと同様である。

　以上のようなわけで，我々は羨望テストを通時的に適用しなければならない。このテストは，たとえ或る特定の時点で或る人が他人の職業と資源の束を羨むことはありうるとしても，時間の経過全体を通じて他人が自由にできる職業と資源の束を羨むようなことがあってはならないと要求するのである。それゆえ社会がエイドリアンの富を例えば各年の終りに再分配するようなことがあれば，これは資源の平等に違背したことになるだろう。（今ここで我々が前提としてきたように）もしすべての人々が平等の能力を有しているならば，たとえ彼らの銀行預金口座にある富は年が経つにつれて不平等になるとしても，当初の競売は絶えず資源の平等を生み出していくことだろう。

第2章　資源の平等

　前記のありそうにもない条件——すべての人々が平等の能力を有していること——は，以上の結論にとって絶対的に必要なものだろうか。(現実世界がそうであるように)生産能力が人によって著しく異なる場合でも，競売は絶えず資源の平等を生み出すだろうか。今や羨望テストは，これを通時的に解釈したとしても有効性を失うだろう。(農業を好むにもかかわらず仕事が不器用な)クロードは，エイドリアンから土地を取り上げてこれを農地にするために十分な値段をつけることはないだろう。あるいは仮に十分な値段をつけて土地を自分のものにしたとしても，彼の残りの生涯においてもっと慎ましやかな生活で我慢しなければならないだろう。しかしこうなれば，クロードはエイドリアンの職業と富の束を羨むことになるだろう。もし我々が職業というものを技能を発揮する喜びをも考慮に入れる仕方で解釈すれば，このときエイドリアンの職業は熟練した篤農家として叙述されねばならず，このような職業は端的にクロードには入手不可能である。もし我々が職業を国勢調査に一層近い仕方で解釈すれば，クロードはエイドリアンと同じ職業を営むかもしれないが，エイドリアンがこの職業によって得る更なる資産を手に入れることはできない。それゆえ，もし我々が羨望テストが資源の平等の必要条件であることを依然として主張し続けるならば，人々の生産能力が不平等な現実世界では我々の当初の競売が常に平等を確保することはないだろう。

　しかし今や，この時点に至っては我々は羨望テストを原則としてでさえ主張すべきではない，という反論がなされるかもしれない。これは次の理由による。我々は，人々が相互に羨むようなことがあってはならないという要請にあまりに近づきすぎており，この要請は，人々が相互に相手の資源の束を羨むようなことがあってはならないという要請とは異なっているのである。人々は様々な理由によって相互に羨望を抱くことがあるだろう。例えば或る人は身体的により一層魅力的であり，或る人々は自分の状態により容易に満足感を抱きやすく，また或る人は他人からより好かれ，或る人はより一層頭がよかったり，その他様々な仕方でより有能である，等々。もちろん，福利の平等の体制のもとでは，これらの差異のそれぞれが考慮に入れられるであろうし，差異が生み出す福利上の結果を可能なかぎり，あるいは実行可能なかぎり消し去るために財の移転がなされるだろう。しかし，資源の平等の主眼点はこれとは根本的に異なっている。資源の平等の趣旨は，各人は彼らが自由に利用できる同じ外的資源を持つべきであり，前記の様々な性格や能力を前提として彼らに可能なものを資源からつくり出すべきだ，ということである。この目的は当

初の競売によって充足されているが，人々は相互に異なった人間であるので，資源がこの後も同一にとどまる必要はなく，これは好ましいことでもない。そしてまた，あらゆる羨望が政治的分配によって除去されることなど全く不可能である。もし一人の人間が他人より優れた努力や能力によって，他人と同等な分前を使って他人より多くのものを創造したならば，これによって利益を得る権利が彼には与えられている。というのも彼の得た利益は他人の犠牲のもとで生じたものではなく，他人が自分の分前からより少ないものしか創造しなかっただけのことだからである。より優れた努力に対しては報酬が与えられるべきこと，それゆえ一所懸命に労働したエイドリアンに対しては彼の努力の報酬を自分のものとして保持することが許されるべきことを我々は今しがた容認したばかりであるが，このとき我々は前記のことをも是認していたのである。

さて，このような反論には多くの誤りが含まれているが，これらの誤りのすべては次のことに帰着する。すなわち，この反論は資源の平等を，しばしば機会の平等 (equality of opportunity) と呼ばれるこれとは根本的に異なった観念と混同しているのである。先ず第一に，自分の当初の分前からより多くのものを生産した人は，このことによって他人が持っているものの価値を低下させることはない，という考えは正しくない。もしエイドリアンが農業にそれほど成功しなかったならば，クロード自身の努力はより多く報われていただろう。というのも，人々は他にもっと良い農作物がないことから，クロードの良質でない作物でも購入しようとするからである。また，もしエイドリアンが農業にそれほど成功せず，したがってあまり裕福でなければ，ワインを買うために多くの金を支払うことはできないだろうし，より少ない財産しか持っていないクロードはより安い代価でより多くのワインを買うことができるだろう。これらのことは単に次の事実，つまり移住者たちは当初の競売の後も単一の経済を形成しているのであって，別個の複数の経済から成る社会を形成しているわけではない，という事実からの自明な帰結にすぎない。言うまでもなくこれらの帰結は，我々がすぐ前で議論した状況からも生ずる。エイドリアンとブルースは同じ能力を有しているがエイドリアンのほうがより一所懸命に，あるいはブルースとは異なった方法で働いた結果，より多くの金銭を獲得したならば，このこともまたクロードの分前がクロード自身にとって有する価値を減じさせることになるかもしれない。これら二つの状況の間には相違があるとしても，それは目下の論点とは別の論点に属する。いずれにしても，機会の平等を支持するある種の議論の

中に無自覚的に含まれている次の主張，もし人々が平等な分前から出発したならば，一人の人間の繁栄は他人にいかなる損失をも及ぼさない，という主張を拒否することが肝要である。

また次の主張も正しくない。すなわち，より劣った能力をもつ人々がより優れた能力をもつ人々の状態を羨むことのないような結果を我々が目指すならば，他人自身を羨むことと他人が所有するものを羨むことの区別が失われてしまう，という主張も正しくない。というのも，エイドリアンはクロードが持ちたいと望む二つのものを持っており，これらはエイドリアンの人格にではなく，エイドリアンの置かれた環境に属しているからである。他の人々の欲求や需要はエイドリアンに満足のいく職業を提供するがクロードにこれを提供することはなく，エイドリアンはクロードが手に入れることのできる金銭より多くの金銭を手に入れる。おそらくこのような差異を消し去り，羨望を完全に取り除くことは，政治の構造や分配の方法を用いても不可能だろう。例えば，電気ショックの手段を利用して他の人々の嗜好を変えてしまい，クロードがより多く生産でき，エイドリアンがそれほど多く生産できないような作物を他の人々がより高く評価するようにすることなど我々には不可能である。しかし，このことは他の体制を拒否する論拠とはなりえない。例えばこのことは，クロードが自分の仕事に満足を見出すことを可能にするような教育体制や，エイドリアンの富の一部をクロードへと再分配するような租税体制を拒否する論拠とはならない。我々はこれらの体制を，エイドリアンがどんな人間かに関するクロードの羨望の除去ではなく，エイドリアンが所有しているものに関するクロードの羨望の除去を目的とした体制として十分に説明することができるだろう。

以上の論点はそれなりに重要なものではあるが，更に一層重要なことは，いま問題にしている反論が犯しているもう一つ別の誤りを見定め，これを正すことである。先に我々は，能力が大雑把にみて平等であれば競売は資源の平等を常に提供してくれるという結論を提示したが，前記の反論はこの結論を誤解しており，それゆえこのような事例と目下の議論との間にある重要な区別を見失っているのである。前記の反論は，我々がこの結論に到達したのは資源の平等の基礎として公正のスターティング・ゲイト論とでも呼びうるものを我々が受け容れているからである，と想定している。スターティング・ゲイト論とは，もし人々が同一の状態から出発して相互に欺いたり盗んだりすることがなければ，人々が自分自身の技能で獲得したものを各自保持することは公正にかなっている，という考え方である。しかし，公正の

スターティング・ゲイト論は、資源の平等とは非常にかけ離れた考え方であり、実際のところそれは首尾一貫した政治理論にはそもそもなりえないものなのである。

スターティング・ゲイト論の唱えるところによれば、正義は出発点において平等な資源を要請する。しかしそれはまた、人々は自分の労働を財やこの種のものに混入させることによって所有権を獲得するという或る種のロック的理論におそらくは従いながら、人々が出発した後は正義が自由放任（レセ・フェール）を要請することをも主張する。しかし、これら二つの原理は相互にしっくり共存することができない。移住者が島に上陸したとき——この時点で既にあらゆる財産はロック的な獲得の対象となるべきだ、という対抗する見解を退けて——スタート時点において同等な財産の保持を正当化することと、その後人々の生産能力が異なることから富が不平等となったときに再分配を正当化することを比較した場合、前者におけるほうが平等観念はより強い効力を発揮しうる、と考える理由はない。同じ趣旨でこれとは逆のことも言えるだろう。すなわちロック的な財産獲得の理論（あるいはどのような理論であれ、スターティング・ゲイト論に含まれているレセ・フェール的要素を正当化すると想定された他の正義論）は、人々がスタートした後に能力と努力によって獲得した権限を正当化するときと同じくらいの効力を、スタート時点における分配を律する際にも発揮できるのである。人々がスタートした後でこの理論が有効とされるならば、なぜそれは、当初の時点でも現存するすべての資源の平等な分配ではなくロック的な財産獲得の手続を命じないのだろうか。結局のところ、最初に移住者が上陸した時点は彼らの生涯における恣意的な時点なのであり、入手可能なあらゆる資源の平等な分前を人々が各自持つべきだという一回限りの何らかの要請をこの時点に位置づけることは適切でないのである。もしこの時点で当の要請が妥当するならば、この要請は十年目の同じ日にも妥当しなければならない。この日は、陳腐ではあるが意義深い常套句で言われるように、人々の残りの生涯の最初の日なのである。それゆえ、もし移住者が上陸した時点で正義が平等の競売を要求するならば、その後も正義はそのつど新たに平等の競売を要求しなければならない。そして逆に正義がその後はレセ・フェールを要求するならば、それは人々が上陸した時点でもレセ・フェールを要求していなければならない。

いま或る人が、資源の初期的分配とその後に行われる何らかの再分配の間には重要な相違が存在する、と答えたとしよう。移住者たちが上陸したとき、どのような資源であれ誰も資源など私有してはおらず、だからこそ平等原理は平等な初期的分

第2章 資源の平等

前を命じたのである。しかしその後，初期的資源の競売が終了した後は，各々の資源は何らかの仕方で誰かしらによって所有されているわけであり，この結果平等原理は，人々の所有権ないしはこの種の権利の尊重に取って代わられたのである，と。しかし，以上の答えは明らかに論点を先取りした言い方である。というのも我々は，前記のような結果を生ずる所有体制が当初の時点で確立されるべきか，それとも当初の時点以降もあらゆる財産の獲得を再分配の体制に明確に服させるような別の異なった所有体制がむしろ選択されるべきか，という問題をまさに考察しているからである。最初の段階で後者のタイプの体制が選択されたならば，この後は誰も，単に自分の所有権のみによって再分配は排除されているといった異議を唱えることができない。もっとも私は，どのような正義論も，すべての人は既に自分のものとなった財産を好きなように利用することができるという論拠によっては当初の財産獲得における正義と財産移転における正義とを首尾一貫して区別することができない，といった主張をするつもりはない。例えば，ノージックの理論はまさにこの種の区別を設けており，彼の区別は首尾一貫している[9]。というのも，当初の財産獲得の正義に関するノージックの理論は，前記の結果を生ずるような所有権の体系の正当化を目指しているからである。すなわち，財産獲得に関する彼の理論が主張するところによれば，人々は財産を獲得する際に同時に権利をも獲得し，移転に関する正義はこれらの権利から派生するとされている。しかし，スターティング・ゲイト論が依拠する初期的獲得の理論――資源の平等――は，スタート後の時間的際限なき財産への絶対的支配を必然的に包含するような所有権の特徴付けを正当化しようとするものでさえないのである。

それゆえ，移住者たちは当初は平等の資源をもって出発しなければならないが，その後は各自の努力次第で豊かにも貧しくもなるというスターティング・ゲイト論は，相互に非常に異なった二つの正義論の擁護不可能な結合体ということになる。この種の結合体は，例えばモノポリのようなゲームでは意味をもつだろう。この場合，ゲームの趣旨は，幸運と技能が非常にはっきりと限界づけられた役割を演じ，最終的にはこれらが恣意的な役割を演ずることを許容している点にある。しかし，このような結合がまとまった一つの政治理論を構成することは不可能である。我々自身の原理，すなわち，もし平等の能力をもつ人々がそれぞれ違った生涯を選んだのであれば，彼らの生涯の途中で再分配を行うことは不公正であるという原理は，いささかもスターティング・ゲイト論へと訴えかけるものではない。この原理は，

問題とされる平等は人々の生涯全体へと向けられた資源の平等でなければならない，という非常に異なった観念に基礎を置いているのである。この原理は，目下の反論を困惑させている論点に対し明確な解答を与えている。我々の理論は，資源の平等な分割は或る人の生涯の一時点では適正であるが，これ以外の時点では適正でない，といったことを想定しているのではない。この理論が主張するのはただ次のこと，すなわち，ある時点で個人にとり利用可能な資源は，他の諸時点で彼にとり利用可能であった資源，あるいは彼によって消費された資源の関数でなければならず，それゆえ，今の時点で或る個人に金がないのは，彼が過去において高価なレジャーを楽しんだことによって説明されうる，ということである。したがってエイドリアンと同じくらい一所懸命に，そして同じようなやり方で労働したクロードが，技能が劣るという事実のためにより少ない財産しか持つべきでないのは何故かを説明する場合には，前記のような説明の仕方は全く役に立たないのである。

このようなわけで，我々はスターティング・ゲイト論を拒否すべきであり，（少なくとも現実の世界においては）平等の要請はこれと逆の方向に働くことを認めなければならない。一方で我々は，平等に違背することを覚悟のうえで，いかなる特定の時点においても資源の分配が（こう言ってよければ）企図に敏感（ambition-sensitive）であることを容認しなければならない。つまり資源の分配は，人々の行う選択が他人に及ぼすコスト，ないし他人に与える利益を反映するものでなければならず，その結果，例えば消費よりも投資を選択する人々や比較的に安価な消費を選択する人々，あるいは他人にとってより利益になる仕方で仕事をすることを選んだ人々に対しては，平等な競売と，これに引き続く自由な取引で為されたこの種の決定から生まれる利得を保持できることが許容されねばならない。しかし他方我々は，ある時点における資源の分配が才能に敏感（endowment-sensitive）であることを許容してはならない。つまり同じ企図を抱く人々の間で営まれる自由放任主義の経済において所得の相違を生み出すような能力上の差異が，資源の分配に影響を及ぼすことを我々は許容してはならない。それでは我々は，表面的には競合するこれら二つの要請を実際に通用しうる仕方で妥協させるような何らかの方式を——あるいは単に理論的な仕方でこれらを妥協させるにすぎない方式でさえ——考え出すことができるだろうか。

この問いに対して我々は一つの可能な返答を——単にこれを退けるためではあるが——示唆することができるだろう。いま，当初の競売にかけられる資源の中に，

移住者自身の労働力が含まれることを認めたとしよう。そしてこの結果，各々の移住者は，自分自身の労働力と他人の労働力の一部ないしすべてを支配する権利に対し値段をつけることが可能だとしよう。このとき特殊技能は，移住者たちが上陸したときに彼らが見つけた他の価値ある資源と同じように労働する本人の利益にではなく社会全体を益するものとなるだろう。稀な場合は別として，人々は競売をする際に平等の資源を手にして出発するのであるから，競売に参加する各人は自分自身の労働力を自らに確保するために，これに十分な値段をつけることだろう。しかしこの結果次のことが生ずるだろう。すなわち各人は彼に商取引上最も有利な仕方に可能なかぎり近づけて自分の生活を送らねばならなくなるだろうし，あるいは少なくとも彼が優れた能力の持主であれば，そのような生活を送らないかぎり彼は非常に深刻な欠乏状態に苦しむことだろう。というのも，例えばエイドリアンは農業で莫大な収入を生み出しうるのであるから，他の人々は彼の労働力とこれから生ずる野菜への権利を獲得しようとしてこれに高い値段を進んでつけようとするだろう。そしてエイドリアンが他の人々より高い値段をつけてこの権利を自らに確保しても，全時間を農業で過ごす代りに平凡な詩を書いて過すことを選んだならば，彼は競売の当初に与えられる資源の大部分を，自分に金銭上の利益を殆どもたらさないような権利の行使のために費してしまったことになるだろう。これは実に，能力ある者が奴隷状態に陥ることである。

　我々はこのようなことを許容できない。しかし，これを禁止するための論拠としてどのようなものがあるかを少し立ち止って問題にしてみる価値がある。我々は次のように言うことができるだろうか。つまり各個人は自分自身の心と体を所有しているのであるから，心と体の力に他ならない能力をも彼は所有しているのであり，それゆえこれらの能力の果実をも所有しているのである，と。しかし言うまでもなく，ここには一連の論理の飛躍がある。これはまた自由放任の労働市場を支持する馴染みの議論でもあるが，既に我々は，人々の能力が不平等な条件のもとではこれが資源の平等に違背することを見定めた。しかしいずれにしても我々はこの議論を受け容れることができない。なぜならこの議論は，平等の理念以外のものに基礎を置く政治以前的（pre-political）な権限の観念を利用しているからであり，このようなことは，我々が展開してきた資源の平等という体制の大前提と相容れないからである。

　したがって我々は，人々の労働力を競売にかけられる一つの資源と見なすことに

対する我々の反論の根拠を，他の点に捜し求めなければならない。しかし実際のところ，我々はこの根拠を手近かなところで見つけることができる。というのも，人々が自分の能力のために罰せられるようなことがあってはならないという原則は，人々は自分の優れた能力から生ずる利益を独り占めにすることを許されるべきである，というこれと明白に反対の観念を拒絶したときに我々が依拠したのと同じ原則の単なる一部だからである。羨望テストは，このような結果のどちらをも禁止する。もしエイドリアンが自分の能力によって生み出すことが可能な財の所有者として扱われるならば，総体として捉えられた彼の生涯を通じてエイドリアンが手にする（職業をも含むところの）資源の束をクロードは羨むことになる。しかしエイドリアンが余暇やそれほど生産的でない職業に対する権利を買い取るために他の資源を放棄しなければならないとしたら，逆にエイドリアンがクロードの資源の束を羨むことだろう。もし資源の平等という考え方が平等の分配の必要条件として，羨望テストの適切と思われる何らかの形態を包含することが理解されたならば，我々は，競売される財のストックに単に能力を付加することでは達成されえないような方法で，能力が及ぼす影響力を消し去らなければならない。

それゆえ我々はもっとよく知られた馴染みの観念に目を向けなければならない。つまりある種の形態の所得税による資源の定期的な再分配という考え方である。[10] 我々が可能なかぎり展開しようと望んでいるのは次のような再分配の体制，すなわち能力の相違から生ずる効果を消し去るが，或る個人が職業を選択することから生ずる結果は維持するような再分配の体制である。つまり自分がどのような生涯を送りたいと考えるかに応じて或る人が他人の行う選択よりも共同体にとってより高価につく職業の選択を行ったとき，この選択から生ずる結果はそのまま維持するような体制を我々は展開しようと望むのである。この目的のために所得税は適切な手段と思われる。というのも，所得税は，金銭的な成功とこれがもたらす資源の増大のために絶えず犠牲的行動がとられ，自己規律が厳格に課せられるような生涯の選択可能性をそのまま手つかずに残しておく——もちろん，所得税はこのような生活を奨励するわけでも断罪するわけでもないが——からである。しかしそれはまた，この種の生涯において遺伝的な幸運が演ずる役割の重要性をも認める。所得税が行う調節は確かに一つの妥協ではあるが，これは平等自体の二つの要請を妥協させること，これら二つの要請をどのように充足すべきかに関する実践的であると同時に概念的な不確実性を目の前にしてこれら二つの要請を妥協させることであって，効率性の

ごとき何らかの独立した価値を尊重するために平等を妥協させることではない。

しかし言うまでもなく，税制が魅力あるものか否かは，上記の妥協を正確に実現するような税率を我々が確定できるか否かにかかっている。この目的のためにもし我々が，特定の時点における或る個人の富の中で能力の相違に起因する要素を特定化し，企図の相違に起因する要素をこれから区別する何らかの方法を見つけ出すことができれば，これは大いに役に立つことだろう。こうした後で我々は再分配のために，能力の相違に起因する要素だけを徴収するような税を考え出そうと試みるだろう。しかしながら，このような要素を識別することは，たとえ各個人の人格に関する完全な情報を仮定したとしても我々には不可能である。なぜなら能力と企図は相互に影響を及ぼし合うものであり，この相互的影響のために我々の試みは妨害されるからである。能力というものは培われ発展していくものであって，いちどきに開花するものではない。そして人々は，どのような人間になるのが自分にとって最善かを考え，この考えに従いながらどのような能力を発展させるべきかを選択する。しかし人々はまた，相対的にみて成功した生涯を送りたいという理由だけでなく，能力の行使が楽しいという理由で，おそらくはまた能力の不行使は不経済だという考えから自分の持つ能力を発展させ利用しようと望むものである。良い視力と巧みな腕をもった人は，自分の生涯を価値あるものにするのは何かという点に関し，彼よりも不器用な人が考えつかないようなことを想い描くものである。

したがって我々は，各個人の所得の中で企図とは区別された能力に起因する部分を正確に再分配するように我々の所得税率を確定できると期待するのは不可能である。能力と企図はあまりにも緊密に絡みあっているからである。それでは，これとは少しばかり異なった方針で事を進めればもっとうまくいくだろうか。例えば，仮にすべての人の生産能力が平等であると反事実的に想定したならば各人が得たであろう所得を各人に残しておくように，税率を確定しようと試みることができるだろうか。否である。というのも，どう適切に考えてみても，これがどのような類の世界になるかを言い当てることは不可能だからである。この場合我々は，どのような種類の能力をどのレヴェルで万人が平等に持つことになるのかを決定しなければならず，更にこれら平等な能力をそれぞれ異なった程度の努力でもって活用した人々がどのくらいの所得を手に入れることになるかを決定しなければならないだろう。それでは，このような仮想の世界では，現実世界で最も能力のある人々が現在有している能力を万人が有している，という条件を要請すべきだろうか。「最も能力の

ある人々」とは，現実世界でただひたすら金のために働いたならば最も多くの金を稼げる人々のことを意味するのだろうか。しかしすべての人々が同じくらい上手に内角高めの投球を安打できたり，同じくらい見事に映画でセクシーな役柄を演ずることができる世界には，おそらく野球や映画など存在しないであろうし，いずれにしてもこの種の能力を行使しても誰も多くの金を稼ぐことはないだろう。そして万人が同程度に有していると想定される能力を他にどのように記述しても，その記述は同様に役に立つことはないだろう。

しかし前記のようなお粗末な反事実的な想像力の行使は失敗に終るとしても，それはより一層有望な試みを示唆しているのである。我々が置かれた状況を振り返ってみよう。我々が見出したいと望むのは，職業の相違によって生ずる富の不公正な差異を公正な差異から区別する何らかの方法である。不公正な差異とは遺伝的な運に起因する差異であり，ある人々を裕福にするが他の人々には拒否されている能力，つまり後者が仮にそれを持っていれば十分に活用するはずなのにそれを拒否されているような能力に起因する差異である。しかし，もしこれが正しいならば，能力の相違の問題はある意味で我々が既に考察した身体障害の問題に似てくる。

V 不完全就業と保険

能力は身体障害（ハンディキャップ）と異なっているが，両者の相違を程度の相違として理解することができる。ウィルト・チェンバレンのようにはバスケットボールができない人や，ピアロのようには絵の描けない人，あるいはジニーンのようには金を儲けることのできない人は，（特に広く一般にみられる）ハンディキャップに苦しんでいると言えないこともないだろう。このような説明の仕方は，我々が技能ないし能力と企図の間に認めた一層緊密で相互的な作用を蔽い隠してしまうことになるが，その代りに技能や能力というものの一つの側面を，すなわち遺伝による幸運という要素を強調することになる。しかし能力の相違に対処して公正な再分配の政策を行うとき，この政策が少なくとも充たすべき最小限の要請を特定化する問題が持ち上がるが，上記の説明はこの問題に対する一つの理論的解決法を指し示すものでもある。ある人の能力が他人に比べて欠如しているとき，これに対する補償のレヴェルが確定されなければならないが，この場合我々は能力や技能の相対的欠如とハンディキャップとの類似性を利用して次のように提言することができるだろう。すなわち平等の資源を与えられた当初の時点で競売が行われるときに，これ

第2章　資源の平等

に付随して何らかの能力の相対的欠如に対処した保険の競売が行われると仮想し，もしこの保険の競売が行われたならば，ある特定レヴェルの能力を自分が持たない可能性に対して各個人がどれほどの保険に入ったかを問うことによって，補償のレヴェルを原則的に確定することができる，という提言である。

　もちろん，通常我々が能力ないし技能と見なしているものの欠如に対処した保険市場が実際に存在しているわけではない。身体障害を惹き起すような災害に対処する保険市場が現実に存在するのとは異なり，能力の欠如に対する保険など存在しない。一つには，人々の能力のレヴェルは本人が保険市場に入る前から少なくとも大雑把な仕方で十分に確定され知られており，それゆえ能力の欠如は将来起る出来事ではなく，まずもって一つの歴史的事実だからである。（これ以外にも理由があり，すぐ後で我々はこれを特定化すべきことになるだろう。）しかしそれにもかかわらず，身体障害の場合に我々が提起した問題と同じような問題を仮想的なかたちで構成してみることにしよう。いま一つの架空の世界を想定し，この世界では社会の成員全体に行きわたる能力の分配は総体としては現実世界と同じであるが，何らかの理由ですべての人々にはこれらの能力の特定の一組を欠くことから生ずる結果に苦しまなければならない同一の蓋然性が前もって存在するとしよう。そして，すべての人々はこの種の結果に備えて保険に入れる状態にあり，この場合保険料はすべての人々にとって同一だとする。各々の人々は，どのくらいの費用をかけてどの程度の保険に入るだろうか。もしこのような問いかけをすることに意味があり，たとえ大雑把な下限の平均値しか確定できないとしても，このような値をとにかく確定することによって上記の問いに答えることができるならば，我々は資源の平等の要請を充たすような租税＝再分配のプログラムの少なくとも下界を確定する手段を手に入れたことになるだろう。

　我々がこの種の仮想的ないし想像上の保険市場を構成する幾つかの方法が存在する。例えば我々は，各々の能力をどのくらい多くの人間が持つことになるかを人々が知っており，それゆえ自分が当の能力をもつ蓋然性がどのくらいかを人々が知っているにもかかわらず，現実に自分に能力があるか否かは無知であるような状況を想像してみることができるだろう。このとき人々は，一定レヴェルでのある種の特定の能力が自分にないと判ったときに備えて保険に入るものと想定されるだろう。このような特定の能力としては，九月の黄昏どきの陽光を油絵の中に描き込む能力といった極めて限定された技能から，非常に良い記憶力とか素早い計算力といった

より一般的な能力まで様々なものが考えられる。このモデルは我々が身体障害に関して構成したモデルに非常に類似したものとなり，それゆえ我々の理論全体にとって理論的な連続性を確保してくれることだろう。更に我々は，ある種の能力の欠如はもう一つ別のタイプの身体障害（ハンディキャップ）に他ならないという指摘を真面目に受けとることにより，そして一般に能力といわれているもののうちどれくらい多くのものが災害保険の一般的市場へと組み込まれうるかを単純に問うことにより，二つの仮想保険市場を統合することさえ提言できるかもしれない。

　しかし，能力に対するこのような仮想保険市場のモデルは，ある種の反論にさらされることになる。既に我々は，身体障害に対する仮想保険市場を考察した際に次のような難問を指摘した。もし或る身体障害者が仮に身体障害者でなかったらどのような企図や嗜好を持つようになるか，という問題にはある種の不明確な点が存在し，この不明確さのゆえに，このとき彼がどのような保険にどれくらい多く入るかという問題にも影響が生じてくる。それでも普通の身体障害の場合は一般化が可能であることから，この不明確さにうまく対処することが可能である。ところが技能の場合にはこれにうまく対処することができない。なぜなら，もしすべての人々が各自どんな能力を持っているかについて何も知らないと想定するならば，我々は各々の人間の人格からあまりに多くのものを規約的に取り除いてしまったことになり，これでは，たとえ一般的ないし平均的なやり方であるにせよ各々の人間の企図や人生計画について何か特定のことを推測するための理解可能な基礎が何も残されていないことになるからである。私が前に説明したような能力と企図の関係は，企図と身体障害の関係よりもはるかに密接しており——先ずもって，前二者は相互的な関係にある——，あまりにも密接しているがために上記の類の反事実的な推測が不可能なのである。

　したがって自分がどんな技能や能力を持っているかについて人々が完全に無知であると想定するのではなく，他の何らかの理由で，彼らの経済的レント——すなわち彼らの有する能力がもたらしうる収入——を予測する適切な基礎が彼らには全くない，と想定することにしよう。あるいは彼らの能力がそもそも何らかの仕事を見出しうるような経済状況に社会があるか否かについてさえ彼らが適切な予測を下せないとしよう。もちろん，このような事態を想像する方法には相互に異なる数多くのものがある。しかし現在の目的にとっては，我々がどの方法を選択するかは大して重要でない。そこでもう一度，我々の移住者の話に戻ることにしよう。当初の競

第2章 資源の平等　　133

　売が始まるに先立って，各移住者の嗜好，企図とか野心，技能ないし能力，そしてリスクへの態度に関する情報が，そしてまた原料や利用可能な技術に関する情報がコンピューターに入力されたと想定しよう。このとき，コンピューターは競売の結果だけでなく，生産と取引がひとたび開始した後，競売に引き続いて生ずる将来の予測上の所得構造（各々の所得レヴェルで金を稼ぐ人々が何人いるか）をも——所得税が存在しないとの想定のもとで——予測することになる。

　いま，コンピューターに対し更に別の仮想的な問題を提起したとする。各々の移住者は将来の予測上の所得構造を知っているが，コンピューターのデータベースに関しては自分自身についての情報以外は何も知らず，それゆえ彼が自分の能力によってどの所得レヴェルを占めることになるかは根本的に不確かだと仮定しよう。実際のところ各移住者は，経済構造における任意の特定の所得レヴェルを自分が占めることになる蓋然性が——当該レヴェルを将来占めると予測される人数を考慮に入れても——他のすべての人と同じくらいにあると考える。そして，保険においては独占が存在しないと仮定し，保険会社が次のような種類の保険証券を提供するとしよう。すなわち予測される将来の経済構造の内部で幾つかの所得レヴェルを区別し，被保険者が指定したどれか特定の所得レヴェルの収入を稼ぐ機会を彼が持てない場合に保険金が支払われることになり，この場合，保険会社は被保険者に対して彼が現に稼ぐ機会を持っている収入と保険の担保範囲との差額を支払うことになる。そして保険料は選択された保険金の額によって変化するが保険金の特定レヴェルごとに万人にとり同一でなければならず，更にそれは被保険者の当初の資源（あるいは貝殻）のストックからではなく，競売の後に期間を特定して将来の所得から支払われることになる。移住者たちは平均的にみて，特定化されたどのレヴェルの担保額にどのくらいのコストを支払うことによって，この種の保険に入ろうとするだろうか。

　この問題は少なくとも原則的にみて，経済学者が不確定な状況における意思決定の問題を扱う際に用いる様々なタイプの分析を使って解決できるように思われ，この点，コンピューターが一つの解決を提供してくれることに疑いをさしはさむ理由はない。たとえコンピューターの情報と能力を借りなくても，それが予測すると思われることに関して何らかの一般的な所見を述べることが我々には可能である。経済学者は，不確定な状況における意思決定に関して，大雑把に二つの種類のものを区別している。保険の問題が持ち上がるのは，将来生じそうにもないが由々しい損

失に備えて少ないコストを支払い，損失が生じたらこれを償って貰えるときである。またギャンブルが問題になるのは，少ないコストを支払って，わずかのチャンスしかないことによると多額の利益を得ることができる場合である。いま，これら二つのタイプの各々について金銭的にみて有利な賭けを次のように定義しよう。すなわち，もし賭けが成功したら——保険でカヴァーされたリスクが現実に起ったり，ギャンブルに勝ったら——貰える金額を賭けが不成功に終る蓋然性で割り引いた値と，賭け自体のコストの値を比較し，後者が前者よりも少なければ当の賭けは有利な賭けであると定義しよう。10ドルの損失が生ずる蓋然性と生じない蓋然性が半々であるとき，私が当の損失に備えて1ドルで保険に入ることを勧められた場合，あるいはコインを投げて表が出たら，金額の高は何であれ賭けのために支払うコストの10倍が貰える場合，これらはともに金銭的にみて有利な賭けである。逆に賭け自体のコストが上記の仕方で算定された期待利得を上回るときは，賭けは金銭的に不利なものとなる。そして或る人が金銭的にみて有利な賭けであればすべてこれを受け容れ，金銭的に不利な賭けをすべて拒否するならば，そしてこれが賭けの規模とか他の性格によって影響を受けないならば，その人をリスク中立的な人間と呼ぶことにしよう。

　保険を商売にしている会社やブックメーカーは言うまでもなく金銭的に不利な賭けだけしか提供しないだろう。なぜなら彼らの収入は，被保険者や賭けをする人の期待利益だけでなく彼らの（機会費用をも含む）コストに見合ったものでなければならないからである。それゆえ万人がリスク中立的であれば，誰も保険に入ったり数当て宝くじに賭けたりしないだろう。しかし効用曲線の全範囲に互ってリスク中立的であるような人はあまりいないと思われる。ほぼすべての人にとり，彼の福利が収入の関数としてどのように変化するかを示すグラフの少なくとも一部において，収入額が増加すればするほど限界効用は逓減していく。保険が商売として成り立っている現象がこのことで説明がつくことはかなり容易に理解できるだろう（もっとも特定の保険の保険率がなぜ現実のようになっているかを説明するには，この効用関数について一層詳細な情報が必要であろうし，どのような説明であろうとはるかに複雑なものになるだろう）。いま，次の年に私の5万ドルの家が全焼する十に一つの可能性があるとして，私が6千ドルのコストで全額支払いの保険を勧められたとしよう。このとき私は（もし保険に入れば）4万4千ドルを確実に保証される状態と，（保険に入らなければ）4万5千ドルの期待利益のギャンブルとの間で選択

を迫られたことになる。もし私の家の損失が6千ドルの損失の9倍以上に重大であれば（例えば私が適当な家を建てるために十分な金を工面できず借金もできないことから結婚は解消され，私の子供は犯罪者になるだろう），たとえ金銭的には不利な賭けであっても，私にとっては保険に入る価値がある。これに対してギャンブルを説明するのははるかに困難である（ケニス・アローはギャンブルにつき議論しながら，神学上の厄介な論点に逢着し，この問題は非常な難問であり教会は敢然としてこれに立ち向い，その後で前進しなければならないと述べた説教者を引用している）。ギャンブラーは（幸運は女性であると考えて）現実のオッズを間違えているか，不確実性それ自体に価値を置いているかのいずれかだと想定する必要がたぶんあるだろう。そして，時としてこの種の想定が正しいとしても，なぜギャンブルに人気があるのかを説明できるほど十分にしばしばこれらの想定が妥当するかどうかは疑わしいと思われる。

　以上のことを背景としたうえで，我々が説明した二つの仮想保険市場についてどのようなことが言えるだろうか。身体障害に関する我々の保険市場は普通の保険と十分類似しているので，特に解説する必要はない。しかし，能力に関して我々がいま説明した仮想保険市場は普通の保険とは異なっている。その理由の一部分は，この保険市場が保険というよりもギャンブルにはるかに類似した決定を許容するように思われる点に存する。というのも，移住者がこのような保険に入るとき，彼らは予測される経済構造において最も高額な収入を得られないことから自分たちを保護してくれるような，そしてこの収入を得られない場合には，自分たちが現実に稼げる金額とこの高額な収入との差額を支払ってくれるような保険に入れるチャンスに飛びつくと思われるからである。しかし実際は，このような保険は実に下手な賭けなのである。我々は，このようなレヴェルでの保険が金銭的にみて不利な賭けであることを所与の事実として認めている。そうでなければ，このような保険を保険会社が提供するはずがないだろう。したがってもしそれが有利な賭けだとすれば，それは私が自分の家に保険をかけたときのように，金銭的な理由ではなく期待福利を根拠として有利な賭けとされていることになる。しかしこの賭けは福利の点から見ても，適切であるよりは愚かなものとなる可能性のほうがはるかに高そうである。

　この場合（一般的な宝くじ券のようなものとは異なり）賭けに勝つチャンスは非常に高い——最高の金額を稼ぐ力を有することになるような移住者は極くわずかしかいない——のであるから，保険料のコストも同じように極めて高額になるだろう。

この保険料は, リスクが現実化したときに貰えると予測される金額の値に近いものとなるだろう。それゆえ, このような保険に入る者は, 極くわずかの利益しか獲得できない極めて大きな可能性に直面しているわけである。しかし, 彼が賭けに失敗したと仮定しよう。つまり彼が最高の金額を稼げる力をもった人間の一人だったとしよう。このとき彼は, 自分が保険に入らなかった場合よりもはるかに悪しき状況に置かれることになる。というのも, 彼は自分が入った保険の高額な掛金の支払いだけのために, 金を稼ぐ能力を最大限近くまで発揮して労働しなければならず, この保険によって彼は何も受けとることがない——つまり損得なしに終る——からである。[14]

さて, これが実際にどれほど損な取引になるかは, 未だ特定化されていない様々な事実に依存するであろうし, これには最高のレヴェルで金を稼ぐに必要な能力を持つと期待される人が何人いるかという問題も含まれる。しかし, いずれにしてもこれはかなり損な取引になりそうである。非常に多くの賭事にみられるように, 金銭的にみて不利な賭けに多数の人々を明らかに駆り立てるような状況が存在するが, 前記の取引はこのような状況とは極めて異なっている。多くの賭け事は, 非常に少額のコストを支払って, その見返りに多額の富を得るわずかなチャンスを期待して行われる。これに対して前記のような保険に入る決断は, 同じく金銭的に不利な賭けであっても, 極くわずかの利益しか獲得できない極めて大きな可能性の見返りに, 多大の損失を被る極くわずかな可能性に賭けるような非常に異質の賭けなのである。そして, (おそらくロシア式ルーレットに関する文献は別にして) ギャンブルの心理学に関する文献のどれ一つとして, このような性格の賭けが広範に行われるという見解を支持することはないだろう。

また金銭的に不利であるにもかかわらずなぜ人々は通常の保険に入るのか, という点に関する説明も, 前記のような保険を何ら支持することにならない。私が自分の家に保険をかけるのは, 火事による損失を補償されないことから生ずる効用の限界的逓減が, 保険料の効用上のコストよりもはるかに大きいからである。しかし限界効用を考慮することで何か言えるとすれば, それは移住者の賭けを, つまり最高のレヴェルの収入を得るために必要な能力を自分が持たないことに賭ける彼の決定を支持するよりは非とすることになるだろう。というのもこのような賭けは, 金銭的に不利な条件でおそらくは気づかないほど少量の福利をほぼ確実に得る見込みと, 莫大な福利の損失を被るわずかの可能性とを突き合わせているからである。もちろ

第2章　資源の平等　　　　　　　　　　　　137

んこの場合我々は，福利の点からみてこのような賭けを合理的なものにするような効用曲線を殆ど誰も有していない，という推測を前提にしているのであるが，この種の効用曲線を有する人は殆ど居ないという推測は確かにもっともなもののように思われる。

　以上の議論は十分すぎるほど強力な立証になっているだろうか。つまり我々が記述したモデルにおいて，技能の欠如に備えて人々が入る保険は，ほぼ常に，そしてほぼすべての人々にとって損な買い物であることをそれは立証しているだろうか。もしそうであるならば，仮想保険という装置は結局のところ，所得税による再分配のための合理的な指針たりえないという結論になりそうである。あるいはもっと悪いことに，この種の再分配は決して正当化されえないことをそれは示唆しているのかもしれない。しかし実際は，前記の議論からこのような結論が引き出されるわけではない。なぜなら，リスクをカヴァーするものとして選択される所得レヴェルが低ければ低いほど次のような議論，つまり大抵の人々は平等な条件で保険に入る機会が与えられればこのように低いレヴェルでならば事実上保険に入るであろう，という議論はより適切なものとなるからである。私の考えでは，英国や合衆国で失業のための移転支出が認められる条件として用いられている所得レヴェルや最低賃金のレヴェルよりもずっと高いところで既にこの議論は説得力のあるものとなる。

　選択された所得レヴェルが低下すればするほど前記の議論が強力になるのは，次のような理由による。第一に，所得レヴェルが低下するにつれて，特定の人間が当該レヴェルの収入獲得のために必要な能力をもつ確率は増大し，通常の経済機構における所得レヴェルのかなりの部分について，この確率は所得レヴェルの低下率よりも速く増大していく。したがって通常の所得分配の第50パーセンタイルのところでの所得額を稼ぐに必要な能力をもつ人々の数は，第99パーセンタイルでの所得額を稼ぐに必要な能力をもった人々の数より2倍以上も多いことになる。それゆえ保険の担保範囲が低下するにつれて保険料も低下するとき，少なくともかなり広い領域に亙って保険料は担保範囲の低下よりも速い度合で低下していく。もちろん，これに対応して賭けに勝つ蓋然性も低下していくわけであるが，状況は着実に普通の保険のケースに近づいていく。普通の保険では，起りそうにもない莫大な損失を防ぐために人々がわずかばかりの特定損失を引き受けるのであるが，起りそうにもない莫大な損失が万が一起った場合，これがもたらす限界効用上の帰結が極めて由々しいことから，たとえ金銭的には不利な取引でも福利の面で保険は十分に正当化さ

れる。能力に関する前記の保険は，所得レヴェルの低下に伴ってこのような普通の保険に類似してくるのである。というのも，例えば所得が第70パーセンタイルから第60パーセンタイルへと低下することによる金銭上の損失は，第40パーセンタイルから第30パーセンタイルへと所得が低下することによる損失よりはるかに大であるにしても，福利の点からすれば，平均的に見ておそらく後者の低下のほうがはるかに悪しき結果をもたらすと思われるからである。

　保険で担保された所得レヴェルの収入を得る能力をもつことが後で判明すれば保険の賭けに失敗したことになるが，この点更に言えることは，この失敗によって生ずる損失は保険で担保された所得レヴェルの低下についてそれほど重大なものでなくなっていくことである。そしてこの点に関しても同様に，損失の重大性は所得レヴェルが低下する度合よりも速く減少していくように思われる。このような意味で賭けに失敗した人は，先ず自分の保険料をカヴァーするに十分な程度の労働をしなければならない。彼が保険に入らなかったならば，彼は労働と消費の間のトレード・オフを自由に行えたことだろう。しかし保険に入った場合は，この種のトレード・オフを自由に行う前に，保険料を払うに十分な程度の労働をしなければならない。それゆえ保険で担保されるレヴェルが高い場合は，保険に入った人は奴隷のような状況に置かれることだろう。というのもこの場合，保険料が高いだけでなく，彼が選択したレヴェルをはるかに上回る能力を彼がもつことなど殆どありそうにないからである。これは，彼が実に力の限りを尽して労働しなければならないこと，そしてどんな種類の仕事に就くかに関して彼には選択の余地がそれほどないことを意味している。今や保険料は彼にとって不安の種となり，保険料の支払いに必要な収入が得られるような仕事はもしかするとたった一つしかなく，しかも終日就業というようなことも起るだろう。かくして彼が被る損失は，通常の金銭的な規準では測れないような福利上の特別な不利益をもたらすことになる。彼が奴隷状態に陥ったと述べても少しも過言でないのは，このような事情による。

　しかし，保険で担保されるレヴェルが低下し，したがって保険料も低下すれば，このような福利上の特別な不利益は単に緩和されるだけでなく，完全に消え去ることになる。というのも，例えば第30パーセンタイルのレヴェルの収入を得るに必要な資質をもった人は，もっと高いレヴェルの収入を得る能力をも有している可能性があり，それゆえ彼はどんな仕事に就きたいか，そして仕事や労働と消費をどのように按排したらいいかに関して，かなり大きな選択の自由を保持することになる。

第 2 章　資源の平等　　　139

たとえ彼が保険の賭けにすれすれのところで失敗したにすぎず，彼が保険に入ったレヴェルの収入をちょうど稼ぐに必要な能力を有し，それ以上の能力が彼にない場合でも，おそらく依然として彼には大きな選択の自由があるだろう。仮に彼が自分の実際の能力よりも低いレヴェルの収入で働いたとしても，保険料が十分に低額であることから彼は生計を支えることができるし，特に彼が消費財を少しで済ませることを厭わない場合はそうである。更に，（少なくとも非常に複雑な経済機構において，せめて一定範囲の収入レヴェルについて）高いレヴェルの収入をもたらす職業よりも低いレヴェルの収入をもたらす職業のほうがはるかに種類が豊富であり，その結果，できるだけ沢山稼ぎたいと思っている人でも，このように低いレヴェルでならばより多くの仕事から自分の仕事を選択することができるだろう。またたとえ彼が全能力を出しきって働かねばならず，しかも自分の仕事を選択する自由がないとしても，彼の状況が保険に入らなかったときより悪化することなどないだろう。というのも保険で担保されたレヴェルが非常に低く，まともな生活をするためには殆どすべての人が少なくともこのレヴェルの収入を得なければならないのであれば，彼は保険に入らなくてもどのみちそのようなやり方で労働し，また殆ど同じくらい熱心に労働したことと思われるからであり，またこの場合，保険料は非常に安いと想定され，もしそうであれば，これを支払うために彼が一層精を出して働く必要もないからである。彼が保険に入ったとき，自分に能力があることによって奴隷状態に陥るとしても，この状態は彼が保険に入らなかったならば能力の欠如によって陥る奴隷状態とそれほど異なるわけではない。

　しかしそれにもかかわらず，仮想保険市場は明らかに異常と思われる状況を生み出すかもしれない。いま，デボラとアーネストという二人の人間がともに第60パーセンタイルのレヴェルでの保険に入るとしよう。デボラは美人であることから，映画スターとして実際は第90パーセンタイルのレヴェルでの収入を稼ごうと思えば稼げるとする。その他の点では両者は同じ能力と関心を有しており，このような他の能力に関する限り，それが稼げる収入は，第60パーセンタイルのレヴェルに達しないとする。この場合，アーネストには保険金がおりるのに対し，デボラには保険金がおりない。彼女は大嫌いな映画俳優を一生の仕事として選ぶか，あるいは彼女とアーネストがともに就きたいと思っている仕事をして，これで稼げる給料から保険料やその他の生活費用を賄う努力をするか，二者択一を迫られることになる。これに対してアーネストは，このような仕事に就くことができるうえに保険による補償

を受け取るのであるから、はるかに恵まれた状態に置かれることになる。(15) これは不公平なことだろうか。結果的にデボラは、彼女の特異な能力によって奴隷状態に置かれるわけである。しかし彼女がこうなるのは、高い保険料を要求する担保範囲のレヴェルで彼女が保険に入り、しかもそれに近い収入を稼げる仕事がわずかしかないようなレヴェルで保険に入ることによって、上で説明したリスクを自ら負ったからに他ならない。アーネストも同じリスクを自ら負ったのであるが、選択の運に一層恵まれていたわけである。それゆえ異常とみえた状況は、高いレヴェルでの保険に伴う福利上の好ましからざるリスクの更なる（そして、より一層複雑な）一例にすぎない。デボラとアーネストがもっと低いレヴェルで保険に入っていたならば、保険料ももっと安かったことであろうし、デボラは映画の仕事以外にもっと沢山の仕事の中から選択できたことだろう。それでも相変らず両者の生活状態は異なってくるだろうが、その相違はそれほど大したものでなくなり、デボラにはアーネストになかった（映画スターという）一つの選択肢があった事実を示す適切な痕跡のようなものになる、と言っていいだろう。いずれにしてもこのような不公平は（これが不公平であると仮定して）、仮想保険市場が次節で説明されるような現実的な税制へと適切に転換されることによって消失することだろう。

VI 保険料としての税金

いま、コンピューターが仮想保険市場で生ずる保険の担保範囲の平均値を確定できたと想定し、当該レヴェルが要求する保険料として特定額を指定したとしよう。この保険料は担保額の極くわずかな部分しか占めないので、（平均的な人間にとって）保険から期待される福利は、保険に入らないことから期待される福利よりも大きいことだろう。我々は、この仮想保険の構造を税制度へと転換させることができるだろうか。想定される保険料の上に税率を基礎づけ、想定される担保範囲のレヴェルの収入を稼ぐ能力がない人々に、彼らが稼げる収入と当のレヴェルとの差額を支払うことで、再分配を行うことができるだろうか。

このような仕方で仮想保険市場をモデルとしてどのような税制度を構成しようと、そこには重大な欠陥があると我々は考えるかもしれない。先ず第一に、裕福な人も貧しい人もすべての人々が同じ税を収めるべきだ、というのは不公平にみえるが、これは仮想的な保険料をモデルとして税率を考察することから生ずる帰結のように思われるだろう。第二に、基金からの支払いとその金額がともに次のことによって、

すなわち受領者は自分が稼ごうと思えばどの程度の収入を稼げたかということによって決定されるべきだという要請は，様々な意味で非効率で厄介なものに思われる。この要請を現実に移すためには大きなコストがかかるだろう。そして実際のところこの要請は，自分たちの才能を隠してごまかしをするように或る人々を誘惑することだろう。いずれにしても，たとえ誠実な人であっても，特定の職業で自分がどのくらいの金を稼げるかは試してみないことには判らないだろうし，ある種の職業の場合，生涯の半分をその準備のために費さないかぎり試すことさえ不可能だろう。そこで，潜在的能力を発見するために一組の新しいテスト法が必要になるだろう。

しかしこれらの反論は，仮想保険市場がどのようなものであるかについて一定の想定を前提としており，これらの想定は正当化されえないと同時に，おそらくは誤っていると思われる。これがなぜかを見るために反論が想定しているように特定の担保範囲に対して定額の保険料を要求するのではなく，被保険者が後になって稼げると判る収入が増大すれば保険料も増大するように定められた保険を保険会社が提供したとしよう。保険の担保範囲の平均値すれすれの収入しかない人の保険料は，保険料定額制を基礎として保険市場が定めたはずの保険料よりも低くなり，これに対して平均値をはるかに越えた収入を得る人の保険料はずっと高くなるだろう。そして，このほうが人々によって支払われる保険料の総額が大きいならば，保険会社がこのような異なった仕組みの保険を提供しようとするのももっともなことである。そして保険に入る移住者たちも，このように保険の仕組が変化することによって——我々が規約的に前提する同等なリスクの条件のもとで——期待される福利が増大するならば，このような保険を受け容れる動機を抱くことだろう。人々がそもそも保険に入るであろうと我々が推測できる前提条件の一部として，問題となる一定範囲に互って貨幣の限界効用が逓減するとの前提に我々は立っているのであるから，上記の条件は充足されることだろう。移住者たちが賭けを選ぶとき，自分の収入がふえれば賭けのコストも上昇するような賭けを好むであろうし，彼らがこの種の賭けを十分に好むことから，たとえ累進的な保険料制度を運用するコストの増大を斟酌しても，保険会社には利益がもたらされることだろう。

さて，この種の保険からは保険業者が「道徳的危険」（moral hazard）と呼ぶもの——すなわち保険で担保された出来事が保険によって一層起りやすくなるリスク，あるいはこの出来事が起った場合に補償額のレヴェルが保険によって一層高くなるリスク——が生ずるが，保険会社にはまたこの道徳的危険を減少させるべき理由が

あり、このために必要な拘束条件を受け容れるよう被保険者を誘導するために会社の貯蓄の一部を被保険者に廻そうとするだろう。この目的のために保険会社が現在用いている技術は共同保険である。例えば、ファースト・パースン (first-person) とよばれる自動車保険では、損害の先ず最初の何百ドルかを自動車の所有者が負い、その後で残余の部分を保険会社が補完することになっている。我々の物語の脈絡で言うと共同保険は次のことを、すなわちもし移住者の一人が保険の担保範囲の平均値に相当する収入を得ることができないときは、この値より少し低い金額を補償として受け取ることを意味している。もちろん、人々が共同保険に入るとき、共同保険を伴わない場合に比べてより高い担保範囲のレヴェルで保険に入るであろう。しかも担保範囲が高額であれば通常はこれにつれて保険料も高くなるのであるが、共同保険の場合は、担保範囲のレヴェルを高くしても保険料はそれほど高くはならない。これが意味するところは、共同保険においては共同保険を伴わない制度におけるよりも保険の担保範囲のレヴェルが高くなる、ということである。しかし、道徳的危険を減少させることで結果的に保険会社がかなりの節約をすることができるならば（例えば合衆国の現在の福祉体制のもとで生ずる福利のごまかしに対し広範な人々が抱く憤りが、このことを想定しているならば）、一定範囲に亙り保険料はかなりの程度安くなるはずであるし、このような理由で、共同保険の体制の下でのほうが予想される担保範囲は実際上高額になるだろう。そしてどの程度の共同保険が行われることになるかは——つまり、担保された金額の収入を得ることのできない人への支払いがどの程度当の金額を下回ることになるか、そして保険料の構造や予想される担保範囲のレヴェルがどんな影響を受けるかといったことは——既にコンピューターに入力された情報のみによって決まるのである。

　人々が現実に有する収入能力を正確に確定することができるのか、あるいは正確に確定するためには多大のコストがかかるのではないかといった問題は、共同保険を採用すれば保険業者にとりそれほど焦眉の問題にはならない。人々は、自分が保険の担保額相当の収入を得られないことを主張するために、少なくとも担保額以上の収入は稼がないようにしようとする動機を抱くが、共同保険はこの種の動機を大いに削ぐことになるからである。しかし保険業者は、能力を正確に測定するコストを減らす方法として別の装置を用いることができる。この装置を利用すれば、能力測定のコストは保険料をもっと安くするに十分な程度に減少し、被保険者にとってもこの装置は魅力的なものになるだろう。被保険者は自分の能力や機会に関して、

ほぼ常にといっていいほど保険業者より多くの情報を有しているわけであるから，挙証責任を被保険者に課することで共同の節約ができる余地がでてくるだろう。私が期待するところでは，この責任は低い担保額のレヴェルでよりも高いレヴェルでのほうがより厳しいものとなるだろう。というのも，特別の訓練や教育や経験を必要とする職業に関しては，本人がこのようなことを現に企てたことがないかぎり，当の職業に就けなかったことを立証するのはしばしば困難だからである。しかし平均的な担保額のレヴェルは低くなるという私の予測が正しければ，ここでこの問題を追究する必要はない。低いレヴェルに関するかぎり，職業に就けなかったことは，現実に職業を見つけようと試みたがこれができなかった事実を示すことで，あるいは自分の身体的および精神的な一般能力が平均以下である証拠を示すことなどによって容易に立証できるだろう。

　それゆえ，コンピューターが予測する現実の保険の輪郭は，欠陥ある我々の税制度が模写した単純な構造よりおそらくずっと複雑になるだろう。もし移住者たちがこの一層複雑な保険の構図を税体制へと転換するならば，彼らはより是認しうる税の仕組を手にすることになる。彼らは累進的な所得税を設け，これを財源として移転支出を行い，平均レヴェルの担保額から共同保険の要素を差し引いた値と，保険の申し込み者が自分の能力で現実に稼げる最高所得額であると説得できる値との差額を彼に支払うことだろう。もちろん，このような努力はこの段階でストップする必要はないし，すべきでもない。仮想保険について更に反省を加えていけば，これに対応する税制度も更に洗練され，あるいは調整が加えられていくだろう。そして我々は，税制度をこのような保険市場のモデルにあまりにも近づけて考案するとプライヴァシーが犯されることになると判断するかもしれないし，あるいは運営上のコストがあまりにかかりすぎるとか，これ以外の理由で非効率だと判断するかもしれない。我々は以上のことや他のことを理由に，例えば金を稼ぐ能力ではなく現実の収入に再分配を結びつける税制のほうが，保険市場の模倣という理念に近づくための次善の策として我々が展開しうる他のどんな税制よりも適切な方策だと判断するかもしれない。

　しかし私は，この種の問題を本書でこれ以上論ずることは差し控えたい。なぜなら我々はこれらの問題を十分に議論してきたので，この代りに我々を待ちうけている別の問題に目を向けるべきだと思うからである。以上のような一般的なアプローチは理にかなったものだろうか。当初の時点での人々の平等な資産と平等のリスク

を前提に仮想保険を現実へと転換したものとして構成された税制度は，資源の平等の下で能力の相違に関して生ずる問題に対して適切な解答を与えているだろうか。

この税制度は二つの観点から批判されうるだろう。一つは，それが十分な再分配を正当化しえないという批判であり，もう一つは，それがあまりにも再分配を正当化しすぎるという批判である。二つの批判のうち後者は前者ほどには根拠のあるものと思えない。我々が既に確認した対抗しあう拘束条件をここでもう一度想起しよう。平等は次の二つのことを要求する。先ず，金のかかる生活様式——これには他人が何を欲しているかによって特定の職業が生産的なものか否かを測定した場合に，それほど生産的でない職業を選ぶことも含まれる——を選択する人々には，結果的により少ない収入しか残らないことを平等は要求する。しかしこれと同時に平等は，いかなる人も単に生得的な能力が劣ることだけを理由に，より少ない収入しか得られないことのないよう要求する。それゆえ仮想保険市場によって導かれる移転支出があまりに大であることを主張するいかなる反論も，上記の二つの要求のうち第一の要求が十分に顧慮されていなかった危険性が大いにあることを立証しなければならない。しかし予測される平均的担保額として特定のレヴェルを選択することが仮想保険市場によって正当化されるとすれば，これは次の事実の蓋然性をかなり強く支持することになる。つまりどんな移住者であろうと，この平均的レヴェル以下の収入で我慢するよりは，チャンスさえあれば当該レヴェルの収入をもたらすような職業の一つに就いて働こうとする蓋然性が高いことを，それは示しているのである。そうでない場合には彼は，それを支えるに必要な高いレヴェルの収入を稼ぐ覚悟のある人にとってだけ意味のあるような保険料を引き受けることにより，非常に大きなリスクでも負ったことだろう。特にこれは，平均的レヴェルが十分に低いことから，彼がまさにこのことを行わなければならない確率が高いときはそうである。彼がこのようなことを進んで行おうとする理由としては，当の高いレヴェルの収入をもたらし，非常に異なった性格の人々の意に適うような仕事が数多く広範に存在することが考えられ，また一般的な文化が最低限受容可能な生活様式と見なしているような暮らしをするには当の高いレヴェルでの収入が必要であることももう一つ別の理由として考えられるし，あるいはこれら二つの理由がおそらく同時に存在していると考えるほうが適切だろう。もちろん，都合のよいこの種の反事実的想定は，実際のところ，適切な能力を欠くかその他何らかの理由で雇用市場で仕事を見つけることのできない人間については妥当しないだろう。この種の幾人かの移住者は，た

とえそれが利用可能であっても，平均的な担保額のレヴェルで保険に入らなかったことだろう。しかしこのことが提起しているのは，能力の相違に対処する再分配理論に課せられた上記二つの拘束の相対的重要性をどう評価すべきか，という問題である。この点，我々がそうしたように担保範囲の平均値を決定的に重要と見なすのが，二つの拘束に同等の重要性を与える一つの適切な方法なのである。[16] これは次のことを想定している。すなわち保険に入ったであろう人々に再分配を拒否することと，保険に入らなかったであろう人々に再分配を認めてしまう誤りを犯すことを比べたとき，少なくとも後者のほうが前者より悪いことだとは言えない，という想定である。この想定が間違っているとの反論を立証できる人がいるかもしれない。例えばこの種の立証によって，課税による再分配の規準としてもっと低い数字を採用すること，つまり任意の特定の個人が当のレヴェルの保険に入る確率が非常に高いか，もしかすると圧倒的に高くさえなるような低い数字を採用することを正当化できるかもしれない。しかし，このような見解を支持する議論としてどのようなものがあるか私は知らない。おそらく担保範囲の平均的レヴェルとこの種の一層低いレヴェルの間の相違はそれほど大したものではないだろう。たぶん殆どの人間の効用曲線は，可能な担保額の低い部分のパーセンタイルに関しては非常に類似しているだろう。しかしこれは数多く存在するある意味でテクニカルな問題の一つであり，ここでこの問題を論ずるつもりは私にはない。

　以上とは逆の反論，すなわち担保範囲の平均的レヴェルを基礎とした移転支出は十分でないという反論に答えるのはより困難である。この反論は，異なった二つの仕方で支持することができるだろう。先ず次のような主張が可能かもしれない。すなわち我々が見出した平等の二つの要求を相互に妥協させようと試みるためには，仮想保険のアプローチは強力なアプローチとは言えないか，あるいは保険市場のアプローチが正しいことは確かであるが，もっと高いレヴェルでの移転支出をそれは要請する，という主張である。第二の議論は，すぐ前で述べた反論におそらく同意して賃金構造における平等の二つの要求は同等の重みをもたないと考えるが，保険に入らなかったと思われる人に支払いを認めてしまうより，保険に入ったと思われる人に支払いを否定するほうがはるかに悪いことである，と主張する。換言すれば，選択されると想定される担保範囲は，誰もそれ以上高額なレヴェルで保険に入るとは考えられないようなレヴェルでなければならない，とそれは主張するのである。しかしここでも再び次の点に注意する価値がある。つまり，ここで主張されている

レヴェルが担保範囲の平均的レヴェルをはるかに上回るようなことはないという点である。既に我々は，どのみち非常に高い所得レヴェルでの保険には誰も入らない理由を理解した。しかしここで提起されている問題もテクニカルな問題なので，更にこれを追究することは差し控え，賃金構造において平等の二つの要求のうち一つを他より特別に尊重すべきことを示す実質的な論証がなされるまで，この指摘を脇に置いておくだけにしておこう。

しかし今や我々は次のような重要な議論があることを指摘し，これについて考慮しなければならない。すなわち仮想保険市場は，大した需要のない能力の持主が受け取るべき移転支出を過小評価しているがゆえに，平等の二つの要求を調和させる問題にとって全面的に誤ったアプローチと考えるべきである，という議論である。仮想保険市場のアプローチが試みるのは，この種の人々（大した需要のない能力の持主）の運命に陥るリスクがすべての人々により主観的に同等に共有されていたならばこの種の人々が置かれると思われる状態へと彼らを現実に置くことである。しかし結局のところ，このことによってこの種の人々がより需要のある能力の持主と同じくらいに，あるいは類似した能力の持主でも運よくもっと有利な職業を見つけることのできた人々と同じくらいに良い状態に置かれることはない。ある種の人々（映画スターや産業界の大物，あるいは野球の一塁手）は，我々の考察が示したように任意の合理的人間が保険市場で選択するはずの保険の担保額よりはるかに高い値の収入を現実に得ている。仮想保険が（こう言ってよければ）的はずれである理由は，まさにそれが仕事を見つけることのできない人に何ら答えることなく，映画スターのような人を指さして——完全に正確にではあるが——これこれの代償でこれこれの仕事を彼が頼まれればそれを行うであろう，と宣言しているにすぎない点に存する。平等の保険市場において誰も映画スター級のレヴェルの担保範囲で保険に入ろうとしない事実は，端的にそこに不正が存在することを物語っている。映画スターはこのような保険に入る必要はなかった。保険なくして彼は，贅沢で魅力ある生活を自分のものにできたのである。両者とも同じものを望んでいるのに，ある人は他の人よりそれを多く手にしているという赤裸々な事実は依然として存在し，しかもこの事実は，選択行為と関連したいかなる理由によっても説明できない。かつては我々が尊重しているようにみえた羨望テストは決定的に違背され，擁護可能ないかなる平等観念も，平等がこのような帰結を推奨することを論証しえない。

これは強力な批判であり，私が思うにこの批判に答えるためには，以前の我々の

第 2 章 資源の平等

議論を要約し再述することによって，我々の議論が，我々の耳もとで鳴っているこの批判を依然として説き伏せることができるか考えてみる他はない。もう一度移住者たちに立ち返ってみよう。クロードは平等を根拠にして，自分が映画スター級の収入を得るような世界を要求することはできない。移住者たちは，映画スターの仕事を進んでしようとするすべての人々が映画スターの給料を貰えるような世界を創り出すことはできない。税制度が運用されるようになった後でもクロードが自分の状況に不満ならば，彼は誰もこのような映画スター級の収入を得ることがなく，結果的に彼の収入が他者と比べて相対的（あるいはおそらく絶対的）に向上するような世界を提案しなければならない。しかしこの種のどんな世界を彼が提案しようと，我々の制度におけるほうが彼より多くの収入を得られる人々が居るわけであり，彼の提案する世界はこのような人々のために変更されてしまうだろうし，それだけでなく仕事や余暇や消費への選好を含む何らかの理由で，彼が提案する世界では彼より少ない収入しか得られなくなる人々も加えた他のあらゆる人々のためにそれは変更されてしまうだろう。例えば誰も映画スターの賃金を稼げないなら，映画を観たい人々には非常に異なった上演作品が与えられることになり，正しいにせよ間違っているにせよ，彼らはこの作品を現在上映されているものほど高く評価しないだろう。もちろん，経済体制の激変によってどんな結果が生ずるか，長期的にみて誰が得をし誰が損するか，といったことを前もって述べるのは不可能である。これらの変化を何らかの単純な次元にそって正しく図表化することなど不可能だろう。例えば特定の経済階級が手にすることのできる金銭上の貯えや他の「一次的財」(primary goods)でもってこれらの変化を単純に測定することはできないだろう。というのもこの種の変化は，ある特定の階級——これが経済的な意味での階級であっても——の成員の間でもその評価が区々になるような（一次的財以外の）様々な財の価格や機会の稀少性にも影響を与えるからである。移住者たちが平等を達成するための根本装置として競売を，すなわち各人が自分の生活のために現実に望んでいるものに敏感に応えるような競売を選んだのも，まさにこのような理由によるのである。

したがってクロードが，自分と映画スターの境遇の違いは嗜好や人生計画や善観念のいかなる相違をも反映したものでなく，それゆえそれ自体では，人々の企図に敏感に応えるべきであるという平等の第一の要求を賃金構造において表現したものではない，と正しく主張できるにしても，この要求を実現しようとすると他人の状

況に大規模で劇的な変化がどうしても生じてしまうので，彼は他人の状況にこのような激しい変化をもたらさないような相対的な経済的地位のいかなる一般的な変更をも推奨できないだろう。もちろん，この事実それ自体は，クロードが提案するどんな変更をも拒絶する根拠になるわけではない。むしろ反対に，平等な点から出発し自由放任的な生産と取引を通じて達せられた現状は，私が特に平等の「スターティング・ゲイト」論への反論で苦心しながら強調したように，自然な状態でも特権的な状態でもないのである。もしクロードが，資源の平等の適正な観念が何らかの変更を推奨することを立証しえたならば，この変更によってあらゆる階級の多くの人々が——彼らの特定の嗜好と企図や人生計画を所与の前提として——より悪しき状況に置かれるからといって，この事実自体は変更に反対する論拠にはならず，これは何らかの変更がないとクロードが悪しき状況に置かれるからといって，この事実だけでは当の変更を支持する論拠とならないのと同様である。私がここで強調しようとしているのはただ次のこと，クロードが自分の推奨する変更を支持する何らかの論証を必要とするとき，これは彼自身の相対的な状態から独立した論証でなければならない，ということである。現状のままだと自分より暮し向きのいい人々——たとえこれらの人々が彼と同じ人生計画や嗜好をもった人々であっても——が居ることを指摘するだけでは，彼の主張にとって十分とは言えない。

　さて，仮想保険市場による論証こそまさにそのような独立的な論証なのである。これは二つの世界を対照させる。第一の世界では，自分の生産能力が他人の嗜好や企図に適合していないことから，他人の嗜好や企図によって相対的に不利な状態に置かれる人々が誰であるかが予め知られており，この種の人々は当の不利な状態から生ずる悪しき結果を全面的に耐え忍ばねばならない。第二の世界では，相対的な不利益に関して同一のパターンが存在するが，この不利益を被る同等の蓋然性が前もってすべての人々に主観的に与えられており，それゆえ，この不利益に備えて保険に入ることで当の不利益を緩和する同等の機会がすべての人々に与えられている。私が提示してきた論証は，平等が第二の世界を是とすることを想定している。なぜならこの世界にあっては，能力という資源が一つの重要な意味においてより公平に分配されているからである。仮想保険による論証は，この第二の世界で生ずる結果をできるかぎり近似的に現実世界において再生させることを意図したものである。この論証は，第一の世界でならばもっと良い状態に置かれた人々（既に述べたようにこの中には，第二の世界におけるほうが自由に使えるより多くの金をもつことに

第2章 資源の平等

なったような数多くの人々も含まれている）に対しては次のように答える。すなわち彼らの嗜好や企図を所与の前提とすると結果的に社会の出来事が彼らにとってどのようなものになろうと，これとは独立した根拠によって第二の世界のほうが資源の平等により近いのである，と。

しかし，この論証が有効であることは，更にもう少し変更を加えればなお一層資源の平等を改善できることをこれとは別の様々な論証の提示によって立証する妨げにはならない。もっとも次のことを想起していただきたい。もし仮想保険の論証が（我々の移住者の事例において）現実に受容され実施に移されたならば，更に別の論証を追求しようとする動機をどれほど強く我々が抱くか予想するのは困難だ，ということである。我々がこのような動機を抱くか否かは様々な要因に依存するが，中でも，どれほど高いレヴェルの収入が当の社会における平均的な担保範囲のレヴェルとして提示されるかによるだろう。我々が既に説明した経済機構の諸特徴によって富の不均衡が大いに減ずることから，我々は当初懸念したほどには，依然として存続するであろう富の不平等に困惑することはないかもしれない。また上記の諸特徴でさえ，これらを総体として効率的なものとするために多大のコストがかかる結果，一般的効用を増大させたり，最も恵まれない人の状態が可能なかぎり向上するような何らかの政策を促進するために資源の平等を妥協させる用意のある人々が次のように主張することも，つまり仮想保険市場から生ずる平等でさえ十分すぎるくらいであり，むしろこれほどまで平等を実現することはより一層包括的な正義観念によって不正とされるであろう，と主張することも確かにありうることである。

もちろん，不平等に反対する政治哲学者や政治理論家の多くは，単に最底辺のところで貧しい暮しをしている人々が絶対的な意味でどれほど貧しいかだけでなく，相当大きな富の不平等がみられる社会に関して「道徳的コスト」（moral costs）と呼ばれうるもの，すなわち最も貧しい人の状態が大いに改善されても不平等が残っているときに依然として存続し，実に，場合によっては一層悪化することさえあるコストにも関心を払っている。しかしながら，次のように考えるのは誤りだろう。富に関する相互依存的な二つの奇妙な態度が我々自身の社会を特徴づけているが——富の蓄積は成功した生涯のしるしであるという考えと，富を獲得できるように人生をすごした者は共感や配慮の対象ではなく羨望の対象となるのが相応しいという考えが，我々の社会を特徴づけているが——，我々の経済体制が真に貧困と言えるようなものから解放され，（当初の競売が人々をそのように鼓舞したように）銀行預

金の如きものは生きるに値する生活を構成する数多くの要素のうち単に一つの要素にすぎないと考えるように人々を鼓舞するに至ったときでも，上記の二つの態度が何らかのかたちで存在し続ける，と考えるのは誤っているだろう。というのも，我々の社会においてこれら二つの態度は次の想定によって支えられ育まれているからである。すなわち富の蓄積あるいは贅沢品の消費——これらが人々を魅了する理由の一部は，まさにこれらが大金持のために取って置かれた特権であるという事実にある——に捧げられた生涯は，人生がたった一回しかないかぎり人々にとって価値ある生涯である，という想定である。しかし，善い人生とは何かに関する見解としてみるかぎり，この考え方ほど明らかに不合理なものはないだろう。

このような考え方が特定の社会で根づくようになるのはどうしてかという問題は，明らかに社会心理学や精神史にとって重要な問題である。しかし結局のところ資本主義が深く浸透した社会においてでさえ，この考え方はあらゆる文学やその他真に芸術的なものと見なされた様々な作品の中で長い間断罪されてきた。たしかに，芸術の中でこれが拒否されているのは，現実生活でこれが無意識に受容されていることに付随した寄生的現象にすぎない，と考えることもできるだろう。このような可能性を私はよく理解しているが，それでも，最も大衆的な形態の芸術においてさえこの考え方が非難されている事実は，事柄を一層不可思議なものにしている。しかし，ここで私が言おうとしていることは，この不可思議を解決するどのような試みよりもはるかに陳腐なことである。それは単に次のことにすぎない。我々は自分たちの間に富に関する信じ難い態度が広まっていることを知っており，市場システムの道徳的コストを指摘する人々はこの態度を非難するのであるが，この態度の複雑な系譜に関して我々は全く無知なので，これと同じ態度が別のタイプの市場システムにおいても相変わらず生ずると前もって速断するのは正しくないだろう。すなわちある市場システムの目的がまさに，コストと収益に関してこのような態度が次第に失くなりやがては消え去るような類の反省的検討を奨励し促進させる点にある場合は，当の態度の存続をアプリオリに想定することは正しくないということである。

とは言うものの，一つの明確な理念としての資源の平等が，仮想保険の議論によって許容される富の相違さえも失くするように推奨していることを立証できる議論があるだろうか。この種の議論を見出そうと試みるのも重要なことである。そして，もしこの議論を実際に見出すことができないときに我々は不安を抱くべきか，あるいは我々の直観の妥当性が危くなったと感ずるべきなのか私にはよく解らないにし

ても，だからと言ってこの試みの重要性が減ずることにはならない。私としては，この種の議論を我々が見出しうることにいささかの疑いも抱いておらず，むしろこの議論を誘発することが私の目的の一部なのである。しかし，あまり有望とは思えない幾つかの議論に言及しておく価値はあるだろう。例えば次のように主張されるかもしれない。すなわち資源の平等は，私が述べた二つの世界のどちらよりも強く更に別の世界を，つまり人々が現実に平等の生産能力を有しているような別の世界を是認するのであり，それゆえ我々は，職業に起因する富の相違がこの世界における当の相違より大きくならないような体制を創り出そうと努力すべきである，と。この議論には一つの重要な主張が秘められている。すなわち，平等主義的な社会は，まさに平等の名において，能力のゆえに結果的に低い段階の収入しか得られない人々を訓練するために特別な資源を当てなければならないことである。これは平等主義的教育理論の広大な問題の一部をなす論点であり，私はここでこの問題を取り上げようと試みることさえしなかった。しかし，より一般的なこの主張は，次の事実によってその妥当性を損なわれることになる。つまり我々が上記の別世界で存在すると思われる富の分配を模写しようと試みるとき，当の世界に居るすべての人が同じ程度に共有する能力の複合体について一定の想定をしないかぎり試みを開始することもできないのであるが，この複合体を我々がどのように特定化しようと，模写が試みられる現実世界の多様な人生計画や嗜好の間で我々は中立的な態度をとりえないのである。

　いま，ある人が単純に（彼が本当にそれを切望していと判る仕方で）次のように主張したとしよう。すなわち，たとえ富の初期的な平等を出発点とし，更に仮想保険市場によって富の分配が修正されることになるとしても，自由取引の世界で生ずると思われる富の平等では不十分であり，資源の平等は人々の富がもっと平等に近づくような世界をより善しとしなければならない，と。そして（彼がおそらく主張することには），これを否定することは，平等それ自体について何か是認しうる一つの観念を言明することではなく，端的に平等とは異なった別の価値を優先させることである，と。しかし，言うまでもなく私のこれまでの議論はまさにこのような主張を論駁しようとしたものであった。いかなる分配理論も企図や人生計画に敏感に反応するものでなければならない，という要請が資源の平等において重要な意味をもつことをひとたび我々が理解し，分配や再分配のどんな体制も，共同体のほぼすべての人が送ることを欲し，且つ送ることを許されている人生に広範な影響を及

ぼすことを理解したならば，資源の平等はまさにこの種の事実を無視するような仕方で定義されるべきである，という単純な言明を我々は疑いをもって見詰めなければならない。資源の平等は複雑な理念である。おそらくこの理念は（本章で我々が検討した様々な議論が示唆しているように）一定の範囲内で，相互に異なる多様な分配を是認する不確定な理念なのだろう。しかし次のことだけは明らかである。つまり，この理念をどのように解釈しようと，この解釈が擁護可能なものとされるためには当の理念の様々な様相に留意しなければならず，どんな解釈も，ある人間の送る人生が他人に及ぼすコストに気を配らねばならない，という要請を頭から拒否するようなことがあってはならない。真の平等理論は特定の時点で人々が自由に利用できる財や流動資産の量だけに関わるものでなければならない，という今問題になった主張は一つの分析以前的なドグマであり，実際のところ，平等概念と他の諸概念との境界を不明瞭なものにしてしまい，両者の混同を防ぐことができないばかりか，むしろ一つの独立した強力な政治理念として平等を描く試みの妨げとなるのである。

VII 他の正義理論

　以上，我々は移住者の社会のような単純で人為的な状況を想定して資源の平等を論じてきたが，本章の考察は，このような単純な状況の下においてでさえ，資源の平等の完全な理論には程遠いものであることを繰り返す必要はないだろう。例えば私は，人々が自分で保持し利用する権限のある財産を他者に贈与しようとするとき，適切に理解された平等がどの程度までこれに制限を課することになるかという点について何も述べなかった。もちろん，この問題は次のような厄介な論点を含んでいる。すなわち自らの人生において自己犠牲によって富を蓄積した人が，この富を付加的な富として自分の子どもに移譲することが許されるべきかという論点である。また私は，自分たちの人生をどのようにすごしたらいいかについて各人の考えが根本的に変化したとき，資源の平等な分配はこの種の変化に対しどのような調節を行うべきか，という点についても何も述べなかった。ある人が自分の以前の生活を拒否して新たな出発を欲したとき，彼には資源の新たなストックを与えられる権利があるだろうか。例えば彼が浪費家で，当初与えられた財産を無駄遣いしてしまった結果，今や，これからの生活にとって基本的な必需品を得るに必要な金さえ十分にない場合を考えてみよう。

第2章 資源の平等

　我々が想像した移住者の世界では，出発点の平等という要請は平等な初期的競売によって充たされていたが，現実世界でこの要請が何を意味するかを我々が問う段になったとき，上記の諸問題は理論的にみて大いに興味深いと同時に，実践的にも極めて重要なものとなる。また私は，政治権力の平等に関する問題の全体を本章で論ずることは差し控え，これを後の章に回すことにした——もっとも私が冒頭で指摘したように，政治的平等を経済的平等とは全く異なった問題と見なすことは完全な誤りである——。とはいうものの，私の考えでは，本章で我々は既に十分に広い領域に亙って議論をしてきたので，我々が歩みを進めている理論の方向を，現在よく知られている幾つかの有力な正義理論と比較対照させてみるのも有益なことだろう。

　本章で擁護された平等観念が，本書の第1章で考察された理論（すなわち福利の平等）とどのように異なっているかは，かなり明白なはずである。本章では最初に平等な競売を想定し，これに引き続く取引と生産が，仮想保険市場を模倣した課税の拘束に服するという考え方が提示されたが，この考え方の中には，福利（この概念がどのように解釈されようと）の平等を目指したり，この種の平等への接近を期待させるようなものは何も含まれていない。事実，本章でこれまでに展開された理論においては，様々な人間の福利のレヴェルを相互に比較するようなことさえ全く問題となる余地がない。この理論が個人的効用のレヴェルといった観念を利用していることは確かである。例えばこの理論は，特定の仮想市場において人々がどのような行動をとるかに関してある種の予測をするよう示唆するが，この予測の中で，個人的効用のレヴェルという観念が利用されている。しかし，この予測で用いられている効用概念は，とりわけフォン・ノイマンとモルゲンシュテルンにより提唱されたかなり簡素な効用概念にすぎず，効用の個人間比較にとって不可欠なより一層複雑で多くの判断を必要とする様々な福利観念(17)（この観念の欠陥を私は第1章で議論した）のいずれでもないのである。

　功利主義のある形態は，何らかの仕方で観念された福利の総体的な極大化を命じ，この福利が平等に分配されることは問題にしない。このような功利主義と本章で説明された理論の間には，興味深い関係が認められるかもしれない。もちろん福利をどのように観念しようと，我々の理論が全体として，社会の総体的な福利を極大化するようなことは期待できないだろう。このためには，個人的効用関数について特殊的で途方もない想定をする必要がある。例えば，人々は最初に平等な資源を与え

られてから経済活動を開始すべきだという想定は，功利主義者にとっては基本的な格率であるどころか疑わしい原理と見なされるだろう。とは言うものの，経済力の平等な抽象的分配を基礎とした財とサーヴィスに対する平等な競売という観念は，理論の内部に功利主義的な傾向がみられることを示唆するように思われる。なぜなら競売は，利用可能な財を同等な一組へと分割する最も機械的な方法に比べて，総体的効用をおそらく一層よく促進するからである。競売の考え方と功利主義の間に類似性が事実上認められるかぎり，たとえこの類似性がわずかなものであっても，私にはこれが全くの偶然であるとは思えない。むしろ反対に，私の考えでは功利主義の魅力の一部は次の事実に帰せられるのである。つまりある種の状況においては，直観的にみて公正な基礎的分配から出発して総体的な限界効用を極大化するような分配は，本章の平等観念によっても推奨されている，という事実である。これは，正義を富の極大化（wealth-maximization）と見なす理論に関して明らかに一層よくあてはまる。この理論は功利主義とよく似ており，現在ではアカデミックな法律家の間で広範に支持されている。富の極大化理論が主張するところによれば，少なくとも特定の状況においては，限界的な富を極大化するような分配が公正な分配である。そして富の極大化理論が直観的にみてもっともらしい理論に見える状況は[18]，事実まさに，富を実際に極大化する決定を我々の平等観念もおそらくは推奨すると思われるような状況なのである。確かに，我々の平等観念と富の極大化理論の間にみられる総体的な適合性は，我々の平等観念と功利主義の間にみられる適合性より一層密接な感じがする[19]。しかし，目下の議論が正しいとすれば，どちらの場合も一方通行の適合性にすぎない。つまり二つの理論を適合させている分配が公正であるのは，平等がそれを推奨するからであって，効用とか富の極大化が推奨するからではない。

更に本章で示唆された資源の平等論と，私的財産権に関するロック的な様々な形態の正義論，特にロバート・ノージィックがその影響力ある有名な著作で展開している正義論との間にも，少なくとも表面的な親近性がみられる。もちろん，表面的に見ても，両者の間の相違のほうがより顕著なことは確かである。ノージィックの理論のような正義論においては，あらゆる財に対する抽象的な経済力を社会制御により平等に分配するといった考え方が入り込む余地がない。しかし，ノージィックの理論も本章で述べられた資源の平等論と同じように市場観念に卓越した地位を与えており，市場を適切に定義してこれに一定の限定を加えたうえで，この種の市場

によって達成される分配を推奨するのである。ノージィックの諸議論の中で直観的にみて最も説得力のあるこの部分は幾つかの具体例に基づいているが、これらの具体例に関しては、本章の理論もノージィックのそれに極めて類似した結論に到達することだろう。

　有名なウィルト・チェンバレンの事例がこれに該当する。ノージィックは富が平等に分配されている状態を想定したうえで、人々が相互に利益を与えあうような自由取引によってこれが引き継がれていく状況を想定している。いま多くの人々がチャンバレンのバスケットボールを観るために少しばかりの金額を支払った結果、チェンバレンは裕福になり、富が最早平等ではなくなったとする。この結果をそれ自体として見れば、資源の平等がこれを非難するようなことはないだろう。チェンバレンの富は、彼が現に送っている生活が他人にとって有する価値を反映しているのである。取引過程の最終段階で彼がより大きな富を獲得するのは、もちろん、より優れた彼の能力に主として起因するのであり、他人が送ろうとしない生活を彼が進んで送ろうとする事実に帰せられるのは彼の富のごく一部にすぎない、と想定できるだろう。しかし我々が説明した仮想保険市場においては、チェンバレンのような富をもたらす能力を持てないことに備えて保険に入ろうとする者は殆どいないだろう。この種の保険は、ほぼすべての人々にとって著しく不合理な投資となるだろう。それゆえノージィックがそうしたように、チェンバレンを除く他の人々が彼よりはるかに少ない富しか有していない事実だけに我々が注目するかぎり、我々の議論も、チェンバレンほど恵まれていない人々に再分配するために彼の富のある部分に税を課すようなことを正当化しはしないだろう。

　しかし我々の議論はノージィックの議論とは異なり、この種の再分配を正当化するような論拠が見出される余地があることを認めている。つまりチェンバレンが獲得したような富が現実に蓄積される状況をより徹底的に考察することによって、この種の論拠が見出される可能性を認めるのである。上で想定した状況においては、チェンバレンだけが莫大な富を有するのに対し、他のすべての人々は平等な富を有するとされており――チェンバレンを除く他の人々は、我々に想像可能な最も平等な分配よりほんの少しだけ少ない富をそれぞれ平等に有することになる――。社会に存在する富の不平等は唯一この点に存するにすぎなかった。しかしチェンバレンがこのような社会ではなく1970年代前半のフィラデルフィアで試合をすると想定してみよう。いま、フィラデルフィアの社会にあてはまると思われる仮想保険市場を

想定したとき，この市場において推測される平均的な担保額には満たない収入しか得られない数多くの人々が存在することになり，それゆえ，我々がここに見出す複雑な富の相違のすべてが出発点における平等の欠如ではなく能力の欠如に起因すると仮に想定しても（これはばかげた想定であるが），我々には富を再分配するために税制を導入する必要が依然としてあり，チェンバレンはこの税制において税金の支払いを要求されるだろう。確かに，仮想保険市場における保険料は実際の所得を基礎とし，その率は累進的になる，という結論が我々の議論によって正当化されたので，チェンバレンは絶対的な意味でも，また彼の所得のパーセンテージの点からみても，他の誰よりも多くの税を納めるように要求されるだろう。議論がこのような仕方で拡張されれば，資源の平等は夜警国家の限界を越えて，もっと遠くまでつき進むことになるのである。

　それゆえ，二つの理論が市場を利用する方法に相違がみられることは十分に明白である。ノージックにとって，分配を正当化する際に市場が果す役割は消極的であると同時に偶然的なものにすぎない。もしある人が正当な仕方であるものを獲得し，その後，交換によって財やサーヴィスを他者から受け取る見返りにこれを相手に譲渡する選択をしたならば，正義の名において，ここから結果する分配に対し異議を申し立てることはできない。交換取引の歴史自体によって分配は批判を免れており，このように消極的な仕方で分配の道徳的系譜を認可するのである。この種の理論においては，過去の不正が立証されたときに原状回復が問題となる特殊な場合を除けば，どんな形態の仮想市場も入り込む余地はない。というのもノージックは（例えば，何人かの富の極大化論者が市場観念を利用しているように）彼が「パターン化された」正義論と呼ぶものに含まれる別のタイプの（市場）観念を定義することだけを目的として市場を利用するようなことはしないからである。ノージックにとって正義は，合理的人間が営む公正な市場で到達されるような分配でなく，一つの事実過程を通じて歴史的な出来事として現実に生ずる分配に存するのであり，この過程が何らかの市場取引を含むことはありえても，この過程に市場取引が含まれる必要はないのである。

　これに対して資源の平等のもとで市場が登場するとき，それはより一層積極的であると同時に一層従属的な仕方で登場することになる。資源の平等は，社会の各々のメンバーの生涯に社会的資源の平等な分前のみが（これは，この種の資源が他者に及ぼす機会費用によって測定される）割り当てられるべきことを要請するが，こ

の根本的な要請を（少なくともある時点に至るまで）実施に移す最善の手段が市場なのであり，市場はこのように平等に支持されて登場するわけである。しかし，現実の市場取引の価値は，ある時点で尽きてしまう。市場がその任務を果せなくなったこと，あるいは，これと全く異なる理論的ないし制度的仕組のほうがよりよく任務を果せることが（どのような観点からであろうと）分析によって立証されたならば，市場は放棄されるか限定されることになる。明らかに仮想市場はこの目的にとって，現実の市場に匹敵するほど理論的に重要な観念である。仮想市場から生ずる結果について我々はそれほど確実なことは言えない。しかし我々は，この市場の構図を極めて柔軟な仕方で描くことができるのであり，仮想市場は歴史的な妥当性をもちえないという反論は端的に的はずれな反論なのである。

　最後に私は，資源の平等に関する我々の観念とロールズの正義論の関係と相違について，何がしかのことを述べておきたい。ロールズの理論は，両者の関係の問題を二つの異なった次元で提起するに十分なほど豊かな内容を有している。第一に，これまで説明してきた資源の平等を支持する諸議論は，どの程度までロールズが展開する議論の構造に従ったものと言えるだろうか。つまりロールズの描く原初状態で人々は無知のヴェールの背後で資源の平等の諸原理を選ぶであろう，といった仮説に私の議論はどの程度まで依拠しているだろうか。第二に——そして第一の問題とは独立に——，資源の平等が要求することは，原初状態で人々が実際に選択するであろうとロールズが示唆する正義の二原理とどの程度異なっているだろうか。

　これら二つの問いのうち第二の問いから始めるのが明らかに適切である。ここで問題になるのは資源の平等と正義の第二原理との比較である。第二原理の主要な構成要素は「格差」(difference)原理であり，この原理が要求するところによれば，「一次的財」の絶対的平等に変更を加えることは，それが経済的に最も恵まれていない人々の利益にならないかぎり許されるべきでない。(ロールズが自由の優先性と呼ぶものを定める第一原理は，政治的平等の観念に属するものとして私が本章では無視した別の論題とより深く関係している。) 格差原理は，資源の平等に関する我々の観念と同じように，たとえ福利の平等へと向うことがあるにしてもこれは単なる偶然にすぎない。福利についてどんな観念を採用しようとそうである。もし我々が平等理論を福利の平等と資源の平等とに大きく分けるとすれば，格差原理は資源の平等の一つの解釈ということになる。

　しかしそれにもかかわらず，格差原理は我々の観念とはかなり異なった解釈を平

等について与えている。我々の観念の立場からすると，様々な意味で格差原理は細かな点まで十分な調整がなされていないようにみえる。最も恵まれていない集団についてどんな記述を選ぼうと，そこには何がしかの恣意性が許容されることになる。そしていずれにせよ，この集団を代表するとされる不可思議な平均的メンバーなるものを通じてのみ，当の集団の富は量的に表わされるにすぎない。特に最も恵まれない集団が経済的な意味で定義されていることから，身体的ないし知的な障害を生まれつき背負った人々はそれ自体でこのような集団を形成することにならず，また，これがどんな集団になろうと彼らはこの集団の代表的ないし平均的なメンバーとは見なされないだろう。したがって，格差原理の構造はこの種の人々の立場を十分に配慮していないように思われる。確かにロールズは，彼が矯正（redress）の原理と呼ぶものに注意を喚起している。この原理は，上記のような障害者に対しては補償がなされねばならないと主張し，この点では，我々の平等観念のもとでも私が説明したような仕方で補償がなされねばならないのと同様である。ところがロールズは，矯正の原理が格差原理の中に含まれないことを指摘する。もっとも，例えば障害者を特別の訓練によって援助することが，経済的に最も恵まれない社会集団の利益を向上させるならば，このかぎりで格差原理は矯正の原理と同じ方向に作用することだろう。しかし少なくとも通常の状況においては，このように想定するいかなる理由も存在しないのである。

　更に，格差原理についてしばしば指摘されてきたことは，経済的に最も恵まれない社会集団より上位の諸集団の間で分配が相互にどれほど異なっているか，という点について格差原理が十分な注意を払っていないことである。この批判はしばしば奇妙な仮想上の問題を例に挙げて提示されている。いま現存の経済体制が実際に正しい体制だとしよう。最も恵まれない社会集団に富をこれ以上移転してもその状態を事実上改善することができず，それゆえこの体制は格差原理の諸条件を満たしているとする。このとき，（例えば）大きな災害が差し迫っており，公職者たちは次のような選択をしなければならないとしよう。すなわち最も恵まれない少数集団の代表的メンバーの状態が気がつく程度ほんの少し悪化するような行動をとったらよいか，それともこれ以外の集団のすべてのメンバーの状態が劇的に悪化し，その結果これらの人々が最も恵まれない人々とほぼ同じくらい貧しくなるような行動をとるべきなのだろうか。最も貧しい人々の極くわずかな損失を防ぐために，これ以外のすべての人々がはるかに多大な損失を被るようなことを正義が本当に要求するだ

第2章 資源の平等

ろうか。

　このような問題に対しては，この種の状況は殆ど起りそうもなく，様々な経済的階級が辿る運命は実際上相互に「連鎖」しあっているか容易に連鎖させることが可能なので，最も恵まれない集団の状態を向上させれば少なくともこのすぐ上にいる他の集団の状態はこれにつれて向上するだろう，と答えるだけで十分なのかもしれない。しかしこのように答えても，どんな状況であろうと何が正しいかを決定するのは本当にもっぱら最悪の状態にある集団だけであると言えるかという理論的な問題が解決されたことにはならない。

　本章で説明されたような資源の平等は，このような特別の立場に置かれた何らかの集団を取り上げるようなことはしない。この目的は個々の人間ごとに資源の平等を説明すること，あるいは資源の平等を達成するための一組の装置を提示することにあり，ある人間が平等の名において何を有すべきかを判断する際に考慮される彼の歴史の中には，彼が特定の経済的ないし社会的階級の成員である事実は含まれていない。もっとも私は，我々の理論を本章で展開されている程度にまで詳細なものにしても，これが上記の装置を極めて正確に提示しえていると主張するつもりはない。反対に我々が作為的に単純化して扱った事例においてさえ，特定の状況で平等が要求することを述べる際に何回となく我々は憶測や妥協を認めざるをえず，時には不確定な答えしか出せないことを認めざるをえなかった。しかしそれにもかかわらず，我々の理論は平等が原則として集団的地位の問題ではなく個人の権利の問題であることを主張する。もちろんこれは，自分が行ったことや他人に起ったことに関係なく各個人が既に決められた分前を自由に使える，という意味ではない。むしろ逆に我々の理論は，現実的ないし仮想的な市場の主要な装置が記述するとされるような方法で，各人が辿る運命を相互に結びつけるのであるが，これを集団的地位に着目する考え方とは違ったやり方で行う。すなわち我々の理論の想定によれば，平等というものは市民の間の関係を各人にとり個別化されたものとして定義し，それゆえ社会における他のすべての人々の観点からと同時に各個人の観点から権限を設定するものと理解されるのである。仮想保険市場を構成する際にそうしたように我々の理論が平均的効用曲線の観念に依拠したときでさえ，これは，平等を集団間の平等の問題とする何らかの前提の一要素としてではなく，特定の人間の特定の嗜好や企図に関する蓋然性の判断の問題として行われているのであり，その趣旨は，個人として彼らが有する権利のあるものを彼らに与えることにある。他方ロールズ

の想定によれば，格差原理が正義を一つの階級に結びつけているのは，原則的にもっと個別化されるはずの何らかの一層根本的な形態の平等を現実に適応させて達成するための次善策としてではない。むしろ原初状態での選択は，正義が既に根本的にみてどのようなものかを定めているのであり，この選択が一定の実践的な理由により当初から階級に着目したかたちで為されるからこそ，格差原理は正義を階級に結びつけるのである。[20]

　ロールズが一次的財と呼ぶものに関して格差原理と資源の平等のどちらがより大なる絶対的平等を達成する方向に働くかをアプリオーリに述べることは不可能である。これは状況によって変ってくるだろう。例えば身体障害者や失業者に対して正しい担保範囲の補償をするに必要な税金が投資活動に水を注すような長期的効果をもたらし，このようにして最悪の階級の代表的メンバーが一次的財を得る見込みを低下させたとしよう。最悪の集団に属する身体障害者や現在の失業者，あるいは将来も依然として失業し続けるメンバーのうちのある人々は，税制度のもとで暮し向きが向上するだろう（もちろん，他の階級に属する一定のメンバーの暮し向きも向上することに我々は注意すべきである）が，最悪の階級の平均的ないし代表的メンバーの状態は更に悪化するだろう。このとき最悪の集団全体に着目する格差原理は税制度を非難するのに対して，資源の平等はそれでも税制度を推奨することだろう。

　上で述べたような周知の奇妙な問題が生ずる状況，すなわち正しい基礎から出発して最も恵まれない階級の代表的メンバーが被るほんのわずかな損失が，より恵まれた人々にかなりの程度の損失を被らせることによってのみ回避できる状況において，格差原理は，このように大きなコストを支払っても前者のわずかな損失を回避すべきであるとの見解をとる。これと反対に資源の平等は，コストの量的な相違に注意を払うだろう。つまりロールズの理論に反対する人々はこのような量的な相違を理由に反対するのであるが，資源の平等は，これらの人々が重要だと考えているこの種の相違に注意を払うのである。基礎において資源が平等に分割されていることは，最悪の集団へと何らかの仕方で財を移転すると当の集団が長期的にみて損失を被る結果になる，ということを意味するのではなく，この種の移転がどのようなものであろうと，それは他者に対して不公正なるがゆえに平等の侵害になる，ということを意味するのである。最下層の人々がそれ以上の資源を持たない事実は，彼らにそれ以上のものを与えるのが不可能なことを意味するのではなく，むしろ彼らが今もっているものが彼らの正当な権利上の分前のすべてであることを意味するの

第2章 資源の平等

である。何らかの経済的な破局が目前に迫っているとき，ある人間に降りかかる比較的にわずかな損失を回避するために政府が別の人間に前者の損失よりはるかに大きな損失を被らせることを容認したならば，それは後者を平等な存在として扱っていないことになるだろう。なぜなら，平等それ自体は前者に対して更に特別な注意を要求することはなく，また，政府が後者の運命よりも前者の運命をより多く配慮すべきことを平等が要求するわけでもないからである。それゆえ，もし経済的に最も恵まれない人に降りかかる損失が——奇妙な問いが想定しているように——本当に彼にとって取るに足らないことが事実ならば，これで問題は解決したことになる。

しかしだからと言って，上記のような事例に直面したとき資源の平等論が功利主義になるわけてはない。実際のところ資源の平等は，格差原理や功利主義よりも一層強く量的な情報に関心を払い，あるいは少なくともこれら二つの立場とは異なった仕方で量的な情報に目を向けるのである。いま，差し迫った災害が最悪の集団に——もともとの問いが想定したような極く些細な損失ではなく——かなり多大な損失を及ぼす危険性がある一方で，より恵まれた集団には集合的にみて更にそれ以上の損失を被る危険性があると想定しよう。資源の平等は，仮想保険市場および施行される税制度のもとでなされる計算が，今や現実化しようとしている脅威のリスクを適切に勘定に入れたか否かを問わねばならない。当の計算はこのリスクを勘定に入れなかったかもしれない。予め特定化できない社会の部分的集団に多大の損失が降りかかる可能性があるとき，もし仮にこの可能性が予期されていたとすれば，当の市場の平均的な保険加入者は，より高いレヴェルの担保範囲で災害保険や失業保険に入っていたことだろう。そしてこの事実は，来るべき損失を分配する方法に関して公職者が現時点で下す決定に影響を及ぼすことだろう。例えば総体的な福利の損失にもかかわらず，より恵まれた人々が損失を被ることを認めたほうが社会は次のような状況へと，すなわち上記の付加的情報が与えられたときに人々が仮想市場で行うと思われることを税制度がより良く反映したならばすべての人々が置かれることになる状況へと一層接近すると公職者は確信するかもしれない。

事実，格差原理と資源の平等が特定の状況において与える実践的な指示にはこの種の相違が無数にみられ，上に挙げた例は無数にある他の諸事例を単に示唆するためのものにすぎない。この種の相違は，私が既に指摘した理論的な区別によって統括することができる。格差原理は，資源の平等が認める平等の様々な次元のうちただ一つのものに照準を合わせている。前者の立場は身体的状態やハンディキャップ

における相違は言うまでもなく，企図や嗜好，職業や消費における相違をも顧慮することなく，一次的財における端的で一律的な平等が基礎的ないし真の平等であると想定している。（ひとたび自由の優先性が充足されたならば）正義は平等に存し，しかも真の平等はただこのような端的な平等のみに存するのであるから，平等のどのような譲歩や逸脱もこれが当の逸脱に対して正当に異議を申し立てうる人々の利益になることだけを根拠として正当化される。

　このような平等の一次元的な分析は，これが個人ごとに適用される場合には明らかに不満足なものになるだろう。ある人間が他人の欲するものを一層多く消費するにもかかわらず，これをそれほど消費しない人間と同じくらいの資源を相変らず与えられるのでは社会的資源が平等に分割されたことにはならない，という主張に対して上記の分析は効力を失うだろう。また他人が何を欲するかによってある職業が生産的か否かを測定した場合，より生産的な職業に従事することを選んだ人間が，余暇を選好する人間よりも結果的に多くの資源をもつべきではないとすると，このときも社会的資源は平等に分割されたことにはならない（上記の分析は次のような疑問の余地ある考え方によってあるタイプの福利の平等論へと転換されないかぎり，この主張に対しても効力を失うだろう。つまり消費や職歴が異なるにもかかわらず，一次的財の平等は福利の平等を最もよく保証してくれるという考え方である）。

　それゆえ，（既述の如くロールズが明言しているように）格差原理が個々の人間にではなく集団へと結びつけられているのは，これがより深層にある個人主義的な平等の観念を実現するための次善の便宜的な方法だからではない。この種の個人主義的深層観念は，それがどのようなものであろうと格差原理を不適切であるとして拒否することだろう。格差原理は原理的に集団と結びつけられている。その理由は，経済的な意味で定義された社会集団間の平等という観念は，端的で一律的な仕方で平等を解釈する立場に特に適しているからである。事実，平等というものを経済的集団の間の平等として捉えれば，端的で一律的な仕方で平等を解釈する以外に適切な平等解釈はありえないだろう。どのような経済的集団であれ，集団内の成員たちの嗜好や人生計画や善き生活に関する観念は相互に非常に異なっているだろう。それゆえ，これらの事柄は集団間の真の平等が要求することを述べるどんな原理からも排除されなければならない。そして集団たるかぎりでの集団の間にはただ一つの次元において相違が生じうるにすぎないのであるから，集団はこの唯一の次元において平等でなければならない，という要請のみが我々に残されることになる。

第2章　資源の平等

集団というものを社会政策の一単位として捉える考え方と格差原理の間には，定義上の結合とさえ言えるほど密接な関係があるのである。

しかし我々は，このような事実からロールズの正義論全体について性急に結論を下さないよう注意しなければならない。彼の正義の第一原理は明らかに，格差原理がそうではないような意味で個人主義的なものと考えられている。彼の理論全体の中で個人が果す役割を評価するためには，我々はこの第一原理を注意深く分析する必要があり，また二つの原理が結合した場合にこれらがどのような仕方で作動するかを周到に分析しなければならない。しかし格差原理の趣旨が資源の平等に関する理論を表現することにあったとしても，それは本章で素描された理論とはその基本的な用語と構想において全く異なった理論を表現しているのである。二つの理論が現実の状況においてもたらす異なった帰結をもっと詳しく丹念に考察し明確化することにより，両者の相違を更に追究する価値があるだろう。しかしむしろ私は，両者を比較する際に私が区別した二つの論点のうち第一のものに目を転じてみたい。

これまで私は，本章で解釈されたような資源の平等の魅力を，単にその動機をより明らかにし，その整合性と実践的効力を擁護することによって論証しようと試みてきたにすぎない。私は資源の平等を，より直接的と見なされうるような仕方で，すなわちこれを一層一般的で抽象的な政治的原理から導出することによって擁護してはこなかった。それゆえ，この種の擁護論を提示することが可能かという問題が，そして特にこの擁護論をロールズの用いた一般的な方法の中に見出すことが可能かという問題が提起されるだろう。資源の平等が様々な仕方でロールズ自身の格差原理と異なっている——このうちのあるものは根本的な相違である——事実は，上記の可能性の決定的な妨げとはならない。というのも，おそらく我々は次のことを立証できると思われるからである。つまりロールズの原初状態に置かれた人々は無知のヴェールの背後で，ロールズの格差原理ではなく資源の平等か何らかの中間的な憲法原理，すなわちヴェールが取り去られたとき，格差原理よりもむしろ資源の平等によってよりよく充足されることが判明するような何らかの憲法原理を選ぶだろう，ということである。

本章でこの種の論証が提示されなかったことは明らかである，と私は期待したい。確かに，平等な分配とは，ある種の状況において人々が行う選択から結果するような分配であり，この状況のうちのあるものは仮想保険市場の場合のように，人々が実際には知っている可能性が極めて高いことを知っていないと反事実的に想定する

ことを要求している。しかしこの議論は，二つの意味において原初状態による議論とは異なっている。第一に私の議論は，仮想的な考察の趣旨を全面的に台無しにしない程度において，可能なかぎり多くの知識を人々に許すように構想されている。特にそれは，人々が個人として十分な自己認識を持つことを認めており，その結果人々は自己自身の個性に関する感覚を，特に，人生において価値あるものは何かについての各自の見解を比較的に無傷なままに保持することを許されている。これに対して，人々がまさにこの種の知識を欠くことが原初状態にとり本質的なことであった。第二に，より一層重要なことは，平等が原則的に要求することについての幾つかの想定を背景にして私の論証が構成されていることである。それはロールズの議論が意図しているように，当の背景自体を確定することを意図したものではない。私の論証は，正義の基本的な構図を作成するというよりは，これを現実に実施に移すものであり，当の構図自体は，もしそれが必要ならば上記の私の諸議論とは別の議論によって確証されねばならない。

　しかしながら私は，原初状態にある人々が資源の平等を選択することを立証してこれを一つの政治理念として支持する試みに対し，自分が単に不可知論者だと言おうとしているわけではない。私としては，この種のいかなる試みも失敗に終ると考えている。あるいはむしろ，この試みは誤解に基づいていると言うべきである。なぜなら何が正義であるかを考察する際に原初状態が有益な装置——あるいは数多くある有益な装置のうちの一つ——である理由を説明するためには，資源の平等のような何らかの平等理論が必要となるからである。それゆえすぐ上で述べたような試みは，あまりにも自給的にすぎるものと言えるだろう。原初状態の装置を（私が他のところで詳しく論じたように）[21] 政治哲学のための出発点として採用することはできない，と考えるのが正しいと思われる。この装置には，これを基礎づけるより深い理論が必要である。なぜ原初状態にはそれが現に帯びている特徴がみられるのか，そしてこの状態に置かれた人々が何らかの特定の原理を選んだ場合，彼らがこの原理を選んだ事実がどうして当の原理が正義の原理であることの証明になるのか，といったことを説明する理論が必要なのである。正義の論証のための装置として原初状態が有する効力，あるいは原初状態の何らかの特定の構図がこのような目的にとって有する効力は，私の見解によれば，当の効力を支持する資源の平等の何らかの解釈の妥当性に依存しているのであって，その逆ではないのである。

第2章 資源の平等

(1) D. Foley, "Resource Allocation and the Public Sector," *Yale Economic Essays* 7 (Spring 1967) ; H. Varian, "Equity, Energy and Efficiency," *Journal of Economic Theory* (Sept. 1974) : pp. 63-91 参照。

(2) 私がここで記述しようと意図しているのは、あらゆる生産的資源が売却されるようなワルラス的競売である。私は、移住者たちが完全不確定請求先物契約に入ることは想定しておらず、ただ市場が解放されたままであり、ひとたび生産的資源の競売が完遂されたならばワルラス的な仕方で市場の品目が売りさばかれることを想定しているのである。私は、G. Debreu, *Theory of Value* (New Haven : Yale Univeysity Press, 1959) でなされている生産及び選好に関するあらゆる想定を同様に採用している。事実、ここで私が述べている競売は、後で議論される税制の故に、より複雑なものとなるだろう。

(3) このプロセスは、本文のような仕方で競売が終結することを保証するものではない。というのも、様々な均衡状態が存在しうるからである。私が想定しているのは、競売を更に続けていっても、これ以上良い状態を実現することはできないと人々が理解するに至り、実践的な理由によって一つの均衡状態で手を打つということである。もし私が間違っているのであれば、まさにこの事実が、次節で述べられる不完全性の様々な様相の一つを提示していることになる。

(4) しかし、後出の身体障害の議論を参照のこと。そこでの議論は、自分は本当は持ちたくないと人々が思っているある種の選好があり、この選好が身体障害と同じように補償を要求することを認めている。

(5) 福利の平等が、計画的に培われた「高価な嗜好」を例外扱いするような仕方で修正されうるか否かなどについての議論は、本書の第1章を参照のこと。私はそれが不可能であることを主張した。

(6) 平均化の想定は、問題を単純にするための想定にすぎない。これは、各々の身体障害者が仮想市場でどれ程の額の保険に入ったかを我々が判断することを可能にするような詳細な（そしておそらくは本文で説明されるような理由によって不確定な）情報が存在しないときに、一つの結果を提出するために設けられた想定である。もし、我々がこの種の完全な情報を有しており、その結果特定の個人が現実に入ったと思われる保険額に相当するような補償を行うことができるとすれば、プログラムの正確さは改善されるだろう。しかし、このような情報は存在しないのであるから、平均を問題にすることが次善の策であり、いずれにしても、何もしないよりこのほうがよいだろう。

(7) Cf. Amartya Sen, "Equality of What" *The Tanner Lectures on Human Values,* Vol. 1 (Salt Lake City : University of Utah Press, 1980), pp. 197, 218.

(8) 仮想保険市場のアプローチは「通常の」力に関するいかなる定義も必要としない。というのも、このアプローチは、どのような（身体的ないし精神的な）欠陥に補償が認められるかについての決定を仮想市場にまかせているからである。

⑼　Robert Nozick, *Anarchy, State, and Utopia* (New York: Basic Books, 1974).

⑽　能力の相違が資源の平等に対して提示する問題を我々が分析するとき，我々の分析が要求するのは富裕税や消費税ではなく所得税であることに注意すべきである。もし人々が平等の資源でもって出発するならば，人々の異なった技能が異なった所得を生み出すかぎりにおいて，我々はこれら異なった技能に対して調整を加えるために課税しようとする。なぜなら，異なった技能が資源の平等を脅かすのは，ただそれが異なった所得を生みだすという点のみに存するからである。ある人が自分の稼いだものを貯えずに消費しようと決めたとき，この決断はまさに，目下の分析の対象となっている税の修正を受けない市場によってそのインパクトが決定されるべき類の決断である。もちろん，福利の平等を信奉する社会であれば，所得税とは異なる別の税を採用するであろうと考える技術的ないしこれ以外の理由が存在するかもしれない。例えばこのような社会は貯蓄を奨励しようとしているのかもしれない。しかし，この種の課税は，いま考察している問題に対する解答とはならないだろう。不労所得（投資による所得）は目下の議論の対象となっている課税に服すべきであろうか。私は次のように想定する。すなわち不労所得は，消費をもっと先に延ばしたいという選好と同時に投資に関する機能をも反映しており，このような場合には，目下の議論はこの種の所得にも税を及ぼすことになるだろう。更に，私は本章で将来の世代の問題を考察するわけではないので，相続税や遺産税については少しも考察しないことにする。

⑾　我々が想像している保険市場が他の形態をとることも可能である。しかし私が考察してきた形態は，他の形態とほぼ同一の結果を生むように思われる。アマルティア・センは，私に次のような例を示唆してくれた。すなわち，保険会社はあらゆる被保険者に対し指定された額の保険金を保証する保険証券を提供するが，保険料は人々が結果的にどのような経済的レントを得ることになるかで決まるような保険形態である。しかし，この形態は次節で私が詳細に説明する制度とは異なった結果を生むとは思われない。そして，次節で私が考察するように，このように詳細な制度の構成がなぜ必要になるのかを理解することが有益である。

⑿　もし私がこの点で間違っていれば，仮想保険の議論はラディカルな再分配と富の実質的な平等を主張することだろう。それゆえこの想定に立てば，当の体制はこのような帰結を支持する一つの論証を提供することになる。

⒀　私はここで，誰がどのレヴェルの能力をもつかを判断し立証するために保険会社が利用できる技術の問題や，この種の技術のコストの問題を考慮の外に置いた。私は，コンピューターがその技術上のデータ・ベースの一部としてこのような情報を有し，掛金の構造やその他保険契約上の様々な出来事を予測するためにこの情報を利用することを想定している。保険という賭けに勝つとか失敗するとか私が語るとき，それはコンピューターが予測する出来事のもとで補償を得る資格があること，あるいはこのような資格がないことを意味している。

第 2 章　資源の平等　　　　　　　　　　　　　　167

⑭　彼は，保険証券で明記されたテストのもとでは賭けに失敗する一方で，実際には保険でカヴァーされたレヴェルの金を稼ぐ能力をもっていない，という更に大きなリスクをも冒すことになるかもしれない。私はこのようなリスクを特に強調しなかった。というのも，このリスクは技術の欠陥を前提としており，このような欠陥について思いめぐらすことは不可能だからである。それゆえ私は議論のために誰もこの種の危険な状態にはないと想定することにする。

⑮　この例を提供してくれたのはトマス・スキャンロン氏である。

⑯　身体障害の場合と同じように，私はものごとを単純化する手段として，掛金（それゆえ税の支払い）が担保範囲の平均値如何によって決まるような考え方を選んだ。もちろん私は平均値ではなく，仮想市場で選定される担保範囲の中位数（メジアン）や最頻値（モード）を選ぶこともできるだろう。これらの方法のうちどれが一番良い方法かは興味ある問題である。私が平均値を選んだのは次の想定による。すなわち特定の事例において誤りが生ずる可能性（問題となる個人が仮想市場で現実に払ったであろう金額が，徴収された「掛金」と相違する可能性）を我々が評価するとき，評価はこのような相違の事実と同様に，その値をも考慮に入れるべきであるという想定である。

⑰　John von Neumann and Oskar Morgenstern, *The Theory of Games and Economic Behavior,* 3d ed. (Princeton: Princeton University Press, 1980).

⑱　私の考えでは，この理論は次のようなコモン・ロー上のハード・ケイスにおいて確かにしばしば説得力のあるものとなる。すなわちハード・ケイスで何らかの新しい法準則が導入されることにより，一方の当事者が利益を得て他方の当事者が損失を被るわけであるが，資源を利用できる可能性がほぼ平等であるような社会階級に両方の当事者が属すると想定され，あるいは想定されるべき場合に，この理論は説得力あるものになる。R. Posner, "The Ethical and Political Basis of the Efficiency Norm in Common Law Adjudication," *Hofstra Law Review* 8 (1980), p. 487 参照。

⑲　R. Dworkin, "Why Efficiency ?" *Hofstra Law Review* 8 (1980), p. 563.

⑳　J. Rawls, *A Theory of Justice* (Cambridge, MA : Harvard University Press, 1971), p. 98.

㉑　R. Dworkin, *Taking Rights Seriously* (Cambridge, MA : Harvard University Press, 1977), chap. 6 参照。

③ 自由の地位*

I 緒論：自由と平等

序

　私は第1章と第2章で，ある一つの平等観念を支持する論証を行った。この平等観念に従えば，理想的な形態における平等は，人々の福利が平等であるような状況ではなく，人々の自由に利用できる資源が平等であるような状況に存する。平等についてのこのような主張は，自由に関してはどのような意味をもつのだろうか。これが本章での私の問題である。

　本章が扱う問題は二つの点で限定されている。第一に私は自由という言葉を，しばしば消極的（negative）自由と呼ばれるもの——すなわち，法的拘束からの自由——を意味するものとして用いることにする。したがって，これは端的な意味での自由や，より一般的に能力のようなものを意味するわけではない。第二に，私の関心の対象は自由一般ではなく，自由と分配上の平等との関連性にある。それゆえ私はリベラリズムに特徴的なテーゼ，すなわち個人の人格にとって非常に重要な意味をもつ事柄については自由を侵害してはならない，というテーゼを擁護するつもりではあるが，私はこのテーゼを，ただ分配上の論拠によって自由を論駁するような主張に対してだけ擁護することにしたい。私は，道徳主義あるいはパターナリズムの立場からなされる反論を考察しないことにする。例えば万人の救済を保証するためには宗教に属する事柄における自由を禁止しなければならない，といった議論を私は考察しないであろう。もちろん，この種の根拠に基づいてリベラリズムに対抗する根本主義者たちの政治的運動——例えば「道徳的多数派」の運動——が存在する。しかし私が考えるところでは，現在では道徳主義的ないし政治的な自由批判よりも，分配上の論拠による自由の批判のほうが政治的にもっと大きな重要性を有しているのである。例えば，教育における選択の自由を含む一定のタイプの自由は真

の経済的平等を達成するために制限されなければならない，というのが一般に支持された見解である。またこれ以外の自由については，異なった様々な方面からの意見ではあるが，次のような意見も広範に受け容れられている。すなわち，道徳的多数派は一定の道徳的環境の中で生活することを望み，分配的正義の問題としても彼らにそのような生活の権利があるのであるから，道徳的環境を彼らのために確保するために，性的選択の自由を含むある種の自由は制限されねばならない，という意見である。私が考察するのはこのような性格をもったリベラリズムへの反論である。

　しかし私は，もし我々が分配上の平等に関する最善の観念として資源の平等を受け容れたならば，自由というものは，しばしばそう考えられているように平等と潜在的に衝突する可能性のある独立した政治理念ではなく平等の一側面となる，というもっと一般的な主張を擁護しようと思う。このテーゼを支持する私の論証は錯綜している。それゆえ，この論証によって展開される中心的な思想の大雑把な説明を予め提示しておくのがよいだろう。我々の多くが信ずるところによれば，道徳的に重要であると考えられる自由——例えば，言論や信教や信念の自由，個人にとって重要な問題における選択の自由など——は，非常に極端な状況は別として，保護されなければならない。そしてたとえ自由の制限が平等を向上させるためであったとしても，この種の自由を制限すべきであると考えることに対し我々はためらいを感ずるであろう。しかし，我々のこのような信念を擁護するのは実は非常に困難なことなのである。結局のところ我々は，たとえ重要な自由であっても，他の目的のためにこれを進んで制限しようとする。我々は，時宜を得ないときに発せられる聴きたくもない雑音から身を守ために様々な仕方で言論の自由を制限する。また我々は，子供たちが受ける資格のある学校教育を保証するために，教育における選択の自由を制限する。しかしこれら重要な自由が今あげたような競合する価値に屈服するとすれば，なぜ同じこれらの自由が，通常はもっと強い説得力をもった分配的正義の要請に屈服してはいけないのだろうか。

　もし自由というものが，芸術を価値あるものと人々が考えるような意味で——すなわち自由を享受する人に対して当の自由が与える影響とは全く独立に，それ自体において——価値のあるものならば，我々は，自由は極めて根本的な形而上学的重要性を有するがゆえに，それが人々に対して与える結果が何であろうと保護されなければならない，という見解を是認しないまでも理解することはできるだろう。ところが，自由が我々にとって価値あるものに思われるのは，ただ，それが人々に良

い結果をもたらすと我々が考えるからにすぎないとも言えるのである。我々は自由な状態のもとで営まれる生活を，まさにそのことを理由に，より善い生活と考えている。しかし，ある人たちが営んでいる生活を改善するために彼らの自由が保護されることは，もっと悪い状況へと既に置かれている他の人々がいるときに，まさにこれらの人々がそれ相応の生活を送るために必要とする様々な資源やその他の機会を持てることに比べて本当により重要なことと言えるだろうか。上記の見解を我々はどのようにして弁護できるのだろうか。我々は独断的な主張をしたい気持になるかもしれない。すなわち，自由というものは平等のために犠牲にされてはならない根源的な価値である，という我々の直観を宣言し，もうこれ以上のことは何も言えず，言う必要もないと主張するのである。しかし，このような主張は空虚であり，あまりにも無感覚である。たとえ自由が超越的に重要なものであっても，少なくとも何故そうなのかについて我々は何がしかのことを言えるようでなければならない。

　以上のことが，次のように私が考える理由の一つである。私の考えでは，道徳的にみて重要な自由を説得力ある仕方で擁護するためには，上記のやり方とは異なった，一般的にはあまり用いられていない方法で議論を進めていかなければならない。つまり自由は平等よりも重要であると主張するのではなく，これらの自由は，分配上の平等とは何かに関する最善の見解，すなわち社会における財産の分配はどのようなときに各々の市民を平等な配慮でもって取り扱っているのかという点に関する最善の見解に従って保護されねばならない，ということを立証すべきなのである。そして，資源の平等という観念を最善の見解として我々が受け容れた場合に，上記の主張は適切なものに思われてくるのである。平等に関するこれ以外の観念は，自由のもつ明白な性格と価値に鈍感な規準でもって平等な分配を定義している。例えば，嗜好や選好の満足として理解された福利の平等は，平等な分配を人々の選好が平等に満足されているような分配として定義している。そして，自由を犠牲にすることによって確保しうる他の資源に比べて人々が自由のほうをどれくらい強く選好するかは偶然に左右される問題であるから，道徳的に重要な自由を保護することが福利の平等を促進するものとして常に正当化されるという考え方は，疑わしいものに思われてくる。

　これに対して資源の平等は分配上の平等について，自由のもつ特別な性格や重要性に直接的且つ明白に敏感であるような説明を与えている。これに従えば平等な分配は，選好の満足といった直接的に測定可能なあからさまな結果にではなく，相互

に調整された人々の決定過程によって定まるものとされる。別言すると，この決定過程において人々は，自らの企図や人生計画に対して責任を負い，この責任の一部として自らが平等な配慮を実現しようとする共同体に属することを受け容れながら，自分の計画が他の人々に及ぼす真のコストを特定化することができ，このようにして，原則的には万人に利用可能な資源の公正な分前だけを利用するように自らの人生計画を立て，またこれを立て直していくのである。したがって，現実の社会が資源の平等に近づいているか否かは，当の社会がこの目的のために提供する討議と選択の過程が適正であるか否かに依存する。そしてこのような過程を適正なものとするためには，相当程度の自由が必要となる。というのも，ある資源ないし機会を一人の人間がもつことによって他の人々にどれくらいのコストがかかるかを正当に測定することは，人々の企図や確信が真正なものであり，彼らの選択や決定がこれらの企図や確信と相当程度正しく適合している場合にのみ可能だからである。自由が十分に容認されていないかぎり，これらのいずれも不可能である。それゆえ，このような平等観念に従うと自由は平等にとって不可欠なものとなり，このことは，人々が様々なタイプの重要な自由をこれ以外の資源よりも事実上価値あるものと考えているといった疑わしく脆い仮定によるのではなく，人々が自由を他の何ものにもまして価値あるものと考えているか否かとは無関係に，平等が何であるかが明確にされ保証されるどのような過程にとっても自由が本質的に重要である，という理由によるのである。これは，平等を自由のための道具にすることでないのと同様，自由を分配上の平等のための道具にしてしまうことでもない。むしろ，資源の分配や利用を規律する法はどのようなときに万人を平等な配慮で取り扱っているのかという点について更に十分な説明を加えていくと，自由と平等の二つの理念は融合することになるのである。

　今まで述べてきたことから次のことが帰結する。すなわち資源の平等という考え方は，自由と平等の間での厳しい二者択一を要求するものと広範に考えられてきた論争，例えば私的教育や私的医療をめぐる論争のような政治的な諸論争について異なった観方を採用するよう我々に要求するのである。もし，教育や医療に関して選択の自由を制限することが——ある種の制限が明白にそうであるように——本当に資源の平等を向上させるのであれば，このとき，擁護可能ないかなる自由理念も傷つけられることはないであろうし，リベラル派の人々も何ら異論を唱えないに違いない。しかし資源の平等を促進すると言われている自由侵害のすべてが必ずしも本

当に平等を促進するとは限らないし，またリベラル派の人々がそれを保護することに最も強い関心を抱く自由——道徳的にみて最も重要な自由——を侵害することが，このように理解された平等に寄与するものと見なされるようなことはなく，仮にあったとしても極めて稀であろう。資源の平等という考え方は，自由と平等を相互に独立し，しばしば衝突しあう価値と見なすどんな理論よりも，自由の重要性に関する我々の直観的な確信を説得力ある仕方で説明してくれるのである。

　本章で考察される論点と，そこで提示される結論とを予め要約すると，以上のようなことになる。しかし，平等を促進するような反省と決定の適正なる過程にとって，どのような自由が特に重要であるか，そして逆に，この過程を改善するためにはどのような自由が制限されるべきかを，もう少し詳細に提示するよう試みなければならない。道徳的にみて重要な自由が何故このような制限を特に受けないものと見なされるべきなのか，そして，不平等な社会が自由を制限することによってより大いなる平等の実現へと向けて段階を追って進んでいく際に，資源の平等はどの程度まで実践的指針たりうるだろうか。私はこれらのことを提示しようと試みなければならない。これらは複雑な問題であり，これに応じて私の議論も——疑いもなく，必要以上にそうなってしまっているが——錯綜したものとなるだろう。

A　有名な衝突

　広く人々がそう考えているように，果して自由と平等はしばしば衝突することがあるだろうか。平等主義の社会は，欺瞞的なやり方で市民たちから自由を取り上げなければならないのだろうか。それとも，これら二つの価値を和解させることが可能であり，その結果我々は，各々の価値について自分たちがいずれにせよ欲しているるすべてのことを獲得することができるのだろうか。もしそうであるとしても，このような和解は単に幸運な，そしておそらくは一時的な偶然にすぎないのだろうか。それとも二つの価値は，ある種のより概念的な仕方で結合しており，したがって一方を傷つけることが必然的に他方をも侵害することになるのだろうか。我々にとって必要なのは，自由と平等が衝突すると考えられている状況の具体的事例であり，この種の事例を，英国と米国における現実の政治論争の中から取り出してみよう。

　「**選挙運動費**」　1974年に合衆国連邦議会は，立候補した特定の政治家の利益を増進させるために一人の人間が合法的に出費しうる金銭の額を制限する法律を制定した[1]。この制定法の目的は平等主義に立脚するものであった。すなわち，裕福な人

間が政治において自分が欲するだけの金銭を自由に出費することが許されてしまうと，その人間は貧しい者に比べて政治過程に対してより大きな影響力をもつことになってしまうだろう。しかしながら最高裁判所は，当該の制限は合衆国憲法の修正第１条によって保護されている言論の自由を侵害するものであると判断し，この制定法の関連部分を違憲としたのである。[2] 最高裁のこの判決は，広範な人々によって批判されてきた。[3]

「基本的な必需品における私的領域」　第二の論点は，英国の政治において活発に論議されているものである。英国では，国民健康保険制度が施行されている。しかし十分な収入を有する人々や，強制的な健康保険を追加的給付として提供してくれる職に就いている人々は，金を払えば私的な医療を受けることができ，このことにより彼らは，他の様々な便益とともに，苦痛を伴い身体障害を惹起するような病気の治療については，順番を待たずに優先的に診療を受けることが可能となっている。労働党内のある分派は，平等を実現するために，医療に関する私人間の取決を禁止する法律によって私的医療を廃止する政策に賛成している。しかし，英国の大部分の政治家，そして明らかに英国の一般大衆の殆どは，この政策が彼らの自由の重要な一部たる医療における選択の自由に違背するという理由で，これを拒否しているのである。

「最低賃金と最長労働時間に関する立法」　私が選んだ第三の例は，既に過去の問題ではあるが，これが提出する論点は私がもっと後のほうで論ずるように，現代においても重要性をもち続けている。今世紀の初め頃，アメリカ諸州の立法府は，一週間ないし一日の可能な雇用労働時間を制限することによって，または雇い主が従業員に払う最低賃金を定めることによって，雇用契約の規制を開始した。例えばニューヨーク州は，パン職人に対して，一週間に60時間以上労働することを禁止した。この種の法律の目的には，疑いもなく様々なものが入り混じってはいるが――ニューヨーク州の制定法は衛生上の処置として擁護された――，多くの人々が最早耐えられない状態と感じ始めていた野蛮な経済的不平等を改善するものとして，これらの法律は歓迎されたのである。ところがそれにもかかわらず，最高裁はニューヨーク州の規制を違憲と宣言した。その理由は，裁判所の言うところによると，当該規制が，憲法で保障されたもう一つ別の重要な自由，すなわち契約と職業における選択の自由に違背するということであった。[4] この判決は最早従われてはいない。[5] しかもこの判決は，不名誉な点においてこれに勝るのがドレッド・スコット事件以

外には考えられないほど，裁判所の歴史において二番目に悪い判決としてしばしば引用されており，また裁判官たちに対して自らの政治的道徳を強制するように勧めることが危険である例として，訓戒的な趣旨で引用されている。しかし，この判決に対する批判の殆どは，当該事例が自由と平等の衝突を示していることを認める点では一致している。これらが裁判所を批判する理由は，ただ，自由と平等という二つの政治理念についてニューヨーク州の立法府が採用した順位づけに代えて，裁判所が自分自身の選好する順位づけをあくまでも主張したという点にある。

これらの事例は，自由と平等が衝突すると言われたケースとしてのみならず，実際問題として平等が一部の人々にとってどれほど重要なものでないかを示す物語としても極めて印象的なものである。たとえ重要な自由であっても，これを制限することが他の何からの必須の目的に役立つのであれば，殆どの人はこの制限に反対しないだろう。言論の自由は，例えば暴動や大衆の衝動的な行動を防ぐために制約されてよいことに，すべての人々は同意している。そして人々の健康や安全のために医療上の規制が行われることに対し，誰も反対しはしない。ロックナー事件において最高裁は，ニューヨーク州の法律がパン職人の健康を保護するために必要なものとして正当化されることを何らかの証拠が立証していたら，法律は合憲とされることに同意していた。我々が挙げた事例——そして，これらによって代表されている他の数多くの政治的論争——が人々の議論の対象となるのは，ただ，これら各々の事例において，自由が他でもないまさに平等と衝突すると考えられているからなのである。

そこで我々は，最初に挙げたリストに，もう一つ別の問題を付け加えることができるだろう。すなわち，平等が自由と衝突すると想定される場合，何故かくも多くの人々は他の価値や利益に比べて平等をそれほど重要でないものと考えなければならないのだろうか。自由への権利は，これと競合する様々な重要な利益に途を譲らねばならないということをある人が受け容れたならば，何故彼は，少なくとも時として平等がこれら競合する利益の中に含まれていることを認めてはいけないのだろうか。もちろんこのような場合，多くの人々が平等を拒否するのは彼らが利己的であるからだ，というシニカルな答えが自然と返ってくるだろう，しかし私は，（このシニカルな答えとおそらく矛盾しないだろうが）もっとよい答えがあると信じている。われわれが挙げたような事例において，平等を拒否しているようにみえる殆どの人々は，本当は平等を拒否しているわけではないのである。彼らは実際は平等

を非常に重要なものと考えている。しかし彼らは，これらの事例において問題とされる平等の形態が，平等という徳の重要な，あるいは真正な形態であるとは考えていないのである。このような示唆について私は説明を加え，議論を更に展開しなければならない。

B 二つの理念の二つの意味

　我々は，「自由」と「平等」という言葉を二つの意味で用いる。我々は各々の言葉を，それ自体としてはいかなる是認や批判の示唆も伴わない純粋に記述的な意味で用いるか，あるいは我々が現実に是認する政治的な徳ないし理念を特定化するために規範的な意味でこれらの言葉を用いる。我々は「自由」という言葉を単純な意味において，すなわち，ただ拘束が存在しないことを示すために用いる場合がある。ある人はこのような意味で「自由」という言葉を用いながら，殺人や窃盗を禁止する法律によって自由は縮小されると述べるであろう。この場合，彼がこのような法律に反対している，という趣旨は含まれていない。他方で，我々は「自由」という言葉を規範的な意味で用いることがある。すなわち我々が信ずるところによると人々はどのような点に関して自由でなければならないか，ということを述べるために「自由」を用いるのである。例えばアメリカの人々が，自由は自分たちの国において栄え，他の国では衰退していると述べるとき，彼らは「自由」を第二の規範的な意味で用いている。彼らは，アメリカでは人々がより多くのことを好き勝手に行うことができる，というようなことを言っているのではなく，政治的徳ないし価値としての自由が含意する特別な意味においてアメリカの人々はより一層自由である――例えば好きなことを思考し，好きなことを話す自由がある――と言っているのである。

　同じように我々は「平等」という言葉を，明確に特定されるか了解された何らかの特性が同一ないし同等であることをただ単に示すために用いることがある。この場合，このような特性における同一性を話者が好ましいものと考えている，という意味合いは含まれていない。ある人は，このような単純な意味で「平等」という言葉を用いながら，すべての人々が同等の富（あるいは能力や幸福）を有しているとき，このような富（あるいは能力や幸福）の同等性が適切であるという意味合いを含めずに，当の人々の間で平等が存在すると述べることがあるだろう。反対に我々は，正義の問題として，人々はまさにどんな観点（ないしは諸観点）に関して同等

でなければならないと話者が考えているかを指摘するために，規範的な意味で「平等」を用いることがある。平等は社会主義のもとでのみ実現可能であると主張する人は，それがどのような観点であれ，任意の観点に関して人々が同等となるために社会主義が必要である，と言っているのではなく，このとき彼が重要であると宣言する特定の観点に関して人々が同等となるためには社会主義が必要だと言っているのである。自由と平等の衝突を憂慮する政治哲学者も，これら二つの理念の単純な意味ではなく，規範的な意味を念頭に置いている。彼らは，単に記述的な特性に関心があるのではなく，政治理念の衝突を恐れるがゆえにこれらの理念を問題にする。いずれにしても，本章で私が検討するのは，規範的な理念の間での衝突である。

C　自由は権利であり，好きなことを行ってよいということではない。

　自由あるいは平等を規範的な理念として受け容れる者ならば誰でも，人々がどのような様態において自由でなければならないか，そして人々はどのような点で同一でなければならず，あるいは同一の仕方で処遇されねばならないか，という問題に関して何らかの見解を抱いているはずであり，この点については様々な人々がそれぞれ異なった見解をもつことだろう。換言すれば，自由と平等は，異なった様々な解釈や具体的観念を許容する抽象的な概念なのである。自由と平等が理念として衝突すると我々が考えるか否かは，疑いもなく，各々について我々がどのような解釈を採用するかに依存するだろう。我々は，平等に関して適切と思われるどのような観念を採用しても，自由が明白且つ不可避的に平等観念と衝突してしまうようなかたちで自由の観念を容易に構成することができる。例えば自由についての極端にアナーキスト的な観念は，他人に与える結果がどうであろうと人々は好きなことを自由に行えるようでなければならないと規定するが，このような自由観念は，平等以外の他のほぼあらゆる政治的な価値や目標と衝突すると同時に，明らかに平等とも衝突するだろう。殺人も窃盗も禁止することなく，あるいは芝生という共有の財産を害するにもかかわらずその上を歩くことを禁止しないような社会は平等主義的な社会ではありえないし，また安全でも豊かでも強力でも居心地のよい社会でもありえない。更に我々は，これとは反対の帰結が生ずるような仕方で，すなわち自由が決して平等と衝突することがないように自由観念を構成することもできる。例えば，自由の尊重とは，人々の間で平等が生まれ保護されるような仕方で行動するように市民に対して認めることを意味する，と我々が規定すれば，自由と平等が衝突しえ

ないことはトリヴィアルに真となる。

　しかし，自由に関する上記二つの奇妙な観念のどちらも満足のいくものではない。というのも，どちらの観念も，自由というものを明確で説得的な政治理念として，すなわち，それを犠牲にしたり他の価値と妥協させることがそれ自体で我々に遺憾の念を生じさせる問題となるようなものとして提示していないからである。これよりももっと適切な自由観念は，本章の後の論証によって明らかとなるだろう。しかし，このような自由観念の論証は，自由と平等は衝突しないという仮定でもって出発するのであるから，この仮定を受容すべきか拒否すべきかを本章の前半部分において我々が考察する際に当の仮定に依拠するようなことがあってはならない。

　事実我々としては，このような考察の目的のために，自由に関する何らかの詳細な観念に依拠しないほうがよいだろう。我々にとっては，自由の特別な重要性を捉えているいかなる受容可能な観念も一定の諸条件を充たしていることを想定するだけで十分であり，これらの条件を充たす自由観念が平等の要求と衝突するかどうか，またどのような状況において衝突することになるかを問題にするだけで十分だろう。私は，受容可能ないかなる観念も，好きなことを行える状態として自由を捉えるアナーキスト的な見解を拒絶する，と想定する。受容可能ないかなる自由観念も，好きなように行動できる市民の自由を拘束することは何もかも自由の侵害である，と考えはしないだろう。むしろそれは，特定化された一定の自由な行動に対する権利を識別し，この権利を自由にとって本質的なものと見なすであろう。そして，政府がまさにこの種の自由を制限する決定を下すときには，他の政治的決定——これには上記の如き権利としては保護されていない他の種類の自由に対する制限も含まれる——に対して当の観念が要求する正当事由よりも一層強力であるか説得的であるような特別の正当事由がなければならない，とそれは規定するだろう。この種の権利の中には，良心の自由や，政治的な信念の自由，言論や信教の自由，そして雇用や家族構成，性的プライヴァシーや医療といった行為者の私生活の中心的で重要な領域に属する事柄における選択の自由，といったものへの権利が最小限含まれるだろう。

　この権利の目録には様々な人々がそれぞれ異なった権利を更に付け加えるだろう。彼らは，自分たちが承認する様々な権利を異なった仕方で序列化し，これらの権利によって通常は保護されている自由の制限を正当化しうるのはどのような緊急事態ないし切迫した社会的目標か，という点について異なった見解を抱くだろう。しか

し，我々の政治共同体において支配的な様々な自由観念が，上に述べたような一般的構造をもっていることに変りはない。これらの観念は，好きなことを行いうる状態としての自由ではなく，特定の自由な行動に対する明確に限定された一組の権利としての自由を保護しているのである。例えば，我々がサンプルとして挙げた事例において自由が危険にさらされていると広範な人々が考えるのは，単に各々の事例で脅かされている行動の自由が特別に重要な自由と見なされ，権利として保護されているからにすぎない。すなわちこれらは言論や医療や雇用における選択の自由への権利として保護されているのである。

D 平等——自由を覆う影

　我々がこれから主として考察しようとするのは，以上のように理解された自由が，私が第2章で擁護した特定の平等観念——資源の平等——と衝突するかどうか，ということである。(6)しかし，この平等観念も含めて何らかの平等観念と自由が衝突するとき，ここから生ずる結果について先ず考察することが役に立つであろう。一般的には，自由と平等が衝突する場合には，これら二つの価値の間で苦悩に満ちた選択が行われなければならない，と広範に考えられている。政治的議論の周知の構図によれば，様々な政治的党派や集団は，この種の状況でこれら各々が行う選択により輪郭づけられたスペクトルにそって配置されている。このスペクトルの一方の極には自由絶対主義（二つの価値が衝突するとき，自由は決して平等に屈服してはならない）があり，他方の極には，これと正反対の平等絶対主義がある。そしてこれよりも穏健な諸見解は，二つの政治的価値にそれぞれ異なった相対的なウエイトを割り当てることにより，絶対主義の両極端の一方から他方へと連続的に配置される，と想定されている。しかし，よく知られたこの配置方法は私が信ずるところでは，我々の政治文化の内部で見出しうる一連の諸見解の配列の説明として，根本的に誤解を招きやすいものと思われる。我々の文化を規定している基本的な諸前提を尊重しようとすれば，いかなる理論も——自由と平等をともに規範的な理念と考えた場合——，いささかも平等を自由に屈従させるようなことはないだろう。自由と平等が本当に争い合うことになれば，争いに負けるのは自由のほうでなければならない。

　私がこのように大胆な主張を行うのは，今や我々は次のような抽象的平等原理を受け容れることで一致している，と私が信ずるからである。この原理とは，政府は統治される人々の生活をより善いものにすべく行動しなければならず，しかも，各

第3章 自由の地位

人の生活に対して平等な配慮を示さなければならない，というものである。この抽象的な原理を受け容れる者ならば誰でも平等を政治的な理念として受け容れているのであり，既に述べたように平等については様々な観念が可能だとしても，これら相互に異なる様々な観念は，まさに上記の原理についての競合的な解釈を提供しているのである。それゆえ，ある状況において自由と平等が真に衝突することがあると考える者がいれば，この者は自由を擁護することはすべての市民に対して平等な配慮を示さないような何らかの仕方で行動することを意味する，と考えなければならないことになる。しかし，十分に反省したうえで，なおかつ我々の多くがこのような見解をそもそも正当なものと考えるかどうか私には疑問である。

　私が言いたいのは，抽象的な平等原理はあまりにも無内容であるかトリヴィアルであるので誰もこれを否定することはありえない，ということではない。むしろ逆に，この原理を全面的に拒絶したり，これを重要な仕方で制限する多様な根拠がもしかすると人々にはあるのかもしれない。あるいは善き政府の観点からすると，ある種の人々の生活——おそらくはある人種や階級に属する人々，またはある宗教に属する人々やより道徳的な人々の生活——のほうが，これ以外の人々の生活よりも重要である，と主張する人々がいるかもしれない。更に人々は抽象的な平等原理を受け容れても，これが絶対的な原理であることを否定することによって当の原理を制限するかもしれない。例えば，これらの人々は，政府があらゆる市民の生活に対して平等な配慮を示すべきだとしても，このような配慮によっては捉えられない，あるいはこのような配慮には還元することのできない他の価値にも政府は注意を払わなければならない，と主張するかもしれない。例えば，政府は市民一人一人の幸福ではなく，むしろ国家の栄誉のために，国の軍事力や影響力の向上に努めなければならない，と彼らは考えるかもしれない。あるいは，一層もっともらしい考え方としては，国家は知識の促進や芸術その他の高度な文化形式の擁護と発展に努めなければならず，この場合もまた，人々の生活をより善いものにする際に知識や芸術が果す役割のゆえではなく，知識や芸術それ自体のためにそのような努力をしなければならない，という考え方をする人もいるだろう。このようなケースにおいて人々は，平等以外の何らかの目標を追求するために，平等な配慮の原理によって推奨される一定の政治的行為を無視することが万事を顧慮した結果最善であるとされる場合もありうる，と考えるかもしれない。例えばある資金を経済的な計画のために使えば，あらゆる市民を平等に配慮すべしとする原理が要求する状態へと富の分配

を近づけていくことができるのに，資金を経済的な計画のためには使わないで芸術の助成金として利用することが最善である，と彼らは考えるかもしれない。

　抽象的な平等原理は理論的に完全に拒否されることもあるし，また上述のような様々な仕方で限定されることもありうる。しかし，我々の間にみられる政治的見解で，全体としてそれなりに意味のあるどのような見解も，この平等原理を完全に拒否することはないし，更に自由と平等が衝突するときに前者を勝たせるような何らかの方法で当の原理に限定を加えることもないだろう。この原理を全面的に拒否することは，我々にとっては問題外でもあるように思われる。少なくとも公けの場で，公職者は或る人々よりも別の人々の生活のほうをより強く配慮すべきである，といった主張をすることは不可能である。また抽象的な原理は受け容れながら，自由というものを政治的徳の何らかの多元的な目録の中で他の徳と競合する独立した徳と想定することにより，当の原理を限定することも意味をなさない。既に述べたように，ある人々は芸術というものを抽象的平等から独立し，これと競合する根本的な価値と見なしている。しかし，彼らがこのように適切に考えることが可能なのは，まさに彼らが芸術をそれ自体において価値あるもの，すなわち芸術を生み出したり享受したり，そこから利益を得たりする人々の生活に対し当の芸術がどのような寄与をするかといったこととは独立した理由によって芸術を価値あるものと考えているからに他ならない。つまり，人々は芸術のための芸術を信じているわけである。しかし，自由がこれと同じような意味で内在的価値をもつことはありえない。自由というものは，自由を享受する人々の生活の中でそれが果す役割を離れては価値を持ちえないのである。(7) というのも，人々が言論の自由に対する権利のような特定の権利を持つことは，当の権利が彼らに対して及ぼす結果とは全く無関係にそれ自体において客観的に価値がある，と考えることは奇妙に思われるからである。ここで私は，明らかに誤っている考え方を念頭に置いているのではない。善というものを人々の福利の改善という狭義の意味で理解した場合，権利を持つことは当の人々にとって常に善である，という考え方は明白に誤っているが，私が念頭に置いているのはこのような考え方ではない。しばしばリベラリズムを批判する人たちは，時として人々に自由がないほうが幸福な場合があることを指摘しており，賢明なリベラリストもこのことは認めている。しかし自由な状態においてすごされる生活はまさにそれが自由であるからこそより価値ある生活であると考えないような人，換言すると自由な生活はより自律的ないし真正な生活であり，より尊厳に満ちた生活，あ

るいは他の何らかの意味でより善い生活であるから一層価値のある生活である，と考えないような人は，自由をそれ自体で本質的に価値あるものと見なすこともなく，自由に対して熱狂的になることもないだろう。それゆえ，芸術の価値は，それが少なくともある人々の生活をより善いものにしていく多様な仕方だけに尽されないことは一応そのとおりだと思われるにしても，言論や治療や雇用における選択の自由のような権利に関するかぎり，これはあてはまらないように思われる。

　もし自由が価値あるものとされる理由が，自由のもとで送る生活のほうがより価値ある生活だという点にあるならば，平等主義の原理はそれ自体において政府に対し自由というものに留意するよう要求する。というのも，この原理は，政府が統治する人々の生活を配慮するように当の政府に対して要求するからである。それならば，どういうわけで平等が自由の適正な観念と衝突するようなことが起りうるのだろうか。これは，次の二つの条件がともに備わっている場合に限られる。(1)自由が人々の生活にとって価値があることは事実だとしても，それにもかかわらず共同体内部の特定の集団の地位がある種の自由を排除することで結局のところ改善されること，そして，(2)当の集団に対する平等な配慮がこの種の自由の排除を要求することである。例えば仮に私的医療を廃止したならば貧しい人々がより良い医療を受けられるようになり，彼らの地位が総体的に改善されると想定しよう。そして貧しい人々に平等な配慮を示すことがこれを要求しているとする。もし政府が私的医療の廃止を拒むならば，仮定上，貧しい人々は平等な配慮が許容するであろう以上に悪い状態に留まり続ける結果となる。我々がここで想定しているように，自由には人々の生活に寄与すること以外に何の価値も重要性もないのであるから，前記の結果は，政府が市民に対して抱くべき配慮と関係のない何らかの原理や目標を援用することにより正当化されることはありえない。したがって，このような結果が正当化されうるとすれば，それは我々が平等主義の原理とは端的に矛盾する原理を受け容れた場合に限られる。すなわちこの種の状況にあっては貧しい人々の生活は他の人々の生活ほど重要なものではない，という原理的な見解である。平等と芸術は，時として衝突し合うにしても二つの独立した目標として共存することが可能である。なぜなら我々は芸術と矛盾することなく平等を一つの価値として受け容れることができるからである。これに対して我々は，政府があらゆる人々の生活を平等に配慮すべきことを受け容れると同時に，政府がある特定の人々に対して他の人々よりも強い配慮を示してよい，といったことを受け容れることはできない。これは多元的

な価値を認めることではなく,むしろ矛盾した見解と言えるだろう。

　我々はこの重要な論点をもう少し整理しなければならない。我々が考察している諸問題には暗い側面が,自由を覆う影のようなものがある。自由と平等の間に真の衝突があれば——つまり抽象的な平等原理の最善なる観念が要請することと自由との間に真の衝突があれば——これがどのような衝突であれ,この争いで敗れるのは自由のほうであるに違いない。我々は平等原理を全面的に拒否し去ることはできない。政府が市民の生活に対していかなる配慮も示すべきでないということは不合理だし,他の市民よりもある特定の市民に対して政府がより多くの配慮を示すべきだという考えも不道徳だからである。また我々がすぐ前で検討したような理由で,自由を抽象的な平等原理と競合し,場合によってはこの原理に優位する独立した価値として取り扱うことも適切とは思われない。それゆえ我々は,平等に関して一定の観念を支持したうえで,この平等の要請と衝突するような何らかの自由権の存在を平気で主張するようなことはできない。真の衝突というものは何であれ単に哲学的な発見だけでなく,感情的な勝ち負けを伴うものだからである。我々には次のことの立証を試みる重要な理由がある。すなわち真の衝突など存在しないこと,そして我々が普通ならば認めたいと考えているいかなる自由権も,我々の平等観念が要求する政策によって危うくされることはない,ということである。

E　平等の諸観念

　既に私は,平等に関するある種の観念にとっては真の衝突が起るのに対し,他の平等観念にとってはこのような衝突が起らないことを述べておいた。今やこの指摘が意味することを更に展開すべきときが来た。近代西欧の政治文化の支配的伝統は抽象的な平等原理を——その絶対的な形態ないしは何らかの限定付きの形態のどちらかにおいて——受け容れているという私の考えが正しいならば,当の伝統の内部で行われる政治的正義をめぐる議論は,平等な配慮とは本当は何を意味しているのか,あるいは平等な配慮は結局どのようなことに帰着するのかという論点をめぐる議論として理解可能なものでなければならない。換言すれば,これらの議論は,抽象的な意味での平等をどのように解釈し観念すべきかという論点をめぐる議論として理解可能なものでなければならない。[8]

　我々は次のように主張する文献の中に,平等な配慮についての功利主義的諸観念を認めることができる。つまり政府は長期的にみて最大の平均的福利を約束してく

第3章 自由の地位

れる政策を見極め，これを実施することによって，社会の各成員の福利を同じように考慮に入れるときに平等な配慮を示している，という主張である。また我々は，次のように論ずる自由放任主義的な平等論者をも見出す。つまり平等な配慮とは，国家が誰の生活にも干渉せず，その結果人々の運命が彼ら自身の能力やイニシアティヴや運不運で決まるようになること（このために干渉が必要な場合は除いて）を意味する，という主張である。更に次のように主張する「福利の平等」論者もいる。すなわち，政府が人々を平等な配慮で扱っていると言えるのは，各人の福利が他の人々の福利と可能なかぎり同じになるような政策を政府がとっている場合に限られる，というものである。これとは反対に，次のような考えをする「資源の平等」論者もいる。つまり経済構造が人々に資源を分配するとき，平等な配慮は，各市民に可能なかぎり平等な資源の分前を与えるような政策を要求するという考え方であり，この場合，各市民が手にする資源の価値は，当の市民がその資源をもつことによって他者に生ずるコストとして定義され，平等な分前もこのようにして測定される。

　私は，受容可能などんな自由観念においても権利として認められるような特定の自由権があることに言及したが，自由放任主義的平等論の平等観念に立てば，おそらくこのような自由権と平等の間で衝突が生ずることは決してないだろう。自由放任主義的な平等論者の見解によれば，人々を平等な配慮で取り扱うことは，身体の安全と所有権を保護し契約の効率性を維持するために必要な規則のみを認め，この規則のもとで人々に自由な生産と取引を許すことを意味する。それゆえ彼らは，言論を規制したり私的医療を廃止したり，あるいは最長労働時間や最低賃金を定めることによって実際に平等が改善されるなどとは考えないだろう。逆に，彼らの見解では，人々を平等な配慮でもって取り扱うことは，この種の自由を十分に尊重することを要求する。これに対して功利主義的平等論者は，彼らが観念するところの平等とこの種の自由権の間で衝突が少なくとも生じうることを認めなければならない。彼らは，ある状況のもとでは例えば言論や政治的結社の自由を保護することが平均的効用を増大させるよりはむしろ低下させる結果になることを認めなければならない。確かに功利主義者は，我々の文化が是認する基本的自由をそのまま許すことが，実際のところ長期的にみて平均的福利を極大化する最善の方法だと主張している。しかし私は，これが本当にそうであることを示す説得力ある論証を知らない。この主張は私には単に自由と功利主義の信条を和解させるために試みられた強がりの信念上の行為でしかない印象を与える。更に，福利の平等を唱える人々もまたこれと

同じ戦略を採ろうとするかもしれない。しかしながら，伝統的自由を権利として保護することが常に人々の福利を——福利とは何かに関する何らかの適切な観念を前提としたうえで——平等にする最善の手段かというと，これは功利主義の場合よりも一層疑わしいことである。それゆえ功利主義的平等論者や福利の平等論者がしばしば自由を否認せざるをえないことがあっても，これは無理もないことなのである。

　それでは，我々が平等の最善の観念として資源の平等を採用したときも，同じように厄介な帰結を伴いながら自由と平等が衝突することがあるだろうか。以下に続く数節で私はこの問題を我々の主要なテーマとして議論するつもりである。しかし先ず私は，もう一度次のことに立ち返らなければならない。すなわち自由と平等の概念および観念に関する以上の簡単な説明を始める直前に我々はサンプルとして幾つかの事例を挙げたが，これらの事例について私が行った考察にもう一度目を向ける必要がある。これらの事例においては多くの人々が平等を自由より下位にランク付けるだけでなく，安全や健康といった社会的関心の対象となる様々な価値と比べても平等をより低く評価しているように思われることを私は指摘しておいた。しかしながら私はもう少し後の議論の中で，我々の多くにとって平等が絶対的とも言えるほどの効力をもっていること，そして自由は平等と並んで一つの独立した政治理念として位置づけられるという指摘によって平等を矛盾なく限定することが不可能なことを主張した。先に挙げた諸事例はこの主張と抵触するだろうか。

　我々はこれらの事例を様々なやり方で説明できるかもしれない。おそらく私は，殆どの人々が進んで擁護すると思われる原理に基づく信念に関して間違った見解を抱いているのだろう。おそらく私が考えているよりも多くの人々が，抽象的な平等原理をきっぱりと拒否することだろう。しかし私は，私自身の主張と整合しているが，殆ど誰も提示しないと思われるもう一つ別の説明をこれらの事例に関して提示しておいた。今ここで私はこの説明を更に拡張することができる。既に述べたようにしばしば人々は，文脈によって指示される何らかの特徴が同一であることを述べるために「平等」という言葉を単純な意味で用いることがあり，これは抽象的な平等原理の最善の観念がこのような特徴の同一性を要求するとは人々が考えていない場合でもそうである。言葉遣いに関するこの事実は，平等について異なった観念を抱く人々が議論を行うときに混同を生じさせる恐れがある。例えば平等を守るために私的医療が廃止されるべきことをある人が提案するとき，彼は明らかに規範的な意味での平等に訴えている。つまり人々を平等な存在として取り扱うことは，医療

に対して同一の機会を人々に与えることを含むような仕方で人々の状態が同一になることを要求する，と彼は信じている。それに対しこの提案を拒否する者は，平等に関する最も適正な観念はこのことを要求しないと信じているのである。もし彼が自分の見解をこのようなかたちで述べるならば，彼は自由と平等のいかなる衝突をも示唆していないことになる。この場合，議論は平等が何を要求するかということであって，平等が何か別のものに従属すべきか否かということではない。しかし彼は自分の立場を異なったかたちで述べることを選ぶかもしれない。つまり自由は平等より重要であると言うことによって彼は自分の立場を上記とは異なった仕方で示すかもしれない。この場合彼は，自分の論敵が平等原理の要請だと考えていることよりも自由のほうが優位に立つべきだ，と主張しているのである。彼は平等という言葉を単純に記述的な意味で使っている。要するに彼は何らかの特徴が同一であることを示すために平等という言葉を使っているのであり，彼の論敵はこの特徴が政治理念としての平等にとって本質的に重要だと考えているが，彼はそう考えていないのである。したがって私が既に示唆したように，平等はしばしば自由に屈しなければならないと主張する大抵の人々は，理念たるかぎりでのこれら二つの理念の間に本当の衝突が生ずるとはおそらく実際には考えていないのだろう。彼らは単に，誰か他の人の規範的な平等観念が正しい観念であることを否定しているだけなのだろう。もちろん，広範な人々が抱く見解を上記のように理解する私の考えが正しいとしても，二つの理念の間にいかなる衝突も生じないことにはならない。既に述べたように，ある種の平等観念に立つと，このような衝突の可能性がでてくる。我々にとっての問題は，もし極めて魅力的だと私が考える平等観念を我々が採用したときに衝突が生ずるか，ということである。我々はこの哲学的論点に直接立ち向わなければならない。この論点は，広範な人々の見解と政治的レトリックのどちらによっても解決されることはない。

F 否認しておくべき点

　私の長い序論はこれでほぼ終った。既に述べたように，これから私は自由と平等が衝突するという周知の結論——つまり分配的正義の観念から導き出される幾つかの結論——を支持する一組の論証を考察することにしたい。もし資源の平等が分配上の平等に関して最善の観念を提示するものなら，この種の論証は失敗に終る，というのが私の主張である。資源の平等によれば，我々が根本的に重要と考える自

由権は実は分配上の平等の一部分ないし一側面ということになり，それゆえ平等が達成されればこれらの自由権も自動的に保護される。自由の優位性は平等を犠牲にすることなく，むしろ平等の名において保証されるわけである。しかし，このような快い結論を支持する私の論拠は少しばかり複雑なものになり，部分的には経済学に由来する用語に依拠することになるだろう。したがって私の論証は，ある読者たちにはあまりに分析的にすぎる印象を与えるかもしれない。彼らにとって自由の魅力は直接的で深いものがあり，複雑に入り組んだ濃密な弁証にこのような自由の地位を依存させるように見える論証を彼らは警戒する。更に彼らは自由が平等に対してある意味で手段の関係にあり，平等に従属していることも是認できないだろう。自由は人間の尊厳の条件であり，それゆえそれ自体の価値において超越的な重要性を帯びていると彼は考える。したがって，私は予め次のことを確認しておきたい。つまり，これから私は様々な自由について議論し，これらの自由を支持する論証を提示するつもりであるが，この論証は自由のための唯一の論証というわけではないし，直観的にみて最も強力な論証であることを主張するわけでもない，ということである。そして，他の人々が権利だと主張しているある種の自由については，これらを私の論証によって支持することは全く不可能である。私が主張するのはただ次のこと，すなわち魅力ある自由観念に適合した様々な権利は，資源の平等のもとで非常に根本的な地位を与えられていることから，分配上の平等に関する資源主義的見解とこの種の権利との間に衝突は起りえない，ということである。いずれにしても私の論証は自由を平等に従属させるようなことは意図しておらず，むしろ，自由と平等を我々が政治的議論や分析の中でしばしば区別することはあっても，これら二つの価値は単一のヒューマニズム理念の二つの側面，相互に反映しあう二つの様相であることを示すのが私の意図である。私は本章の最後で，広大ではあるが不明なところのある上記の主張に立ち返るつもりである。この主張が何を意味しているかは，本章の最後になってより明らかになることを私は期待している。[10]

II 二つの戦略

A 戦略の区別

　もし我々が自由を大切にしたいと思うならば，自由と平等をどうしても和解させることを試みなければならない。なぜなら，両者の間に生ずる衝突が真正なものであれば，どんな衝突が起ろうとそれは自由が敗退しなければならない争いとなるか

らである。ここで我々は，このような和解を試みるための二つの戦略を区別しなければならない。つまり利益（interest）という観念を基礎とした二つの段階からなる戦略と，一つだけの段階からなる構成的な（constitutive）戦略である。これら二つの戦略の相違は，資源の理想的な分配の定義と，自由を構成する様々な権利との関係をどのように想定しているかという点にある。二段階の戦略は，理想的な分配を定義するために人々の利益という観念を利用する。そしてこの戦略をとる各々の立場は，人々の利益がどのような仕方で特定化されるべきかに関して一定の説明を採用することを取り決め，また理想的な分配は様々な人々の利益のどのような関数の充足を目的としているか，という点についても特定の説明を採用している。この戦略は利益という観念を定義する際に，この定義の一部として自由の観念に訴えることはしない。つまり自由というものを定義上，自動的に人々の利益に含めるようなやり方で当の利益が定義されることはない。しかしこの後で当の戦略は，第二の更なる段階において次のように主張する。すなわち，ものごとのなりゆきとして，ある種の自由は利益の充足に対して手段の関係にあることから，様々な利益を正しい釣合において，あるいは正しい定式に従って保護しようとすれば，これらの自由に対する権利を確立し，この権利を尊重する必要がある，と。

　既に我々は，利益を基礎とするこのような戦略が使われている一つの例に注目しておいた。功利主義の平等観念は，長期的にみて平均的福利が可能なかぎり極大化することを促進するような分配を理想的分配として定義する。この定義は自由の問題を未決定のままにしている。功利主義の平等観念は定義上，自由に対するあらゆる権利を否定することによって利益が実際に極大化する可能性を排除してはいない。しかし功利主義者たちは利益観念に基づいた戦略の流儀に従って次のことが立証できることを望んでいる。すなわち，我々が現に目にしているような世界を所与の前提とすれば，選択の自由を保護し，言論の自由やその他の基本的自由を擁護することが，可能なかぎり最大の平均的福利を達成するために我々が利用できる最善の方策である，という点を立証したいと望むのである。

　これとは対照的に構成的戦略を採用する者は，自分が選んだ平等観念の構造の中に最初から自由を組み入れる。この戦略は，理想的分配の定義そのものの中に自由が登場すべきこと，それゆえ自由と平等を和解させることはそもそも問題になりえないことを主張する。我々は，この戦略が用いられる一つの例にも注目しておいた。自由放任主義的な平等論者は，歴史的な方法による以外に理想の平等主義的分配を

定義することは不可能だと考える。彼らの見解によると，基本的に重要と考えられる様々な自由を政治構造が保護しており，このような政治構造のもとで営まれる生産と交換から現実に何らかの分配が生じたならば，どのようなものであろうとこの分配こそ理想的分配なのである。したがって既に述べたように自由放任主義的な平等論者は，彼らが権利として承認するに至った様々な自由と，彼らが理想的と見なす分配との間のどんな衝突にも出くわすことがないだろう。彼らによって支持された自由を侵害するどのような政治的決定も，仮定上，彼らが平等と見なすものを促進せずにむしろ破壊するのであるから，彼らにとってこのような衝突は起りえないのである。

　契約論的な正義論もまた，自らが語る物語の中に自由を取り入れるために，利益に基づく戦略を一般的に利用している。これらの理論が主張するところによれば，正しい統治原理とは，適正な仕方で特定化された選択状況において人々が各自の利益になるものとして選択に合意するような原理である。この種の理論にとって理想的な分配とは，このような状況において選択されるであろう原理に完全に従った分配のことである。どのようなタイプの契約理論であれ，ある特定の契約理論の説得力は，この選択状況がどのような構図で描かれるかに依存する。最も粗野なタイプの理論においては，正義の原理とは，自分の社会的地位や嗜好，人生計画や道徳的宗教的信念について十分な知識をもった人々が――仮に正義の原理を取り決める目的で彼らが一堂に会しうると想定して――各自にとり最大の利益になるものとして合意するような原理とされている。利益に基づく戦略は，この粗野な形態の理論に対して，すべての人々が自由を保護する正義原理に現実に合意すること，あるいは少なくとも正しく反省した後で人々がこの種の原理に合意することを立証するように要求する。しかし，これはとてもありそうにないことである。例えば支配的な多数派の信念を抱くメンバーは少数派の礼拝や選択の自由を保護する原理を多数派自身の利益になるものとしてなぜ支持しなければならないのだろうか。特に，この自由を保護するためのコストが多数派にとって自らの物的財の減少を意味するときに，なぜ多数派は少数派の自由を保護する原理に合意しなければならないのだろうか。

　ジョン・ロールズの契約理論ははるかに複雑である。その最近の理論形態においては，先ず第一に，個々の人間を自由で平等な共同体の市民として捉える観念を反映するように選択状況が構成されており，しかも市民の各々は，正義に対する自らの能力を保護し，また善の観念を合理的に形成し修正していく自らの能力をも保護

第3章 自由の地位

することに高次の道徳的な利益を有するものとされ，選択状況はこのことをも反映するような仕方で構成されている。第二に，選択状況はまた，西欧のリベラルな民主主義の政治文化に適合した道理性（reasonableness）の原理をも反映するように構成されている。それゆえ正義の原理がそこで選択される「原初状態」の当事者は他の人々に対しいわば受託者（fiduciaries）として行動し，「無知のヴェール」によって受託者には他の人々の社会的経済的地位，才能や技能，嗜好，そして善の観念などは判らないようになっている。(11) 自由と平等を和解させるロールズの戦略は，利益に基づく戦略と構成的戦略をミックスしたもののようにみえる。(12) ロールズにおいては，構成的戦略と同じ方法で，自由が次のようにして平等に組み込まれている。つまり，政治共同体は，市民の代表者が原初状態で選択するであろう正義原理を尊重するときに，当の市民たちを平等な配慮でもって扱っていることになり，この原初状態の諸条件は，人々が自由を基本的な利益と考えていることを想定するような仕方で描かれている。更に原初状態に置かれた受託者たちは，彼らの受益者たちが自律性への自らの能力を——善き生活に関する様々な観念を形成し批判し追求する能力を——発展させ利用することに抑え難いほどの利益関心を抱いていることを教えられ，加えてこの利益は，少なくとも重要な問題に関して大きな選択の自由がルールによって認められていない共同体では明らかに提供されえないことを教えられる。(13) ところがロールズは，利益に基づく戦略の少なくともわずかばかりの要素を依然として保持しているように思われる。彼は，自由に対する個々の権利をどのように立案すれば，人々が抱くと想定される高次の利益を最もよく提供できるか，という点に関する有益な経験的主張に依拠して原初状態の受託者が判断を下すことを示唆しているからである。例えばこれらの経験的主張の中には，自尊のために必要な自らの能力への自信を人々が抱くのはどういう状態においてか，という点に関する主張が含まれている。

B　利益に基づく戦略

利益に基づく戦略が成功したときは，それは様々な理由で魅力的なものと言える。この戦略は，自由権を既に含んでいるようなことのないもっと基本的な正義についての想定から当の自由権を導出することによって，自由を確固とした基盤の上に据えようと企てる。これとは対照的に，構成的な戦略は独断的で不毛なもののように見える。それは，自由に対する権利として定められたものが正義によって要求され

ることを単純に想定しており,したがってこのことに最初から同意しない人々にとっては説得的なものでありえない。例えば私が自由放任主義的な平等論者の手を借りて説明した構成的戦略は,単なる断定によって自らの見解の正しさを勝ちえようと試みるにすぎない。それは,人々を平等な配慮でもって処遇することが次のような経済的権利の尊重を意味すること,つまり才能と幸運に恵まれた人々の利益になり,才能にも幸運にも恵まれない人々にとって不利に作用するような経済的権利の尊重を意味することを,規約的に定めるのである。しかし,これは決して自明のことではない。

　ところが利益に基づく戦略は,ほんの少し前に私が粗野な契約論を説明した際に一瞥しておいた別の困難に直面する。自分自身の判断に自信を抱くいかなる市民も,他のすべての事情が等しければ,自分にとってある種の自由が保護されている状態より,これが保護されていない状態を選好するようなことはないだろう。私が政治において自分の見解を述べたり,好きなセックスの相手を自分で選んだり,また評判の悪いデモで行進したりする権利を単にもつことだけで,私の状態が更に悪化するようなことはありえない。たとえ私が,もしこれらの権利がなかったら私の住む社会が禁止するであろうような仕方で当の権利を現実に行使することを決して選択しないとしても,このことに変りはない。しかしH. L. A. ハートが指摘したように,これらの権利が私の住む社会で一般化し,他の人々もこの類の権利をもつことになれば,このことで私が自分自身の状態が悪化したと考えることは十分にありうるだろう。(14)このことは,これらの権利の周縁部分とでも呼びうるものについて特にあてはまる。もし私と同じ共同体に住むいかなる人も,たとえプライヴェイトにでさえ他の人々と政治を論ずることが許されていないとしたら,疑いもなく私の状態は悪化するだろう。しかしだからと言って,多くの市民が強い不快感を抱く大規模で評判の悪い政治デモが公共の場で禁止されると私の状態が更に悪化してしまう,というようなことには決してならない。例えば私は,この種のデモを取り締まるために必要な公的資金がむしろ犯罪防止や,もっと立派な病院の建設のために使われれば,少なくとも比較衡量の結果,私の状態はもっとよくなると思うかもしれない。いま,現在の合衆国憲法によって保護されている様々な自由のコストが当の憲法文書の最高裁の解釈を前提にして,上記のような仕方でそれぞれ別個に評価されたとしよう。そして,これらの自由のあるものを放棄することによって得られそうな他の利益と当の自由の間で取引を行うことが自分自身の個人的な利益になると考えるかどうか,

人々に質問したとしよう。大部分のアメリカ人がこの種の取引をすべて断ることなど極めてありそうにないことであり，むしろ私は，過半数の人々がこの種の取引のうち非常に多くのものを受け容れるのではないかと思う。

　利益に基づく戦略に固執する契約論者は，様々な仕方でこの難問に答えようとするかもしれない。彼らは次のように主張するだろう。もし人々が適切な論証を手にしながらこの問題を冷静に反省するならば，自分の自由の一部を何であれ別のものと交換するようなことを実際に断るだろう，と。しかし，これもまた単に信念が強がって述べているにすぎないように思われる。あるいは契約論者は次のように言うかもしれない。反省の後で人々が取引を受け容れるか否かに関係なく，これを受け容れることはそもそも不合理である，と。しかし，これはあまりに強すぎる主張に思われる。例えば自分自身の政治的信念が因習に由来することを知っている人が，交換がもたらすと自分が信ずる利益と引換に政治デモの一般的な自由を放棄することがどうして不合理なのだろうか。

　ロールズ的な形態の契約論は，人々が自分自身の特殊な状況や利益を基礎として正義の基本原理について選択を行うことを許さない。既に述べたように，自由を基礎づけるためにこの契約論が用いた論証は，構成的戦略の特徴と利益に基づく戦略の特徴とを兼ね備えた混合的方法を採用している。利益に基づく戦略が機能するのは，受託者が自由について特定の体制を選択する場合，すなわち，受益者たちが持つと想定される道徳的能力を——ライヴァルの体制よりも豊かに——発展させるように計算された体制として自由の体制を選択する場合である。ロールズは，この戦略に従う受託者が良心や思想の自由，言論や結社の自由，その他我々の政治文化においてよく知られている様々な個人的自由を権利として確立することを論証している。そして彼の論証は，利益に基づく戦略をとると，正義において自由の占める地位は，人々の利益が現実にどのようなものであるかという点に関する論争の余地ある想定に不可避的に依存している，ということを明らかに示している。例えばロールズは自尊の根本的な重要性を強調し，この自尊を第一次的な善として，すなわち自分たちが代表する人々のために受託者が提供しようと志すであろうような第一次的な善として取り扱っている。ロールズが述べるところによれば，自尊には二つの要素がある。一つは，「二つの道徳的能力の発展と行使に基礎づけられた全面的に協力しあう社会の一員としての自信」であり，もう一つは，「自分たちは価値ある人生計画を遂行しているという信念に基礎づけられた我々自身の価値についての確

信に満ちた感覚」である。彼の考えによれば，受託者は様々な理由からして自由の優先性を確保しようとするが，「ここでも再び，まさに正義の二つの原理が平等な基本的自由を主張するがゆえに，自尊が当の原理によって一層効果的に助長され支持される」というのがその主な理由である。しかしある哲学者や社会学者は，善い生とは何かについて相対的に異論の余地のない確立された共通の理論が存在し，この理論に依りながら人々が自分の考えを確認し強化していくことのできる社会のほうが，人々が自分の生活を価値あるものと考え，正義や倫理的信念に対する自らの能力を十分に発揮できたと考える可能性がはるかに大きいことを主張している。これらの哲学者の主張によれば，公けの哲学が様々な善観念に対して公然と中立的な態度をとるようなより自由な社会では，信念の多様性のゆえに，そして抵抗しえないほどの論拠をどの立場の見解も明らかに提示できないことから，道徳的に同質な社会であれば促進されうるような自信が害される結果となる。

　自信が人々に生まれる諸条件について受託者がこのような理論を正しいと考えたとすれば，自由の優先性に関するロールズの議論がこの種の条件について反対の見解に依拠しているかぎり，彼らはロールズの議論を拒否するだろう。もちろん受託者は，自分たちが代表する人々の中に一般には支持されていない信念を既に抱いてしまった者がいれば，これらの者を野蛮な迫害から保護したいと思うだろう。しかし社会がそれほど非情な手段をとらないかぎり——例えば特異な信念や挑戦的な信念を抱く人々が他の人々を改宗させるような言動を用いて当の信念を社会に広めようとする自由を制限する，といった程度のことであれば——数世代に互って社会が宗教上及び道徳上の正統的信条を確立することを阻止するような憲法上の障害を設ける必要はない，と彼らは考えるだろう。少なくとも道徳上および宗教上の合意が形成されていくような方向を目指すことによってのみ，社会は人々の間に確固とした自信を生み出すことができるのだ，と彼らは考えるだろう。

　自尊が形成される諸条件についてのロールズの見解は，彼が根本的なものと見なす様々な自由が保護されていないかぎり真の自尊は生じえないという前提に立っている。ロールズは，私がいま述べた競合する見解よりも自分の見解のほうがより正確であることを確かに立証できるかもしれない。しかしこの競合する見解に対するロールズの反論は，彼が想定するような道徳的能力をもった人々にとって現実に利益になるのはどちらの原理か，という経験的な論点をめぐる反論であり，このかぎりにおいて正義における自由の地位は，依然として，これらの利益が現実に何を要

求するかをめぐる論争によって左右されるわけである。言うまでもなく, 伝統的な基本的自由が自分たちの生活にとって重要であることを現に数多くの人々が否認している事実は, ロールズ的な形態の利益に基づく戦略を論駁する決定的な論拠とはなりえない。しかしそれにもかかわらず, この事実は, 賢明な受託者はこれら基本的自由をすべての人々の利益になるものと判断するだろう, という自信に満ちた想定をぐらつかせることになり, 受託者が無知のヴェールの背後で判断を下すとしても, このことに変りはない。というのも, 自由の価値について広範に抱かれている意見がすべて特殊な個人的利益に関わる事柄——つまり, 原初状態が排除するような, 特殊な個人的利益に関わる事柄——だけを反映していることは明らかだ, などとはとうてい言えないからである。むしろ, 広範に抱かれている意見が, 人々にとって一般的に利益になることに関する広く行きわたった信念を反映していることもあるだろう。もし, ライヴァルの構成的戦略が一見してそう思われるほど独断的でないことが立証されうるならば, 結局のところ, この戦略のほうが平等主義の世界において自由が占める地位をよりよく擁護できるかもしれない。

Ⅲ 自由を競売にかけることができるか

A 利益を基礎とした論証

　ようやく我々の中心的な問題に目を向けるときがきた。資源の平等のもとで自由と平等は衝突するだろうか。ここでは資源の平等という観念について非常に単純化された概略的な説明を与えるだけにしたい。[18] 大雑把に言ってこの観念は, 理想的な平等主義的分配が相当程度に複雑な形態の「羨望」のテストに合格すべきことを要請する。つまり他人に割り当てられた財産や他人が自由にできる財産を羨むような人が一人もいなくなるように分配がなされるべきだ, ということである。ある分配がこのテストに合格し, 資源の平等が理想的なかたちで実現したとしても, それにもかかわらず福利や幸福の程度は人によって非常に異なることだろう。また市民の間で生産能力に相違があるような現実の社会では, 羨望テストに完全に合格するような分配はありえない。もっとも, 再分配の方法を用いてこのテストに合格する度合を増大させるような措置を講ずることも可能である。例えばこの種の措置は, 様々な課税計画のかたちをとったり, 一定の適切な状況のもとで共同体のメンバーが下す保険上の判断をモデルにした再分配計画のかたちをとることだろう。この種の様々な方法を用いれば, 羨望テストは実際的にも有益な指針を与えてくれる。

羨望テストに合格する分配を実現できるような人為的メカニズムを想像することで，我々はこのテストがどのように作動するかをよりよく理解することができる。無人島に漂着した人々が，島にある様々な種類の物的資源について入札を行うとしよう。先ず始めに，入札のために貝殻のような資源の平等な量が彼らに与えられ，これでもって入札が開始する。入札は連続的に何回にも互って繰り返され，入札の決着にすべての人々が満足するまで続けられる。入札が終った段階で，羨望テストは充足されることになる。というのも，他人が獲得した資源の束の総体に対して羨望を抱くような人は一人もいないからである。たとえ，人々の抱く満足感の程度に相違があり，自分が入札に成功したと各人が感ずる度合が異なっていても，入札の結果生じた分配が羨望テストに合格していることに変りはない。もっとも，競売はただ初期的分配を提供するだけである。競売の後も，人々は商取引や生産や消費などを行い，これらすべての活動によって初期的分配は変更されていくだろう。したがって，そのときどきに人々が保持する資源は，資源が彼にもたらす福利と同様に，各自が下す決定のみならず，他人の決定によっても左右されることになる。この想像上の競売を大雑把なモデルとして用いることによって，可能なかぎり完全な資源の平等を実現しようと試みる現実世界のために適切な政治的経済的制度を考案することができる。もし我々が資源の平等を抽象的平等原理の最善なる観念として受け容れるならば，我々が欲しているのは次のような制度になる。つまり想像上の競売や競売の後に行われる取引において任意の人間が入手する資源は，彼以外の人々からみた当の資源の機会費用によって左右されるわけであるが，これと同じように，任意の人間に入手可能な資源が他人にとっての機会費用にできるだけ依存するようになる制度を我々は欲するのである。

　資源の平等の簡単な説明は，資源の平等のもとで自由と平等をうまく和解させることができるのは利益に基づく戦略だけである，ということを示唆しているように思われるかもしれない。この結論へと我々を導いていくと思われる議論は次のようなものである。資源の平等はある人間の人格と，その人間の環境との間の根本的な区別を前提にしている。人格の中には，信念や企図，嗜好や選好のような人格的諸特徴が含まれ，その環境の中には当の人間が自由にできる資源や技能や能力が含まれている。よく知られた福利観念においては，人間の福利は人格的特徴と環境の両者によって影響を受けることになるが，資源の平等が目指すのは総体的な福利を平等にすることではなく環境を平等にすることであり，この点で福利の平等とは異な
(19)

っている。しかし，ある人間の自由——どんな法的拘束も受けることなく，彼が自由に遂行できる行動の範囲——は，彼の人格自体ないし人格的特徴にではなく，彼の環境に属することは否定しがたいように思われる。[20]それゆえ適切な形態の羨望テストのもとで環境を平等にしていくことが資源の平等の一般的な企てであるが，この企ては物的資源のみならず自由にもあてはまると思われる。したがって，各人の物的資源だけでなく，法的拘束が各人に許容する様々な機会をも考慮に入れながら，他人の環境を羨む人がいなくなるように，理想的な仕方で当の法的拘束を考案しなければならない。

　もし以上の説明が資源の平等は自由をどのように取り扱わなければならないか——資源の平等が他の資源と同様に自由というものを一つの資源として取り扱うべきだと仮定して——という点に関する適正な説明だとすれば，理想的な平等主義的分配によって人々が持つことになる自由は，次のことに依存せざるをえなくなる。つまり人々はどのような自由に対する権利を自らの利益になるものとして一般的に価値があると考えるか，そして彼らはこれらの権利をどの程度まで価値あるものと考えるか，ということに依存するのである。このとき，資源の平等のもとで自由と平等が調和しうるのは，適正な自由観念によって特定される様々な自由権が大いに自分の利益になると十分に多くの人々が考えており，それゆえ各自の資源の束の中に自由の代りに持つことのできる他のどんな資源にもまして当の自由を持つことを各々の人間が選択するような場合に限られる。資源の平等は，ロールズの方法が行ったように，根本的な無知の状態において人々が下すような——あるいは彼らに代って受託者が下すような——反事実的選択へと訴えることはできない。というのも，羨望テストは，今この場で行われるテストだからである。換言すればこのテストは，理想的な分配をそれが説明する際に自分の計画や企図や嗜好について完全な知識をもった人々が，他の人に割り当てられた資源のほうを選好することなどないように要求するからである。羨望テストは人々が下す判断に依拠するわけであるが，資源の平等は，人々が自分の人格的個性のあらゆる側面を発展させながら判断を下せることを要求するのである。

　したがって自由と平等を調和させるために資源の平等が利益に基づく戦略を用いなければならないとすると，それは極度に困難な資源の割当に直面することになり，両者を調和させようとするその試みからはほぼ確実にと言ってよいほど，自由のほぼ全面的な敗北が帰結するだろう。いま，自由が単にもう一つ別の資源にすぎない

と仮定し，私が述べた想像上の競売において，土地とか原料などと一緒に売却されうる資源の一部だとしよう。自由がどのように競売にかけられるかを想像するには，ちょっとした工夫が必要である。この点，一つの示唆は次のようなものである。競売に参加する人々が重要だと判断すると思われる様々な自由を競売人が枚挙し，競売が始まる前にこれらの自由のリストを競売人が作成すると想像しよう。更に競売人は（例えばモノポリゲームの「刑務所から出る」カードに似た）限定された数のカードを印刷し，このカードのそれぞれは，上記のリストから取り出された特定の自由の行使をカードの保持者に許すものとする。一つのカードは，その保持者に対して政治的集会やデモに参加する権利を与えるだろう。このようにして競売人は各々の自由を保護することが共同体に及ぼすコスト（例えば政治デモを取り締まることが共同体にもたらすコスト）を算定し，このように算定されたコストを彼が当の自由のために印刷したカードの枚数で割ることによってそれぞれの自由カードに値段をつけて一般的な競売においてカードをその値段で売ることになる。もし，何らかの自由カードがある一回の競売で売れ残るならば，競売人は次回の競売では売却にかけるカードの数を少なくし，その値段も彼の新たなコスト計算を反映して異なったものにされる。反対に，特定の自由カードが何回目かの競売で当の競売に関して付けられた値段ですべて売り切れたならば，競売に参加する或る者は次回の競売ではもっと多くが印刷され売却されることを要求するだろう。そして，その値段はカードの増加を反映して異なったものになるだろう。このようにして，競売がようやく終り，以上の手続が首尾一貫して守られてきたならば，当の競売は自由やその他の財に関して羨望の存在しない分配を実現するような仕方で自由を分配したことになる。

　このような仕組のもとでは，各々の人間は自分にとって各種の自由がどれくらい重要かを判断するように強要される。例えば政治的結社の自由のような何らかの特定の自由については，この自由を保護するためにカード1枚あたりについてかかるコストが——この自由を購入しようと欲する人々の数を所与の前提として——非常に高いことが判明したならば，この自由を手に入れたいと願望する人々は，ちょうどシャンパンや千鳥の卵のような高価な消費財を欲する人々と同じような立場に置かれていることになる。いやしくも彼らに支払いの能力があるならば，彼らは高価な自由に対して支払いを要求され，その結果彼らが入手する他の財や自由ははるかに少ないものになるだろう。ある人々は各種の自由を他の人々より沢山購入し，総

体的にみて他の人々より多くの自由を手にするかもしれない。だが,羨望テストはそれにもかかわらず充足されるだろう。人間Aは,競売が終った段階でBよりはるかに少ない自由しか持たず,例えばBは政治問題について発言することを許されるのに対してAは許されない,ということが起るだろう。しかし羨望テストによって判断すれば,両者の環境は総体的にみて依然として平等である。なぜならAはBが持たない物的資源を入手しているからである。それゆえ競売の後の社会がどのようなものであれ,社会において自由が辿る運命は,当の社会のメンバーの間でたまたま存在している選好や嗜好,信念や企図,その他人格の様々な側面の混合態によって全面的に左右されることになる。もし私が前に表明した意気消沈させるような疑い——殆どの人々は我々の憲法の伝統が讃美してきた基本的自由のうち少なくともあるものに対して無関心である,という疑い——が正鵠を射たものならば,自由は確固とした形態をもって競売で生き残ることはないだろう。一部の人々は,基本的自由を自分たちに保障するために必要な代価を支払うだろうが,このような人々はそう多くないだろう。そしてこの事実が存在しているだけで,自由を是非とも確保したいと思う人々にとっては,この自由のために支払うべき代価はますます高くなるだろう。

　人々がそれぞれ異なった自由を持つ競売後の社会を統治することは,疑いもなく殆ど不可能なことだろう。ところが我々は,目下の議論がそこへと到達したと思われる結論を退ける何らかの論拠を提供するものとして,このような統治上の困難さへと訴えることはできない。資源の平等のもとでの理想的分配とは,人々はそれぞれ異なった自由を持ち,ある人々の自由は少なく,より多くの自由を持つ人々はその結果として他の財を少ししかもたないような分配なのである。もしこの議論が正しければ,自由を認めたり否定したりする実際の体制のうちいずれが,この理想へとできるだけ接近しているかを判定しなければならない。重要な一連の自由を万人に対して保障している現在の我々の憲法体系が,このテストに合格しているなどと確信することはできないだろう。上記の理想に可能なかぎり近づいているとして我々が正当化できるどんな体制においても,自由は,我々の憲法におけるよりはるかに控え目な地位しか与えられないだろう。資源の平等が自由というものを単にもう一つ別の資源としてのみ取り扱わなければならないとすれば,それは自由と平等の間にいかなる衝突も存在しないことを立証するどころか,むしろ逆に,これら二つの政治的価値の衝突が不可避であること,また既に私が予告したことを繰り返せば,

この衝突で敗北するのは自由のほうであることを特に鮮かに，そして驚くべき仕方で論証していることになるのである。

B　重大な誤り

　ところが幸運なことに，以上の表面的には破壊的にみえる議論は誤っている。私がこのような議論で読者をわずらわせたのは，ただ理想的分配において自由が占める地位を確定するために利益に基づく戦略を用いると，資源の平等にとって由々しい結果が生ずることを示すためであった。実際のところ，利益に基づく戦略は，資源の平等の内部では何の意味も持ちえないのである。私が構成した議論は，ある特定の資源を獲得することと，この資源を利用する権利ないし機会を獲得することが二つの独立した取引であることを想定している。競売で何に値をつけるべきか，あるいはそれにいくらの値をつけるべきかを判断しようとする場合，獲得することになる当のものをどのように利用できるかについて一定の想定をすることが必要であり，このような想定をしないかぎり誰も上記の判断を賢明な仕方で下すことができないし，それどころか理解可能な仕方で判断を下すことさえできないだろう。美術品の競売であなたがある絵画に値をつけるとき，あなたは好きなところにその絵を掛け，見たいときにそれを見られる等々のことを想定している。どんな競売も，私がこれから競売のための自由＝拘束の体制と名づけるものを含む前記の想定に類似した様々な想定を背景として行われる必要がある。この背景は，問題となる競売においてある人が何かあるものを獲得することによって何を実際に獲得することになるのか，すなわち競売で獲得したものでもって，あるいはこのものについてその人が何を行うことができ，何を行うことができないかを明示しなければならない。たとえ個々の自由が私が想像したような気違いじみたモノポリカードのような方法で競売にかけられたとしても，競売の背景が次のことを明示していない限り，つまり人々が買おうと思っている特定の自由が自分にないとすると，前もってどのようなことができ，どのようなことができないかを明示する背景が存在しないかぎり，競売に参加する人々は，特定の自由にどのくらいの値段をつけるべきかにつき賢明な仕方で判断を下すことができないのである。

　それゆえ，背景ないし基準線となる自由＝拘束の体制は本質的に重要なものとなり，この体系は，競売の参加者たちが何らかの特定の自由を手にして競売を開始するか否かを明細に規定する。基準線が異なれば，競売の結果も違ってくるし，たと

え競売にかけられる財や参加者たちの嗜好や企図が同一であり続けたとしても，このことに変りはない。当事者は彼の好む他のどんな目的のためにも粘土を使うことができるが，政治を風刺するような彫刻を製作するためにそれを使うことができないということならば，ある人は，このような背景的拘束がない場合よりはるかに少ない粘土しか欲さないだろうし，粘土に彼がつける値段もずっと低いことだろう。このようにして，基準線に関して競売人が下す各々の決定は，競売の全体を通じて，そのなりゆきに反映されているわけである。したがって他の基準線を排してある一つの基準線を選択するための正当化が彼には必要となる。ある人は，競売人には中立的な基準線を考案することが可能であると反論するかもしれない。そこで競売人が，参加者たちには自分が獲得する財でもってそもそも何かを行う自由が全くないような条件で競売を開始することを定めたとしよう。もし彼がこのように定めたならば，競売人は中立的な基準線を提供していることになり，それゆえ彼にはこの基準線を正当化する必要はない，というわけである。この場合，ある財を買った人はこの財に対して（あるいは，この財について）彼が欲する支配力のすべてを競売の後半の部分で別個に再び買わなければならない。例えばある人は柱を買った後で，もし彼がそれを望むならば，それを自分の土地に立て，それに旗を掲げる等々の権利をも別個に買うだろう。

以上の指摘は首尾一貫しているだろうか。しばしば競売の参加者は，別の財を後になって獲得できるという期待をもってある財に値段をつけるような値付け方法を採用しなければならない。例えばホットドッグが好きだが，マスタードのついたものしか好きでない人は，彼がホットドッグに値段をつける前からマスタードの値段を予想していなければならない。もし，マスタードの値段が予想していたより著しく高いことが判明したならば，彼は競売をやり直したいと思うかもしれない。しかしホットドッグの所有とマスタードの所有との関係は，柱の所有と柱を用いる自由の保持との関係とは根本的に異なっている。ホットドッグとマスタードは二つの異なる財であり，少なくともある人々は各々の財を別個に価値あるものと考えるだろう。これに対して，柱の所有と柱を自由に利用できる何らかの一組の権利の保持は，本質的にみて，同じことをただ違った仕方で記述したものにすぎない。このことは，中立的であると想定された全面的拘束の基準線から出発して，右で示唆された競売がどのように進行していくかを想像しようと試みることによって，やがて理解することができるだろう。

競売人は，競売を二つの部分に分けて執り行うものと考えられている。最初の部分で財はいわばただそれきりのものとして競売にかけられ，売却された財を使ったり，それに手を触れたり眺めたりする権利さえ伴わないかたちで競売にかけられる。このようにしてすべての財が分配されたとき，第二の部分が開始する。競売人は最初の部分で競売にかけられたと想定される様々な財に関して，これらが私有財産として認められるために十分な程度の様々な自由や権能の集合を特定化し，競売の参加者は，競売人が特定化した自由や権能の任意の一組に対して値段をつけることになる。しかし，第二の部分が開始する前に競売人は，第二の部分で入手可能なのはどのような自由や権能であるかを正確に特定化しなければならず，更にこれらの自由や権能が最初の部分で売却された財にどのように割り当てられるかを正確に提示しなければならない。彼がこれをどのような仕方で行おうと，彼が特定化したことは競売全体に対する効果的な基準線となる。そしてこの基準線は，全面的拘束という現実には競売手続において何の役割も果しえないような中立的と想定されたもともとの基準線に取って代ることになる。換言すれば，参加者たちは，競売人による自由の特定化が原初的な基準線であるかのごとく，値付けに関するあらゆる判断を下すのである。[21]もちろん，二つの部分から成ると想定された競売が終った後で，競売人は彼が現実に人々に押しつけた基準線の体系を変更することが可能であり，第二の部分で売られる様々な自由を少しばかり異なった仕方で特定化し，競売を再開することが可能である。しかしこのとき，二回目の競売は前回の競売とは異なったものとなる。それは自由＝拘束の異なった背景的体制から出発する異なった競売となる。したがって，私有財産の体制として認められうるものを確定する様々な基準線の体制の中で，彼が正当に採用できるのはどの体制か，という点に関する判断を彼は避けて通ることができない。

C 新たなる出発

それゆえ，私が構成した利益に基づく論証は，自由の死でもって終るわけであるが，それはまた重大な混同でもって開始していることになる。確かに自由は，ある人間の人格ないし人格的特徴というよりは，むしろその人間の環境の一部である。とは言え，平等主義国家が提供する自由は，競売に類似した私的な決定によって全面的に解決されることはありえない。なぜなら，どんな競売も既に現存する何らかの種類の自由＝拘束の体制を前提にしているからである。かくして，利益に基づく

戦略は，資源の平等の一般的構造にとって異質なものだということになる。確かに，この平等観念にとって人々の利益が関連してくるのは，それが想像する競売の段階においてだけである。しかし，自由に関する根本的な決定は，競売に先行する段階で，つまり競売が執り行われるときではなく，競売が考案される段階で登場するのである。

　競売装置の技術的な要請は，資源の平等が帯びる根本的特徴を我々に教えてくれる。羨望テストは，それ自体利益を基礎としたものである。自分に入手可能な資源より誰か他の人にとって入手可能な資源のほうを自分は選好するか否か，という点につき人々が判断するとき，人々は自分自身の利益を念頭に置いているからである。しかしながら，羨望テストは自由＝拘束の体制を前提としており，この体制を生み出すために羨望テストを利用することはできない。一組の背景的前提をどのようなかたちで定めようと，各自が獲得した資源でもって人々は自由にどのようなことを行い，どのようなことを行うことができないかという点につきいかなる背景的取決を想定しようと，当の背景を前提として首尾よく執り行われる競売は，常に羨望テストに合格しているだろう。列挙された少数の方法による以外は誰も自分が獲得した資源のどれも利用してはならない，と競売の背景が定めても，これは羨望テストに合格しているだろう。人々は自由に対するこのように重大な拘束を念頭に置きながら選択を行うわけであり，このとき彼らが同一の拘束に服しているかぎり，仮定上，他人が選んだ資源の束のほうを選好するような人はいないだろう。また背景的前提がはるかに広範な選択の自由を定めている場合も，各人が選択する自由の束はそれぞれ異なるだろうが，ここでも再び，競売が首尾よく執り行われるかぎり羨望のない分配が生み出されるだろう。このように羨望テストは，自由と拘束の数ある体系に対して無差別であるがゆえに，利益に基づく戦略が成功することはありえない。この戦略は全面的に誤解から発しているのである。

　換言すれば，資源の平等は二段階の分析を必要とし，このうち羨望テストと，このテストに合格するように考案された想像上の競売は第二の段階を示したものにすぎない。第一段階ないし基準線の段階では，競売がそれを前提として展開する背景的な基準線の体制を提供することによって，当の競売が構造化される。したがって，理想的な平等主義的分配について資源の平等の定義が与えるものは，平等にとって本質的に重要な様々な自由の明細を含まなければならない。すぐ前でみたように，羨望テストは理想的分配の完全な定義を提供しえないのである。このテストは，そ

れぞれ異なった無数の定義と両立可能であることから——つまり，初期的な平等の資源から出発して首尾よく競売を執り行った結果生ずる無数の異なった分配と両立可能であることから——，このテストが提供できるのは，ただ理想的分配のための必要条件だけである。自由＝拘束の体制は，一組の十分条件を完成させるために必要な事柄の一部を構成しているのである。[22]

　以上のすべてから次のような結論が生ずる。資源の平等は，平等に関する自らの考え方と，何らかの適正な自由観念とを調和させたいと思うならば，構成的戦略へと立ち返らなければならないということである。それは次のことを立証しなければならない。つまり平等を実現するための最も適切な自由＝拘束の基準線の体制は，適正な自由観念が要求する様々な権利を提供してくれるということである。我々は，以下に続く二つの節で，このようなもくろみでもって構成的論証を考察することにしよう。もしこの論証が成功するならば，まさに平等主義的分配の定義それ自体から魅力ある自由観念が導き出され，かくして自由と平等は衝突しえないことになる。

　しかしその前に先ず我々は，締まりのない結論をもう少しきっちりと締めくくる必要がある。私は次のことを論じてきた。どのような競売も自由＝拘束の基準線を必要とするが，この基準線は中立的ではありえず，それゆえ資源の平等にとって相応しいものとして正当化されねばならない。しかし，基準線が提供する自由と拘束に変更を加えるための方法を見つけ出せることは明らかである。これらの自由の少なくとも幾つかを競売にかけ直せばいいのである。私は利益に基づいた悪しき論証を構成し，その後でこの論証を拒否した。というのも，この論証は中立的な出発点を前提として自由を競売にかけることができる，と考えるからである。私は，この誤った論証を構成したとき，特殊なモノポリカードの自由を想像し，これらの自由に対してどのように値段がつけられ，競売が執り行われるかについて思いめぐらした。基準線の体制を変更する方法としては，別に色々なものが同様に想像できるだろう。それでは，資源の平等は，その精神からして，基準線に変更を加えるこの種の競売を執り行うように競売人に対して要求するだろうか。

　否である。それはこの種の競売を禁止する。私は，どんな基準線からも競売が執り行われうるという点について詳細に論じた。たとえ資源や嗜好や企図が同じであり続けても，基準線が異なれば競売の結果も異なるのである。競売人は，それがどのような基準線であろうと，資源の平等が目指すことに最も役立つ基準線を選定しなければならない。いま彼が，適正な基準線の体制の中には，人種を理由として人

を差別する自由は含まれない，と判断したとする．彼はその後，人種差別を許容するようなモノポリカードを競売にかけてはならない．というのも，このようなことをすると，この種の自由をもつ他人によって不利に取り扱われる人々が，不公正な立場に置かれることになるからである．つまりこの種の自由を持たない人々は，自分としてはそのカードを利用しないつもりでも，できるかぎり沢山の自由カードを自分自身で買いとるべきか否か判断しなくてはならない．もし彼らがすべてのカードを買ったならば，競売の残りの部分は，競売人が決めた基準線から進行することになるが，この競売は最早，同一の資源をもった人々の間で執り行われることにならない．というのも，上記の人々は単に当の基準線を維持するだけのために，貝殻の一部を使わなければならなかったからである．反対に，もし彼らがそうしないのであれば，残りの競売は最早，当の基準線を背景としては執り行われないことになり——ある人々にとっての自由の喪失は，同時に他の人々が手にする代価や機会に影響を及ぼすことを想起すべきである——かくして競売が平等主義にかなった結果を生むことも最早，保証されていないことになる．

Ⅳ 抽象化の原理

A 架橋的な形態の戦略

　何ページも前で我々が注目したように，構成的戦略に対する主な反論は，それが明白な循環論だということである．この戦略では，論証を開始したとたんに結論が出てしまう．別言するとこの戦略は，自由が既に平等の定義自体に内在しているような仕方で平等主義的分配を定義し，その後でこのことを理由に，平等と自由の衝突はありえないと宣言する．このように役に立たない仕方で有無を言わさず勝利を要求することのない構成的論証を，資源の平等に関して構成するにはどうしたらよいのだろうか．もし我々が，自由を既に確保するような定義でもって議論を開始するならば，どのようにして自由のための真正な論証を構築できるというのだろうか．

　我々は定義でもって論証を開始しないことにする．なぜなら我々の論証の基礎は資源の平等ではないからである．我々はもっと後戻りしたところから，もっと抽象的な平等主義原理から論証を開始する．この抽象的な原理は，共同体に対してそのメンバーの各々を平等な配慮をもって取り扱うように要求する．我々はこの原理を受け容れる．そして，少なくとも本論考の目的のために，資源の平等がこの原理の最善の解釈ないし観念であることを認めることにする．それゆえ我々は，私が構成

的戦略の架橋的な形態と名づけるものを利用することができる。我々は二つの観念を決まった正しい場所に置いて保持する。一つは，抽象的な平等主義原理であり，これは平等な配慮を要求する。もう一つは資源の平等であり，これは，ある一定の条件のもとで執り行われる競売が平等な配慮を実現することを提案する。我々は競売の基準線となりうるものを色々考察し，その中から，当の基準線から出発した競売は人々を平等な配慮でもって取り扱っている，という主張が最も強い説得力を持つような基準線の体制を我々は選び出すわけである。

　私は，この架橋的な戦略が，一つの有力な一般的原理である抽象化の原理（principle of abstraction）を，適正な基準線の中心的な構成部分として採用することを議論するだろう。この原理は，選択の自由を支持する一つの強力な推定上の根拠を確立する。この原理は，他人の身体や財産の安全を保護したり，私がやがて然るべきときに説明するような市場（あるいはこれ以外の競売に類似した分配のメカニズム）における一定の欠陥を修正するために自由の拘束が必要となる場合を除いて，人々が自分の好きなことを法的に自由に行いうるようなときに理想的分配は実現可能である，と主張する。抽象化の原理は，放埓な自由を認めるわけではない。しかしそれは適正な自由観念の核心を形成しうるほど十分に有力な原理である。更に後で私が立証するように，架橋的戦略は，抽象化の原理が他の考慮すべき事柄に屈伏するような場合でさえ，自由を拘束されることから人々を保護する一層特殊な自由権をも支持する。一層特殊なこの種の権利によって，適正な自由観念を完成させることが十分に可能となる。もしそうであるならば，自由と平等を調和させるための構成的戦略は成功したことになる。しかし，この悦ばしい帰結は論証によって引き出されるべきものであり，定義によって当初から宣言されるような虚しい勝利であってはならない。

　とは言うものの，架橋的な戦略は資源の平等が要求する様々な自由権について網羅的な説明を提供するわけではない。網羅的なリストは，分配的平等の理論以外に資源の平等の他の様々な側面をも取り入れることになり，そこにはとりわけ，資源の平等からみた政治的平等ないし民主主義についての解釈が含まれるだろう。[23]この点について，私の考えを誤解しないでいただきたい。ここで私が抽象化の原理や他の一定の権利に関して提供する論証は，あくまで分配的平等にとって自由がもつ重要性を強調しているのである。この種の論証が，自由に対するあらゆる権利を基礎づけるために我々が手にしうる，あるいは我々が必要とする唯一の論証である，な

どと私が主張していると理解しないでほしい。この論証は、我々が是認することを欲すべきすべての自由権を基礎づける唯一の論証ではない。それにもかかわらず、既に述べたように、抽象化の原理や、その他一定の権利を基礎づけるために私がこれから行う論証は、それ自体で資源の平等の内部で自由のために卓越した地位を確立するのに十分である。本章の最後の節で、これらの論証が、実際に政治が行われる現実世界で自由に関して下される決定——この決定には、私が本章で最初に列挙した事例で述べられている諸決定が含まれている——とどのように関係しているか考察するつもりである。

　私はこれから抽象化の原理について、これを支持するような論証を行うが、この論証の中で私は一つの想定を設けることにし、この想定自体については議論を展開しないことにする。私は、自由＝拘束の基準線となる資格のあるどんな体制も、何らかの安全性の原理（principle of security）を含んでいると想定する。人々が自らの計画や企図を形成し、それらを実行できるためには、十分な身体上の安全と、自分の財産に対する十分な支配力が必要であるが、安全性の原理は、このような身体の安全と財産に対する支配力を人々に確保するために必要な拘束を自由に対して課すように要求するだろう。要するに私は、発展したすべての法体系の刑法や民法に共通してみられる類の法的拘束——身体への攻撃や窃盗、財産に対する故意の加害行為や権利侵害などを禁止する法的拘束——が、適正な基準線の体制の中に含まれていると想定する。[24] 理想的な平等主義的分配にみられるこの種の拘束の詳細については興味深い様々な問題が生ずるが、私はこれらの問題の大部分を、自由の問題に焦点を合わせた論点からはずれたものとして無視することにし、単に、この類の周知の一般的拘束が基準線において提供されていると想定したい。

B　真の機会費用

　いまここで私は、架橋的戦略が抽象化の原理に対して提供する基調的論証を予備的な仕方で述べることにする。各々の平等観念は、理想的分配をそれが記述することを通じて平等の測定法を提示する。すなわち、人々が平等の分前をもっていると言えるのはどのようなときかを判断するには、資源を測定する方法が必要であるが、各々の平等観念は、資源がどのように測定されるべきかを示す理論を提供する。この点、資源の平等は、機会費用という特別の測定法を用いる。換言すると資源の平等は、ある人間が持つ移転可能な資源の価値を、当の人間がそれを持つことで他の

人々が見合わせねばならない価値として定義する。そして各人がもつ移転可能な資源の総体ごとにこのようにして測定される機会費用を合計し，各人が持つ資源全体の機会費用が同一になったとき，この種の資源は平等に分割されているとそれは判断する。想像上の競売は，まさにこの結果を確保するために考え出されたものである。もし競売が終ったなら，当の競売によって定義される機会費用の合計は，各人が持つ資源ごとに平等となる。

しかし競売が異なれば，そこで特定化される機会費用も異なってくるだろう。しかしこのことは，ここで我々が何回となく指摘してきたことを別の言葉で繰り返しているにすぎない。つまり異なった基準線から出発する競売は異なった結果を生み，各々の結果がすべて羨望テストに合格している，ということである。しかし，この点の確認は目下の脈絡においては特別の意義を有している。それは架橋的戦略が，一組の資源の真の機会費用とでも名づけうるものを特定化する何らかの方法を発見しなければならないことを示しているのである。もし我々が真の機会費用という観念が有意味なことを立証できれば，我々が自由についての基準線の設け方を選定しようとする場合に，真の機会費用を特定化し表現するように最もよく計算されているのはどのような基準線の設け方かを問うことによって，抽象的な平等原理と羨望テストを最善の仕方で架橋してくれる基準線を選定することが可能になるのである。しかし，もし我々が真の機会費用という観念が有意味であることを示せなければ，ある一組の代価と結果をもたらす基準線から出発する競売のほうが，これと非常に異なる代価と結果をもたらす全く違った基準線からの競売よりも資源の平等の理念に近づいている，といったことを我々は主張できない。そうなれば資源の平等は，絶望的なほど不確定となるがゆえに，空虚な平等観念だということになるだろう。

それゆえ，抽象的な平等原理と，競売装置を伴う羨望テストとの間を架橋しようとする我々の企てには，真の機会費用に関する適正な理論が必要である。例えば財が競売にかけられる形式を確定するには基準線が必要であるが，この基準線をめぐる既述の問題を取り扱うために，真の機会費用に関するこの種の理論が必要となるのである。いま，競売に参加する一部の人々がフットボールの競技場を作るために十分な土地を買うべく競売に出かけたとしよう。彼らが支払うべき代価を決定する要因は様々であるが，その中でも競売にかけられる一組の品物の量や大きさによって左右されるだろう。競売人がまさに競技場にとって必要な広さ以上の土地を一組の競売品として売るならば，そして競売が完全に終った後でこれら一組の競売品を

分割するような取引が基準線によって禁止されているならば，競技場を作ろうとする人々は，他の誰もが欲しがるような小さな土地を競売人が競売品として提供したときに比べてほぼ確実に安い値段で土地を買えるだろう。これら二つの形式の競売のうち，より小さな土地が競売品として提供される後者の競売のほうが前者より公正なものにみえる。つまり後者のほうが資源の平等が目指す目標をよりよく実現するように思われるのである。しかし，これはどうしてだろうか。

　この点，前者より後者の競売におけるほうが平均的にみて福利が向上するとか，福利がより平等に近づくとか主張しても，資源の平等の内部においては，この種の主張は何ら答えになっていない（むしろ，ある種の状況においてはこの種の主張は誤りだろう）。我々は，次のように主張したい気持になるかもしれない。後者の競売だと競技場を作ろうとする人々はより多くの代価を支払わねばならないのだから，広い土地だけが競売品として売られることを許す前者の競売は，後者の競売で露呈されるコストを隠蔽しているわけであり，それゆえ土地の真の機会費用は前者の競売では過小に評価されているのである，と。しかし後者の競売で土地のコストが高くなるという事実は，それ自体では，この競売のほうがより公正であることの理由とはなりえない。後者の競売においては土地のコストが過大に評価されている，と何故主張してはならないのだろうか。更に，前者の競売では競技場の土地のコストが低いのであるから，他の資源のコストはより高くなるだろう。もしそうならば，これら他の資源に関しては，前者の競売のほうが後者より公正であると何故主張してはいけないのだろうか。

　我々は，前者より後者の競売のほうが公正だと感じているわけであるが，このような我々の感覚をもっと適切に説明する方法を見つけ出さねばならない。我々はこの直観を正当化すると同時に，抽象的な平等原理と羨望テストを適正に架橋するような何らかの原理を捜さなくてはならない。資源の平等が目指すのは，資源の利用について各人が行う選択は彼自身の計画や選好を反映したものであるが，このような各人の選択が他の人々の計画や企図に及ぼすコストによって資源の価値を測定したうえで，各人が資源の平等の分前をもつように分配はなされるべきである，ということである。これが資源の平等論の理解するところの資源の平等な分配であり，私有財産の社会体制があらゆるメンバーを平等な配慮でもって取り扱う方法に関する資源の平等論の考え方である。もし我々がこの考え方を受け容れるならば，競売はより細かく区別された選択の可能性を人々に提供し，かくして人々が現実に抱い

ている個々の計画や選好に一層の注意を払い，これらを十分に顧慮したものであればそれだけ一層公正なものになる——真の意味でより平等な分配を提供してくれる——，ということが帰結する。我々がすぐ前で想像した二つの競売のうち前者においては，ある人の嗜好や企図がただ小さな別荘を建てることだけであるとか，手頃な地所で十分であるとかに関係なく，その人は土地に対して同じ代価を支払わねばならない。彼が他の資源のためにどのくらいのものを残したかは，家造りについての彼の選好によって影響を受けない。そして，このような市場に対する鈍感さは，彼自身の決定に対してのみならず，他の人々の決定に対しても影響を及ぼす。例えば，このような場合と，資源が各人の選好の正確な特徴に一層注意を払うような仕方で分配された場合とを比べたとき，フットボールのファンが自分たちの入場券のために支払う代価はそれぞれの場合で異なってくるだろうし，かくして彼らはこれ以外の財に関してもそれぞれ異なった条件のもとで他の人々と競い合うことになるだろう。柔軟性の欠如は，資源の平等のプログラムにとっては全体的な失敗を意味する。

　資源の平等は，抽象的でない競売よりも抽象的な競売のほうがよいと考える。しかしそれは，より抽象的な競売におけるほうが特定の資源のコストが一層高くなるとか低くなるとかいった理由によるのではなく，またそれは，より抽象的な競売のほうが福利が全体的にみて高くなるとか，より平等になるといった理由によるのでもない。むしろ，それは次の理由による。つまり様々な人々が自分の計画や企図を形成する際に行う選択を十分に顧慮しながら，分配をこれらの人々の選択にできるだけ呼応したものにすることが資源の平等という平等観念の一般的な目標なのであるが，この一般的な目標は，抽象化が与えてくれる柔軟性によってよりよく達成されうるからである。これが，抽象化の原理を支持する論拠である。この原理は，ある移転可能な資源の真の機会費用とは，資源が可能なかぎり抽象的な形式で——つまり人々の色々な計画や選好にうまく波長を合わせて可能なかぎり柔軟に値付けができるような形式で——提供される競売において，他の人々が当の資源に対して支払おうとする代価である，ということを承認する。それゆえこの原理は，資源の平等な分配を特定してくれるものとして競売を認めようとするならば，この競売は抽象的な形式で資源を提供しなければならない，と主張する。

　もちろん，この原理を実行に移す場合には困難な問題が生ずるだろう。状況によっては，財の二つの配列のうちどちらが抽象化の原理をより十分に充たしているか

第3章　自由の地位

不確定なことがあるかもしれない。このような場合は，タイ・ブレイクのための何らかの原理が更に必要となるだろう。しかし多くの場合，原理が勧告してくれることをそのまま実施に移すだけで十分だと思われる。島にある様々な資源のすべてを，千鳥の卵だけと取り引きするような競売人を想起してみよう。この取引は平等に違反しているが，その理由は，当の取引が財の当初の配列を乱したからでなく，根本的な仕方でそれが抽象化の原理に違背しているからである。このような取引は，財の配列を，競売の参加者の計画や選好にはるかに敏感でないものに——否むしろ参加者の計画や選好に対して可能なかぎり鈍感なものに——してしまう。もし競売人が島で千鳥の卵しか見つけ出せず，これら千鳥の卵を他の島からの財の混合態とコストをかけずに一人で取り引きしたと仮定したならば，競売での値付けは入札者たちの個々の嗜好や計画や企図により敏感に呼応したものとなるだろうし，そういうことであれば，抽象化の原理は競売人に対してこのような取引を行うことを禁止せず，むしろこれを要求したことだろう。また抽象化の原理は，自然的資源が実行できるかぎり未分化な形態で——例えば鋼鉄ではなく鉄鉱石が，小麦畑ではなく未開拓の土地が——競売にかけられるように要求する。我々の競技場の例が示すように，この原理は競売にかけられる財が最大限に分割可能であることから，人々が各々の資源の無限に小さな単位に対し値をつけられるようになることを要求する（もっとも，単位が小さくなりすぎて，どの単位もそれだけでは何の目的にも役立たないようでは困るが）。更にこの原理は，財産に対する法的権利に関しても，分割可能性を促進するようなものを権利として認めるように要求する。例えば単に自由土地保有の権益だけでなく，土地の通行権や，土地に対する時間的に限定された権益なども認めるように要求する。

それゆえ抽象化の原理は，我々がいまここで主要な考察対象にはしていない競売の基準線の様態，すなわち財が提出され，競売にかけられる品々が区別される形式を確定する際に中心的な役割を演ずるわけであるが，それはまた我々がいま考察している基準線の様態，つまり資源の平等の中で自由が占める地位を定義する自由＝拘束の体制を確定する際にも中心的な役割を演ずる。抽象化は，全面的自由に対して何らかの法的制限を加えるべきことを要求する。というのも，自分の獲得した資源を自ら支配できることを人々があてにできないならば，資源が人々の計画や企図とうまく波長を合わせることはありえないからである。それゆえ抽象化の原理は，私が安全性の原理と呼んだものを包含すると考えられるかもしれない。もしそうで

あれば，後者の原理は，興味深い特殊な仕方で解釈され，実行に移されることになるだろう。しかし，安全のために必要以上の法的拘束を課することは，明らかに抽象化を損うことになる。もし基準線の体制が風刺的な彫刻を禁止するならば，粘土は，その最も抽象的な形態で競売にかけられてはいないのである。なぜなら，このような手段で自己を表現したいと思っている人々は，当の拘束が存在しなければ効果的に自らの資源を自らの計画に適合させていくことができるが，拘束が存在するかぎり，このようなことをそれほど効果的には行いえないからである。したがって抽象化の原理は，人々が各自獲得した資源——この中には彼らが自分たちの入札のプログラムを通じて提供し保護しようとする余暇も含まれている——を，安全性の原理と両立可能なかぎり，どんな方法であれ好きなように利用できる自由が，基準線の体制のもとで原則的に認められるべきことを主張する。

それゆえ我々の中心的な企てにとって，抽象化の原理は根本的に重要なものとなる。この原理は，平等の中核に選択の自由が一般的に推定されることを確証しており，これは，自由と平等の調和へと向って大きな第一歩を踏み出したことになる。この原理はまた我々がここで少し立ち止って考察すべき重要な帰結を直ちにもたらす。それは，法的禁止は単に禁止された行為が社会において支配的な何らかの宗教や正統的な道徳に違背していることだけを根拠として正当化されることはない，というリベラルなテーゼを支持するように思われる。

C 道徳の強制

このリベラルな結論は，ある読者に対してはあまりに強すぎる印象を与えるだろう。そのような読者は，この結論は抽象化の原理から引き出されるどころか，これに違反していると考えるだろう。次の議論を考えてみよう。「リベラルなテーゼは抽象化を尊重していない。なぜならこのテーゼは，自分が送るべき生活を人々が選択するとき，できるかぎり十分な柔軟性が彼らに認めることにはならないからである。多くの人々は，広く共有された個人的道徳を公的文化が特定化し規定しているような社会においてのみ価値ある生活を送ることができると考えており，この道徳の中には，例えば正統的な宗教的信条や，制限された性行為，性別や社会階級に対して伝統的に割り当てられた役割上の区別などが含まれている。[26] 殆どの状況において，この種の公的文化は，不道徳と見なされる行動を非合法なものにすることによってのみ維持されうるのである。」

第3章 自由の地位

　更にこの議論は次のように主張する。「もちろん、このようにリベラルでない仕方で宗教や道徳を強要することは、ある意味で抽象化の原理に違背しているとも言えるだろう。それは宗教的文化的ないし社会的な少数派が自分たちの望む生活を送ることを全面的に禁止するか、このような生活をはるかに困難なものにするだろうし、かくして、このことで多数派に利用可能となる様々な機会の真のコストは隠されたままになってしまうだろう。しかし共通の道徳を強要すべきか否かに関して共同体が行うどんな選択も、同じように抽象化の原理に違背しているのである。道徳を強要しないことは、多数派に対して、まさに当の多数派が望んでいる様々な機会を否定することであり、この場合には逆に、少数派が自由に利用できる様々な機会の真のコストが歪められることになるだろう。この種の事例においては、抽象化の原理が全面的には、あるいは疑いを入れない仕方では充たされえないことを我々は認めなければならない。というのも、自由＝拘束の基準線としてどんな体制を選択しようと、何らかの面で機会費用が歪められるからである。それゆえ抽象化のために我々ができる最善のことは、多数派と少数派の利益を何らかの仕方で相互に比較衡量してバランスをとることである。相互に衝突する両者の利益を比較衡量できるならば、人数というものが比較衡量に影響してこなければならない。したがって多数派が送りたいと欲する生活様式を可能にするためには、少なくとも何らかの法的拘束を少数派の自由に課さねばならないのである。」

　この議論は、正統的宗教や個人的道徳の強制を抽象化は禁止する、という私の指摘に対する重要な挑戦である。以上の反論は、機会費用という観念の中に、それゆえ資源の平等の中核に反リベラル的な衝動が見出されることを主張する。これはある意味で歓迎すべき挑戦と言える。なぜならこの反論は、よく知られた重要な政治的論議が資源の平等という観念の内部から形成されうること、それゆえ、この論議が資源の平等の視座から考察されうることを示しているからである。上記の挑戦は、また別の意味においても価値がある。つまり資源の平等が目指す中立性がどのような種類のものであるかについて誤解が生ずることがあり、事実、我々はこの誤解に陥りやすいのであるが、上記の挑戦はこのような誤解が存在することに我々の注意を喚起してくれるからである。その反論は、抽象化の原理は各々の種類の生活が平等に送りやすいものとなることを目指している、と想定している。このように想定したうえで当の反論は、明らかに正しい次のことを指摘する。自由＝拘束の体制としてどのようなものを選択しても、ある人々の生活は送りやすくなり、他の人々の

生活は送りにくくなるのであるから，少なくとも資源の平等のもとでは，人々の生活をすべて平等に送りやすくする形態での中立性は実現不可能である，ということである。このような状況のもとでは，私が述べたリベラルな体制と，多数派が必要だと考えるかもしれない一層強制的な体制とを何らかの方法で妥協させるか，両者の体制の間でバランスを保つことが必要になる，とそれは主張する。

　しかし，人々の生活を平等に送りやすくする形態の中立性は，資源の平等においては何の役割も演じていない。この種の中立性は，私が福利の平等と呼んだ別のタイプの平等観念に属しているのである。(27) 資源の平等はこれとは異なる意味での中立性を目指している。資源の平等は，人々に利用可能な資源が——人々が自分たちの計画や企図や生活様式を追求するために利用可能なものとして所有する資源が——，様々な人々の個人としての何らかの重要性を比較したり，様々な企図や個人的道徳の価値を比較する何らかの集団的判断によって確定されるのではなく，機会費用によって確定されること，つまり人々が当の資源を所有することが他の人々に及ぼすコストによって確定されることを目指すのである。この意味での中立性は，どのような種類の生活であろうと，ある人がある種の生活を送りたいと欲するならば，その人はその生活を手に入れることができる，といったことを保証しはしない。たとえある人が私用の倉庫に数々の名画のコレクションを蒐集する偉大な鑑定家の生活を送りたいと欲しても，資源の平等のもとではこれが不可能なことが解るだろう。このような生活の機会費用が，値付けのための平等な資源を各自が持って出発する競売で判定されるとき，彼は他のすべてのものを犠牲にしてもこの機会費用を支払うことはできないだろう。資源の平等がこのような帰結を生むのは，それが鑑定家に対して中立的でないからではなく，それが彼と他の人々——彼と同じように芸術作品を研究し楽しみたいと欲する他の人々——との間で中立的であるという事実に由来するのである。

　いまここで挑戦を受けている機会費用によるリベラルな説明は，中立性についての上記の見解を，様々な生活様式が成功するために必要な個々の資源に関してだけでなく，社会的な諸状況にまで拡張している。すなわちこの説明は，各個人が要求する社会的条件——自分が選んだ生活様式を首尾よく追求するために必要だと各個人が主張する社会的環境——が，次の点を問うことによってテストされることを認める。つまり各人の社会的条件が他者に及ぼすコストを測定する平等主義的構造の内部で，当の社会的条件がどの程度まで満足のいくものかを問うことによって，各

第3章　自由の地位　　213

人の要求がテストされるのである。宗教的不寛容の体制以外では不可能であるよう生活を欲する人がいても，ちょうど上記の鑑定家が欲するすべてのことを当の鑑定家に対して拒否した議論に類似の理由によって，その人はそのような生活が送れないことが解るだろう。彼の仲間の一部の市民たちも同様に宗教的ないし霊的生活を気にかけているが，彼とは異なった宗教に帰依しているか，そもそも何の宗教にも帰依していないのであれば，彼が自分に必要だと考える環境を競売の基準線が予め無条件で彼に与えていないかぎり，彼は競売で自分が欲する環境を購入することはできない。

　したがって私が提案する基準線の体制においては，宗教や個人的道徳を根拠にしてのみ正当化されるようなどんな拘束も認めない基準線から出発して競売を執り行った結果，機会費用が確定するわけであるが，このような体制においてこそ，資源の平等に相応しい仕方で，正統的見解を抱く人々と特異な見解を抱く人々の利益の均衡のとれた調整が実現するのである。社会的文化的環境の計画に関して様々な人間集団が抱く利害関心は，私が説明した意味において彼らの企図の間で中立的な態度をとる想定から出発する価格構造によって調節される。このように中立的な基準線から執り行われる競売では，確かに人間の数も大いに関係してくるだろう。宗教的同質性の保護と強化を強く欲する人々は，もし彼らの人数がそれを保証してくれるならば，自分たちに必要だと彼らが考えるものの一部分を確保することが可能だろう。これはちょうど，鑑定家の人数が十分に多ければ，彼らが訪れることのできる素晴らしい美術館を自分たちに供給することができるのと同様である。ある人々が特定の信仰に熱心であり，この信仰を盛り上げるために同じ信仰に帰依する他の信者との共同体を必要としているとき，自分たちと同じ信念を共有する人々が他に十分にいる結果，別に刑法の恩恵がなくても，自分たちで集まって特別の宗教的共同体を作ることが可能だと解るだろう。またどのような少数派も——これが宗教的少数派であろうと，性的ないし文化的少数派であろうと——自分にとって理想的な社会的条件を保証されてはいない。彼らにとっても同じく人数が重要な意味をもってくる。彼らと同じ見解を共有する人々が多ければ，あるいは彼ら自身の活動が高価につかなくなるような嗜好をもつ人々が多ければ，彼らの状態は様々な意味において明らかに向上するだろう。彼らの企図も同じ理由によって，彼らの望むことが他者に及ぼす機会費用——中立的に判断された機会費用——に依存している。それゆえ架橋的戦略は，基準線となる自由＝拘束の体制は宗教的真理や道徳的価値を根

拠にしてしか正当化されえないどんな拘束も設けるべきでない、というリベラルな見解を推奨する。真の機会費用や道徳的中立性に関する他のどのような観念も、資源の平等の基本的構造には適合しないのである。

D　修正

　ここで私は、自由＝拘束の正しい基準線が承認すると思われる別の原理に言及しなければならない。なぜなら、更にこの別の原理を私が無視すると、抽象化の原理の射程範囲について誤った印象を読者に与えたままになると思うからである。私がこれから修正の原理（principle of correction）と呼ぶ原理は、実際上極めて重要な意味をもっている。しかし私としてはこの原理が提出する数多くの問題を考慮の外に置き、これを最も漠然とした仕方でしか議論しないことにする。この原理をどのような方向であれ更に拡張して議論すると、我々の主要な企てから逸れることになるからである。

　私が記述した想像上の競売の競売人は、重大な問題に直面する。彼は提供された競売に参加する人々の計画や抱負や企図を十分に知っているので、機会費用が平等になるような資源分配を実現し維持できないことが解るだろう。つまりこの目標は、経済学者が外部経済と呼ぶものによって挫折するだろう。いま、競売の参加者Aがある地域の一区画にガラス張りの小屋を建てようとしており、もしそうしないと、この区画は──同じ地域の幾つかの区画を買おうとする他の人々の嗜好や彼らが協力して実現しようとする目標のゆえに──ジョージ王朝様式の広場のようなものになると想定しよう。もし彼の意図がこれら他の人々に解ってしまい、他の人々の数が十分に多く彼らがうまく団結することになれば、彼らは彼が手に入れようとする区画に彼より高い値段をつけて彼を競売でせり負かすような決定を集団的に下すかもしれない。もちろん、競売人は彼らが本当にそうするか否か確信はもてないだろう。他方Aは自分の他の利益をどれほど犠牲にしても、当の区画を手に入れようと決心するかもしれない。しかし競売人は、これがありそうにないことを知ることができる。競売人は同時にまた次のことも承知している。つまり情報や人々の団結に関するこのように非現実的な諸条件を充たす競売では上記の結果が達成されるにしても、彼がこれから開始しようとする現実の競売ではこれが達成されないこともありうる、ということである。なぜならAの意図が透明でないことがあるからである。Aは自分の区画を手に入れる時点ではガラス張りの小屋を建てたいという願望を抱

第3章　自由の地位　　　　　　　　215

いてはおらず，もっと後になって初めてこの願望を抱くようになるのかもしれない。あるいは彼は，少し時間が経ってから，そのような小屋を建てる目的で区画を買い取ろうとする別の人に土地を売るのかもしれない。将来を完全に予測する知識を仮定した場合に達成されると想定される結果が現実には達成されなくなる理由としては，更に別のものが存在する。すなわち，Aを競売で集団的にせり負かすためにグループを形成するにはコストがかかることである。私はこれまで，競売の話をするときに取引費用のことは無視してきたが，いま述べたような類の事例においては，取引費用が特に大きくなるだろう。

　このような状況にあって競売人は，完全な知識とコストのかからない団結的取引を前提にした競売で露わになるような機会費用をよりよく反映する結果が生ずるように，予め競売をこのような結果へと向けて単に修正するだけの目的で，自由＝拘束の基準線の体制において選択の自由を制限するような決定を下すかもしれない。彼の介入は多様な形態をとりうるが，その中のあるものは他のものより当の目的により適合しているだろう。例えば彼は，完全な競売で決定されるような土地利用を前もって提供するように試みることで地域制に関する一般的な法令を採用するかもしれない。彼はまた異なった別の形態の競売の不完全性に対しては，基準線の中に新しい別の種類の拘束を定めることによって対処するだろう。例えば彼は，競売に参加する一部の人々は自分たちが競売で獲得した原料を，大気を汚染し隣人に害を与えるような方法で利用しようとするが，他方，害を受けそうな隣人は，もし汚染者の行動を予測できるなら効率的に一致団結し，当の原料に対して汚染者より集団的に高値をつけるだろうと予期するかもしれない。競売人はこのような性格の汚染行為を起訴可能な不法妨害とするために，自由＝拘束の体制で不法行為法を利用するだろう。この手段は，より巧妙な仕方で外部経済を修正するだろう。というのも，それは汚染者が被害者と，汚染への権利に関してバーゲンを行う可能性を許しているからである。私がここでたまたま言及することになった問題は，言うまでもなく「法の経済分析」の研究者に馴染みの領域である。私はただこの研究領域と修正の原理の関係を単に示唆しておきたいだけである。要するに，この原理によれば，選択の自由に拘束を課することが要求され正当化されるのは，資源の平等が自らの目標を——すなわち真の機会費用によって測定される真に平等な分配の実現という目標を——確保できる度合が，当の拘束によって向上するような場合なのである。[28]

　もちろん，このような方法で競売の正確さを改善することは，理想的な知識やコ

ストのかからない団結という条件が充たされたならば到達したと思われる結果と全く同じ結果がこれで達成されることを意味していない。拘束によって得をする人々——ジョージ王朝様式の広場にガラス張りの小屋を欲しない人々——は，自分たちの思い通りの結果に対して，各自に与えられた資源の初期的ストックから何も支払わないですんだことだろう。そこで，規制的拘束ないし不法行為法の規定は，拘束を設けない場合より拘束を設けた場合のほうが機会費用のテストの歪みが少なくなると想定する適切な根拠が存在するときにのみ，正当化されることになる。つまり，競売が終った時点，及びそれ以降の時点で人々が手にする資源が，いまここで我々が考えている想像を越えた競売以前的な競売——人々のすべての動機が透明で，あらゆる取引が予測可能で，団結のコストが存在しない競売——の結果に接近するだろう，と想定する適切な根拠がある場合にのみ，規制的な拘束は正当化されるのである。通常の場合，競売人には，外部経済を修正するような拘束を自分が採用すれば歪みはそれほど大きくなくてすむ，と想定できる一つの根拠が確かに与えられている。外部経済が生ずる大抵の事例において，拘束によって偶然にもたらされる利益は，拘束を設けないことから偶然に結果する利益に比べて，より多くの人々へと波及していくことだろう。それゆえ拘束によって外部経済を一般的に修正するやり方のほうが，一般的に外部経済を考慮しないやり方に比べ，大雑把にみて，これら偶然の利益を人々の間でよりよく平均化できるように思われる。前者のやり方のもとでは，Aは例えば別の不法妨害を禁止する拘束から利益を得るだろうが，後者のやり方のもとでは，Aの隣人たちは，自分たちが目下の外部経済によって直接的に被る損失を補ってくれるような，他の外部経済からのいかなる利益も全く受けとれないままだろう。

　ここで三つの点について注意しておくことが賢明と思われる。第一に，修正の原理は抽象化の原理の効力に影響を及ぼすものの，前者が後者を制限したり，後者の効力を減ずることはない。むしろ反対に，修正は抽象化の一つの様相なのである。なぜなら修正の原理は，抽象化の原理が真の機会費用と見なすものを，改善によって発見しようと目指すからである。第二に，修正に関する以上の手短かな議論で触れたいかなることも，基準線となる自由＝拘束は競売取引によって変更されるべきではないという私の以前の主張に異議を唱えるものではない。修正の原理は，拘束が競売において何らかの方法でどのみち購入されるだろうと主張することによって，当の拘束を正当化しようと試みるのではない。それは，完全な知識と予測が存在し，

団結のコストが存在しないもっと純粋な競売以前的な競売を想像する。修正の原理によって推奨される拘束は、確かに、このような一層純粋な競売の基準線には含まれていない。しかしそれは、この競売で購入されるものでもない。むしろそれは、競売人が執り行う知識が完全なものではありえない現実の競売のための基準線の一部として、より純粋な競売の思考上の結果と、それほど純粋でない競売から生じそうな結果とを比較することによって正当化されるのである。

　最後に、修正の原理は、我々が抽象化の原理を考察したときに到達した重要な帰結を損うものでもない。つまり自由＝拘束の正しい基準線は、広く共有されているか因習的な道徳に或る行動が違背しているという理由で、当の行動を犯罪として定めることはできないということである。というのも競売人の現実の競売で採用される修正による拘束は、より純粋な仮想的競売から生ずる結果によって正当化されるわけであるが、この仮想上の競売自体は、この種のいかなる拘束も許されない基準線を前提にしなけれはならず、そして、より純粋なこの競売が現実の競売における上記の類の（因習的道徳に反する行動を犯罪とする類の）拘束を正当化するような結果を生み出すことはおそらくありえないからである。より純粋な競売においては、ある区画に不釣合な家が建てられることを阻止するために、家によって害を被る隣人の集団が結集して当の区画を買いとることができる、ということは我々に想像できても、例えば同性愛者が自ら選ぶ性生活を好きな相手と自由に送れなくなってしまうほど、あるいは少数派の宗教の信者が自分の宗教生活を自由に実践できなくなってしまうほど広範な資源を他の人々が買いとれることなど信じ難いからである。仮にこの種の圧倒的な取引が我々に想像可能だとしても、このような事例は、修正の原理によって正当化される拘束が存在するほうが、この種の拘束が存在しない場合より競売の歪みが少なくてすむ、と言える事例には属さないだろう。

V　他の諸原理

A　真正性

　すぐ前で説明したような意味で理解される抽象化の原理は、確かに自由の推定を強めはするが、抽象化が確保しようと目指す柔軟性にとってある特定の拘束が特に有害であることが立証されないかぎり、ある自由を他の自由より基本的ないし根本的なものとしてランク付けることによって様々な自由の間に差別を設けることはない。更に抽象化の原理は、次のような一般的な例外によって限定されている。この
[29]

原理は，安全を保護するために拘束が必要となるかもしれないことを承認する。身体や財産の保護と自由の間に想定される争いに関して，適正な自由観念は幾つかの自由を他の自由より強力なものとして選び出し，これらを特に強い権利として奨励する。このような自由観念は，例えば暴行の禁止より言論の禁止を正当化するときのほうがより強力な論拠が必要である，と主張する。そして法律家は，必要とされるこの種のより強力な論拠を示すために，我々に馴染みの「明白にして現在の危険」という標語をしばしば用いている。

それゆえ我々は，架橋的戦略が，抽象化の原理に加えて別の原理を，すなわち選択の自由に関してもっと細かに区別された権利を確立する別の原理を提示するかどうか考察しなければならない。我々がここで考察しているのは，資源の平等論が私的所有における平等について抱く見解から導出される自由権だけであり，私が前に注意したように，我々はこれらの自由権が資源の平等の一層一般的な説明——この中には民主主義に関する理論も含まれる——が支持するすべての権利を尽している，と考えてはならない。しかし私的所有における平等から導出される権利の集合には，抽象化の一般原理に比べて射程範囲は狭いがもっと強力な諸原理が含まれている。例えば競売の参加者は競売の中に自分の信念や帰依，仲間との提携や企図や嗜好を持ち込み，競売の後は，自分の初期的保有物を改良し再分配していく生産や交易に関する様々な決定の中にこれらを持ち込むことになるが，資源の平等によって是認されるどのような競売の体制も，この種の信念や企図等々を形成し再検討するために是非とも必要になる様々な活動に彼らが従事する自由を特別に保護するような何らかの基準線の原理を必要とする。[30]

人格は固定したものではない。人々の信念や選好は変化し，影響を受けたり操作されることがある。それゆえ資源の平等の完全な説明には，基準線の一つの特徴として，競売での計算がうまく進むように人々の人格的特性が正しく発現されたと見なされるような諸状況についての何らかの記述が含まれねばならない。つまり基準線は，真正性（authenticity）を定義する何らかの原理を必要とする。[31]それは真正性の（つまり真正な人格とは何かという）問題について何も語らずにおくことはできず，言うまでもなく，この問題を何らかの仕方で競売自体へと送り戻すこともできない。ここでも再び我々は，架橋的戦略を通して，利用可能な様々な原理の間で選択を行わなければならない。

真正性の原理の正しい定式化と，正しく定式化された原理が保護すると考えられ

第3章 自由の地位

る活動の精確な限界については，言うまでもなく困難な問題が生ずる。しかし受容可能などんな原理であれ，一定の射程範囲をもたなければならない。真正性には受動態と能動態がある。競売の参加者は，自分自身の信念や愛着心や企図を形成し反省する機会を持ちたいと思うと同時に，これに対応した他人の意見に影響を与える機会を持ちたいと思うだろう。競売における彼ら自身の成功の大部分は，後者に依存しているからである。それゆえ架橋的戦略がどのような真正性の原理を推奨しようと，我々はこの原理の広い範囲の中に，次のような自由を特別に保護することの正当化が見出せると期待するだろう。つまり宗教的帰依の自由，表現の自由，利用しうるかぎり広範に亙って文学やその他の芸術作品に接する機会をもてること，個人的，社会的そして親密な集団を形成する自由，加えて監視からの自由という形態での表現しない自由などである。

　以上述べたことやその他の方法によって，非現実的で理想的な状況が十分な時間に亙り存続することを想定した人為的で包括的な競売の筋書においては，あらゆる参加者がこれらの機会をもうそれ以上利用したいと思わなくなる時点がくるまでは，競売は開始しないだろう。理想的な真正性は可能なかぎり最大限の機会を要求するが，その理由は，より多くの時間が与えられれば人々が賢明な選択を下せる可能性が高まるからではなく，人々が自己の人格の形成に未だ満足していないにもかかわらず，自分自身の人格であれ他人の人格であれ，彼らの選択がこのように不満足な人格に関する観方によって左右されることがあってはならないからである。したがって理想的分配の基準線は，当初の競売の以前も以後も，人々が自分の信念や愛着心や選好を形成し，反省し，あるいは唱道する機会に拘束を加えることを許さないだろう。競売以前ないし競売以後の世界で劇的な非常事態が起ったときは，疑いもなく真正性は安全性に座を譲るだろうが，この危険は格別に大きなものでなければならない。というのも，真正性に対するどんな重大な違背も競売を，あるいは競売以後の取引が平等を維持していく力を，極めて根本的で広範に及んだ仕方で損うことになるからである。抽象化のより一般的な原理に対する違反は，価格を歪めて真の機会費用から逸らしてしまう。しかし真正性の原理に対する違反は，もっと根本的な仕方で価格を歪める可能性がある。なぜなら，それは人々が自分の望むことを決める判断に影響を及ぼし，それゆえ彼らが追求しようと決心する入札のプログラム全体を変えてしまうからである。資源の平等の構造の内部において我々には次のように主張すべき特別な理由が与えられている。つまり真正性の原理および抽象化

の原理が安全性の要請と争い合うどんな場合でも，抽象化よりは真正性のほうに重いウエイトを置くべきだということであり，例えば否定できない差し迫った危険が存在する場合を除き，表現の自由を保護すべきだということである。真正性は，言論の自由を基礎づけるために我々に必要な，あるいは我々が手にしている唯一の原理による論証というわけではない。言論の自由のためには，これ以外にも多くの実際的な論証を我々は手にしている——例としては，公職者の汚職から人々を守るために出版の自由が果す役割を強調する論証など——。しかし，仮に自由な言論に対する権利を基礎づける他の論証が我々にないとしても，資源の平等は，ただ真正性のためだけにこの種の権利を要求するのである。

B 独立性

抽象化の原理は，特異な道徳的ないし宗教的信念を抱く人々を刑事訴追から保護し，既に述べたように修正の原理もこのような保護を妨げることはない。しかし，我々がこれまでその基準線を定義してきた競売において，特異な人々は別の不利を被ることがあるだろう。いま，人種偏見を抱く人々が十分に多いことから，彼らが結集して住居用の区域を買いとってしまい，後でそこから黒人を排除することができるとしよう。抽象化の原理には，このようなことを彼らに禁止するいかなるものも含まれていない。むしろ，ある種の状況ではこの原理が法的に強制された人種隔離を支持することさえあるだろう。競売人は，団結のコストがこれを妨げないかぎり，人種偏見を抱く人々が共同体にある住宅用の土地の広大な部分について上記の目的のために結集することを確信するかもしれない。そして，このとき修正の原理は，競売人がこのような結果を見越して，競売の基準線を設ける際に人種に基づく地区制を用いることを要求するかもしれない。

しかし偏見が一部の人々の生活を破壊することを許すような政治的経済的体制は，共同体のすべてのメンバーを平等な配慮で取り扱ってはいない。それゆえ競売の結果がこのような仕方で抽象的平等原理に違反しないことを確保するために，基準線にはもう一つ別の原理が必要となる。独立性（independence）の原理は自由と拘束の両者について言及する。第一に，この原理は次のように主張することによって，修正の原理を抑制する。つまり団結にコストがかからず完全な知識を前提とした理想的な競売で達成されるであろう結果を生み出すために基準線に拘束が加えられるとしても，人々の入札が当の拘束に服するか拘束のゆえに不利を被る者たちに対す

第3章 自由の地位

る軽蔑や嫌悪を反映していることだけが原因で当の結果が達成されるのであれば，いかなる基準線の拘束も理想的競売と同じ結果を生み出すために必要であるとして正当化されることはない，と主張するのである。第二に，独立性の原理は，ある人々が組織的な偏見の対象となっており，当の偏見によって何らかの重大な，あるいは広範な不利益を被る恐れがあるとき，彼らを偏見から守るために必要な基準線の拘束を是認することによって抽象化の原理を抑制する（実際のところ，独立性の原理は，このような方法で機会費用を再定義しているのである）。

以上の議論は，独立性の原理を支持するためにはアド・ホックな論拠しか我々にはないこと，そして平等主義的分配において単に隔離を排除するだけのために抽象的な平等主義原理と羨望の原則とを架橋する特別な方法を我々が考え出さねばならないことを示唆している，と言えるかもしれない。もし本当にそうならば，我々にとっては期待はずれなことだろう。なぜなら法による隔離であろうと社会的な協調から生ずる隔離であろうと，深い意味で平等主義に違背しているようにみえる社会体制を排除するために，資源の平等の基本的構造に特別なものを付加する必要のないほうが，もっとよいと思われるからである。換言すれば我々が望むのは，独立性の原理を我々の平等観念の根源から引き出してくることである。事実，我々にはこれが可能である。というのも，実際のところ偏見の問題は，資源の平等が多様な脈絡において直面しなければならないより一層一般的な問題，すなわちハンディキャップの問題の一つの側面にすぎないからである。例えば才能というものを，他人が金を払って手に入れようとする財やサーヴィスを生産する力として理解した場合，資源の平等は，才能の著しい相違に関して返答を迫られることになる。第2章で私は，一つの部分的な矯正法として，仮想保険市場に基礎を置く補償の体制を示唆しておいた。

偏見は，身体障害や才能の欠如とは多くの点で明らかに異なっているが，それにもかかわらず，構造的に関連した問題の一つの例である。ある人々のサーヴィスが市場でのプレミアムに値することを他の人々の嗜好が許さないことから不利な立場に置かれるのと同様に，他の人々も彼らの仲間の市民の相当数が嫌悪するか他の何らかの理由で避けたいと思うような人種に自分が属していたり，その他の身体的非身体的な性格を帯びることから害を被ることがある。確かに資源の平等は，前者のケースで不利益を課す嗜好に対しては中立的であるが，後者のケースで不利益を生み出すような態度を断罪する。しかし，この違いは，他の原因から発生する不平等

に比べ，偏見に起因する不平等を直していくように努力すべきより強い理由が我々にはある，ということである．仮想保険市場に基礎を置く補償の体制は，他の形態のハンディキャップを改善する際には有益かもしれないが，偏見の影響を打ち消すには明らかに不適切である．偏見の犠牲者が，偏見がなかったら占めることのできる地位にできるかぎり近づけるようにするために——資源の平等が目指す他の目標や拘束条件と両立可能なかぎりで——，我々は何らかの別の方法を見つけ出さねばならない．この点，平等主義的な基準線の自由＝拘束の体制に対して消極的および積極的なインパクトを及ぼす独立性の原理は，我々が選択するのに相応しい手段と思われる．それゆえ結局のところ独立性の原理は，資源の平等の孤立した漏穴の単なるアド・ホックなつぎはぎではなく，むしろ，当の平等観念のはるかに一般的な特徴が偏見の脈絡において発現したものなのである．

VI 現実世界への帰還

A 改善の理論

政治哲学において我々は空想を用いて様々な理念を鮮明なものにし，実際に可能なことの中で不当な点が最も少ないものを識別し，様々な失敗のうちどれを選んだらいいかを決めるために理念を用いる．我々は，すべてのものが競売可能であり，競売が永久に続きうる世界の中で資源の平等を想像したが，我々自身の世界で実際に可能なことのうちどれか一つを選ぶために，資源の平等に関する様々な空想をどう利用することができるだろうか．現実世界では，大部分のものが既に所有され，最も抽象的と言えるような形態の物的資源は殆ど存在せず，包括的な競売など記述することさえ不可能である(32)．我々には反事実的な推測が必要であり，このためにはこれまでの議論が役立つに違いない．

先ず我々は，自分たちの間での理想的分配を想像する必要がある．いま，我々と同じ嗜好と企図を抱く人々が抽象化の原理やその他我々が特定化した諸原理を尊重する基準線から出発して，彼らが集団として自由にできるあらゆる資源を対象とした平等主義的競売を何らかの方法で組織し，執り行うことが仮に可能であるとしよう．どんな一般的な分配が結果するだろうか．もちろん，この種の競売の結果をそれなりの精確さで記述できると考えるのは馬鹿げているだろう．仮にこの種の競売が我々の若い頃に執り行われ，競売直後の状態から出発してこれまでずっと生産，交換そして消費を続けてきたとしたら，我々が現在どのような資源を持っていたか

一人一人について述べることは不可能だろう。しかしそれにもかかわらず，我々の法的経済的構造がどのようなものになるか，更に私有財産のどのような分配パターンを我々が発展させていたかについて，有益な判断を下すことはできるだろう。例えば我々の刑法は，抽象化の原理や我々が議論した他の諸原理の形態において，自由を保護し尊重することだろう。また強制保険の制度が設けられ，失業者や不完全就業者，病人や身体障害者たちは，平等な保険市場で人々が自分自身のために備える資源に近い特別の資源を貰うだろう。人々は相互に異なった資源や職業や貯えを持つようになるだろうが，大抵の近代社会によく見られる貧富の極端な相違は存在しないだろう。

　換言すれば，競売が我々の間に生みだしたであろう結果について構図を描くことができるということである。この構図は漠然としているかもしれないが，我々の現在の法体系や私有財産の分配が，この種の競売によって生み出されえたはずの資源配置の集合に含まれないことを我々に確信させる程度には十分に詳細である。また我々は，共同体の数多くのメンバーを二つの集団のどちらかに割り当てることができる。つまり平等主義的な競売によって生み出されたはずのどの資源配置におけるより現実の状況のほうが明らかに良い（と彼ら自身で判断するような）人々と，現実の状況のほうが明らかに悪い人々である（もちろん，相当な数の人々はこれら二つのカテゴリーのどちらにも属さないかもしれないが）。

　平等観念は，理想的な平等主義的分配を説明するだけでなく，明白に不平等な分配の平等主義的改善と見なされるものを説明しないかぎり無価値である。そこで，我々の次の課題は，資源の平等に適合し，我々の社会を現実のものより平等主義的にするための指針として機能するような改善の理論を構成することである。政治哲学の脈絡では奇妙に思われるかもしれないが，我々には会計学の用語が必要である。我々はある人間の資産の持分の欠損（equity deficit）を次のように定義できるだろう。つまり理想的な平等主義的分配が彼の社会で行われたときと比べて，彼が現にもつ財産の量がどれだけ少ないか，あるいはその他の点で彼の状況がどの程度悪化しているかによって定義するのである。ある特定の人間がこの種の理想的分配で正確に言ってどのようなものを持つことになるか我々には発見できないのであるから，持分の欠損についての判断は大雑把で，主として比較的な判断にならざるをえない。通常我々は，次のように述べることが正当だと感じている。すなわちある非常に貧しい人がいるとき，彼の貧困のかなりの部分が彼自身の以前の決定に由来したと言

えないならば、この人の持分の欠損は、貧困の程度がより少ない人よりも大きいことになり、またこれより上位の中間層の人々には持分の欠損が少しも認められない、ということである。

改善の理論の目標は、持分の欠損を減らすことでなければならない。ここで幾つかの問題が生ずる。持分の欠損はどのように算定されるのだろうか。一人一人について我々が下す判断は大雑把にならざるをえない、と私は述べておいた。しかし、この大雑把な判断は、より精確などのような判断に接近しようと努めているのだろうか。いま、ある特定の人間が理想的な分配でならばどんな資源を獲得し保持したはずであるかを我々が精確に知ったと仮定しよう。このとき、彼の現在の持分の精確な欠損を定めるために我々はどのようなテストを用いるだろうか。この種のテストを用いれば、二人の人間のうち、一方の持分の欠損のほうが他方より大きいとか小さいとか同等だとか述べることが我々に常に可能となるだろうか。ここで、ある一つの計画が平等を改善しうるのは、それが共同体における持分の欠損の総体を減少させる場合に限られる、と前提してみよう。この総体は、共同体の各メンバーにみられる個々の持分の欠損の何らかの関数であると推定されるだろう。しかし、どのような関数だろうか。つまりある政治計画が一部の人々の持分の欠損を減少させるが他の人々の欠損を増大させるようなとき、当の計画が資源の平等を改善したか否かにつき我々はどのようにして判断を下したらいいのだろうか。

B 不平等の程度

各々の平等観念は改善に関する自らに固有の明確な理論を伴わなければならず、この理論は理想的平等について当の観念が与える一般的説明と整合的なものでなければならない。つまり、もし持分の欠損を減少させることが改善のテストとなるべきであるならば、その欠損は、理想と同一の通貨で測定されねばならない。例えば福利の平等は、持分の欠損を福利の損失として定義しなければならない。この平等観念にとって、ある人間の持分の欠損は、福利が平等であるとしたら彼が享受するであろう福利のレヴェルから彼の現実の福利のレヴェルを差し引くことによって確定される。ところが、資源の平等は、持分の欠損の測定法として、福利に基礎を置く測定法を用いることができない。このようなことをすると、資源の平等が平等改善の正しい測定法をそれでもって定義することを拒否するような規準が導入されてしまうだろう。換言すれば、資源の平等は持分の欠損を、福利空間ではなく資源空

第3章 自由の地位　　225

間において計算しなければならない。しかし既に我々は，ある人間の状態がそうあるべき状態より悪いとされるとき，それには二つの側面ないし次元が存在することを見出した。先ず彼は，平等主義的競売の基準線が彼の共同体で現実に効力をもつ自由＝拘束の体制から成るとした場合に，このような競売で得られたはずの資源を持っていないのかもしれない。あるいは現実に効力をもつ基準線の体制が，それ自体で資源の平等に相応しくないのかもしれない。例えばこの体制は抽象化の原理や我々が出会ったもっと特殊な諸原理のどれかに違反しているかもしれない。もちろん，ある人間が，これら二つを合わせた理由で，あるべき状態より悪い状態に置かれていることもあるだろう。つまり自由の体制が不公正であると同時に，仮に平等主義的競売がこのように不公正な体制から出発したときに彼が得るはずの資源と比べても，彼がより少ない資源しか持っていないこともあるだろう。現実世界で貧しい暮しをしている大部分の人々は，このような二重の不正から害を被っているのである。

　それゆえ我々は会計上の区別を更にもう少し加える必要がある。ある人間の資源の欠損とは，彼が現実に持っている資源と，公正な基準線から出発する平等主義的競売で彼が獲得するはずの資源との差額のことである。一般的に言って資源の欠損は，実際的な改善理論にとって十分に正確な仕方で貨幣化可能である。したがってある人間の資源の欠損は，彼の現実の資源を平等主義的な競売で彼が持ちえたはずの資源へと変えるために彼が必要とする金額を意味することになる。他方，ある人間の自由の欠損は，彼の資源の欠損で捉えられた諸々の様態に加えて，彼の共同体の自由＝拘束の体制が資源の平等の要求するものと異なることから彼の状態がより悪化してしまう色々な様態の中に存する。この定義が示唆するように，不公正な基準線から生ずる結果の一部は，資源の欠損の中に現われてくる。以前に私は，フットボールの競技場に必要な広さに満たない区画へと土地を分割することを禁じた基準線を想像した。私が述べたように，ある人々は，このような基準線の拘束のゆえに，拘束がなかったら得たはずの資源より少ない資源しか持たなくなるだろう。このとき，彼らの資源の欠損はこの差異を反映している。しかし私が想像したもう一つ別の拘束，つまり誰も風刺的な彫刻を製作することが許されていない場合を考えてみよう。我々は，この拘束によってある特定の人間の状態が悪化する度合を完全に金銭的な方法では測定することができない。政治的買収の可能性を別にすれば法が禁止することを行う法的な権利を市場において購入するには，どんな金額も十分

でないからである。それにもかかわらず，風刺的な彫刻を製作したいと思う人は資源の平等が約束したものよりも彼にとって低い価値しかない資源を持つ羽目になるのである。そしてこの事実は，彼が持つ資産の持分の欠損全体を適切に計算したとき，この計算の中に何らかのかたちで反映されてくるに違いない。

したがって自由の欠損については別個の会計が必要である。ある人の自由の欠損とは，次のような意味で彼の行動が制限されている程度のことを言う，と考えられるだろう。つまり理想的な平等主義的分配が彼に対して定める状態で彼が行いえた（あるいは達成できた）はずのことと比べて，何らかの拘束があるために彼が行いうる（あるいは達成できる）ことがどの程度まで制限されているか，ということである。それゆえ自由の欠損は，人が置かれている状態の他の諸特徴によっても左右されることになる。例えばある法制度が共同体の大理石の全供給量の半分以上は誰も獲得できないことを定めているとしよう。理想的な平等主義的分配の基準線の中には，この種の禁止は存在しないだろう。この種の禁止は，抽象化の原理によって排除されるからである。にもかかわらず現実世界においてこの種の禁止が自由の欠損を生み出すことはない。というのも，理想的分配のもとでは，大理石の半分以上を買い上げるほどの金持はいないからである。これとは異なり，大理石の獲得ないし利用を全面的に禁止する法律は，彫刻したいと思う人々に対して自由の欠損を明らかに押しつけることになる。それらの人々は，理想的分配に従えば送ることのできた生活を送れなくなるからである。

既に述べたように，我々はこの種の欠損を貨幣で数量化できない。しかしながら自由の欠損が様々な拘束から生ずるかぎり我々はこの欠損を色々な方法で比較することができる。いま，ある人がブロッコリを食べることを法律で禁止されており，他の人が本を読むことを同じく法律で禁止されている想像上の世界を考えてみよう。これら二つの禁止から生ずる結果を比較するための正確な測定法が我々になくても，後者の禁止のほうが前者よりもはるかに重大で由々しい結果をもたらすことは明らかである。前者よりも後者の禁止のほうが，それに服する人々の活動や計画達成をはるかに著しい程度において制限することになる。しかし，二人の人間が同一の不正な拘束に服しているとき，私が理解できるかぎり，資源の平等はいかなる測定法も提供できない。当の拘束が各人に生み出す持分の欠損の差異を非公式に量化する方法さえ，それは提供しえない。もちろん，何らかの所与の禁止から人々が受ける被害は様々だろう。大理石の利用に関する拘束は私よりベルニーニにとってはるか

に重大なものになったことだろう。しかし，これらは福利空間での差異である。そして，持分の欠損を我々が計算する際に福利空間での差異を考慮してしまうと，資源の平等が拒否するような仕方で人々の嗜好や計画や企図が分配に影響を及ぼすことを容認せざるをえなくなるだろう。我々が望んでいるのは，改善の理論の指針となりうるような自由の欠損の解釈である。資源の平等の内部でしかも自由に彫刻できないことからベルニーニが私より大きな苦痛を受けることだけを理由として，私よりベルニーニにより多い資源を割り当てれば平等が改善されるだろう，と考えるようなことを我々は受け容れることができない。

　資源の平等においては，同一の拘束から生ずる自由の欠損を個人間で比較するためのどんな基礎も残されていない。しかしだからと言って，このような自由の欠損が何らかの意味において人々の間で同一だということにはならない。いま，二人の人間が法による同一の不正な禁止のゆえに自由の欠損を被っているが，理想的な平等主義的分配で両者が持ちえたはずの資源と比べて，一方は通常の資源を（貨幣で換算して）これより多く持ち，他方はこれより少ない通常の資源を持っていると想定しよう。この場合，両者の自由の欠損は同一であり，資源の欠損はより貧しい人のほうだけに存在するのであるから，持分の欠損の総体は金持の人より貧しい人のほうが大きいはずである，と言いたくなるだろう。しかし我々としては，一方の自由の欠損のほうが他方より大きいと言えないと同様に，両者の自由の欠損が同一であるとも正当には言うことができないのである。これら二つの判断はともに，福利に関する場違いな判断としてのみ意味を持つにすぎない。二つの自由の欠損は同一ではなく通約不可能なのであり，目下の事例におけるように，しばしばこの通約不可能性は，持分の欠損の総体をも同様に通約不可能にしてしまうだろう。

C　平等の総体的な増大

　もし不平等な共同体が理想的な平等主義的分配を何らかの仕方で達成できたならば——例えば共同体が首尾よく包括的な競売を現実に執り行うことができるならば——，明らかに平等は総体的に改善されるだろう。しかしこれは決してありえないことであるから，我々としては，どのようなことを平等の限定された，あるいは部分的な改善として——正しい方向への一つのステップとして——見なすべきかを考察しなければならない。我々は，資源の平等の一般的な構図と両立可能な——人々を平等な配慮で取り扱うということはどのようなことかについてこの平等観念が採

用する見解と両立可能な——解答を必要としている。次のような指摘を考えてみよう。ある計画がいかなる人間の自由の欠損も増大させず，しかも共同体にみられる資源の欠損の総体を——すなわち資源に欠損のある各々の人間が当の欠損を消すために必要とされる金額の集団的な総計を——減少させるならば，計画は平等を改善したことになる，という指摘である。しかし資源の平等は，このような改善のテストを受け容れることはできない。なぜならこのテストは，各人が持つ資源の集団的な総体を極大化することを目的とした計画の中で，各人の資源が同一の仕方で考慮に入れられるときに人々は平等な配慮によって取り扱われていることになる，と想定しているからである。このテストは，最も貧しい人々ほどには貧しくないが，それでも依然として資源を剥奪されている非常に多数の人々の状態を少しばかり向上させるために，既に最も貧しい人々に属する少数の人々にかなりの損失を被らせるような計画によっても充足されるだろう。これは福利空間ではなく資源空間における功利主義的平等論である。この立場は，どのような分配であろうと社会全体の資源の総体的な金銭価値を極大化するものであれば，これを理想的な平等主義的分配として定義するのである。資源の平等は，平等の一般的な説明としてこのテーゼを拒絶するのであるから，資源の持分の改善を定義するものとしてこのテーゼを受け容れることもできない。

　にもかかわらず我々が平等の改善を定義するためのテストとして，人々の資源の欠損を集計するテストを拒絶し，どのような改善のテストも資源の欠損だけでなく自由の欠損にも注目しなければならないと主張するとき，我々は自分たちに与えられた選択肢を由々しく減少させることになる。確かに我々は，平等の優勢的（dominating）改善を生み出すような計画を受け容れることができる。私が言っているのは，他のどのような人間の持分の欠損も——この欠損は資源の欠損であるか，自由の欠損であるか，両者を合わせたもののいずれかである——増大させることなく，ある一部の人々の持分の欠損を減少させるような計画のことである。これはパレート改善と同じものではない。適切な失業対策を含む包括的な福祉計画の資金を調達するために累進所得税を増額することは，金持の状態を悪化させるであろうから，パレート改善をもたらすことはないだろう。しかし，それは平等の優勢的な改善は十分に生み出しうるだろう。というのも，それは自由に対していかなる新しい拘束も押しつけることがなく，ただ新たな課税が導入された後でさえ資源に少しの欠損もないような人々の状態を悪化させるだけだからである。また大理石の独占を禁止

する想像上の法律に関して我々が見たように，仮に自由を制限する計画であっても，理想的分配が実現した後であれば自由が制限されていると言えないような方法で自由を制限するならば，それは優勢的な改善を生み出すだろう。たとえこの計画が自由を制限していても，当の自由の価値に関しては，この計画によって理想的状態より悪い状態に置かれる人は一人もいないからである。それゆえ平等の優勢的な改善ははるかに達成し易いものであり，それゆえパレート改善より実際上はるかに重要なものと言えるのである。

　しかしながら，これまでの議論から優勢的改善は真に平等の改善と見なせる唯一のものである，と結論するのは誤りだろう。もっとも，優勢的ではないが真に平等の改善と言えるものを記述する際に，我々は少し注意しなければならない。しかもこの種の改善のどんなリストも不完全だろう。なぜなら非優勢的な改善というものは，何らかの包括的で網羅的な定式によってではなく，提案と検査のプロセスによって生み出されねばならないからである。例えばもしある計画が新たな自由の欠損を誰にも押しつけることがなく，資源の最大の欠損を背負う集団の資源状態を改善するならば，他の人々のさほど大きくはない資源の欠損がこれで増大するとしても，当の計画は明らかに平等を改善すると言えるわけであるが，おそらく，これは次の条件が充たされる場合に限られるだろう。つまりこの計画が社会で最も不利な立場に置かれた集団のメンバーの欠損を減少させるとき，当のメンバーの誰かしらが得る利益の最高額より大きな欠損上の損失を被る人が他に一人もいない，という条件である。[33] 疑いもなく我々は，不平等な社会を少しでも不平等でない社会にするものとして我々を満足させるような計画について，多かれ少なかれ大雑把な類似の記述を構成することができる。しかし，資源の平等のもとでの総体的な改善と見なされうるものに関しては，一般的で重大な限界が存在する。別言すると，いかなる計画も，それが自由に対し新たに著しい拘束を付け加え，この拘束がかなりの程度の自由の欠損を人々に押しつけるものであれば，総体的改善を生み出すものとは見なされえない，ということである。というのも資源の欠損と自由の欠損は通約不可能であるから，例えば，貧しい人々の言論の自由を犠牲にしても彼らにより多くのプロテインを与える計画は，共同体がすべてのメンバーを平等な存在として取り扱う程度を総体的に向上させているのだ，といった主張を正当化するどんな方法も存在しないのである。

D 擁護可能な平等主義的分配

　改善についての我々の理論は，政治的に可能なものとは区別された技術的に可能な再分配の計画——これには失業や低賃金や不運に対する補償的な保険も含まれる——で，我々の共同体を分配の理想にもっと近づけてくれるような計画を想像可能にする。この種の計画を通して我々は，もうそれ以上技術的に可能な変更を加えても我々を当の理想に近づけることができないような状況へと到達することが想像可能だろうか。この種の状況は資源の完全な平等を実現しないけれども，最善の政治的意志を前提としても我々にせいぜいうまく処理できるのはこれらの事例であることを明示するために，これらを擁護可能な平等主義的分配と名付けることにしよう。我々は，擁護可能でない分配をたやすく識別することができる。というのも，これらの分配は改善についての我々の理論に従えば，機会費用によって判断される平等の方向を目指して明らかに改善されうるからである。合衆国や英国で現在みられる分配の体制は，偶然でつぎはぎ的な仕方になるとしても，例えば，より正しい税制や最下層の人々への再分配によって明らかに改善されうるし，この場合，このような税制や再分配が新たな自由の欠損を人々に押しつけることもないだろう。英国も合衆国も（そして私が信ずるところでは他のどんな国も）擁護可能な分配の体制を依然として達成していない。

　我々にとって擁護可能な平等主義的分配を構成すると思われる状況について，少なくともその主要な諸特徴を識別することも可能である，と私は想定する。つまり，我々の現在の状況から出発して技術的に達成が可能であり，それ以上には明白な改善の余地がないものとして擁護可能な一つの経済体制を記述することが可能である，と想定することにする。しかし，我々にとって擁護可能な何らかの分配を我々が特定化できるとしても，特定可能な分配としては複数のものが可能であり，これら各々の分配は相互にかなり異なっていることだろう。なぜなら，我々の共同体が相互に非常に異なった改革計画に乗り出し，これらの計画の各々が平等を改善する措置てあり，しかも平等をそれ以上改善できなくなるまで利用し続けることのできる措置である，といったことが想像可能だからである。これら複数の計画のあるものは全体的にみて他の計画より良い，と想定することも十分に意味のあることである。というのも，ある計画が事実上生み出す擁護可能な分配のほうが，他の計画よりも理想的分配に近いことがあるからである。共同体の各メンバーの人格的諸特徴に関する完全な予測的情報と完全な分析能力とが我々にあれば，これらすべての計画の

第3章 自由の地位　　　231

うちでどれが最善であるかを，前もって判断することがおそらく可能だろう。もちろん，我々はこの種の予測上の情報や能力を有していない。その理由は特に——競売のストーリー自体が強調しているように——平等へと向う何らかの計画が展開されるにつれて，人々の人格的特徴や企図自体が変化していくからである。

　それゆえ例えば我々の共同体が企てる何らかの計画の一部として補償的保険の仕組が利用できることを我々が知っていても，我々はこれらの仕組が，国家により運営される国民医療体制から，税収入を資金としたより慣例的な社会保険の政策に至るまで多様な形態をとりうることも承知している。そしてリスクやこれ以外の事柄について人々が現実にどんな意見を抱いているかをよく理解し，これらの意見を所与の前提として保険のあり方を考えた場合でも，様々な方策のうちでどれが最も価値があるかを我々は十分な自信をもって予測することができない。また我々の共同体が平等を追求する際にどのような形態の商業上の組織や取引を発展させるか予測しようとしても，改革の進展につれて人々が自分に割り当てられた資源を使って（そして資源を前提として）貯蓄，投資，雇用，協力そして消費に関しどのような決定を下す可能性があるかについて疑わしい想定を設けないかぎり，このような予測は不可能だろう。これらの決定自体が，その直後に技術的に可能となるものを限定するだろうし，その結果，決定が下される順序の偶然性も含め，様々な歴史上の偶然事は，特定の共同体がそこへと収斂していく擁護可能な様々な分配——当初に達成可能と思われる擁護可能な様々な分配——の集合を，累積的に狭めていくだろう。換言すれば，平等を追求するプロセスは，進路から独立したものではありえないのである。

　したがって，我々の共同体にとり擁護可能な諸分配を特定化することによって我々に今ここでせいぜいできるのは，我々が直ちに採用し始めるかもしれない一連の措置を通じてそれぞれ技術的に可能となるこの種の分配体制の集合を想像することである。そこで，これから私は，擁護可能な分配それ自体ではなく，このような集合の一要素という意味で，ある一つの擁護可能な分配について語ることにしたい。それにもかかわらず，我々は擁護可能な諸分配を様々な仕方でランク付けできるだろう。しかし私は，特にある一つのランク付けに関心を向けることにする。仮に我々の共同体が資源の平等を遵奉したと想定されたときに，この共同体において当の分配が現実に達成される可能性や蓋然性の順序でこれらをランク付けできるだろう。もし我々がこのような方法で諸分配をランク付けしようと試みるならば，次の可能

性について推測しなければならない。つまりある特定の分配が前提にしている信念や企図，嗜好や愛着を我々が本当に抱き，それらを保持し続けることが判明する可能性，当の分配を達成するために必要な政策や措置が当面の状況において理にかなったものだと我々が集団として判断する可能性および，当の分配を達成するために必要な順序でこれらの政策や措置を我々が次々と追求する可能性などである。もちろん，我々の認める様々な擁護可能な分配が現実に達成される可能性を完全にランク付けすることなど期待できないだろう。例えば，これらの分配の各々の対について，一方は他方より達成される可能性が高いとか，両者は同じくらい可能性があるとか判断できると期待するのは不可能である。それにもかかわらず，可能性を不完全な仕方でならランク付けできる，と期待することは理にかなっているだろう。ある擁護可能な分配は他の分配より現実に達成される可能性がはるかに高い，という判断を我々は下せるはずである。

　ここで私は，我々にとって擁護可能な分配の中で現実に最も達成されそうにない分配を除き，これ以外のすべての擁護可能な分配にあてはまる一つの主張を弁護するつもりである。擁護可能な分配においては——安全性を確保したり，競売ないし市場の様々なタイプの不完全性を修正するために法による禁止が必要となる場合を除き——誰も自分の資源を好きなように利用することを法律で禁止されることはないだろう。資源の平等が理想的分配を定義するとき，それは抽象化の原理がどんな競売の基準線においても——更に競売以後の社会生活での取引や様々な出来事においても——厳格に遵守されるべきことを主張する。もし現実世界で実現している何らかの分配が抽象化の原理を反映していないならば——例えば現実世界の刑法が，安全性ないし修正とは別の理由で，人々が自分の資源を好きなように利用することを禁止しているとすれば，それは抽象化の原理を反映していないことになる——，この種の拘束の除去を含む様々な措置によって当の分配はおそらく理想の方向を目指して改善されるだろう。それゆえ現実世界のこの分配は，理想的分配では禁止されている何らかの拘束を存続させているかぎり，擁護可能な分配とは見なされないだろう。

　おそらく一部の読者は，この主張は明らかに誤っているとの印象をもつだろう。多くの国々で富の不公正な分配は，裕福な人々が貧しい人々よりはるかに良い医療を購入することを許している。いま，ある国がこの特別な不正を私的な医療行為を全面的に禁止することによって直そうとすると想定しよう。このようなとき，たと

えその国が理想的な平等主義的分配では許容されないような拘束を導入したことになるとしても、拘束が新たにいかなる自由の欠損も人々に押しつけないかぎり、それは平等の改善なのである。この場合、理想的分配で持てたはずの資源でもって入手可能な医療を受けられなくなる人は誰もいないのであるから、私的医療の禁止という拘束は、新たな自由の欠損を人々に押しつけることにならない。むしろ、この拘束をただ取り除くだけでは平等への更なる一歩ではなく、平等から退却して、より平等でない以前の状態へと戻ることだろう。しかしながら、以上の主張は次のような私の想定とはいささかも矛盾しない。共同体は抽象化の原理が断罪するあらゆる拘束の除去を含む一連の措置を通じて平等へと常に前進することができるだろう、という想定である。

　上で述べた共同体は富を全般的に再分配し、この企ての一部として、税金を財源とした気前のいい医療計画を採用することができるだろう。こうした後にこの共同体は、同じ全体的な方策の一部として、私的医療に対する拘束を取り除くことができるだろう。この包括的な変更は、平等の観点からみて、私の話において共同体が既に達成した状態――つまり富の大きな不平等はそのままにして、不平等が医療に及ぼす影響だけを改善した状態――に比べると、明らかに改善と言えるだろう。そしてまたこの変更は、同じ平等の視点からみて、富を再分配して気前のいい医療を提供するが私的医療を禁止する拘束を存続させたそれほど包括的でない変更と比べても改善と言えるだろう。医療における私的取引が許されることによって、人々は二つのタイプの医療の相対的価値――直ちに受けられ、それゆえ高くつく医療が、直ちには受けられない医療やその他の財に対してもつ相対的価値――について自分自身の選択を行うことが可能になる。したがって、私的医療を許可することは、資源の平等が是認するような仕方で分配を機会費用により敏感に呼応したものにするわけである。かくして私の想定は、次のようなとき以外は妥当することになる。つまり抽象化の原理に反する拘束の除去を含み、しかもこの種の新たな拘束を別に設けない一般的な計画を通じて平等を促進することが共同体にとって技術的に（これは「政治的に」という意味を含んでいないことを想起）不可能なとき以外は、私の想定は正しいということである。疑いもなく、十分な創意をこらせば、このようなことが技術的に可能な状態にある共同体を想像できるだろう。しかし私は、我々自身に馴染みの共同体がこの種の状況にある可能性は殆どないと思う。そこで私としては、擁護可能な分配の中で、現実に最も達成されそうにない分配を除けば、抽象

化の原理が要求する諸々の自由はこの種の分配において完全に保護されるだろう，と想定するのである。

VII 自由と不正

A 真の現実世界

我々は，包括的な競売が殆ど永久に引き続いて執り行われる幻想の超理想的世界から出発して，資源の平等の考察を開始した。いまや我々はこの考察を進めながら理想的な現実世界——ほんのわずかだけ幻想的なところが少ない理想的な現実世界——にまで来た。この理想的な現実世界では，不平等は依然として存続し，手に負えない技術的な諸問題が山積しているが，それでも人々は分配を一層平等なものにしようと一所懸命に努力している。我々はこの世界に十分に永く留まり，平等の改善と擁護可能な平等主義的体制とを定義して，これらの体制が現実に達成される可能性の程度に従って，不完全ではあるがこれらのランク付けを構成することができた。これから我々は再び現実へと，真の現実世界へと向って歩みを進めることにする。真の現実世界では，どちらかと言うと技術的な困難さより政治的な困難さのほうが脅威である。この現実世界は要するに我々の世界であり，この世界の中で我々は，理論や信念を実際の政治へと向けさせねばならない。

我々は，真の現実世界で我々自身がこれまでとってきた行動を判断するために，超理想的世界で我々が形成した擁護可能な分配という観念を利用することができる。我々は自己批判を行うわけであるが，その理由は，幻想上の何らかの包括的競売において達成されたかもしれない理想的な平等主義的分配を我々が達成しなかったからではなく，むしろ，自分たちにとって擁護可能な分配を我々が達成することなく，これに接近することさえなかったからである。我々は，分配上の不平等を改善するために我々にとって技術的に可能なことさえ行ってこなかった。我々の失敗は，意志と創造力の失敗であるが，主として正義の失敗である。平等のためにもっと多くのことをしたいと思う市民や公職者は，非常に多様な論点や問題に直面することになる。

先ず，これらの論点ないし問題のうちの一つをここで考察しなければならない。合衆国や英国の金持たちは，資源の平等が許容するよりはるかに良い状態に置かれ，極めて貧しい人々は，同じく資源の平等が許容するよりはるかに悪い状態に置かれている。富は改革の一般的な計画によって再分配されるべきであり，このような再

分配は現実に可能だろう。おそらく，より高い税を課したり，周知の様々な社会政策を改善することによって再分配が可能であるし，更にもっとラディカルな方法や，もっと独創的で効果的な方法も多分あるだろう。しかし，この種の計画のどれにも重大な政治的制約がある。実際，少なくともこの二つの国に関するかぎり，いまや効果的な改革が実現する可能性は，ある時期に比べて遠のいてしまったように思われる。それにもかかわらず，不正な富の不公正な利得は，より実行可能な別の手段によって制限することができる。例えば金持が自分の富を一定の目的で利用することを禁止するのである。これは法的拘束を要求するだろう。政治活動の自由，私的医療，雇用契約などに対する法的拘束であり，これは，抽象化の原理が要求する選択の自由を人々に対して拒否するのである。私がすぐ前で述べたように，現実に達成できる擁護可能ないかなる分配体制も，このような拘束を含まないだろう。この種の分配体制には，高価な電子計算機を買う代りに政治的キャンペーンのために人々が好きなだけ多くの金を使うことを禁止するような法律は含まれていないだろう。またこの種のどの分配体制も，金のかかる休暇をすごすよりは医療に高い金を支払うことを人々に禁止しはしないだろう。更に，どの分配体制においても，テレビでフットボールを観るよりはもっと長時間働くことにパン職人が同意できない，というようなことはないだろう。あるいはむしろ次のように言うべきかもしれない。安全性や健康のために，または（あまりありそうにないことであるが）市場を修正する目的のために必要な場合を除いて，どの分配体制も人々の以上のような決定を禁止することはないだろう，と。それにもかかわらず，非常に不完全にしか平等が実現していない社会においてならば，自由に対する拘束は正当化されるのだろうか。資源の平等は，この種の社会においてさえ抽象化の原理に違背すべきでないことを主張するだろうか。あるいは選択の自由を制限することは，非常に不平等な社会において平等を改善するための正当な手段なのだろうか。

　読者もおそらく推測していたように，ついに我々は，私が本章の冒頭で挙げておいた政治的論争の各事例に目を向けるときがきた。いまや我々は，これらの例を正しい方法で考察することができる。つまり，何らかの理想的な平等主義的分配において自由が占める地位をテストする事例としてではなく，もっと汚い我々の世界に適合した現実的な改善理論の中で自由はどのように取り扱われるかをテストする事例として，それらを考察することができるのである。数ページ前で私は，抽象化の原理に違背する計画によって平等が改善されることがあると述べておいた。私の以

前の議論に納得した一部の読者は，このような所見に当惑したかもしれない。もっと前に私は，抽象化の原理が資源の平等の中核にあること，そしてこの原理は，どのような形態の羨望テストもそれから出発して適用されなければならない基準線の重要な一部分を構成することを大いに力説したからである。しかし，我々の論証の諸相がひとたび区別されれば，論証が矛盾しているとの印象は消え去る。私は，分析の最初の段階で，選択の自由が既に存在することを想定しないかぎり，理想的な平等主義的分配を原則的にでさえ特定化できないことを議論した。我々は，架橋的形態の構成的戦略が基準線における自由として是認する自由なしでは，完全な平等を手に入れることができない。

我々の論証の次の段階である理想的現実世界において我々は，我々自身の共同体にとって擁護可能な平等主義的分配を想像するために，達成不可能な完全な平等の観念を利用した。私は議論のこのレヴェルにおいて，現実に達成できるいかなる擁護可能な分配も，抽象化の原理が是認しないような拘束を許容することがないことを主張した。しかし，いまでは我々は真に現実的な世界にいるわけであり，我々が直面する問題は異なってくる。我々は最早，自由に対する拘束が完全な平等によって要求されるか否かといった問題や，更に我々にとって技術的に実現可能な理想として理解された平等によってこの種の拘束が要求されるかといった問題さえ考察しているのではない。我々は，擁護可能な分配がどのようなものになるかを我々が既に知っていること，しかも，我々がこのような分配を実現しえないことを前提にしている。ここで我々が問題にするのは次のことである。たとえ擁護可能な分配自体は自由の拘束を許容しないとしても，何らかの擁護可能な分配へと我々を近づけていくための手段として，このような自由の拘束が許されるであろうか。

それにもかかわらず，私がここで論点として挙げた指摘——自由の拘束は，真に現実的な世界で平等を促進するものとして正当化されるかもしれないという指摘——は，別の意味で我々の意向に背いているように思われる。自由を愛する人々にとっては，いまここで現に存在する世界では平等のために自由を選んで犠牲にしてもいいと言われたならば，たとえ何らかの理想世界では平等は自由を要求すると言われても，嬉しくもない慰めだろう。というのも私は政治哲学において我々にもっと馴染み深い利益に基づく戦略を排して構成的戦略なるものを推奨してきたわけであるが，上記の人々は，構成的戦略の新しい，そしてより暗い側面に突然気がつくと思われるからである。利益に基づく戦略は，もしこれがいやしくも首尾よく実行に

第3章　自由の地位　　　237

移されたならば,自由に高い重要性を認めることだろう。この戦略は次のように主張することを我々に許すだろう。人々は良心や言論の自由,あるいは性的な態度決定における選択の自由を他のタイプの自由にも増して大切にしている(大切にするだろう,あるいは大切にすべきである)から,たとえ真に現実的な世界が不完全なものであっても,少なくともこの種の根本的な自由だけは保護されねばならない,と。

　これとは対照的に,構成的な戦略では,自由はすべて肯定されるかすべて否定されるかのどちらかである,という考え方がより強いように思われる。確かに,私が用いた架橋的な形態の戦略は,理想的平等の基準線の中で,あるタイプの自由に権利としての特別な地位が与えられることを推奨する。私は,真正性の原理と私が呼んだものを支持するために構成的な論証を素描したが,この論証は,例えば言論の自由にこの種の特別な地位を与えている。しかし,この特別な役割は,理想的平等に関する様々な考量に内在するものにすぎない。それは,理想的な平等においては,安全性を論拠として言論の自由を制限してもいいが,このためには他の自由を制限する場合よりも強い論拠が安全性の側になければならない,という主張を単に正当化するにすぎない。したがって我々がこれよりはるかに控え目な目標を目指すときは,つまり政治的な理由で我々が現実には達成できない何らかの擁護可能な分配に少しでも近づこうと我々が志すときは,上で述べた自由の特別な役割を論拠にして,ある特定の自由はいかなる妥協をも免れているべきだ,などと主張することはできないように思われる。それゆえ構成的な戦略は,我々自身の政治状況の下で,すべての自由を同等に傷つけられやすいものにしてしまうと思われる。幻想の世界ではへこむことのない権利の楯も,我々の現実世界では単なるブリキと化すのである。

　この結論は,一部の読者を利益に基づく戦略へと立ち返らせるかもしれない。しかし,私が既に示唆しておいたように,利益に基づく戦略は結局のところ真に現実的な世界において,我々にとって基本的な自由を適切に保護することができない,と想定しよう。このとき,自由に魅力を感ずる人々は,更に一層ラディカルな選択肢に惹かれることだろう。彼らは次のようなヒューマニズムの理念を,すなわち抽象的平等原理を正しい統治の絶対的条件として受け容れるか,あるいはこの原理を限定するにしても,自由と無関係な仕方でこれを限定するにすぎないヒューマニズムの理念を,新たに一層険しい目つきで見直すかもしれない。結局のところ我々は,自由を平等から独立したものにすると同時に,当の自由が特定の生活にもたらす利

益からも独立させるような何らかの価値を,自由の中に見出そうとおそらく試みるべきなのだろう。それゆえ,我々が直面する新たな問題に資源の平等がどう答えるかによって,非常に多くの事柄が左右されることになる。真に現実的な世界の中で,そこに見出される不平等を少なくするための手段として,自由を適切な方法で妥協させることができるだろうか。

B　犠牲の原理

　我々は次のような仕方で,自由の欠損という我々の会計上の概念を説明し直すことができるだろう。自由の欠損とは一種の権能の喪失,つまり擁護可能な分配に従えばある人が行いえた(あるいは成就しえた)はずのことを,法的拘束のゆえに行いえなくなる(あるいは成就しえなくなる)ことである。共同体がそのメンバーの一人に自由の欠損を押しつけたとき,共同体は彼を犠牲にしていると言うことにしよう。いまや我々は,受容可能などんな改善理論にも含まれていなければならない一つの原理を特定化することができる。これを犠牲(victimization)の原理と呼ぶことにしよう。この原理は,自由と平等の方程式の両辺について言及する。この原理によれば,誰も犠牲を強いられていなければ,すなわち市民が保持する自由の価値が,擁護可能な分配において彼らが保持したはずの無拘束な自由の価値と少なくとも同じくらい大きければ,自由は侵害されていることにはならない。選択の自由が制限されておらず,資源が公正に分配されているときにある人間が持てたはずの権能より大きな権能を彼は持つべきだ,などと適正な自由概念が果して要求するだろうか。しかしまた,犠牲の原理によれば,ある人間が犠牲を強いられたならば平等が改善されることもありえない。ある人間に押しつけられた資産の持分の欠損が,他人に生ずる持分の欠損の減少と通約不可能なときに,どうして平等が改善されたなどと言えるだろうか。かくしてこの原理は,実際には不完全な政治しか行われていない現実世界において,自由と平等を調和させていることになる。自由は真正な平等における自由しか要求せず,平等は自由のいかなる侵害によっても促進されることはない,とそれは主張する。

　しかし,ここで私が導入したかぎりでの犠牲の原理は,依然不完全である。なぜなら,この原理を実施に移す際に顧慮されるべき擁護可能な諸分配の範囲を当の原理が特定化していないからである。それゆえこの原理には利用可能な様々な形態が存在することになる。最も強い原理は次のように要求する。各人が保持する自由の

どの側面の価値が問題になろうと，いかなる人間の状態も，彼の自由の価値に関して，擁護可能などの分配体制と比べても悪化していてはならない。つまり数ある分配体制の中で，当の自由に対して最大の価値を彼にもたらす体制がある場合，この体制が現実に達成される可能性がどれほど少なくても，自由の価値に関する彼の状態は，この体制における彼の状態より悪化していてはならないと，それは主張するのである。しかし私としては，もっと弱く，もっと理にかなった形態での原理をテストすることにしたい。私はこの原理が次のように要求すると考える。つまりいかなる人間の状態も，問題となる自由に関して，擁護可能な分配体制で彼が置かれる可能性が最も強い状態より悪化していてはならない，と。既に述べたように，擁護可能な様々な分配を達成可能性の観点からランク付けすることが可能であり，この種の分配のうちのある集合を最も達成可能なものとして特定化できる，と私は考える。そこで，擁護可能な分配の中で達成される可能性が最も高い分配の集合を特定化し，ある人間の現状が法的な拘束のゆえに，この集合に含まれる大部分の分配体制で彼が享受できる状態より悪化しているならば，擁護可能な分配体制で彼が置かれる可能性が最も高い状態より彼の現状は悪化している，と判断されることになる。[34]

　我々は，このような形態での犠牲の原理を我々が当初にサンプルとして挙げた事例に適用することによってテストできるだろう。第一に，ある一人の人間が政治的候補者を支持するために費やせる金額を制限されることによって犠牲を被ることがあるだろうか。現実に達成されうるいかなる擁護可能な分配においても，この種の制限は課せられないだろう。人々は技術的にみて可能なかぎり平等に近い資源——機会費用のテストによって判定される資源——を持つだろうし，各々の人間は，自分が他に欲する財のためではなく，仲間の市民のために自分の資源をどれくらい多く費やしたらよいか自由に決定することだろう。しかしながら最高裁がバックリー対ヴァレオ事件で退けた選挙費用の制限は，[35]たとえこの制限が実施されたとしても，制限の後で各人に認め続けられる自由の価値を低めることはなかっただろう。つまり，擁護可能な分配の中で最も達成されそうな分配を特定化し，少なくともこの分配においてある人間が享受すると思われる無拘束な自由の価値と比べてみたとき，制限の後で認め続けられるどのような人間の自由の価値も，この無拘束な自由の価値を下回ることはなかっただろう。というのも，擁護可能な分配を達成した共同体においては，ただ単に政治に金を費やせるというだけの理由で，現在の米国の金持ちたちが政治に及ぼしているほどの影響力をもてる人間は一人もいないと思われるか

らである。それどころか，仮に最高裁が当該の立法をそのまま認めたならば，金持たちが依然として持ち続ける影響力は確かに低下しただろうが，擁護可能な分配体制の下では，金持たちのこの低下した影響力ほどの影響力を持ちうる人さえ一人もいないからである。利用可能な富ははるかに均等なかたちで分配されることだろう。そしておそらく一部の人々は，自分の富のかなりの部分を政治に費やす選択を下すだろうが，他の数多くの人々も——この中には異なった政治的見解を抱く人々も含まれる——自分の富の同程度の部分を同じ仕方で費やそうと思えば費やせるのである。それゆえ，最高裁が違憲として退けた法律は，何びとをも犠牲にしていないことになる。

　これは私が挙げた事例の中で最も簡単な事例である。というのも，問題となる拘束が直接的に専ら金銭上の拘束だからである。私的医療を違法にする提案は，はるかに複雑な問題を提起する。ここでも再び私は次のように考える。達成しうるどのような擁護可能な分配においても，医療の資格や安全の確保を目的とした拘束は言うまでもなく別にして，私的医療に対してはいかなる拘束も課せられないだろう。現在の英国では，ただ二つの集団だけが私的医療を受けることができる。他の人々に比べて金持の人々と，労働組合が私的健康保険を保証している産業で職を有する人々であり，後者の保険の資金は団体交渉を通じて大部分が雇用者によって調達されている。上で提案された私的医療の禁止は，言うまでもなくこれらの集団の自由を減少させるだろう。このとき，医療における選択という点からみた彼らの自由の価値は，最も達成されやすい擁護可能な分配体制の下で彼らが享受できる自由の価値を下回るだろうか。ある擁護可能な分配が，医療を提供するために利用することのできる二つの方策を考えてみよう。第一の方策では医療は完全に私的なものとされるが，課税によって資金が調達され，すべての人々が利用できる健康保険の適正な計画が実施されており，この計画は，平均的人間がそれを受けるために私的保険市場で保険に入ると思われる医療を想定し，この医療の支払いに十分な程度の資源を人々に提供している。第二の方策では，医療は英国の国民健康保険制度のようなものによって提供され，この制度の資金はここでも税金から調達されるが，当の制度を利用するすべての人々に同程度の医療を提供するために十分なレヴェルの資金が調達されている。他方で，人々がそのほうを好むのであれば，そして医者や病院もそれをいとわないのであれば，人々は有能な私的開業医や私立病院と医療に関する取決が自由にできるようになっている。これら二つの可能な方策のうち，現実に

第3章　自由の地位　　　　　　　　　　　　　　　　　　　　241

達成される可能性が明らかにより高いと言えるのはどちらだろうか。私としては，これを立証することは不可能だと思うが，目下の議論がこの種の想定によって左右されることはない。他にも可能な方策があるだろうし，これらも同じように実現可能かもしれないが，これらの方策は上記の二つの方策にかなり類似していて，独自の論点を提起することはないだろう。それゆえ擁護可能な分配の中で現実に達成される可能性が最も高い分配の集合は，右で記述された二つの分配体制からなると想定することにしたい。

　更に，現在の英国に存在するような国民健康保険制度が私的医療を廃止したからと言って，それ自体では改善されることがないと想定してみよう。この想定に立った場合，私的医療が違法とされれば人々の自由の価値は，上記の二つの擁護可能な分配体制の下で彼らが享受した自由の価値を下回ることになるだろうか。我々は，国民健康保険制度の下でいまや利用可能とされる医療と，上記の二つの擁護可能な分配体制で提供される医療とを相互に比較しなければならない。そして我々は，比較されるべき三つの項目を区別すべきである。誰であろうと，擁護可能な分配体制のどちらかにおけるほうが，より良い医療を受けられるだろうか。いま問題になっている健康保険制度のもとでは，生命に危険のない病気の治療には長時間の待機が必要であるが，彼は二つの擁護可能な分配体制ではもっと迅速な医療を受けることができるだろうか。彼は自分の選択をそれ自体で価値あるものと考えているかもしれず，このような場合，擁護可能な分配体制におけるほうが，彼には特定の医者や専門家に関してより広い選択の余地が与えられるだろうか。これら三つの問題のどれか一つに対しては――そしておそらく三つの問題すべてに対して――「然り」と答えられるだろう。おそらく，仮に人々が平等の資源を持っているとするならば，いま問題になっている国民健康保険制度が提供する医療と比べて，あらゆる人々がより良く，より迅速な医療を彼らに支払い可能な代価で受けられることだろう。また彼らが医療を受けることのできる医者や専門家に関しても，彼らの選択の範囲はおそらく広がることだろう。もしそうであるならば――もしこれらの仮説のどれかが説得的なものならば――，いま問題になっている状況のように，政府が私的医療を違法にし，ただ国民健康保険制度だけを存続させておくことは，政府が人々を犠牲にしていることを意味するだろう。

　しかしそれにもかかわらず政府は，平等を追求する計画の一部として私的医療を廃止するかもしれない。つまり今存在している国民健康保険が上で我々が構成した

テストを充足していないとき，私的医療の廃止と同時に政府が国民健康保険をどのような方向であれ改善しようと欲し，また改善することができるならば，政府は私的医療を廃止するかもしれない。結局のところ，このような場合でも，政府はこの種の医療サーヴィスに対しては十分なレヴェルの資源を——つまり富の擁護可能な分配体制の下で国民健康保険制度や，税金を資金とした私的医療のための保険制度が利用しえた資源と同じレヴェルの資源を——提供することが可能でなければならない。もっとも，これを行うためには，いまの体制のもとで私的医療の便益を享受している人々から，おそらくはより多額の税金を徴収する必要があるだろう。更に，政府が私的医療を全面的にではないがその大部分を廃止するようなやり方で選択の自由を制限してはならない，ということにもならない。たとえ医療の供給における選択の自由を制限することによって国民健康保険制度を大幅に改善することがなくても，このことに変りはない。例えば最も達成される可能性の高い擁護可能な分配体制において，生命には危険のない状態にある障害者が，他の人々に優先して病気を治療して貰うことが事実上不可能なことも十分ありうると思われる。それゆえ一部の人々が現存の私的医療によって優先的治療を受けることを禁止するだけの目的で政府が制限的な拘束を課したとしても，当の政府は誰も犠牲にしてはいないのである（もちろん我々は，自由に対する様々な拘束が人々を犠牲にするか否かだけを考察しているのであって，この種の拘束のどれかが総体的にみて善い考え方か否かを考察しているのではない）。したがって犠牲の原理は，真に現実的な世界において自由に対する一定の拘束を禁止するという役割を越えて，有益な原理だということになる。換言するとこの原理は，政府が共同体の資源の擁護可能な分配を目指して正当に採用することのできる一組の措置——この中に自由の拘束が含まれることもあるだろう——を特定化することにより，一層包括的な改革計画が目指すべき方向を指し示してくれるのである。

　最高裁の悪名高いロックナー判決から私が引用した事例は——この判決で最高裁はパン職人が一週間に働ける時間数を制限したニューヨーク州の制定法を違憲として退けた——，また違った意味で複雑である（もし私の見解が正しいならば，多数の人々が正当と考えているバックリー判決が，すべての人々によって悪しき判決と考えられているロックナー判決よりはるかに明瞭な誤りに見えることは，興味深いパラドックスである）。言うまでもなく，この場合，雇主であるパン会社は州の立法によって犠牲にされてはいなかった。現実に達成されうる擁護可能な分配体制の

第3章　自由の地位　　　　　　　　243

下で，雇主が次のような人々を見つけ出せると想像するのは困難である。つまり，ある賃金で一定時間人々を働かせることが雇主にとって利益になるとき，当の賃金で働いて貰いたいと雇主が望む時間を進んで受け容れて働こうとする人々を見つけ出すことは，擁護可能な分配体制では想像不可能だろう。とは言え，ニューヨーク州の制定法は，移民にとってはおそらく不利に働いたかもしれない。移民たちはパン会社が現実に提供していた条件を進んで受け容れるほど，絶望的に仕事を求めていたからである。この制定法によって彼らは自分たちの仕事を失ったかもしれず，したがって契約の自由が彼らにとって有する価値は，擁護可能などの分配体制——彼らをこの分配体制への参加者と見なして——におけるよりも悪化したことだろう。もしそうならば，そしてニューヨーク州が失業を緩和するためにいかなる補償的措置もとらなかったならば，制定法は彼らを犠牲にしたことになる。そこで私は，我々が探究している体制に関して次の結論を受け容れるべきことを提案したい。すなわち州が労働者の経済状態を一般的に改善するために，自分が進んで受け容れようとする条件で働く権利を人々に対して拒否することは，州が次のような措置を同時にとらないかぎり原則的に不正である。つまり制定法で規定された条件では職に就けなくなる人々がいるわけであるが，これらの人々の状態を，不法とされた条件で彼らが職に就けたときと同じくらい良い状態にするために十分な失業手当やその他の失業対策を州が提供しないかぎり，人々に上記の権利を拒否することは不正だということである。

　それではロックナー事件は結局のととろ正しい判決だったのだろうか。最高裁は，ここで私が考慮の外に置いている健康と安全性に関する議論をあまりにそっけなく片づけており，いずれにしても我々がいま検討している平等主義的な考慮によって動機づけられてはいなかったように思われる。しかし健康と安全性による議論は確かにあまりにも不確かであり，これだけでは，既に過酷なほどの不利益を受けている人々に更なる不利益を及ぼすような自由の拘束を正当化することはできない，と想定しよう。更に私は，一個の憲法解釈としてみても，ロックナー事件の判決は誤っていたと考える。このように私が考える理由を『法の帝国』の第10章で展開しておいたので，ここでは極く要約的に再述するだけにしておこう。(36)すぐ前で私が述べたように，ニューヨーク州がとった行動は，もしそれが共同体内のいかなる個人や集団をも犠牲にすることなく，自らの平等観念を促進させるもっと一般的な計画の一部であったならば，誤ってはいなかった。ある州の平等観念を具体的に表現す

る社会計画のあらゆる部分が同時に採用されるべきである、といったことを要求しているものとして合衆国憲法を解釈することはできないし、また政府の他の部門に対して最高裁が一定の分配的平等の観念を押しつけることを許容するものとして憲法を解釈することもできない。換言すれば、憲法はロックナー事件で退けられた形態の社会的立法を、原理の問題ではなく政策の問題として取り扱っているのである。しかしニューヨーク州が実施しようとした計画のある段階で職を失ったと思われる人々に対し、当のニューヨーク州が平等な配慮を怠ったことを示すいかなる事実も存在しなければ最高裁の判決は正当化されないのである。

C 基本的自由

　以上で我々は選択の自由に対する様々な制限を評論し終えたことになる。これらの制限のいずれも、資源の擁護可能などんな分配体制の中にも見出されないだろうが、それにもかかわらず、少なくともより大きな計画の一部分として資源の分配を——とても擁護可能とは言えない資源の分配を——改善するために、これらの制限の各々を人々に対して課することが正当な場合もあるだろう。しかし、私は本章で以上の問題の議論を開始したとき、人々が抱くのももっともと思われる大きな不安について述べておいた。すなわち、資源の平等は何らかの理想的世界では自由を保護するにしても、我々の政治が実際に行われる現実世界では我々が基本的とみなす自由でさえも危ういものにしてしまうのであるから、結局のところ自由を全面的に侵害してしまうのではないか、という不安である。それゆえ、このような不安があるからには、我々は犠牲の原理が我々の自由の中で最も基本的だと考えられているものを十分に保護するか否かを考察しなければならない。

　すぐ前に考察されたすべての事例の中で、示唆された何らかの自由の拘束から最も直接的に生ずる結果は次のことである。つまり擁護可能などんな分配体制においても持てないような経済力をある人間が持っており、この力のゆえに彼が他の人々より大きな利益を得ているとき、自由の拘束は、この種の利益のすべてではないにしても一部を取り去ることができる、ということである。上に挙げた事例の幾つかにおいては、自由の拘束は更にこれ以外の結果や、もっと拡散された結果をもたらし、まさにこのことのゆえに我々は、これらの事例に関して気がかりな点を指摘したわけである。これに対し、自由の拘束がある人々の生活にとって著しく重要な一般的自由を完全に取り上げてしまうような場合は、事情は非常に違ってくる。とい

うのも、このときこれらの人々の自由の価値は、現実に達成されうる擁護可能などんな分配体制と比べても、極度に削減されてしまうからである。政治が自分にとって重要な意味をもつ人々が政治について語ることを禁止されれば、例えば最悪の状態にある人々の物的資源の欠損がこの種の禁止によって減少するという論拠――これは真に論拠と言えるような場合もあるし、（よりその可能性が強いが）架空の論拠の場合もあるだろう――によって彼らの政治的言論が禁止されれば、彼らは犠牲にされたことになるのである。この場合、彼ら自身が何らかの擁護可能な分配体制で提供されたはずの資源より多い資源を持っていようと少ない資源を持っていようと、彼らが犠牲にされたことに変りはない。それゆえ、このような措置によって資源の平等が改善されることはないのである。また同性愛者たちが親密な交りを全面的に禁止された場合も、彼らは犠牲にされているのであり、このときも同様に、彼らが現在金持か貧乏かということは問題とは無関係である。したがってたとえ不平等が根深く存在する社会においても、これらの基本的自由が本章の議論によって危険にさらされることはない。むしろ反対に、本章の議論は、これらの自由がまさに根本的なものである理由を立証するのに役立つのである。

Ⅷ　回顧

　資源の平等において自由はどのような地位を占めているのだろうか。もし私の議論がおおかた正しいとすれば、自由は根本的で確固とした地位を占めていることになる。私は利益に基づく戦略を拒否した。この戦略は、正義の一般的体制において自由が果す役割を、人々がたまたま抱いているか特別な条件で抱くと思われる信念や選好に、あるいは人々が抱くべき信念や選好に何らかの仕方で依存させている。これに対して私が説明した構成的論証は、この種のどの仕方においても正義を人々の信念や選好に依存させることはない。資源の平等が想像する競売類似の手続から生じた結果は、人々が競売に持ち込む企図や信念に言うまでもなく敏感に呼応したものであるが、自由はこの結果の一部ではなく、反対に資源の平等が是認する何らかの競売の基準線の中に固定されているのである。

　かくして私の論証は、多くの人々は自分たちの状態の他の側面と比較して自由を一層重要なものと考えている、といった類のどんな主張にも依拠していないことになる（もちろん、多くの人々は自分の生活にとって自由を根本的に重要なものと考えており、私もすべての人がそう考えるべきだと思っている）。また私は、ある特

定の自由を保護することから生ずる長期的な結果についての，どのような道具主義的主張にも依拠しなかった。資源の平等のもとで自由の優先性が確立されるとき，それは当の自由の優先性をこの種の事柄から独立したものにするようなレヴェルで確立されるのである。自由が政治的正義にとって根本的に重要なのは，構成員たちの自由を保護しない共同体は平等な配慮——この観念の意味内容を最も正しく理解した場合の平等な配慮——でもって彼らを取り扱っていないからであり，また取り扱うこともできないからである。

　我々の政治文化には，自由が重要だということだけでなく，あるタイプの自由が他のタイプの自由より一層重大だという考え方も含まれている。そしてより重要なこれらの自由は憲法体制の中で特別な保護に値すると我々は信じている。この種の重要な自由を特定化する方法として，利益に基づく戦略は次のことを要求する。つまり，あるタイプの自由が重要な自由とされるためには，それらについて反省したときにすべての人々が（あるいは人々が集団として）それらを特別に価値あるものと判断する（あるいは判断すると思われる）ような自由でなければならない，と。私の論証はこのような方法を拒否する。しかしながら，私の構成的論証も，ある自由は他の自由より重大だという我々の直観を捕えている。例えば言論や良心の自由を保障するのは真正性の原理であるが，この原理もこの種の自由原理のどんな侵害も資源の平等にとって特に有害な帰結を生むという理由で，これらの自由が中心的な自由であることを主張する。犠牲の原理を構成し具体的に適用した前節で，我々はある種の自由を根本的な自由としてランク付けするための付加的な根拠を見出した。つまり，ある人の社会的ないし経済的状態が他の点でどのようなものであろうと，この種の自由を全面的に否定された人は，我々の政治の現実世界において犠牲にされる可能性が特に大きい，ということを我々は指摘した。もちろん，これら重要な自由が憲法構造の中でどのようにして保護されるべきかという更に別の困難な問題が存在するが，これは我々の目下の企てを越えた問題である。にもかかわらずこれらの権利が何らかの仕方で保護されるべきことに対して，資源の平等が強力な論拠を提供してくれることは確かである。

　最後に私は，本章の冒頭に近いところで言及した重要な問題に立ち返ることによって本章を締め括ることにする。自由に関する私の論証は自由という価値の品位を貶めるものである，と考える読者がいるのではないかと私は心配した。というのも，一部の読者にとって私の論証は，自由を平等の単なる手段にしており，自由を平等

第3章　自由の地位

に服従させているように見えるからである。あたかも我々は，資源の公正な分配を達成するための有益な状態としてのみ自由を気にかけているにすぎないかのようである。この反論に対して私は次のように答えた。本章の形式的な論証は，自由と平等の両立可能性の主張以上のものを含んでいない，ということである。換言すれば，二つの根本的な政治的価値としての自由と平等が衝突することはありえない。なぜなら，自由の存在を想定しないかぎり平等を定義することさえ不可能だからであり，自由の価値を害するような政策によっては，現実世界においてでさえ平等を改善することができないからである。この議論は，それ自体では自由の根拠についていかなる主張も提示していない。それは平等とは全く独立した他の理由によって自由は本質的に重要である，という主張と完全に両立可能である。それは，仮に自由を保護する他の理由が我々になくても，少なくとも平等主義的な理由が我々にはある，ということを主張しているにすぎない。

　しかしいまや私は，既に提示しておいた更に別の答えを敷衍して次のように述べることができる。利益に基づく戦略は，自由と平等が二つの概念的に区別された政治的価値であることを前提にしている。もしそうであるならば，二つの価値が衝突するどのような場合にも，両者の間の関係や一方の他方に対する優先性について問題が当然の如く生じる。私は，これら二つの価値が本当に衝突するならば平等のほうが優先すべきだと主張したが，このとき私は，利益に基づく戦略の基礎の一部を構成する上記の考え方——つまり自由と平等の概念的独立性——を前提にしていた。これとは反対に構成的論証は，自由と平等がそれぞれ独立した価値ではなく，人々の政治的な共同の営みに関する同一の理念の二つの様相にすぎないことを主張する。したがって我々が自由への信条を宣言するとき，平等をその中に含めた形態の自由を肯定しているにすぎず，平等という言葉で我々が意味していることを宣言しているにすぎないのである。

　架橋的戦略は，自由と平等が単一の政治的価値の様相であるという想定に立っている。なぜなら，この戦略は平等を定義するために役立つものとして自由を利用し，より抽象的なレヴェルにおいては，自由を定義するために役立つものとして平等を利用するからである。私が次のようには主張しなかったことを想起していただきたい。自由を一般的に想定することが，羨望テストに合格するためにどのような競売も充たさねばならない形式的要件である，といった単純で直接的な道具主義的主張を私はしなかった。事実，私が強調したように，非リベラリズム（illiberalism）の

一般的な基準線の体制，すなわち，人々が競売で獲得したものでもって殆ど何をすることも許されていないような基準線の体制でも，全く同じようにこのような競売の形式的要件を充たすだろう。私が主張したように，リベラリズムが資源の平等に相応しいのは，競売がうまく執り行われるためにリベラリズムが形式的に必要だからではなく，抽象的な平等主義原理を資源の平等の立場で解釈したときに，リベラルな基準線のほうが，これに代る他の基準線よりも適正にこの平等解釈を表現しているからである。

　真の機会費用という根本的に重要な観念は，伝統的に平等主義的な関心事と見なされてきたものと，同じく伝統的にリベラリズムの関心事と見なされてきたものとの交差点に位置づけられる。この観念は両者を統合する。というのも平等な資源というものを当の資源が他の人々に及ぼす真のコストでもって判断したとき，この観念は，私有財産制が人々を平等な存在として取り扱っていると言えるのは当の体制が人々に平等の資源を確保しているときである，と想定すると同時に，他の人々に及ぼす真のコストは可能なかぎり自由の規範を想定することによって測定されるべきこと，つまり問題となる資源が仮に他の人々の手中にあったとしたら，彼らは当の資源を好きなように自由に利用することができただろうと仮定することによって測定されるべきことを想定しているからである。機会費用はヤーヌスのような観念である。それは一つの顔で平等のほうを向き，もう一つの顔で自由のほうを向いており，二つの価値を融合させるのである。

　もちろん，自由と平等の統合は少なくともこれを以上のような仕方で理解するかぎり，資源の平等として観念されたかぎりでの平等についてだけあてはまる。我々が自由を支持すると宣言したとき，我々は自分たちがどういう意味で平等主義者なのかをこの宣言によって確認しているのだ，と私が少し前に述べたときに言いたかったのはこのことである。資源の平等は本質的にリベラルな平等観念である，と言っていいかもしれない。機会費用を平等の測定基準として用いない既述の他の平等観念は，自由の占める地位をそれが見出そうとすれば，利益に基づく戦略というもっと危うい方法に頼らざるをえない。かくして我々の論証は，この種の他の平等解釈と資源の平等との間に認められる興味をそそる更に別のコントラストを明らかにした。換言すると他の平等観念が利用する利益に基づく戦略は，自由の価値を全面的に個人一人一人の生活の内部に位置づける。資源の平等にとって特徴的な構成的戦略は，個人の生活内部での自由の重要性を否定しはしないが，なにごともこの種

第 3 章　自由の地位　　　　　　　　　　　　249

の重要性には依存させていないのである。その代りにこの戦略は，社会の全体的性格を確定する際に，そして万人を平等な配慮で取り扱うという公約を社会が果す際に自由が演ずる役割へと訴える。それゆえ，おそらく構成的戦略は自由を平等より劣った道具的なものと思わせるどころか，最終的には自由の価値について，自由を熱烈に支持する我々の態度に匹敵するような説明を与えているのである。

(*)　私は1986年10月30日にアイオワ大学法学部で，本章と少し内容の異なる講義を行った。これはロー・スクールの校舎の新築を記念して行われたた一連の講義の一部である。これらの講義のための資金の一部は，アイオワ人文科学委員会と人文科学国家基金から補助されたものである。私は，G. A. コーエン，ローレンス・セイジャーそしてニューヨーク大学の私の同僚たちに，非常に有益なコメントと意見を述べて下さったことに対して感謝の意を表する。あらゆる単人称の代名詞は，文脈がそれとは異なることを要求しないかぎり，女性と男性の両方を意味する。

(1)　Federal Election Campaign Act Amendments of 1974., Public Law. No. 93-443, 88 Stat. 1263 (1974) 参照。

(2)　Buckley v. Valeo, 424 U. S. 1 (1976).

(3)　例えば，J. Rawls, "The Basic Liberties and Their Priority" in *Liberty, Equality and Law: Selected Tanner Lectures on Moral Philosophy,* ed. Sterling M.McMurrin (Salt Lake City: University of Utah Press, 1987), pp. 1-89 を参照。

(4)　Lochner v. New York, 198 U. S. 45 (1905).

(5)　Day-Brite Lighting, Inc. v. Missouri, 342 U. S. 421 (1952) : West Coast Hotel Co. v. Parrish, 300 U. S. 379 (1937) 参照。

(6)　本章で私が提示する資源の平等についての議論は既に第2章でより十分なかたちで議論された。

(7)　私がここで疑問視しているのは，自由は生活上の価値にそれがどのような寄与をするかとは独立に本質的ないし根本的な価値を有しうる，という考え方である。もちろん，自由には芸術とか知識のような何か別の目的を実現するための道具的な価値はある。芸術や知識は生活上の価値に対する寄与とは無関係な理由によって価値あるものとされているが，この種の理由によって本質的にそれ自体で価値あるものと考えられた別の目的を実現する手段としての価値が自由にあることは確かである。

(8)　魅力的でそれなりに完全と言える平等観念――つまり，政治共同体は平等な配慮でもってそのメンバーをどのように取り扱うか，という点に関する一般理論――は複雑なものにならざるをえない。例えば，この観念は，物的資源の分配における平等と同時に，政治的平等や法のもとにおける平等についても説明しなけれ

ばならない。しかし,本章で私が自由と平等の衝突を考察する際に特に強調するのは平等の前者の側面（物的資源の分配における平等という側面）である。というのも,自由と平等の間に想定される衝突は,平等のこのような側面が問題になるときに極めて重大なものになると一般に考えられているからである。例えば既に私が挙げた諸事例の各々において,選択の自由に対して提案された制限は,富の不平等主義的な分配から生ずる様々な結果を改善するものとして擁護されているのである。更に私は,問題となる平等の諸観念はただ資源の私的所有のみを念頭に置いていると想定することによって,私の議論を一層単純なものにするつもりであるが,私の考えでは,このように想定してもこの議論の価値が損われることはない。ということになれば,平等観念とは,財を次のような仕方で私的所有へと分配することを説明したものだということになる。つまり,複数の政治的諸決定が総体として万人に対する完全に平等な配慮を示しており,それゆえ当の平等観念から見てその諸決定が理想的な平等主義的分配と見なされうるとき,このような決定から結果すると思われる財の分配を説明するのが平等観念なのである。

(9) この種の正義論を何らかの形態における平等主義と名づけることは,一部の読者に奇妙な印象を与えるだろう。私がそうしたのは,次のような重要な事実を強調するためである。この種の正義論を採用する人々は同時に抽象的な平等原理を受容し,自らの正義論が当の原理の最善の解釈であることを主張することができる,という事実である。

(10) 私は本章における議論が,私の著書 *Taking Rights Seriously* (Cambridge, Mass.: Harvard University Press, 1977), pp. 240-258 での自由に関する議論をどの程度まで限定ないし敷衍しているかを明確にしようと試みなかった。しかしながら,次のことを指摘しておくのが賢明だろう。上記の著書での私の議論は,功利主義の政治的道徳が自由への一般的権利を,社会の総体的利益の功利主義的計算に対抗する切り札として認めることができないのは何故かを立証しようと試み,それにもかかわらず功利主義的道徳がそれなりに適正なものとされるためには,特定の自由に対するある種の特殊な権利をそれが承認せざるをえないのは何故かを立証しようと試みたものである。この点については,上記の著書に加えて R. Dworkin, *A Matter of Principle* (Cambridge, Mass: Harvard University Press, 1985), pp. 293-303 も参照。これに対して本章で私が考察しているのは,功利主義的倫理ではなく,私がより魅力的だと信ずる資源の平等の道徳に基礎を置く異なった政治的道徳の中で自由が果す役割である。それゆえ,ここで用いられている異なった戦略は,上記の両著書で提示されている権利についての方法論的主張,すなわち,権利というものは,当の権利がその中に登場すると想定されている全体的な政治的道徳とは独立に特定化されえない,という主張を具体的に例証したものである。

(11) J. Rawls, "Justice as Fairness : Political not Metaphysical," *Philosophy & Public Affairs* 14. (1985), pp. 231-251 を参照。

⑿　ロールズの当初の定式化においては，彼の戦略はより一層利益に基づく戦略に依拠しているように思われる。J. Rawls, *A Theory of Justice* (Cambridge, Mass.: The Belknap Press of Harvard University Press, 1971), pp. 195-257 を参照。ロールズは，当初の定式を現在の定式へと変更したのは，前者の定式に対する H. L. A. ハートの批判に答えるためであったと述べている。J. Rawls, "The Basic Liberties", *op. cit.* を参照。また，Hart, "Rawls on Liberty and Its Priority", *University of Chicago Law Review* 40. (1973), p. 534 も参照。

⒀　必ずしも完全には明らかでないが，ロールズは，このように抑え難い利益関心を自分たちが事実上抱いていることを現実の人々がどの程度まで自認しているか，という点に関する経験的な主張には依拠していないと思われる。いずれにしても，ロールズの論証のこの側面は利益に基づく戦略ではなく構成的戦略を用いたものであると私が指摘するとき，このような想定に立っている。

⒁　Hart, "Rawls on Liberty", op. cit., p. 550 参照。

⒂　J. Rawls, "The Basic Liberties", op. cit., p. 34.

⒃　Ibid., p. 32.

⒄　バーナード・ウィリアムズの指摘によれば，個人的道徳の領域において「知識」と正当に見なされうるようなものは，ただ正不正を定義するものとして道徳的伝統が無批判的に受容されている社会においてのみ存在可能である。B. Williams, *Ethics and the Limits of Philosophy* (London: Fontana Press/Collins, 1985) 参照。

⒅　本書の第1章と第2章を参照。

⒆　ある人の身体的及び精神的な能力を，本人の人格ではなく環境のほうに含めるのは，用語上，不正確と思われるかもしれない。しかし，このような仕方で区別を設けることは，本文において以下で議論される理由からして重要な意味をもつ。しかし，能力を環境の一部として扱うことは，資源の平等に対して幾つかの複雑な論点を提起する。能力は，普通の物的資源のようには競売にかけられないし，資源の平等を追求する過程で，人々の間で移転されることもありえない。私が言及した仮想保険の制度は，その大部分がこの問題に対する応答である。第2章を参照。

⒇　これとは反対に，人が感ずる道徳的拘束は人格に属している。それゆえ，周知の如く多くの人々が法的拘束に服すべきだという道徳的信念を抱いていることから複雑な問題が生ずる。私は次のように仮定することで，この複雑な問題を回避したい。つまり環境に属すると見なされるかぎりでの法的拘束は，例えばホームズの言う「悪しき人間」が考えるような法的拘束として——当の法的拘束によって禁止された行為を遂行することのコストを高めるような威嚇として——理解されるべきである。

(21)　この点を評価する際には，競売人に利用可能な様々な選択を検討することが役に立つかもしれない。いま，競売人が第二の部分で競売にかける様々な自由を，

ある人が第一の部分で既に購入したものを利用する権利として定義し，その結果，各々の財に関して自由というものは，ただ当該の財を前もって購入した人だけにとって価値があると想定しよう。このようなときは，自由のどのような集合についても競争は存在しないだろう。どんな財であれ特定の財を保持する人は，それを（ほぼ）好きなように利用する特定化された自由を獲得するわけである。したがって，競売は第一の部分だけに縮減される。競争は，ただ最初に誰がどの財を獲得するか，という点についてのみ存在することになり，競売の参加者が第一の段階で財に値段をつけるとき，第二の段階で特定化される自由が既に当の財に付着していると想定しながら値段をつけるだろう。それゆえ第二の段階で特定化される自由は第一の段階のための有効な基準線となる。他方，競売人が第二段階で売却される自由を次のように定義すると想定しよう。つまり指定された特定の財を第一の段階で誰が獲得するかに関係なく当の財を好きなように利用できる権能として自由を定義したとする。例えば，あなたが入手した柱の権利に対し私があなたより高い値段をつけたなら，その柱に何を掛けるかはあなたではなく私が決定することになる。この場合，競売は第二の部分へと縮減する。というのも，それを入手しても役に立たない権限しか得られず，それが自分の利益になるか否かが後の競争に全面的に依存しており，それ自体では保持者に何の便益ももたらさないような財には誰も値段をつけようとしないからである。したがって，この場合も同じように，第二段階で売却される自由は，競売全体に関して想定された基準線ということになる。これら二つのケイスのいずれにおいても，そして我々が構成できる他のどんなケイスにおいても結果は同じことになる。自由がどの時点でどのように特定化されようと，競売の参加者は，あたかもそれらが当初の基準線で特定化されているかのように決定を下す。競売に何の影響も及ぼさないような仕方で自由が特定化されることはありえないのであるから，どのような特定化についても，私が本文の引き続く数節で展開するような類の正当化が必要になる。

(22) 言うまでもなく，競売の基準線は，自由と拘束に関するものとは別の問題を提起する。私は第２章で基準線の異なった側面を強調した。想像上の競売の基準線は，入手可能な資源が競売にかけられる形式を特定化しなければならないと私は述べた。いま，競売人が近隣の島々と撤回不可能な取引を行い，将来競売に参加する人々の一部が千鳥の卵を好まない事実があるにもかかわらず，競売の前に島の財すべてと交換にこの珍味だけを大量に入手したとしよう。この場合，競売の結果は羨望のない分配を実現するが，全体的な手続に欠陥があると言えるだろう。このような結果は理想的な平等主義的分配をもたらしているとは言えないだろう。なぜなら，資源が競売にかけられる形式が基準線の適正な前提に違反しているからである。更に競売にかけられる財の基準線をめぐる幾つかの論点は，競売人が資源のある混合態を千鳥の卵と交換すべきか否かという問題より一層厄介である。例えば競売にかけられる財には参加者の身体の諸部分も含まれており，それゆえ

各々の参加者は，他の競争相手が自らの目的のために彼の両眼を利用したいと欲するようなとき，当の競争相手より高い値段を自分の両眼につけないと両眼を自分のものにすることができないだろうか。第2章で私は，どのような財が競売にかけられるべきかという論点として私が提示したもう一つ別の厄介な問題が存在することを指摘した。つまり，労働に対する権利はこの種の財の中に含まれるかという問題である。いまでは私は，この問題を自由＝拘束の基準線の体制に関する論点として取り扱うほうがよいと考えている。したがってこの点につき私が第2章で到達した結論を基礎づけるには，同章に比べて本章のほうが（それほどアド・ホックなものでないことから）より適切な論証を提示していると言えるだろう。つまり人の労働とか余暇に対する権利は競売の中に含まれていないのである。

㉓ 第4章を参照。

㉔ このような手短かな説明において，私は，あらゆる共同体におけるルールが正確に同一であるとか，この種のルールがそこから導出されるような，「所有」の単一の「自然的」な意味が存在する，といったことを示唆しているわけではない。

㉕ 前掲注㉒参照。

㉖ 我々は，ロールズが利益に基づく戦略を利用している点について考察したとき，ある哲学者や社会学者が，真に好ましい生活は道徳的に同質的な，そしておそらくは更に宗教的にも同質的な社会環境においてのみ送ることができる，と主張していることを指摘した。

㉗ 第1章を参照。

㉘ このパラグラフで素描された分析は，資源の平等の一般的な枠組の内部で，この種の事例とは少しばかり異なる目的に役立つような拘束を正当化するためにも十分なものと思われる。例えば様々な形態の囚人のディレンマを解決するための拘束や，単に安全や安心ではなく便利さや効率性を維持しようとする（一方通行の規則のような）交通規則を正当化するためにも，この分析は十分に適切と思われる。

㉙ 我々が直観的に根本的であると考える自由が，このような仕方で抽象化の原理によってどの程度まで特定化され保護されうるかは興味のある問題である。しかし私としては，これが可能であると大きな自信をもってアプリオーリに言えるような理由を見出せない。このような企ては，利益に基づく戦略が直面する問題として前に私が述べた選好の偶然性によって脅かされることになるだろう。

㉚ ここでも再び一つの劇的な例を挙げることができる。いま，競売人が次のことに気づいたとしよう。つまり，競売の参加者のうちの少数派を洗脳して，彼らが今抱いている嗜好を取り去ったほうが，他の殆どの参加者がより好む分配が結果し，もし少数派の選好をそのままにしておくと，ある種の資源が多数派にとって特に高価なものになってしまう，ということに気づいたとする。もちろん，ここから結果する分配は羨望テストに合格する。しかし，競売人が当初に責任を負う

べき参加者たちに対して平等な配慮を尽していることを示すものとしてこのような分配が擁護されることはありえない。もちろん，信教や言論や結社の自由に対する拘束で我々が嘆かわしいと思うようなものの殆どは，この種の洗脳のケイスにはあたらない。私がこの劇的な例に言及したのは，平等な配慮という抽象的な命令を尊重するような真正性の説明が資源の平等にとって必要なのはなぜか，とう点を明らかにするためである。

(31) 私は「真正性」という言葉を特殊な意味で用いている。我々の目的にとって人格が真正であるのは次の場合である。人格というものは特定の状況のもとで形成されるが，このようにして形成された様々な人格の間で執り行われる競売を分配的平等のテストとして用いることが相応しいような状況のもとでまさに当の人格が形成された場合に，人格は真正なものとされるのである。もちろん，これは形而上学的な真正性の観念とは非常に異なっており，それどころか心理学的な真正性とも非常に異なっている。その一つの理由は，私の真正性の観念は法的な拘束に焦点を合わせているからであり，これに対して人格を形成する殆どの拘束やこれ以外の影響は，少なくとも我々に関しては法的というより文化的なものだからである。しかし政府は人々をどのようにして平等な存在者として取り扱うかを探究する我々の特殊な目的にとっては，法的拘束に特別の考慮を払うことが正当なのである。

(32) いかなる現実の共同体も，あるいは少なくとも生産と交換が存在する複雑ないかなる共同体も，想像上の競売をモデルとした理想的な平等主義的分配を達成したり維持したりすることは技術的に不可能である。二種類の非常に異なった理由によって，何らかの欠陥が不可避的に生ずる。第一に，次のような意味で分配は不可避的に不完全なものになる。つまり法的ルールや過去の判決で明確に確立された自由=拘束の体制は，他人が自らの財産を利用することと衝突するような仕方で人々は自分の財産を利用する権利があるかをめぐり生ずるすべての問題を解決するとは限らない。『法の帝国』の中で私は，過失や不法妨害に関する民法を次のようなものとして有益に理解できることを立証しようと試みた。つまり衝突しあう二人の私人間の関係がうまく進むために，現存の自由=拘束の体制に調整を施すように両者に対して要求することによってこの問題に答えようとするのが，過失法や不法妨害法の狙いだということである。R. Dworkin, *Law's Empire* (Cambridge, Mass: Harvard University Press, 1986), pp. 276-312 参照。私はここでこの問題については議論しないことにする。第二に分配は，たとえそれが完全なものであっても，人々が人格的特徴に関してだけでなく生産能力に関しても相互に異なっているとき——これは常にそうなのであるが——，あるいは人々の運不運がそれぞれ異なっているとき——これも不可避的にそうならざるをえないのであるが——，羨望テストに完全に合格することはありえない（この点については第2章を参照のこと）。我々には，能力や運のこのような相違を様々な方法で補償

することが可能であり，それゆえ資源の平等もこの種の補償を我々に要求する。私は，この目的のために考え出された仮想保険市場を構成することによって，我々がどのようにしてこの種の補償を行うことを期待できるか示唆しようと試みた（第2章を参照）。しかし，この補償は欠陥を完全に治癒することができず，それゆえ羨望テストは相変らず充足されることはないだろう。しかし私は，この問題をここで更に議論することも差し控えたい。

㉝ もし我々がこの限定的条件を受け容れるならば，この形態でのマクシミン原理は，ロールズ的な形態のマクシミン原理より慎重なものとなる。ロールズのマクシミン原理は，最悪の状態にある人間集団の状況がどのような仕方で改善されようと，この改善をすべて正義の向上と見なすからである。

㉞ 犠牲の原理のこのような定式化は私の議論にとっては十分であるが，これを容易に改良することができるだろう。例えば私は，様々な分配の特定化をめぐる諸問題を無視したが，これらの問題は処理しやすいものに思える。またこの原理については，非常に異なった様々な定式化を検討することもできるだろう。例えば，擁護可能な諸分配の中で，問題となる自由の価値にとって最も好ましくない分配を規準とする考え方についても多くのことが言える。しかしながら，たとえ私がテストのためにこの種の定式化を選んだとしても，本文で引き続いてなされる議論が異なったものになるとは思われない。

㉟ 424 U. S. 1 (1976).

㊱ 憲法解釈についての私の説明については，R. Dworkin, *Law's Empire, op. cit.,* pp. 355-399 参照。

4 政治的平等[*]

I 民主主義のための二つの戦略

A 民主主義と平等

これまでの三つの章で私は、平等観念というものを、その最も抽象的な形式において提示する原理——抽象的平等原理——から出発して論究してきた。この原理は、政府が市民の生活をより善いものにすべく行動しなければならないこと、そして、各々の成員の生活を平等に配慮しながら行動しなければならないことを要求する。我々は、この原理の具体的な諸解釈——具体的な諸観念——の中で、あらゆる点を考慮した結果どの観念が最善であるかを決定するために、これら様々な解釈を構成しテストすることによって、平等が何を要求するかに関する有益で実践可能な理論に到達した。もちろん、抽象的な平等原理が必ずしもあらゆる問題を解決できるわけでないことは言うまでもない。政府の統治行為や政策は、抽象性と具体性のあらゆるレヴェルにおいて多様な問題と取り組まなければならず、これらの問題は、抽象的平等原理について相互に異なった様々な解釈ないし具体的観念の中から単に一つを選択するだけで答えられるものではない。しかしそれにもかかわらず、平等原理が及ぼす影響は、当の原理を受け容れた社会に広範に亘って浸透していくものである。平等な配慮という概念について一つの具体的な解釈を選好したならば、この解釈は、統治に関するあらゆる基本的な諸制度の設計のみならず、これら諸制度の各々が下す個々の決定にも影響を及ぼすことになるだろう。

本章において私は、抽象的平等原理を受け容れた社会の内部で、政治権力の分配という基本的問題に対して当の原理がどのような仕方で関連してくるかを考察したい。平等主義社会は、どのような政治制度や政治過程をもつべきであろうか。私は、この社会が複雑化した大規模な社会であり、それゆえ、社会の全成員がそのときどきに下していく個別的な決定によってではなく、人々を代表する公職者の決定によ

り統治されねばならないことを前提する。平等な配慮に基礎を置く社会は、人々を代表する公職者をどのように選択するのだろうか。これらの公職者はいかなる権力を有し、総体としての社会の成員はどのような権力を自らに留保するのだろうか。

　平等の配慮を信奉する社会が、例えば君主制とか専制政治あるいは寡頭政治ではなく、民主主義の社会でなければならないことは自明と思われる。民主制が、これらの他の統治形態と一般的にどのように異なっているかは十分に明らかではあっても、民主主義という観念自体は、たとえ多義的とは言えないまでも極めて抽象的な観念である。民主主義は、公職者が世襲制とか優れた家柄ないし選挙人の小集団により選出されるのではなく、一般の人民により選出されるべきことを要求する。しかし、この抽象的な言明は、次のような問題を解決してはくれない。すなわち、社会の人々全体により選出されるべきではなく、社会の中のある階層ないし集団のみにより選出されるべき公職者がいるとすれば、それはどのような公職者か。様々な仕方で選出されるこれらの公職者の間で、権力はどのように分配されるべきか。選出された公職者は、自らの権力の一部を行使する別の公職者の任命をどの程度まで許され、あるいは、どの程度までこれを要求されるべきか。選出された公職者が負うべき責任はどのようなものであり、任命された公職者の責任はどのようなものか。これら二つのタイプの公職者の任期はどのくらいであるべきか。彼らの任期は固定されるべきか、それとも、選挙した人々により任期以前に免職される可能性を残しておくべきか。選挙された公職者及びそれ以外の公職者に対しては、前者の選挙がそれに則って行われた憲法上の規定を自分たちだけで自由に変更しうる権限がどの程度まで与えられるべきか。憲法は公職者の権力に限界を設定し、その結果、公職者はこれらの限界を自分たちで変更することができないようにすべきか、等々の問題である。我々はすべて民主主義者であるにしても、上記の問題は我々の間で活発に論じられている政治問題であり、そのうちのあるものは、激しい論争の対象となっている。英国もアメリカ合衆国もともに民主主義国家である。しかし両国は、上記の問題の多くに対して非常に異なった答えを提出しており、同様に、合衆国内部の諸州もこれらの問題の幾つかについて異なった回答を与えている。それゆえ、平等な配慮へとコミットする社会は民主主義社会でなければならない、と単に指摘しても大した助けにはならないのである。このような指摘は、我々が初めに提起した問い、すなわち、平等主義社会にとって最も相応しいのはどのような形態の民主主義か、という（我々がこれから提起しようとする）問いを繰り返して提起している

にすぎない，と理解するほうがよいだろう。

B 依存的な観念と分離した観念

　我々は先ず，上記の問いに対する非常に異なった二つのアプローチの重要な区別に注目することから議論を始めなければならない。[(1)]各々のアプローチは，民主主義についての我々の中心的な想定を——すなわち，民主主義は何らかの個人や集団にではなく，人民全体に政治権力を認めるという想定や，民主主義においては言論や表現の自由が保護されるという想定などを——，これらを説明し正当化するような政治のための一般的な戦略ないし目標を提示することによって解釈しようとする。そしてまた，この戦略や目標は，民主主義の最善の形態に関して私が指摘したような，より具体的で異論の余地ある諸問題を解決するための規準としても役に立つものである。第一のアプローチは，私が民主主義の依存的（dependent）解釈ないし観念と呼ぶものを提示する。というのも，このアプローチは，民主主義の最善の形態とは，それがどのようなものであれ，社会の全成員を平等な配慮をもって扱う実質的（substantive）な決定や結果を生み出す可能性が最も大きい形態を意味する，という想定に立つからである。この見解によれば，民主主義の主要な特徴——社会のほぼ全員に選挙権を認めること，表現の自由を認めること，その他の特徴——が正当化される理由は，広範な人々が選挙権を有し言論が自由である社会のほうが，物的資源やその他の機会や価値を平等主義的な仕方で分配する可能性がより強いからである。それゆえ，民主主義の細部にわたる具体的な形態の中で最善のものは何かについて論争が生じた場合，このアプローチは結果主義的なテストが用いられるべきことを推奨する。すなわち，争われている論点についてどのような決定を下すことが，これら平等主義の実質的な目標の促進ないし保護に最も寄与するか，というテストである。第二のアプローチは，これと対照的に，私が民主主義の分離した（detached）解釈ないし観念と呼ぶものを提供する。この主張によれば，我々が政治過程の公正さや民主主義的性格を判断するとき，これは当の過程の特質だけを見ることによってなされるのであり，我々はその過程が政治権力を平等な仕方で分配しているかどうかだけを問い，この過程からどのような結果が生み出されることが約束されているかを問題にするのではない。分離した観念は，このように禁欲的な仕方で民主主義に関する我々の中心的な想定が説明され正当化されうることを期待している。それゆえ，このアプローチは，広範な人々に選挙権や言論の自由を認める

第 4 章　政治的平等　　　　　　　　　　259

ことは政治権力の真の平等化を促進すると主張する。そしてまた，我々の政治過程に関する細部の問題につき論争が生じたとき，これらの問題は，政治権力の平等をなお一層促進するように最もよく計算されているのはどのような決定かを問うことによって解決されるべきである，とそれは主張するのである。

　換言すれば，民主主義の分離した観念は，入力のテストを提供する。すなわち，民主主義とは，本質的に，政治的決定に対する権力の平等な分配の問題なのである。これに対して依存的な観念は，結果のテストを提供する。民主主義とは，本質的に正しい種類の結果を生み出すための一組の装置だということになる。我々はこの区別を，これと異なる区別，すなわち，政治過程の二つのタイプの結果ないし帰結の間の区別と混同しないように注意しなければならない。いかなる民主主義的な政治過程も，分配上の結果と政治参加上の結果の双方を含んでいる。その分配上の結果は，次のような決定により確定するだろう。すなわち，資源を公的所有と私的所有に分割し，富や他の形態の財産の獲得や移転や課税について規制したり，あるいは，様々な形態の財産の侵害に対して，どのような場合にどの程度まで人々に損害賠償が認められるべきか，そして人々が自分たちの財産を使用したりその他の仕方で欲するがままに行動するとき，どの程度まで彼らは刑法により拘束されるべきかを定める際に，民主主義的な政治過程を通して下される決定によって分配上の結果が確定することになるだろう。抽象的な平等原理を受け容れた社会は，この理念の最善の解釈に従って，人々を平等な存在として取り扱うような分配上の決定を目指すのである(2)。

　政治過程の参加上の結果とは，政治的行為それ自体の性格や分配から生ずる結果である。平等主義社会は，少なくとも三種類の参加上の結果に関心をもつだろう。すなわち，象徴的な結果，行動上の結果，そして共同体的な結果である。象徴的(symbolic)な結果は宣言的なものである。社会は，集団的決定において各々の個人に役割を与えることによって，各個人が自由で平等な市民として社会の一成員であることを確認する。これとは反対に，社会は政治過程から排除された個人を，完全には尊重するに値しない者，社会の完全な成員とは言えないような者として特定化するのである（刑事上の諸制度は，有罪判決に投票権の喪失を結びつけることによって，このような象徴的な結果を何世紀にもわたって形成し，これを利用してきた）。行為（agency）上の結果は，各々の個人に関して，政治というものを彼ら自身の倫理的経験に結びつける。適正な政治構造は，人々が単なる投票者としてのみならず，

理性と情熱と信念をもって自らの役割を遂行する倫理的な行為者として政治に参加することをも可能にするだろう。平等主義社会は，我々の多くにとり，自分達の生活の他のどんな側面にもまして政治というものがより複雑で重要な倫理的問題を提起することを認め，それゆえ，行為上の結果に強い関心を示すことだろう。共同体的（communal）な結果は，他の二つの結果に比べて説明するのがより困難である。政治過程の成功や不成功，そしてこの過程に内在する価値は，参加者の各々が集団的決定の誇りや恥辱を全面的に分有する，という強い意味において共同体的なものであり，各個人の視座から見た場合，共同体的な結果とは，このような性格を帯びた政治過程に参加することから生ずる様々な個人的な帰結を意味する。そして，集団的な視座から見た場合には，共同体的な結果は，団結した同胞的な政治共同体の育成に対して政治過程が及ぼす影響に存することになる。

　純粋に依存的な観念は，もしこれが民主主義の政治参加上の諸結果を無視し，平等主義国家の実質的な目的の中に分配上の結果だけしか含めていないのであれば，それは民主主義について我々が共有する中心的な想定を明らかに不十分にしか解決していないことになるだろう。というのも，善意の専制政治にあっては民主主義について我々が想定する諸条件のどれ一つとして充足されていないにもかかわらず，この専制が正しい財産制度を生みだし，その他の点に関しても正当な平等観念に基づいた分配上の諸目標を実現することがあり，それどころか，民主主義がなしうる以上に平等であるような分配さえ実現することが可能だからである。しかし，平等主義社会というものは，それがどのような社会であれ，参加上の目標をも達成しようと志すのであり，いかなる専制政治もこのような参加上の目標を促進することはないだろう。それゆえ，民主主義についてのどのような依存的観念も，もしそれが適切な観念であろうとするならば，参加上の諸結果の重要性を認めるだろうし，少なくとも部分的にはこのような前提に立って，民主主義の一定の特徴を説明するだろう。そしてまた，この観念は普通選挙権や言論の自由その他民主主義の諸形態に関する解釈を提示し，いかにしてこれらの形態が総体として考えられた平等のあらゆる目標の実現を助長するものと理解されるかを示そうと試み，このような精神のもとに，我々の政治過程の変更ないし改善を提案することになるだろう。

　したがって，民主主義についての二つの観念の相違は，一方が政治参加上の結果を強調し，他方がその分配上の結果を強調する，という点にあるのではない。むしろ両者の相違は，一方が政治というものから生ずるあらゆる結果を無視するのに対

第4章 政治的平等

して,他方はその結果をすべて重要なものと考えている点にある。すなわち,依存的な観念は,入力と結果との区別,政治的平等とそれ以外の——参加上の目的をも含むところの——平等理論の諸側面との区別を不明瞭なままにしている。それは,これらの平等のすべてが,一つの総体的観念を構成する相互に絡みあった諸部分としてひとまとめに展開され査定されなければならず,これらのいかなる部分もそれ自体において完全には独立したものでないことを想定している。他方,分離した観念は,政治的平等とあらゆる形態の実質的平等との鮮明な分離を主張する。それは政治的平等を,政治権力という自らに特有の測定規準をもった別個の独立した平等の次元として取り扱う。ここで,この相違を示す一つの例をあげてみよう。いま,州の選挙区が,あらゆる選挙区の住民の数が同じになるように分割される場合に比べて,非常に貧しい都市の選挙区の住民がより多くの代表者を州の立法府へと送り込むことができるように分割されていると想定してみよう。そして,このような選挙区の編制が,(より一層真に平等主義的であるがゆえに)より正しい政治的決定を事実上生みだすと仮定し,そしてまた,当の編制がいかなる仕方においても,より裕福な住民から倫理的な行為や象徴的な承認,あるいは共同体の感覚を奪うことがない,と想定しよう。このとき,依存的な観念は,あらゆる点を顧慮したうえで,民主主義に関する自らの見解を促進するものとして上記のような選挙区の編制を是認するかもしれない。しかし,分離した観念は,この編制を非民主主義的であるとして拒否する。というのも,それはまさしくある種の人々に対して他の人々よりも多くの政治権力を与えることを目的としているからである。

　二つの観念の各々はこれまで論争上の目的のために利用されてきたが,各々の観念が利用される状況は異なっている。政府の政策を好まない人々は,この政策を非民主主義的であるともっともらしく非難することができれば,自分の批判を更に強化できることになる。例えば,市民的不服従を正当化しようとするとき,このような非難は本質的に重要であるか,少なくとも特に役に立つように思われる[3]。依存的な観念は,攻撃の対象である政策が明白に不正とみえる場合に,これに対する非難を支持するものとして有益な観念であろう。というのも,この観念に依拠することによって批判者は,政治過程がそれ自体において欠陥を含んでいる証拠として不正義に抗議することができるからである。他方,分離した観念が役に立つのは,政府の決定が——どの程度までこの決定が正しいか不正かに関係なく——,多数派の意志を反映していないようにみえる場合であり,例えば,死刑廃止の決定が多数派の

意志を反映していないような場合がそうである。というのも，この観念に立って批判者は，政治過程から生ずる結果の正不正については中立的であることを明言しながらも，当の過程それ自体に反対することができるからである。同様に，ある立法を民主主義的であるとして擁護したい人々にとって，ある種の状況においては，依存的な観念のほうがより役に立つであろうし，他の状況においては，分離した観念のほうが有益なものとなるだろう。

　しかしながら，本章の関心対象は，二つの観念の間での選択から生ずる実践上ないし論争上の帰結ではなく，選択それ自体にある。どちらが政治的平等ないし民主主義について，より善い解釈を提供しているのだろうか。純粋な形態を比較すれば，分離した観念のほうがはるかに多くの人々によって支持されている。ほぼすべての人々が次のように考えている。すなわち，民主主義とは，選挙権のある成人が平等の投票権をもっていることを意味し，それゆえ多数決のルールこそ民主主義の中枢であり，多数決ルールのどのような違反も――この違反が，ある状況において，民主主義を凌駕するような何らかの原理へと訴えることによって正当化されるか否かに関係なく――反民主主義である，と想定している。例えば，選挙された立法者の決定を覆すことのできる合衆国最高裁の権限の正当性をめぐって米国の憲法学者たちの間で現在闘わされている論争を支配しているのも，これらの暗黙の想定である。この司法上の権限を最も熱烈に擁護する人々でさえ，これが米国の政治的実践の非民主主義的な特徴であることを認めており，それゆえ，このような欠陥にもかかわらずそれが価値あるものとして弁護されなければならないことを承知している。すなわち，民主主義が実際に何であるかについて正しい説明を与えているのは分離した観念のほうである，と彼らは想定しているわけである。

　分離した観念の魅力の一部は，疑いもなく，その明白な中立性にある。我々の社会では，人々は実質的な正義の問題について根本的に異なった見解を抱いている。例えば，累進所得税は公的な窃盗であるか否か，あるいは，ポルノを禁止する法律は不公正であるか否か，あるいはまた，過去において不利益な処遇を受けた集団に特別の便益を与えることは不道徳なことか否か，といった問題について，人々の見解は根本的に対立しているのである。このように人々の見解が対立している問題は，政治過程を通して解決されなければならない。そして，この過程において自分の見解を採用して貰えなかった人々は，当の過程が到達した決定を不正であると考えてもこれを受容するであろうと期待されるのであるから，どのような決定が下される

かに対して各々の市民が平等の支配力をもつことは公正なことと思われる。これとは対照的に，依存的な観念は見解の対立を倍加させていく。すなわち，人々はどのような実質的な決定が抽象的な意味で平等主義的であるかにつき——どのような決定が人々を平等な配慮で取り扱うかにつき——非常に異なった見解を抱いているのであるから，まさにこのような理由からして彼らは，どのような政治過程や制度が依存的な観念に基づいて真に民主主義的と言えるかに関しても非常に異なった見解をもつことになると思われるのである。

　我々は，依存的な観念に対するこのような反論を誇張しすぎてはならない。どちらの観念に立っても，民主主義の性格づけは異論の余地あるものなのである。というのも我々がこれから見るように，政治権力をどのように測定したうえでそれが平等と言えるか否かを判断したらよいのか，という問題自体が異論の余地あるものだからである。両者の違いはむしろ次の点にある。つまり，依存的な観念に立つと，実質に関する異論の余地ある問題が，全く同じかたちをとって，過程に関する異論の余地ある問題として再登場してくる，という点にある。政治理論家や哲学者は，実質と過程の両者を同時に包摂するような包括的な理論を展開し，擁護しなければならない。しかし，分離した概念に立てば，たとえ過程に関する論争が生じても，これは，おそらく違ったかたちの論争になるはずである。それゆえ，この観念を受け容れる理論家は，実質に関する論点には触れることなく，これとは別個の民主主義理論を展開し，擁護しうることになり，このようにして，実質的な問題は彼らが推奨する民主主義的な過程を通して解決されるべきだ，と提案できることになる。

　私は次のことを議論したいと思う。すなわち，民主主義に関する分離した観念は，それが広範に支持され，一見したところ長所を有していると思われるにもかかわらず，その純粋な形態においては成功した観念とはなりえない，ということである。我々はこの観念を拒否しなければらない。そして，この観念に代えて我々は，一つの混合的な民主主義観念，すなわち分離した戦略と依存した戦略の双方から一定の特徴を借用するような混合的な観念か，あるいは純粋に依存的な観念のどちらかを選択しなければならない。先ず私は，最も魅力的な選択肢であると私が信ずる純粋に依存的な観念の概要を説明し，その後で，この観念を例証しテストするものとして，前述の重要な政治的論争——すなわち，司法審査は非民主主義的か否かをめぐる論争——を考察することにする。

II 権力の平等とは何か

A 垂直的な次元と水平的な次元

　平等な投票権は，依存的な民主主義概念の不可避的な特徴であるとは言えないし，またありそうな特徴であるとさえ言えない。我々が挙げた選挙区の例が示したように，政治権力の平等を目指す体制に比べて，これを目指さない体制のほうが，平等の分配上の目標を達成する点でより大きな期待を抱かせてくれるかもしれない。そして後で見るように，政治参加の目標達成に関しても，後者の体制のほうがより大きな期待を我々に抱かせてくれるかもしれない。これに対して，民主主義の分離した観念は，権力の平等を根本的に重要なものと見なさなければならない。というのも，もし政治的平等というものが平等の別個の独立した次元であるならば，権力こそこの次元にとって理解可能な唯一の測定規準となるからである。平等主義的な政治過程は，政治権力を平等に分配するような過程でなければならない。私が上で説明したような分離した観念を支持する説得力ある議論——すなわち，正義に関する実質的な問題が社会の内部で争われている場合，この論争の解決に際して各々の市民は平等な役割を与えられなければならないという議論——は，分離したどのような民主主義観念もまさにこのような特徴を帯びなければならないことを前提としているのである。

　しかし，政治権力の平等とは何だろうか。政治権力はどのようにして測定されるのか。どのような状況のもとでこれは平等と言えるのか。以下数頁に亙って我々はこの問題と取り組むだろう。しかし，先ず銘記しておくべきことは，政治的平等に関するどのような理論も，それが適切な理論とされるためには，政治権力というものを二つの次元にそって比較衡量しなければならないということである。すなわち政治権力を水平的な仕方で——様々な私人や私人のグループの権力を相互に——比較するだけではなく，また垂直的な仕方でも——私人の権力と個々の公職者の権力とを——比較しなければならないのである。もし民主主義というものが平等な政治権力の問題であるならば，権力を測定する際には二つの次元を計算に入れなければならない。権力の水平的な平等だけでは，我々が真の民主主義と認めうるようなものを決して提供してはくれない。全体主義的な独裁制のもとでも，私人の政治権力は平等である。すなわち，誰も権力を有していないという意味で平等なのである。単一政党のシニカルな自称民主主義は，極めて用意周到に，各々の市民に対して当

該政党のために一票の，そして一票だけの投票権を与えるのが常である。したがって，垂直的な次元が顧慮されねばならない。

しかしながら，権力の真正な垂直的平等というものが少なくとも英国や合衆国のように明らかに真正な民主主義社会と思われるような社会において実現しているかと言うと，これはかなり疑わしいように思われる。どのようにして我々は，代議政治を全面的に破壊することなく，投票権をもつ年齢に達した各々の国民に，大統領と同じとは言わないまでも，自分より年下の議員と同じくらいの権力を国家の問題に関して与えるように，我々の政治構造や政治的実践を修正することができるのだろうか。それゆえ，権力の平等に基づく民主主義についての分離した観念は，当初からディレンマに陥っているように思われるかもしれない。もしこの観念が，水平的な平等だけを，つまり統治される人々の間での平等だけを主張するのであれば，明白に非民主主義的な専制政治でさえ，その最も厳格な要請を満足させることになるだろう。他方，この観念が同時に垂直的な平等をも要求するならば，それは全くもって非現実的なものとなる。

B 影響力と感化力

権力の平等が何を意味するかについて考察するとき，我々は上記のようなディレンマの危険性を念頭に置かなければならない。我々は二つの解釈を区別すべきである。すなわち，影響力（impact）の平等と感化力（influence）の平等との区別である。両者の直観的な相違は次のようなものである。政治におけるある人間の影響力とは，彼が別の決定を退けてある一つの決定を支持する投票をしたり，その決定を選択することによって，自分一人で政治上の変化をもたらしうる度合を意味する。これに対して，ある人間の感化力とは，単に自分一人でというのではなく，他の人々が自分と同じような信念をもつように，そして自分と同じ投票や選択を行うように彼らを導いたり説得することによって，政治上の変化をもたらしうる度合を意味する。しかしながら我々には，影響力と感化力について，これよりもう少しテクニカルな説明が必要である。というのも，我々が望むのは，様々な人々が有する政治的影響力ないしは政治的感化力を相互に比較衡量することだからである。それゆえ，影響力と感化力の度合を，主観的蓋然性の観念を利用した次のような方法で定義することにしよう。いま，あなたが特定の社会の政治構造について知っておかなければならないすべてのことを知っていると仮定しよう。この政治構造の中には，あら

ゆる国民に投票権が与えられていることや，代表制の管轄権上の構造，各々の公職者の憲法上の権限などが含まれている。しかし，あなたは，ある人物が他の誰かの政治的行動に対して感化力を及ぼすことを可能にするような，憲法とは無関係な様々な権力，例えば，カリスマ，名声，仲間関係，技能，威嚇，賄賂そしてこれ以外の優越性に由来する権力については何も知らないとしよう。そしてあなたは，政治過程が間もなく決定しなければならないある問題——例えば，税金を引き下げるべきか否かといった問題——について各々の国民が抱いている見解や意見，あるいは彼らが投票ないし選択する際に抱く意図について，当初のうちは何も知っていないとしよう。このような状況にあって，あなたは，総体としての社会がどちらの決定に達するかに関して同一の蓋然性を割り当てる以外に方法はないだろう。しかし今あなたは，投票ないし選択を行う際に私が抱く強固な意図を知り，例えば，私が税金の引下に反対しており，私が有するあらゆる投票権をこのために行使することを知ったとしよう。このときあなたは，税の引下という結果が生ずる蓋然性の見積りをどの程度減少させるべきであろうか。これに答えることは，要するに，当の決定に関する私の政治的影響力がどのくらいかを示すことである。

　政治的感化力についても同じように定義することができる。いまあなたが，権力や権限の憲法構造についてだけでなく，前節で私があなたの知識から除外したような非憲法的な感化力に関して知っておくべきあらゆる事実を現実に知っていると想定しよう。この場合もまた，当初のうちあなたは，減税に関する各個人の意見や投票上の意図に関しては何も知っておらず，それゆえ，どのような社会的決定に対しても，他の可能な社会的決定に対する以上の蓋然性を割り当てることができない。しかし次に，私が減税に反対し，これを無効とするためにあらゆる手段を尽そうとしていることをあなたが知ったとき，この情報を基礎としてあなたが減税の決定が下される蓋然性の度合を減少させれば，この減少の度合が，当該問題に対する私の政治的感化力を表現することになるのである。[(4)]

　政治的影響力と政治的感化力との区別は，私が上で述べたディレンマを回避する方法を示唆している。明らかに，政治権力の垂直的平等が政治的影響力の平等を意味するならば，このような垂直的平等は不可能となる。もし私が大学で教える法律家ではなく上院議員であるとあなたが仮に考えたならば，減税反対のために自分が有するあらゆる投票権を行使しようとする私の意図をあなたが知った場合，あなたは減税の主観的蓋然性を比較にならないほど大幅に引き下げたことは明らかであろ

第4章 政治的平等

う。確かに，代議政治の構造の中で影響力の垂直的平等を要求することは，達成不可能な理想としてみても無意味である。なぜなら，代議的構造は必然的に，垂直的視点から見ると人々の影響力がはっきりと異なっているような構造だからである。しかし，問題とされる平等が感化力の平等ならば，垂直的平等を一つの理想として要求することには意味がある。我々は，そこにおいて感化力の平等が実現しているような完全に代議的な体系を描くことさえ可能であり，少なくとも，何らかの仕方でこの感化力が測定できるほどの精確さをもって体系を描くことができるだろう。いま，公職者たちが次のことを受け容れているとしよう。つまり，彼らが代表している人々の大半が望んでいるように投票すべき義務が自分たちにはある，と公職者が考えているとする。そして，選挙は十分に頻繁に行われ，公職者と選挙人の間の意志の疎通も十二分にあり，リコールの手続は十分に効率的でコストがかからない結果，実際に公職者は前記の義務を守っているとしよう。このような状況においては，大雑把にでも感化力の平等は実現している。上院議員Xは，自分を選挙してくれた人々の大半が減税を支持していると彼が考えるとき——しかし，このときに限って——減税に賛成投票するのであるから，彼も個人的に減税を望んでいたとしても，この種の情報は，彼が減税に賛成投票する蓋然性を増大させることにはならない。これは，彼の選挙人の中の誰かが減税を望んでいるという情報が当の蓋然性を増大させることがないのと同様である。

それゆえ，権力の平等を民主主義の唯一の指標と見なす分離した観念は，これが権力の平等を感化力の平等として捉える場合に限って，我々の中心的な想定の適切な解釈たりうるように思われる。なぜなら，権力の平等を感化力の平等として解釈して初めて，平等の垂直的次元を適切に説明することができるからである。いま，この問題を水平的な視点から眺めてみよう。ここでもまた権力の平等を影響力の平等を意味するものとして理解することは不適切だろうが，これは反対の理由によってそうなのである。影響力の平等は，過重な要求を行う目標ではなく，むしろこれは不十分なことしか要求しない。確かに平等な影響力は，選挙権のある各市民が一つの同じ投票権をもつべきことを要求し，また，それは一人一票主義の選挙区を要求する。例えば平等な影響力は，私が前に例として挙げたような選挙区制，つまり都心部の貧困な住民一人一人により大きな政治的影響力を与えるような選挙区を非とするだろう。(これはまた，米国の上院議員選挙の体制をも非とするだろう。この体制は，上院が下す決定に対しカリフォルニア州の各住民が有する以上の影響力

を，ワイオミング州の各住民に与えているからである。しかし，影響力の平等は，民主主義について我々が採っている中心的な想定，つまり民主主義は広範な人々の選挙権だけでなく，言論や結社の自由その他の様々な政治的権利や自由をも要求するという想定を正当化するようないかなるものも含んでいない。例えば特別な検閲により私が自分の見解を公けに示す権利を拒否される一方で，あなたにはこの権利が認められているからと言って，政治における私の影響力があなたより少なくなるわけではない。したがって，ある人々の見解を検閲することがなぜ政治権力の平等を否定することになるのかという点の説明に着手するためにでさえ，我々は平等な影響力という観念を越えて平等な感化力へと到達する必要がある。

　アメリカの民主主義に対して大部分の人々は，次のような深刻な不平を自分が抱いていることをある程度まで認めている。すなわち私人たる一部の市民が富裕であったり，マスメディアをコントロールしていたり，その他これに類似の理由によって，他の人々に比べ不釣合なほど大きな政治権力を手にしている，という不平である。しかし，更にこの不平を我々が説明するためにも，平等な影響力を越えていく必要がある。この不平は，影響力が不公正であるという不平ではなく，感化力が不公正であるという不平なのである。あなたの法域で投票するロックフェラーのような人は，政治的決定に関してあなた以上に大きな影響力を有しているわけではない。彼の投票はあなたの投票と同じものとして数えられるからである。以上のことはすべて，我々が垂直的次元における権力の平等を考察した際に推測したことを確証している。また水平的次元においても，分離した観念が要求する権力の平等は，影響力の平等ではありえない。もし，平等の政治権力という理念の趣旨が，民主主義の観念を実質的な諸目的からこれを分離するに十分なほど包括的なかたちで提示することにあるならば，平等な権力は平等な感化力を意味するものと理解されなければならない。

C　感化力は平等であるべきか

　しかし，感化力の平等は本当に魅力ある理念だろうか。感化力の垂直的平等を，我々が実際に可能と考えたような方法で改善していくことに我々はためらいを感じないだろうか。例えば，公職者を選挙した人々の大半が望むような仕方で——これがどんな仕方であろうと——公職者が常に行動することを主張したり，このように行動しない公職者を罰するような選挙上の方策を採用することによって，感化力の

第4章 政治的平等　　　269

垂直的平等を改善していくことに我々はためらいを感じないだろうか。もちろん，たとえ我々が十分に頻繁に選挙を予定し，公職者を怖がらせて一般的に選挙人の要求に彼らを従わせるような十分に効果的なリコールの装置を設けたとしても，選挙人が望むような仕方で常に公職者を行動させることは次のようなことを考えただけでも不可能だろう。例えば，自分の選挙人の大半が何を望んでいるかに関し公職者がしばしば誤った判断を下してしまうことがあるし，もともと予定しておいた最後の任期において，これで最後とばかりに自分が好きなことを彼らが行うかもしれないからである。しかし我々は本当に，公職者が選挙人の意志に確実に従うような状態に可能なかぎり近づきたいと望んでいるのだろうか。この問いは読者に，バークがブリストルの長官に宛てた有名な手紙を想い起させるだろう。この手紙の中でバークは，彼を選挙した人々が好むことに賛成投票すべき責任を，原則としてでさえ拒否している。[5]歴史をみれば，一般的に言って彼の見解が正しかったことが判る。たとえ現実にこの理論に追従したようにみえる公職者は全くといってよいほどいないとしても。

　また，我々の憲法構造のある部分は，今や感化力の垂直的平等に対する障害となっているが，我々は特にこれに反対していないように思われる。上院議員は6年の任期で選挙される。大統領は，他のあらゆる連邦政府の公職者と同じように，彼らがどれほど不人気になろうと一定の任期が保証されている（これと対照的に英国では，あまりにも不人気となった政府は失脚し，新しい選択が行われなくてはならない）。更に，裁判官は大きな権力を有している。多くの裁判官は選挙されずに任命され，ひとたび任命されたら終身在職権をもつ，等々。政治的感化力の垂直的平等を一つの理念として擁護する者は，上記の事実に関して様々な仕方で答えるだろう。彼は，垂直的平等を損うアメリカの実務の諸特徴を法外なまでに反民主主義的であると非難し，根本的な改革を要求するかもしれない。あるいは彼は，これらの特徴が反民主主義的で不公正であることは確かだが，効率性や安定性といった他の政治的目標を達成するために必要な妥協として，総体的には正当化されうると主張するかもしれない。（言うまでもなく後者の答えは，民主主義の純粋に分離された観念からの後退を意味している。なぜなら，それは政治的諸制度が権力の平等以外の目標に仕えるべきことを認め，しばしばこれら他の目標が政治的平等の譲歩を正当化するに十分なほど重要であることを認めるからである。）

　しかし，私がここで主として強調したい疑問点は，水平的次元における感化力の

平等に関する疑問点である。私の察するところでは，多くの読者にとって感化力の平等は垂直的次元より水平的次元におけるほうがはるかに魅力的な理念に思われるだろう。感化力の水平的平等の主な魅力は，私が少し前に言及した信念に存する。つまり，単により金持だというだけで，私人たるある市民が政治において他者より大きな感化力をもつことは不公正だ，という信念である。しかし，我々は，この直観を二つの仕方で説明することができる。確かに，我々はこの直観を，私人の間に感化力の平等から大きな逸脱が存在することは民主主義における由々しい堕落である，という想定に立ったものとして説明することができる。あるいは我々は，一般的な理念として感化力の平等に少しも訴えることなしに，この直観を説明できる。例えば我々は次のような言い方をすることができる。すなわち，ある人々がロックフェラーのように沢山の金をもつことは平等の分配的原理に違背するがゆえに不正である，と述べてから，富がこのような人々にもたらす不釣合なほどに大きな政治的感化力は，とりわけ彼らの不公正な利益獲得を恒常化し増殖させるがゆえに，不正義が生み出す特に嘆かわしい結果である，と付言することができる。

　ロックフェラーの政治的感化力に反対するこれら二つの態度は，言うまでもなく相互に非常に異なっている。第一の反対の仕方は，ロックフェラーの不釣合なほど大きい感化力が何に由来するかを顧慮していない。それは，あらゆる原因に由来する感化力をすべて集めたものが個人間で平等になるべきことを想定している。第二の反対の仕方は，感化力の集積についていかなる想定も採用していない。それは，ロックフェラーの感化力を，単にこの感化力の特別な原因のゆえに非難するのである。我々は，第一の反対はあてはまるが第二の反対は当てはまらない世界を想像することによって，これら二つの反対を対照させることができる。いま，平等の分配上の目的は達せられているが，政治においてある人々が依然として他の人々より大きな感化力をもっているとしよう。彼らがより大きな感化力をもつ理由としては様々なものが考えられるが，我々が考察しているのは，不平等な感化力それ自体に我々は反対すべきかという問題であるから，これらの理由はそれ自体としては非難の余地のないものと想定することにする。例えば彼らは，当初は平等に与えられていた富を他の人々よりも多く政治的キャンペーンのために使おうと決断したのかもしれない。あるいは，彼らは研究や訓練のために多くの富を投資し，この結果他の人々が彼らに意見を求めることが多くなり，彼らの意見に一層耳を傾けるようになったのかもしれない。あるいは，彼らは生涯において顕著な功績を残し，または有徳

第4章　政治的平等

な生活を送ったことから，他の人々は一層彼らを信頼するようになり，彼らに進んで追従するようになったのかもしれない。しかしながら，ロックフェラーの感化力に対する第一のタイプの反対は，このような場合にもあてはまるだろう。我々は，政治に積極的な関心をもっている人間や政治的経験が豊かな人間，あるいはカリスマ的な人間が他の人々より大きな感化力をもつことを政治組織における欠陥と見なし，これを除去したり減少させるために可能なありとあらゆる手段を採ろうとする。しかし，第二のタイプの反対がこのような状況——つまり，ある人々が他の人々より政治に強い関心があり，より訓練されていたり，よりカリスマ的な力をもっているような状況——を非難するためには，単に政治的な感化力は平等であるべきだという想定とは完全に独立した何らかの別の理由がなくてはならず，そうでないかぎり第二のタイプの非難は効力を失うだろう。

　どちらのタイプの反対がより正確だろうか。我々が社会における権力の分配に反対するとき，本当に権力それ自体が我々の不平の種なのだろうか。それとも本当は我々は，権力とは無関係にそれ自体で不正であるような別の経済的，政治的ないし社会的組織を念頭に置いており，これらの特徴が生み出す非常に不幸な結果へと注意を喚起しながら，効果的な仕方で当の特徴に反対しているのだろうか。殆どの社会において女性にはあらゆる種類の権力が非常にわずかしか与えられていない，という極く一般的で全くもって正当な不平を考えてみよう。この見解を抱く人は，平均的女性が様々な任務に対して平均的男性と同じくらいの感化力——これは特定化された何らかの方法で測定される——をもたないかぎり社会組織には欠陥があることになる，と考えるかもしれない。しかし，同じ不平を述べる他の人は，これと非常に異なったことを念頭に置いているかもしれない。つまり権利の問題として男性と女性が平均的にみて同一の感化力をもつべきだということではなく，より少ない感化力しか現在の女性が有していないことは，経済的不正義，紋切型態度その他の抑圧や偏見——おそらく，このうちのあるものは共同体の文化の一部と言えるほど非常に根本的なものだろう——の結果生じたものである，と彼は考えているのかもしれない。これら二つの立場の相違は，もう一度我々が次のような想像をすることによって，つまり，女性に対する経済的，社会的そして文化的な差別が取り除かれた社会を想像しようと我々が試みることによって，非常にはっきりしたものになる。この種の社会において男性と女性の平均的権力が不平等であるとすれば——どちらがより大きな権力をもつことになろうと——この事実はそれ自体で社会組織上の欠

陥とみなされるのだろうか。

　以上のようなレトリカルな問題を私が議論してきたのは，読者が権力の平等という理念にそれほどの魅力を感じないようにするためである。しかし読者の多くは，生活のあらゆる領域とは言わないまでも少なくとも政治においては，依然としてこの理念に魅力を感じていると私は思うので，これから私は，感化力の平等を一つの理念として受け容れることがいかにして他の平等主義的目標と衝突するかを立証しようと思う。このために私は，当の理念へと接近するために必要と思われる諸段階を考察するよう読者に要求したい。つまり，権力の不平等とは関係なく我々がいずれにしても非難するような不正がひとたび矯正された後も，更に感化力の平等へと接近するために必要な段階を考察することによって，この理念が他の平等主義的目標と衝突することを私は立証したいと思う。既に私は，たとえ平等主義社会にあっても，人々の関心やコミットメント，訓練や名声といったものが，政治的感化力の差異の原因となりうることを想像した。もちろんこの種の社会では，多くの人々がいま現実の社会で受けている教育よりはるかに立派な教育を受けることだろう。そして，いまは政治に関心をもたない人々——つまり，自分が政治過程において無視され，政治が生み出す利益から締め出しをくっていると正当にも感じていることから，政治に関心をもたない人々——でも，より積極的に政治的生活を送ろうとするようになるだろう。しかしながら，資源のより平等主義的な分配から生ずる明白な好ましいこの種の結果が，私が前に言及した原因から生ずる感化力の差異を完全には取り除くことがない，と私は想定する。依然としてある人々は政治により強い関心を示し，より多くの政治的情報を有し，他の人々をより効果的に説得し指導していくことだろう。このように依然として存続する感化力の差異はかなり大きいと思われるが，これらの差異をなくするためには我々に何ができるだろうか。

　もしこれが我々の唯一の目標だとすれば，この点につき何にもまして最も効果的な方法は，感化力というものが政治全体において果す役割を減らしていくこと，すなわち，何を要求してどんな行動をとるべきかについて市民が一緒になって反省しなければならないような機会を少なくしていくことだろう。政治というものが，現在我々が称賛に値すると考えているような意味で集団的反省の営みであるかぎり，ある市民が他の市民よりも大きな感化力をもつようになることは避けられないことである。しかし我々が政治というものを非反省的な営みにするための唯一の方法は，政治的言論や結社を禁止することであり，したがって我々は最も野蛮な全体主義体

第4章 政治的平等

制を採用せざるをえなくなる。そこで私は，このようなことは是認できないと想定しよう。第二の手段は前記の方法に比べるとはるかに非効果的と思われる。例えば，政治のための教育や訓練あるいは政治的キャンペーンに人が投資ないし消費できる資金に上限を設けることによって，政治的感化力における人々の不平等を少しでもなくそうと試みることが可能だろう。もちろん，キャンペーンの支出の制限は，これが富の不正な差異の埋め合せをするときは魅力のあるものとなる。私が上で区別した二つの議論がともにロックフェラーの不釣合な政治的感化力に反対したように，目下の状況においても両者は政治のための支出を制限するように勧めるだろう。しかし，資源が平等に分配されているのであれば，キャンペーンの支出を制限することは平等主義に反することだろう。なぜなら，このような制限は，自分が送りたいと思っている人生に適合したかたちで資源を利用する機会をある人々から奪うことになり，これに対して，政治にそれほど関心のない人々には人生計画に適合した資源の自由な利用を認める結果になるからである。(6)また，この種の制限は次のような人々のために感化力の平等を保護することになるから倒錯的である。つまりこのような制限は，自分自身の感化力に低い価値しか認めていないが，もし自分の感化力にもっと高い価値を認めていたならばより大きな感化力を持ちえた人々のために，感化力の平等を保護することになるのである。

　第三の方法は殆ど効果のないものであるが，ここでこの方法に言及する価値があるのは，ただ，この方法に対する反論が啓発的であるからにすぎない。我々は，人々を次のように教育しようと努めることができるだろう。すなわち，経験やコミットメントや名声などにおいて彼らが有する特別の強みに依拠しないような方法による以外は，政治的判断に関して他の人々を感化しようと試みないように人々を教育し，また，この種の強みに起因する特別な説得力をもった議論によって他の人々が自分を感化しようとしたとき，これに抵抗するように人々を教育しようと努めることができるだろう。しかし，人々はこの忠告にうまく従うことができないだろう。政治的議論においては，踊りから踊り手を分離することは不可能だからである。しかし，いずれにしても上記の指摘には異論の余地がある。なぜならそれは，仮定上，人々にとって最善の議論と思われるものを故意に無視するように，そして，他の政治的主張を退けてある政治的主張を採用したり，この主張のために運動する最も説得力のある根拠を故意に無視するように人々を促すからである。確かにそれは，実質的な根拠からするとより悪しき決定であると人々が考えることを――時として故

意に——追求するように彼らに勧めさえするのである。

　もちろん，私はこれら三つの方法のどれかを誰かが現実に推奨することなど想像していない。これらはすべて非常識な方法だからである。しかしこれらの方法は，感化力の平等が平等主義社会の他の魅力的な側面と，原則においてさえ両立不可能なことを示唆するような意味で非常識なのである。言うまでもなく，感化力の平等と分配の平等との間に衝突が起りうることはすべての人々が認めている。我々は既に本章で，より平等な資源の分配を達成するために少なくとも特定の問題に対して都心部の貧困者により大きな政治的影響力を与えるような選挙区制を考察した際に，この衝突の可能性を予想した。もっとも，この種の衝突は単に偶然的なものにすぎない。一つの理念として考えられた感化力の平等の性格自体には，分配的平等に反するようなものは含まれていない。ところが，この理念と政治参加上の目標——平等主義社会がこの目標を受け容れることはごく当然と思われる——の間には，より一層広範に亙る根本的な衝突がみられるのである。

　平等主義社会は，政治によって生ずる結果が正義にかなうことに対する共有された強い配慮をもって市民が政治に従事すること，そして，分配上の決定が万人を平等な配慮でもって取り扱うことに対する強い共有された関心をもって市民が政治に従事することを望んでいる。またこの社会は，共同体の成功や失敗に対して，市民たちがあたかもそれが，自分自身の成功や失敗であるかのように誇りや恥を感ずるように勧め，政治活動の共同体的な目的を実現しようと志す。ところが，感化力の平等という理念は，まさにこのような企図を不可能にしてしまうのである。人々があまりにも大きな感化力をもたないように喧しく言ったり，十分な感化力をもたないことで他人を妬むようなときは，彼らの集団的な関心は単なる見せかけの問題になってしまう。彼らは依然として政治権力というものを集団的責任に関わるものではなく一つの個別的な資源と考えているわけである。また，平等主義社会は，政治活動に関して倫理的な行為上の目標を大切にする。つまり，市民には彼らの倫理的な生活や経験を政治の領域にまで拡張していく可能なかぎり大きな余地が与えられるべきである。しかし感化力の平等を政治的な拘束として受け容れる人々は，自分たちの政治生活を倫理的行為として取り扱うことができない。というのも，この種の拘束は倫理的信念の根本にある前提，すなわち真理のみが重要であるという前提を侵蝕していくからである。自分の感化力に何らかの限界を課しながら政治運動を行う者は倫理的に行為しているのではなく，意味もなくほんの少し平等に敬意を払

っているにすぎない。

D 残された可能性の評価

　影響力の平等は，民主主義について純粋に分離した観念を提示することができない。これは，政治の垂直的次元に関してあまりに多くのことを要求しすぎる一方で，水平的次元に関してあまりに少しのことしか要求しない。もっとも，影響力の平等は，——これ以外に考慮すべき問題がそれを許すかぎり，そしてそれを許すような仕方で——追求されるべき一つの目標として，分離した観念と依存的観念とが混合した民主主義体制では重要な役割を十分に果しうるだろう。そして影響力の平等は，我々がこれからみるように，適切と思われる純粋に依存的などんな観念においてもそれなりの役割を果すことになる。しかし，純粋に分離した観念が成功すべきだとすれば，それは政治権力の測定規準として影響力ではなく感化力を採用しなければならない。ところが，垂直的次元で感化力の平等を排他的な規準として用いるのは好ましいこととは思われない。それは，公職者の独立性やそれ以外の価値のあまりに大きな犠牲を要求するだろう。また，水平的次元においても感化力の平等を排他的な規準として用いることは好ましくないように思われる。もちろん我々自身の時代において政治的感化力には非常に大きな不平等が存在し，この不平等の原因となっている分配上の不正を我々は正していかねばならない。しかし我々は，この種の明確な不正を是正することを越えてまで感化力の平等を追求することはできないだろう。なぜならば，このために我々が用いなければならない手段は，感化力の平等よりもっと重要と思われる好ましい平等主義社会の他の諸特徴を害することになるからである。

　したがって，我々は民主主義の純粋に分離した観念を維持できないことが帰結する。それでは我々は混合的な観念を構築しなければならないのだろうか。すなわち，魅力的ではあるが達成不可能な理念である感化力の平等が，別の従属的な戦略から引き出される帰結主義的な考慮によって修正されたかたちで登場するような，混合的観念を構築すべきなのだろうか。こうなると困ったことに我々の抽象的な平等原理の中には深いディレンマが存在することになる。我々は，人々の政治的感化力を平等にしないかぎり彼らを平等な存在として扱っていることにならないと判断する一方で，もし人々の政治的感化力を平等にすれば彼らを平等な存在として扱えなくなると判断したことになるからである。しかし，どうして我々は感化力の平等を一

つの独立した理念として受け容れなければならないのだろうか。この理念を擁護す
るためにどんなことが言えるのだろうか。本章で既に我々は一つの議論を示唆して
おいた。いまやこの議論に目を向けなければならない。ある実質的な結果を人々が
不正と考えているとき，彼らにこの結果を受け容れるように要求することは，彼ら
自身も当の決定に他の人々と同じくらい積極的に参加した場合でないかぎり，不公
正なことと思われる。私が，民主主義の分離した観念の直観的な説得力を説明する
ものとしてこの論証を初めて提示したとき，我々はまだ影響力と感化力という権力
の二つの様態を区別していなかった。この議論は，影響力の平等のための論証とし
てはある種の効力を有している。また，我々は後で民主主義の依存的観念の中にも
平等が見出されることを指摘し，この形態の平等を支持する限定付きの論証を提示
するが，上記の議論の効力はこの論証の中でも維持されている。しかし，この議論
は，感化力の平等のための論証としては完全に失敗しているのである。私が負けて
多数決の決定を受け容れるように要求されたとき，私と反対の意見の人々が私より
巧みに討論したか否かは，問題とは全く関係のないことのように思われる。私が自
分の感化力の欠如がそれ自体において不正な原因に由来することを指摘できないか
ぎり，私の感化力の欠如を理由に，私に反対する投票の非正当性を主張することは
できない。

　したがって，感化力の平等を支持する議論としては，唯一のものしか我々には残
されていないと私は考える。すなわち我々はこの平等を一つの理念として受容すべ
きであり，それゆえ，我々はこの理念を無視するような適切な民主主義観念を展開
することができないのであるから，民主主義に関しては混合的な観念で満足しなけ
ればならない，という議論である。本章の残りの部分で私は，限定されてはいるが
重要な役割を影響力の平等に対して認める一方で，感化力の平等にはいかなる余地
も認めないような依存的な民主主義観念を素描することによって，前記の挑戦的な
議論を採り上げるつもりである。私が期待しているのは，民主主義の中心的な特徴
と我々が考えるものを依存的な観念がごく自然で無理のない仕方で説得しえている
点を立証すること，そして，細かなところまで見ていくと民主主義が本当はどのよ
うなことを意味しているのかをめぐる討論の中で我々が用いることができ，用いな
ければならない原理を通じて，依存的観念が上記の特徴を正当化しえている点を立
証することである。

第4章　政治的平等　　277

III　参加上の価値

A　象徴的な目標

　我々は，民主主義の依存的観念が成功するためには，それが表現すると思われる実質的な政治的目標の目録を再構成し敷衍しなければならない。そして我々が目録の中に挙げる目標の或るものが他の目標と衝突することがあれば，この場合には依存的観念はこれらの目標を何らかの意味で妥協させたものでなければならず，我々はこのような可能性を予め排除することはできない。しかしながら，たとえこの衝突がそのうち起るとしても，これが現実に起るまでは，これら相互に異なる目標の要求をそれぞれ別個に考察することにしよう。

　先ず，参加上の目標から始めることにする。政治構造が生み出す象徴的な結果は，その大部分が投票権の割当によって確定されることになり，それゆえこれは政治的な影響力に関する問題である。大きな政治共同体で行われる選挙は，共同体の全体を様々なサイズと特徴をもった選挙区へと分割することによって典型的に構造化されている。合衆国では，選挙区へと分割されることのない全国的規模の選挙は存在せず，英国でもこの種の選挙は非常に稀である。我々は，主として州や国会議員選挙区，そして都市や郡や学区ごとに公職者を選挙し，様々な問題について決定を下している。平等は投票権の割当が万人の平等な地位を象徴的に宣言する機能を果すべきことを要請する。政治共同体を複数の選挙区へと分割し，このようにして創造された各々の選挙区の内部で投票権を割り当てる政治的決定が，他の市民に比べてある市民は低い地位しか有していないとか，他の市民に比べてある市民は配慮に値しないといった考え方により動機づけられていてはならず，このような考え方を表現していると解釈されるようなものであってもならない。

　それゆえ我々は政治共同体の全体を通じて影響力の水平的平等が存在することが，民主主義的な政治構造の少なくとも一応の規準であると考える強力な理由を，以上のような象徴的目標の中に見出すわけである。しかし，これは一応の規準であるにすぎない。なぜなら，このような規準から逸脱しても，これが影響力を減じられた人々の地位が低いことや，これらの人々がそれほど重要でないことを表現するものとして適切に理解される恐れのない場合，象徴的な目標は規準からの逸脱を許可するからである。この種の考慮を実行に移す際には，歴史や伝統的な慣習といったものが重要な役割を演ずる。我々自身の歴史では，平等な影響力からの逸脱が或る選

挙区内で生ずること——平等な投票からの逸脱が生ずること——は，我々にとって耐えられないものになっている。しかしこの厳格な要請は我々とは異なる共同体，すなわち不平等な投票がそれ自体では軽蔑や軽視の表現とならないことがその歴史の中で示されているような共同体においては，必ずしも妥当しないだろう。例えば人々が年をとるにつれてより多くの投票権をもつようになる社会や，すべての人々に研究の機会が真に与えられており，人々がこの研究の針路を進むにつれてより多くの投票権を獲得するような社会を想像することができる。しかし我々の社会のように，伝統的に投票権というものが人間としての責任や重要性や名誉の象徴とされてきた社会では，平等な投票権のいかなる違反も，当の平等な投票権が確証している象徴的な人格尊重の否定を反映したものとなるだろう。投票権の喪失が有罪判決の効果の一部としてしばしば利用されてきたのも，このような理由による。

　ところが，我々の歴史は，大きな共同体をより小さな選挙区へと分割すべき方法を考察する際には，上記のものと同じような象徴的役割を影響力の平等に与えてはいない。この理由の一部分は明白である。実際上の理由からして，選挙区の分割の決定によって実現できる影響力の平等は大雑把なものでしかない。なぜなら，これらが数学的に完璧であることはありえず，いずれにしても，選挙区を再編制しようと定期的に試みる間にこれらは時代遅れなものとなるからである。特に合衆国の歴史は，選挙区分割の決定に際して影響力の平等が軽視されているようなドラマティックな事例を提供してきたが，この場合，平等が軽視される理由の中には，これによって政治的影響力が減じられる人々を国家が他の人々ほど配慮していないことを表わすようなものは明らかに何も含まれていないのである。カリフォルニアよりもワイオミングの市民に上院でより大きな影響力を与える選挙区の体制は，前者の市民に対する蔑視や，これらの市民の政治的見解に対する尊重の欠如によってもともと動機づけられていたわけではないし，また今やこの種の蔑視や尊重の欠如を表明するものとしてこの体制を適切に解釈できるわけでもない。それゆえ，選挙区に関する決定が平等な影響力を否定するときでも，これらの決定のすべてが平等の象徴的目標を犯さない点で同じように明らかに潔白なものであるならば，我々の歴史はこの種の決定を当の象徴的目標と両立不可能なものとして断罪することはないのである。例えば私が以前に想像した選挙区の体制，すなわち都心部の貧困な市民に他の市民よりも大きな影響力を与えることを目的とした体制は，民主主義の魅力ある依存的観念の他の要素を害することはあっても，上記のような象徴的目標とはいさ

第4章 政治的平等　279

さかも矛盾しない[7]。

B　行為上の価値

　政治の行為上の価値は，もっと拡散していて捕え処のないものである。しかし，これらの価値と表現の自由その他の政治的自由の間には明らかな関係が認められる。各自の道徳的誠実性を満足させるようなやり方で自分の意見を表現する自由が我々に保障されていないかぎり，我々は満足のいく仕方で自らの道徳的生活を政治的生活へと拡散させることができない。この目的のためには，我々自身の主義主張に自らがコミットしていることを表明する機会が必要であり，この機会はこれらの主義主張を他者へと伝達する機会と同じくらい重要である。事実，これら二つの機会はしばしば融合している。各自の霊的な光に従って礼拝する機会を拒否された人間には宗教的生活の根本的な要素が否定されているように，正義への配慮というものが何を要求しているかに関する自分なりの理解に従って自らが正義を配慮している事実を証言する機会が奪われている人間は，自分の政治的行動力が単に拘束されているばかりか虚仮にされていると思うものである。

　しかし行為上の要求は，信念の表明やコミットメントを越えたところまで及んでいる。我々は自分の行うことが社会に変化をもたらしうると感じないかぎり，倫理的行為者として政治に従事することはないだろう。そして適正な政治過程は，手におえない障害に対抗して，すべての人々のためにこのような潜在的な力を維持しようと努力しなければならない。つまり，それは各々の市民のためにある程度の政治力（political leverage）を保証しなければならない。選挙区の編制は，このような企てにおいて一定の役割を演じており，この点，間接的（mediate）な選挙区編制と最終的（final）な選挙区編制の相違に注目することが重要である。選挙区編制が間接的であるのは，選挙によって複数の代表者が選択され，代表者が一団となって政治共同体全体のための単一の決定に到達するような場合であり，上院のために州全体が選挙する場合がこれにあたる。選挙区編制が最終的であるのは，当の選挙区に関する何らかの問題が選挙によって最終的に決定される場合であり，公債発行のレファレンダムがこれにあたる。これら二つの制度は，それぞれ異なったやり方ではあるが，大きな郡の個々の住民により大きな政治力を与えている。つまり間接的な選挙区編制は，国家全体に影響を及ぼす重要な問題に関してこれらの人々により大きな政治力を与え，総体としての共同体内部での倫理的行動力を改善する。そして最

終的な選挙区編制は，相対的にみてそれほど劇的な結果をもたらさないような問題に関して，これらの人々により大きな政治力を与えている。

もちろん，政治力を人々に提供するために平等主義的な政治過程が用いることのできる，また用いるべき手段として選挙区編制が唯一の手段というわけではない。大きな選挙区や大きな国家の間接選挙区においては，投票のもつ政治力は無視しうるほどわずかでしかない。それゆえ政治の行為上の目標は，本人がそれを望むならば影響力あるメディアを利用できる十分な機会をすべての人々に提供し，その結果，それが本人にとって可能であれば他者を感化できるような公正な機会を各個人に与えることによってのみ，適切に促進されうる。これは倫理的行為の観点から判断された，言論や集会の自由のもつもう一つ別の側面である。我々のような不平等社会においては，メディアを利用する際に生ずる不平等の最も顕著な原因は，富の不平等である。もし資源がもっと平等に分配されていれば，多くの市民にとって政治力は自動的に改善されることだろう。しかし，それにもかかわらず，メディアの経済的な仕組が，メディア産業に投資したりそこで働くことを選択した人々に対してだけ政治的聴衆の獲得を認める結果となれば，民主主義の行為上の目標は，別の何らかの方法を用いてもっと一般的に聴衆の獲得が市民たちに保証され提供されるべきことを要求するだろう。

ここで読者は，私が既に拒否した感化力の平等と同じような平等を政治力とか聴衆の獲得といった観念を用いて再び導入しているのではないか，と疑われるかもしれない。政治において倫理的行為があらゆる市民にとって可能となるのは，社会に変化を生じさせる機会が各々の市民に与えられている場合に限られる。大きな選挙区に関しては，単に投票の機会が与えられるだけでこれ以上のものが与えられないのであれば，上記の要請は充たされないかもしれない。したがって，単に影響力だけではなく感化力への機会が，倫理的行為にとって必要となる。しかし，これは感化力の平等については何も言っていない。既に我々は，今問題となっている議論とは非常に異なった議論を進める過程で——すなわち民主主義が権力の平等を要求することを初めに想定し，その後でこの権力の平等が何を意味しているかを問題にした過程で——感化力の平等という観念に出合った。そして我々は，権力の平等が感化力の平等を意味しなければならないことを確認し，そして主としてこの理由により，権力の平等という観念自体に対し次第に懐疑的になっていったわけである。しかし目下の議論において我々が感化力の観念に再び出会うとしても，その脈絡は以

前の議論とは非常に異なっている。つまり、ここでは民主主義の依存的観念を構築する過程で感化力が問題となっているのである。ここで強調されているのは、他のすべての人々と同一の感化力をもつ機会が各人に与えられるべきことではなく、何らかの感化力をもつ機会が――政治的な努力が無意味なものに終ることなく、何らかの仕方で有意味なものとなるために十分な機会が――各人に与えられるべきだということである。我々は、民主主義の依存的な観念を次のような仕方で構想する。ある人が政治を自己の倫理的生活の拡張として取り扱いたいと欲するならば、これが可能となるために十分な政治力ないし政治参加を当人に認めるような仕方で民主主義の依存的観念を構想しているのである。

したがって政治参加の象徴的価値は――少なくとも我々にとっては――各選挙区内部での投票の平等を要求し、すべての選挙区に亙って影響力の平等を想定している。そして倫理的行為上の価値は、自由と政治力を要求する。これに対して政治参加の共同体的な価値は、これとは少し異なった方向へと我々を導いていく。本章ではこの問題の考察は差し控えることにするが、簡単に次の点を示唆しておきたい。政治社会の成員が政治というものを共同の企てとして感じるとき、当の社会がこのような共同感覚を更に強化していくためには、分配的平等に関する正しい観念を――つまり資源の平等という観念を――採用し、実質的な政治的決定や司法上の判決を下す際に純一性（integrity）という第二次的な政治価値を要求することが必要なのである。[8]

Ⅳ 分配上の価値

A 二種類の論点

いまや我々にとって、民主主義の適切な依存的観念がどのようなものか、およそ見当がつくに至った。それは各選挙区内部における投票の平等を要求し、すべての選挙区に亙って影響力の平等を想定する。次にそれは自由と政治力を要求する。これらの要求は多くのことを未決定のままにしている。これらの要求は垂直的平等の諸問題については全く何も語っていない。例えばそれらは選挙区のサイズや代表の形態、あるいは公職者のどのような集団やどのような性質の公職者に対し、いかなる決定を任せるべきかについて何も規定していない。いま、平等主義的な政治過程の明らかに実質的と言える目標に目を向けてみよう。すなわち資源や機会を各人の私的所有権へと分配したり、集団的な力や資源を公的な計画や対外政策において用

いる際に政治過程が下さなければならないと我々が考える諸決定——節約や環境保全その他，現代の政府が直面する公的原理や政策に属する他の問題点につき政治過程が下すべきだと考えられる諸決定——に目を向けてみよう。もし我々がこれら様々な決定の正確さを改善しようと欲するとき，民主主義の依存的観念をどのようにして構想すべきであろうか。私は，この挑発的な言葉を故意に用いた。税額を引き上げるべきか，死刑を執行すべきか，コントラを援助すべきかといった点をめぐる決定につき，正確であるとかないとか述べるのは奇妙に聞こえるかもしれない。しかし私はこのような言い方を十分に適切なものと想定している。あるいは少なくとも（道徳的問題について「正しい解答」を疑う人々が好んで行うように）これらの決定がより善い決定の集合に属するか，より悪しき決定の集合に属するかについて語ることには十分な意味があると私は想定している。我々が政治過程について期待することには様々なものがあるが，中でもとりわけ，どの決定が最善か，あるいは少なくともどの決定がより善い決定の集団に含まれるかについて正確な判断を下せるように政治過程が適切に構想されていることを望むのである。

　さて，政治的決定の二つのタイプないし種類の間の重要な区別に着目することが重要である。すなわち私が「選択に敏感な」(choice-sensitive) 問題と呼ぶものに主として関わる決定と「選択に敏感でない」(choice-insensitive) 問題に主として関わる決定の間の区別である。選択に敏感な問題とは，その正しい解決が正義の問題として本質的に政治共同体内部に存在する選好の性格や分布に依存するような問題である。新しいスポーツセンターや新しい道路網を築くために入手可能な公的資金を用いることができるか否かといった点についての決定は，典型的に「選択に敏感な」問題と言える。この種の決定の中には，分配的正義の問題から健全な環境政策に至るまで多様な問題が融合しているかもしれないが，競合しあう施設の各々につき多くの市民がどのようなことを望み，どのようなかたちでこれらを利用し，また直接ないし間接にこれらの施設の各々からどのような利益をうけるか，といった点についての情報が明らかに当の決定に関係してくるし，むしろ決定的に重要となるだろう。これに対して，有罪判決を受けた殺人犯を死刑にすべきか，雇用における人種差別を非合法化すべきかといった点をめぐる決定は，私には「選択に敏感でない」問題のように思われる。これらの問題に関する正しい決定が，何らかの実質的な仕方でどのくらい多くの人々が死刑を欲し，あるいは是認しているか，どのくらい多くの人々が人種差別を不正と考えているかといったことに依存するとは思われない

のである。例えば、死刑に反対することに関しては、死刑の観念に反感を抱く人々の共同体だけでなく、多数派の成員が死刑を支持している共同体においても同じように強い論拠が存在する、と私は考える。

　もちろん、どの問題が選択に敏感で、どの問題が選択に敏感でないか——選択に敏感でない問題があると仮定して——については、人々の間で見解が分かれるだろう。しかし、ある特定の第一次的問題が選択に敏感か敏感でないかという第二次的な問題自体は、選択に敏感な問題ではない。大多数の人々がある特定の問題を選択に敏感なものと考え、あるいはそうであることを欲しているときに——しかし、このときにのみ——当の問題は選択に敏感なものとなる、という主張は意味をなさない。ある読者は、選択に敏感な問題とそうでない問題との区別の中に、私が以前に異なった仕方で説明した政策の問題と原理の問題との区別を認めることだろう。確かに私は、政策の問題と私が呼んだものが選択に敏感であり、原理の問題は選択に敏感なものでないと考えている。しかし、目下の議論に関するかぎり私はこのようなことを想定していない。ここで私が想定しているのはただどのような政治的問題が選択に敏感でないかについて読者の見解が分かれるにしても、選択に敏感でない何らかの問題が存在していることに読者は同意するだろうということだけである。

B　正確性　影響力　感化力

　政治的影響力を大雑把にでも平等に分配する政治過程は、一般的に言って、それを非常に不平等に分配する政治過程よりも選択に敏感な問題につき正確な判断を下すのに適している。例えば新しいスポーツスタディアムとか新しい道路網が住民全体の必要性や欲求によりよく合致しているかという問題が持ち上がったとき、大多数の人々の願望がレファレンダムのように直接的に記録されるか、人民の多数派により選挙され再選挙される代表者の決定を通じて間接的に記録される政治過程のほうが、少なくとも普通の状況においては、共同体の少数部分の人々や、もしかすると人民を代表してはいないような人々が何らかの仕方で関与する政治過程より、明らかに良いと言えるだろう。以上のことは、選択に敏感な決定に関するかぎり、当の決定で影響を受ける共同体の内部において影響力の水平的平等を支持する方向での論拠になるだろう。しかしこれは、たとえ一つの理想としてみても影響力の完全な平等を支持する論拠とはならない。なぜなら選択に敏感な問題について決定を下す際に、その事前的な正確性を強化すると思われるような影響力の多様化を容易に

想像できるからである。ある地方や州における人口希薄な地域の住民が自分たちに特有の利害関心を抱いており，もし選挙において影響力の平等が技術的に可能な程度にまで徹底して押し進められると，彼らの利害関心が無視され踏みにじられることも起りうるだろう。この種の選挙や政治的決定が数多く行われていく過程で彼らの利益は次第に損なわれていき，選択に敏感な問題の解決の正確性について適切と言えるどのような説明を採用してみても，一部の人々にこのような利益の損失を被らせることは許されないとされるだろう。この種の問題を解決するときは，人口疎らな地域の各市民の一人一人について，彼の影響力が人口の多い個々の市民の影響力より大きくなるように，選挙区を賢明な仕方で改変するほうがいいかもしれない。換言すれば，選択に敏感な決定を事前的に正確な仕方で下すためには，我々が象徴的な理由で必要としている各選挙区内部での投票の平等は維持しながら，影響力の平等に関してはすぐ上で説明した方法を用いて特殊で局所化された不平等を配慮した慎重な選択によって，これを（影響力の平等を）減じていくほうがいいだろう。前に私が都心部の貧しい住民に有利な選挙に関して挙げた例は，これと同じ戦略の単にもう一つの例にすぎない。

　影響力の平等ではなく，感化力の平等についてはどうだろうか。我々は，選択に敏感な問題を解決する際の事前的正確性を強化する方策として，どの程度まで感化力の平等を目指したらいいのだろうか。もちろん，特定の計画が各市民自身の利益になるかどうかを判断するためにはある種の事実を市民たちが知る必要があるが，これらの事実を彼らに対し隠蔽する効果を及ぼしそうな偽りの宣伝やその他の欺瞞行為を阻止したいと我々は欲するだろう。また我々は人々のもっと根本的な企図や価値と齟齬をきたすような嗜好を生み出すように巧みに計略された操作をも阻止したいと思うだろう。しかし我々は，それ自体で一つの理念として考えられた感化力の平等へと訴えることなく，これらの目的に必要な拘束を正当化することが可能であり，また選択に敏感な決定の他の諸特徴自体も，正確性のための方策としてこの理念に依拠しないよう我々に勧めるのである。というのも，ある人々や集団が自分達の政治的感化力を欺瞞や操作のために利用するのと同様に，他の人々や集団は自らの感化力を利用して，例えばスポーツスタディアムや道路網のいずれよりも劇場を好むように人々を導いていくような一連の価値を教示し，人々が抱く願望を洗練し崇高なものにしていくことにより，この種の教示がなかったら他の人々が考慮することさえなかった高尚な価値や人生の目的が存在することを示唆することもある

第4章 政治的平等

だろう。我々には，後者の形態の感化力を政治のフォーラムから除外すべき一般的
な理由は存在しないし，それゆえ感化力の平等を可能なかぎり実現しようと試みる
べき一般的な理由さえ全く存在しない。我々が感化力に対して一定の拘束を課そう
と計画する場合，ある人々の見解が他の人々より大きな感化力をもつようになるこ
とを確実に阻止するために最小限の措置を講ずることさえ適切な方策ではなく，む
しろ我々は，悪しき感化力ないし不適切な感化力の除外のみを目標とすべきであり，
このことは，政治において富がそれほど重要な役割を果さないようにしたり，欺瞞
行為が極めて容易に暴露されるようなタイプの政治的討論を奨励することで実現で
きるのである。

　選択に敏感な決定の事前的正確性については，もっと多くのことを述べるべきで
あるが，ここでの我々の関心は図式的なものにすぎないので，この代りに我々は，
正確性をめぐる我々の考察の第二のテーマである，選択に敏感でない決定における
事前的な正確性に目を向けるべきである。選択に敏感な問題に関しては，広範に亙
った影響力の拡散を支持する論拠が我々にはあったが，言うまでもなく，選択に敏
感でない決定に関してはこの種の論拠は存在しない。なぜなら，その定義からして，
選択に敏感でない問題の正確な決定は，広範な人々の投票がもたらすと期待できる
ような情報には依存しないからである。もし我々が幾つかの想定を受け容れること
ができるならば——これらの中で最も基本的なのは，平均的にみると選択に敏感で
ない問題に関して人々が誤った決定を下すよりは正しい決定を下す可能性のほうが
強いという想定である——，次のように結論できるだろう。すなわち平等な影響力
を想定したとき，ある特定の問題について投票する人々の数が多ければ多いほど，
多数派の人々が正しい解決策に賛成投票する可能性は強くなる，ということである[9]。
しかしこれらの想定を受け容れるべきアプリオーリな理由は存在しない。例えば，
死刑について任意の特定の人間が正しい決定に到達する可能性のほうが誤った決定
に到達する可能性より強い，と私が判断するか否かは，私が何を正しい解決と考え
ているかによって決まるのであり，平均的人間の道徳哲学上の能力に関するいかな
る一般的な観察にも依存しない[10]。

　次のように私は結論する。政治の垂直的次元においても水平的な次元においても，
影響力や感化力の平等に類似のものが選択に敏感でない問題に対して一律に正しい
解答を提示するのに最も適合している，と事前的に考えるいかなる理由も我々には
存在しない，と。しかし我々が既に注目したように，平等主義的な政治の参加上の

目標やその他の実質的目標はこれほど無差別的ではない。これらの目標は確かに特定の政治構造を支持する論拠となる。象徴的な目標は各選挙区内部における平等の投票を支持する論拠となり，行為上の目標は自由と政治力を支持する論拠となる。そしてまた選択に敏感な問題に関する正確性という目標は，影響力をかなりの程度まで平等にしていく論拠となる。かくして，民主主義の正しい総合的な依存的観念は，既にかなり具体的なかたちをとっていたわけであり，そこで我々は次の二つの条件が充たされないかぎり，選択に敏感でない問題を解決する場合も同じ構造を用いるべきことになるだろう。つまり，異なった別の手続を用いれば選択に敏感でない問題を決定する際の事前的正確性を著しく改善できる，と考える何らかの積極的な理由が我々になければならず，更にこれら異なった手続は，我々が既に提示した平等主義的政治の他の諸目標のどれをも侵害してはならない，という二つの条件である。例えば，ある人が選択に敏感でない問題については法律家や道徳哲学者だけが投票を許されるべきである，と示唆したとしよう。このような改革が正確性を根拠としてどれほど魅力のあるものであろうと（この点について私自身の見解はここでは無視することにする），これは投票の平等を要求する象徴的な目標に違背するがゆえに受け容れがたいことだろう。

　最後の節で私は，上記の二つの条件を充たすと私が信じる，選択に敏感でない一定の問題を解決するための特別な仕組を簡単に議論するつもりである。それゆえこの仕組は，民主主義の十分に展開された依存的観念の一部を構成することになるだろう。しかし第一に私は，以前に後回しにされ，前段落での議論が我々に考察するよう促す一つの問題を取り上げなければならない。依存的な観念が是認すべき様々な目標は衝突することがあり，その結果，これらの目標のあるものを他のものに従属させたり，これらを相互に妥協させたりしなければならないのだろうか。この点，我々が念頭においているのが事後的な衝突か，それとも事前的な衝突かで違いがでてくる。ある機会にある問題——例えば新しいスポーツスタディアムを建設すべきか否かといった問題——について投票の平等を実施すると間違った決定に至り，これに対して，選挙民をもっと制限したほうが事実上，何らかの理由で正しい決定を生み出すことが後で判明する場合も十分にありうるだろう。しかし，このような事後的な衝突の可能性は，それが同時に事前的なものでもないならば——つまりこの種の問題について我々が誤った決定をする可能性はより少ないが，競合する象徴的価値やその他の価格を害するコストを支払わねばならないような，異なった一連の

制度を我々が構想しえなかったならば——政治制度の構想において諸価値の妥協や従属化を要求することはないだろう。依存的な観念はもっと由々しい事前的な形態の衝突を認めるべきか否かという問題は複雑なものにならざるをえず，制度の構想につき我々がここで行っているものより一層詳細な検討を待たずに解決できるものではない。しかし本章の限定された考察においては，依存的観念が認めるべき様々な目標の間に事前的に衝突が生ずることを立証するようなものは，今のところ何も現われてはいない。この点からみると，民主主義の依存的観念は，我々が最初に考察したより一般的に支持されている分離した観念よりも一層堅固な基礎の上に立っているようにみえる。というのも我々が注目したように，分離した観念の中には，感化力の平等と平等主義的な政治の参加上の目標との間に明白で避け難い深刻な事前的衝突が潜在しているからである。

V 立憲主義と原理

　最後に，私は一種の要約のようなものとして，選択に敏感でない問題に関する決定の正確性が影響力と感化力の平等を犠牲にはするが，我々が考察した他の目標のどれとも事前的に衝突をきたさないように，特別な仕組を通じてどのように改善されうるかを示す重要な事例を考察することによって，本章を閉じることにしたい。連邦裁判所は，そして究極的には合衆国最高裁判所は，合衆国憲法が要求していることに関する当の裁判所の解釈に照らして立法を審査し，もし立法が裁判所の憲法解釈に違反するときはそれを無効と宣言できることになっている。しかしこの司法審査の制度は，それが影響力の平等であろうと感化力の平等であろうと，垂直的な次元での平等を著しく損うことになる。例えば死刑や社会的弱者のための積極的な平等政策，そして妊娠中絶を制限する法律などが許されるべきか否かの決定に対して，数人の裁判官は他の誰よりも圧倒的に大きな力を有している。司法審査が一般的に非民主主義的とみなされている理由はここにある。そしてこの制度に対して好意的な人々や，これを熱烈に讃美する人々でさえも，これを非民主主義的と考えているのである。

　しかし我々が民主主義というものを影響力や感化力の垂直的および水平的な平等の問題と考える分離した観念ではなく，民主主義の依存的な観念を採用するならば，司法審査が何らかの意味で非民主主義的な制度と言えるかどうかは少しも明らかではない。我々は，これまで展開してきた依存的観念に含まれる諸理念を司法審査が
(11)

本当に損うかどうかを問うことによって，この制度の民主主義的な性格をテストしなければならない。私はこれまで，政治過程の執行上の (executive) 目標とでも名付けうるもの——例えば政府の効率性や政治的安定性——について言及してこなかった。それゆえ私は，司法審査はこの種の目標を脅かす，という一部の人々によって主張されている議論を考察することはできないし，この点については，ただ歴史はこのような主張を少しも支持しないと述べる他はないだろう。しかし司法審査は，少なくとも合衆国に存在している形態についてみるかぎり，象徴的ないし倫理的行為上のいかなる目標をも損わないことは明らかと思われる。司法審査は投票の平等を損うことはなく——なぜなら投票の平等とは選挙区編制の一形態だからである——またそれ自体では，共同体内部のある人間集団に対する蔑視や無配慮を表現したものでもない。また司法審査は，民主主義の行為上の目標を害することもない。むしろ反対に司法審査は，政治において倫理的行為を培うような言論の自由やその他の様々な自由を特別に保護することにより，この種の目標が実現するよう監視するのである。更に司法審査はこれ以上のことを行う。つまり市民たちがそれを望めば議論を通じて参加することができ，それゆえ，一般的に投票によるよりもはるかに直接的に自分たちの倫理的生活と結びついた仕方で参加できるような政治のフォーラムを提供してくれる。そのうえこのフォーラムにおいては，通常の政治では殆ど無視しうるほどの政治力しか持たない少数派の政治力が大幅に改善されるのである。

したがって立憲主義は，平等主義的な政治の参加上の目標に照らしてテストしてみても，十分に有効な機能を果すように思われる。それゆえ立憲主義にとって残されている重要なテストは，正確性のテストということになる。もし司法審査というものが，政治的決定の正確性が改善されることを事前的に約束してくれるならば，それは民主主義の依存的観念の中で重要な地位を占めるに値するものとなる。しかしこの場合，選択に敏感な問題と敏感でない問題を区別することが特に重要である。別の機会に私は，司法審査を実施する裁判所が立法府によって下された選択に敏感な決定を無効にできるとなると，正確性が促進されるよりはむしろ損われてしまうことを議論した。また私は，立法府が下した選択に敏感でない決定のあるものを——すなわち多数派の決定に対して各個人が有すると想定された諸権利を否定するような決定を——裁判所が審査できるときに，正確性が高められることも議論した。[12]言うまでもなく，連邦裁判所がそれに対して判断を下す管轄権を主張するのは，この種の選択に敏感でない諸問題であり，この中には，選択に敏感でないのはどのよ

うな問題かという,同じく選択に敏感でない第二次的な問題も含まれている。私はここでもう一度,私の議論を繰り返すつもりはない。しかしもし私の見解が支持されうるものならば,立憲主義というものは,その管轄が選択に敏感でない原理の問題に限定されるかぎりにおいて——むしろ,ただこのかぎりにおいてのみ——民主主義における一つの改善と言えるのである。

VI 結語

我々は長く曲りくねった道を歩いてきた。私は,辛抱して私と歩みを共にしてくれたことに対し読者に感謝する。もっと述べるべき多くのことが残されており,この中には私が主張したことをどのように限定すべきかという点も含まれている。このような限定づけの幾つかは私の『自由の法』や本書の後の方で見出されるだろう。しかし,紆余曲折した議論と少々強引な概念上の区別にもかかわらず,本章で私が言おうとしたことは単純なことであり,最後に私は,これまでの議論とは異なった表現を用いることになるが,簡単な結語でもって本章の中心的なテーマを強調しておきたい。もし共同体が抽象的な意味において真に平等主義的であるならば——つまり共同体は集団としてその成員の一人一人を平等な配慮をもって取り扱わなければならない,という命令を当の共同体が受け容れるならば——それは,政治的影響力や感化力をそれ自体で一つの資源として取り扱うことはできない,ということである。平等主義的な共同体は,土地とか原材料とか投資物件が分割されるのと同じ方法で何らかの平等の測定規準に従って分割されるべき資源として影響力や感化力を取り扱うことはできない。この種の共同体においては,政治は責任の問題であって,富のもう一つ別の次元といったようなものではないのである。

(*) 本章は,1987年3月26日にサンフランシスコ大学ロー・スクールで行われたマーシャル・P・マディソン・レクチャーに手を加えたものである。
(1) 私はこれらのアプローチを純粋なかたちにおいて記述する。しかし,これら各々のアプローチの特徴を結合した混合的アプローチがある。これら混合的アプローチについては後で議論される。
(2) 一般的な議論は第2章を参照。
(3) Ronald Dworkin, *A Matter of Principle* (Cambridge, Mass.: Harvard University Press, 1985), pp. 237-92 参照。
(4) もちろん我々は,このような定義が示唆すると思われるような正確さをもって,

権力の平等に関し何らかの判断を下せるとは期待できないだろう。私がこのような定義を提示したのは，実際上はもっと大雑把に行われるはずの比較に何らかの意味を与えるためにすぎない。

(5)　Edmund Burke, "A Letter to John Farr and John Harris, Esqrs., Sheriffs of the City of Bristol, on the Affaires of America" in *The Writings and Speeches of the Right Honorable Edmund Burke,* ed. J. F. Taylor (New York: Beaconsfield, 1901). 初版は1777年。

(6)　このように主張するとき私は，富は依然として平等であり，それゆえ非常に裕福な人々の小集団が政治献金やその他の出費によって政治を支配することはありえないだろうと想定している。第10章参照。

(7)　しかし，選挙区体制が影響力に関してかなりな程度の不平等を課しているとき，これによって平等な配慮の欠如が表現されるようなことがあってはならないという要請があったとしても，この要請を巧みにかわすことは特に容易である。それゆえ民主主義の依存的観念が魅力あるものとなるためには，平等な影響力の要請を免除する際には相当強くて明白な論拠が存在しなければならないと主張する必要があるだろう。合衆国最高裁判所が下した一人一票主義の諸判決は，おそらくこのような主張によって最もよく正当化されると思われる。我々は，最高裁が一個の予防処置として，憲法上要求されたいかなる例外も許されるべきでないと判断したものとしてこれらの判決を理解することができるかもしれない。例えば，Gaffney v. Cummings, 412 U. S. 735 (1973) を参照（ここではコネティカット州議会の議員数再割当のプランが，1970年の国勢調査の後で，平等保護条項のもとで批判されている）。また，Reynolds v. Sims, 377 U. S. 538 (1964) も参照（ここではアラバマ州議会の両院の選挙区再割当に関して提案されたプランが，平等保護条項によって批判されている）。

(8)　私はこれら二つの主張のうち第一の主張を，"New Rules and Equality" と題する論文で展開している。これは，Proceedings of the 1988 Progetto Milano, Instituto Regionale di Recercia della Lombardia, *Foro Bonaparta* 65, 20121 Milano, Italia で公刊される予定である。1988 Progetto Milano は，1988年1月15日と16日に Instituto で開かれた学会である。そして，二つの主張のうち第二のものは，私の最近の著作である *Law's Empire* で展開されている。Dworkin, *Law's Empire,* (Cambridge, Mass.: Harvard University Press, 1986), pp.176-226 参照。また，Denvir, Reading Dworkin Right (Left) (Book Review), 22 *U. S. F. L. Rev* 参照。

(9)　Lewis Kornhauser & Lawrence Sager, "Unpacking the Court," *Yale Law Journal* 46 (1986): 82 参照。

(10)　何人かの著名な政治哲学者は，選択に敏感でないあらゆる問題に対する正しい解答は，好ましい状況において人々の総体から生み出されるような「一般意志」によって与えられる，と考えてきた。しかし，この観念の形而上学的な基礎につ

いて人がどのようなことを考えようと，この観念は，政治権力の平等に類似したいかなるものについても，これを支持する論拠になりえない。事実，一般意志という観念は，個々の市民一人一人の影響力や感化力を配慮するような態度に敵対するものである。影響力の平等であれ感化力の平等であれ，これらの形態の平等がいやしくも重要な意味をもつのは，見解の不一致が解決されねばならないときであり，これに反して一般意志は，ログローリングではなく討議を通じての全員一致，あるいは少なくとも，得点ではなくノックアウトで勝つような決定の形成を前提としているのである。

(11) この議論をより綿密に分析し評価したものとして，Dworkin, *Freedom's Law* (Cambridge; Mass.: Harvard University Press. 1996) 参照。

(12) 例えば，Dworkin, *A Matter of Principle, op. cit.,* pp. 33-71 ; Dworkin, *Law's Empire. op. cit.,* pp. 87-113 参照。

5 リベラルな共同体

　先の二章では，平等を生涯に亙っての平等な福利ないし善い状態ではなく，平等な資源を要請するものとして理解する場合に，二つの中心的政治理念——自由と平等——が，平等にコミットしている社会においていかなる地位を果しているのかを考察してきた。本章では，共同体という更に別の政治理念の，そのような社会における地位を考察する。我々は古くからの問題に焦点を絞ることにする。つまり，因習的倫理（conventional ethics）は刑法を通じて強制すべきか，という問題である。バウワーズ対ハードウィック事件判決において，ソドミーを犯罪とするジョージア州法が違憲であるとの申立てに対し，最高裁が同州法を支持したのは正しかったか。広く考えられているところでは，共同体の心髄は共有された倫理コードなのだから，政府がその強制力を使って倫理的同質性を強要することは間違いだと主張するリベラルな寛容（liberal tolerance）は共同体を掘り崩してしまう，とされる。私が論じるのは，私が画定してきた平等の捉え方を背景にして理解されるなら，リベラルな寛容は最も魅力的な共同体の捉え方と整合的であるばかりでなく，それにとって不可欠だということである。

　リベラルな寛容の攻撃には，極めて多様な共同体概念を使った極めて多様な論法が，多様なやり方で用いられてきた。私は四つのかかる論法を区別する。第一は共同体を多数派と結びつける民主主義理論からの議論である。バウワーズ事件において，バイロン・ホワイト判事は，共同体には自らのもつ倫理的品格（ethical decency）という構想を支えるために法を用いる権利がある，と示唆した。つまり，共同体は多数派であるというだけで，倫理についての自らの見解を強要する権利がある，というのである。第二はパターナリズム（paternalism）の議論である。それが説くのは，本当の政治共同体では各市民に，他の構成員の善い状態（the well-being）についての責任があり，それゆえ，歪んだ振舞いによって自らの生を台無しにするよ

うな人々について，各市民はそのもつ政治権力を用いて改善すべきだ，ということである。第三は，大まかに言えば，自己利益（self-interest）という議論である。それは，アトミズム，つまり個人は自分自身で自立しているとする見解を非難し，――物質的，知的，倫理的といった――広く色々なところで人々は共同体を必要とするのだ，と強調する。リベラルな寛容によって，これらの必要を用意する共同体の能力が減殺される，と主張するのである。第四は私が統合（integration）と呼ぶことにするものであるが，それは，リベラルな寛容は，共同体内部の個々人の生と一つの全体としての共同体の生との不適切な区別に依拠していると論じる。この議論によると，いずれの個々の市民の生であれ，その生の価値や善は，その者が生きている共同体の生の価値の反映ないし関数でしかない。したがって市民は，自らの生を成功させるためには，自分の周囲の市民が品格ある生を送るということが確実なものとなるよう投票したり働きかけたりしなければならないのである。

　これらの議論の夫々が用いる共同体概念は，この順番で，徐々に実質的になり，かつ徐々に還元的ではなくなっている。第一の議論は，民主制における多数派にはすべての人に対する倫理基準の画定権があるとするが，共同体というものを単に，数値的に画定される何らかの政治的集団分布の略号としてしか使っていない。第二の議論はパターナリズムを推進するものであるが，共同体概念にやや実質性を与えている。それは共同体を単に政治集団としてではなく，独自の共有責任をもつ次元として画定するのである。人々には共同体が必要だという第三の議論では，共同体は，それだけで実体となっているものとして，つまり，個々人が一人一人でなす寄与に還元することのできない広く色々な影響力・便益の源泉として，認識されている。自己同定についての第四の議論は更に共同体を擬人化し，政治共同体が個々の市民から独立しているだけでなく，それに先行してもいるのだということの意味を記述している。本章で私は第四の議論に焦点を合わせる。その理由は，私が以前にそれを論じたことがなかったということもあるが，人々は自分自身の利害関心を，自分たちの政治共同体の利害関心と同一視すべきだという第四の議論の根元にある発想を，私は，真でありかつ価値があると思うからである。この発想は適切に理解するならば，リベラルな寛容に反対するいかなる議論ももたらさないし，バウワーズ事件を支えるいかなるものももたらさない。それどころか反対に，リベラリズムはこの共同体概念の最良の解釈をもたらし，また，リベラルな理論は共同体概念の重要性についての最良の説明をもたらすものなのである。

I 共同体と民主主義

　リベラル派の人々の中には，リベラルな寛容がジョン・ステュワート・ミルの危害原理（harm principle）によって完全に正当化できると考えた者もいた。危害原理は，国家がある者の自由を適切に制約できるのは，その者が他人を害しないようにするためだけであって，自分自身を害しないようにするために制約するのは適切ではない，とするものである。『法・自由・道徳』（*Law, Liberty and Morality*）の中でH. L. A. ハートは，この原理が，同性愛行為の犯罪化立法を排除していると論じた。しかしハートの議論が健全なのは，危害を人または財産への物理的侵害に限定する場合だけである。あらゆる共同体には一つの倫理環境（an ethical environment）が存在し，この倫理環境は，その共同体の構成員が送ることのできる生を違ったものにする。同性愛に寛容で，同性愛が強力な存在感をもっている共同体は，同性愛が禁止されている社会の倫理環境とは異なった倫理環境をもたらすし，人々によっては自分たちがこの違いによって危害を受けると信じている。例えばその人たちは，自分たちがよしとする衝動・価値へと子どもたちを育てていくことが一層困難だと思うのである。

　リベラルな寛容に反対する第一の議論は，民主主義的共同体の倫理環境の形状についての問いを，多数派の意思に従って決めるべきだと宣言する。それが論じるのは単に，多数派によって選出された政治的公職者がなす決定はいずれも法として受容すべきだということだけではない。これらの政治的公職者がなす決定は，いずれかの少数派の選好ではなく多数派の選好を反映すべきなのだということも論じる。これは単なる手続的多数決主義ではなく，実体的多数決主義である。この議論が前提にしているのは，少数派の道徳的見解がどれも卑しいとか邪悪なものだとかということではなく，単に，共同体にとっての適切な倫理環境について意見が分かれる場合には，多数派意思への指図を少数派に許すことが不公正だということである。

　しかしながら，これの前提になっているのは，共同体の倫理環境の輪郭は集合的に（collectively），つまり勝者独り占め式に決めなければならず，それで，多数派か何らかの少数派かのいずれかが排他的に，その形状を決定しなければならないということである。この前提が真であったならば，この議論は端的に強力なものとなろう。実際，争点の中には，勝者独り占め式に近い形で決定しなければならないものがあるし，その場合には，一つの集団の見解が全面的に，他のいかなる見解も完

全に排除して行き亙らなければならない。現在激しく論議されているそのような争点が一つある。ある特定の形の戦略防衛構想（SDI）を我が国が採用すべきかという争点である。しかし，民主主義は，あらゆる政治決定が勝者独り占め式であるとは要請していない。それどころか，生の一つの中心的な領域——経済環境（the economic environment）——では，正義はそれと正反対のことを要求している。

　我々が生きている経済環境——供給・需要・価格を作り出している財産や選好の分配——は，我々の倫理環境以上に，更に明白に我々に影響している。私が現実に持っている財産が持てたかもしれない財産よりも少なく，かつ他人が持っている嗜好が他人に持ってもらいたいと私が思う嗜好と異なっているという事実によって，私は害されるのである。持ってもらいたい価値を持つように我が子を育てるという私の努力は，経済環境によって阻害されるかもしれない。例えば，私はルネッサンスの傑作を収集する技能と経験を持つように，子どもを育てることはできない。しかし，たとえ，市民の多数派が，経済資源を全部自分たちに割り当てることを望んだとしても，彼らがそうすることは正義ではないであろう。正義が要求するのは，財産を公正な分前という形で分配することである。つまり経済環境に対する自分の分前の影響を，各個々人について許すように，財産を分配することなのである。もちろん，人々は，何が公正な分前に当たるかということについて意見を異にしているし，現代の政治的議論のかなりの部分はこの不一致を反映している(7)。しかし，私のここでのポイントは，何らかの特定の分配的正義観に依拠してはいない。なぜなら，いかに信憑性のない理論でも，多数派の排他的管理という原理は退けるであろうからである。

　我々が倫理環境をこれと並行に眺めるのであれば，民主主義理論により多数派が倫理環境の全面的管理を割り当てられるという主張は退けられなければならない。我々は，倫理環境が経済環境と同様に，個々の人々の下す選択の産物なのだということを主張しなければならない。もちろん，これらの環境のいずれも，無統制な個人の選択に全面的に委ねられるべきではない。例えば，経済環境を盗みや独占から守る法であるとか，市場外部性に対処する地域規制が必要である。これらの法は，資源が公正に分配され市場が完全である場合に持つような形状を経済環境が実際に持つことを可能な限り保障する手助けをするものである。

　倫理環境は同じ趣旨の規制を要請する。つまり，倫理環境への少数派の影響力を，少数派の数と嗜好によって正当化される影響力に限定するのである。例えば，潜在

的に不快な行為の実行を特殊な場所や私的な場所に限定するという地域規制は，この目的に資する。しかし，地域化を通して倫理環境に対する少数派の影響力を規制するということは，多数決主義の議論が目的としている，少数派からおよそその影響力を奪い去るということとは，極めて異なる。

倫理環境を経済環境の扱いと同様に扱う——公正な資源分配を背景にしてなされる個人の決定によって倫理環境が決まるようにする——のであれば，多数派が倫理環境において有害だと認めるものは何でも排除する権利が多数派にはあるとする多数決主義の主張は退けられる。多数派の各構成員が持っている権利は，自己の環境への公正な影響力——他のいずれの一人の個人とも同じだけの影響力——に対するものでしかない。自らの与する意見を保持するように我が子を育てることがこの上なく容易になるような環境への権利などというものを，それらの構成員は持っていないのである。それらの構成員は，公正が提供する環境において最善を尽すよう，最後まで試みなければならない。

倫理環境を経済環境とは異なって取り扱う何らかの理由を見出せるであろうか。経済上の争点の中には，SDIのように，個々の力の合力としてではなく，集合的に，つまり二者択一に決定しなければならないものもある。そして，我々の純一性（integrity）と公正の感覚から，我々は，一部の原理問題は，誰に対しても同じように決めることが要請される。[8] 例えば，公職者は，死刑を望む市民の割合に即応するよう有罪殺人者をある割合で処刑することを目指してはならない。しかし，ある政治決定を集合的になすというこれらの理由のいずれも，共同体の倫理環境をこのように定めるための何らかの論拠を提供するわけではない。倫理環境がなぜ，一部の集団が最善だと考えるものと正確に同一でなければならないかの，実践的な理由は存在しない。そして，倫理環境の形成に寄与する個人の多様な行為や決定は，経済環境を定める個人の多様な経済的決定と同様に，政府の行為ではないのだから，個人が様々にこれらの決定をなすよう放置されているとしても，それによって政府が純一性を侵しているのではないかという問題は存在しないのである。

倫理環境と経済環境とは，別々の正義体制の下に置くべきではない。両者は，二つの別個の環境なのではなく，同じ一つの環境の相互依存的な二側面だからである。ある人がコントロールする資源の価値を定めているのは，財産法しかないというわけではなく，その財産をどのように用いることができるかを規定している他の分野の法も，これを定めている。ゆえに，財産や余暇の色々な使用の間に差異を設ける

道徳主義的な立法は常に，一定程度，価格と価値に影響するのである。この効果が甚大な状況も存在する。例えば，道徳的配慮からの禁止法である。それゆえ，共同体のもつ資源の特定の分配が公正であるかどうかの判断は，市民が持つ自由の程度を考慮に入れなければならない。[9]人々の持つ資源の価値が多数派の集合的な決定によってではなく，個人の選択の相互作用によって決まらなければならないと我々が主張するのであれば，我々は既に，多数派には誰もが送らなければならない生の種類を決定する権利はない，という決定をしている。換言すると，ひとたび経済環境と倫理環境が一体化しているということを受け入れるのであれば，我々は，倫理の問題におけるリベラルな寛容を受容しているのである。これに反するいかなる見解も，その一体性を否定するものであるからである。

　我々が考察してきた多数決主義的論拠は，政治的には，リベラルな寛容に反対する最強の論拠である。この論拠は，バウワーズ事件の多数意見において，人目を引く位置を占めていた。それゆえ，我々の議論全体のうちでの今の部分は，相当の実践的重要性がある。しかし，議論のこの部分の限界を念頭に置いておくことも重要である。我々の議論が狙っていたのは，多数決主義的な議論だけであった。リベラルな寛容の排他的根拠の言明として受け取ったり，自由という価値の総体を経済的類推に依拠させるものとして受け取ったりすべきではない。またそれは，言論の自由や結社の自由のような特に重要な自由への何らかの特別な権利を画定しようとするものでもない。倫理環境の形状は一つの全体として，多数派の意向によって勝者独り占め式に定まらなければならない，という多数決主義的論法の本質的前提を否定しているにすぎないのである。共同体概念がリベラルな寛容の批判において重要な役割を持っているのであれば，それは，多数決ルールが使われる政治的統一体（a political unity）のための単なる名称として以上に強固な意味においてである，ということでなければならない。

II　共同体と配慮

　共同体主義的な第二の論法，つまりパターナリズムの論法は，もっと強固な意味での共同体という考えに訴える。それは魅力的な発想から始まる。ホッブズ的な結社では相互の利便のために，各市民は他の全員を，自分自身の目的にとっての有益な手段であると見なすが，この論法によれば，真の政治共同体は，そのようなホッブズ的結社以上のものでなければならない。その結社は，各人が他人の善い状態そ

れ自体のためにある特別の関心を抱くというものでなければならないというのである。この論法は，他人のことを本当に気遣っている人々は，他人の意志的な善い状態（volitional well-being）とともに他人の批判的な善い状態（critical well-being）にも関心を抱くということをつけ加える。私はこの区別を説明しなければならない。パターナリズムの論法にとって決定的であるからである。[10]

　人々が利害関心を持つ二つの意味，人々の生が善きものになったり悪しきものになったりする二つのあり方がある。ある人の意志的な善い状態は，その者が自分の望むあるものを所持したり達成したりすると必ず改善する。[11]しかし，その者の批判的な善い状態を改善させるには，その者が望むべき事物を所持したり達成したりするしかない。すなわち，批判的な善い状態は，望まないとしたら生が悪化してしまうことを達成したり経験したりすることによって，はじめて改善するのである。この区別は主観的な形で行うことができる。人が自分自身の利益だと理解したり見なしたりする二つの仕方の間の区別であるとするのである。例えば，私自身は，自分がとても望んでいる事柄のあるものを，私の意志的利益に入るものとして考えている。私は，美味しい食べ物を望み，歯医者にあまり行かないで済むことを願っているし，もっと上手にセーリングしたいと思っており，それゆえ私がそれらを手にすれば私の生はもっと善いものとなる。しかし，私は，これらの事柄を望むべきであるとか，何らかの理由で望んでいないとすると私の生が貧しいものとなるであろうとは考えない。しかし，私が望む他の事柄，すなわち，我が子たちと密接な関係を持ったり，仕事において何がしかの成功を達成したりするという事柄を，私は違った眺め方をする。我が子と密接な関係を持つことが重要なのは，たまたま私がそれを望んでいるからにすぎないのだとは，私は考えない。反対に，私がそれを望むのは，そのような関係のない生が貧困なものであると私が信じているからなのである。同じ区別を客観的な形で行うこともある。すなわち，人々がこれらの利益を見つめる二つのあり方の間の区別ではなく，人々が実際に持っている利益の二つの種類の間の区別として行うのである。人々は，自分自身の批判的利益を認識し損うことがありうる。例えば，友情や宗教，挑戦的な仕事に何の顧慮も払わない人は，それがために，そうでないよりも貧しい生を送るのであって，それはその者がそれに賛成するか否かに関わらないと述べることは意味がある。我々はまた，自分自身についても批判的判断を下す。人々がその末期に臨んで，自分の生にとって本当に重要だとその時点ではじめて認識されることを自分が無視してきたと考えるようになるこ

第5章 リベラルな共同体　　299

とは，極めてありふれたことである。[12]

　この区別は複雑であり，多くの異なったやり方で探究し批判することができる。例えば，批判的利益・批判的な善い状態といった考えに端から懐疑な人もいるであろう。そういった人たちは，当人が望んでいないあることを望むことがその人の批判的利益であるとは誰も証明できないのだから，批判的な善い状態という考え全体が誤ったものだと考えるかもしれない。私はここでは，この懐疑的反論には応答しないことにする。我々は全員両方の種類の利益を持っていると，我々の殆どが日常生活において前提にしていると信じられるので，私はこのことを前提にする。意志的利益と批判的利益の区別を用いて，二つの形式のパターナリズムを区別できる。意志的パターナリズムが想定するのは，人々が既に達成したいと思っていることを達成するのに強制が役に立つということもありうるし，したがって，強制は彼らの意志的利益なのだということである。批判的パターナリズムが想定するのは，人々が今善きものだと思っている生よりも善き生を，強制が人々にもたらすことがありうるし，それゆえ強制は彼らの批判的利益になることがあるということである。

　共同体主義的な第二の論法は，意志的パターナリズムよりも，批判的パターナリズムに訴える。この論法によって，批判的な善い状態についての哲学的争点に直面することになる。ある人の生は二つのやり方で評価できる。第一に，その生の構成要素（components），つまりその生を作り上げている出来事，経験，結びつき，業績を見て，見られる通りのそれらの組み合わせで，これらの構成要素によって生が我々の見解から善いものになっているかどうかを問うことができる。第二に，その生を送っている人の態度を見ることができる。その者がこれらの構成要素をどのように判断しているのかを問うことがある。その者が，それらの構成要素を探し求めたり価値があると見なしているかどうか，つまり，それらの構成要素を自分の批判的利益に資するものとして是認している（endorse）かどうかを問うことができるのである。

　ある生の批判的価値を判断するこれらの二つのやり方の関係について，いかなる見解を採るべきであろうか。二つの解答を区別すべきである。付加的見解（the additive view）は，構成要素と是認は別個の価値要素だと説く。ある人の生が善き生の構成要素を持っているのであれば，その生は批判的価値を持っている。その者がこれらの構成要素を是認しているのであれば，それらの価値は増大する。是認は刺身のつまである。しかしその者が是認しないとしても，その構成要素の価値は変らな

い。他方，構成的見解（the constitutive view）は，是認なしではいかなる構成要素も生の価値に貢献しないと論じる。厭世家が大いに愛されても，その愛を無価値なものとして見下している場合には，他人のその愛情によって，その者の生が更に一層価値が高まるなどということはない。

構成的見解は色々な理由から望ましいものである。付加的見解は，善き生がその生を送っている人について，またはその人にとって，なぜ固有に価値があるのかを説明できない。そして，人が自分の最も根底にある倫理的確信に安らいでいる場合よりも，それらの確信と性が合わない場合の方が善き生を送れると考えることは，信憑性がないのである。構成的見解を受容するならば，その場合我々は，露骨だとか直接的だと呼ぶような形式の批判的パターナリズムからの論法には対応できる。同性愛の生を送りたいが刑罰への恐れからそうしない人を想定しよう。その者が自分の現に送っている生を，さもなければ送っていたかもしれない生よりも優れているとして是認することが絶対にないとすれば，その者の生は，当人の嫌っているパターナリズム的な制約によっては，批判的意味においても，改善されてはいないのである。

しかしながら，批判的パターナリズムのもっと微妙な目標を認識しなければならない。国家が飴と鞭を駆使して，同性愛者が改宗し，最終的にその改宗を是認し感謝するまでになると想定しよう。その場合その者の生は改善されたのであろうか。答えは，私がこれまで放置してきた論点に依存している。つまり，本当の是認ということの条件・状況である。是認には何らかの制約がなければならない。さもなければ，批判的パターナリズムは自らの方式に，化学的・電気的洗脳手段をつけ加えることによって，常に自らを正当化できることになってしまう。

是認の受容可能な状況は，受容不可能な状況から区別しなければならない。その区別は，リベラルな教育理論の歴史から知られるように，線引きが困難な区別であるが，しかし私の信じるところ，受容可能な状況の適切な説明ならどれも，以下の命題を含んでいるであろう。たとえその者が我々のもたらしたその変更を是認したとしても，その変更を確保するために用いられた仕組が，その変更の批判的功罪を反省的に考察するその者の能力を減殺した場合には，その者の生を改善するものではない。刑事罰のもつ威嚇効果は，批判的判断を高めるというよりも，だめにするものである。威嚇の誘い出す改宗が心からのものであるとしても，これらの改宗を本当だと受け取って，その威嚇がある者の生を改善したかどうかを決定することは

できないのである。それゆえ，第二の共同体主義的論法は自己破滅的である。

III　自己利益と共同体

A　物質的必要

人々には共同体が必要であり，社会生活は人間にとって自然でありかつ本質的であるということは，今日では，政治理論においても社会理論においてと同様，ありふれた考えである。共同体主義的な第三の論法は，寛容のために，共同体がその構成員の色々な社会的必要を用意することがあまりできなくなると断ずる。1950年代にデヴリン卿は，この論法の直截的だがまるで信憑性のない形のものを，ウォルフェンドン報告への批判として提示した。同報告は，英国における同性愛禁止法の自由化を勧告して成功したものである。デヴリンが述べたのは，直観的憤怒の感覚により裏打ちされた道徳的同質性を達成していない限り，共同体は存続できないのであって，それゆえ寛容は一種の反逆罪であるということである。彼の主張は広範に攻撃されたし，スカンディナヴィア諸国のような，寛容で有名な政治共同体がしぶとく生き残っているということと矛盾するように見える。

しかしながら，第三の論法のもっと洗練された形のものが存在している。これらが主張するのは，寛容が共同体を徹底的に破壊するであろうということではなく，寛容が，ある決定的な機能を遂行する共同体の能力を麻痺させるであろうということである。この論法の様々な形のものが，色々な機能を決定的なものとして引用しているが，一揃いの社会的必要ははっきりしている。つまり人々は，安全と，分業による経済的利便性を必要としているということである。生産・消費を合理化し，警察や軍隊などといった公共財を提供し，そして囚人のディレンマを改善する共同体の仕組がないと，人は誰も，人間としての適切な生を送ることができないであろう。しかし，これらの道具的な共同体の利便性が道徳的同質性を要請していると考える理由など存在しない。リベラルな社会よりもリベラルでない社会の方が，商品や郵便を効率的に送達するという証拠は存在しないのである。

B　知的必要

しかし，人々は，以上の明白な経済的利便性や安全性という利便を越えるような仕方で，共同体に依存している。人々は，人格（personalities）を持つためにすら，

共通の文化と,更には共通の言語を必要としており,しかも文化や言語は社会現象である。我々が持つことのできる思考や企図や信条は,言語・文化が提供する語彙の範囲内において可能なものだけであり,ゆえに我々は全員,明瞭でかつ深い仕方で,一つの全体としてのその共同体の被造物なのである。しかしながら,この明白な依存性は何も,共同体の構成員に正しい仕方で利便を与えるためには,共同体は道徳その他の点で同質でなければならないということを示唆しているのではない。反対に,多元主義的で寛容な共同体の方が,文化的・言語的貯えが豊かであり,それゆえ明らかに有利なのである。

　もちろん,道徳的に同質の社会に所属することを望み,伝統的な倫理様式が曲げられる場合には,同情を禁じえないほどの激しい喪失感を持つ人はいる(し,おそらくその数は大変多い)。しかし,この点は重要ではあるけれども,文化と言語という人々の知的必要を供給することに共同体が成功することとは,何の関係もない。この点が触れているのは,分配的正義,つまり,共同体主義的な第一の論法によって提起された,倫理環境への影響力を分配する際に用いる正しい基準についての論点なのである。

　マイケル・サンデルをはじめとする人々は,物質的理由はもとより知的(intellectual)理由からも,人々は共同体を必要とするのだという特に強力な形の主張を行っている。これが論じるのは(私が理解している限りでは),人々が共同体を必要とするのは,文化や言語のためばかりではなく,アイデンティティや自己言及(self-reference)のためでもあるのであって,その理由は,人々が自らに対し自己を同定できるのは,自分の所属している何らかの共同体の構成員としてでしかないからである,ということである。(17)ゆえに私は,アメリカ人だとか,オックスフォードの教官であるとか,ボストン・レッドソックスという野球チームのファンであるとかという以外には,自分のことを考えられなくなる。この強い主張を解釈する二つの仕方がある。一つは哲学的論理学に力点がある。つまり,私がアメリカ人である必要があるのは,仮に私がアメリカ人でないとすると,私は現在あるような状態の人間ではないであろうという理由からであるというものである。(18)しかし,これは,私が他のアメリカ人といかなる種類の関係を持たなければならないか,もしくは持つべきかについて,または,我々の政治共同体の内容ないし性格について,何も語っていない。その緊密な繋がりを守るためには,私が構成員である必要のあるいずれの共同体も道徳的に同質でなければならないとか,共同体は不寛容に与して道徳

的多元主義を放擲しなければならないとかということにならないのは確かであるし，またこのことに信憑性があるようにも見えない。

　自己言及という主張の第二の解釈の方がまだ適切であるように見える。それは，現象上の可能性（phenomenological possibility）について主張する。人々は自分自身の善い状態を考える場合には，共同体との一定の種類の結びつきや繋がり（association or connection）から自らを切り離すことはできないというのである。例えば，カトリックを深く信じている者は，自分のカトリック信仰が重要だと見なすべきかどうかについて，そもそも省みることすらできないであろう。なぜなら，カトリック信仰が深く自己の人格に組み込まれていて，そのような性格の問いを自分に理解させることもできないほどであろうからである。この解釈をとる共同体主義的な第三の論法は，以下のように続く。道徳的に同質の共同体では，人々は，共有されている道徳と一体となるのであって，それはちょうど，敬虔なカトリック信者がカトリック信仰と一体となるのと同じである。共同体は彼らにあっては，自分自身のアイデンティティを構成するのに役立つ，共有信念の共同体なのである。共同体が逸脱を許容するのであれば，このような市民は，根無し草という打撃を被るであろう。彼らは適切な自己同定にとって，本質的な道徳的信念への繋がりを喪失するのである。

　この論法が依存している現象は，誤っているか，少なくとも大袈裟であるように見える。いかなる種類の生を送るべきかを考察する際に，あらゆる結びつき・繋がりから自らを切り離すことが不可能であるのは，疑いない。自分が生きている文脈のあらゆる側面を捨象しつつ，しかもその問いが何を意味するか分かるように考えることなど誰にもできない。ゆえに，自分についてのあらゆることを一遍に問うことはできないのである。しかし，だからといって，誰にとっても何らかの一つの繋がりないし結びつきが存在しており，しかもその繋がりないし結びつきは，他のことをそのままにしたまま，探査のために切り離しえないほど極めて根本的なものなのだとはとても言えない。更に一層深刻な誤りは，このことが，誰にとっても同一の結びつき・繋がりについてあてはまるとか，この普遍的に切り離し不可能な繋がりは，共有されている性倫理とのものであって，しかもその性倫理が共有されなければならないのは，政治共同体の中においてであり，何らかのもっと小規模な共同体や別の，例えば友人や宗教を同じくする者の共同体の中においてなのではないと考えることである。

たとえ万一，この奇妙な前提の寄せ集めを全部受け容れたとしても，この論法は依然として弱いところがあるだろう。なぜなら，それは，寛容の帰結についての更に別の疑わしい諸前提に依拠しているからである。第一に，この論法が前提にしているのは，政治共同体が因習的な倫理・道徳の何らかの原理の違反に寛容である場合，人としてあるという市民の感覚は部分的にその原理への自分たちの帰依により画定されているのであるから，寛容であることは必然的に，その原理への市民自身の愛着を動揺させるにちがいないということである。しかし人々のもつ信条の強さは，これらの確信のその政治共同体における強制力やまして通有性に依拠する必要はない。スペインの大半のカトリック信者と同様に自らのカトリック信仰に深く帰依しているカトリック信者は，アメリカにも大勢いる。第二に，この論法は，形式上疑問視されることがない信条から人々が切り離されるに至ると，彼らの人格が崩壊するであろうことを前提にしている。しかし，自分の家族や共同体と結びつけている道徳上の信念が何らかの理由で動揺させられる場合に，人々は一体なぜ，それとはいくぶん異なるもっと寛容な諸条件を軸にして，自分のアイデンティティ感覚を再構築できないのであろうか。

C 客観性の必要

これまで考察してきた共同体主義的論法は，共同体が提供する物質的資源と知的資源とが人々にとって必要であり，自己のアイデンティティを組成するには共同体への何らかの愛着を必要とするという主張の上に立てられていた。今度は，もっと巧妙な論法に着目しなければならない。それは，人々が道徳的に同質の共同体を必要としているのは，道徳的・倫理的生にとって必要な概念的背景としてなのだ，というものである。人々がその背景を必要とするのは，フィリップ・セルズニックの啓発的な文言では，倫理には錨──行為主体の信条の外側にある何らかの客観的な立脚点──がなければならないからであって，しかもその唯一可能な錨は，その行為主体の政治共同体にあって疑問視されることのない共有された信条である。[19] この二つの命題の第一のもの，つまり，倫理と道徳は錨がなければならないということは，正しいように見える。我々の倫理的経験は，善く生きるやり方という問いを，選択だけではなしに反省と判断を要する問いとして扱う。我々は，いかなる種類の生が善いものであるかについて誤ることはありうると考えるし，深刻な誤りは悲劇であると考えるのである。

第5章　リベラルな共同体

しかし，第二の，道徳的に同質の共同体が唯一可能な錨であるという命題は，何を意味しているのであろうか。自分の倫理的判断や道徳的判断が基礎づけられている——真であると自分が考えているということと独立に真である——と人々が感じるのは，疑問視されることのない因習的な道徳によって自分の判断が確証される場合だけである，という意味かもしれない。しかし，因習的でない，新奇ですらある見解を持っている人々に特徴的なことであるが，その人々はこれらの見解が客観的に健全だと確信している。（実際，その見解が因習的でなくなればなるほど，論者がそれの超越的権威を主張する蓋然性は高くなる。）ゆえに，第二の命題は別のやり方で理解しなければならない。つまり，その命題は，客観性の主張を因習の外側で行うような人は誰でも哲学上の誤りを犯しているのだ，ということを意味すると理解するのである。このように理解すると，第二の命題は，以下の共同体主義的論法を支えるものと考えられるであろう。倫理と道徳における唯一の調達可能な形式の客観性が因習的な実践のもつ客観性だとすると，寛容で多元主義的な共同体は，構成員が必要とする倫理的・道徳的錨のための唯一可能な源泉を構成員から奪い去るものだ，と考えられるのである。

しかしながら，この論法には明白な困難が存在する。人々が自らの道徳的・倫理的信条のために望んでいる（そして自分が持っていると前提にしている）客観性は，この論法が提供しているような薄められた形のものではない。つまり，大半の人々は，明示的にではないにしても暗黙に，ここで提供されているような錨を拒んでいるのである。当面の論法にとって逆説的なのだが，我々の因習的な道徳のうちでただ一つの最も確固とした部分で，他のすべての分野を横断して共有されているのは，第二次的な信条である。その信条は，倫理的判断・道徳的判断は合意によって真とされたり偽とされたりするものではなく，文化圏を横断して力を持っており，要するに，それらの判断は文化や共同体の被造物ではなくて，むしろそれらの審判者なのだという信条なのである。もちろん，この薄められていない客観主義が広範に受け容れられているから，それが真であるとか，ましてそれが哲学的に整合的であるとかと論じられるわけではないし，私もまたそういったことをここでは考察しない。私の要点は次のことだけである。つまり，社会は，自らの慣習や因習が絶えず，何らかのもっと高次のもっと独立した基準に照らした吟味と改定にさらされていると主張するこの批判的態度を発展させる場合には，それほど批判的ではないもっと単純な共同体の内部では調達可能な，因習に根差した種類の客観性を失っており，そ

れは回復不可能だ，ということである。

Ⅳ 共同体との統合

A 統合

　ようやく，リベラルな寛容に反対する第四の（そして私の見解では最も重要で興味深い）共同体主義的論法へと辿り着いた。リベラリズムは，批判者の多くによれば，人々自身の福利・善い状態と自分が所属している政治共同体の善い状態との間の峻別を仮定している。寛容に反対する第四の論法はこの峻別を否定する。それが主張するのは，個々の人々の生とそれらの人々の共同体の生とは統合されているということ，そして，彼らのどの生一つをとってもその批判的成功は，一つの全体としての共同体の善の一側面であり，ゆえにその善に依存しているのだということである。私は，この見解を受容する人を，（はやりの文言を採用して）公民的共和主義者（civic republicans）と称することにする。彼らは共同体の道徳的・倫理的健康状態に対して，自分自身の健康に対するのと同一の態度をとる。リベラル派の人々は，法が同性愛に寛容であるべきかどうかの問いを，自分自身の倫理的信条を他人に押しつける権利を持っている人がいるかどうかを尋ねることとして理解する。公民的共和主義者はその問いを，自分自身の生の批判的価値が依拠している共同体の共通の生は，健康であるべきかそれとも退廃的であるべきかを尋ねることとして理解するのである。

　統合の論法からすると，ひとたび，個人の善い状態と共同体としての（communal）善い状態との間の区別が誤りであると認識され，公民的共和主義が花開くならば，市民は必然的に，共同体が支援したり挫いたりする性道徳の見解をはじめとする共同体の倫理的健康状態に対しても，共同体の租税体系の公正さや外国援助計画の気前良さに対するのと同じように配慮することになろう。両方とも共同体の総合的健康の夫々の側面であり，統合されている市民は，自分自身の善い状態が共同体の善い状態に由来していると認識しているのであるから，その市民が配慮しなければならないのは共同体の総合的健康であって，そのうちの一つの側面を選んでそれに配慮するというのであってはならない。これは重要な論法であって，たとえそれが深刻な過ちに終るとしてもそうである。私が何をこの論法において妥当と見なし，私の見解ではどこが間違っているのかを述べることにしたい。それの最も根本的な前

提は，正しいし重要である。つまり，政治共同体は共同体としての生を持ち，共同体のもつ共同体としての生の成功・失敗が，それの構成員の生を善いものにしたり悪しきものにするものの一部であるということである。この論法の最も根本的な誤りは，政治共同体が持ちうる共同体としての生の性格を誤解しているところにある。この論法は，擬人論（anthropomorphism）に足を掬われている。それが想定しているのは，共同体としての生が特大サイズの人物の生であるということ，つまり，共同体としての生が，それを作り上げている市民の夫々の生と，同一の形状を持っており，同一の道徳的・倫理的範囲とディレンマに直面し，同一の成功・失敗の基準に服するということである。この論法全体の非リベラルな力はこの誤謬に依存するが，この誤謬により，その論法の健全で魅力的な前提によって得られた利点の大半が失われる。

B　共同体のもっている共同体としての生

　はじめに，統合という現象がいかなるものであると想定されるかのもっと詳細な説明が必要である。自分が自らの共同体と統合されていると認識している公民的共和主義者は，他人の利益が至上の重要性をもつとする利他主義的市民（the altruistic citizen）と同じでない。この区別は決定的である。なぜなら，今考察している統合からの論法は，パターナリズムやその他の，有徳の市民は他人の善い状態に配慮するであろうという考えから出発する論法とは異なっているからである。統合からの論法は，善き市民が周囲の市民の善い状態に配慮するであろうとは想定しない。それが論じるのは，市民は自分自身の善い状態について配慮しなければならないということ，そしてまさにその配慮のために，自分が構成員となっている共同体の道徳的生に関心を抱かなければならないのだ，ということである。ゆえに統合されている市民は利他主義的市民とは異なっている。どのように異なり，なぜ異なるのかを見るためには，更に別のある区別が必要である。

　我々は行為を，私が行為の単位（a unit of agency）と称することにするものと結びつける。これは当該行為の作者として取り扱われ，当該行為について責任があるとされる人や集団や実体のことである。我々は通常，個人としての自分自身のことを，我々が自分の力で開始する行為や下す決定——そしてそれについてだけの——行為の単位であると考える。私は自分自身のことを，自分が行うことについて責任があると受け止める。私はあなたの生やそれの帰結にいかに利害関心があろうと

も，あなたのすることに何の誇りも満足も咎めも恥じも抱かない。しばしば人は，自分の行為を，自分自身の意志的意味か批判的意味かのいずれかの善い状態に方向づける。その場合，行為の単位と，行為主体の配慮の単位とでも称することができるものとは同一である。慈善からにしろ正義感からにしろ利他主義的に行為する場合，自分自身をやはり行為の単位であると見なしはするが，しかしその配慮の単位は移転ないし拡散している。パターナリズム（道徳的パターナリズムも含む）は，利他主義の下位類型である。私が同性愛者は品のない生を送っていると信じているとすると，同性愛者の行動を法的に犯罪化する運動をしている場合，自分が同性愛者の利益になるよう行為しているのだと考えるであろう。

　私が考察している論法によれば，統合はそれとは違った現象である。なぜなら，統合は，個人の善い状態に影響する行為について，行為の適切な単位が，その個人ではなく，その者が所属している何らかの共同体なのだと想定しているからである。その者は倫理的に，行為のその単位に所属している。つまり，その者は，その者自身が個人と認識され行ったいずれのものとも完全に独立でありうる行為や業績や実践の成功または失敗に参与しているのである。お馴染みのいくつかの例がある。例えば，第二次大戦後かなり経って生まれたドイツ人でも，ナチスの残虐行為を恥じ，その賠償責任があると感じている人は大勢いる。ジョン・ロールズは，これとわずかに異なる文脈で，我々の目的にとって更に一層啓発的な例を提供している。[20] 健康なオーケストラはそれ自体，行為の単位である。オーケストラを構成している色々な演奏者は，自分たちの個々の貢献の質ないし素晴らしさによってではなく，一つの全体としてのオーケストラの演奏によって，個人の勝利が気分を爽快にするような仕方で，爽快な気分になる。成功したり失敗したりするのは一つの全体としてのオーケストラであって，しかも，この共同体の成功や失敗は，各々の構成員の成功・失敗なのである。

　ゆえに，統合は利他主義やパターナリズムとは驚くほど異なっている。それはまた，代位的ないし間接的な（vicarious or indirect）誇りや後悔とも異なっている。親が我が子の達成したことを誇りにしたり，友人がお互いの成功を喜んだり，（文化によっては）兄が妹の恥じによって侮辱されたりする場合，行為の単位――誇りや喜び，侮辱をもたらした行為を行った者――は，依然として個人である。代位的な感情は，第二次的なものであり，寄生的である。成功や失敗，達成や恥辱は，本来しかもまぎれもなく，依然として誰か別の人のものなのであって，代位的配慮は，

第5章　リベラルな共同体　　309

何らかの行為への参加ではなく，当該行為者との特定の繋がりを反映しているのである。

　統合からの論法は，二番目のパターナリズム的論法に対して私が行った反論を免れている。なぜなら，統合からの論法は，パターナリズム的論法の依拠する行為と配慮の構造全体を退けているからである。統合からの論法では，我々が干渉するのは，行為主体の行動が加える何らかの危害から他の人を守るためなのか，それとも当該行為主体自身だけを守るためなのかについて，ミル的な角度で考えることが禁じられる。統合からの論法はこのような個人化した考え方の全体を退けるのである。この論法における行為の単位は共同体自体であって，この論法が問うのは，自由や規制についての共同体の決定が共同体の生や性格にどのように影響するかということだけである。この論法は，市民の生が自分たちの共同体としての生に結わえつけられているということ，そして，市民の個人的な生一つ一つの批判的成功・失敗の私的な説明は何ら存在しえないということを主張する。ゆえに，統合という考えに潜む擬人化は本物であり，深いものである。もっとお馴染みの，利他主義やパターナリズム，代位的感情といった考えは，個人を単位とする行為や配慮を軸にして立てられている。統合はそれとはかなり異なった概念構造を想定しており，そこでは個人ではなく共同体が根本なのである。

　以上だけでは，示唆されているのは，統合が，共同体は宇宙における根本的実体であり，個々の人間は抽象物または幻想にすぎないと説くバロック的な形而上学に依拠しているのだということになるかもしれない。しかし，統合の別の理解も可能である。つまり，共同体の存在論的優越性に依存しているのではなく，人間が展開する社会的実践についてのお馴染みの日常的事実に依存していると理解するのである。オーケストラが集合的生を持っているのは，オーケストラが存在論的にその構成員よりも根本的だからではなく，構成員の実践や態度のゆえにである。奏者は自分たちが，人格化された行為単位にあって，もはや個人としてではなく，構成要素として登場するのだということを承認しており，共同体の集合的生は，構成員が共同体の集合的生を構成するとして扱う活動から成り立つのだというのである。私は，統合のこの解釈を，実践的見解（the practice view）と称する。これは，統合が社会的実践と態度に依存していることを前提にするものであるが，統合は共同体の存在論的優越性に依存していることを前提にする形而上学的見解（the metaphysical view）と区別される。私は実践的見解が還元主義的だと示唆するつもりはない。統

合された共同体が存在する場合，市民がその共同体内部でその共同体の成功・失敗について行う言明は，単に，個人としての自分たち自身の成功・失敗の統計的な要約ではない。統合された共同体はそれ自身の利害関心と配慮——送るべきそれ自身の生——を持っている。統合および共同体は，実践的見解においても，本物の現象である。しかしこの見解では，この両者は，態度と実践によって創造され，かつ態度と実践に組み込まれているのであって，態度と実践に先んじて存在しているのではない。

それゆえ，実践的見解では，ある特殊な種類の申立を行ってはじめて，統合ということの主張ができる。社会的実践によって実際に，合成的な行為単位が創造されたことを示さなければならないのである。ある共同体や組織との統合を，個人的な専断（fiat）によって主張するならば，すなわち，単に自分がその共同体や組織の一部であると宣言しかつ信じているということだけで主張するとしたら，それは無意味であろう。私は，自分がベルリン交響楽団（シンフォニーオーケストラ）と統合されていると宣言し，爾後，その組織の勝利と時々の失敗に参与するということなどできない。また，私は，共通する行為単位を，専断によって存在させることもできない。例えば，私は，名字がダ行で始まる哲学者が，哲学の業績において，共通する行為単位なのだということを，そして自分は，シンバル奏者がそのオーケストラの演奏に誇りと名誉を抱けるように，ドナルド・ディヴィッドソンやマイケル・ダメットの業績に誇りと名誉を適切に抱くことができるのだということを，宣言しかつ信じるかもしれない。しかしそうするとしたら間違いであろう。私の属する共通の行為単位が前もって存在して初めて，私が自分自身のことを倫理的に，その単位の行為に統合されていると見なすことが適切になるのである。

ゆえに，統合からの論法は，集合的な行為単位がどのようにして確立し，個人の構成員資格がその内部でどのように定まるのかについての何らかの理論に依存しているはずである。統合についての形而上学的見解では，集合的な行為単位は端的に存在する。それらはその構成員よりも実在的（real）なのである。しかし，実践的見解では，集合的な行為単位は根源的ではない。その単位は，社会的実践や態度によって構成されるのであり，統合のこの見解を擁護するのであれば，これらの実践を同定し記述しなければならない。我々のオーケストラの例は得るところが大きい。なぜなら，それによって，中心的ないしパラダイム的事例において共通の行為単位をもたらす特徴が指し示されているからである。第一に，集合的行為は，集合的だ

と社会的に命名される行為を前提としている。すなわち，個人としての共同体の構成員の行為としてではなく，一つの全体としての共同体の行為として同定され個別化される行為を前提にする。オーケストラの演奏はこの意味において，オーケストラ構成員によっても，一つの全体としての共同体によっても，集合的行為として取り扱われている。第二に，集合的行為を構成する個人の行為は，協調的（concerted）なものである。個人の行為は自ら意識して，集合的行為に貢献するものとして遂行されるのであって，何らかの点でたまたま一致する孤立した行為として遂行されるのではない。オーケストラがある特定の協奏曲を演奏しているのは，その構成員が協同する意図（a cooperative intention）をもって演奏している場合だけである。演奏者が，指示されたその瞬間に，同一の部屋で，楽譜の中で自分に割り当てられているその音符を演奏したけれども，オーケストラとして一緒に演奏するという意図は持っていなかったとすると，オーケストラが演奏しているということには全然ならないであろう。第三に，――共同体の構成員として扱われる――共同体の組成物（the composition）は，共同体の集合的行為に合うように仕立てられ，その結果，共同体の集合的行為がそれの組成物を説明するのであり，そしてまたその逆も然りである。オーケストラが音楽を生み出すことについての共通の行為単位であるがゆえに，オーケストラ構成員は演奏者なのである。

共同体の集合的行為がそれの共同体としての生を構成する。統合の形而上学的見解では，共同体は超人であり，それの集合的生は，人間の生のあらゆる特徴と次元を組み入れている。しかし実践的見解は，共同体のもつ共同体としての生をもっと狭く画定する。つまり，共同体としての生が含んでいるのは，共同体を集合的行為主体として創造する実践と態度によって集合的なものとして取り扱われる行為だけである。オーケストラのもっている共同体としての生は，オーケストラ音楽を生み出すことに限定されている。オーケストラのもつ共同体としての生は音楽の生だけである。この事実によって，演奏者の生の共同体としての生への倫理的統合（ethical integration）の，性格と限界が決定される。奏者は自分たちの一緒の演奏を，自分たちの擬人化されたオーケストラの演奏として取り扱い，演奏の勝利と敗北を自分自身のものとして，それに参与する。しかし奏者は，オーケストラが性的な生をも，構成員の性的活動から構成される何らかの形で持っているとは想定しない。また，オーケストラに頭痛があるとか，高血圧であるとか，友情への責任があるとか，あるいは，音楽のことはそれほど気に掛けずに代りに写真を取り上げたらどうかとい

った局面を持っているのだとかということも，想定しない。第一ヴァイオリン奏者は仲間の性的習慣や性的逸脱について配慮するかもしれないが，これは，利他主義を反映した友人への配慮であって，自分を含む何らかの合成的な行為単位への自己配慮ではない。第一ヴァイオリン奏者の道徳的純一性は，打楽器奏者の不貞によって危うくなることはない。

C 政治共同体のもっている共同体としての生

　実践的見解に立った場合，政治共同体——国家や州——は，共同体としての生をどの程度持っていると見なすことができるであろうか。政治共同体の公式の政治行為（the formal political acts）——立法機構，行政機構，司法機構を通じてなされる政府の行為——は，オーケストラの行為がなぜ共同体としての生を持っているのかを考察したときに同定した集合的行為の条件を，すべて充足している。これらの公式の政治行為を，我々の実践は，個々の市民を何らかの形で寄せ集めた行為としてではなく独自の法人行為として正当化している。特定の公職者や兵士ではなく合衆国が，ヴェトナムで戦争をしたのである。特定の公職者や市民ではなく合衆国が，特定の率で租税を徴収し，その財源のある部分を福祉計画に基づいて分配し，他の計画への財源の分配を拒むのである。特定の人々の行為——例えば，連邦議会議員の投票や将軍の命令——は，これらの集合的行為を構成するものであるけれども，これがそうであるのは，これらの公職者が，彼らの個々の振舞いを国家の決定へと転換する憲法構造の下で，自覚して行為するからにすぎない。更に，きちんとした民主主義的政治共同体の構成員資格と，以上の公式の集合的行為との間には，少なくとも，大雑把な対応関係が存在する。信用できる民主政体においては，一定の年齢に達し，その他の条件を充足している市民は誰でも間接的に，投票や言論，院外活動，示威行動その他によって，公式の政治決定に参加できる。[21]しかも，政治共同体の市民というのは，当該政治共同体の公式の政治行為によって特に影響を受ける人々の謂である。ゆえに，立法決定，行政決定および司法決定を，政治共同体の共同体としての行為として扱うことは，共同体の組成物を説明するのに役立つ。政治共同体は，それらの決定において何らかの役割を果す者と，それらの決定によってとりわけ直接に影響を受ける者とから成り立っているのである。

　以上のところは相対的に争いがないように見える。共同体がおよそ共同体としての生を持っているのであれば，それの公式の政治決定は，共同体の生の一部でなけ

ればならない。しかし，これらの公式の政治行為に加えて他に何が，共同体のもつ共同体としての生の一部であるのかを尋ねなければならない。我々が吟味している統合からの共同体主義的論法は，国家のもつ共同体としての生が公式の政治行為に尽るものではないと主張する。その論法は，政治共同体は共同体としての性的な生をも持っていると想定するのである。それが想定しているのは，個々の奏者の演奏がオーケストラの演奏へと集結したり，政治共同体の市民や公職者の別々の行為が立法へと集結したりするような仕方で，個々の市民の性的な活動がどのようにかして，国家の性的な生へと集結するのだということである。というのも，このことが真である場合に限って，一人の市民の生が他の人の性的実践によって汚される可能性があるからである。

政治共同体の擬人論的で形而上学的な見解を受容するのであれば，その場合，個々の市民の性的活動が何らかの神秘的な仕方で寄与している性的な生が，州や国家にはあるのだと自らに納得させるということを，少なくとも出発点にすることができる。しかし代りに，実践的見解を固守するのであれば，その場合，統合からの論法は，共同体が性的な生を持っているという命題をかなり異なったやり方で擁護しなければならない。我々の社会実践と態度と因習が実際に，国家の性的行為を創造し認識していることが示されなければならないのである。この企てについての私の判断はお察しのことであろう。オーケストラの事例で共同体としての音楽的生という主張を支えるものとして我々が同定した三つの特徴を考察してみよう。国家の性的生の主張については，そのいずれもが充足されない。我々の因習は，独自の集合的な性的国家活動を何も認識しない。我々が国家の性的選好や性的習慣のことを語る場合，我々は統計的に語っているのであって，オーケストラの事例におけるのとは違って，何らかの集合的に達成されたことや不面目について語っているのではない。(22) また，協同的な性的活動について，アメリカ憲法が大統領選出の仕組を提供しているようなやり方でのそれの構造化を，国家的な規模でもって行うという因習や実践も，我々は持ってはいない。

また，政治共同体の組成物は，それのもつ共同体としての生が性的側面を持っているという考えとは，何の関係もない。市民の資格規準は，どの集合的な性的営みを前提にしても，それを説明できないし，それによる説明もできない。市民は全般的に見て，自分たちの政治共同体へと生まれ落ちるのであって，大方の市民には，自分が生まれ落ちた共同体を立ち去る現実的な見込みがない。(23) ありとあらゆる人種

の，ありとあらゆる信仰や企図をもった人が一つの同じ政治共同体へと生まれ落ちるということはしばしばあることなのであって，かかる共同体に最もよく適合する共同体としての生の特徴づけというのが，共同体は健康な個々の人々と同様に，一つの信仰もしくは一組の個人的企図や民族的忠誠，あるいは，一揃いの標準的な性的責任を選択しなくてはならないことを前提にしている特徴づけであろうということは，真底信憑性がない。この特徴づけは市民の資格規準と適合しないだけではない。それはその資格規準を，殆ど無意味なものにするのである。

　国家が集合的な性的生を持っているという主張を支える何らかの別の社会的根拠——交響曲や一片の立法がなぜ共同体としての集合的行為であるのかを説明する際に我々が自然に訴えかけるものとはかなり異なる根拠——が見つかるかもしれないという可能性を，アプリオーリに排除することはおそらくできないであろう。しかし，私には，これらの別の根拠がどのようなものになりうるのか分からない。何も示唆できないのであれば，統合からの共同体主義的論法はたとえ成功するとしても，それは，大半の読者がやっきになって関知していないとするであろう政治共同体の擬人論的見解へと立ち返ることによってでしかないであろう。

　私はここで，二つの補足説明をつけ加えたい。第一に，私は，性的側面をもつ集合的生を有している共同体など存在しないということを主張したのではない。あらゆる種類の共同体が存在するのであって——例えば，収集という集合的企てに携わっている切手マニアの結社が存在するし——，音楽のオーケストラではなく性のオーケストラであるという性質を持つものも存在するかもしれない。例えば，自分たちを子孫繁栄のための共同体と見ている家族が現にある——そしてあるかもしれない——と示唆されてきた。その場合，家族構成員の性的行為は，統合的論法が前提にするような意味で集合的だと見てかまわないであろう。私の要点は，ただ，合衆国も，その中の州も，共同体としての性的生を持っている共同体などではないということ，従って，これらの政治共同体によって下されかつこれらの共同体を横断して下される非リベラルな政治的決定を正当化するために用いられる統合からの論法は，失敗であるということにすぎない。

　第二に，共同体が最終的に性的生を持つということが真となるように，政治共同体の構成員は必要な実践をいかなるものでも発展させるべきだとする論法を，私は考察していない。私には，かかる論法がどのようにしたら擁護できるのか，あるいは信憑性があるように見せることができるのか，少しも考えられないからである。

例えば,人々は自分たちの政治共同体のもつ共同体としての生を拡張するように努めるべきであって,それは,現象的な統合感覚が,感覚上の快や危険の除去を望ましいと考える人がいるように,それ自体望ましいものであるからなのだと述べる人がいるかもしれない。しかし,統合の価値がある特定の感覚に存するのだとしても,政治共同体との統合を達成すべく統合を模索する必要があるということには,とてもならないであろう。人々は,色々な共同体に所属しており,殆どの人は,選択すれば,更に多くのものに所属することができる。人々は,家族,町内会,同窓会,友愛会,工場,大学,チーム,民族集団,在外邦人会,その他のものに所属している——あるいは所属することがありうる。ゆえに,価値があると自分が考えるいかなる程度の統合の経験も,人々は手にする機会がふんだんにあろうし,統合の経験の確保が不可避的にもっと困難な政治共同体において,統合の経験を模索する必要などないのである。しかしながら,いずれにしても,性的な集合的生を備えた共同体を創造するよう我々は努めるべきだとする論法は,我々が考察してきた統合論法とはかなり異なっている。というのも,後者の論法は,我々は既にかかる共同体の中にいるのだ——他人の生が堕落すると自分の生もまた堕落するのだから,我々にはいまでは,他人の性的生に気配りするという選択しかないのだ——という主張から始まっており,かつそこから自らの説得力を引き出しているからである。[24]

V　リベラルな共同体

A　リベラルな公民的共和主義者

　統合からの非リベラルな論法は,政治共同体の持っている生には性的な生が含まれているということを前提にしている。この前提は半分正しい。政治共同体は生を持ってはいるが,それはこの性的生なのではない。持っている生が性的生ではないとすると,統合からの論法は,性的な事柄におけるリベラルな寛容への批判としては,挫折している。私は今度は,この論法の正しい部分を探ることにする。すなわち政治的統合が重大な倫理的重要性を持っているという,その論法の底に横たわる重要な前提である。私が示そうと努めるのは,リベラル派の人々は統合の倫理的重要性を強調してこなかったけれども,それが重要だと認識することは,リベラルな諸原理を危うくするどころかむしろそれを育むものだということである。

　まず,私は,これまでの私の論法が誤って読まれないように注意しなければなら

ない。私は，人々が自分自身の政治共同体と完全には同一化すべきでないとか，完全な同一化条件の充足はできないので，完全な同一化は不可能であるなどとは述べていない。私が論じてきたのはむしろ，共同体との同一化ということがいかなる意味であるのかについての，ある特定の見解なのである。市民が自己の政治共同体と同一化するのは，共同体には共同体としての生があるということ，そして，自分自身の生の成功や失敗がその共同体としての生の成功や失敗に倫理的に依存しているのだということを，市民が認識する場合である。ゆえに，何が完全な同一化に当たるかは，共同体としての生がどのようなものと理解されているかに依存する。私が記述しようとしているリベラルな統合の見解は，政治共同体のもつ共同体としての生の次元についての限定的な見解を採用している。しかしだからといって，それは，共同体との同一化の稀薄な考え方なのではない。それは，差異化を行うものであるがゆえに，完全で，本物で，濃密な考え方なのである。共同体との同一化には非リベラルな立法が必要だと論じる人は，リベラリズムが与えるよりも深いレヴェルの同一化を説いているのではない。それらの人は，共同体の集合的生が実際には何なのかについて，リベラリズムとは異なる説明を行っているにすぎない。リベラルな説明が正しく，彼らの説明が誤りであるとすると，リベラリズムは，リベラリズムの批判者ができる以上に本当の形式の同一化を提供しているのである。

　その場合，政治共同体のもつ共同体としての生はどのようなものであろうか。私は，政治共同体の集合的生にはそれの公式の政治的行為が含まれると述べた。政府による立法，司法，強制およびその他の行政的機能である。統合されている市民は，これらの公式の政治的行為における自らの共同体の成功・失敗を，自分自身の生において共鳴するものとして，つまり自分自身の生を改善したり傷つけたりするものとして，数え上げるであろう。リベラルな見解では，これ以上何もつけ加えるべきではない。一つの全体としての共同体の営むこれらの公式の政治的行為で，政治体のもつ共同体としての生は尽されていると受け止めるべきであり，それで，市民が一緒に，集合体として行為していると理解されるのは，もっぱら以上の構造化されたやり方においてなのである。政治共同体のもつ共同体としての生についてのこの見解は，多くの人にとってはあまりに貧弱であるように見えるであろうし，私が展開してきたリベラルな寛容のための論法には必要ない。しかし，この貧弱な見解で結局のところ，なぜ十分であるかもしれないのかは探る価値がある。

　共同体の集合的生はそれの公式の政治的生だけだという考えは，期待はずれであ

るように見える。なぜなら，それは，統合という考えを去勢し，統合に何の仕事もさせないまま統合を放置することのように見えるからである。人々の生を自分たちの共同体の生と統合されているものとして見るべきだという考えは一見，政治理論の刺激的な拡張を示唆している。それは，個人の権利を保護することと並んで，あるいはおそらくはそれに代えて，集合的善を促進することに腐心する政治を約束するように見える。共同体としての生の擬人論的な考え方——共同体の生は，個人の性的選択や選好を含む個人の生のあらゆる部分を反映しているという考え方——は，この約束を充足するように見える。それが主張するのは，共同体のことを気遣うことが，共同体の生が正しくあることと並んで，善くあることにも気遣うという意味であるから，統合されている市民はリベラルな寛容を退け，全員に課されている健康的な性的基準にコミットするであろうということである。しかし，私の示唆——共同体としての生は政治活動に限定されているということ——は，リベラル派の人々が既に受容しているものを越えて政治的正当化を拡張することはない。共同体の生が公式の政治的決定に限定されているとすると，それゆえ共同体の批判的成功が，それの立法・行政・司法の決定の成功や失敗にしか依存しないのだとすると，その場合，我々は，共同体の生が倫理的に優越することを受容しつつ，しかも善き生についてのリベラルな寛容ないし中立性を放棄したり曲げたりしないでいることができる。我々は端的に政治的決定での成功には寛容が必要であると繰り返しているのである。もちろん，この命題は，疑問視される余地があるし疑問視されてきた。しかしながら，統合からの論法がリベラルな寛容に与する者への新たな挑戦を提示するのは，その論法が，擬人論的な共同体叙述か，あるいは少なくとも，共同体の行う純粋に公式な政治活動以上のものを含んだ叙述を前提にしている場合だけである。政治共同体のもつ共同体としての生がそれの公式の政治決定に限定されるとすると，統合は，リベラルな諸原理に対し何の脅威ももたらさないし，まさにそれが理由となって，期待はずれであるように見えるのである。

　しかしながら，統合は何の帰結もない考えであると，つまり，統合は政治道徳に何もつけ加えないと結論するとしたら，間違いであろう。共同体の倫理的優先性を受容することによって政治共同体と同一化している市民は，どの政治決定であれその正義や英知についての新しい論拠を何も提供しないかもしれない。しかしながら，政治に対しては，それとかなり異なった態度を採るであろう。その相違を見るには，その市民の態度を，見えざる手というお伽話にでてくる利己的な個人と対比するの

ではなく，リベラリズムの批判者によってリベラリズムの権化だと想定される人，つまり，統合を退けるけれども正義感覚により動かされる人と対比すればよい。この人が投票したり働きかけをしたり院外活動をしたりするのは，もっぱら，正義が要求すると自分が信じる政治決定のためであろう。それにもかかわらず，その人は，正義が自分に要求することと自分自身の生の批判的成功との間に，鮮明な線を引くであろう。自分の共同体が，巨大な経済的不平等や人種その他の形態の不公正な差別や個人の自由への不正義な制約を，自らの最善の努力にもかかわらず受容する場合でも，その人は自分自身の生を，何ら成功が劣るものとは数えないであろう。

　統合されたリベラル派の人々は，自分の私的生と公的生とを以上のようには分離しないであろう。統合されたリベラル派の人々は，自分が不正義な共同体に生きる場合には，その共同体をいかに正義適合的なものにすべく自ら努力していたとしても，自分自身の生を，傷ついたもの——送っていたかもしれない生よりも善くない生——として数えることであろう。私には，政治道徳と批判的な自己利益とのこのような融合は，公民的共和主義の真の神髄であり，個々の市民が自分の利益と人格とを政治共同体へと収束させる重要なやり方であるように見える。この融合は，まぎれもなくリベラルな理想，つまりリベラルな社会の内部においてのみ実りある理想を言明している。もちろん，統合された市民の社会が必然的に，統合されていない共同体以上に正義の社会を達成するであろうと請け合うわけにはいかない。不正義は，あまりに多くの他の——エネルギーや産業の欠乏・衰退，意思の弱さ，哲学的誤謬といった——因子の所産だからである。

　この意味での統合を受容する人々の共同体は，統合を否定する市民の共同体に対し，一つの重要な利点を常に有しているであろう。統合された市民は次のことを受容している。つまり，自分自身の生の価値は，自分の共同体が首尾よく誰をも平等な配慮をもって取り扱うことに依拠しているのだということである。この感覚が公的で行き亙っていると，つまり，誰もがこの態度は，他の誰によっても共有されていると理解していると想定しよう。その場合，正義とはいかなるものであるかについて，共同体の構成員にたとえ大いに不一致があるとしても，その共同体は，安定性と正統性の重要な源泉を持つことになろう。構成員は，政治とはある特に強い意味において共同事業（joint venture）なのだという理解を共有しているであろう。どのような確信と経済的レヴェルをもっているにしろ誰もが，自分自身にとっての正義だけでなく他のどの人にとっての正義についても，個人的な関わり合い——自身

の批判的利益について生き生きとした感覚をもつ人にとっての強い個人的関わり合い——を持っているのだと理解するのである。この理解は，特定の政策や原理をめぐるこの上なく白熱した論議においてすら通底する，一つの強力な絆を提供するものである。正義を統合されていない形で，自分自身の利害関心を他人のために曲げることを必然的に要請するものとして考える人々は，自らに対し明白な犠牲を要請する計画に抵抗する人のことを，抵抗するのはこれらの計画が基礎を置いているその正義観をその人が退けているからであって，意図的にしろ無意識的にしろ自己利益からのバイアスがかかって行為しているのだと邪推する傾向がある。その場合，政治的論議は，公民的共和主義を破壊する陰湿な取引へと退化するであろう。

政治的不一致を，互いにいかなる犠牲が要請されているのかについての不一致ではなく，本当に正義にかなった解決を確保するに際して，どうしたらすべての人の共通利益に資するようにできるのかについての不一致だとして受け取る人々の間には，この種の邪推は根付く場所がない。不一致は，これを背景にして繰り返すのであり，またそうであるのが望ましいのである。しかし，この不一致は，合体している利害関心をもち，自分たちは利害関心において敵対者なのではないということを知っており，勝つも負けるも一緒であると判っている仲間同士の間の健康な不一致である。統合は，このように理解すると，たとえ政治的不一致が根底からのものであるとしても，人々が政治において共有している本当の利益である公益という古い考えに，新しい意味を与えるものである。もちろんこれらは全部，ユートピア的である。我々は，完璧に統合された政治社会がそもそも実現するであろうなどということは，殆ど望むことができない。それは，今後何十年か後に実現するということはないであろう。しかし，我々が今探っているユートピアは，我々が善き道徳的良心と形而上学的良心とをもってすれば，画定でき，擁護でき，そしてことによったらどうにか到達することすら可能な，共同体の理想なのである。

B 倫理の優先順位

それゆえ，リベラルな態様での公民的共和主義の帰結は魅力的である。しかし，私が提供した論法は，穴だらけである。なぜなら，これまでのところ，人々はなぜリベラルな意味での統合を受容すべきであるのか，自分たちの生の成功が私が今記述したような仕方でその共同体の政治決定の正義に依存するものと，人々はなぜ見なすべきであるのか，の理由を何も提供していないからである。この問いに答える

というやり方では，他を圧倒する論証の提供は望めない。しかし，正義にかなった国家において可能にされたり実りあるものとなったりする善き生の諸側面を同定することによって，リベラルな共同体という考えをもっと魅力的なものにしようと努めることはできる。[25]

　私は，この企ての一つの筋道のみを——それも，概略的な形式で——記述するにすぎない。プラトンは『国家』において，道徳と善い状態は適切な倫理において相互依存的であるということ，不正義に振る舞う人は，その結果として送る生が悪くなるということを明確にしたが，この企てが出発点とするのは，プラトンのその見解の弱い形式である。私が意志的な善い状態と呼ぶものを念頭に置くとすると，これは信憑性のある見解とはとてもいえない。私の状態が正義にかなっているということと，私が自分の望むものを持っているということとの間には，何の内在的な繋がりも存在しないように見えるのである。しかし，批判的な善い状態を念頭に置く場合には，プラトンの見解はもっと信憑性が増すように見える。批判的意味における善き生の規準は，あたかも同一基準があらゆる歴史段階，あらゆる人々に当てはまるかのように，文脈非依存的に画定しているとすることはできない。ある人が善く生きているというのは，その人が自分の環境に適切に応答している (respond appropriately to his circumstances) 場合である。倫理の問いは，人間はいかに生きるべきであるかではなく，私の立場にある人はいかに生きるべきであるかなのである。それゆえ，非常に多くのことが，どのように私の立場を画定するかということによって決まってくるのであり，そして正義は，その記述の中に立ち現われざるをえないように見える。倫理的問いは，私が持つ権原のある資源の分前について権原のある人にとって，善き生とはいかなるものであるか，というものになる。そして，このことを背景にすると，批判的成功ということのプラトンの見解は魅力がある。ある人が不正義に行為するのであれば，その人はその分貧しく生きている——自らの環境に対して，その分貧しく応答している。我々は，プラトンが実際に擁護した，誰も不正義から利得することはないという強い見解を受容する必要はない。ことによると，芸術家の中には，完全な正義の社会では，その偉大な生が可能とはならなかったであろう者もいるであろうし，だからといって，彼らの生が悪い生であったということにはならないであろう。しかし，その生が不正義によって支えられていたということは，いずれの生についても，芸術家の生であっても，その善さを打ち消すように勘定されることになるのである。

第5章　リベラルな共同体

　さて,我々の大半が抱いている二つの倫理的理想の間の矛盾とも思われるものに着目しよう。第一の理想は我々の私的生を支配する。我々は,自分が特別の関係を持っている人,つまり自分自身や家族,友人,同僚に対して,特別の責任があると信じている。我々は,自分の時間やその他の資源を,見知らぬ人よりもそれらの人の方に多く費やすのであり,我々はそれは正しいと考える。我々は,私的生において,自分の政治共同体の構成員の全員に平等な配慮を示すような人は欠陥があるだろうと信じている。第二の理想は我々の政治的生を支配する。正義の市民は,その政治的生において,全ての人への平等な配慮を主張する。その市民は,あらゆる市民を平等な存在として取り扱うと自らが考える政策に賛成票を投じ,またそのように働きかける。正義の市民は,候補者やプログラムを選択する際に,自分にとって統計上の値でしかない人々に対して示す配慮と同程度の配慮しか,自分自身や自分自身の家族に対して示さないのである。

　まともな総合的倫理は,これらの二つの理想を調和させなければならない。しかしながら,両者が適切に調和できるのは,正義が要請する仕方での資源分配に政治が現実に成功している場合だけである。正義の分配が確保されているのであれば,その場合には,人々がコントロールする資源は,道徳的にも法的にも,それらの人々のものである。それらの資源を自分の望む通りに,そして特別な愛着と企てが要請する通りに使用することは,全ての市民に正義に適った分前への権原があることを自分たちは承認しているのだということを,決して損うものではない。しかし,不正義が甚だしい場合には,──一方における個人的な企てや愛着という理想と他方における政治的配慮の平等の理想という──理想の両方に魅せられている人々は,一種の倫理的ディレンマ状況に置かれる。彼らは,これら二つの理想の一方を曲げなければならず,いずれの方向の妥協も,彼らの生の批判的成功を傷つけるのである。

　正義に行為することは,完全に受動的な事柄であるというわけではない。それは,騙したりしないということだけではなく,不正義を減少させるために可能なことは何でもするということも意味している。ゆえに,自分には持つ権原がないと判っている資源を,持っている資源が本来より少ない人のニーズに提供しない場合には,不正義に行為しているのである。この不提供は,時たまの慈善によってはとても挽回できないであろう。慈善は不可避的に限定的で恣意的なものだからである。ゆえに,正義の要求通りの行為をしないことによって生の批判的価値が減少するのであ

れば，その場合，生の批判的価値は，自分自身の政治共同体における不正義の無視によって損われるであろう。他方，可能な限り不正義を縮小させることに全面的に捧げられているとしたら，その生は少なくとも同じく損われるであろう。ある政治共同体において，不正義が甚だしくかつ広まっている場合には，その不正義を改善するために可能なことは何でもするという個人的責任を受容している私人たる市民はいずれも，最終的には，品格があり報いのある生にとって必須の個人的企てや愛着を，快や浪費と同様に，自らに対して否定することであろう。

ゆえに，自分自身の批判的利益について生き生きとした感覚をもっている人は，自分の共同体が共同体の正義の責任を果さない場合には，不可避的に挫折する。それはたとえ，その人がその人自身としては，共同体が責任遂行に成功するよう個人的にできるだけのことをした場合であっても，そうである。我々は各々，我々の共同体が正義の共同体になることを望む，このような強力な理由を共有している。二つの理想はいずれも放棄することができないものであるが，正義の社会というのは，その両方を尊重する生にとって必須条件である。ゆえに，我々の私的生，つまり，我々のような人々が持つべき生を送ることに我々が成功したり失敗したりするということは，以上の限定されているがしかし強力な仕方で，政治における我々全ての成功に依存している。政治共同体は，我々の個人的生に対し，このような倫理上の優越性を持っている。

(1) 本書を通じて，私は倫理 (ethics) を道徳 (morality) から区別する。私が使う用語としての倫理に含まれるのは，いずれの種類の生を送るのが善く，また悪いかについての確信であり，道徳に含まれるのは，人が他人をいかに取り扱うべきであるかについての原理である。ゆえに，私が考察する問いは，政治共同体が刑法を用いてその構成員を強制して，多数派が善き生だと考えるものを送るようにさせるべきかどうかということであって，共同体が刑法を用いて，構成員に，他人に対して正義適合的に振る舞うように強制すべきかどうかということではない。
(2) 478 U. S. 186 (1986).
(3) Id. at 192-96.
(4) J. S. Mill, *On Liberty* (Harmondsworth: Penguin, 1982), pp. 68-69.
(5) H. L. A. Hart, *Law, Liberty, and Morality* (Stanford: Stanford University Press, 1963).
(6) 道徳強制の場合には，手続的多数決主義も実体的多数決主義と同様に反対するかもしれない。かかる問いが，選出された公職者によってではなく，最高裁のよ

第5章　リベラルな共同体　　　323

うな憲法裁判所によって決められるべきだと述べることもできるかもしれない。しかしながら、ここでは、私はこの手続的問いを考察しない。第4章および Ronald Dworkin, "Equality, Democracy, and Constitution: We the People in Court," *Alberta Law Review* 28 (1990): 324 を見よ。

(7)　私の見解では、公正な分前とは、各人が保持する物質的資源の他人に対する機会費用を、可能な限り平等化するということである。第2章を見よ。私は、機会費用のテストを物質的（あるいは、私がときどき述べている、非個人的な [impersonal]）資源に限定しているが、それは、このテストが才能や健康のような人格的資源には適当でないからである。

(8)　純一性という要請の説明、および、純一性が要求する誰に対しても同じく決定されるべきだという原理の論点の説明については、Ronald Dworkin, *Law's Empire* (Cambridge, Mass.: Harvard University Press, 1986), esp. chap. 6 を見よ。本文で引用した事柄のような原理の事柄と、SDI のような政策の事柄との間のもっと周到な説明については、Dworkin, *A Matter of Principle* (Cambridge, Mass.: Harvard University Press, 1985), esp. chap. 3 を見よ。

(9)　第3章では、この論法がかなり長く展開され、そのリベラリズムにとっての帰結が記述されている。

(10)　本節での議論は、タナー基金の後援の下にスタンフォード大学で私が行った講演から素材を引き出している。この講演は、同基金により公刊予定のタナー基金講演の論文集で公表される。第6章を見よ。

(11)　意志的利益のこの特徴づけは、人の望む事物の中には、その者の望む他の事物と対立することがあるという事実を無視している。しかし、この事実を考慮に入れるために必要な緻密化は、私が本文で行っている意志的利益と批判的利益との間の一般的区別には必要ではない。

(12)　批判的な善い状態と意志的な善い状態の区別は、実際に私の利益であるものと、利益だと私が思っているにすぎないものとの間の区別ではない。私の意志的利益は本当の現実の利益なのであって、単に、私の批判的利益がどこにあるのかについての、現在は違うが後に誤りだとするかもしれないような判断を反映したものではない。この二種類の利益、この二つの態様の善い状態は、別個のものなのである。持っていると自分の生がもっと善き生になるなどと考えることなしにあるものを望むということは、理解可能である。実際、持っていることが自らの批判的利益なのだと自分が考えているものしか欲しいと思わない人の生は、本末を転倒した悲しい生となるであろう。

(13)　更に微妙で一層学術的な形式の批判的パターナリズムは、考察しないことにする。ただし、このパターナリズムは、批判的な善い状態という概念についての困難で重要な問題を提起する。批判的パターナリズムが、現在の世代の同性愛者ではなく、遥かな未来を標的としていると想定しよう。それは生の形式としての同

性愛を概念メニューから抹消し，その結果，未来の世代はかかる生を想像することすらできなくなると想定しよう。かかる企てが成功しうるということは極めて疑わしい。しかし，成功しうるのだと，そしてまた（我々の多くは受容しようとしないことであるが），同性愛の生は送るのが内在的に悪い生なのだということを前提しよう。その場合，この種の概念的パターナリズムは，同性愛の生がメニューにあったとしたら同性愛の生を送っていたであろう人の利益になっているであろうか。概念的パターナリズムの中には，正義の利益にかなっているものも，確かにあるであろう。例えば，大量殺戮や人種差別の生を誰も，想像することすらできないとしたら，世界はもっと善い場所になることであろう。たとえそうであっても，私には，その人の想像力を制約することによって，その人自身の生が批判的意味で，送っていたとしたらもっと善き生となりうるのだと考えることは，奇妙であるように思われる。

(14) Patrick Devlin, *The Enforcement of Morals* (London: Oxford University Press, 1965); see *Committee on Homosexual Offenses and Prostitution: The Wolfenden Report* (1957; Amer. ed. 1963).

(15) Devlin, *The Enforcement of Morals*, pp. 9-15.

(16) デヴリン自身は後に，自分は，同性愛に寛容であると共同体は破滅するであろうということを示唆するつもりだったのではなく，社会は寛容によって危険にされることがありうるし，それゆえ，非寛容を全面的に排除する原理はいずれも退けなければならないのだということしか，示唆するつもりはなかったのだと述べた。Patrick Devlin, "Law, Democracy, and Morality," *University of Pennsylvania Law Review* 110 (1962): 635-641 and n. 14 を見よ。

(17) Michael J. Sandel, *Liberalism and the Limits of Justice*, 2d ed. (Cambridge: Cambridge University Press, 1998), pp. 62-65, 179-183.

(18) 哲学的論理学のこの論点に興味のある読者は，Saul Kripke, *Naming and Necessity* (Cambridge, Mass.: Harvard University Press, 1980) から入られるとよい。

(19) Philip Selznick, "The Idea of a Communitarian Morality," *California Law Review* 75 (1987): 445 を見よ。

(20) John Rawls, *A Theory of Justice* (Cambridge, Mass.: The Belknap Press of Harvard University Press, 1971), pp. 520-529.

(21) 私は，これらの参加行為 (participatory acts) がそれ自体で，一つの全体としての政治共同体の集合的行為なのだということを意味しているわけではない。それらは集合的行為ではない。しかし，参加行為は，政治共同体内部の何らかのもっと小さな共同体の，集合的行為であることはある。例えば，示威行動は，政治行動集団のもつ共同体としての生の一部であることがある。しかし，この集団は，その目標は政治的ではあるけれども，それ自体では政治共同体ではない。なぜなら，その構成員に対する強制権力の独占を通じてその事務を執行するのではないから

である。
⑵ もちろん、後に強調するように、このことは、いずれの共同体も、集合的な性的行為を認識しないとか認識しえないと述べることとは違う。
㉓ 市民は、友愛的組織の構成員とは違って、相互に内部選出されるのではないし、オーケストラにおける奏者とも違って、何らかの特定の才能や企図があるから選ばれるのでもなく、また、別個に与えられた何らかの宗教上の信仰や性的信条によって同定されたり、まして、移民や国境変更がある現在の世界においては、人種的・民族的・言語的類型ないし背景によって同定されたりするわけではない。
㉔ 倫理的統合が可能なのは、社会的実践が必要な概念的背景を創造する場合だけだという私の主張から、そのような場合には常に、倫理的統合が義務命令的だとか、更には擁護可能なのだということには、もちろんならない。例えば、自分を平等な構成員として承認しなかったり、最も基本的な人権を自分について否定したりする共同体の成功・失敗と、自分自身の批判的利益が結合しているとは誰も考えるはずがない。これとの関連で、Dworkin, *Law's Empire* で議論されている、政治的義務のこれと並行な条件を比較してもらいたい。
㉕ 本節の概略的(で、やや不可解ではないかと私の怖れる)議論は、第6章から借りており、そこではもっと敷衍されている。

⑥ 平等と善き生

I　リベラル派の人々は善く生きることができるのか

　これまでの章で私はリベラリズムのある特定の考え方を擁護した。この考え方——リベラルな平等——が主張するのは，自由・平等・共同体が，リベラリズムの左右に位置する他の政治理論の主張するところとは違って，しばしば対立する三つの別個の政治的徳だというのではなく，単一の政治構想の相互補完的な諸側面であって，これらの三つの政治的理想のどれも，残りの理想と独立に確保できないばかりでなく，理解すらできないということである。東ヨーロッパやアジアで現在あれほど人を惹きつけているように見え，また2世紀前にヨーロッパやアメリカで革命家たちにとってあれほど自然に見えた考えであるリベラリズムの，このことは情緒的な真髄なのである。しかしながらこのことが認識されるのは，我々が自由と平等と共同体を，そうすべきだと私が論じた仕方で理解する場合だけである。平等は，資源と機会でもって測定しなければならず，福利や善い状態で測定してはならない。自由は，何であれ自分の望むことを何でも行う自由なのではなく，他者の真の権利を尊重することで自らの望むことを行う自由なのである。共同体の基礎は，個人の自由と責任を曖昧にしたり混ぜ合わせたりしたものに置かれてはならず，この自由と責任への共有された有効な尊重に置かなければならない。これがリベラルな平等として理解されるリベラリズムである。
　本章では，私は，リベラルな平等への歴史的に強力な特別の反論に対して解答を試みる。リベラリズムの政治的な理念の多くが形成された啓蒙期以降，リベラリズムへの批判者は，これらの理念が適合するのはいかに生きるべきかを知らない人々についてだけだと非難してきた。ニーチェをはじめとするロマン主義的偶像破壊者は，リベラルな道徳は偉大な者たちを閉じこめておくために嫉妬深い人が作った牢屋だと述べた。リベラルな平等のことに気をもむのは人物の小さい人々だけであっ

て，新しい生を創出する詩人や新しい世界を征服する勇者はリベラルな平等を軽蔑して扱うであろうと考えるのである。後にこの不満は逆転した。マルクス主義者は，個人の勝利についてリベラル派の人々の気遣いがなさすぎるのではなく，ありすぎるといって非難したし，保守主義者は，因習的な道徳によって提供される社会の安定や根差していることの重要性をリベラリズムが無視していると述べた。しかしながら，これらの三つの批判のヴェクトルは全体としてみれば，しばしば神秘的なスローガンで言明される一つの反論を共有している。それは，リベラリズムが，正義の原理を意味する正（the right）にあまりに注目しすぎており，人々の送る生の質と価値を意味する善（the good）には殆ど注目していないというものである。ロマン主義者は，ケチな道徳から自由な創造的個人による破壊の重要性にリベラリズムが鈍感だと考える。マルクス主義者は，リベラルな資本主義的民主主義体制での生の疎外された貧弱な性格をリベラリズムが看過していると考える。保守主義者は，共同体の定義する規範や伝統に根差している場合にしか生は満足のいくものになりえないということをリベラリズムが理解し損っていると主張する。それらは全て，リベラルな正義が生から詩情を濾して取り除いている，ということでは一致する。

　我々は，この表現に隠れている三つの非難を区別すべきである。第一は，本当の善き生はリベラルな社会では不可能だろうと宣言するものである。この反論は，維持されるならば，もちろん急所を突いているであろう。リベラルな社会での生がどうしてもみすぼらしいものになるのであれば——誰にとっても，発育不良で不満の残る失敗した生をどうしても生み出すのであれば——，リベラリズムは，自虐趣味のある人や倫理的に盲目の人にとってだけ当てはまるひねくれた政治構想であるというのである。第二の反論は，リベラリズムが善き生の可能性を全面的に締め出すということではなく，この個人の目標の順番を社会的正義の下に位置づけるということを問責する。リベラリズムは，正義が常に第一に来るのであって，それは，このことが自分自身の生の質や全体的な成功を犠牲にしなければならない人がいるということを意味する場合であっても同じだと主張するというのである。これは，それほどは恐れる必要のない反論であるが，やはり重要な反論ではある。なぜなら，そのような政治構想は，自分自身や家族のためにできる限り最善の人生を作っていくという，自分にとっての至上の責任だと多くの人には思われるものを，なぜ人は時として——おそらくはたびたび——犠牲にしなければならないのかを説明するよう迫るものなので，リベラル派の人々がもしこの反論を受容するならば，この政治

構想の正当化を見出さなければならないからである。第三の反論は，大雑把に言って倫理的な中立性のことでのみリベラル派の人々を問責する。——善く生きるとはいかなることであるのかについての何らかの説明を維持することとは独立に政治的正義の理論の展開が可能だとする想定を問責するのである。この第三の反論は更に弱いように見える。実際リベラル派の人々自身がしばしば，リベラリズムは倫理的に中立的だとか，このことは欠点ではなくて徳なのだとかと主張している。(1)しかし，この想定される徳は実際上の費用を伴う。善き生の殆どどの理論もリベラリズムと両立可能だとしたら，リベラリズムはそのような理論のどれかに訴えて自身を擁護するということができない——リベラルな国家でのみ人々は善き生であると同時に公正でもある生を生きるのだということは，リベラルな国家を推進する活動の根拠になりえないのである。

　リベラリズムは本当にこれらの非難のいずれについても有罪であるのだろうか。リベラリズムは善く生きることを排除したり，その目標を下位に位置づけたり，無視したりしているのであろうか。否である。しかしそれがなぜなのかを理解するには，善き生の理論が他の何らかの重要な思想分野と同様，複雑で，構造も重厚だということを認識しなければならない。リベラリズムは，倫理のある一定の相対的に具体的な水準では，中立的でありうるし，またそうあるべきである。しかし，いかに生きるべきかの細かいところで困惑するのではなく，いかに生きるべきかという問いそのものの性格・力・身分についての困惑という抽象的な水準では，中立ではありえないし，そうあるべきでもない。

　我々は，そのような抽象的な論点を少なくとも三つ区別できる。第一は，この倫理的な問いの源泉は何かということである。いかに生きるべきかについて我々はなぜ悩むべきなのであろうか。人々が善く生きるということと，人々が単に自分の生を楽しむということとの間には相違があるのであろうか。相違があるとして，人々が単に楽しんで生きるよりも善く生きるということのほうが重要なのであろうか。このことは，その生を送っている当人にとってのみ重要なのであろうか。あるいは，もっと広くもっと客観的な形で重要であって，その結果，何らかの理由で当人には重要でないとしても，依然として重要なのであろうか。ある人々が善く生きるということは，別の人々が善く生きるということよりも重要なのであろうか。それとも，善く生きるということは，誰の場合でも平等に重要なのであろうか。第二は，生を善くするのは誰の責任なのか，ということである。人々が善く生きているというこ

第6章 平等と善き生

とを見極める責任があるのは、もしいるとして、誰なのであろうか。このことは、社会的な集合責任なのであろうか。善でありかつ公正な国家が善き生を同定し、その構成員にその同定された善き生を送るよう試みたり、更にはその強制を試みることは、その国家の責任となるのであろうか。それとも、この責任は個人的な責任なのであろうか。第三は、善き生の尺度（metric）は何かということである。我々は生の成功や失敗をいかなる基準によってテストすべきなのであろうか。このことはどの程度、その生を送っている当人に対しその生が提供した快楽や幸せの問題なのであろうか。このことはどの程度、ある人の生が他の人々の生や世界の知識や芸術の蓄積に対してもたらす変化の問題なのであろうか。ある人の生の全体的な成功や価値は、何か他のやり方ないし次元で判断すべきなのであろうか。

　これらの三つの——源泉・責任・尺度という——論点は、特に哲学者の間だけではなく、文化や社会の間でも、大きな論争を引き起こしてきた。それにもかかわらず、これらの論点は、我々が現代社会は倫理的道徳的な事柄について根底から多元主義的だと述べるときに我々が念頭に置いている具体化した問いよりも、抽象的である。というのも、この抽象的な論点へのどのような信憑性のある解答群も、例えば合衆国で現在人々が分裂しているいかに生きるべきかをめぐるもっと具体的な論争をほぼ全て、未解決のままにしておくであろうからである。例えば、我々は、人々が善く生きるということが客観的に重要であり、人々には自分自身の生の成功について、個人として第一義的な責任があり、善く生きることは世界を、もっと価値が含まれるように善い場所にしていくことを意味するのだと全員で一致しつつも、善き生とは必然的に宗教的な生のことなのだと主張する人と、宗教のことを危険な迷信にすぎないとする人との間で、あるいは、価値ある生とは伝統に根差した生なのだと主張する人と、品格ある生は伝統への反抗の生だけだと考える人との間で、どちらかに与しないということはあるであろう。

　私は、以上の抽象的な問いへの解答が具体的な問いにとって何の影響も与えないということを意味しているのではない。その反対である。抽象的な倫理的理論によって、人々は自分の具体的な問いをある一定の光の下で見てテストすることが求められるのである。自らがいかに生きるかは客観的に重要であり、善く生きるとは世界を改善することなのだと受け止めている人は、最善の生は最も快楽のある生なのだと同時に信じるためには、同時に、快楽には内在的で客観的な価値があると考える必要があるが、このことをその人は信憑性があるとは見ないであろう。あるいは

また，私は，人々は単一の社会にあってさえ，抽象的な問いへの解答について一致しているということを意味しているのでもない。人々は，西欧民主主義の下にあっても，抽象的な倫理について——これから見るように，特に尺度については——一致していない。しかし，これらの不一致は，もっと具体的な不一致の多くほどには，衝撃的でもなければ白熱してもいないし，議論を通してこれらの抽象的論点での宗旨替えを望む方が，もっと激しく分裂している具体的な論点での宗旨替えを望むより，現実的であろう。

　これらの抽象的な倫理的問いに対しはっきりとリベラルな解答を同定することは，私が記述した三つの絡み合った反論にリベラリズムが答える際の役に立つであろうか。これは，これらのリベラルな解答がよく考えた上で，どのくらい魅力あるものになるかに依存している。本書の序において私は，リベラルな平等が，現在西欧民主主義国家において極めて広く受容されている二つの原理を反映し実行するものであるが，この二つの原理は源泉と責任の問いへの魅力ある解答を提供すると論じた。これらの原理の第一は，人間の生がひとたび開始されたならば，それが無駄に終わるのではなく成功したものとなることは，大きくかつ客観的な重要性を持つのであって，しかもこのことは，各人の生にとって平等な重要性を持つのだと説いている。第二は，その生を送っている当人には，その生の成功について第一義的で委任不可能な責任があると説いている。本章では，私は，私が同定した第三の抽象的な問い，つまり尺度の問いを探究する。私は，倫理的価値の色々なモデルを区別し，その中の一つ——「挑戦」モデル——を擁護する。それは，生がその生きられている中での個々の環境への適切な応答である限りでその生は成功していると想定する。このモデルは，敵対する主なモデルよりも直観的な魅力があるし，正義は成功する生を生きる人の能力を損う犠牲なのではなく，むしろ，成功する生の前提条件なのだというプラトンの考えには，いかなる真理が存在しているのかを明るみに出すのに役立つ。

　しかしながら，私はここで，私が今記述した平等な客観的重要性と個人的責任の原理を既に受け容れていると読者を納得させる可能性よりは，この倫理の挑戦モデルを既に受け容れていると読者を納得させる可能性のほうが更に低いと信じていると認めるべきであろう。それゆえ，私としては挑戦モデルの主張が強力だと見るし，私自身の倫理的直観に合致しかつそれを説明すると見るけれども，リベラルな平等のための倫理的主張をこのモデルに依拠させるつもりはないと強調しなければなら

ない。私は，本書の序で言及した近刊書の論法は，尺度の問いをめぐる何らの解答にも依存しておらず，むしろ，我々の間でそれほど論争的ではない原理に依存しているので，それ自体で圧倒的だと信じている。それにもかかわらず，私は二つの理由から，尺度の問いへの挑戦的な解答の擁護論を押し進める。第一に，尺度の問いはそれ自体として重要である。いかに生きるべきかについての我々の通常の直観は，以下で示そうとするように，混乱しており，その混乱はこの問いへの正しい解答についての二面性を反映していると信じる。第二に，私は，正義と善とは対立しないというプラトンの見解の背後にある倫理的な魅力を示し，この見解がリベラリズム一般の擁護だけではなく，リベラリズムの最良の考え方としてのリベラルな平等の特に強力な擁護をいかにして提供するのかを示したい。

　私は本章を通して，私が記述した源泉の問いの一つの側面への積極的な解答を想定している。私は次の二点を想定する。倫理的な問い——いかなる生が自分にとって成功している生であろうか——が本当の重要な問いであるということ，そして，この問いは，心理的な問い——いかなる生を自分は楽しんだり，満足がいくと思うか——および道徳的な問い——他の人々に対して自分はいかなる義務や責任があるのか——の双方と，導かれる解答においては必ずしもそうではないにしろ，内容上は異なっているということである。私は，ここでは論評抜きで，倫理的問いが何の意味も持たないという私が別のところで「外在的」懐疑の見解として記述したものは除外する。しかし，倫理についての「内在的」懐疑主義者の，実際にはどの生も本当は，善きものでも成功したものでもないとする主張は真摯に受け止めている。(2)
私は，人間の生が意味を持ったり有意味になるのかどうか，そしてそれはいつなのかといった問いは，別個には取り上げない。ここで議論する問いは，ある特定の生が善いとか成功しているとかというのはいつであり，それはなぜなのかという問いであるが，私には，先の問いがこの問いと本質的に同一の問いにならないということが理解できない。

　私は，別の種類の挑戦でもって，この序論的な節を終えることにする。既に述べたように，今日よく見られるリベラルな平等に対する色々な敵対者——ポストモダン的なロマン主義，経済的な保守主義，共同体主義（communitarianism），卓越主義（perfectionism）その他——は，倫理的な優位を主張している。それらは，リベラリズムには倫理的権威が欠如しているとリベラリズムを中傷する。しかし，これらの理論の文献では，私が記述し間もなく取りかかろうとしている哲学的倫理の論点へ

の真剣な取組が，驚くほど不十分なのである。私が論じようとしているのは，最も信憑性のある哲学的倫理の基盤にはリベラルな信念があるということである。つまり，リベラルな平等は，人々の送っている生の善さを排除したり脅かしたり無視したりするものではなく，むしろ，善き生とはいかなるものであるのかの魅力ある考え方から出てきており，かつそれへと帰っていくということである。リベラリズムの敵対者は，挑戦を受けて立ち，リベラリズムから離れて代りに自分たちの方向を指し示す，深い倫理的問いへの解答を形成すべきである。そうするまでは，リベラル派の人々が善き生に払っている注目が不適切だという敵対者の難詰は，虚仮威しに留まるであろう。

II 哲学的倫理

A 意志的利益と批判的利益

生はどのようにして善いものになったり，成功するものになったりするのであろうか。功利主義的伝統の下にいる哲学者は，様々な生の成功が，倫理的価値のある一つの基礎的な担い手に照らして測定・比較可能だと前提する。彼らが論争するのは二つの競合する主張の長所である。一つ目は，倫理的価値は，快楽のような同定可能な感覚的経験からなるというものであり，二つ目は，自分の欲求が充足されるという現象からなるというものである。ここで明らかと思われることは，これらの出来事——快楽的な経験と，目標・欲求の充足——の夫々は，善い状態の受容可能な哲学的説明の中のどこかには位置を占めなければならないにしても，それだけでは話は済まないし，更には，その話の最も興味深い部分にもなっていないということである。

我々は，これらの哲学者の還元主義的衝動を押さえ込んで，善い状態という考えの内にある複雑さと更にはその構造も受容しなければならない。我々は第一に，私が，意志的な (volitional) 善い状態と呼ぶことにするものと，批判的な (critical) 善い状態と呼ぶことにするものとの間の区別を認識しなければならない。ある人の意志的な善い状態は，当人が実際に望んでいるものを手にしたり達成したりすると，その理由だけで改善される。批判的な善い状態は，手にしたり達成したりすると当人の生が更に善くなるものをその人が手にしたり達成したりすることによって，改善される[(3)]。上手にセーリングすることや，歯医者に行かずに済んでいることは，私

自身の意志的な善い状態になる。つまり，私はそれらを両方とも望んでおり，それゆえ，私がそれらを手にする場合には，私の生は意志的な意味で，更に善きものとなるのである。我が子と緊密な関係を持つこと，自分の仕事で幾ばくかの成功を確保すること，そして，——達成することは諦めているが——時代の先端の科学の状態をほんの少しでも把握すること，などといった別の事柄も私が望むものであるが，それには私は違った見方をする。これらを私は批判的利益と見なすのであるが，それは，これらの目標を手にすることに失敗したり，完全に達成できなかったりすると，私の生がそれほど成功したものではなくなるであろうと私が信じているからである。

　私の生は，私が歯医者の椅子で苦しんだからといって，生きるのが悪くなるわけではない——後悔することは何もないし，ましてや恥ずかしくなるわけではない。そして，私はセーリングが上手になりたいし，そうならないとがっかりするけれども，私がこの欲求を抱かなかったとしたら私の生が悪いものになるであろうと考えることはできない。セーリングが上手であることが私にとって重要なのは，私がセーリングが上手になりたいと望んでいるからであって，その反対ではない。しかし，我が子と緊密であることの重要性を考慮する場合には，すべてが逆さまになる。私が辛い仲違いをしていなかったとしても，私がこのことの重要性を全然理解していなかったとしたら私の生は悪いものになっていたであろうと考えるのである。私は，たまたま望んでいるという理由だけで，我が子と緊密な関係を持つことが重要なのだと考えるわけではない。私は，それが本当に重要なのであって，それを私が望まなかったとしても同じだと考えるのである。

　しかしながら，意志的な善い状態と批判的な善い状態の区別は，主観的な善い状態と呼ばれたりするものと客観的な善い状態と呼ばれたりするものとの区別ではない。確かに，批判的な利益には，意志的な利益にはない客観的な次元がある。つまり，自分の批判的な利益について自分が誤りを犯したと想定することは完全に意味が通じるのであるが，自分の意志的な利益において誤りうることは，少なくとも同一の直接的な意味ではそうではない。しかしこのことは，私の意志的な利益が，批判的利益がどこにあるのかについての私の現在の判断であって，後に誤りだとするかもしれないものにすぎないということではない。この二種類の利益，この二つの善い状態の態様は別個のものである。私は，手にすれば自分の生がもっと善くなるであろうとは考えずにあるものを単に欲しいと思うことができるし，それは変では

ない。実際，批判的利益になると自分が考えるものだけを欲しいと思う人の生は，悲しいものであろう。

　批判的利益は動機と同じものでもない。我が子と緊密な関係を持つことが自分の生にとって重要だという見解は，多くの人々に共有されている。しかし大半の人々は，自己利益に目覚めたからなどということから，この関係を望んだり必要な場合にその関係を確保しようと頑張ったりするわけではない。良好な関係を望むのはそれ自体のため，子ども自身のためなのであって，自分自身のためなのではないのである。これは人々が気遣う他の多くのことにも当てはまる。例えば，政治や自分自身の生において正義のために人々が力を尽す場合，人々が気遣っているのは正義や正義の受益者なのであって，自分自身ではない。実際，これらの利益が自己利益から追求されるのではないということによって，その利益が批判的なものとなる面があるのである。しかし，これらの動機づけとなる事実があるからといって，このような利益の倫理的役割——つまり，これらの利益を持っており，自分自身や他の人々のためにこれらを追求する人の生を当人にとって善きものにするというそれらの利益の役割——が減ずるものではない。また，当人がそのことを理解しそこに満足を覚えることが妨げられるものでもない。そうなのかどうか，なぜそうなのか，とその人が思い悩むことが妨げられるものでもない。自分の生を貧しい人々を救うために捧げる本当の理由は何かという問いは，「本当の」という語に寄りかかっている大半の問いと同様に，あまりに粗雑である。人々には様々な種類の理由があり，これらは人々の道徳的・倫理的な想像力の様々な層で機能する。

　批判的利益と意志的利益は色々なところで相互に関連している。批判的利益は意志的利益を後追いすることがよくある。私がある欲求——例えば上手にセーリングすること——に多大な重要性を置いたとしたら，それに成功することは通常，私の批判的利益になるのであるが，それは，上手にセーリングすることが批判的に重要だからではなく，私がたまたま大変望んでいることでかなりの成功を収めることが批判的に重要だからである。そして意志的利益は通常，批判的利益についての意見をなぞる。つまり，人々は一般に，手にすることが自分の批判的利益になると考えるものを望むのである。我が子と緊密な関係を持つことが自分の批判的利益だと考えるならば，（今強調したように）この理由からそれを望むのではないにしても，人々はそうすることを望むであろう。しかし必ずそうだというわけではない。人々はあるものを望んでいない限りは，全てを考慮してそのあるものを最善のものだと考

第6章 平等と善き生

えることはできないという哲学者の間で共通の前提は，この二種類の善い状態の間の区別を無視しているように見える。アクラシア［意志薄弱］と哲学者が呼ぶ複雑な問題の少なくとも一部が生じるのは，手にすることが自分の批判的利益だと信じているものを実際には人々が望まないからである。仕事を減らし家族とすごす時間をもっと増やすならば，批判的な意味で私の生がもっと善き生になるであろうが，それでも実際にはそうしたいと思わない，あるいは十分にそうしたいとは思わないということは，こうして納得されるかもしれない。

意志的な善い状態と批判的な善い状態というカテゴリーは，全てを考慮して善い状態だと呼ぶようなもっと大きく包括的なカテゴリーの構成要素（component）にすぎないのだろうか。我々は，善い状態とは全てを考慮して，意志的な利益と批判的な利益における成功の正しい混合ないし譲歩状態なのだと考えるかもしれない。これは惹かれる考えである。なぜなら，二つの態様の善い状態の間で可能性として存在する衝突を解消する基準を想定しているからである。しかしいかに惹かれようとも，この考えは意味が通らない。意志的な善い状態と批判的な善い状態との間で正しい混合ないし譲歩が達成されたかどうかを判断する基準としては，二つの態様の善い状態のどちらか一方を基準にするしかないのである。我々は，正しい種類の生を手にするために，自分が何をすべきかを問うことができる。その場合解答は，我々の批判的利益だけを思案することによって与えられる解答である。あるいは，我々は，何を自分が最もしたいと望んでいるのかを問うことがあるが，その場合解答は，自分の意志的利益の（言葉として正しいのであれば）助言を聞くことによって与えられる。しかし，自分の批判的利益に反していると自分で分かっているあることを私がしたいと望む場合のように，この二つが衝突する場合には，第三のもっと高次の利益概念は存在せず，私はそれに訴えかけることはできない。これらの状況下で，善き生を送るために私がすべきことは，批判的利益に従うことであって，批判的利益を脇に置くことを要請したりそれを許したりするような，別のもっと高次の意味での最善の利益などというものは存在しないのである。我々はそれゆえ，二通りの見方を受容して，これらの二つの間の実際上の衝突が頻繁で鮮明だということを承認しなければならないのである。道徳が批判的な善き状態の基準とは異なる行動基準を提供する限りでは，道徳は更に別の見方を差し出してはいる。しかしもちろん，道徳は，意志的利益と批判的利益をともに含んだもっと包括的な善い状態のカテゴリーではない。

それで，我々には，意志的利益と批判的利益とはあるが，両者の衝突を調整できるようなもっと包含的な善い状態のカテゴリーはない。私はこの点から，リベラリズムのための倫理的基盤を見つけようとする試みはいずれも，意志的な利益とは異なる批判的な利益に集中しなければならないと仮定することにする。我々に求められているのは，人々の批判的利益とは何なのかということの説明であるが，それは，この説明を受け入れ自分自身や他の人々の批判的な善い状態を気遣う人々がなぜ自然と，ある形態のリベラルな統治形態や実践へと向うことになるのかを示すような説明でなければならない。もちろん私は，リベラル派の人々が気遣うべきは，意志的な（あるいは生物学的な）意味とは区別された批判的な意味でだけの人々の生の改善だということを意味しているのではない。苦痛や疾病との闘いは，この闘いがこれらのどのカテゴリーで現われるものであろうとも，重要である。私はまた，二度ほど注意を喚起したが，人々が自分の批判的利益についてしか気遣わないと想定する誤りを犯しているのでもないし，大半の人々は頻繁に自分の批判的利益について意識してよく考えると想定する別の誤りを犯しているわけでもない。

　もちろん，リベラルな政治原理が民主主義国家における大半の人々の意志的利益に役立つかどうか，そして，もし役立つのであれば，リベラルな政治家はどのようにして，多数者にそのことを説得できるのかということは，いい質問であるし，政治的にも決定的な問いである。我々の問いは，それほど直接的に政治的なものではない。その政治的重要性はおそらくもっと遠いところにある。政治原理は，批判的利益と同じように，規範的である。政治原理は我々が持つべき政治共同体を画定し，批判的利益は我々がその中でいかに生きるべきかを画定する。それゆえ，倫理的基盤を求める我々の探究は，規範的な純一性の探究である。我々は，自分の批判的利益を真剣に受け止めている人々が，政治的にリベラルな見方をするその理由があるかどうかを尋ねるのである。長期的にはこの問いは，私が今示唆したように，実践的なものである。なぜなら，政治的プログラムは，人々が何を望んでいるのかということの中に形作られるだけではなく，人々の自己イメージの中に形作られるものでない限りは，長期的には失敗するからである。

B　批判的利益に対する懸念と困惑

　大半の人々は，自分には批判的利益があると信じている。この確信が実際の自分の生き方に大いに影響しているか否かは別にして，自分の生をうまくやっていくこ

とが重要だと思っているのである。しかし，我々の大半はまた，批判的利益という考えがどれほど問題を孕んでおり不可解であるかということも意識しており，これが壮大な幻想なのではないかと恐れている人も多い。死後の世界を信じている人々は，もちろん，この懸念には煩わされない。なぜなら，天国と地獄の存在が倫理を慎みへと変換するからである。しかし，我々の大半にはこの慰めがないし，自分の懐疑的な瞬間を払いのけようとして，以前に持っていた倫理的確信がどのようなものであれ，それを再び獲得しようと躍起になってはいるけれども，この心配と折り合いはついておらず，単にそれを先送りしているだけなのである。以下の何頁かで，私はこれらの不安の一種のカタログを提示する。私は，一つの生き方が別の生き方よりも善い，もっと成功した生を生み出しうるのだという考えの意味ないし整合性についての外在的懐疑論を，この中にリストアップはしない。[4]私は，この考えは意味が通っていると想定し，その適用についての実質的な困惑だけを考察する。私は，内在的懐疑論のよくある真夜中の不安——生は無意味であること，どの生も実際には，善いものでないとか，他のどれかより善いわけではないとかということ——から始める。それから，それほどには身につまされないしよくあるわけでもないが，それでも哲学的な次元と個人的な重要性をもっている倫理についての更に別の一連の論点ないし困惑をつけ加える。

(1)意義　善く生きることを気にしている人々は意義ということを最も重要な事柄として取り扱う。自分の生が楽しいものであるかどうかが単に（あるいはそれすら）重要なのではなく，重要なのは，自分の生が送るのに善い生であるのか悪い生であるのかということであると考えるのである。しかし，どのような意味で，あるいはどの観点からそれが重要でありうるのか。一人の人間の生という不条理にちっぽけな時空において何かが起ろうとも，それがどうして問題になりうるのであろうか。あるいは，全ての感覚ある生を全部一緒にしたほぼ同じようにちっぽけな挿話において起こることであれば，どうであろうか。宇宙はあまりに大きく，あまりに長い時間存続してきたので，我々の最高の科学者ですら，宇宙がどれほど大きいのか，あるいはどれほど長い時間存続してきたのかという問いの意味が通るようにするために格闘している。ある日——歴史上のどの瞬間かに——太陽が爆発し，それから，我々がどのように生きたかについて気にすることができるものすら全部無に帰すかもしれない。生は無だという考えと，我々がいかに生きるかが全てだという考えの調和を我々はどのように図ればいいのだろうか。

(2)超越的か連動しているか　批判的利益は単に，ある人がたまたま何を欲しいと思っているかの問題なのではなく，その人が何を欲しいと思うべきかの問題なのであって，自分の批判的利益が何であるかについて根本から誤ることもある。この事実からは，倫理的価値が超越的（transcendent）だということが示唆されるように見える。つまり，善き生の構成要素は常にそしてどこにおいても，同一だということである。しかしこう考えることは，我々の多くがどうしてもそうだと思う別の前提と対立する。つまり，単一の，誰にとっても善き生であるようなものなど存在しないし，倫理基準は文化や能力や資源やその他の人の環境に何らかの仕方で連動（indexed）しており，その結果，ある境遇の下である人にとって最善の生は，別の境遇にいる他の誰かにとっての最善の生とは全く異なるかもしれないのである。これらの二つの見解は夫々強力な直観と確信に支持されているが，そのいずれが正しくいずれを放棄しなければならないのであろうか。倫理的価値の超越的な見解を放棄し，それでも，倫理は単に主観的なのではなく，我々が実際に欲しいものの発見という問題にすぎないのではないという我々の確信を保持できるであろうか。

(3)倫理と道徳　さて今度はプラトンの問いを考察しよう。自己利益と道徳の関係はどのようなものであろうか。明らかなことは，道徳と意志的利益とはしばしば衝突するということである。つまり，私は自分の欲しいものを，騙したり盗んだり嘘をついたりして，更に多く手に入れることがよくあるのである。しかし，自己利益を意志的な意味でではなく，批判的な意味で受け取った場合，問題はもっと複雑になる。その場合，三つの見解があるようにみえる。第一に，善く生きるということは批判的意味においても，正しく生きるということとは全く独立していると考えるかもしれない。真に善き生は，例えば，他者を支配する大きな権力を持つ生なのだと信じている人なら，自分の批判的利益は絶えず正義と衝突すると考えてもおかしくはない。正義の禁止することを行うことで自分の権力を増大させることがしばしばできるであろうからである。第二に，正義は批判的な善い状態の構成要素ではあるが，それで話が済むわけではないと考えるかもしれない。不正義はバランスシート全体において，成功する生にマイナスになるように数えられるので，自分の権力を拡張することと不正義に行為することとの間で選択を迫られる人は，倫理の内部で選択するのであって，倫理と道徳との間で選択するのではない（と述べるかもしれない）。全てを考慮して，その人は何らかの不正義というコストの下で，一層大きな権力を持つほうが自分の生が善くなるか，それともその反対であるかを決定し

なければならないのである。第三に、我々はプラトンの見解を取るかもしれない。正義と自己利益との間には何の衝突もないのであって、それは、不正義な行為を通じて批判的に更に善き生を送れるということはありえないからである。権力を増やすためには不正義に行為することが必要なのだとしても、その場合、増えた権力をその限度であっても、当人の生の成功の改善としてカウントすることはできないのである。この第三の見解には二つの形がある。第一は第二の見解と同じように、正義は善き生の一つの構成要素にすぎないと説くが、正義は、他のいずれの構成要素よりも圧倒的に重要なのであって、他のどの構成要素において得るところがあろうとも、それは正義の最小の妥協すら上回ることはありえないと強調する。第二は、正義と善き生との関係は更にもっと緊密だと説く。しかし、第二の見解がどのようにしてもっと大きな緊密さを主張するのかを説明するには、(本章後半で行うように) 挑戦のモデルと私が呼んだものを展開しなければならない。

　大半の人々の直観は、第三の見解よりは最初の二つの見解のいずれかに与するように見える。ポール・セザンヌが徴兵を拒否したのは、意識的な抗議からではなく描きたいという欲求からであったが、もしセザンヌの行為が不正義だったとしても、その生は結果として一層偉大であったと考える人も多い。[5] しかしこれはどのように説明できるのであろうか。ある人が無慈悲で非道徳的な職業を経て資産を築き、それから、その資産を、洗練された魅惑的な経験や、芸術的な創造と支援、探検や発見といったきらびやかな生に融資するとしよう。その人が実際に、最終的な分析においても、自分の不正義を生かした——非道徳的だけれども成功した生を送ったのだ——という見解に抵抗するのは困難である。しかし、それとは正反対の一見異論の余地のない議論に抵抗するのも困難である。疑いもなくその人は、自分の生を謳歌し、そこから大きな満足を得たのである。しかし、その人の富や業績が全て、行うべきではなかったこと、それを行ったことで我々がその人を非難することから生まれたのだとしたら、どのようにすれば我々は、その人が善く生きたのだ——自分の生で何か善いことをしたのだ——と言うことができるのであろうか。我々の直観はまたしても混乱する。

(4)付加的か本質要素か　我々は誰か他の人の生を、二つの問いを念頭に置いて考えてみることができる。第一に我々は、我々がどのような経験や関係や出来事や業績を善き生ないし品格ある生の構成要素だと数えるとしても、その人の生がどの程度、それらを含んでいるのかを尋ねることができる。第二に我々は、善き生の構成

要素が何であれ，その人が探したとか，価値あるものと見なしたかとか，つまり，単に意志的利益としてだけでなく，批判的利益として役立つものだとして是認したとかにかかわらず，自分自身の生に含まれているそれらの構成要素を，その人がどの程度承認しているかを尋ねることができる。しかし，これらの二つの類型の問いを我々はどのように合体させるべきなのであろうか。二つの見解が可能である。付加的見解は，その人の生が善いか悪いかは，その価値への当人の意見を顧慮することなしに判定可能だと説く。その人の生が善き生の構成要素を持っているのであれば，その理由からその生は善いというのである。その人がこれらの構成要素を是認しているのであれば，このことによってその人の生の善さは増える。それは，刺身のつまである。しかし，是認していなくとも，その構成要素の倫理的価値は存続する。自分の是認しない経験や業績のおかげでとても善き生を持つかもしれないが，といってもおそらくは，是認していたときほどには善いものではない。

　他方，本質要素という見解は，当人の是認なしではどの構成要素もその人の生の価値に寄与することすらないと論じる。それで，厭世家が大いに愛されても，他人の愛を無価値なものとして見下している場合には，その人の生はその愛があるからといって価値が高まるということはない。本質要素という見解は，当人が善いとか悪いとかと考える場合に限り，それを理由にして，その人の生が批判的意味で善いとか悪いとかとする懐疑主義的な見解なのではない。誰かが誤って自分の生を善きものと考え，その誤りが，あるものを実際は違うのに善き生の構成要素だと当人が数えているからだということはありうる。また，自分の生のある特徴を，承認していればその生が更に善きものになったのに，承認や是認をしていないから誤っているということもありうる。本質要素という見解が否定するのはただ，そうではないという当人の意見を否定して，ある人の生を更に善くする出来事や業績があるということだけである。

　我々はこれらの見解のどれを採用すべきなのだろうか。ここでもまた，夫々はお馴染みの直観や確信によって支持され，前提にされているように見える。倫理的価値は客観的なものであって主観的なものではない。つまり，倫理的基準の超越的見解を支持するように見えるこの事実はまた，付加的見解を支持しているようにも見える。いかなる種類の生が善いかを決めることが私に委ねられていないのであれば，私の生の価値にとって，私がそれをどのように考えるのかがなぜ問題になるのだろうか。極端な事例では，この議論は共通の感覚によって確認される。ヒトラーは，

青年期から幽閉されていたとしたら、自分が引き起しえた恐怖を夢見て残りの人生をすごしたのだとしても、もっと善き生を送ったということにはならないだろうか。しかし別の、それほど劇的ではない例では、反対の直観が用いられる。宗教は善き生の一部でなければならないと考えるとしても、当人が無価値だとカウントする宗教儀式へとその人を強制することは、その人の生を改善しうるであろうか。厭世家の生が、当人の望まなかった愛を持つことによって改善したと述べることは、本当に意味が通るのであろうか。これらの場合には、我々は、何か善きものの価値——宗教や友人の愛——が認められない場合には、減少すると感じるだけではない。我々は、それの価値が抹消されると感じるのである。つまり、その価値が承認されることによって何らかの点で支えられるのでない限りは、価値など存在しないと感じるのである。ここでもまた、我々の直観のあるものが他のものと衝突し、倫理が結果として一層神秘的なものに見える。

(5)倫理と共同体　我々の最後の困惑は、倫理的価値の単位に関わる。つまり、いかなる存在の生を倫理は善きものにしようとするのか。一方では、我々は倫理は完全に個人的なものだと感じる。我々には各々、自分にとっていかなる種類の生が正しいかを決定する究極の責任がある。よく考えもせずに社会の型に嵌り込んでいる人ですら、それよりも順応しない生がありえたのであれば、その選択（あるいは無選択）について責任があるのである。そして、我々は各々、選んだか否かにかかわらず、自分の生きている生に個人的関わり合いを持っている。どこで生きていくか、あるいはどのような職歴を積むか、あるいは利益のために嘘をつくかどうかを私が決定する場合、そこで焦点になっているのは、私の生なのである。しかしそれでも、場合によっては、そして環境によっては、倫理的世界を我々自身の生と他人の生とにこのように自信をもって分割することに失敗する。我々は、最も根本的な倫理的単位は集合的であって、個人的なものではないと感じている。つまり、我々の生が善くなるかどうかという問いは、自分が構成員となっている何らかの集団にとって我々の生が善くなるかどうかという問いより、下位に位置すると感じているのである。

　個人的配慮と社会的配慮との間には、それとは別の、倫理の紛れもなく個人的な性格には異議を唱えない関係がある。この関係がいかに重要であろうとも、我々はそれと、先の一見するとある衝突を混同して、この衝突を消散してしまわないよう注意しなければならない。もちろん、他の人々の生は私にとって重要である。善き

生は利己的ないし自己中心的な生ではありえないと知っている。そしてもちろん，私の倫理的信条が社会的に条件づけられ制約されているということ，つまり，他の文化において自然だと見えるような生を私は夢想だにできないということを知っている。更にまた，倫理が超越的ではなく，むしろ連動していると私が信じているのだとすると，信条と文化の関連は単に心理的なものにすぎないのではなく倫理的なものでもあると考えることになろう。なぜなら，私にとっての正しい生は，私がいずれの時代や国家や文化に生きているかということに部分的には依存しているからである。私の生の成功が完全にもっぱら私の責任であると信じることと，このように色々な点で共同体と結びついているということとの間には何の衝突もない。

　私が倫理に対する困惑を惹起するものとして念頭に置いているのは，私の倫理的な生を私の共同体に結びつける別のもっと過激なやり方である。これが想定しているのは，共同体にはそれ自体の倫理的な生があるということ，そして，誰の生であれ，その個人の生の批判的な成功はある程度，当人の共同体のもつ生の批判的成功に依存しているということである。この前提は多くの人々にとり自らの政治的感性の一部として共有されている。人々は，自分自身の国家が不正義にまたは邪悪に行為する場合，たとえ自分がその不正義に与っておらず，むしろそれを防ごうとしていたのだとしても，個人的な失敗を感じるのである。この失敗は，他の別の国家が同じように行為するとしても感じないものである。我々の時代の最も悪名高く強力な例は，ホロコーストの時代に生きていなかったりそれに与っていなかったドイツ人がそれにもかかわらず，自分の政治共同体の罪について感じる責任である。大半の人々は同じようなやり方で，自分の生を非政治的な共同体に溶かし込む。共同事業で連携する人——例えば，救出作戦に一緒に携わることになった人々——は，個人的な成功をその仕事の成功から区別しない。その仕事が失敗すると，自分自身の役割をどれだけ上手に果していようとも，自分も失敗なのである。

　謎に充ちている。個人の批判的利益を何らかの集団の批判的利益に依存させ，それと融合させるこの種の倫理的統合（ethical integration）は，存在論的な優先性をも前提にしているのであろうか。それは，宇宙における根本的な人間の単位が集団であって，その集団を作り上げている個々の人々なのではないと想定しているのであろうか。そうでないとしたら，他にどのような倫理的統合の説明ができるのであろうか。我々の多くは倫理は個人的でありかつ共同体的であると同じようにして信じているようであるが，この説明はそう信じることと一貫しているのだろうか。こ

第6章 平等と善き生　343

れが一貫しているのであれば、その場合、個人的か共同体的かどちらの視点をいつ採用するのが適当なのであろうか。

C　批判的価値のモデル

　以上の困惑や懸念が生じるのは、私の信じるところでは、倫理的価値の尺度を考える際の異なった、ある点では対立するやり方を、我々の倫理的本能や衝動が反映しているからである。私は二つの際立って異なる価値のモデルを記述することにする。これを我々は、別の分野でもっと限定的な判断の形成のために使っているが、両者は私の信じるところでは、我々の倫理的確信を形成する際にも役割を果している。両方のモデルとも我々のことをある程度把握するものであるが、我々の倫理的直観の分裂状態を終らせ、結論を出すには、これらのモデルのどちらか、あるいは何か別のもっと包括的なモデルに決着する必要がある。これらのモデルの第一——影響力モデル（the model of impact）——は、善き生の価値はその産物（product）にある、つまり、世界へのその生の帰結にあると説く。第二——挑戦モデル（the model of challenge）——は、善き生の善さは、その生の遂行（performance）としての内在的価値にあると論じる。私が示そうとするのは、倫理の根本的価値についてのこれら二つの抽象的な考えがどのように、私の挙げた懸念や困惑への我々の反応を導いていくか、そして、倫理の厄介な性格はどの程度、この二つの間の衝突に注目しないことや、それらの衝突の解消の失敗、更にはその不可能に由来するのか、ということである。

　倫理的価値のこれらの二つの哲学的モデルはいずれも、倫理的価値へのそもそもの出発点からの一般的議論、つまり、自分が楽しんでいる限りでは自分の生において自分が何をしようとも問題ではないという、挑戦を受けていない確固とした確信を持つ人に向けての議論を提供するわけではない。この二つのモデルはむしろ我々の中の、そのことは問題だと想定する倫理的確信ないし予感を持っている人々——大多数の人々——の持っている倫理的経験の解釈である。そのモデルが試みるのは、我々の確信に可能な限り整合的な説明を組織することである。私が記述した困惑が生じるのは、我々にとり倫理的確信が多すぎるからであって、少なすぎるからではない。その中に他のものと衝突するように見えるものがあるからなのである。一方では、あるものの意義は比較上の大きさ（proportion）に依存しており、そのため、例えば、宇宙との比較で無限小の大きさのものはどれも、本当には重要でありえな

いと，我々は信じている。他方では，我々がどのように生きるのかは，我々が意義のないものであるにもかかわらず，決定的に重要なことだと我々は信じているし，我々の大半はどうしてもそう信じてしまう。私が記述したこの困惑やその他の困惑が持っているであろう懐疑的な力はいずれも，倫理にとって外在的というより内在的なものである。別言すれば，ある一揃えの確信を用いて別の確信を攻撃するという形をとるのであって，全体としての倫理を外側から攻撃するのではない。我々の確信を一定の光の下で見るならば，少なくともその確信の大半はどのようにして救出可能なのかを示すことによって，哲学的モデルはこの危険な内在的な攻撃からの倫理の擁護を試みる。[6]

(1) **影響力のモデル**　ある人の生の影響力はその人の生が世界の客観的な価値に対しもたらす変化である。誰の生が善き生であるかについての我々の判断に影響力という概念が登場するのは明らかである。我々はアレグザンダー・フレミングやモーツァルトやマーティン・ルーサー・キング・ジュニアの生を賞賛するが，なぜそうするかを説明する際に，ペニシリンや『フィガロの結婚』やキング牧師が黒人や祖国に行ったことを指し示す。影響力モデルは，これらの例を一般化する。生の倫理的価値——批判的な意味での生の成功——は，世界へのその生の帰結の価値に依存しており，それによって測定されると説くのである。このモデルは，倫理的価値を別の，一見さほど神秘的ではない種類の価値，つまり世界の客観的な状態が持ちうる価値に結びつけることによって，倫理的価値の神秘性を払拭しようと望む。このモデルの主張では，生は多かれ少なかれ価値を持ちうるが，それは，自分の生を他ならぬあるやり方で生きることが本来的に価値あるからではなく，あるやり方で生きることのほうが一層善き帰結を持ちうるからである。

　我々はみんな，世界がいつ善きものになったり悪しきものになったりするかについての意見を持っている。もちろん，それは十人十色であるにしてもである。我々の大半は病気が治ったり偉大な芸術作品が生み出されたり社会正義が改善される場合に，物事が善くなると考えている。人々の中には——大半は哲学者であるが——，人間の幸せや快楽の総量が増大した場合に，世界が善くなるのだと考える者もいる。影響力モデルはそれ自体では，どの事態が客観的価値をもつのかをめぐるこれらの色々な意見に，賛成の主張も反対の主張もしない。それがするのはただ，自分や他の人々の生の批判的価値についての誰かの意見を，世界の状態の中での客観的価値について当人が持っている何らかの意見に溶かし込むことだけである。特定の絵画

が世界に価値をつけ加えたのだと私が考えるならば，その場合影響力モデルに従うと，その作者の生のことを，その絵画を描いたおかげで，更に善いものになったと考えなければならない。もっと異論があることだが，商売が繁盛する場合に世界が善くなるのだと私が考えるのであれば，私はまた，その成功した企業家の生を，この理由から傑出した生だと考えることになろう。このモデルは，倫理的価値の類型だけでなく，その分量も，生の帰結の持つ価値へと結びつける。ある一人の芸術家の作品が全体として別の人の芸術よりもはるかに偉大だと考えるのであれば，その場合私は，少なくとも芸術によって夫々の生に価値が与えられる限りでは，前者の生のほうがずっと偉大な生であると考えなければならない。

　影響力モデルは，今述べたように，多くのこれまでの倫理的意見や言い回しの中に支持が見られる。しかしながら，他のよくある倫理的な見解や実践に適合したり，それを説明するには困難がある。人々が極めて重要と見なす目標の多くは，帰結などではない。先に述べたが，私自身の批判的利益には，我が子と緊密な関係を持つことや，現代科学をほんの少しであれ把握しておくことが含まれると信じている。他の人々は同じような確信を持っている。つまり，少なくともあることを上手にすること——例えば，何らかの分野の習い事や技能を習得することや，楽器の演奏を習うこと——が重要だと考えているが，それはそうすることによって世界が更によくなるだろうからなのではなく——他の人がもっと上手にできることを，もう一人が平均的なうまさでできることに何の重要性があるのか——，単に，それを自分がしたからなのである。多くの人々は自分たちに，完全に副詞的な目標を設定している。つまり，彼らは，純一性をもって，自分のやり方で物事を行い，自分の確信に勇気を持って生きることを望むのである。これらの色々な野心は，影響力という語彙では意味が通らない。例えば，どのくらい多くまたは少なく私が天文学を把握していようとも，誰にとっても何ら積極的な変化をもたらさないであろう。つまり私は，いずれにしても宇宙の知識に何も寄与しないのである。影響力のモデルは，批判的利益についての多くのよくある見解を，愚かで好き勝手なものに見えるようにするのである。

(2)挑戦のモデル　　影響力モデルは倫理的価値という現象を否定しない。つまり，人々は批判的利益を持つこと，そして，人々の生が善くなるか悪くなるかは，これらの利益がどの程度充足されるかに依存しているということを否定するものではない。しかし，それが批判的利益を記述する仕方は，見たように，倫理的価値を収縮

させる。それは，生が善くなるのは，事態の客観的価値へのその生の影響力によってでしかないと主張するのである。私がここで展開するもう一つのモデル——挑戦モデル——は，この制約を退ける。それは，善き生には巧みな遂行（a skillful performance）という固有の価値があるというアリストテレスの見解を採用する。つまりそれが説くのは，出来事や業績や経験は，たとえそれらが生じる生を越えて何の影響力を持っていなくとも，倫理的価値を持ちうるということである。巧みな遂行が固有の価値を持つという考えは，生の内部の価値の種類としては，完璧にお馴染みのものである。我々は，例えば，飛込台からの複雑で優雅な飛込みを賞賛する。その価値は最後のさざ波がなくなっても残っている。また，そこにそれが存在するからだと述べてエヴェレストに登山した人々を賞賛する。挑戦のモデルによって説かれているのは，生きることがそれ自体で巧みさを要請する遂行であるということ，生きることは，我々が直面するもっと包括的で重要な挑戦であるということ，そして，我々の批判的利益は，我々がその挑戦にうまく対処したことを意味する業績や出来事や経験から成り立っているということである。

それゆえ，批判的利益について影響力モデルが我が儘だとして退ける確信も，挑戦モデルでは居場所が与えられる。善く生きることの中には，自分の時代の科学の雰囲気だけでも知っていることが要請されている部分があると想定することは，決して明らかでも争いがないわけでもないが，意味は通っている。挑戦モデルはまた，影響力モデルが受容する直観を排除するものでもない。というのも，善く生きるという挑戦に華麗に対処する一つの仕方は，病気を征服することによって世界の苦悩を減らすことだと考えることもやはり意味が通る——実際明らかであるように見える——からである。挑戦モデルのもつ普遍的という性格はもしかすると，このモデルが空疎だとか，少なくとも情報に乏しいことを示しているとして，欠点として映るかもしれない。影響力モデルは，倫理的価値を世界の客観的価値に結びつけ，善き生の実質についてのある指針を，少なくとも提供しているように見える。対照的に，挑戦モデルは，倫理的価値という考えを，他の一切の種類の価値から自由に漂わせている。我々が自由に，何かしたり手にしたりすることの一切が，善く生きるという挑戦に対処していることなのだと数えるのであれば，その場合，そのモデルは，モデルというよりも冗語表現である（ように見えよう）。つまり，善く生きることは，善く生きるということとして数えられることなら何でもよいからそれをすることだということになる。

この不満は誤解である。両モデルとも，我々が既に持っていると前提される確信に依拠している。影響力モデルが前提にしているのは，世界のどのような状態が独立に価値を持つかについての確信を我々が持っているということである。それが提供するのは，世界の状態の判断ではなく，二つの種類の価値についての我々の意見の間の関連を示すことによって，単に，我々の倫理的価値を説明することである。挑戦モデルもやはり，我々がいかに生きるべきかについての確信を持っているということを前提にする。それはその確信を判断するのではなく，我々に次のことを告げるものである。すなわち，我々がその確信を挑戦モデルが推奨する仕方で見るならば，つまりその確信を，我々はどのようにしたら世界を善き方向に変えることができるかについての意見としてだけではなく，重要な自己課題の巧みな遂行についての意見として見るならば，我々は自分の倫理的生をもっとよく理解できるであろうということを告げるのである。既に見たように，確かに，影響力モデルは，一部の人の持っている一定の倫理的確信を愚かに見えるようにする。このモデルが排他的に心に深く刻まれたとしたら，その確信はおそらく生き残らないであろう。しかし，挑戦モデルもまた，以下で見るように，一定の確信を奇妙なものに見えるようにする。この点で二つのモデルの相違は，挑戦モデルが奇妙なものとする確信はいずれにしても，たといるとしてもほんのわずかの人しか実際には抱いていないような確信だということである。

D 倫理と意義

我々はここで，二つのモデルが倫理の先の色々な困惑に対して示唆する様々な応答を考察しなければならない。そして私は，私が掲げた最初の困惑，つまり意義の問題から始める。影響力モデルは，ある特定の仕方で生きるという価値を，それの帰結という独立の価値の中に位置づけるのであるから，最も力のある人間でも宇宙の価値状態にもたらしうる変化は小さすぎて記述不可能だという異議に対してはとくに脆い。影響力が倫理をこの反論から救出するには，無限と張り合う客観的価値についての何らかの理論を提示するしかない。人々が宇宙にもたらしうる変化を，反論がそうだと主張するよりもはるかに大きそうだとする何らかの理論である。おそらくこの事実によって，宇宙における最大の価値は美的な価値であって，そのため，偉大な芸術作品の超越的価値は，何十億光年もの美的無に囲まれているという事実によっても決して減殺されないというロマンティックな主張が，一部の人にと

っては魅力あるのだと説明される。この価値理論は，影響力モデルと結びつくと，芸術的天才がなぜ，偉大な生を持っているのかを説明できるであろう。しかし，芸術が宇宙における意義ある唯一の価値だとすると，大半の人々がどのように生きるかということは何の問題にもならなくなる。倫理は偉大な魂の持主のためだけのものになろう。

　しかしながら，他にも宇宙と張り合えるそれほど無慈悲なエリート主義ではない価値理論が存在する。一つは，神学的人間中心論（theological anthropocentrism）である。神が存在し，その創造の偉大さにもかかわらず自分の像に似せて作ったので，人間に特別の関心を持っており，人間の生が神を激しく喜ばせたり悲しませたりするのだと想定しよう。これが真であるとすると，その場合，人々の生は客観的に判断して，宇宙に重要な変化をもたらすことができよう。あるいは，現在もっとずっとお馴染みの見解，つまり，快楽的人間中心論（hedonistic anthropomorphism）を考察しよう。この見解では，人間の快楽や幸せが唯一の客観的価値であり，たとえそれは，人間がちっぽけな塵の上に，ほんの一瞬の間しか存在しなかったとしてもそうなのである。帰結を価値と捉えるこの見解は，影響力モデルと結びつくと，それと判るほど功利主義的な倫理を生みだす。つまり，我々が快楽や幸福を我々自身や他人に創出する程度に応じて，我々の生は批判的な意味で善いというのである。神学的倫理と功利主義的倫理は，その大半の形において，ある程度エリート主義的であるが，耽美主義的理論がエリート主義的であるほどには，あからさまに受容不可能なほどそうであるわけではない。一部の人は，選ばれていたり祝福されていたり恵まれていたり幸運だったりして，神学的にないし功利主義的に測定して，他の人よりも批判的に善き生を送ることができるだろう。しかし，誰も倫理から閉め出されてはいない。我々は全員，神の満足や世界における一般的なレヴェルの幸せに何らかの影響力を持つことができるからである。端的に，自分に最大の快楽を産み出すような仕方で生きることによって，功利主義的な形で，完璧に善き生を送ることができる人もいる。だから，耽美主義や神学的人間中心主義や人間的功利主義のような，人々ができることを宇宙にとり本当に重要なものに見えるようにする何らかの客観的価値理論を受容できる場合には，影響力モデルは倫理の第一の困惑に解答を与えることができる。

　挑戦モデルは，意義の問題に極めて異なったやり方で応答する。というのも，遂行は挑戦を受けて立つ技巧の行使として，その価値は，それ自体で完結しており，

別個の独立したいずれの価値にも依存していないからである。我々は，飛込台からの印象的な飛込みがなされたときはいつでも，あるいはエヴェレストに登山したときはいつでも，世界にあるこれまでの価値の蓄積が増加したと考えて，飛込みや登山の要点を見て取る必要はない。この応答は，影響力モデルがするのとは違って，人間のできることは無限に直面するとどれも重要ではないという反論を認知したり，それに対処を試みたりはしない。挑戦モデルは単に，倫理的価値がいかなる種類の価値なのかということの誤解に基礎づけられているとして，その反論を脇に置くだけである。

またこのモデルは，世界に変化をもたらすことの重要性を承認する場合であっても，何らかの出来事の持つ独立した重要性に依存することはない。偉大な音楽を作曲したり肺炎を征服したり人種的不正義を減少させることが善き生き方であるということは，明らかにそうだと言わざるをえないし，影響力モデルにできるように，これらの判断のための心地よい場所を見つけられないのであれば，挑戦モデルを受容することはできないだろう。世界に存在する惨禍を数多く取り除いた人は，自分の生を送るという巧みな仕事をやり遂げたのだと述べることは，遂行ないし挑戦という考えを歪曲するものではない。しかしながらこれは，挑戦モデルの内部に，影響力モデルを一つの区画として組み込むことになるわけではない。なぜなら，前者は後者が必ずそうするのとは異なり，業績という独立した価値を倫理的価値の尺度にはしないであろうからである。というのも，ある人の発明や発見や創造が当人の生の善さになす貢献は，挑戦モデルでは，当人の創造したものの独立した価値以外の多くのものに敏感であろうからである。発明の倫理的価値は，例えば，それをなす際にどの程度の困難が含まれているかとか，それの独創性とか，その作者がどの程度自分の能力を完全に使いきったり拡張したりしたかとか，作者がどれほど集中して没頭したかとか，その仕事が特定の共同体や伝統での自分の役割やそれへの貢献という感覚から出てきた仕方とかに依存していると考えられるかもしれないのである。もちろん，以上をはじめとする何百のありうる考慮のどれを入れて，自らの生を送る際の全体としての技巧に対して，ある特定の業績がどれほど大きな貢献をなしているかを決めるのかは，挑戦モデルそれ自体では明らかにならない。私の要点はまたも同じである。つまり，業績を，単にその影響力だけを見るのではなく，以上のように倫理的価値を持つものとして扱うことによって，我々自身や他の人々の送る生の成功の我々の判断がもっと精緻なものになる。

挑戦モデルはまたある種の業績——例えば,偉大な芸術の創造——を,エリート主義的な帰結に陥らずに称えることができる。この種の成功が可能な生だけが,本当に送る価値のあるものなのだとか,あるいはまた,二人の芸術家の生が自分たちの創造した芸術のおかげで善き生であるとすると,善き方の芸術を創造した者のほうがその理由から偉大な生を送ったのだとかというのがエリート主義である。私はこの点で,「挑戦モデル」という名称が誤解を招きやすいことを認める。私は,不可能な山の登攀のような英雄的偉業に身を任せたりする内的な挑戦に充ちた生しか,このモデルでは成功の生になりえないことを意味しているのではない。私が意味しているのはむしろ,生それ自体が挑戦として見られるべきだということである。この挑戦において巧みさが要請されるのは,自己の才能（talents）や境遇（situation）や満足（satisfactions）や文化的期待（cultural expectations）に適合している生のほうに有利なように,至難の業を包含するというよりもそれをむしろ回避するためだと考えられよう。要点はまたもや形式的である。倫理的価値を,産物の独立した価値に結びついたものとしてよりも,遂行の価値として見ることによって,それ自体では特定の考慮や信念のいずれかの組合せが他のものより適切だとして選択されることはないけれども,もっと広い範囲の考慮や信念を倫理的判断に入れられるようになるのである。

E　超越的か連動的か

影響力モデルは倫理的価値を事態の独立した価値に結びつけるので,倫理的価値はこのモデルの下では超越的でなければならない。なぜなら,生を善きものとするといった類の影響力という客観的価値がその影響力の時間や空間に依存しているということは,殆ど信憑性がないからである。おそらく,我々は,事態の価値を時間的または空間的に連動させるような奇妙な価値の理論を想像するかもしれない。しかし,信憑性があったりお馴染みであったりする理論はいずれも,連動を免れているであろう。唯一の客観的な善は神の喜びや人間の幸せだと考える場合,我々は,同一の量の神の喜びや全体としての人間の幸せが,世界史上のある瞬間には,別の瞬間よりも価値が少ないことがありうるとは考えられないだろう。このことはまた,客観的価値についてのもっと複雑な理論,例えば,別の価値を事態全体の別の構成部分に割り当てる理論にとっても,真でなければならない。独立した価値からなる複合構造であるならばどれでも,価値がいついかなるところに現われようとも,そ

の価値の総量が同一になっていなければならないのである。だから、影響力モデルは、それが前提にしている価値のどのような信憑性のある解釈に立っても、倫理的価値が超越的だということを含意する。もちろんいずれの特定の解釈によっても、何が倫理的価値を創出するかは状況に依存するだろう。発展した経済の下で人々を幸せにするものは、経済的にもっと単純な社会において人々を幸せにするものとは異なるかもしれない。しかし、価値の尺度、つまり、どの程度人の生が善くなって成功したのかの尺度は、どこにおいても同一のままでなければならない。独立した価値の正しい理論で問われるのは、どの程度多くの客観的で没時間的な価値をその人は世界の在庫につけ加えたか、ということである。

　他方、挑戦モデルはこのモデルを受容する人を、倫理的価値は超越的ではなく、むしろ連動的だという見解へと仕向ける。確かに、このモデルを受容した人でも、生きることの善い遂行が何であるかの超越的な見解を採用することは想定可能かもしれない。例えば、その人は、善く生きることは、ある様式でもって生きることしか意味しないと考え、その様式はいかなるものから成り立っているかについての何らかの没時間的見解を抱くかもしれない。しかし、このような没時間的説明はいずれも、致命的に表面的であろう。善く生きることを遂行として判断すると、何はともあれ、自らの文化をはじめとする諸々の環境（circumstances）に適切に応答するやり方で生きるという意味になることは、反論できないように見える。騎士道や宮廷的な徳のある生は、12世紀のボヘミアでは極めて善き生であったかもしれないけれども、現在のブルックリンではそうではない。

　ここで芸術と類比することは、危険ではあるが、有益であろう。私は先に、偉大な芸術には独立の没時間的価値があり、そのため、世界に華麗な絵画があるならば、それがどのように生まれたかにかかわらず、その世界はその分だけ客観的に善いのだという、一部の人が持っている意見に言及した。しかしここで注目すべきであるが、この意見は芸術の重要な特徴を看過している。絵画は、産物価値（product value）とでも呼べるような独立した価値を持っている。これは、その価値の持っている、美的経験とかその他の形式の価値ある経験を喚起する力である。しかしこの産物価値は、絵画の芸術的価値（artistic value）とは異なる。芸術的価値とは、その絵画が独立に持っている価値ではなく、それがどのようにして産み出されたのかによって持っている価値である。産出価値と芸術的価値との区別が必要なのは、本物の価値と完璧で見分けのつかない模造品の価値の違いを説明するためである。我々が偉大

な芸術に置く価値が反映しているのは，単に，産物としてのそれの価値ではなく，当該芸術を産み出した遂行への我々の尊敬なのであって，それは芸術上のものと的確に判断された挑戦への巧みな応答と見なされているのである。

　芸術は，挑戦モデルによると，先に用いた類比よりももっとよい，生きることとの類比を提供する。というのも，芸術という挑戦は，飛込台からの巧みな飛込みや困難な登山への挑戦とは異なり，成功に向けての挑戦と共に成功をどう定義するかという挑戦を含んでいるし，しかも，善く生きることが挑戦と見なされるならば，善く生きることとは何であるかを定義することがまた，その挑戦の一部でもなければならないからである。芸術家には，教科書通りの瞬間，あるいは従来通りの瞬間でも，設計図は提供されない。12・3世紀のイタリアの画家ドゥッチョがビザンティン様式からシエナ派の伝統を画したとき，あるいは，20世紀前半の芸術家デュシャンが小便器を画廊の壁に掛けたとき，あるいは，20世紀中期の画家ポロックが床の上のキャンバスに絵の具を垂らしたとき，夫々は，芸術的業績の特徴についてある主張をしていたのである。芸術的業績とは何かについての定まった見解は存在しない。それは，業績としての飛込みについてはそういったものが（私の想像では）存在するのとは異なる。我々が芸術家に期待しているのは，伝統が善きものとして数え上げるものを，うまくいけば拡張したり少なくとも変更するような主張を行うことである。これらの主張のうち最も果敢なものは，無から有を作り出そうとする，つまり，過去には何も認識されていなかったような遂行から価値を作り出そうとするものである（と言えるかもしれない）。我々が倫理的価値を，独立した産物価値としてではなく，遂行の価値として取り扱うならば，その場合，生きるということの巧みな遂行についても同一の見解を採ることになるであろう。生きることの巧みさの原器など定まっていないし，少なくともある人々の生が倫理的な巧みさについてなしている主張というのは，やはり無から倫理的価値を作ることで，広範に受容されるならば，その主題に関し行き亙っている見解を変更し，更には，善く生きることの新しい様式と見られるものを発信するものである。私は，善く生きることが倫理的な慣習や伝統を打ち破ったり，更には，生きることをあるとりわけ独創的な仕方で展開したりすることを要請することを意味しているわけではない。挑戦モデルにはこう示唆する余地が残っている。そこには，人は自分の生を独創的な芸術作品にすべきだとロマンティックに諭す余地が残っているのである。しかし挑戦モデルは，ロマンティックな理想を要請しているわけではないし，それほど独創的では

第6章 平等と善き生

ない生はそれほど成功していない生なのだと前提にしているわけでもない。

　私が倫理と芸術の類比を提示しているのは、ロマンティックな理想を是認するためではなく、全く別のことを言うためである。芸術的価値が超越的であるという想定、同じ描き方をすることは常に同一の芸術的価値を持つという想定、原理的には、他のあらゆるものごとの判断の尺度となるべき一つの絶対的な最も偉大な芸術の作り方というものが存在するという想定は、全くもって信憑性がないし、ほぼ全の人の美への衝動とも無縁である。芸術家は、ある特定の時点で芸術の歴史に入っていくのであり、作品の芸術的価値は芸術家の光の下で判断されなければならないが、それは、芸術家の環境が、芸術性という完璧な理想にどの程度近づけるかを限定しているからではない。理由はその反対であって、芸術家にとって立ち向かって闘わなければならない理想とは何であるのかをはっきりさせるのに、彼らの環境が役立つからなのである。芸術の歴史における芸術家の境遇と、その時代の政治的・技術的・社会的条件とは、芸術家が直面する挑戦の媒介変数（parameters）に入ってくると言えよう。ドゥッチョの挑戦は、例えば、デュシャンやポロックの挑戦とは極めて異なっている。現代芸術は現代技術の素材を探査し評釈しなければならないとたとえ我々が考えるとしても、使える樹脂やエポキシがなかったことが14世紀イタリア芸術の芸術家に課される制約条件だと見るわけではない。キリスト教神話は現在では宗教的主題として貧困だと我々が考えるにしても、ドゥッチョの作品を陳腐だとは見ない。

　このように、芸術的な類比は、遂行という価値が主観的であることなしに連動的でありうることを喚起させる。それは、連動をもたらす挑戦という媒介変数が、時間や境遇と共に変化するけれども、しかしそれにもかかわらず定言的要求を投げかけるからである。善く生きることは、上手に描くことと同じく、自らの境遇に適切な仕方で応答するということを意味する。もちろん、ある特定の時空における倫理的挑戦は、芸術的挑戦とは極めて異なっているとしても。芸術と倫理はこの見解では、同一の仕方で連動している。両方ともそれらの提示する挑戦の一部として、複雑な環境への正しい応答についての決定を、しかもその複雑な環境の下で決定することを求めるのである。いずれの場合でも、特定の誰かにとって特定の環境において現実に何が正しい応答なのかということ、あるいは、ある特定の人物や環境にとっても単一の正しい応答があるのか、それとも、応答の集まりがあるだけのかということは別問題である。挑戦モデルを我々は今抽象的なレヴェルで探査している

ので，この別問題への解答は試みない。挑戦モデルはただ，その別問題がいかなる種類の問いなのかを強調するだけである。その別問題が要請するのは，完全に個別的な境遇への個人的な応答であって，当該の境遇への没時間的な理想的生の適用なのではない。

F 制約条件と媒介変数

我々はここで，今着目した区別を探査しなければならない。信憑性のある影響力モデルの下ではいずれも，ある人の実際の生のすべての環境は，その人が持ちうる生の質への制約条件（limitations）として働く。理想的な生は常に同一である。つまり，それは，人間が創造すると考えられる価値の中で最も独立した価値を創造する生——神を最も強く喜ばせる生や人間を最も幸せにする生——である。環境は，理想がどの程度達成できるかへの制約（limits）として働く。例えば，死は極めて重要な制約である。つまり，大半の人々はもっと長く生きられればもっと大きな快楽を創造できるであろう。能力，富，人格，言語，技術，文化は別の制約を課すし，それらの制約は，人によっては，また時間・空間によっては，別のもの以上に大きなものとなる。しかしながら，我々が挑戦の倫理観を採用し，善く生きることを自分の境遇に正しい仕方で応答することと取り扱うとすると，その場合我々は個々人が生きる環境の内のあるものを，制約条件とは別の仕方で——善く生きるという遂行が当人にとってどうなるかを定義するのに役立つ媒介変数として——扱わなければならない。

善く生きることには，挑戦モデルによれば，当人が生きていく中で直面する挑戦が現実にどのようなものであるのかをその人が感じ取ることが含まれている。それはちょうど，上手に描くことには，その芸術家が継受すべき伝統や反抗すべき伝統が，芸術家の全体的な環境の内のいずれの側面によって定義されるのかを感じ取ることが含まれているのと同じである。我々には，芸術においても倫理においても，その決定のための定まった型板（template）など何らないし，どの哲学モデルもそれを提供することなどできない。というのも，我々の夫々が生きている環境はとてつもなく複雑だからである。これらの環境には，我々の健康，我々の肉体的力，我々の寿命，我々の物質的資源，我々の友人関係・人間関係，家族や人種や国家への我々のコミットメントとそれらの伝統，我々の生きている憲法・法体系，我々の言語や文化によって提供される知的・文学的・哲学的機会や基準，その他諸々の側面

が含まれる。自分の送れるかもしれない色々な生のいずれが自分にとって正しいのかという問いを真剣に思案する人は誰でも，意識的にか無意識的にか，これらの中で区別し，あるものを制約として扱い，他のものを媒介変数として扱っている。私は，例えば自分がアメリカ人であるという事実を，ある場合には，自分が最善だと考える生を送る手助けとなる事実として扱うし，別の場合には，それを妨げる事実として扱うかもしれない。また，私は，自分の国籍を，媒介変数として扱い，自分で意識していようといまいと，アメリカ人であることは，ある特定の生が自分にとって正しい生となるようにするものの一部として前提にするかもしれない。

　どの哲学モデルも以上の区別を決定することはできない。これ以上詳細にはできないことは確かである。大半の人々は自分の環境を，ほぼ自動的に二つの陣営へと分類するのであって，この区別を深く考える人であっても，何らかの総合的な理論から自分の到達する結論を引き出すことはめったにない。しかし，私が倫理を超越的だと考えないとすると——今まで生きてきたすべての人間にとって最も偉大なものとなるある一つの生があるとは考えないとすると——，その場合私は，私の境遇を他の人々の境遇から区別している事実の中のあるものを，制約条件としてよりもむしろ媒介変数として扱わなければならない。私の生物的・社会的・民族的係累——の中へ私は生まれ落ちたのであって，選んだのではないが，それ——が，私には，明らかな候補であるように見える。たとえ他の人々にはそうではないとしてもである。私がアメリカの政治共同体の構成員であるという事実は，この繋がりと分離して記述できるような善き生を私が送るということへの制約条件ではない。その事実はむしろ，私にとっての善き生の条件を言明するものである。つまり，善き生とは，この繋がりが含まれている境遇にいる人物にとって適切な生のことなのである。

　しかしもちろん，私の境遇をめぐるすべてのことを媒介変数として扱うわけにはいかない。そうすると，私自身にとっての倫理を全部破壊してしまうことになる。私が私にとっての媒介変数を区分するために，私自身の性格，欲望，資源，機会，好みを取り出したと想定しよう。私にとっての善き生は，私の現在の物質的富や教育や嗜好や企図とちょうど同じものを持っている誰かにとっても善き生だと私が述べるとすれば，私は善き生の私の説明を私自身の直接的な境遇にあまりに連動させすぎて，それはもはや挑戦を全く提供できなくなろう。従って，善く生きることは，制約と媒介変数を区別する必要があり，すべてを制約条件として数えたり，媒介変数として数える極端な見解のいずれも当たらない。

幸運なことに，我々に必要な区別の大半は上で述べたように，程度の差はあれ自動的であって，倫理についてのその他のものと同じように我々の文化に運び込まれる。しかし，それにもかかわらず，我々は，自ら密かに下した決定のいくつかを同定することができるし，それらの決定が正しい仕方で下されたのかどうかを考察するように，自らを仕向けることもできる。例えば，生きていく際に直面する挑戦を画定する上で，自分の職業上か宗教上か，あるいは他の何らかの繋がりが自分の政治的繋がり以上に基盤的だと考えるようになり，結果としてある別の国家で市民権を求める人もいるかもしれない。我々の倫理的確信の構造をこのように深く考えると我々はそれは重要で複雑だと気がつく。例えば，我々の媒介変数の多くが規範的だということに気がつく。それらは我々の倫理的境遇を，我々の現実の境遇という角度からではなく，あるべきだと我々が想定する境遇という角度から定義する。換言すると，我々の生は悪くなることがあるが，それは，自らの環境へ喜んで応答しなかったり，適切に応答できなかったりするからではなく，我々が悪い環境に囲まれているからだというのである。我々は自分が正しい挑戦だと同定する挑戦に直面すらしていない。我々が直面している環境の下で我々にできる最善のことをたとえ尽くすとしても，自分に与えられるべきだったと信じる機会に照らして我々の成功の測定をすることはできない。そして，自分にとっての善き生を定義するのは，与えられるべきだった機会だからである。

　例えば，我々が死ぬ存在だということについて我々の大半が取り扱うそのやり方を考察しよう。我々は，いかに恐れたり諦めていようとも，自分たちがいつの日か死ぬであろうという事実を我々の持てる生の価値への制約条件だとは受け取らない。我々は，人々が聖書に出てくるような年齢まであるいは永遠に生きたとしたら送れるであろう生と比べて，我々の生がせいぜいちっぽけな破片にすぎないとは考えない。我々は，生が人間の基準で長く継続し，その結果その生に，生きた時代との相互関連とか善き生の我々の文化的基準で前提にされているようなその他の種類の内的な複雑さがあるのであれば，その点で生を善いと見るのである[7]。しかし，我々が誰かの生の善さを判断する際には，その生が実際にどれくらいの長さの年月であったにしろ，その生がどのくらいしっかりとその年月を経過したかしか尋ねないというわけではない。我々は，適切な栄養や薬品が資源として与えられると人間の生がどのくらい継続すると合理的に期待できるのかについての仮定をして，もし誰かが我々の基準からは早逝する場合，我々はそれを悲劇だと受け取る。その人の生の善

第6章　平等と善き生

さは，他がすべて同じだとすると，あったかもしれない生の善さと部分的にしか同じでない。我々の倫理的媒介変数の多くは，以上の意味で規範的である。つまりそれらは，人々の立ち向かうべき挑戦を画定するのに役立つ。その挑戦の許されない生はまさにその理由から悪い生になる。

　このことは更に別の複雑さへの道を指し示す。我々は，私がハードな媒介変数と呼ぶものとソフトな媒介変数と呼ぶものとを区別しなければならない。媒介変数は，どの挑戦または課題の記述にも入ってくる。つまり，媒介変数は，成功である遂行の条件を記述するのである。ハードな媒介変数はある特定の遂行の必須条件を言明する。もしその条件違反があると，他の点でいかに成功していようとも，その遂行は全くの失敗となる。十四行詩(ソネット)の形式構造はハードな媒介変数を課す。いかに美しい行であれもう一行つけ加えることはソネットを台無しにする。ソフトな媒介変数も課題を画定するが，ソフトな媒介変数の違反はどれも深刻で危うい欠陥――玉に瑕――ではあるけれども，その危うさは致命傷ではなく挽回可能である。アイススケート競技の規定演技は，私の信じるところ，ソフトな媒介変数である。競技者が特定の演技を行うことは課題の一部であり，そこからの逸脱はいかに美しく遂行されようとも必ず減点される欠点に当たる。しかし，逸脱は得点が全くないということを意味するわけではないし，際立って華麗な逸脱を含んだ遂行は気の抜けたけれども完璧に忠実な遂行よりも全体として高得点となることがある。

　我々の大半は少なくとも，生きる際の成功を画定する媒介変数がすべてソフトなものだと信じている。ある人の生が早逝によって短く切られるということは，その人の生の善さにとってマイナスとなる。なぜなら，人間にとっての善き生とは，少なくとも通常の生の長さを占め，かつそれを十分に活用する生であるからである。しかしそれにもかかわらず，短いモーツァルトの生がそうであったように華麗な成功となりうる。ソフトな媒介変数の中には選択を必要とするものもある。そしてそれらは衝突ないし二律背反を提起することがある。私が，私の生がアメリカ人にとって適切な生であると同時にユダヤ人にとっても適切な生でなければならないと考え，次に，これら両方の忠誠を承認することが私の生を分裂させるだろうと――正しいか正しくないかは別にして――考えるようになると想定しよう。私はその場合，私にとっての最も善き生は，ある妥協を必要とするとか，一つの媒介変数を受容し別のものは放棄することを要求するとかと考えるかもしれない。あるいは私は，これらの状況で何も選択しないことがそうするよりも善いと実際に考えられるのだと

か，私の生がいずれにしても損なわれるだろうと知りつつも選択しなければならないと考えるかもしれない。挑戦モデルはこれらの状況や二律背反のすべてに，影響力モデルができるよりも多くの意味や趣旨を与えるのである。

G　媒介変数としての正義

　私が記述した困惑の第四のまとまりは，倫理と道徳との相互作用によって作り出される。不正義のおかげで更に善き生を送れる人はいるであろうか。私はここで，この問いの二つの形を区別したい。第一に，ある人の生の批判的価値はその人自身の不正義な行動によってどのような影響を受けるのだろうか。第二に，批判的価値は，自分自身の行為を通じてではなく，自分の社会が不正義だという事実によって，どのような影響を受けるのだろうか。影響力モデルはその抽象的な形式では，以上の問いの第一に関しては，つまり自分自身の不正義な行為の倫理的帰結については何の立場もとらない。なぜなら，いずれの解答とも両立可能な，そのモデルの解釈を我々は見つけられるからである。例えば，一つの解釈では，我々が世界に対して善きことをなすのは，我々が世界の不正義の程度を減少させる場合に限るのであって，その解釈では，世界に更に不正義を産み出すような行動を通しては誰の生も善くなりえないであろう。別の解釈では，最も偉大な生は偉大な芸術を産み出す生である。この解釈では，セザンヌの生はたとえ擁護不可能なほど不正義であったとしても，徴兵忌避によって紛れもなく更に偉大なものになったのである。

　しかし影響力モデルはその抽象的な形においてすら，第二の問いについては特定の立場をとる。それは，自分が不正義な社会に生きているという事実はそれだけでは，自分自身の生の成功や失敗に何の変化ももたらさないと説く。現在合衆国においては，一部の人——私は彼らを富者と呼ぶ——が正義の容認する以上の富を持ち，その他の人々——貧者——はそれ以下しか持っていないことは否定不可能なように見える。しかしながら，裕福な人は自己の富を用いて世界にプラスの影響力を与えるかもしれない。その人はそれを用いて，偉大な芸術を創出したり資金援助を行ったり，あるいは，自分自身や他人の抗生物質研究を経済的に支援したり，もっと大きな平等のために政治の場で働いたり，更には，自分の金を貧者に与えることでもっと直接に貧者を助けるかもしれない。我々が客観的価値をどのように解釈しようとも，その人の生の影響力は，その人が平均的な富しか持っていなかった場合に持っていたであろう価値よりも大きな価値を持つ蓋然性が高いし，(我々が仮定してい

第6章　平等と善き生

る）不正義な境遇はその人の作ったものでないのであるから，その人自身の生には利得から差し引くべきマイナスの影響力の価値は何ら存在しない。さて，貧しい人を考察しよう。その人はその生の影響力によって測定すると，もっと富を持っていたとしたら送りえたであろう生よりもほぼ疑いなく悪い生を送るであろう。しかし悪い生を送ることは，その人の富が少ないことが不正義だという事実から帰結するわけではない。貧しい人の持ちうる影響力に制約を設定しているのは，その資源の分前が不正義だということではなく，その分前の絶対量である。我々は，正義についての我々の気持を変更して，その人の分前が結局正義にかなっていると決定したとしても，その人の生が善き生になるとは判断しないであろう。

挑戦モデルは，これら二つの問いへの全く別の取組を示唆する。このモデルを受容し，そこで，我々の環境のいくつかの側面は善く生きることの規範的な媒介変数として見なければならないと受容する人は，正義を，これらの規範的媒介変数の中に出てくるものとして見なさないことが困難だと判るであろう。資源が何らかの仕方で媒介変数として出てこなければならないのは確かである。資源は制約条件としてしか数えられないというわけには行かない。なぜならば，理想的に最善の生というのは考えられる限りのあらゆる資源を当人が利用可能な生なのだと考えることはできないからである。すなわち，善く生きるという挑戦を記述するには必ず，善き生が利用可能のものとして持つべき資源についての何らかの仮定をしなければならないのである。我々はそれゆえ，資源が善き生の媒介変数として倫理に入ってくる仕方の何らかの相応しい説明を見出さなければならない。そして私の考えでは，善き生とは正義が要請する環境に相応しい生なのだと規定することによって正義をこの話の中に引き込む以外に，我々には選択肢はないのである。

善く生きるということが自分自身に対し，生きることの正しい挑戦を課すことを含むのであって，それが今度は，正しい資源を媒介変数という形で規定することを意味するのだとすると，その場合，資源の正しい分配について我々が持っているどの規範的確信も，必然的に関連するように見える。何らかの特定の仕方で画定された資源の正しい分前を人々が夫々持っているのは，我々の熟慮の上の道徳判断として適切だと宣言し，しかも同時に，自分にとって善き生はいかなる生であるかを決める際に適切な状況はいかなるものであるかについて倫理的判断を下す際には，このように画定された公正な環境を適切だと考えないことは，奇妙であろう。道徳的に適切であるものが必ずしも倫理的に適切であるわけではないと述べることによっ

て，この結論を回避することはできない。この区別に固執するのであれば，規範的媒介変数という考えが意味をなさなくなるからである。我々は資源に，できる限り，善く生きられる生の媒介変数を設定して，我々の正義感覚を尊重するようにしなければならないのである。

　善く生きることが，正しい挑戦に正しい仕方で応答するという意味だとすると，ある人が自分自身の不公正な利得のために他人を騙す場合にはその人の生は善きものではなくなる。その人が不正義な社会に生きている場合にもまた，自分自身の責任ではないにしても，生は悪くなる。なぜならその場合，その人が正義の許す以上のものを持ち裕福であろうとも，またそれ以下しか持たず貧乏であろうとも，正しい挑戦に立ち向かうことができないからである。これによって，挑戦モデルではなぜ，不正義はそれだけで人々にとって悪いのかが説明される。正義により権原があるとされるものを否定されている人は，その理由だけで，送る生が悪くなる。例えば，その人より多くの資源を持つ人などいないもっと貧しい時代に今と同じ分量の資源を持っていたとしても，そこで送る生よりも今の生の方が悪いのである。もちろん私が意味しているのは，どのようなものであれ正義にかなった分前を持ってさえいれば，ある人が制御している資源の絶対的価値ないし質は，当人が送れる生に何の変化ももたらさない，ということではない。正義にかなった富の分前をもって豊かな共同体や時代に生きている人の方が，一層興味深く価値ある挑戦に直面し，そしてただそれだけの理由から，一層興奮をかき立てる多様で複雑かつ創造的な生を送ることができるのである。それは，チェスをしている人の方が，五目並べをしている人よりも価値ある可能性を持っているというのとほぼ同じである。生が善きものとなるには様々な仕方があり，価値ある挑戦に直面するということはその中の一つである。しかしながら，正義を倫理の媒介変数として認識することは，どのような経済的環境を与えられようとも，そこで送ることのできる生の善さを限定することになる。環境が変って正義が私にもっと多くの資源を許してくれていたのであれば，私はもっと善き生を送ることができたであろう，と想定されるのである。しかしながら，私の資源の分前がもっと多くて不正義だとしたら，もっと善き生を送ることができたであろうということにはならない。

　しかし，正義が許容する以上に持つことによっては，いずれの環境においても，もっと善き生を送ることが誰もできないということは，本当に真であろうか。我々がプラトン哲学を，正義は善く生きることのハードな媒介変数を意味しているとい

うように理解するのであれば，つまり，誰も，自分に持つ権原がある以上の資源を用いることによって批判的意味で自分の生を改善することはできないのであって，それは，何行かをつけ加えることによって十四行詩(ソネット)を改善することはできないのと同じ意味ととるのであれば，プラトンの見解にはいくらかの信憑性がある。ひとたび，最善の生とは正しい環境に対してうまく応答する生を意味し，正しい環境とは正義の環境のことだと受容するのであれば，我々は，正義に遠く及ばない環境では正しい生を送るといったことがいかに困難であるかということを思い知る。実際我々は，その場合には本当に善き生というものを想像することだに，いかに困難かを思い知るのである。

　我々自身の社会は不正義である。ゆえに我々の文化は，あるべき環境において花開いたり成功だと思われたりする生の例を何も提供しない。我々の中の裕福な者は，他の人々，特に貧しい人々と，正義の社会における善き生にとり重要となる関係を確立することができない。我々は，公正な社会において我々が持っているであろうと思われる資源だけで生きて行こうとして，私的な慈善を通じて不正義を正すために，余剰を使ってできる限りのことをするかもしれない。しかし正義にかなった分配は反事実的には確立できず，正義の制度を通じて動きながらにしか確立できないので，我々は自分の富のいかなる分前が公正であるのかの判断を下すことができない。他方，端的に不正義の事実を無視して，我々の文化が我々のような財力の人々に推奨する意志的利益を充たすことに対して持っているものを消費するということが，適切な応答であるとはとても見えない。我々は政治の場で働くかもしれない。しかし我々が大いに善をなす蓋然性はないであろうし，共同体を更に正義にかなったものにすることに我々が失敗すると我々自身の生が悪化する。なぜなら共同体の失敗は我々の失敗でもあるからである。それで我々はひとたび，本当に善き生の条件を明晰な仕方で固定するならば，正義は倫理のハードな媒介変数であるというプラトンの見解，つまり，不正義な社会で生きるという不運によって損われた生はどうやっても埋め合わせできないという見解に，かなりの共感を持つかもしれない。

　それにもかかわらず，このハードな見解はやはり余りに強すぎるように見える。もう一方の，正義はハードな媒介変数ではなくソフトな媒介変数なのだという立場もまた，正義を倫理の本質要素とするであろうが，こちらは扱いにくい倫理的直観をそれほど破壊しはしないであろう。この見解では，不正義な富によって支えられている人は，適切な挑戦に対処すること，つまり，正義の共同体に住む人に相応し

い生を送るという点では十分な成功ができないけれども，その人の生はそれにもかかわらず自動的に無価値なのではない。それは極めて善き生であるかもしれないのである。実際，規定から逸脱するスケート演技のように，稀な場合には，完璧に正義の社会においてその人が送りえたであろう生よりも善き生であることすらあるかもしれない。しかしながらこのことは，持つべき富よりも多くの富を持っている大半の人々については，真ではないであろう。彼らが，正義の許容範囲を越えたその余剰を用いて，正義の共同体において善き生を送ることができないことへの補償となるような，何か見事な目を見張ることをすることは，ないであろう。もちろん，彼らの中には，そのような共同体で享受するであろう以上に自分の生を享受する者もいるかもしれない。それは，それらの人の生が批判的意味でいくらかでも善きものなのだということを意味しない。それにもかかわらず，不正義な富により財政援助を受けたある天才——メディチ家によるミケランジェロ——は，もっと正義にかなった状態では誰もなしえないほどの偉大な生を達成するかもしれない，と我々は認める。（ハリー・ライムが映画『第三の男』の中で述べているが，イタリアの15世紀の暴政が産み出したのはルネッサンスであった。同じ時代のスイスの民主主義が産み出したのは鳩時計であった。）親の不正義な富があってはじめて受けられたとてつもなく高価な治療——正義の社会では誰にも受けられない治療——によって生命が助かった子どもは，その結果善き生を送る蓋然性が極めて高いであろう。これらの譲歩を，我々の倫理的可能性の感覚は要請しているように見える。しかしそれらは統計的に微々たるものである。挑戦モデルではプラトンがほぼ正しかったのである。

H 付加的か本質要素か

我々の次の困惑は，我々の確信と我々が送っている生の善さとの関連についての懸念である。私が善き生を送っているということは，どの程度そしてどのようにして，私がそれを善きものと考えていることに依存しているのだろうか。我々は直観的には倫理的経験が客観的だと想定する。つまり，当人が自分にとって善きものと考えるというだけでは，ある特定の生が善きものとなることはない。その人がその生を善きものと考える際に間違いを犯しているかもしれない。しかし確信は，この平板な言明が示唆する以上に，倫理において重要な役割を果していると我々は知っている。当人が軽蔑し価値がないと考える生を送ることがどのようにして，批判的

第6章　平等と善き生

意味においてすら，当人の利益になりうるのだろうか。したがって我々はまた，よく考えてみると倫理的価値が結局は主観的なものであるはずだと述べるようにも誘導される。つまり，善き生を送ることは倫理的な満足の問題であるはずであって，それは最終的には自分の生を善きものと考えるという問題のはずだということを意味するというのである。しかしその場合またもや，自縄自縛に陥る。つまり，自分の生が善いものと考えられるためには，その善さが自分でそうだと考えているということには依存していないと考えなければならないのである。

　影響力モデルは，倫理的価値は完全に客観的であって，そのためたとえ当人が自分の生をかなり悪いと考えているとしても，ある別の生き方よりも実際には善き生を送ることがあるのだと主張することによって，この結び目を断ち切る。影響力モデルでは，倫理的価値は本質要素というよりは付加的なものであるが，それは，倫理的価値は生が宇宙に付加する客観的価値であって，それは，自分がどのくらいの価値を付加していると考えているかに依存するはずがないからである。芸術を創造することは，自分が芸術を創造しつつあるという芸術家の信念を要請するものではない。また，他人の幸福を改善することは，そうすることが自分自身の倫理的利益になっていると当人が信じていることを要請するものでもない。まして，それによって自分が更に善き生を送りつつあると信じることなど要請するものではない。場合によっては，行為者の倫理的確信は，当人の行為の影響力のプラスになるかもしれない。自分の行為が自分のために善いと信じているということが他人に知られる場合にも，おそらく私は，自分の行為によって一層の喜びを創造できるであろう。しかしこの余分の影響力は増加分である。それゆえ，影響力モデルは，私が先に繰り返したよくある感情，つまりヒトラーは幽閉されていたり更には出生後すぐに殺されていたならば，自身にとっても世界のヒトラー以外の人々にとっても善き生を送っていただろうという感情を説明するのに何の困難もない。その場合，ヒトラーは何の影響力も持たなかったとしても，彼の生の影響力はもっと望ましいものになっていたであろうし，その生は彼にとっても批判的意味において更に一層善きものになっていたであろう。

　挑戦的見解は，以上の困惑を別のやり方で解決する。このモデルのいずれの信憑性のある解釈に立っても，確信と価値との間の関連は本質要素である。つまり，自分が何の価値も持たないと考える何らかの特徴や構成部分のおかげで私の生が私にとって善くなるなどということは，ありえない。抽象的な形式においても挑戦モデ

ルはこの本質要素という見解へと邁進する。というのも，意図（intention）は遂行の一部であるからである。つまり，ある者の遂行の中に，当人が避けようともがいていたり，後からであっても善いとか望ましいとかと認識しようとしなかったりする何らかの特徴があると，我々はその遂行が当人のものだとはしないのである。師匠が見習い画家の手をとってキャンバスを横切らせたり，既になされたことを台無しにするような筆運びを止めさせるために手を引きずり戻したりする場合，その見習い画家の芸術的遂行は改善されたわけではない。厭世家の生は当人が無駄だと考える友情によって善くなることはない。もちろん，ヒトラーが揺りかごの中で死亡していたら，他の誰にとっても善くなっていたであろう。しかし挑戦の見解では，このことが起こっていたとしたら，何も悪くなることはないということは別にして，彼自身の生が善くなっていたであろうと述べることは意味が通らない。このモデルの下では，世界へのマイナスの影響力と比較可能なものは何もない。

　この点で，二つのモデルの間の以上の相違がどのように，政治哲学における標準的な論点，つまり，強制的な批判的パターナリズム（coercive critical paternalism）の正当性に影響するかを考察することは有益であろう。国家が人々の生を善くしようとして，当人の考えでは自分の生が悪くなると思われるような仕方で行為するよう人々を強制することは適当であるのか。強制的パターナリズムの多くのものは，性格上，批判的なものではない。国家が人々にシートベルトの着用を強制するのは，強制されなければ実際には着用しないとしても，着用という制約を正当化するほど悪いことなのだと人々も既に思っていると国家が想定する害悪を回避するためである。しかし，国家によっては，人々の生を批判的な意味で，つまり，人々の意志に反してだけではなくその確信に反しても善くする権利や更には義務があるのだと主張するものもある。我々の時代では，強制へのこの動機づけにはそれほどの実践的重要性はない。布教のための植民によって目指されるのは自分自身の救済であって，その地で改宗を強制される人々の善い状態ではないし，性についての頑固者の行為は，自分が不道徳だと見る行動をとる者への配慮から出たものではなく，その者への憎悪から出ているのである。それにもかかわらず一部の哲学者はパターナリズム的な動機を主張する。例えば，いわゆる共同体主義者や卓越主義者の中には，公民的精神を持つ人々（civic-minded people）の送る生のほうが善いという根拠から，公民的に行為するように人々を強制したがる人がいるのである。

　影響力モデルは，批判的パターナリズムの理論的基礎を受容する。私は，このモ

第6章 平等と善き生

デルを受容する人は誰でもパターナリズムを賞賛しなければならないと言っているのではない。公職者がその権力を濫用したり，倫理的価値について一般の人々が自分自身でするよりも悪い判断をしたりすると考えているかもしれないからである。しかし，倫理的パターナリズムの要点は見て取っているであろう。つまり，例えば，人々に祈りを捧げるように強制することは神を更に喜ばせ，更に善い影響力を持つことになるであろうから，たとえ無神論者のままであったとしてもその強制が人々の生を善きものにするであろうということは，影響力モデルを受容する人にとって意味あることとなろう。

他方，挑戦という見解は，批判的パターナリズムの根源にある前提，つまり，価値がないと自分が考える行為や節制が強要されることでその人の生が改善されることがあるという前提を退ける。人間は宇宙における自分の位置に対しどう応答すべきかということの本質的な部分に宗教的献身があって，それゆえその献身は善く生きることの部分なのだと，挑戦モデルを受容する人が考えてかまわないであろう。しかし，非自発的な宗教的儀式――責め苦に脅かされた祈り――が何らかの倫理的価値を有すると考えることはできない。アクティヴな同性愛者は性愛の何たるかが分かっておらず己の生をだめにしていると，挑戦モデルを受容する人は考えるかもしれない。しかしその人は，自分自身の確信に反してもっぱら恐れから同性愛行為を控える同性愛者がそれゆえに，自分の生におけるその欠陥を克服していると考えることはできない。すなわち，挑戦モデルで数えられるのは遂行であって単なる外的結果ではないし，正しい動機・感覚が正しい遂行にとって必要なのである。

挑戦モデルが一切の形態のパターナリズムを排除していると述べるのは言い過ぎである。なぜなら，挑戦モデルがパターナリズムに見出す欠陥は是認によって治癒可能だし，全くその是認が得られないとしても，パターナリズムが十分に短期間で限定されていて選択がむやみに阻まれないのであれば，よいからである。我々は，音楽の練習を強制されている子どもが後に，その強制により実際に自分の生が善くなったということに同意することによって，その強制を是認する蓋然性が高いことを知っている。是認しないとしても，受けた訓練を使わない生を送ることにはほぼ問題はない。いずれにしても，心の底からの是認でなければならず，催眠術や洗脳や脅しによって改心する場合には心の底からのものとはならない。心の底からの是認であるのは，その是認がそれ自体行為者の遂行であって，他の人の考えが脳に注入された結果ではない場合だけである。(8)

私がこれまで用いてきた例は，外科的パターナリズム（surgical paternalism）の事例である。つまり，教え込まれた行動が人々にとって善かったり，鼓舞された行動が人々にとって悪かったりすることを根拠にして，強制が正当化されるものである。さて，もっと洗練された形式のパターナリズムを考察しよう。代替的パターナリズム（substitute paternalism）も禁止を正当化するが，その正当化は，禁止しているものの悪さを指摘することによってではなく，そのパターナリズムによって可能となる代替的な生の積極的価値を指摘することによってなされる。権力の座にある人々が，宗教的献身の生が無駄であると考え，それゆえ，宗教団体を禁止すると想定しよう。宗教団体の中での生をすごしたかもしれない市民はその場合，別の生を送って自らが価値あると見る別の経験を積んだり，業績を上げたりすることになろう。たとえ（自分の確信を変更しそのパターナリズムを是認しない限りは），否定された宗教の生よりも後者の生の方が悪いと考えるだろうとしても。修道院での生をすごしたかもしれない人が，例えば政界に入って，他人にとって顕著に価値があり，自分の生を善きものにすると自分でも同意するような成功を収めるかもしれない。ここで，我々が先に着目した二律背反が再び現われる。我々が宗教的献身の生は無駄であることに同意すると想定しよう。政治家の生は無駄ではなかったのははっきりしている。確かに，その政治家は，献身よりも政治を選好するという決定を自分の手柄にすることはできない。なぜなら，これは自らが行ったり是認したりしたことではないからである。しかしその政治家は，政界における自分の生を成功させた色々な行為や決定を自分の手柄にすることができる。彼は，その生を選択し，また，夫々の価値を推し量りながらそれらの決定をしたのである。彼が実際に送った品位ある生は，彼が何と考えようとも，無価値だと我々が信じる宗教的な生よりも善かったのだと，やはり我々は考えるであろう。しかしそれでも奇妙さは残っている。現に送った生の方が悪かったと考えながら彼が墓に入るときに，その生の方が善いということはありうるのだろうか。自分自身の倫理感覚と相容れない偽の歪曲された生を自分が送っているのだと信じ，その生の担い手に悲痛を残していく生の方が成功しているというのは，どのような意味においてなのであろうか。

　挑戦モデルには（影響力モデルにはないが），この二律背反を解決する手だてがある。挑戦モデルを受容するならば，ある人の生がいかに善きものであるかについて我々が下すいずれの判断においても，倫理的純一性の優先性（the priority of ethical integrity）を主張できる。人が倫理的純一性を達成するのは，自分の生が自

分にとってその中心的特徴において適切であるという確信，つまり，自分が他のどのような生を生きるにしろ，それらの他の生はどれも，正しく判断した自分の倫理的境遇の媒介変数への明確に善き応答ではないだろうという確信をもとに生きていく場合だと言えよう。純一性の優先性は，失望と後悔が生を損うとか，失望と後悔という特徴があるとその生はそれだけで生を悪くするとかというよりも強い主張をする。もしそれで全部だとしたら，その場合，これらのマイナスの構成部分は代替的な生のプラスの特徴によって容易に凌駕されるであろう。政治家が宗教団体での生の方を一層選好していたであろうとしても，その政治的経歴はそれにもかかわらず計算上は，政治家自身の感情を勘定に入れても，政界に入らなかったならば送っていたであろう無駄な生よりも善き生であったと我々は述べて，満足するかもしれない。倫理的純一性に優先性を与えることによって，確信と生の合体物は倫理的成功の媒介変数となり，この種の純一性を達成していない生はそれを送る人にとって，純一性を達成している生よりも批判的に善きものだということがありえないということが詳らかにされるのである。

　もちろん，倫理的純一性は，多くの理由から失敗するかもしれない。倫理的純一性が失敗するのは，人々が機械的に，倫理的確信を持っているとかそれに応答しているとかという感覚を伴わずに生きている場合である。倫理的純一性が失敗するのは，人々が自分の確信を脇に置き，自分の生きるべき通りに生きていないと曖昧にしかし絶えず感じながら自分の意志的利益を優先させている場合である。倫理的純一性が失敗するのは，人々が良くも悪くも，正しい規範的媒介変数が自分には充足されていないと信じる場合，例えば，正義の許す資源に充たない資源しか自分が持っていないと信じている場合である。そして，人々が他の人々の命令によって，後悔するような決して是認しない生き方をさせられる場合には，倫理的純一性ははっきりと失敗する。

　ゆえに倫理的純一性の優先性を承認することは，倫理を当事者の立場において，つまり，自分自身がどのように生きるべきかを考察している人にとって，主観的なものにすることではない。しかしながら当事者の立場においてさえ，倫理的純一性は時として独立した力を獲得する。私は生涯を通じて，倫理について煩悶するわけにはいかない。私は少なくとも当座は，入念で誠実な吟味に耐える確信と妥協しなければならない。その場合私はこれらの確信を，倫理的価値についての単なる仮説として扱うのではもはやなく，正しいにしろ間違っているにしろ，倫理的純一性が

私に何を要求しているかを規定するものとして扱うのである。私はこの理由から，確信に忠実であることが一つの徳なのだと主張する。しかし，このようにしてこれまでの決定をいつ，どこまで枉げないでいられるかについては限界が存在する。というのも，確信によって生きることには，持続的な自覚的熟考が必要になるかはともかくとして，きっと生じてくる何らかの疑いや心の痛みを，更には教師や友人の忠告を，少なくとも真剣に受け止めることが必要だからである。

　倫理的純一性の役割は第三者の立場では異なっている。私が，誰か別の人にとってどのような生が最も善いものかを考察する場合，私は，いかなる種類の生をその人が送るべきかについての私の判断において，当人の確固とした確信を単に事実として考慮に入れなければならない。私の友人が自らよく検討し，反対する論拠へも心を開いた後で宗教団体に加入すると決心する場合，私は，友人の生が今後三つの別々の方向に行くだろうと想像することができる。友人は（おそらく更に別の議論をよく考えた後に）気が変って，国のために政界に入って成功し，自分がしたことの価値や自分の選択の知恵に十分に満足し，かつ自信を持つかもしれない。あるいは，友人は自分の途を維持して宗教的献身の生を生き，ここでも，自分の選択に十分満足しかつ自信を持つかもしれない。あるいは，友人は何らかの理由から自分の友人たちの助言を容れて，自分自身の本能や確信とは反対に政界に入るかもしれない。そこでその友人は成功するかもしれないが本当の満足や自己賞賛は見出せず，それゆえ，自分の選択をずっと後悔し続けるかもしれない。私は，当人にとっては第一の生がそれ以外の二つの生のいずれよりも善いものだということに疑いを持たない。しかし私はそれと同じく，第二の生が第三のそれよりも善いということにも疑いを持たないし，そしてそれは私が第三者の立場では，純一性の優先性にコミットしていることを反映している。私の考えるこの序列には何の懐疑もない。私は，当人が最も善いものだと考えるから宗教的献身の生が当人にとって最も善いものなのだということを意味しているのではない。私は，友人の生がそれほどには成功しなくなるであろうという私の見解を変更したのではないし，友人の気持をその点で私が変えられると考える場合には，友人と議論を続けるだろう。私が意味しているのは，友人の確信が揺るがないのであれば，友人が自分自身と折り合って送ることができるのはその生しかないのであって，それゆえこの生が，この事実を含むと今理解される友人の境遇の中で挑戦に応答する際に友人に可能な最善の生だということである。もちろん，倫理的確信の中には，あまりにおぞましかったり下劣であっ

たりして，その確信を払い捨てることのできない人に，その確信と折り合って生きていくように我々が励まさないであろうものもある。しかしそれは，邪悪な生が他の人々にとっても悪であるからであって，当人の気質に反する生のほうが当人にとって善いだろうと我々が考えるからなのではない。

　我々が倫理的純一性の優先性を受容するならば，他の人々が自分で満足しているのに，それらの人々がどれくらい善き生を送るのかについて我々はそもそもなぜ関わるのだろうか。富と権力にしか価値を見出さず，自分の物質主義的確信が健全さだと思い込んでいる人を，我々はなぜ再考するよう説得に努めるべきなのだろうか。答えは，極めて抽象的な思いやり（benevolence）とでも見えるようなものの中に端的に存在するであろう。つまり我々は，たとえ新しい生で得る満足が以前の自分の生で得ていた満足より大きくないとしても，人々がもっと善き生を送りもっと高いレヴェルの純一性を見出すべきだと信じているのである。優先性原理は，人々の生を説得と例示によってこのように改善するよう，なぜ我々が努めるべきでないのかということの理由を提供するものではなく，たいていの状況では，なぜ思いやりがこの形態を採るべきなのかのもっと積極的な理由を提供する。というのも，我々は，物質主義者や厭世家は最終的に，自分の生が充実していたとか満足のいくものであったとかとは見ないのではないかと思っているからである。我々は，彼らの倫理的感覚によっていつの日か自らの生が不毛で報いのないものだと，悲劇的に遅すぎるかもしれないが明らかにされるのではないかと思うのである。我々はまた，ある範囲を均すと純一性は程度の問題なのだということを知っている。つまり，彼らが自らの生が現在成功しており，成功し続けるであろうと考えているにしても，生や確信を更にもっと成功するように適当な別の確信と一緒に結びつけられるだろうと，我々は考えるのである。

　しかしそれでは純一性の優先性は，我々がこれまで考察してきた以上にもっと深い形式のパターナリズムを推薦しているのだろうか。私が念頭に置いているのは，文化的パターナリズム（cultural paternalism）である。それが示唆するのは，人々は，無駄なあるいは悪い生を選択しないように，刑法の単純な禁止によって守られるべきなのではなく，悪い選択肢を人々の視界や想像から除去する教育的抑制や装置によって守られるべきなのだということである。人々は，文化的真空の中でいかに生きるべきかについて決定を下すのではない。人々は，自らの文化が可能性や例示や推薦といった方法によって手に入るようにしてくれているものに，色々な仕方で応

答するのである。その場合，文化環境による影響を受けていかに生きるかを決定する人々のために，その文化環境をできる限り健全なものにするよう，我々はなぜ努めるべきではないのだろうか。

　もちろん，倫理的語彙や例をはじめとする文化的環境は，我々の倫理的応答に影響を及ぼす。しかしこれらの環境がどうなるかはある程度，集合的には我々次第であるのであって，そうであるのなら，我々は，これらの環境がどうあるべきかを問わなければならない。すなわち我々は，生きていく上での巧みさを示すことによって自分の生に価値を与える人々にとって，いかなる環境が適切であるのかを問わなければならないのである。前節において我々は，正義がこの点でどのようにして政治的な問いになると同時に倫理的な問いにもなるのかを見た。生きるという挑戦を画定するためには規範的媒介変数が必要であるが，その挑戦がいかなるものかを人々が理解する際に資源はどのように登場すべきかを我々が問うとき，正義が倫理に入ってくるのである。挑戦モデルでは，批判的パターナリズムについての問いは同じようにして倫理に入ってくる。文化的パターナリズムを擁護する人の主張は事実上，倫理的に思案するための適切な環境というのは，悪かったり無駄だったりする生がまとまって除去されていて，その結果，各個人の決定が周到に限定されたメニューをもとに下される場合の環境ということになる。これが仮に，倫理的思案がどのようなものであるべきかの賢明な見解であるとすると，その場合，パターナリズムは倫理的純一性を破壊するので倫理的価値を掘り崩すという私の論法は，全く的外れなものとなるだろう。善く生きるということは選び抜かれた一覧表から最善の選択をするという意味になり，パターナリズムは倫理的成功にとって脅威というよりも不可欠なものになるであろう。しかし，この見解は賢明とは言えない。すなわち挑戦が他人によって事前に狭められ単純化され改竄されている場合には，その挑戦は興味深くなりようがないし，いずれにしても，直面してもさほど価値がある挑戦にはなりえないのであって，このことは，他人が何をしたのかを我々が知らない場合にも，他人が何をしたのかを全部知りすぎる程知っている場合と同様に，真なのである。

　可能なものの一覧表が賢明な支配者集団によって篩い分けられている場合のように真に善き生を選択する可能性が向上している場合には，挑戦はもっと価値あるものになると誰かが答えると想定しよう。この応答は挑戦モデルをその根本で誤解している。なぜならそれは，媒介変数と制約条件を混同しているからである。それは

我々には，善き生とはどのようなものであるかについての何らかの基準があり，しかもその基準は，いかに生きるべきかを決める人々にとってはいかなる環境が適切かという問いを超越しており，その結果，最善の環境とは本当に正しい解答を生み出す蓋然性が最も高い環境だと規定することによって，この基準を，いかなる環境が適切かの問いに答える際に用いることができると前提しているのである。挑戦モデルでは，善く生きることは正しく判断された環境に適切に応答することであり，これは，論法の方向が反対の方へ向かわなければならないということを意味する。他の人々により非難される生を知らずに人々が選択するほうが善いのだと考えるためには，何らかの独立した根拠を持っていなければならない。人々の選択がこのように狭められるならば人々はもっと善き生を送るであろうと論じるならば，問いの先取りになる。

ひとたびこの点が把握されるならば，文化的パターナリズムへの誘惑は一切消失するはずである。このことは，人々がいかに生きるべきかを決める際の文化的背景に政府が何の責任もないことを意味しない。いかに生きるべきかという市民の選択のために正しい環境を提供しようと心を砕いている政府は，過去の賢者や聖者によって善いと考えられ，現在でも賢明で適正な生として送れる生への機会とその例が，当該共同体の文化によって提供されるよう腐心するであろうし，通俗的な文化がその例を殆ど提供しない場合にはとりわけそうするであろう。『原理の問題』での芸術を政府が支援するための私の議論はこの側面を含んでいなかった。なぜなら，私がそこで試みたのは，基金を使えば病気や不正な貧困の緩和に役立つ場合にそのような支援は不正義なのだという反論に解答することだったからである。[9]正義の要求を充足した国家が，芸術は当該共同体において可能な生の価値を改善するという実質的な根拠にたって，市場ではそのまま死滅してしまうであろう芸術を支援するために公的資金を適切に使用するということは，かまわないのである。

パターナリズムの論点はそれゆえ，倫理的価値の影響力モデルと挑戦モデルとの間の相違に新しい次元をつけ加える。影響力モデルでは強制的な批判的パターナリズムを擁護することが許される。なぜなら，このモデルは倫理的価値を倫理的選択から分離するからである。挑戦モデルは価値と選択を合体させる。挑戦モデルは，生の批判的価値がその生を送っている人によって改善として見られない限りは，生の批判的価値は何ものによっても改善されえないと主張し，このことにより外科的パターナリズムは自滅する。挑戦モデルは，代替的な生が倫理的純一性を欠く場合

には，代替的パターナリズムも自滅させる。最後に，挑戦モデルは文化的パターナリズムを減殺する。なぜなら，この形態のパターナリズムは独立した超越的な倫理的価値像を前提にしているが，挑戦モデルはそのような像をいずれも排除しているからである。当該文化による十分な支援を受けていない倫理的理想を，共同体が集合的に是認し推奨すべきだという可能性を，挑戦モデルは排除するものではない。また義務教育や，操作されてではなく心の底から是認される蓋然性が経験的に高いその他の形態の規制が，十分に短期で，かつ非侵略的で，かつ他の独立した反論にさらされない場合には，挑戦モデルはそれらを排除しない。以上はすべて，挑戦モデルが，反省的ないし本能的確信に割り当てている中心的で本質要素的な役割から生じる。倫理的価値は客観的であるが，今着目した，主観的だと呼びたくなる特徴をも持っている。しかしながら，我々はこの危険な誘惑に耐えて，代りに，倫理的判断のもつ複雑な現象——とりわけ，我々自身のためにする判断と他人のためにする判断との相違——を明らかにするよう注意を払うほうがよい。

I 倫理と共同体

　私が記述した最後の問題群は，倫理が個人的というより社会的でありうるかどうか，そしてそれはどの程度なのか，という問いを提起した。倫理的統合——自分の批判的利益には自分自身の経験や業績だけでなく，自分が属している集団のそういったものも含まれているという考え——は，意味が通っているのだろうか。影響力モデルの想定するところでは，各人の批判的善は当人が世界に対して及ぼす影響力から成り立っている。影響力モデルが倫理的統合を擁護しようとしたら，それは，個人が自分自身の影響力のことを考えるのではなく，自分が属している集団の影響力のことを考える場合のほうが，価値ある影響力を個人が自ら持っていることがある，と論じるしかない。ゲーム理論やそれに倣う道徳哲学・政治哲学はある一つの状況——いわゆる囚人のディレンマ——を画定しているが，そこではこのことが真である。これらの状況では，個人は各々合理的に自分自身の利益を増進させるように行為しているが，その行為を集めると各人にとって事態は悪化するのであり，これは，人々が狭い，意志的な意味での自分自身の利益になることを目指している場合ばかりでなく，客観的に世界に対して価値ある影響力を持とうと目指している場合も，真となりうる。(10)これらの状況では，各人は，いかにしたら自分が最大の影響力を持ちうるかということではなく，いかにしたらある集団が最大の影響力を持ち

第6章 平等と善き生

うるかを問い，次に，その集団の企てにおいて自分の役割をこなすほうがよいであろう。このようにして，各人は，自分自身が行為することによって一層大きな影響力を確保し，それで，影響力モデルによれば，自分自身にとって生を批判的に善いものにしていくのである。

しかし影響力モデルは，囚人のディレンマの構造に訴えかけることでは，我々の実際の直観を説明できない。なぜなら，倫理的統合の最もよくある確信ないし直観はこの構造に適合しないからである。我々が倫理的に統合されていると感じるのは，我々が既に何か別の仕方で所属している集団に対してだけであって，当該集団の実践において集合的なものとして既に確立している当該集団の行為に対してだけなのである。自分が市民となっている政治共同体に対してだけであり，また，政治的決定のような，それらの制度的で集合的な共同体行為に対してだけなのである。(11)それで，我々の与する企てに何の利得にもならない，少なくともそう見える多くの機会に，我々は倫理的統合を認識する。私には，私が自分の共同体に行って欲しくないと思っていることを共同体がするならば私の生が悪化すると考える理由があるが，その理由はゲーム理論的なものではない。つまり，囚人のディレンマの解決という集合的合理性は，ヴェトナム戦争に対する私の個人的な羞恥心を説明できないのである。更にまた，共同行為（cooperation）が明らかに適切である場合には，我々はしばしば倫理的統合という感覚を持たない。私にも仲間の囚人にも，自白しないことを署名して合意し互いに強制する強い理由があるが，我々の夫々には，たとえそのような合意がなかったとしても自白しない道徳的理由があるであろう。しかし，我々が夫婦や友人や親戚だったり，何らかの共同事業を一緒に行っているのではない限り，我々のいずれも，倫理的統合の理由，つまり，我々の集団がうまくいかない限り自分自身の生が悪くなると感じる蓋然性はないだろう。だから，影響力モデルが倫理的統合のために提供するようないずれの議論の説明も，その順番が逆さになるであろう。倫理的統合が集合的合理性に必要な動機づけを提供することはある。しかし，その反対ではない。

挑戦モデルは，倫理的統合を全く別の光の下に置く。それは，そのような統合の意味が通るようにするために，個人が，自分自身でよりも共同体の集合的行動を通じてのほうが大きな影響力を持つということを示す必要がない。それが示す必要があるのはただ，倫理的統合がどのようにして，個人の環境という重要な媒介変数——個人が色々な共同体において他の人々と堅く結ばれて生きているという事実——

への適切な応答であると見えるのかということだけである。これは実際，善く生きることについてのかなり広く共有されている見解であって，だから，挑戦モデルは倫理的統合の意味が通るように，こじつけではなく自然にできる。私はおそらく，ここでもまた，挑戦モデルは，このような確信を支持するための機械的仕組なのではないと繰り返すべきであろう。私はこのモデルの抽象的な主張，つまり，善く生きることのその善さが遂行の問題であって，影響力の問題なのではないということを，倫理的統合の論拠の一部として引用するのではない。私がこの長い節の終わりに当たって指摘しようとしているのはただ，我々が既に持っている確信を，複雑な挑戦への巧みな応答についての確信として解釈することのほうが，もう一つの一般的な解釈——その確信が最善の影響力を持つことについての確信であるとする解釈——によって可能になるより多くの意味と整合性を，その確信に与えることになるということだけである。

III 倫理から政治へ

　私は本章には二つの目的があると述べた。それ自体で重要なものとして倫理における尺度という問いを研究することと，その問いへの一つの応答——挑戦モデル——が，冒頭で列挙した反リベラリズムの議論への重要な応答を提供することを示すことである。今度はこの後者の目的に向かう。以下では私は，我々が挑戦という倫理モデルを自覚的に採用したということ，また，倫理モデルの不可避の帰結と私が呼んだもの——正義は我々にとっての善き生の少なくともソフトな媒介変数だということ——も採用したということを，前提にする。（私の言い方では，我々が政治的なリベラル派になったと同時に倫理的なリベラル派にもなったと前提する。）私が示そうとするのは，これらの前提の下では，リベラルな平等を政治道徳として採用し，その多様な敵対者を退ける特別な理由があるということである。

A　正義と資源

　本書におけるこれまでの諸章のテーマは，経済的分配という正義が資源の配分に依拠しており，福利や善い状態の配分に依拠しているのではないということである。倫理的なリベラル派は，福利や善い状態といった用語で定義される正義の目標は一切受容できない。なぜなら，政府がそのような目標を実現しようとすると，倫理的なリベラル派が容認できないと見なすであろう二つのやり方のいずれかでしかでき

ないからである。我々は倫理的に多元主義的な社会に生きている。人々は，具体的にどのように善く生きるかということについて一致しない。政府はこの困難を乗り越えようとして，善く生きることの一つの考え方——例えば，快楽主義的な考え方——を選択し，みんなの成功を判断するためにこの考え方を使うかもしれない。しかし，倫理的なリベラル派はこれを受け容れることはできない。なぜならその場合政府は，生を送る際に人々が直面する挑戦の最も重要な，当人にとっての生の価値を同定している部分を強奪することになるからである。

あるいは政府は，何らかの二段階手続を通じて倫理を正義から根底から切り離すことによって，この困難を回避することを望むかもしれない。第一段階で，各市民は，善く生きることの自らの個人的基準に従って，提案される様々な制度的・経済的仕組の下で，自分がどのレヴェルの善い状態に到達するかを申告する。第二段階では，人々が自分で測定したとおりの善い状態が，当局の考える正しい分配に適合している——そのように測定された善い状態が例えば，平等だとか全体として最大化されている——と当局が判断する仕組を（判断方法の問題はここでは無視するが），当局が選択する。この二段階の手続は倫理を正義から分離する。第一段階では，市民がどうすれば生は自分にとって成功するものになるかを自分で決め，第二段階では，当局がそのように画定される成功を，公正だと当局の捉える何らかの公式に従って分配することを企てる。しかし，倫理的なリベラル派はこのような手続には一切参加できない。なぜなら，それが要請するようには倫理を正義から分離できないからである。というのも，倫理的なリベラル派は，——我々が持っているものや行うことが，隣人や同じ市民へのそれの影響を考えた場合に，公正かどうかについての——正義の前提ないし直観に依拠して，どのようなやり方が善く生きるやり方なのかを決めなければならないからである。（この点は，第2章と第7章で更に展開されている。）

B 平等

したがって，ひとたび挑戦モデルを受容するのであれば，分配的正義の問題は人々がどのような資源を持つかということであって，その資源を使ってどのような善い状態を達成するかということではない，と我々は主張しなければならない。しかし資源のいかなる分前が正しい分前なのであろうか。挑戦のモデルの中に，正しい分前とは平等な分前に他ならないということを受容する何らかの理由はあるのであ

ろうか。倫理の挑戦モデルは，内在的に平等主義的なのであろうか。

しかしながら，この実質的な問いに少しでも答えようとすると，その入口で難しい問いに直面する。倫理的なリベラル派は，正義についての推論のためにいかなる戦略を持っているであろうか。今日の多くのリベラルな政治哲学は，自然で首肯せざるをえないような前提をめぐって構築されている。それは，一つの政治共同体を作り上げている多様な市民の利益は，市民の間でのいかなる資源分配が正義にかなったものなのかについての決定に先行して同定可能だという前提である。これは契約論的な正義理論の前提条件である。そこでは，いかなる原理ならば，人々は自分自身の利益とか，様々な人々の利益の間での合理的譲歩を見出そうとする動機とかから一致するであろうかと尋ねる思考実験から正義の諸原理の導出が可能だと想定されている。ロールズの「格差」原理の議論は，例えば，人々の利益は，正義が何を要請しているのかについての何らかの決定に先行して，少なくとも「稀薄な」やり方で画定可能だと前提にしている。自らのかなり具体的な利益に無頓着な人々ですら，自分が資源を多く手にすればするほど自分にとってよいのだと前提にすることは理にかなっていると言うことができるし，それゆえ，これらのかなり具体的な利益についての無知のヴェールの背後にいても，このように解される自分の「稀薄な」利益を多く犠牲にしすぎないように保険をかけることを目指すことはできるのだと述べるのである。

しかし，倫理的なリベラル派は，人々の批判的利益の性格が少なくとも正義に依存していると信じている。つまり，自分たちの批判的利益がどのようなものであるのかを十分詳細に知ることができるためには，自分たちの間のどのような資源分配が正義にかなっているのかを，少なくとも大雑把には知っておかなければならない。倫理的なリベラル派は誰でも，自分にとっての正義にかなった分前が大きな分前であることを望むかもしれないが，同時に正義にかなった分前でもあるのではない限りは，大きな分前が自分にとって善いという蓋然性はないと知っている。それで，自分の手にする資源が多ければ多いほど自分にとって善いのだと説く財の「稀薄な」理論でも，あるいは，他人の利益を尊重し，自分の利益とするには何を断念するのが合理的であるかを尋ねる理論も，いずれも受容できないのである。

それゆえ，倫理の挑戦モデルの政治哲学への影響力は根底的なものである。我々が倫理的なリベラル派であるならば，今日のリベラルな政治理論の最も基礎的な前提や戦略は，不自然でありかつ実行不可能だと分かる。なぜなら，我々の挑戦モデ

ルは正義を,これらの戦略や前提をぶちこわすように倫理と統合するからである。我々は,正義と善き生についてもっと統合された形で考えなければならない。つまり,正義が何を要請し,我々の利益はどのようなものであるのかの一つの捉え方に到達するには,これらの問いのいずれにも他方への解答とは独立して完全に答えられることを前提にしない何らかの議論を通らなければならない。我々はそれゆえ,後戻りして,もっと一般的な価値理論から始めなければならない(とでも言えよう)。倫理的なリベラル派は,人々がどのように生きるのかということが重要だ——人々が善くなかったり無駄だったりする生よりも成功し善き生を送ることが重要だ——ということを前提にする。このことは,ある人々の場合のほうが他の人々の場合に比べ重要だと——彼らにとってないし彼らのためにという点で重要なのではなく,客観的価値の問題として重要だと——考えて意味が通るだろうか。

確かに,何世紀にも亙って,例えば,自分は神によって祝福された国家に属しているとか,特別な血統や才能や美や更には富をもった人間なのだと指摘することによって,自分自身の生についての重要性を主張してきた人々がいる。そのような主張は幸いにも,今日の我々の間では流行遅れとなり,このような主張を論駁するのに少しも努力をする必要はない。しかし,倫理的なリベラル派の人々には,このような主張のいずれにも抵抗する特別の理由がある。挑戦モデルは一つの深い主張をしている。それは,善く生きられている生の価値は,その生が始まる何らかの先行する環境に依存するのではなく,生きられているということそのものの遂行に依存しているという主張であるが,この主張は,この価値を増やしたり減らしたりするような何らかの先行する環境があるという考えに何の足がかりももたらすものではない。挑戦モデルを受容するユダヤ人は,自分の宗教を自分の生の中心にすべきかどうかを決定することが重要と考えるかもしれない。しかし,自分がユダヤ人なのだという理由だけから,この決定を正しく下すことが重要だと考えるわけではない。すなわち,挑戦モデルにより設定される挑戦のもつ包含するという性格が意味をなすのは,我々が挑戦を,人々一般に,生きるべき生を持つあらゆる人に向けられたものとして理解する場合だけなのである。そこで,倫理的なリベラル派は,資源の平等主義的な分配を主張する強力な倫理的理由から始める。各人がどのように生きるかが平等に重要だとしたら,我々の送る生はこの重要な前提を反映すべきであるし,そうできるのは,この前提と一貫する仕方で資源が分配される場合だけである。

この点へと我々を導いてきた議論はある一つの対称性を持っている。この議論の

出発点は，正義が倫理を制約するという考え，資源が不正義に少なく分配されたり多く分配される場合にはそれを理由にして，同一の資源を持っていてもその人が送る生は善くない生になるという考えであった。さて，倫理がどのように正義を制約しているかを見ていこう。正義の枠組は，倫理的挑戦の性格や奥行についての我々の感覚に適合していなければならず，この要件は平等を，正義の最善の理論として支持する。私は，倫理の別の見解——例えば，影響力という見解——が平等を支持しえないだろうということを意味しているわけではない。ただし，この別の見解ではどの厳格な平等も極端で独断的な立場に見える蓋然性が高い。私が意味しているのはただ，挑戦の見解が平等を直接に支持している，つまり，批判的に理解した自分自身の最善の利益について人々の持っている感覚から流れ出てくるものとして支持しているということだけである。善く生きるということには社会的な次元があって，善き生を送る私の努力を自分の努力よりも重要でないと扱う人と一緒の共同体に生きるならば，私はそれほど善くは生きていないのである。実際，不平等を旨とする政治・経済システムは，全員を，その不正義から資源の便益を得ている人をも，侮辱しているのである。挑戦モデルでは，批判的な自己利益と政治的平等とは同盟関係にある。主人と奴隷はともに囚人であるとヘーゲルは述べた。平等が両者の鎖を解き放つのである。

C　倫理と依怙贔屓

しかしここで我々は更に別の論点に直面する。倫理的なリベラル派は個人的視点から，平等を退けなければならない。倫理的なリベラル派の考えでは，見知らぬ人へ何の関心も示さないように，自分自身の運命や家族・友人の運命に何の関心も示そうとしない人がいるとしたら，その人は倫理的には愚か者になるのである。政治において平等を主張し日常生活で平等を非難することは一貫しないであろうか。倫理的なリベラル派は，平等についてのこれらの一見ある両義性によって狼狽しなければならないのだろうか。

政治的平等と個人的な依怙贔屓（personal partiality）は，平等が福利の平等や善い状態の平等を意味していたとしたら，実際に一貫しないであろう。我々が政治において十年間にわたって，共同体内の各人の福利をある特定の日時において平等にすべく共闘し，しかしそれから私的な生へと立ち返ると，持てる資源をすべて自分自身や家族・友人の善い状態を改善するように消費するのだとすると，我々の間で

第6章　平等と善き生

福利が平等であり続けるのはごくごく稀な偶然によってでしかないということになろう。我々は，我々が集合的に達成したことを個人的に掘り崩してしまっており，再びやり直さなければならないかのようである。しかし，我々にとって平等が資源の平等を意味するのなら，このことは少なくとも原理上は真ではない。この正義理論では，私が彼らの固有のものである資源をくすねていない場合，つまり自分の公正な分前を彼らの負担で超過していない場合には，私は他人に平等な配慮を示しているのである。第2章で記述した競売が，入札のための平等な資源から始まり，それ以上競売を繰り返しても役立たないだろうという認識を共有することで終了すると想定しよう。その場合，競売が終了したのなら，自分の計画や投資において自分自身の善い状態を気遣い，家族や友人の福利のために働くという私の決定は，それ自体ではその競売が達成した平等を損うはずはない。(12) 資源の平等はこのように，依怙贔屓を認可する。

　我々はこの点を別のやり方で述べられるかもしれない。つまり，資源の平等の下では，政治的視点と個人的視点の間に分業があるとするのである。政治が平等主義的な分配を公的に保証しているのであれば，それを理由として，人々は自らの私的な生において個人的な目標や愛着を完全な確信とともに自由に採用することができる。もちろん，この分業の意味を，私的個人は分配的正義に何の配慮も払わない，つまり私的個人は，現行の支配システムが自分に分配する資源ならどれでも，あたかも分配的正義はすべて誰か他の人の関心事であるかのように，それより少なくしか持っていない他人の要求に無関心にただ消費する権原があるのだという意味に受け取ってはならない。例えば，正義の理論が不正義な社会において極めて富裕に生きる市民に何の私的要求もすべきでないとしたら，それは驚くべきことであろう。しかし，正義と倫理の関係を最初に考察したときに触れたように，資源の平等が我々自身の不正義な社会において，個人としての我々に何を要求しているのかは，複雑でおそらく答えの出せない問いである。おそらくそのような理由も一部にはあって，挑戦モデルに従うと，我々が不正義の真っ只中で生きるならば，我々の生は悪くなるのである。だから我々は，私的視点では消去不可能な我々自身の依怙贔屓について，それが，本当に平等主義的な政治理論と衝突していると述べるべきなのではなく，むしろ，何か別の，平等主義云々とは違う政治理論と衝突しているのだと述べるべきなのである。

D 訴求力の中立性

　ようやく我々は，多くの人々にとってリベラルな平等の最も問題ある特徴であるものへ辿りついた。それは，リベラルな平等における中立ないし寛容のあり方である。様々な倫理的確信について政治理論が中立ないし寛容である二つの仕方を区別すべきである。政治理論は第一に，訴求力において中立（neutral in appeal）でありうる。換言すれば普遍性（ecumenical）である。政治理論は，極めて多様性を持った倫理的伝統を持つ人々にも受容できる政治道徳原理を設定するであろう。政治理論は第二に，その運用において中立（neutral in opperation）でありうる。換言すれば寛容（tolerance）である。政治理論は政治道徳原理の一つとして，政府は人々を，その持っている倫理的確信が気に入らないことを理由にして，処罰したり差別したりしてはならないと規定するかもしれない。中立性のこれらの二つの側面が極めて密接に関連しているということは明らかである。多くの（決してすべてではないにしても）状況において，様々な集団からの広範な支援を獲得することを最大限望むためには，いずれの迫害にも反対する何らかの一般的保障を要する。しかしこれら二つの側面はそれにもかかわらず，異なっている。

　倫理の挑戦モデルは普遍的であるか。挑戦モデルは，形式の問題としては，具体的な倫理的確信の間でいずれかに肩入れすることはない。善き生が宗教的献身にあると考える人も，善き生には習わしに縛られない性的多様性が必要だと考える人も，全員自らの確信を最も巧みな生の遂行についての意見として扱っているのである。しかし，私は冒頭において，挑戦モデルは倫理について人々が持っている直観のうちの一部しか捕捉し組織化するものではないということを認めたし，このモデルはこれまでごく少数の人々しか受容してこなかった一定の含意を持っている。例えば，正義は善き生の媒介変数であって，それゆえ，正義が許容するであろうよりも多い資源を手にするのであれば，大半の人々の生は悪化するという命題によって，大半の人々は少なくとも第一印象の問題としては困惑するであろう。我々は，倫理の挑戦モデルを一般的に受容するにしても，人々は自分たちにとって重要だと思われる確信を放棄するには及ばないというもっと弱い主張で手を打たなければならないのである。このモデルを抱いても，自分の環境のどの側面が——例えば，宗教か，国家か，職業か——，自分にとっての善き生の最も基礎的な媒介変数を提供するのかについて，自分の考えを変えるよう強いられることはないであろう。

E　リベラルな寛容

　リベラルな平等は以下の意味で寛容である。リベラルな平等は、政治共同体が自由を否定するための正当化根拠として提供するであろう二種類の理由を区別する。最初は正義という理由である。つまり、最善の正義理論がそう要請する場合に、それを理由として、共同体は一定の挙動を違法としなければならない。例えば、共同体は窃盗を違法としなければならないが、それは、財産の安全への人々の権利を保護するためである。第二は倫理という理由である。つまり、共同体が違法とする挙動は正義には反しないけれども、その挙動の担い手の生を汚したり堕落させたりすると、さもなければその生にとって悪いと、共同体は考えるかもしれないのである。例えば、同性愛者の生は品位を低める生だと考え、これを根拠に同性愛関係を違法とするかもしれない。リベラルな平等は、挙動を違法とする第二の倫理的な理由の正当性を否定する。

　これはもちろん、リベラルな平等が結果において倫理的に中立だとか、それを目指しているとかということを意味するものではない。いずれの政治的・経済的枠組の下でも、他の仕組におけるよりも困難であったり高価であったりする生が存在するであろう。リベラルな平等の下でのほうが無制約の資本主義の下でよりも、ルネッサンスの傑作を大々的に収集するためには都合がいいという蓋然性はほぼないであろう。しかし、リベラルな平等がこういった生を危うくする理由は、正義にかなった資源分配からそのことが帰結するからだというにすぎず、芸術品蒐集が内在的に無価値だとか堕落しているとかと断じるからではない。それでリベラルな平等は、最高裁がかつてアメリカ憲法の一部だと述べた見解、多数派は、大半の人々が同性愛者が悪い生を送ると考えるということだけで適切にも同性愛を犯罪とすることができるとした見解を退けるのである。
(13)

　強い確信を持っている人は、倫理的なリベラル派になりうるであろうか。人々の中には、同性愛者が極めて善くない生を送っていると考える人がいる。商売人は卑しむべきだとか、無神論者は自分の生を無駄にしているとか、アメリカは哀れなカウチポテトの国になってしまったとか、福祉給付は人々の魂を錆つかせるとか、人々は自然に還る必要があるとか、民族的あるいは宗教的アイデンティティを保持することは絶対命令だとか、愛国心が最も根本的な徳なのだとかと考える人などもいる。一部の人たちはこれらの見解を情熱的に抱いている。彼らは、それらの見解を生き、それらの見解を説教し、我が子がその見解を放棄すると絶望する。彼らはど

のようにしてリベラルな平等の寛容を是認しうるのであろうか。このような強い確信を持っている人々は自分以外の人々の説得を試みて，自分たちの考える善なるものへと人々を向かわせるべきではないのだろうか。

そうすべきである。問われているのは，彼らが自分の見る通りの善に向けて運動をすべきかどうかなのではなく，どのようにその運動を行うべきかなのである。リベラルな平等は彼らに武器を一つだけ否定している。つまり，ある人の倫理的確信が彼らの信じている通り根底から誤っているのだとしても，それだけを根拠にしては，たとえ彼らが多数派であるとしても，その望む生を送ることを法を用いて禁止したり，処罰したりしてはならないということである。人々が倫理的なリベラリズムに魅せられているのであれば——たとえ，極めて強い個人的な倫理的確信を持っている人々であっても——，自分の意見を広める自らの力に課されるこのただ一つの制約に抵抗する理由はないであろう。倫理的なリベラル派は，リベラルな寛容が禁止する強制的な手段によって他の人々の生を善くすることをしてはならないと知っている。自分の生が改善していないという不動の確信に抗して，誰かの生を改善するということは不可能だと知っているからである。ある人の確信を変更すればもっとその生が善きものとなるだろうとリベラル派の人が考えたとしても，リベラル派の人は当人が自分で確信を，しかも正しいやり方で変更するというのでない限りは，その生を善くすることはできないのだと知っているのである。倫理的なリベラル派は，その他人が自分自身の確固とした確信と共生する方が，外圧の下でその確信と対立しながら生を送るよりも，善き生を送るのだということを受容するのである。この点は，私が第7章で強調する点と対になっている。自分の倫理的信念が（我々の判断では）誤りであるからといって，誰も補償されないのと同じように，誤りだという同一の根拠から誰も自由を否定されるべきではない。いずれの場合にも，パターナリズムは確信を誤って制約条件ないし障害として取り扱うものであるから，間違っている。

リベラルな寛容のためのこの議論を評価する際には，このような寛容が絶対的な中立性と見なしうるものに至らないということを覚えておくことが重要である。既に述べたが，リベラルな平等は帰結において中立ではありえない。つまり，他の生よりも送るのが困難となる種類の生があるという結果が必ず生じるのである。そして，リベラルな平等は適切な状況下では，自由で心からの是認を自信を持って期待する短期の教育的パターナリズムの余地を残している。また，リベラルな平等は，

それ自身の理想に直接挑戦する倫理的理想に対しては中立的ではありえない。リベラルな平等は第三者の立場での倫理については，中立ではない。例えばリベラルな平等は，私が今引用した命題，つまり，自分の意志や確信に反して，違うように行動することを強制することによって他人の生を改善することは誰にもできないと主張する。誰もがこの命題を受容しているわけではない。しかしそれにもかかわらず，リベラルな平等論はこれを主張しないわけにはいかない。

IV 結び

　私は，本章の論法が歴史的次元を欠いていることをよく承知している。私は，私の中心的な論法を思想史の中に根拠づける努力をしなかった（し，また，いずれにしても私にはその能力がない）。私は，ギリシアの倫理とりわけアリストテレスの倫理では挑戦モデルが優勢であること，そして，現代にあっては，このモデルは（倫理的懐疑主義とのはっきりした論戦の中で）人間主義的倫理の発展に決定的な役割を演じているということを信じている。反対に影響力モデルは私には，神学的倫理や多様な形の功利主義倫理において優勢であるように見える。歴史についての以上の乱暴な所見にどのような意味や説得力があろうとも，私は，先に否定した，宗教的ないし功利主義的倫理は挑戦モデルには位置づけられないということを示唆するつもりはない。巧みに生きることが，神との適切な関係を認識したり，その関係に入り込んだりすることを意味するとか，人間の苦悩を認識し，それに応答することを意味するとかという考えは，挑戦モデルの唯一可能な解釈だというのでなく，多くの人々にとっては，なるほどと思う解釈なのである。しかし，一部の学者が神学的ないし功利主義的倫理から導出した政治的含意の多くは影響力モデルに依拠しており，しかも，これらの倫理が挑戦モデルの型に沿って再定式されたとしても，もっとリベラルな立場のためには放棄しなければならない。

(1)　私自身が含まれる。Ronald Dworkin, *A Matter of Principle* (Cambridge, Mass.: Harvard University Press, 1985), chap. 8, etc. を見よ。
(2)　Ronald Dworkin, "Objectivity and Truth: You'd Better Believe It," *Philosophy & Public Affairs* 25 (1996) を見よ。
(3)　一層完全に展開するのであれば，善い状態の第三のカテゴリーが区別されるだろう。それは，健康や，苦痛・性的不満・その他の不満からの自由のような，もっと精神的ないし生物的なものである。しかしここで私が行おうとしている議論

にとっては，これらの生物的利益が私の命名した二つのカテゴリーにどのように登場しうるかを見て取れば十分であろう。苦痛の回避は私の望むことであり，だから私にとっては自分の意志的利益の一部になる。苦痛の回避は，通常もっと小さな別の点でだが，批判的利益の一部にもなる。

(4)　Dworkin, "Objectivity and Truth" を見よ。

(5)　私はこの例を A・J・エイヤーに負っているが，エイヤーは第三の見解を断固として退けた。

(6)　Dworkin, "Objectivity and Truth" を見よ。

(7)　"Age," in *Encyclopedia of the Italian Renaissance* (New York: Oxford University Press, 1981), p. 17 を見よ。

(8)　この論点については私は第5章でもう少し述べている。

(9)　Dworkin, *A Matter of Principle*, chap. 11 を見よ。

(10)　Derek Parfit, *Reasons and Persons* (Oxford: Oxford University Press, 1984) を見よ。

(11)　第5章を見よ。

(12)　もっと複雑な問題は脇に置いている。それを解決するには私の信じるところでは，資源の平等の仮想保険的な特徴を私や他の人々がこれまで行ってきた以上に精密化する必要があろう。私は自分のすべての資源を消費したが，あなたは節約してその大半を子どもに残すとか，あるいは，巧みに投資してそのためにもっと遺せるものがあるとか，あるいは，私のほうが子どもが多くて遺産を更に分割しなければならないのだと想定しよう。この場合，我々のどちらも，相手に適切に属している資源を侵害したわけではないけれども，我々の子どもたちは平等な資源を持たないであろう。つまり人によっては，他人が持っているものに羨望を感じるであろう。資源の平等は，今示唆したように，受給者としてのある人の境遇を原理上保険のかけられる危険と見なすことによるなどして，このようにして生じる不平等を同定し，少なくともそれを減少させる何らかのやり方を見つけなければならない。本文で私が考察しているのは中心問題にすぎない。つまり，政治において平等のために働きながら，なおかつ，日常の生で自分の身近にいるごく一部の人々の境遇を改善しようと努力することが一貫していないかどうかである。

(13)　Bowers v. Hardwick, 106 S. Ct. 2841 (1986).

7

平等と潜在能力

I 二つの異論

　本書でこれまで構成してきた平等についての一般的な説明に対する二つの異論をここで論じなければならない。第1章では，各自の異なる状況を比較するための二つの方法が区別された。一方では，己れの生活を送るために利用できる資源が比較されうるし，他方，当人が実際に所有する資源がどんなものであっても，それを用いて各自が達成する福利ないし幸福（welfare or well-being）も比較可能である。ともに平等主義的目標と見なされうる二つの非常に異なる政治的目標を区別するために，私はこれらの方法を順に扱ってきた。ある政治共同体の目指すところによれば，当該成員は資源において，あるいは福利において平等でなければならない。
　もちろん二つの目標をこのように述べても，それは甚だ抽象的であり，多種多様な理念がこれら二つの目標のどちらかに該当してしまう。福利の平等ないし幸福の平等は異なった解釈にさらされている。何が真の幸福かについて人々の意見は分かれる。例えば，生活が興奮に満ちあふれている時こそ幸福であると思う人間もいれば，幸福とは一時の熱中というよりも，もっと持続的なものだと思う人間もいる。したがって，福利についての一定の理解ないし観念が特定化されるまで，福利の平等とは具体的な政治目標にはならない。第1章で論じたように，抽象的すなわち曖昧であることによって，福利の平等はとにかく人気を得てきた。ゆえに，福利の中身が特定化された途端にその人気は失われる。おそらくそうした理由から，福利の平等論者は殆どその中身を特定化しようとしないのである。
　資源の平等もまた更なる特定化を必要としている。各自にとっての資源とは，所有する富だけを勘定に入れる場合があり，また，富とともに各自固有の体力・精神力，才能，性格，企図をも入れる場合もあり，更にはこれらに加えて法的機会およびその他の機会を含める場合もある。第2章以降の記述によれば，資源の平等は様

々な意味でこれらすべての種類の資源を含むものとして定義され，そこで私は平等度の判定基準を述べようとしてきた。この平等度は，第2・3章における平等な資源の全般的説明の中で論じたように，諸資源を結びつける仕組である仮想的な競売や保険市場，法的機構などを通して判断される。そして私は個人的資質という幅広い中身について更に重大な区別を設けた。つまり一方では性格，信念，選好，動機，嗜好，企図を含む広義に理解された個人の人格と，他方では健康，体力・精神力，才能といった個人の資源との間の区別である。既述の如く，政治共同体は人々が夫々所有する資源の差異を消去し，緩和すべきである。例えば身体障害を負ったり，満足な収入を得られない人々の地位を改善しようとするべきだ。だが，政治共同体は人格の差異——例えば，この人物の嗜好や野心は高価であり，あの人物のそれらは安価であるという事実に還元しうるような差異——を緩和したり，これらに対して補償しようとしてはならない。

　本章で主張される異論によれば，福利の平等や資源の平等はありうるすべての関連する平等問題に対処できるわけではない。したがってこれらの平等に比べて，第三の理念，すなわちあるタイプの「機会」ないし「潜在能力」(capability)の平等がより優れたものとされる。だが後に見るように，これらは福利の平等や資源の平等に真にとって代りうる平等理念とは思われない。批判者の一つの典型的集団が主張するには（その代表的批判者の名をとってこれをコーエン説としたい），各自は達成される福利において平等であるべきなのではなく，福利を達成するための機会において平等であるべきなのである。後述の如く，異なっているとされるそうした理念も，結局は福利の平等の別称であることがわかる。もう一人の著名な批判者であるアマルティア・センも異なった理念を提唱する。それによれば，人々は資源において平等であるべきではなく，夫々の異なった「機能」(functionings)発揮に向けての「潜在能力」において平等であるべきなのだ。すなわち，特定の仕方で行動し，何かを成し遂げる能力である。けれども，この理念についてのセンの言明には曖昧な点が含まれている。この明白な曖昧さは二通りの方法で解決されうる。一方では，能力の平等は福利の平等と結局変らなくなってしまい，また他方では，それは資源の平等と等しくなってしまう。これらの二つの異論は，私が先ず説明した福利および資源の平等観念に対する真の代替案とはなりえていない。そのことは，福利の平等と資源の平等という二つの平等観念の差異が非常に大きいものであるということを示している。同時にそれは，民主主義社会においてその役割を果すべき政治哲学

が持つ全く相異なった二つの立場をも示唆するだろう。

Ⅱ 偶然性と選択

　個人的および集団的責任に関する我々の判断は，偶然性と選択という重要な区別（この区別については遺伝子発見および遺伝子操作の文脈で第13章でも検討されている）に左右される。多くの理由から，我々は人生の中で責任を負わなければならない部分と（それは選択の結果であるから），責任を負う必要のない部分（それは人が行った結果ではなく，自然的結果ないし自然の運だから）を区別している。技術の進歩や新たな発見によって偶然性と選択の境界線が劇的に変る時，様々に組み合わされた道徳的・倫理的信念の全体もまた変化する。例えば，人々が自然災害を，超自然的な神や悪魔の行いのせいにするのではなく（その場合に彼らは神や悪魔を挑発したと思ったであろう），偶然性に帰すようになった時に顕著な変化が起った。逆に，バイオテクノロジーの発展によって将来，親が我が子の肉体的精神的特質を逐一決定できるようになれば，また別の顕著な変化を我々は被ることとなるだろう。

　選択と偶然性の違いは，多種多様な責任の扱われ方に現れる。まず因果責任（causal responsibility）について。私の行った選択は自己の行為の一原因とはなるが，特定の病気を起す遺伝的素質の原因とはならない。これまで本書では主として結果責任（consequential responsibility）という別の観念に関心を寄せてきた。各自の不都合なもしくは不幸な境遇に対して，個人はどんな場合に，そしてどの程度我慢することが正しいのだろうか。逆に，他者は（例えば帰属する共同体の他の成員）どんな場合にそうした境遇の人物を救済し，不利な結果を緩和することが正しいのか。こうした疑問に応える形で，私は選択と偶然性の区別を用いてきた。既述のように，原則的に各個人は，自然の不運から来る不幸な境遇に対しては結果責任を免れるべきであるけれども，自らの選択が招いたと思われるような結果責任を免れるべきではない。ある人に先天的な視覚障害があったり，他の人々が持っている能力がないならば，これはその人の不運であり，公正な社会ならばそうした不運に対してできるかぎり補償を彼にするはずである。だが，今は他人より少ない資源しか持っていないとしても，その理由が昔の贅沢三昧にあったり，わざと働かなかったり，他人が選ぶ仕事より薄給の仕事に意図的に就くことにあるような場合は，当然その境遇は運でなく選択の結果である。その場合に，現在の資源不足が補償される権利は与えられないこととなる。

このように選択と運の間でこのような線引を行うことに対して，G. A. コーエンその他の論者は異議を唱える。彼らの指摘するところによれば，ある人物の不幸な境遇が本人の意図的選択の結果であるとしても，その選択行為は本人自身の人柄・人格的特徴（それは本人が選択しなかったものである）に由来するものかもしれない。例えば，水道水の味に耐えられない人物を（当人にとってそれは耐え難く嫌な味）を想起してみよう。そうした人物は当然のことながら水道水よりも高価な瓶詰の水を購入しようとする。もちろん，瓶詰の水を購入するか否かの選択の余地は当人に残されている。けれども，水道水を飲むということ（瓶詰の水を買わないという選択）に嫌気がさすような感覚自体を本人が選択してきたわけではない。そうした生理学的条件は当人にとっての不運であり，ゆえにそれは補償されるべきである。つまり，水道水で平気な人たちよりも，瓶詰の水を買うことで出費がかさまないように，当人には追加資源が与えられるべきである。更に次のような事例を想定してみよう。写真家志望の人物がいたとして，写真家になるという夢を叶えるためには，自分の収入の殆どを高級カメラとレンズの購入代に当てなければならないことがわかったとしよう。この場合も上記の例と同じように，写真家志望の人物にとり写真機材を買わないという選択も確かに可能であるが，そうした選択をすることで本人は少なくともしばらくの間は惨めな思いをしたことだろう。そしてこの場合，そのような結果をもたらす野心を抱くことを彼が選択したわけではないことも上記の例と同様である。（コーエンたちが主張するように），先天的な視覚障害者や，能力に制約がある人物，水道水に我慢できない人たちのように，写真家志望の彼とは別の意味でハンディキャップのある人々がそうした条件に由来する金銭的責任をもし負うとすればそれは不公正であるのと全く同様に，写真機材購入という選択をしたことに対する結果責任を彼に負わせることもまた確かに不公正なのである。

　ここで重要なのは，上記の議論がいかなる一般的な形而上学的，心理学的決定論にも訴えていない点である。人々は選択する自由を持つということが否定されているわけではない。例えば，写真家志望の人間には高価な機材を買わない自由があるということが否定されているわけではない。ただ，高級機材購入を本当に決心したからといって本人が経済的に苦しい状況を強いられるべきではない，ということを上記の議論は主張するだけである。事実，批判者たちが強く抱いている前提によれば，各自は選択する自由を持っているのである。なぜなら，彼らの主張によれば，各人が熟慮の上で培ってきた自らの嗜好に高額な費用がかかる場合，各自はその嗜

好に対して結果責任を負うべきだからである。コーエンはこの点について次のように述べる。「人々が自らの嗜好に対して実際に責任を負うべき範囲においては，関連する福利の不十分さが正義の注意を喚起するようなことはない。したがって，福利の不十分さが何らかの意味で個人的選択に起因しないように思われる場合にのみ，それらが補償されればよい。」コーエンが説くには，こうした理由によって，社会は写真家志望の人物に対しては補償をすべきであるが（コーエンが仮定しているように，写真への嗜好は選択に起因するものではないからである），ルイ（シャンパンへの嗜好を持つ第1章で言及された人物）のように，（コーエン流に言えば）「ある嗜好にはまってどうにもならなくなっているわけではない，つまり好き好んでその嗜好を作り上げた」ような人物には補償する必要はない。[1]

こうした理由から，福利の平等は政治目標として相応しくないということをコーエンは認める。福利の平等では，自然に身に付いてしまった高価な嗜好と，意図的に培ってきた高価な嗜好が区別できない。ゆえに，コーエンおよび彼と同種の主張をする人々は，福利の平等および資源の平等双方を拒絶し，第三の平等理念と思われるものを支持する。すなわち，福利やその他の種類の何らかの利益を確保する能力（capacity）や潜在能力（capability）や機会（opportunity）の平等である。ルイの場合，高価な嗜好を培う以前に彼は福利追求の機会が他のすべての人と同じ程度にあったのだから，彼自ら培ってきた高価な嗜好に報いたり補償する必要はない。けれども，写真家志望の人物はその熱い野心を選択したわけではない。いつしか彼はその野心の虜になったのである。この写真家志望者は福利追求の平等な機会に恵まれず，したがって補償に値することとなる。

この区別をコーエンは根本的だと主張するが，私に言わせればそれは幻想である。別にルイは快楽にふけることや欲求の満足という意味での「福利」をより多く得ようとして，豪華な嗜好を培ってきたわけではない。もしそうだとしたら，それは不合理な話である。なぜなら，たとえ福利の平等を志向する共同体にルイが属していたとしても，彼は結局，少しの快楽や満足しか得られないからである。[2] 彼が洗練された嗜好を培ってきたのは，ブルボン王家の血筋を引く彼にとって，そのような嗜好は自分に相応しいと考えたからである。言うならば，彼は洗練された嗜好への嗜好を持っている。だが，彼の行動の源であるこうした背景的嗜好は，選択に「由来する」とは言えず，それは写真に対する写真家志望者の嗜好と同じである。（ちなみに，この事実は王家としてのルイの血統や育ち方という事実に左右されることも

ない。彼をルイでなく，ジェイと呼んでも良かっただろう)。

　仮にコーエンが次のように主張しようとも，それは有効ではないだろう。ここでルイが実際に持つ嗜好とはあくまで「二次的」(second order) なものであり，自らが培ってきたわけではない高価な一次的嗜好は補償されるべきであるのに対し，第二次的な高価な嗜好は補償する必要はない，と。しかし，選択と運とのコーエンのこのような「切断」は深いところまで達すると思われており，高額のレンズが買えない場合に写真家志望の人物は損害を被るというコーエンの想定がどのような趣旨のものであろうと，それはルイにも言えることであり，彼が仰天したことに自分が温め直しの食事（テレビ・ディナー）を取り続けなければならなくなったら，彼はやはり損害を被ることとなるに違いない。⁽³⁾ したがって，コーエンが理解しているような意味での福利ないし利益への機会平等観念は結局，明瞭な政治的目標とはならない。図らずもそれは，コーエンが否定しようとした単純な福利の平等に逆戻りしてしまう。ある種の「高価な」嗜好自体を我々は選択してきたわけではないという根拠から，その嗜好の結果に対して責任を負う必要がないとするならば，どんな高価な嗜好に対しても責任を負う必要はなくなる。そしてコーエン的原則から言えば，高額な嗜好であるからとの理由だけで各自が相対的な経済的不利益を被るべきではない，ということを共同体は認めなければならない。

　コーエンの議論は実は単純な福利の平等論であり，それは偶然性と選択の区別に関して，私とは異なった解釈に立っている。私が思うには，その区別は普通の人間の倫理的経験に基づいてなされる。市井の人々は自分自身の人格的諸特徴に対する結果責任を負いながら，日々の生活を送っている。周知のことながら，自らの生活を形作る大小様々な決定を我々は行っており，またその際には，自らの嗜好，気質，習慣，むき出しの欲求などと向き合い，それらを受け入れ，押さえ込み，あるいはうまくそれらとつきあわなければならない。そして，我々がなぜそんなことをするのかと言えば，それは多様な判断や信念形成を行うためなのである。そこでは，他者への公正さについての道徳的信念や，どんな生活が自らにとって相応しく，上出来と言えるのかといった倫理的判断などが含まれる。もちろん，こうした多様な判断や信念は，メニューの中から選び出されてきたわけではないだろう。それは，箪笥の引出からシャツを選んだり，メニューから料理を選ぶようにはいかないものである。言うまでもなく，何を読もうと，聴こうと，勉強しようと，考えようと，それは我々の自由である。また，それらの行為をどのくらいの間しようと，どんな状

第7章 平等と潜在能力

況下でしようと，それも自由である。けれども，そのような行動を自由にとってきた上で，そこからどのような結論でも自由に引き出せるかというと，そのようなことはない。しかしそれにもかかわらず，我々は自分が特定の道徳的倫理的結論に達したという事実を運不運の問題と見なさない。もしそうしてしまえば，我々は自分自身を人格的諸特徴と同一化した存在というよりも，それらとは切り離された存在として見るようになってしまう。つまり，偶然的に精神的放射線を浴びせられる犠牲者として，自らを見なすのである。そうではなく，我々は自らを道徳的倫理的行為主体と見なしている。つまり，今になってみれば完全に自分のものとなっている信念を作りあげるべく頑張って取り組んできた主体である。そうした見方からは，次のような主張は奇妙に思われる。ある人物はまわりの人間から同情され補償されるべきである。なぜなら，困っている友人を助けるべきだとか，ヒップホップ音楽よりもモーツァルトの方が魅力的だとか，海外旅行に行けなければ良い生活とは言えない，などということを当人が決めたことは，不運以外の何物でもないからである。

　18世紀の心理学や20世紀の経済学の語法に引きつけられている哲学者は，人間の多様な動機を，それが単純であれ複雑であれ，あけすけなものであれ洗練されたものであれ，「欲求」や「選好」と見なす。これらの術語は，人間の多様な動機と，理性的判断・信念との違いを強調する。だが実際のところは，ある態度の説明理由として挙げられる動機の多くは，判断と対立するむき出しの感情ではなく，その対立の結果である[(4)]。各人が生を営むにあたって抱く長期に亙る望み，つまり企図ないし念願には明らかに価値判断が込められている。建築物の外観を変えたいと思っている者，大統領に成りたがっている人間，もっとホームレスの役に立ちたいと思っている人物は夫々，その達成を単に望んでいるのではなく，それを高く・評・価・し・て・い・る・のである。夢が実現すればおそらく当人は満足感に浸るだろう。だが，各自の努力を支えるものは，その達成の重要性の認識から来るものであり，満足感を得ることへの期待からではない。満足感は当人にとっての達成の重要性によって説明されるものであり，満足感によって達成の重要性が説明されるわけではない。「嗜好」と呼ぶほうが自然なものも，その殆どは判断と密接不可分なものなのである。むろん，ある種の嗜好は判断とは関わりなく，全く不運にもそうなったものである。不幸にも水道水を恐ろしくまずいと感じる人物は，そうした不利な味覚を持たないことを選好するするだろう。彼の味覚はハンディキャップであり，資源の平等論もそのよ

うに見なす。けれども，もっと複雑な嗜好は肯定的判断と密接に連関している。確かに，熱心な写真家は，撮影技術や自分の腕前を楽しみ，光と陰を写真の中に永遠に収めることに浮き浮きする。そして，自分の写真への情熱を説明する際に，彼はこれらの感覚を引合に出すだろう。しかし，彼はこうしたことをしばしば心から楽しむとはいえ，楽しむだけで終っているわけではない。なぜならこの種の楽しみは，美的判断や美的感動，技術的熟練，視覚的知見といったものの価値や，その他の関連する多様な価値について彼が抱く，より一般的な別の見解と適合し，これと分かち難く結びついているからである。そして更にこれらのより一般的な見解は，すべての人々にとってではないにせよ，少なくとも彼にとっては正しい生活のあり方についてのもっと一般的な構図から導き出されると同時に，この構図の中へと入り込み，これをより内容の豊かなものにしている。こうしたことは，必ずしも自覚的な評価の対象となっているとは限らないし，事実，自覚的でない場合がしばしば存在する。だが，相互に組み合わされ強化し合う嗜好，確信，判断の網の目は，それでも写真家の心の中では働いている。そして，そうした網の目があるからこそ，写真への興味を失わせる薬を勧められるようなことがあれば，彼はそれに嫌悪感を覚えるのである。友人に対する誠実さを自ら不運なことと評することが奇妙であるように，写真家が写真へのこだわりを不運と自ら評することは奇妙なことと思われるだろう。

III 中毒者と我々

　他の点では我々と似ている人々が自らの信念，確信，嗜好，判断，企図を単なる幸運なあるいは不運な出来事と見なしているとき，このような人々がどんな態度をとるかについて予想することは困難である。だが，コーエン説の前提となっている考え方のより良き理解を目指して，そうした人物を想像してみよう。例えばここに，己れの唯一の目的は高揚感や興奮を自分自身の中に生み出すこととしている興奮中毒者がいるとしよう。本人の経験から，おそらく試行錯誤の積み重ねによって，当人は熱望する興奮を，他でもないある特定の活動や出来事に見出す（例えば，格好いい車を飛ばすことや，ホームレスの家族に住宅が供給されてきたという事実を知ること）。彼は興奮を惹き起すことを知った活動や出来事を自分の「選好」の対象として記述する。この記述によって彼が言おうとしているのは，それらが手段として役に立つということだけであり，自分の選好を彼は興奮に役立つという理由から，

第7章　平等と潜在能力

そして役立つ限りにおいてのみ評価する。

　この選好が彼にとって本質的価値を持たないのは，身体の諸器官の状態が彼にとって本質的価値を持たないのと同じである。確かに，彼は自らの選好を身体の状態として考えており，そういう意味で医学的なたとえは適切であると思っているかもしれない。彼に言わせれば，当人固有の神経組織がある特徴を持つからこそ，他でもない特定の薬がより効果的な鎮痛作用をもたらすのと同様に，当人固有の神経組織が別の特徴を持つからこそ，他でもない特定の活動から自身が望むより大きい興奮が得られるのである。他でもないある特定の薬に対する彼の選好は，当該薬の鎮痛効果と切り離されて存在するわけではない。同様に，他でもないある種の経験や達成に対する彼の選好は，当の選好が興奮を生み出す力と切り離されて存在しているわけではない。当然のことながら，当人の心理学的，生理学的構造がもし違う場合には，また嗜好や企図も異なってくるわけであり，そうなれば，この嗜好や企図はより効果的に興奮を生み出す手段となる。なぜなら，その嗜好を満足させ，企図を叶える行為ならば，それがたった一つの行為であってもより大きな興奮を生み出すからである。あるいは，そのような行為は類似の興奮をはるかに安価に生み出せるので，当人にはこの種の行為と興奮をより多く自分のものにすることができるからである。彼はそうした選好を自らのものとしたがり，自分のものでない場合は不運であると考える。選好変更に効く薬を提供されれば，彼はその薬を飲む機会に飛びつくだろう。それは，鎮痛処方を受けている人物が，より安価な，あるいはより効く薬を飲む機会に飛びつくようなものである。

　また，上記の人物と似てはいるが，「あれもこれも中毒」(the tick addict) とも言うべき，違う種類の中毒者も想定可能である。そこでの当人の主な目的は，単なる興奮にあるのではなく，欲しいと思ったものなら何でも獲得することの満足感にある。「欲求充足」(desire satisfaction) と彼が呼ぶような，様々な達成や出来事を可能な限り多く数え上げることに，本人の使命がある（欲求がより強いと彼が思うときは欲求充足の得点も高くなるような，達成測定の尺度をおそらく彼は持っているのだろう）。様々な欲求を持っていることに本人は気づいている。例えば，オペラを愛し，同時に，素晴しい森林や美しい歴史的建造物の保護に熱中する。興奮中毒者と同じように，本人はこうした欲求を単なる手段と見なしている。これらはたまたま本人が欲しがるものであったにすぎず，彼にとって重要なのはあくまで欲求を満足させることである。しかし，具体的に何に対する欲求であるかは，彼にとって

は全く興味のないことである。そうした欲求とは，当人の神経組織の偶然的事実にすぎず，そのような理由から重視されるだけである。本人が考えるところによれば，自分がいま抱く色々な欲求は，持ちえたかもしれない他の欲求よりも，容易に満足させることができる程度において自分の利益になると見なされており，対照的に，自分がいま抱く欲求は，想定しうる他の欲求に比べて満足させることが困難である限りにおいて自分の不利益になると見なされている。例えば，喉から手が出るほど紙マッチの表紙を集めたがることは，彼にとって想像可能である。ゆえに，自分にそうした収集癖がないことを彼は残念がる。なぜなら，表紙収集で他者に抜きんでることは比較的容易だからである。したがってオペラ鑑賞から紙マッチ表紙収集へと欲求の対象を変化させてくれるような薬があるとしたら，彼も喜んで飲むことだろう。そして，そういう薬がないがゆえに，自分はオペラなどという金がかかる欲求にはまっているということに対して彼は不運であると感じるのだ。紙マッチ表紙収集を自らの趣味にしようとしても，実際は当人にそのような趣味はないわけだから，表紙収集は彼にとって選好を満足させるものにはならない。

　こうした中毒者たち（残念ながらそう言わざるをえない）は，哲学や経済学において重要な役割を果してきたし，また現在でも哲学や経済学の一部で人気を博している。したがって，中毒者たちがコーエン説を非常に説得力のあるものと考えることは注目に値する。彼らにとっては，人々にしかるべく付与される財を判断する際に，無能力・ハンディキャップと，嗜好・信念・企図の間に重大な区別を設けることは恣意的である。中毒者たちに言わせれば，嗜好や企図であっても，それを満足させたり実現するのに比較的費用がかかるようなものはそもそもハンディキャップなのである。だから，嗜好・企図と，他のハンディキャップを別個に考える意味はない。とすれば，あなたも私も中毒者ではないことになる。なぜなら我々にとって，企図や選好あるいは嗜好でさえも，その殆どが，既述の如く，独立した価値判断と分かち難く結びついているからである。(5)もしあなたがジャズを愛しているなら，あなたはジャズそのものを愛しているのであって，たまたまジャズコンサートで感じた興奮（他のおそらくもっと安価な手段でも得ることをあなたが望んでいる興奮）を愛しているのではない。もしあなたが生物種保護や建造物保護を望むなら，それがまさにあなたの望みであって，単なる欲求充足の手段をもう一つ増やすことではない。もちろん，あなたはジャズから興奮を得られる。また，環境破壊を行ってきたブルドーザーが追い払われる時にあなたは本当にぞくぞくするだろう。しかし，こ

うした興奮はあくまで判断に基づくものなのである。例えば，上手なジャズ演奏は本当にすばらしいとか，あの建造物保護ほど重要なことはないとか。

　嗜好，選好，企図，動機，信念，様々なタイプの判断は相互に関連し合っており，我々が中毒者と違う理由もこの点にある。それゆえ，批判者たちが嗜好と呼んでいるものの殆どは，ハンディキャップとして扱うことができない。仮に，己れの野心を放棄したり，今満足感を深く覚えるものに対して何の充足をも感じなくなるなら，それで自分の暮らし向きが良くなるだろう，と考えることは我々にはできない。逆に，我々にとって満足な生活とは何であるかを定義するものこそが，自らの嗜好，信念，企図なのである。満足な生活を実現する上で，そうしたものが障害になると考えることはつじつまが合わない。様々な資源およびハンディキャップは（その中には，我々が持ちたくないと思っていたり，克服・追放しようとしている渇望や強迫観念が含まれる），自分がしたいと思っていることを可能にもするし，また制約もする。これに対して確信，信念，企図，計画，嗜好は——我々はそれらに立ち向おうとしているのでも，それらを打ち消そうと望んでいるわけでもなく，それらに満足感を得る——，自らがしたいと思っていることの中身を決定する。前者の下で，我々は楽しんだり，苦しんだりする。だが，後者に対しては，我々は自分のとるべき道を思索し，感じとり，思い悩むのである。そうした判断に対する責任を自ら引き受けることが我々の倫理の最も基本的な前提なのである。

　コーエン自身はもちろん，興奮中毒にも「あれもこれも中毒」にも陥っていない。したがって，そうした中毒者だけが魅力を感じるような議論に対して，なぜコーエンが熱心になっているかという，その理由を考える必要がある。コーエンおよび同種の議論を行う人々には，以下の二つの理由のうちのどちらかがある。彼らが抱く急進的な見解によれば，我々の慣習的な個人的倫理は一つの深刻な哲学的誤りに基づいている。したがって，我々は自らの信念に対して責任を取らないように努めるべきであり，中毒者のように考え行動すべきである。しかし，批判者たちはそうした奇妙な示唆を支えるような議論はしていない。そして彼らがいかなる議論を行いうるのかは想像しにくい。彼らは一般的な心理学的決定論に全く訴えることができない。なぜなら，そこには二つの理由があるからだ。一つ目の理由として，彼らは行為の際の一般的な選択の自由自体に異議を唱えているわけではない，ということが挙げられる。二つ目には，環境と人格の間に区別を我々が従来設けてきたからといって，それによって人格自体を選択してきたことが前提とされるわけではない，

ということである。そして，我々が人格を直接選択してきたわけではないという議論がいかに一般的・形而上学的なものであっても，それによって環境と人格の区別が傷つけられることはないだろう。更に，人格的責任感の基礎を掘り崩そうとする議論のすべては，それ自身道徳的・倫理的なものでなければならない。そうした議論は，その人格的責任感の基礎が魅力的でない結果を生むことを示さなければならないし，さもなければ我々にそうした責任感を捨てるべき規範的理由を示す必要がある。我々の倫理経済（ethical economy）のかくも基本的な部分を大きく揺り動かすほどの力をそうした議論が持っているとは思われない。[6] 自らが意図的に選択してこなかったものに対しては，いかなる意味においても人々は責任を負うものではない，という想定された規範的原理に批判者がただ訴えるだけではだめである。そうした原理は，自らの信念に対して結果責任を取るという事実によって反駁されると同時に，他の多くの倫理・道徳上の経験によっても反駁されてしまうだろう。例えばそこには，自らの政治共同体，両親，兄弟姉妹に対して負っていると信ずる義務や責任が含まれる。[7]

　批判者たちの議論は全く異なった土俵の上にありそうだ。彼らが考えるところによれば，政治理論は，我々の人格的道徳・倫理に内在する周知の構造を追求する必要はないし，また追求すべきでもない。資源の平等論は，まさにそうした我々に馴染みの構造を追求する。つまり，そうした構造をそのまま政治にまで持ち込むのである。資源の平等論が提唱する政治は，我々の残りの部分の信念から生まれるものとして我々が受け容れることのできるような政治である。またそれは，政治専用の道徳へと変換しなくても，市民が正義の主張を行い，正義の主張に応答できるような政治である。また資源の平等論は，我々自身の倫理的生の中で不利益やハンディキャップとして扱われるものだけが政治においても同じく不利益やハンディキャップとして挙げられることを可能にする。批判者たちならば，もう少し異なったものとして政治を見たがるだろう。つまり，外部の操作者によって外側から押しつけられたものとしての政治だ。そこでは，操作者たちは独自の道徳を用いるが，それは被統治者が信ずるものとは対立するかもしれない。例えばコーエンによると，日々の生活に対して己れの宗教が重い負担を強いる場合にも，当人は自らの信仰をハンディキャップとは考えないだろうし，できればその信仰を捨てたいとも思わないだろう。だが，それにもかかわらずその宗教を受け入れているわけではない我々が当該宗教をハンディキャップと考えていけない理由はないし，当人が余分な負担を強

いられることに対して補償してはならない理由もない。ここでコーエンが言っている「我々」とは、再分配機構を決定する政治的多数派を明らかに指しているが、その再分配の前提は、受益者とされている人々によって我慢のならないものとして、拒絶されることだろう。しかし、そのような手続は、参画民主主義（partnership democracy）の基本的前提と両立しないように思われる。参画民主主義の前提に立てば、各市民は自らを集合的決定における共同決定者と見なせるようでなければならない。いずれにせよ、批判者たちの説明によれば、単なる少数派の個人的倫理を覆そうとするのでなく全市民の個人的倫理を覆すことを彼らは提唱するのだ。批判者たちの主張によれば、政治において我々はすべて中毒者のふりをすべきである。つまり、我々はすべて、個人的には屈辱的と感じるような方法によって集団的に行動すべきなのだ。ひょっとしたらそのような集団的卑下の理由があるのかもしれないが、それが何であるか私には解らない。

　更には、批判者たちが自らの仮説に基づいて勧める、個人的倫理と政治的道徳の間の分離は、たとえそれを望んだとしても我々のような普通の人間には達成不可能なことである。我々の選好や企図には自らの価値判断が入り込んでおり、また少なくとも大部分の人間にとってこれらの価値判断には、全体的に成功した生のあり方についての倫理的信念とともに、特定の資源配分の妥当性や公正さや正義についての道徳的判断も含まれており、それゆえ、福利主義的用語で語られる正義論が求めるような形で、企図と判断を分離することはできないだろう。中毒者ならば、自らにとっての単一の重要性（それが興奮することであれ、何でも欲しがることであれ）と、予見可能あるいは妥当な資源分配に関して自ら持ちうる知識や信念を問題なく分けることができる。彼らの選好は、独立した価値や判断を全く反映していない。それは単に自らの興奮や、あれもこれも病を生む結果に繋がる単なる神経学的事実なのだ。したがってこうした選好は、自らが期待し満足する資源の分配に対しては鈍感になる。もし中毒者たちがビールや建設工事よりもシャンパンや建築術を好むとしたら、ビールや建設工事を好んだ場合よりも興奮やあれもこれも感の充足が低下するだろうということに彼らは気づいている。けれども、いずれにせよ、中毒者たちがどの選好を持つのかということは、自らが享受すると予想しうる富の程度に依存しないし、ましてやどの程度の富を自ら所有するのが適切かについての判断に依存しない（もちろん、彼らは後者の点について選好を持つかも知れず、したがってこれらの選好は彼らが形成してきた他の選好に影響を及ぼしたかもしれない。だ

が, 後者はそれでも自らの神経学的な存在および生を持つだろう)。このように, 彼らの選好は固定化したものなので, 彼らは自らの選好を委員会やコンピューターに知らせうるし, 委員会やコンピューターはそれらの情報を用いて, どのような資源分配が全般的に選好に関する平等な満足感を生むかを計算しうる (あるいは同じことだが, どのような資源分配が選好を満足させる機会を平等にするのか, あるいは功利主義が再び流行するならば, どのような資源分配が選好の全体的満足量を最大化するのかを委員会やコンピューターは計算しうる)。別に私は, こうした馬鹿馬鹿しい計算過程が中毒者たちから成る共同体においてさえ, 本当に実現可能だと言いたいわけではない。

けれども, 我々世間一般の人間は, 想像においてさえもそうした計算活動には加われない。なぜなら, 自分のほぼすべての選好 (すべての重要な選好を含む) は各種の判断の中に組み込まれており, そうした判断があるからこそ, 自分が持てそうな富に関わる想定に対して, 各自の選好は大いに敏感になるのである。私が特定の企図を是認するかどうか (ゆえにそうした企図を持つかどうか) は, その企図を追い求めることが私の残りの人生にもたらす結果についての自分の判断に依存するし, そうした結果は, 自分に利用可能であると (少なくともある程度の量までは) 予測しうる総体的な資源に依存している。また, ひょっとしたら私は何らかの企図ないし念願を非常に重要と考えるがゆえに, 念願成就のためには貧乏を厭わないかもしれない。偉大な芸術家たちが若い時分に考えたこととは, まさにこういうことだと我々は思いたがる。だが, そうした貧乏を厭わないような判断でさえも, 自分がどの程度貧困になるだろうかとか, 自分を頼っている他者にとっての影響はどうだろうかなどの予想をそこから切り離すわけにはいかない。このように, 現実の世間一般の人々の予想は, 各自の嗜好や企図形成自体にその役割を果すものなので, 資源分配に先だって彼らが確固とした選好を形成することはできないし, コンピューターや委員会に知らせるべき情報内容を告げることもできない。更に言うなら, 多くの人々にとって選好と資源の関連性は道徳的なものでもある。幸福についての少なくとも柔軟な媒介変数として, 人々は正義を捉えている。それゆえ自らの企図および選好がどのような仕方で固定化されようと, それに先立って, 利用可能だと思われる資源だけでなく利用可能だとされるべき資源の内容についても人々は何らかの見解を持っていなければならない。したがって, たとえこのような人々が自らの正義感の発露として福利平等主義 (welfare egalitarianism) 者になったとしても, 自分

や他者の選好に基づく計算の答えを知るまでは、本人たちは自分の選好を告げることはできない。そうならば、ゼノンの矢のごとく、平等実現に向けての営みは決して始まらないこととなってしまう。

IV 人間と運

コーエンの見解によれば、人々が抱く選好や企図はしょせん運・不運の問題であるという中毒者的な前提に（少なくともコーエンの考えでは）依拠していないような、資源の平等に対する二つの反論がありうる。彼は論文の数頁を費やして一つ目の反論を述べているが、私に言わせればそれは誤解に基づいている。コーエン曰く、資源の平等は、共同体が平等の名において以下のような人々に対し特別な配慮を行うことを認めない。①自分のやりたいことをやる上では支障はきたさないが、ひどい痛みを抱えており、その痛みを和らげる高価な薬を必要としている人々。②異常な寒がりで高価なセーターを必要としている人々。③全く何もできなくなってしまうわけではないが、長引く重い憂鬱感のために自分の生活に支障をきたし、なかなかその気分が取れない人々。(10) コーエンの主張は異なった二つの問題を提起する。一つには、上記の不幸な境遇にある人々は、果して本書第2章で記述された体制の下で、原則的に補償を受ける資格があるのかという問題。もう一つには、もしそうした体制が現実世界で実践されるならば、実際問題としてこの体制は上記の境遇に対して補償を行うことになるだろうかという問題である（資源平等論に対するアマルティア・センの異論を検討する本章後半部において、私は同様の区別を用いる）。

最初の問題への解答は十分明瞭である。大方の人間が認めるだろうが、まともな生活とは、他の点でそれがどのようなものであれ、長引く重い肉体的な精神的な痛みや不快感のない生活である。したがって、高価な薬や衣服を手に入れない限り、痛みや憂鬱感や不快感を必ず引き起こしてしまうような肉体的な精神的な悪状況は明らかにハンディキャップである。そうした苦境にある人物はその状況を選択したわけではない。できることなら、本人は苦境から逃れたいと思うだろう。そして、本人が持つ確信、判断、信念、コミットメントから言っても、苦境脱出に異論はないだろう。痛みを生むこうした悪状況は個人的資源の不足に関する典型事例であり、それに対して資源の平等は原則的に補償を行う。二つ目の問題は抽象的には答えられない。だが、コーエンが想定する痛みがひどいものであり、また同じく彼が想定するように、薬が痛みを和らげるのなら、その時はその薬を購入可能にするための基金

を仮想的保険機構はまず間違いなく提供するだろう。憂鬱症の人々や，分厚いセーターを必要とする人々が，そうした不幸に備えてこのような保険制度が要求する高い保険料を払ってまで保険に入ろうとするかどうかを我々が判断するためには，コーエンが提供している事実よりも多くの事実を想定する必要があろう。けれども，繰り返しになるが，状況が深刻で金でどうにかなるのなら，彼らは保険に加入するだろうと思われる。[11]

　資源の平等に対するコーエンの最後の反論は違った意味で啓発的である。曰く，自分が現に持っているような嗜好や企図を持つことで本人が不運にみまわれたとまでは常識的に言えないにしても，競合する他者の嗜好や企図のせいで自ら欲するものが高価である場合には，不運にみまわれたと確かに言える。自分が望むものを実際にどれだけ所有できるかは，確かに他者が望んでいるものに依存している。例えば，他者が自分と同じものを欲しがるならば，私は自分が望むものをより多く手に入れられる場合がある。なぜなら，生産のための単価が下がるからである。一方で，競売などにおいては，他者の同様な選好こそが自分の欲しがるものを高価なものにしてしまう。しかし，むろん他者の選好は（あるいはこの選好が価格にどんな影響を及ぼすかを左右するある種の物や原材料の稀少性は），自分の選択の問題でも判断の問題でもない。コーエンが主張するように，こうしたことは自然の運の問題であり，それゆえ私自身の見解においても補償が必要とされるべきである。

　仮にこの議論が成功しているとするなら，高価な嗜好を持つからと言って追加資源への権利は認められるべきではないという私の主張は確かに弱められるかもしれない。しかしこの議論は，福利への機会の平等と単なる福利の平等に関してコーエン自身が行った区別をも自ら捨て去ってしまう。ルイのような人々は自分のシャンパンの嗜好を選択したのだというコーエンの主張をたとえ認めるとしても，そうした嗜好は高価なものであるべきだと彼らが選択したわけではないことも同時に認めるべきだろう。つまり，彼らの不平がもっともだと思われる点は，（シャンパン向きの土壌の稀少性のために）シャンパンがビールよりも高価なことは自分たちにとって不運だということである。確かに，どんなに自分の嗜好や企図が安い費用で充たされるからと言って，不平が言えないわけではない。例えば，他人の嗜好や需要供給の運が自分の嗜好を更に一層安価にしてくれるようなものでないことは自分の不運である，と不平を言うことは誰にとっても可能である。

　こうしたコーエンの新手の議論は，その無差別的な効力のゆえに自らの議論の欠

陥を露呈してしまう。再び我々は倫理学から，すなわち，運・不運，選択，判断が個人の責任感をいかにして形作るかを熟慮することから出発しなければならない。そこで我々は，他者の嗜好や選好は自分たちの行為や状況に対する結果責任から我々を免れさせてくれるような一種の運と考えることが誤りであることを理解する。私が自分の共同体の中に見出す個人的な企図，態度，選好の混合体や，世界の資源の全体的状況は，それ自体では私にとって公正でも不正でもない。この混合体は，私が何を行い何を所有することが公正，不正であるかを確定する事実の一部なのである。(12)こうしたことは政治の場で明らかである。例えば次のような場合に不公正であるとか不正だと私が主張することは馬鹿げたことである。都市設計についての私の嗜好や外交政策に関する私の見解を共有する人が殆どいないので，関連する投票において私は常に敗者側であるのは不公正だと。またこうしたことは道徳の場でも明らかだ。私が盗みを働いた場合，被害者には盗まれた物を私に与えようとする選好（そうすれば盗む必要はなかっただろう）がなかったのは私にとって不運であると言うことによって，罪を免れることはできない。他者の必要性や意見というものは，正しくあるいは不正に我々の間で分配されうる資源ではないのだ。繰り返しになるが，それらは何が不正か，あるいは正義が何を要求するかを判断する際に考慮しなければならない要素なのである。第6章の用語で言えば，それらは正義のパラメータ（媒介変数）なのである。

V　平等と潜在能力

センもまた資源に基礎を置く平等理論を否定し，機会や能力や（センが言うところの）潜在能力といった言葉で語られる平等観念を説いている。ただし，資源に基礎を置く平等理論に対するセンの反論は，この理論が福利の平等から我々をあまりに遠く引き離してしまうというコーエン的な批判と同様の点にあるのではなく，むしろこの理論が福利の平等から我々を十分に引き離していない点にある。セン曰く，平等を資源の観点から捉えたがる哲学者たちは（センはそこでジョン・ロールズや私を名指しする），各個人の人格的自由という非常に正当なものをねらいに置いている。センによれば，「［彼らの］手段が達成の評価にその焦点を絞ることなく，自由に向かっていると考えることは不当ではない。もし資源や一次的財という観点から平等を目指すとするなら，それは，達成したものを評価するという観点から離れ，自由を評価するという観点へと移行していると見なすことができる。(13)」

だが，センによればこれらの利点にも，真に平等な自由という点において不十分さがある。なぜなら，それらはある重大な事実を無視しているからだ。つまり，人間は多様な存在であり，同一の物質的資源を用いても，己れのしたいことを実際に行う異なった様々なレヴェルの能力を有している（セン流に言えば，人々は異なったレヴェルの「機能」(functioning) を達成しうる）ということである。センはこうつけ加える。「けれども同時に銘記されなければならないことだが，資源や一次的財の所有（権）が平等化されたからといって，多様な人間が享受する実質的自由が平等化されるとは限らない。なぜなら，資源や一次的財から自由への変換には著しい多様性があるからだ。」これらの多様性は「複雑な社会的問題」を反映しているかもしれないが，それらはまた「単純な身体的相違」から生じているかもしれない。センが述べるには，「貧しい人間が……栄養不足を免れるかどうかは，自らの資源や一次的財に基づくだけではない。……それは同時に，本人の代謝率，性別，妊娠の有無，気候的環境，寄生虫感染の有無等々にも関係しているのである。同一の所得や他の一次的財，資源（ロールズ的あるいはドゥウォーキン的枠組で特徴付けられるような）を有する二人についても，一方の人物が完全に栄養不足を免れ，他方の人物は全く免れることができないこともありうる。」(14)

センが信ずるには，平等な自由というものは各自の資源を比較することによってではなく，多様な機能や活動に従事する潜在能力を比較することによって十分に保障されるものなのだ。もちろんセンは，自らの明らかな難点にも気づいている。多様な存在である人間は，多様な諸活動を重要度に応じて多様に位置づける。例えば，ある者にとっては高いレヴェルでの知的あるいは芸術的な達成こそが身体的技能よりも重要であると思われるだろうし，他方で全く正反対に考える人もいるに違いない。既述のように，ここに，福利の平等論が直面する難しさがある。どのような福利観念がそこで特定化されようとも，そのような福利の平等を目指す試みとは，人々が非常に多様に評価するものを平等に分け与えようとすることだろう。センが示唆するには，諸活動のランキングを客観的に作り上げることは可能である。だが彼も認めることとして，そのようなランキングは不確定性要素という難点を抱え込む。しかし，第1章で指摘したように，不確定性ということを割り引いて考えたとしても，やはり客観的ランキングには異論の余地があり，そうしたランキングに分配上の基準を置くことは万人に対する平等な配慮と一致しない。

以下の二つの点を更に考察していくために，ここではセンに対するこうした批判

をひとまず棚上げにしておくことにする。第一の論点は，資源に基礎を置く平等理論へのセンの批判が妥当かどうかであり，第二の論点は，「潜在能力の平等」とは本当に彼が考えるように，資源に基礎を置く平等理論に代りうる本物で魅力的な議論なのかどうか。ここで，資源に基礎を置いたロールズ的な分配的正義論を擁護しようとするつもりはない。なぜなら，本書で既に何度か示されてきたように，センの批判に対してロールズの立場は私の立場よりも弱いと思われ，その点で私とロールズの立場は異なるからである。[15] しかし，私の平等論に関するセンの批判は不思議なことに的外れである。本書の最初の数章からずっと強調してきたことだが，人々の資源の中には，金銭のような非個人的で移転可能な資源だけでなく，健康や身体的能力のような個人的資源も含まれる。更に，個人的および非個人的という二大主要資源領域での不平等を修正，緩和するために夫々異なった技術が必要であるが，どちらの領域においても平等主義的配慮は払わなければならないのである。例えば，第2章で説明され，第8章で例証された，病気や身体障害のための仮想的保険競売（hypothetical insurance auction）は，自らの個人的資源が様々な点で弱められている人々に対する非個人的資源を増やすことをねらいとしている。

　確かにセンは非常に微細な次元での個人間の身体的差異を論じている。それは，私が個人的資源の説明において論じた身体的差異よりも細かいものだ。例えば，各人の代謝率が夫々違うことが重要となりうることに彼は注意を喚起している。しかし，センが検討する非常に詳細な点での個人間の差異が果してどの程度まで理論の相違を示すこととなるのかを考慮するという観点からは，以下の二つの問題を区別することが重要である。一つには，人々の間に存在する差異のうち，いかなる種類の差異が，当該差異を補償，緩和するための措置を正当化するものと原理的に見なされるべきなのか，という問題。もう一つには，どのような差異こそが，平等促進の実際に運用可能な体制によって現実に緩和され補償されるのか，という問題である。センの批判は最初の理論的次元で間違っている。代謝率とは明らかに個人的資源であり，したがって資源平等論は原理的にはそれらを平等主義立場からも関係のある問題と見なす。二つ目の問題に抽象的に答えることはもっと難しい。資源の平等を志向する実際に運用可能で正当化可能などのような体制も果して代謝率の低い人間に対して補償（例えば特別の配給券を配ること）をすることになるかどうかは，多くの事実に依存しているに違いない。その中には，最も目につきやすい事実として，低代謝率が持つ意味が含まれる。仮想的保険市場をモデルにした再分配の体制

は，特別高価なあるいは非常に多量な食料を生存のために必要とするような代謝異常に対して補償を行うだろう。しかし，私が思うにこの再分配の体制が，例えば少しでも多くの人々に少しでも多くの食料用の現金を給付することによって代謝の必要性を微調整することはないだろう。なぜなら，そうした計画にかかる行政的費用は極端に大きいからだ。しかしながらセン自身は，センなりの平等観念を制度化するような具体的で政治的に実現可能な体制を提案していない。彼の論調が示唆するところによれば，センは自らの批判を実践的なものというよりも理論的なものと考えているようである。

では，センが積極的に主張する平等観念である「潜在能力の平等」とは本当に資源の平等とは異なるものなのだろうか。もしそうなら，それは福利の平等とは本当に異なるものなのか。センの立場の次のような言明を考察してみよう。

「この点での，ある人物の達成度は，状態や行為から成る本人の機能ヴェクトルとして示されうる。そこで関係する諸機能とは非常に多様なものである。例えば，十分な栄養を取っていること，健康でいること，回避可能な病気にかかっていないか，乳幼児のうちに死ぬ危険がないか，などの基本的な機能から，幸福でいること，自尊心があること，共同体の生活に参加すること等々の複雑な機能まで，様々な機能が挙げられる。ここでの主張とは，諸機能とは人間の生の構成要素そのものだということであり，また，福利状態の評価とはこれらの構成要素を評価する形式で行われなければならないということである。機能概念と密接に関連しているものが，機能への潜在能力という概念である。ここでの潜在能力とは，人が達成しうる様々な機能（状態および行為）の組合せを示している。それは……選択可能な生から特定の生を選択する個人の自由に他ならない[16]」。

以上の記述を素直に読むと次のような解釈が成り立ってしまうのではないかと思われる。すなわち，幸福，自尊心，共同体の生活における重要な役割などの達成の「複合体」を実現する能力において，人々は可能な限り平等にされるべきであると。しかし，センの記述がそのように解釈されるならば，それは大して新しくもない福利の平等の一形態（おまけにぞっとするような形態）を主張しているにすぎない。人々は本当に様々な理由から「幸福」に対する潜在能力が異なるものである。例えば，富において異なり，人格，企図，他者の痛みへの感受性においても異なり，更にはミルトンの詩的好敵手への評価においても異なるのである。モリエール作品中

の人間嫌いは，ヴォルテールのパングロスにみられる幸福への能力に欠けている。「自尊心」への能力についても，上記のすべての理由や無数とも言える他の様々な理由から人々は多様に異なっている。その中には，いかなる種類の生が自尊心を本当に充たすのかについての意見の相違も含まれる（例えば，トルストイ作品の中のイヴァン・イリッチは人生の殆どの期間に亙って自尊心への恐るべき能力を持っていたが，人生の最後においてその能力は全く失われた）。人々の「共同体の生活に参加する」能力や，他者から評価，尊敬される能力も，上記の理由の大半およびその他の広範な理由からやはり多様である。私の共同体の中の他者はまた，各自が嗜好，信念，判断基準，態度を有している。それらを反映して，私自身や私が有する様々な信念に対して，他者が持つ意見や，私と提携しようとする程度も決まってくる。もちろん，人々が幸福であったり，自らを良い人間だと考えたり，他人から良い人間だと思われること自体は大変結構なことだ。だが，こうした望ましい状態を達成する能力において人々は平等であるべきだという考えは筋道も通らず，確かに奇妙である。なぜそれが良いことなのだろうか。更には，政府はそうした平等をもたらす措置を取らなければならない，などという考え方は（どんな措置がそれに該当するかなどということを想像できるだろうか）空恐ろしいものだ。

　なぜこのことはそれほど明白ではないのか。なぜなら，我々が知っているところによれば，大半の人々にとり資源の不足こそが，幸福や，自尊心，共同体の生活でそれなりの役割を演ずることなどの達成を不可能にしているからだ。そこでの資源には，教育などの概して非個人的な資源と同時に，多くの場合個人的資源も含まれている。この点から，つい次のように言いたくなってしまう。資源再分配や機会保障によって我々が達成しようとしていることとは，上記の重要な財（goods）を確保する能力の改善にあるのだと。だが，それにもかかわらず問題をこのように捉えることの中には，次のような誤った考えに陥る危険性が常に存在する。すなわち，究極の政治的目標とは，一方では幸福，自尊心，その他人々が欲しいと思うこれに類似のものを達成するための資源において人々を平等にする（これは確かに魅力的かつ説得的な目標である）だけでなく，各自の持つであろう企図，計画，嗜好，気質，信念，態度等に委細構わず，上記の諸目標を達成する各自の全体的能力において人々を平等にすることという考えである（これは福利や幸福を平等にするという誤った目標である）。

　幸運にも，センの主張についてのこうした「素直な」解釈を否定する立派な理由

がある。既述の如く,センの目的にとって重要なのはロールズや私が福利の平等から遠ざかっている（と彼が考えている）程度よりももっと遠く福利の平等から離れることであり,これにもっと近づくことではない。そこで我々はセンの主張について,これまでとは非常に異なった次のような理解を採用すべきである。政府は次のことを保障しようとすべきである。すなわち,幸福や他の達成の複合体を平等に実現することができない点に見出される人々の相違は,あくまで当人および他者の選択や人格の相違に帰せられるべきものであり,手元にある個人的,非個人的資源の相違に帰せられるようなことがあってはならない。このように潜在能力平等論を捉えるならば,それは資源平等論に対する対案であるどころか,同じ資源平等論を異なった言い回しで論じたにすぎないものである。もちろん,人々は「諸機能」への「潜在能力」を改善するために資源を求めるものだ。言い換えれば,自ら欲することを行う力を改善するために資源を求めるものなのである。だが（センの立場を上記のように忖度すれば）,平等主義者の関心対象となるのはあくまで個人的,非個人的な資源であって,個々の選択によって達成されうる幸福や福利そのものではない。したがって,「諸機能」の客観的なランキングをつけようとするセンの試みは,結局のところ必要でも有益でもない。非個人的な資源を平等に分配することや,可能な限り個人的資源の相違を緩和する目的の（例えば仮想的保険市場のような）装置を考案することで十分なのである。そうすれば我々は,より平等な状態を背景にした選択を通して,人々が各人にとって重要な「諸機能」を独自にランキング付けすることを許容しうるようになるのである。

　センの理論がたとえ資源平等論の異なった言い回しにすぎないとしても,そうした言い回しは,私が明白であると指摘した点を再度強調している。つまり,人々は資源を持とうとするだけでなく,その資源で何かをしようとするということだ。しかし,この強調点が有意義となるのは,あくまで私が詳述した点を慎重に主張する限りにおいてである。曰く,求められる平等とは個人的,非個人的資源の中に存在するものであり,当該資源によって福利を達成する人々の能力の中に存在するものではない。平等主義的目標という同じ言葉で括られても,この違いは大きい。それは,平等な人々の国と中毒者の国の違いである。

　⑴　G. A. Cohen, "On the Currency of Egalitarian Justice," *Ethics* 99 (July 1989): 914, 923.

(2) 参照，第1章。
(3) コーエンはジョン・ロールズのコメントを引用しつつ自らの原則を紹介する。そのコメントによれば，高価な嗜好に対し人々に補償することは，「市民の選好は単にたまたま生じた傾向ないし渇望として自ら制御できないことを前提としている。そこでは，各市民は欲求の受動的な受け皿と見なされているようだ」(Cohen, "Currency of Egalitarian Justice," p. 913 より引用)。コーエンが主張するには，特定の「選好」とは本当にそういった種類のものである。なぜなら，そうした選好は意図的に選択されたものではないからだ。そして，そうした選好は補償が必要とされるべきだというところにロールズ説の含意があるとされる。だが，実際に選択してきた諸価値に対してだけ市民は責任を負うべきだとロールズが主張したとは私には思えない。ロールズ流に言えば，「それを形成していく際に彼らが何らかの意味で関与しているような」諸価値に対して市民は責任を負うべきだと彼は考えたのである。このことは本章の後半で私が提示する異なった説明を示唆している。
(4) 参照, T. M. Scanlon, *What We Owe to Each Other* (Cambridge, Mass.: The Belknap Press of Harvard University Press, 1998) chp. 1, および Warren Quinn "Putting Rationality in Its Place," in *Morality and Action* (Cambridge: Cambridge University Press, 1993)。スキャンロンは，彼が帰属的責任（attributive responsibility）と実質的責任（substantive responsibility）と名付ける二つの責任の間に有益な区別を設けている。前者は，特定の行為そのものに対して非難される可能性である。後者は，既述された結果責任のことであり，つまり，当該行為によって本人に生ずる比較的優位あるいは劣位な状態の妥当性である。スキャンロンが信ずるところによれば，こうした二つの責任形態はしばしば分断されている。彼は二つの例を挙げている。自ら進んでコカイン中毒者となり，コカイン中毒を後悔していないが，たとえ後悔したとしても中毒を克服できないであろう人間。および，仕事が無意味で汚らわしいものだとされるような文化的環境の中で育ったがゆえに仕事をしたがらない若者。むろん，コーエン曰く，そうした人間を我々は道徳的に是認しないだろう。なぜなら，彼らの望みや性癖は各自の判断で形成されてきたものであり，決して純然たるハンディキャップではないからだ。だが，そうした行為によって生ずる経済的その他の結果を甘受せよとまでは言えない。どうしてかと言うと，中毒の事例では当人はもはや違う行動を自由に採ることができず，仕事嫌いの事例では彼の状況は不正な環境の結果だからである。
(5) コーエンはこの説明に異議を唱える。彼曰く，「信念や心構えによって必ずしもすべての企図や野心が理屈づけられているわけではないし，嗜好に至っては殆ど理屈づけられていない。信念の力によって喚起されなくとも，多くの嗜好や企図は生ずるのだ」("Currency of Egalitarian Justice" p. 930)。ここから示唆されることとして，私とコーエンの考え方の違いは主として経験上の，あるいはおそらく哲

学的心理学上の差異ともいうべきものから来ている。けれども，嗜好や企図が信念・コミットメントと絡み合っているかどうかは大して重要ではないとコーエンが考えていることが判明する。例えば，宗教的情熱から高価な記念建造物を建てようとしている人物の欲求が信念によって生み出されていることは，確かにコーエンも認める。しかし，それにもかかわらず彼の主張するところによれば，そうした欲求を持つ人物は，建立計画が高価なものになることを選好していないことを唯一の条件として，当の欲求のゆえに他の人々より多くの資源を要求できるのである (pp. 935-938)。

(6) 参照，Ronald Dworkin, "Objectivity and Truth: You'd Better Believe It," *Philosophy & Public Affairs* 25 (1996): 87.

(7) 参照，Ronald Dworkin, *Law's Empire* (Cambridge, Mass.: Harvard University Press, 1986), 本書第6章。

(8) Cohen, "Currency of Egalrtanan Justice," pp. 938-939.

(9) スキャンロンが示唆するところによれば，自ら行った決定に責任を負うべきだと考えられる事例においても，当該決定の結果責任を社会的に免除する理由が当人に存在するかもしれない。参照，Scanlon, *What We Owe to Each Other*, p. 292. 仕事の意欲が殺がれるような環境で育った仕事嫌いの事例をスキャンロンは論ずる。本人が働きたがらないからと言って，そうした人物に対して失業手当給付を拒絶することは，そのような背景を持たない人物への拒絶ほどには，我々にとって平気なことではないだろう。しかしながら，そうした特別扱いに関して我々が持つと思われる次の二つの理由を注意深く区別しなければならない。第一に，彼は別に仕事に対する嫌気を選択したわけではないのだから，仕事嫌いの克服が求められるべきではないと我々は思うかもしれない。あるいは第二に，不当かつ不適切な教育，貧困状態，偏見などによって，妥当な条件での仕事が彼や彼と同じ境遇にある人々には存在しないという理由から，彼らが仕事への興味を失ってしまったとしたら，今になってやる気のなさから生じた結果を無理矢理認めさせるのは不当であろうと我々は思うかもしれない。二つの異なった話を想像することによって，我々は上記の二つの事例を区別しうる。つまり，スキャンロンが例として挙げている仕事嫌いは，一つには，労働は中下層階級が行うべきだと考えるように育てられてしまった上流階級のどら息子として理解しうる。またそれは，その土地特有の高い失業率を伴った貧しいスラム街で自暴自棄のうちに育った人物として理解しうる。第一の理由では，これら二つの話を同様に扱ってしまう。第二の理由によれば，二つの話は全く異なって扱われる。私は第二の理由を認め，二つの話を区別したい。第2章を参照されたい。つけ加えるなら，スキャンロンも私と同意見だろう。なぜなら，彼の考えるところによれば，妥当な条件でも働こうとしない人間は，スキャンロンが想定する事例においても道徳的に非難されるべきであり，そうしたことは第一の理由と両立可能とは思われない。

⑽　Cohen, "Currency of Egalrtanan Justice," pp. 917–921, 930.
⑾　資源の平等論は痛みの補償をしないとコーエンが主張することに対して，はっきりと私がこのように応答してしまうと，それは幸福や福利に訴えていることとなって，それは福利の平等に対する私の反論を弱める結果になるものだ，とコーエンは信じているらしい。しかし，彼は本書第 1 章での議論を誤解していると思う。人々の幸福を考慮することを政治哲学の課題から完全に閉め出してしまう（それは狂気の沙汰だ）ことなどを私は考えていない。正義の基準として福利の平等を捉えることに反対しているだけだ。我々がハンディキャップと考えるべきある人物の肉体的精神的条件の中でも，特にどの特徴が補償を必要とするのかということを判断する時，当人の幸福にとってこれらの特徴がどんな結果をもたらすかは当然考慮されなければならない。そうした理由から，長引いて重い憂鬱感を引き起こすような精神疾患はハンディキャップとなる。もちろんだからといって，当人の幸福を弱める人格的特徴（嗜好や信念を含む）がすべてハンディキャップであると認めなければならないことにはならない。なぜそうする必要がないかという理由を説明することが第 1 章および本章の主たる目的である。いずれにせよ，コーエンが想定する不幸な人々に対して補償するということは，福利の平等を目標とすることを前提としていない。もし共同体が鎮痛薬購入代金を支払うとしても，それは各自の福利・幸福を平等にするためではない。あくまで当人の肉体的条件が，思うがままに生きていく当人の能力にとってハンディキャップになるからこそ，そうするのだ。
⑿　しかし，誰かの運命が他人の外的選好（特定の人種や階級に対する偏見を含む）に左右されることを許容するのはもちろん不正なことだ。個人的選好と外的選好の差異については，次のものを参照せよ。Ronald Dworkin, *Taking Rights Seriously* (Cambridge, Mass.: Harvard University Press, 1977) chap. 12, および, Dworkin, *A Matter of Principle* (Cambridge, Mass.: Harvard University Press, 1985) chap. 17. 資源平等論が外的選好をどのように捉えているかについては，本書第 2 章を見よ。
⒀　Amartya Sen, *Inequality Reexamined* (Cambridge, Mass.: Harvard University Press, 1992), p. 33.
⒁　同上。
⒂　例えば，ロールズの一次的財のリストには身体的能力が含まれていない。その能力の程度によって，同じ目標を達成する能力も著しく異なってくる。ただし注意すべきことだが，ロールズはあくまで政治共同体の「基本構造」にとっての正義原理を示そうとしたのであり，身体的無能力に関わる条項は憲法的次元での主題ではなく，後の立法的次元の主題であると考えている。
⒃　Sen, *Inequality Reexamined,* pp. 39–40.

第Ⅱ部

実践篇

⑧ 正義と高いヘルスケア費

I

　今や米国はヘルスケアに莫大な費用をかけていることは誰しもが認めるところである。1991年現在，国内総生産の14％を医療費が占める（フランスやドイツは9％，日本や英国は8％を夫々占めている）。経済専門家の予測によれば，改革がなされないままだと2000年には医療費は18％にまで上昇するそうである。だが，我が国のような場合に，一体どれくらいの費用を各自のヘルスケアにかければよいのだろうか。我々が費用をかけすぎているのではなく，他国が少なすぎるのだと，どうやったら判断できるのだろうか。

　また大多数の人々が認めるところでは，米国においてヘルスケアは不公平に分配されている。四千万人の国民はかなり不十分な医療保険にしか加入していないか，あるいは全く医療保険に入っていない。また現時点で十分な保険に加入していても，多くの人間が加入をやめる結果となるだろう。なぜなら，彼らは失業するかもしれないし，病気その他の事情で保険料が払えなくなるかもしれないからである。改革なしでは，合計四分の一の国民が向こう5年間に無保険者となるらしい。しかし，まともな社会とはその成員全員にどの程度のヘルスケアを保障すべきなのだろうか。最も裕福な階層が享受しうるような医療を全員に供給することは不可能である。正義概念から，最貧困層でさえもが享受すべきだと思われる最小限のヘルスケアは一体どのように決定されるべきなのか。

　クリントン大統領が1993年に議会へ提出したヘルスケア計画は（それは採択されなかったが），ある種のヘルスケアの配給形態を制度化しえたかもしれない。その計画によれば，ほぼ全成員に対してひとそろいの基本的ヘルスケアが保障されようとしていた。当該計画はその基本的ヘルスケアの中身をかなり詳しく明らかにしている。例えばその中には，子どもの免疫化に向けての包括的スケジュール，各年齢

集団ごとに相応の時期を選んでの集団検診や健康診断の日常的実施，乳ガン発見のための50歳以上の全女性に対する2年ごとの乳房X線撮影などが含まれる。当該計画はまた，その基本的医療の内容からある種の医療行為を全く排除している。例えば殆どの美容整形など。

しかし，計画の中で最も重要な配給規定は詳細なものではなく，逆に極端に抽象的であった。その規定によれば，「必要かつ妥当である」場合に限って関連医療行為は基本的保障内容となる。また，この計画が実際に推進されたならば，国家健康委員会という，いかなる状況下でいかなる種類の医療行為が必要かつ妥当であるかを決定する責任を負う委員会が組織される予定であった。例えば当該委員会は，骨髄移植やその他の実験的段階の医療行為が特定の疾病に対しては必要かつ妥当なものであるかどうかを判定しなければならなかっただろう。更には，わずかだが成功する見込みがあると医師が判断した高価な医療行為を大多数の人間が受けられるかどうかを当該委員会は決定しなければならなかっただろう。

では，そうした責任を負っている機関はどのようにして諸決定をなすべきなのだろうか。独力では高価な医療を受けられない人々にも，どんな場合ならば核磁気共鳴映像法（MRI）が提供されるべきなのか。一か八かの腸移植や肝臓移植はなされるべきなのか。もしそうだとすれば，それはどのような疾病に対して，またどんな患者に対してなされるべきなのか。国民が求め必要としている検査や治療のすべてを国家が賄いきれないとしたら，どのくらいの費用を集合的に，そしてまた各個人に割り当てるべきかを国家は一体どのように決定すべきなのか。

批判者によれば，そうしたヘルスケアの配給は実際には全く必要ないものだ。彼ら曰く，米国のヘルスケアシステムに存在する無駄や強欲さがなくなれば，有益なあらゆる治療を各自に与える費用が捻出可能となる。確かに，病院管理上の支出が病院全体に関わる費用の内のかなりの部分を占めており[1]，また，米国の医師給与は他国と比べて極端に高い[2]。しかし，昨今の医療費高騰の最大の原因は，核磁気共鳴映像法のような最新の高度診断技術の開発や，臓器移植およびガン治療目的の単クローン抗体法（開発中）などの最新の非常に高価な治療法の開発にある。つまり，かつて安く買えた薬に高い金を払っているわけではないのだ。今や買うべき薬が多く現われ過ぎたのだ。

多くの政治家や若干の医師が言うには，殆どの新しい医療技術は「無用」であったり，「無駄遣い」である。もちろん，そうした技術に全く意味がないとまでは彼

らも考えていないだろう。彼らの考えでは，そのコストを正当化するにはあまりにも新技術が生み出す有用性は小さい。ちなみに，この議論は，あるべき配給内容の議論であって，配給が全く無用であるという議論ではない。昨今，医師の間で生まれつつある合意として，50歳以下の女性に対する日常的な乳房X線撮影（高コスト）は多くの女性の命を救うものではないということが挙げられる。しかし，乳房X線撮影は一定の女性の命を救うこともまた確かである。[3] めったに成功しない大胆な移植手術もたまには成功するものである。したがって，どんなヘルスケア計画も，とにかく出費をかさませないようにすべきだという，配給内容についての決定を我々は擁護できない。次のような正義の問題を避けることは不可能なのである。つまり，「妥当な」医療の範囲とは，支出がかさむという理由から医療を行わないことが不正義となる範囲に依存する。

II

何千年もの間，医者たちは少なくとも口先では医学における正義理念（私流に言えば救援原理）を訴えてきた。その理念には関連し合う二つの要素がある。一つは，デカルトが述べたように，生命および健康はあらゆる財の中で最も重要なものであるという主張。ゆえに，その他の財は二次的なものであり，生命および健康のためには犠牲にされて然るべきだということになる。二つ目の主張としては，ヘルスケアは平等の観点から分配されなければならないということが挙げられる。つまり，富が偏在し，あるいは平等観念が軽蔑されているような社会においてさえも，本人が貧困だからといって必要とされる医療保障が拒絶されてはならないのである。こうした理念はよく解るし，立派なものでさえある。また，その理念は，苦痛の恐ろしさについての，更に言えば，我々が行うすべての事柄にとっての生命および健康の重大さについての我々の共通理解に基礎づけられる。救援原理とは，非常に古くから存在するものであり，またそれは直観的に魅力あるもので，政治的レトリックとしても広範に支持される。したがって，配給問題の正当な判断基準としても想定されやすい。

しかしながら実際には，救命原理はその目的にとって殆ど役立たず，ヘルスケア改革の妥当な基準としてその原理が置く前提は，益よりも害を生み出してきた。合衆国がヘルスケアにまとめてどのくらいの費用をかけるべきかという問題に対して，確かに救命原理は一つの解答を示している。曰く，健康や寿命に対してはいくらで

も金をかけるべきで，その効果がなくなるまでは可能な限り支出すべきだと。まともな人間ならそうした原理に基づいて日々の生活を送らないのと同様に，まともな社会もそうした基準を充たそうとはしないだろう。もちろん，過去においては，救援原理のレトリックと，医学的に共同体がなしうることとの間にはそれほど大きな隔絶はなかった。しかし，科学は非常に多くの高額医療の形態を作りあげたので，いまだにどんなコストをかけても延命を目指すことが（その延命自体が殆ど生きるに値しないような場合でさえも）良いことだと共同体が見なすのは不自然である。

したがって，社会がヘルスケアに総額どのくらい費やすべきかという問題に対する救命原理的解答はとんでもないものとして拒絶されるに違いない。一旦救命原理による解答が拒絶された場合，同原理には次善策や頼みの綱となるような助言は含まれていない。沈黙するしかないのである。これでは無用よりもたちが悪い。なぜなら，救命原理は次のような考えを助長するからである。曰く，教育，犯罪抑制，物質的繁栄，芸術などの他の財に比べて，ヘルスケアにどのくらい社会が支出すべきかについて正義概念は何も示せない，と。

ヘルスケアはどのように分配されるべきかという，もう一方の正義問題の考察については，消極的ながらも救命原理は一定の貢献をなしうる。救命原理によれば，配給が必要だとしても，それは現在の合衆国で広く行われているような金銭によるものであってはならない。だが，ここで本当に必要なのは，更に積極的な助言である。配給は何に基づいてなされるべきなのか。救命原理が持つ平等主義的傾向によれば，医療保障は必要に応じて分配されるべきこととなる。だがそれは何を意味するのか，つまり，必要度はどのようにして計測されるのだろうか。例えば，命が助かる可能性はあってもその確率が非常に低いような手術を受ける「必要」が各自にはあるのか。救命治療の必要性とは，当該治療が成功した場合の本人の生の質によって左右されるのか。患者の年齢は重要なのか。70歳以下の人間は，より若い人間に比べて治療の必要性や価値が低いのか。そうだとすればそれはなぜか。多数の人間にとっての痛みや障害の緩和の必要性と，少数の人間にとっての救命治療の必要性との釣合をどのようにとるべきなのか。ある時期のオレゴン州の委員会規定では，虫垂切除手術よりも歯科補綴術の方が医療的な優先順位が高いと定められていた。なぜなら，一件分の虫垂切除手術費用によって多くの虫歯が直せるからだ。なぜ，こうした考え方は明白な過ちだと言えるのだろうか。

我々が必要としているのは，ヘルスケアにおけるもっと有益で，救命原理とは異

第8章　正義と高いヘルスケア費

なる理想的な正義の陳述である。まずは，医療改革の必要性を示すある問題に注目することから始めるべきである。なぜ米国は他国と比べてこれほどまでに莫大な費用を医療にかけるのか。主としてその理由は，個々の診療価格の決定は患者と医師によってなされるが，実際に支払うのは保険会社などの第三者であり，そのために価格を抑えようとする直接的誘因を価格決定を行う当事者が持たないという点にある。加えて，保険料は課税控除となり，雇用者の分担金は被雇用者の課税対象所得には含まれない。したがって，健康保険があることによって，患者は診療価格にあまり注意を払わなくなる。もちろん，実際の保険上の価格には国家の補助金が含まれている。もしそうした医療代をすべて自分で支払わなければならないとしたら，そのために自分が欲しいと思っている，あるいは家族に持たせてやりたいと思っている商品や機会を犠牲にしなければならないとしたら，おそらく人々は自分もしくは家族の医療代を今よりも少なくするだろう。

　もちろん，長い目で見れば，大部分の人々は本当にかかったヘルスケア費を支払うこととなる。だが，彼らは間接的かつあまり賢明でないやり方で支払っている。なぜなら，雇用者分担金や税源とは，納税者自身が選択を行った場合に実際に選ぶようなものを購入するためにも利用できるからだ。例えば，自身の子弟のための質の高い学校，米国の競争力を高め広範囲の雇用保障につながるような経済的投資や計画などである。したがって，我が国の医療支出は不合理なものなのだ。医療システムは，人々が自ら任意には選択しないようなものを選んでいることとなる。そしてその帰結と言えば，全体の医療支出がべらぼうに大きい（その妥当な大きさは，本当に払ってもよいと思う値段で我々がどの程度の医療を欲しているかによって総合的に決められるべきである）ということである。

　保守的な経済学者たちはこうした事実を懸命に訴える。曰く，我々はヘルスケアに関しても自由市場を作りあげるべきだ。そのためには優遇税制や補助金をすべて廃止する必要があり，そうすることによってはじめて人々は自分で支払える分のケアだけを持ちうる。もちろん，こうした解決策は承服し難いものだけれども，その理由を考えることは重要である。承服し難い理由は三つある。第一に，米国において富は非常に不公平に分配されており，ゆえに多くの人々は市場価格でいかなる健康保険も実質的には購入することができない。第二に，健康を損うことや医療技術について大多数の人間は不正確な情報しか持っていない。例えば，50歳以下の乳ガン罹患率や，当該年齢での日常的な乳房X線撮影は寿命をどの程度延ばすのかについ

て彼女たちは知らないのである。第三に，規制されていない市場では，保険会社は特定の人々に高額な保険料を課すだろう。なぜなら，そうした人物は健康を損う危険性が高いので（実際に多くの保険会社は現在そう考え高額保険料を課している），これまで健康状態の良くなかった人や，特定の病気に非常に罹患しやすいエスニック集団，あるいは暴力傷害を受ける危険性が高い地域に住む人々などに対しては法外な保険料が課されるかもしれない。

　以上の分析はヘルスケアにおけるより説得的な正義理念を示唆する。すなわち，「賢明な保険」(prudent insurance) 理念である。我々は，健康に関わるニーズとその他の社会的ニーズを比較して資源を分配しなければならないし，また，治療を必要とする様々な患者夫々にも資源を分配しなければならない。そこでは，完全に自由で補助金なしの市場主義が採られた場合や，上述の三つの市場の欠陥が幾分補正された場合において，ヘルスケアのゆくえがどうなるかを想像することが求められよう。そこで米国が以下の三つの点で変容することを想起してもらいたい。まず第一点。富の分配および所得分配が可能な限り公正である社会。私見によれば，この仮定は次のことを意味する。教育，労働，投資に関する諸決定を行うに際して，各自が当初自由に使える資源は可能な限りほぼ平等であること。ちなみに，ここで想起されるべきは，それがどんなものであれ，各自の考えから公平とされるような経済的分配である（ただし，ここで注目しておきたいのは，私と同じく読者にも予想されるように，こうした公正な社会において各自が持つ富の分配状態は，現在の米国社会におけるものよりもはるかにその差が小さいものだ。したがって，現在見られているような極端な経済的貧富の差は，そこでは殆ど消えてしまっているだろう）。

　第二点。米国が更に次のように変容した場合を想起されたい。すなわち，最新の医療知識に関する情報を大衆がすべて知っているという状況である。この情報の中には，特定の治療方法の価値，コスト，副作用などの情報が含まれる。言い換えれば，優秀な医者が知りうるすべての関連情報である。第三点。次のような状況を想像されたい。保険会社を含め誰もが，各種疾病の罹患率や各種事故の遭遇率に関する有益な情報を持っていない状況。したがってこの状況下では，おおよそどのくらいの確率で他ならぬ当人が鎌状赤血球性貧血や糖尿病に罹患し，あるいは街中で暴力の被害者になるのかが全くわからないこととなる[4]。

　読者に想起せよと依頼した上記の変容は確かに非常に大きなものだが，決して想像できないようなものではない。さて，この変容した共同体が更に次のようになっ

第8章　正義と高いヘルスケア費　　　　　　　　　　419

たと想像してみよう。そこでは，ヘルスケアに関する決定は，想像可能な限り自由市場に近い形で各個人の市場的決定にただ委ねられる。そのため，医師や病院，製薬会社は価格を自由に設定できる。医療保障は誰に対しても政府によっては供給されず，医療費や健康保険代は税控除とはならない。医療助成の必要は全くない。なぜなら，各自には医療サーヴィスを購入する余裕があり，各自が購入を決定する医療は妥当な範囲のものだからである。ではこうした共同体において，どのような種類のヘルスケア制度が実際には発展していくのだろうか。比較的低料金で専属医によって治療を受けられるような健康維持組織に，果してこの社会の大多数は加入しようとするだろうか。医師や病院の選択に関してより自由度が増すような高額保険に果して多くの人間が加入するだろうか。通常の保険保障範囲の中には，果して日常的医療検査や診断上の検査は含まれるのだろうか。含まれるとすれば，それはどんな種類の検査で，その頻度や適用年齢はどうなるのか。相応の高額保険料を払うならば，実験的治療や高額治療，危険な治療や殆ど効果が望めない治療などをどの程度，各種保険は提供できるのか。こうした個人的決定を通して，総計でどのくらいの資源をこの共同体は医療保障に投下しようとしているのか。

　こうした問題に対して正確に答えることは不可能である。(5) だが，それにもかかわらず，正義についての非常に重要な二つの主張がここでなされうる。(1)，ここでの仮想共同体が実際に医療保障に対して総計どれだけの額を投下しようとも，その額自体は当該社会にとって使うべき道徳的に妥当な額である。つまり，正義の観点からは，使いすぎだとか使わなすぎだとか言って批判されることはありえない。(2)，当該仮想社会においてどのようにヘルスケアが分配されても，それは当該社会にとって正しいことである。本人および家族が購入しなかったヘルスケアを保障するようにとは正義は求めないだろう。これらの主張は，非常に魅力的な次の仮定から直接導かれる。すなわち，公正な分配とは，きちんと情報に通じた各個人が自ら選択することによって作り上げるものであり，そうした選択がなされる共同体での経済機構や富の分配はそれ自身公正なものなのである。(6)

　これらの結論によって，不完全で不公正な現在の我々の共同体においても，全員に供給されるべきヘルスケアの内容を決定することがいくらか容易になるだろう。上記の仮想事例が本当に起ったならば，大部分の米国民が自らどんな種類の医療保障や保険を購入することが賢明であるかを我々は推測しうる。そして我々はそこでの推測を，現在正義は何を必要としているかを判断する指針として利用できる。例

えば，健康保障（Health Security）法案が可決された場合に国家健康委員会（National Health Board）が決める筈の医療検査や治療法はどんなものであれば「必要かつ妥当」なものであるかを決定する際の指針として，それは利用可能である。

　ここで次のような人物を想定してみよう。25歳，平均的な富とそこそこの将来の見通しを持ち，最新の医療知識を持つ者。言わば当人は，何らかの偶然性はありつつも，利用可能な様々なヘルスケアの中から自らの人生設計に対して望ましいものを選択できるのである。では，彼にとってどんな選択が賢明なものとなるのだろうか。[7] 当初，本人は，いかなる状況下でも有益だと思われるような，あらゆる保障を行う保険に加入しようとするかもしれない。だが，すぐに本人自身が気づくことになろうが，そうした大がかりな保険の価格は途方もないもので（当人の手元には何も残らなくなってしまうかもしれない），はるかに小さな保障範囲の保険でも十分賢明なのである。

　むろん，ある人物にとっての賢明さは，当人の個人的必要性，嗜好，人格，選好に基づく。だが，それにもかかわらず，現在の大部分の米国人の必要性や選好に適したいくつかの判断を我々は自信を持って下しうる。例えば，大部分の人間にとってその購入が賢明でないような医療保険とは何かについて，我々は十分に知りうる。なぜなら，将来どんなことが起ったとしても（最悪の帰結を含め），やはり特定の保険加入は間違いだからだ。例えば，大部分の25歳の人間にとって，将来の永続的植物状態に備えて生命維持措置を保障する保険に加入することは馬鹿げている。そうした保障内容に対して当人が支払わなければならない保険料の年々の総額は，無意識状態になる前の実際の生活を豊かにするために，違ったやり方ではるかに上手に使えるだろう。植物状態に陥る前にそうした保険を購入し，わずか数ヵ月後に植物状態に陥ったとしても，後から考えてみればその保険加入は失敗だったかもしれない。なぜなら，長い無意識状態に金をかけることによって，意識の残っていたわずかな期間の生活をより良くする資源を本人は手放したからである。

　この主張は無意識状態とともに，痴呆症に対しても適用可能である。重度のアルツハイマー病やその他の不可逆的な痴呆症に至った場合において，生命維持を含んだ高額医療措置を保障するような保険に加入することは，殆どの人々にとって賢明なことではない。何が起ろうとも，そうした保険に支払う程度の金を痴呆症自体になる以前の生活に費やせば，その生活ははるかに意味あるものになる。もちろん，多くの賢明な人々は，痴呆になった場合に備えて，人間としての尊厳と一定の快適

さが保障されるような保護保険に加入しようとするだろう。ただし，そうしたケアの保障は，必要とされる場合の生命維持措置の保障（例えば腎臓透析や臓器移植など）よりもはるかに安価である。[(8)]

さてここでより論争的な事例を考えてみよう。多くの先進諸国においてはその医療支出の大きな部分を（例えば米国においてメディケア費の四分の一以上を）死亡する人々の最後の6ヵ月以内の医療に費やしている。もちろん，どんなに費用をかけても，とある患者は残り数ヵ月以内に死亡するかどうかについて，医師は必ずしも知りえない。だが多くの場合において，残念なことに医師たちは実際にそれを知りうる。せいぜい4，5ヵ月の寿命を延ばすために，高価な治療措置を保障する保険を購入することが賢明なことだとは，多くの若者は深く考えればそうは思わないだろう。そうした保険料分を重篤期以前の手厚いヘルスケアに費やしたり，本人のより重要な利益や安定につながる教育訓練および投資に振り向けた方が賢明だと彼らは考えるだろう。もちろん，実際に深刻な病気になった場合には，殆どの人間は数ヵ月でも長生きしたいと思う。彼らは，まだ意識があり外界に注意が払えて痛みもそれほど大きくないならば，可能な限り生き続けたいと思うに違いない。だが，それにもかかわらず，賢明な人間ならば，重篤期以前の活発な生活を犠牲にしてまでも数ヵ月の延命を保証してもらいたくはないだろう。もちろん，繰り返しになるが，可能な限り快適で痛みのない状態を可能にする安価な医療措置を保障する保険には，彼らは進んで加入するだろう。

米国の現状よりも公正な条件下にある場合に大多数の人間自身が賢明だと考える内容に関する上記の諸前提を，全員が今持つべきだと正義が要求するヘルスケアの指針として我々は使用しうる。大多数の賢明な人々が人並みの資力を持ち，自由市場において一定の医療保障を購入するならば，つまり，殆どの人間が，通常の医療を保障する保険（例えば，必要な際の入院措置，出産および小児科的医療措置，定期健康診断，その他予防医学的措置など）に加入するならば，そうした保障がなされない人々の存在こそが社会的不公正の根拠となる。よって，すべての人間にそうした保障がなされるよう，普遍的なヘルスケア機構が是非とも確立されなければならない。

他方で，こうした公正な条件下でも，殆どの賢明な人々はより高次元の保障範囲の保険に加入しようとはしないならば，つまり例えば，既述のように，痴呆化した場合の延命措置だとか，数ヵ月の延命のための大がかりで高価な医療を保障する保

険に，殆どの人間は加入しようとはしないならば，強制的にそうした保険に全員を加入させることは正義に反することとなる。もちろん，賢明な人間がそう判断するからといっても，例外はつきものだ。人によっては，特別の選好を有し，大多数の人間とは全く異なる決定を行うかもしれない。例えば，末期医療における数ヵ月単位の延命保障は，それ以前の多大な犠牲に見合うものだと熟慮の上で判断する者もいるだろう。[9]しかし，ほんの少数の人々を除いた大多数の人間が妥当と考える前提に基づいて強制的保険制度を創設することは公正だと見なされる。特別な延命措置に金をもっと掛けたいと思う少数の人々がいれば，彼らの資金に余裕がある限り，追加的な保険によってそれを認めればよい。

　ヘルスケアにおける抽象的正義理念として，救命原理の代りに賢明保険アプローチを用いるならば，包括的医療保障に対する一定の制約が認められることとなるだろう。その制約は，正義との妥協としてではなく，正義によって要請されるものとして認められる。賢明保険アプローチを採るかどうかに際して，無意識状態や痴呆状態，そして末期状態の患者への高価な医療措置は判断しやすい事例である。しかし決断が難しい問題もある。例えば，深刻な奇形や病状を持った新生児のうち，非常に大がかりで高価な治療を施したとしても数週間以上は延命しそうもない場合の心痛む決定である。数年前にフィラデルフィアでは，一つの心臓を共有する生後間も無いシャム双生児の分離手術が行われた。当該手術をすれば，一方の新生児は死亡し，他方の新生児の長期間の生命維持の可能性も非常にわずかなものと予想されていた。また，手術にかかる合計費用も百万ドルに達すると見込まれていた（双子の両親は医療保険に入っていなかったが，両親の居住地であるインディアナ州が一日当たり1000ドルの費用を分担し，残額は病院が引き受けた）。外科医長は，こうした医療措置を救命原理に訴えて正当化した。曰く，「一つの命が救えるならば，それはするに値する行為だという考え方には満場一致の合意があった。」

　だが，これまで私が擁護してきた別の基準によれば，当該手術は推奨されなかっただろう。平均的な富を持つ人間が結婚する際に，次の二つの保険を紹介されたとしよう。一方の保険内容は，致命的疾患を伴う新生児の治療に関して相応の生存率が見込まれる場合（例えば25％）にのみ保険が適用されるもの。他方の保険内容は――それははるかに高価な保険料となるが――，そうした致命的疾患への新生児治療の（治癒）可能性がはるかに低くても保険が適用されるというものである。私の考えによれば，これから親になろうとする人々の大部分は，彼らやその家族にとっ

て前者の保険に加入する方が良いと判断するに違いない。そして毎年浮くこととなる割増保険料分を，自分の健康な子どもたちのために使おうとするだろう。例えば，日常的な医療費，住宅費や教育費などである。万が一，生存可能性のわずかな子どもを親たちが持った場合に，わずかに残る治療可能な機会を失う恐れがあるとしても，彼らは前者の保険に加入しようとするだろう。

　ヘルスケア分配の監督任務に就くすべての公的機関は，どんな医療措置が「必要で妥当なものであるか」を，またどんな医療措置が全員一律に保障される社会的給付の一部となるべきかを決定しなければならない。これらの決定のいくつかは特に難しいものとなる。例えば，非常に高価な診断技術や，成功の見込みの薄い実験的臓器移植が，どんな時に妥当であるかを決定する場合。もちろん，そうした決定は最善かつ最新の医学的証拠に基づいてなされるべきであり，また医学的進歩によって当該決定自体は常に見直されるべきである。だが，あくまでこれらの決定も，個人的賢明さの基準によって導かれるべきなのだ。万が一何らかの心臓病の不確かな徴候があったとしても，心臓発作診断の正確性をほんのわずかながら向上させる法外な価格の血液検査を保障する保険に若い時分から加入することは，果して意味があるのだろうか。あるいは，危険で高価，かつおそらくあまり効果的でない腸移植や肝臓移植を行うことは，少ないながらも生存の可能性を生むといくら医師が判断したからといって，やはり意味があるのだろうか。

　救命原理的主張によれば，助かる可能性さえあれば，その可能性がどんなに薄いものであってもそうした医療措置を社会は提供すべきこととなる。賢明な保険原理は，当該医療措置が持つであろう価値と，他の財や危険性のバランスをとる。本原理の想定によれば，成功する可能性のはっきりしない医療に金をたくさん費やすよりも，日々の生活の向上充実に費やしたり，経済的危機などの他の危機（そうした危機もまた各々の生活を駄目にするかもしれない）から自らを守ることに金をたくさん費やす方が，全般的により良い生活を送れると人々は考えている筈である。そこで，各公的機関は次のように判断する。一方で，賢明な人々ならば，自らの家族に出生前のケアや子育てのケアを行おうとし（それは非常に多くのアメリカ人に欠けている），また深刻な病気・怪我に対して実証済みで効果的な治療が年齢にかかわらず必要時には保障される保険に加入しようとするだろう。他方，法外な価格の冒険的治療が必要だとしても，教育，住宅や経済的保障のようなより確かな利益のためには，そのような治療を彼らは避けるだろう。もしそうであるなら，普遍的な

健康保障枠組によってそうした冒険的な治療は供給されるべきではない，と正義は要求することとなる。

　要するに，本章冒頭で言及された正義に関する二つの問いに対して，賢明保険基準はその解答に役立つ。すなわち，米国はヘルスケアに対して全体でどれだけの金を費やすべきなのか。そして，そうしたヘルスケアは各市民に対してどのように配分されるべきなのか。公正な自由市場的状況下で保険に加入しようとする場合に，どんな医療保障内容に対して各人は個人として金を費やそうとするのかを本基準は問う。また本基準は，次の二つのことを主張する。第一に，そうした状況下で各個人が支払おうとする金額を，我々は国家として集合的に支払うべきであること。第二に，公正な自由市場的状況下で各人が所有するであろうものを，現時点でもすべての人間が所有できるよう我々は総費用を使用すべきであること。

　もちろん，本章でこれまで議論されてきた様々な決定に対して賢明保険基準を適用しようとしても，各々の立場によってその決定内容は異なるだろう。したがって，当該決定に責任を持つ機関には，多様な判断を下すと見なされている種々の集団の代表が参加することが非常に重要である。その機関に，医師や医療関係者が入ることは当然だが，同時に，年齢構成，居住地域や，可能ならば生活スタイルの点でも異なる市井の人々も入るべきである。また，そのような機関は，ヘルスケアを配給するために体系的に作られてきた政府「主導」型健康サーヴィスを持つ諸国の経験を利用しうる。

　例えば英国では，英国のヘルスケア制度の下で，医師たちは腎臓透析機器や移植用臓器などの稀少資源の割当をせざるをえなかった。そこで，彼らは被移植者側の年齢，健康状態，生活状況，治癒可能性，近親者からの適切なケアの見通しなどを考慮する非公式のガイドラインを作成してきた。こうした判断基準は多分に費用便益分析的なものであり，賢明保険基準とは異なる。だが，費用便益分析基準によって医師たちが行ってきた決定はおそらく，多様な年齢・条件下で種々の治療が持つ相対的価値についての経験上の判断を反映している。そして，そうした判断は結局賢明な保険加入者に求められる判断と同じものである。

　賢明保険基準はまた，配給決定がなされる前に世論を考慮する重要性をはっきりと示す。配給においては，技術的な費用便益計算だけが考慮されるべきではなく，優先順序についての人々の感覚もが考慮されるべきなので，世論考慮は不可欠だ。医療扶助制度（メディケイド）の下でのヘルスケアに関する優先順位づけをオレゴ

ン州がしようとした時，州は一連の「タウン・ミーティング」や，関連問題を話し合う「議会」を組織した。それらの会議には，議論の対象者となる貧困層が殆ど出席していなかったとして批判もされたが，それにもかかわらず，その会議は，実際に会議に参加した人々が考えている賢明保険的決定についての貴重な情報源となった。

とは言えやはり，各公的機関が賢明保険基準を適用しようとしてどんなに多くの情報を集めたとしても，その結果はあくまで暫定的なものであり，医療技術や治療経験に加えて人々の選好の証拠に基づいて修正されていく必要がある。クリントン政権で失敗したヘルスケア計画によれば，ヘルスケア対象者には，追加的な健康保険を市場価格で購入することが認められていた（税金控除や補助金はなし）。実践されていれば，その規定は賢明保険アプローチに非常に良く適合していただろう[10]。基本的医療保障が制定された後に，大多数の平均的収入の人々が追加的保険に加入するならば，その社会的支出増にもかかわらず基本的医療保障は更に拡張されるべきである。例えば，仮に平均的な富を持つ殆どの男性が，基本的医療保障で規定されている年齢よりも若い段階から，前立腺検診を毎年保障する保険に加入しているならば，当該基本医療保障の適用年齢は下げられるべきだ，と賢明保険基準は要請する。

III

クリントンのヘルスケア計画は挫折した。これまでの合衆国の政治的経験からみて，クリントンの保障計画に少しでも近づくようなヘルスケア改革は，今後少なくとも数十年間は採用されないだろう。そうなると，我が国の不名誉は続くこととなる。なぜなら，これほど繁栄している国家が，自ら統治権を行使する各成員に対して最低水準（decent minimum）の医療を保障できないというのでは不名誉極まりないからだ。振り返ってみれば，クリントンの計画は複雑すぎた。また，いくつかの点においては誤解され，いずれにせよ用意周到に準備されたものではなかった。けれども，クリントンの計画の最も強力な反対者に言わせれば，当該計画はその詳細や意図において誤っていたわけではなく，人々に自ら責任を取らせずに，政府は揺りかごから墓場まで人々の世話をすべきだとの認めがたい「社会主義的」思想に当該計画が根差している点で誤っていた。

本章での議論が（願わくば本書全体の議論が）適切なものであるならば，この反

対論は完全に誤っている。自らの人生にとって最善であるものについての決定を各自がなしうるために，資源の平等を志向する共同体とは，個人的責任に関する適切な原則を壊すものではなく，むしろそれを実行するものだ。そうした共同体が認めるところによれば，自らの人生に責任を取るよう求めることが正しいことだと言うためには，種々の条件整備としての政府介入が場合によっては必要とされる。しかし，こうした共同体においては，各自の責任の範囲内で，必要性や価値について各自が実際に行った個人的判断や，適当な条件下であればおそらく行うであろう判断が尊重される。そうした目標こそが，平等の資源主義的観念の中心にあるものであって，またそれは推奨されるべき仮想的保険戦略の中心にもある。賢明な保険者としての市民の決定を尊重するように作られたヘルスケアの枠組は，したがって平等主義的なものである。だが，それはパターナリスティックなもののまさに対極にある。

(1) New England Journal of Medicine の調査によれば，病院管理費用は1990年において病院費用全体の25％を占めていた。参照, Erik Eckholm, "Study Links Paperwork to 25% of Hospital Costs," *New York Times,* August 5, 1993.

(2) 1992年時点での米国における医師の平均給与額は16万ドルを越している。給与額はその専門によって劇的に異なる。心臓外科医の給与は平均57万4769ドルであるのに較べて，一般医師は11万9186ドルである。参照, "Health Plan Would Hurt Most the Doctors Who Make the Most," *New York Times,* November 7, 1993, p. 1.

(3) 参照, Gina Kolata, "Mammogram Guideline Is Dropped," *New York Times,* December 5, 1993, sec. 1, p. 30.

(4) ここまでの議論から引き出されうる以下のような重要な論点にはまだ触れていないが，ここではこれ以上論じない。任意に選択された行動がどの程度疾病の危険に関与するのかという情報を，本文中の仮想的事例において排除して良いのか。例えば，保険会社は喫煙者や登山愛好者に対して高額な保険料を徴収すべきなのか。そうして良いようにも見える。だがそうであるなら，任意の行動とは何を意味するのか。この目的にとって，ある種の性的行動は任意のものとみなされるべきなのか。エイズ感染の危険性が高いとの理由から，積極的な男性同性愛者に対して保険会社が高額な保険料を課すのは誤っているかもしれない。それはニコチン中毒よりも性的嗜好の方が制御しにくいからそういう結論となるのか。あるいは，喫煙をやめることよりも性行為をやめることの方が犠牲が大きいからそういう結論となるのか。

(5) おそらく，ここで採り上げた仮想共同体における成員たちは，たとえ各個人単位での保険加入から始めるとしても，そうした個人的加入が促進されることによ

って早晩, 共同保険購入代理店や共同保険購入資金のような集合的諸制度を発展させるだろう。なぜなら, おおよそ平等な富を持つ人々にとって, こうした諸制度は自由市場内において経済的な有利さを生むからだ。そしてこの過程の帰結は, 機能的にはクリントンが提案するものと非常に近いものとなる。

(6) ここでの私の主張には若干の修正が必要だろう。その仮想共同体においてさえも, 無分別な保険契約から特定の人間を保護するために, ある種のパターナリスティックな干渉が必要かもしれない。特に対象者が若い場合である。更に, 将来世代にとっての適切な資源を供給するためには若干の規制が必要かもしれない。

(7) これは, 25歳の人間誰もが実際に行うであろうことを尋ねることとは異なる。なぜなら, 多くの人々は (特に若い時分には) 必ずしも賢明な決定を下すとは限らないからである。つまり, 彼らが既に持っている計画, 信念, 嗜好, 選好について熟慮を重ね, 最も相応しいと将来も思うような決定を彼ら自身が下すとは限らない。もちろん, 将来の変化に備えることは賢明である。長期保証証書には通常, 詳細にわたる綿密な保険内容ではなく一般的な保険内容が記述されており, 毎年改訂されている。

(8) 参照, Ronald Dworkin, *Life's Dominion* (New York: Alfred A. Knopf, 1993), chap. 9.

(9) 例えば, 特定の宗教的信念を持つ人々はそうした選択をするかもしれない。だが, 次のようなことにも注意されたい。利用可能な延命措置を拒絶することは常に悪いことだと考えるカトリック教徒やその他の人々でさえも, 非常に高価な延命措置が利用可能で:あ:る:ことを保障する保険に前もって加入しておくために, あらゆる犠牲が払われるべきだとまでは必ずしも考えない。金銭的に可能ならば, 数ヵ月の延命のためにも高価で困難な手術を断ることは自らの信仰から言って悪いことだと考える人がいたとしても, それにもかかわらず本人は, そのために生涯に亘って高額な保険に加入することなどは賢明なことではないと完全に首尾一貫して判断するだろう。そうした保険に加入できる金があるならば, その金を前もって自分や家族へのより良い治療のために使ったり, より良い教育や, 信仰からも重要だと思われる他の財や機会のために使う方がもっと賢明なことだと本人は考えるだろう。もしそうだとするなら, 個人に任せれば決して保険加入しないような保障内容を提供しようとする国家医療制度の無意味さを, こうした賢明保険基準 (the prudent insurance test) は示している。

(10) 救命原理によれば, 全員に保障されうるものよりも高い水準の医療を購入することは不公正となる。したがって, 共通保障以外の医療保障は廃止されるべきか, あるいはカナダのように極端に難しくされるべきこととなる。しかし, 賢明保険アプローチは, これとは異なった考え方から出発している。つまり, 社会が全般的に見て公正である場合に各自が所有したいと思う程度の財が保障されている限り, 各自が実際に所有する財の相対的少なさについては正義の観点から言っても文句が言えないのである。例えば次の事例を想起せよ。富が公正に分配されてい

るならば，現実のコストと将来の可能性の観点から言って，賢明な人物は肝臓移植や腸移植の保険には，たとえその保険が将来自分の命を助けるかもしれなくても，加入しようとはしないだろう。もしそうしたことが言えるとしたら，極端な富裕層がそれらの移植保険を購入できるからといって，現在すべての人々にその移植が供給されるべきだということを正義は要請しないこととなる。参照, Ronald Dworkin, "Justice in the Distribution of Health Care," *McGill Law Journal* 38 (1993): 883.

⑨ 正義・保険・運

I 序論：正義にとって苛酷な時代

1996年の福祉改革法は，社会正義にとってあからさまな敗北であった。[1] [クリントン] 大統領は，とりわけ「我々にお馴染みの福祉を終わらせよう」という公約を掲げてキャンペーンを行ってきた。そして，この法案に署名する際に，長年に互って連邦政府の資金に支えられてきた福祉事業計画（welfare scheme）を根本的に改めることが必要だと主張した。彼の考えによれば，この法案に含まれる刑罰強化規定の中には，遺憾とせざるをえないものもあるが，法案全体として見れば，共和党主導の連邦議会で期待しうる最善のものであり，いくらかでも改革が進むことは，改革が全然なされないよりもよかったというのである。

現行の福祉事業計画は失敗したのであり，別のもので置き換えなければならない，というクリントンの主張に異議を唱える者はいなかった。大統領に拒否権を行使するよう迫った者さえ，異議を唱えなかった。しかし，従来の連邦プログラムのどこが間違っていたのか。また何らかの代案が出された場合，それが改善なのか否かを決定するためにどのようなテストを用いるべきか。こうした点を十分明らかに述べた者はいない。福祉改革をめぐる国民規模の論争は，多くの点で数年前のヘルスケアをめぐる論争に似ていた。我々は健康にあまりにも金を使いすぎると言われたが，全く同様に，我々は一国として福祉にあまりにも金を使いすぎると言われた。しかし，こうした意見は独立した主張としては不可解である。というのは，一国が貧困層のためにどれだけ支出すべきかという点が説明されなければ，この主張は殆ど意味をなさないからである。なぜ現在の支出は少なすぎるのではなく，むしろ多すぎると考えるべきなのか。また，現行の福祉制度は悪用されてきたという主張，すなわち，不適格な人々が，自助能力があるにもかかわらずに働かずに，勤勉な人々から徴収した税金の援助を受けてきたという主張も，広く見られた。このような不平

不満を煽ったのは，たかり屋（scroungers）がほくそえみながらタクシーで福祉事務所に出かけるといったイメージや，働くよりもましだという理由で不道徳なティーンエージャーが公的費用で子どもを産むというイメージだった。我が国の政治ではよくあることだが，こうしたイメージでは人種が支配的な役割を演じるので，［福祉制度の］悪用に関する主張も誇張ではないのかという重大な疑いが生じる。もちろん，悪用はあっただろうし，現在でもあるだろう。しかしながら，この明白な事実だけでは，従来の福祉プログラムが根本的に間違っていたという決定的な論拠にはならない。むしろ，この事実は，立法戦略と社会正義とが混合した問題を提起する。我々は二つの悪を回避したい。すなわち，悪用を広範囲に認めてしまうような穴だらけの福祉プログラムも，福祉を必要とし，福祉を受けるに値する多くの人々に対して福祉を認めないほど厳格なプログラムも避けたいのである。この二つの悪のうち，どちらが一層悪いだろうか。我々は，両方の点で従来のプログラムを改善するような福祉事業計画を立案できるだろうか。もしできないならば，どのような形で均衡を図るべきだろうか。

　法案を攻撃し，大統領に署名しないよう嘆願したリベラル派も，現存の組織構造に由々しい問題があることは認めていた。彼らは，ただ改革法はやりすぎだと考える点でだけ，保守派と意見が異なっていた。しかし，リベラル派も，前述の問いに対する自分たちの答えをうまく弁護できていないという点では，保守派とあまり変らない。彼らは，正義にかなった社会は貧困層の福祉のためにどのくらい使うべきか，そうした福祉給付はどのような形を取るべきか，あるいはどのような条件をつけるべきかといった事柄を，たとえ大雑把にであれ，決定するための基準を示していない。我々は公正な再分配事業計画をもっとうまく定めることができるだろうか。

　我々はもっと詳細な様々な問いに立ち向かい，解答しなければなるまい。そうした問いは次のようなカテゴリーに分類されよう。

受取資格（merit）　すべてを公正に判断するならば，誰が公的援助を受ける資格をもつのだろうか。援助は――リベラル派の何人かが依然として主張しているように――自分に相応しいと思われる仕事を見つけられない人たちにも与えられるべきなのか。嫌な仕事，地位の低い仕事，自分の才能や訓練の成果が活用されない，あるいは必要とされない仕事しか見つからない人にも，資格はあるのだろうか。あるいは，仕事は見つかるのだが，その仕事のためには我が子の世話を他人に委ねなけれ

ばならない女性の場合はどうだろうか。

水準（level）　援助を受ける資格がある場合，どの程度の援助が受けられるのか。平均的な就労者の収入か。国が定めた最低賃金か。国が定めた貧困線か。それ以上か，それ以下か。政治的妥協以外のどのような原理に基づくならば，水準に関するこうした問いに答えることができるのか。

管理運営（administration）　福祉救済の受給資格を与える諸特性と奪う諸特性とが適切に区別されたとしよう。ある特定の福祉請求者がどのカテゴリーに入るかを決定するための管理運営費が1ドルでも増えれば，実際に支払われる福祉給付金がそれだけ減る，と仮定するならば，我々はこうした決定のためにどのくらい費やすべきだろうか。我々が行うかもしれない極めて細かい道徳的区別をも捕捉できるように資格を定めても，差し支えないだろうか。もしそれができないならば，管理運営費の節約と個別的な正義との間で適正なバランスを取るためには，資格をどのように定めるべきだろうか。正義にかなった社会は，ある特定の請求者に相続権があるか否かを調べるために，どのような手続——例えば推定や挙証責任の分配——を用いるだろうか。

扶養家族（dependency）　多くの場合，福祉を請求する人たちは，他の人の世話をする責任を負う。例えば，幼児や子どもがいる場合である。受給制限がそのような扶養家族に過酷な・あるいは破滅的な影響を及ぼすときにも，〈請求者は自分自身の行為のために資格を失ったのだ〉という理由で受給を制限することは，正義にかなっているだろうか。保守派の意見によれば，政府は，ティーンエージャーが子どもを産んだときに福祉援助を与えることで，彼らが子どもを産むのを助長すべきでないという。しかし，それでも生まれて来ざるをえない赤ん坊を罰するような政策を，我々は受け入れることができるだろうか。

　これらの問題は，社会正義を有益な仕方で説明しようとすれば，その存在を認めて，取り組まざるをえない難問の一部である。何らかの哲学的理論がこうした問題に詳細な解答を与えてくれると期待するならば，それは愚かなことだろうし，関係する政治共同体において全員が受け入れるような解答を出してくれることを期待するならば，更に一層愚かなことであろう。にもかかわらず，我々は，その内部で公共的な討論が有益な仕方で展開されるような構造を，すなわち議論の条件を定めるとともに，当事者のいずれもが本気で納得しうる解答の範囲を限定するような構造

を提示するよう努めるべきである。

II 戦略的問題

　人々の運命は選択と環境によって決定される。選択は人格（personality）を反映しており，人格自体は二つの主要な構成要素から成っている。すなわち，企図（ambition）と性格（character）である。私のいう企図は非常に広い意味をもつ。ある人の企図とは，その人の全体的な人生計画ならびにあらゆる嗜好・選好・信念を含んでいる。別の選択ではなく，ある選択をすることに対して，企図が理由もしくは動機を与える。性格は，動機を与えはしないが，にもかかわらず企図の追求に影響を与えるような人格特性から成っている。そのような人格特性には，専念・気力・勤勉・根気強さ，そして遠い将来の報酬のために今働くことができる能力が含まれるが，これらの各特性は各人にとってはプラスまたはマイナスの性質かもしれない。環境は個人的資源と非個人的資源から成っている。個人的資源とは身体的および精神的な健康および能力である――例えば，それは一般的な適性や資質であって，富を獲得する才能（wealth-talent），すなわち他者が対価を支払ってでも得ようとする財やサーヴィスを作り出す生得の資質もこれに含まれる。非個人的な資源とは，ある人から他の人へ再分配しうるような資源である――例えば，富や，意のままにできる他の財産，そして現行法制度の下で認められているその財産を使用しうる機会である。

　この種の区別は，我々の個人倫理にとって，すなわち我々はどのように生きるべきか，どのようなときに我々はよく・あるいは悪く生きているのか，ということに関して我々自身がもつ感覚にとって，不可欠である。我々は自分の選択に対して様々な仕方で責任を取る。我々の選択が自由になされたのであって，命令されたわけでも操られたわけでもないならば，後になって，別の選択を行うべきだったという結論に達したとき，自分自身を責めることになる。我々は，自分の選択を動機づけた企図を評価したり，批判したりする。我々は，しないほうがよかったと思われる選択をもたらした性格の特性を改善しようと，あるいは克服しようと努める。環境はこれとは異なった問題である。環境が我々の選択の結果でないならば，環境に対して責任を取ることは意味をなさない。反対に，もし我々が自分の非個人的資源に不満であり，その資源の割当に影響を与えたいかなる選択に関しても自分自身を責めないならば，我々は当然，他の人々――しばしば我々の政治共同体の公職者――

が我々に不正を行ったと訴えるだろう。選択と環境との区別は一人称の倫理においてお馴染みであるばかりか，不可欠なものである。我々には意志の自由は存在しないので，運命が自分の選択の結果であるときにも，障害や社会の富の分配だけに起因するときと同様に，我々は運命について因果的に責任を負わない，という哲学的テーゼを我々は知性において確信するかもしれない。しかし，この哲学的確信に基づいて人生を送ることはできない。自分で選んだという理由で我々が責任を取らなければならない事柄と，我々には制御しえないので責任の取りようがない事柄とを区別しないならば，人生を計画したり，人生について判断を下したりすることはできない。

　もう一つの区別が必要である。すなわち，二つのタイプの正義論を区別しなければならない。倫理的に敏感な（sensitive）（あるいは「連続的な（continuous）」）理論は我々の内面的な生活から生まれてくる。なぜなら，この種の理論においては，非個人的資源の分配の正・不正に関する判断は，倫理から引き出される責任の割当——すなわち，選択と環境とを前述の仕方で区別するような割当——に基礎をもつからである。本書において私が擁護してきた配分的正義——資源の平等——の理論は，連続的である。それが目指しているのは，人々のもつ非個人的資源が彼らの選択に対しては敏感に反応しながら，彼らの環境に対しては反応しないようにすることである。一方，倫理的に鈍感な（insensitive）（「非連続的な（discontinuous）」）政治理論も正義にかなった分配の基準を配備するが，その基準は政治に特有なものであって，我々が人生を内部から生きる際に用いる責任の区別や割当を反映しない。例えば，功利主義の正義論は非連続的である。なぜなら，査定の最終段階において，選択と因果的な決定要因としての環境とを区別する余地が全くないからである。もし失業中の全員に，当人が選択すれば仕事を見つけることができるか否かを顧みずに，同じ手当を与えるような福祉事業計画が，平均福利を最大化するならば，功利主義の政治理論はそのような福祉事業計画を推奨するであろう。

　本書の第2章などで論じたように，我々は，二つの主要な倫理原理から引き出され，その両原理を尊重するような正義の連続的理論を主張すべきである。第一原理によれば，政治共同体の政府に相応しい客観的な観点から見ると，人々の生活全体がうまくいくことも重要だが，各人の生活がうまくいくことも等しく重要である。第二原理が主張するのは，それにもかかわらず，各人は自分自身の人生に特別な責任を負う，すなわち，どのような人生が自分に相応しいか，そのような人生を手に

入れるために自分の資源をどのように使うのが最善かを決定することを含む責任を負う，ということである。この二つの原理に忠実ないかなる社会も，共同体の全員に対する平等の配慮を反映するような法的・制度的構造を採用しなければならないが，そのような社会はまた，第二原理を尊重するために，各人の運命はその人自身の選択に敏感に反応しなければならない，と主張しなければならない。

　しかしながら，選択と環境との区別は多くの点で問題を含んでいる。例えば，ある人がまともな賃金で雇ってもらえないのは，富を獲得する才能が欠けているからなのか，それとも勤勉さや専念が足りないからなのかを決定しようとすると，しばしば恐るべき困難に直面する。場合によっては，この困難は認識上の問題にとどまらない。性格特性の中には，あまりに際立っており，あまりに当人の能力を奪うので，むしろ障害のように見えるものもあるだろう。実際，そのような特性の多く——例えば，極端な怠惰——は精神病の徴候もしくは結果かもしれない。一方，大部分の人々の個人的資源は，健康管理・身体上のリスク・教育・訓練に関する過去の選択や態度から大きな影響を受けている。しかし，この選択と態度自体は，自ら選択していない家庭や文化から大きな影響を受けているのである。もっとも，後者の影響を克服することは，しばしば可能である。そして，保守派の何人かが自分たちはそのように想定していると述べているように，どんな環境であれ，勤勉に働けば誰でも救われると想定することは，馬鹿げていると思われるが，にもかかわらず，勤勉な労働と献身が，さもなければ雇用されえない多くの人々を救いうることも，等しく明らかである。こうした相互作用は，あらゆる連続的な政治理論に対して戦略的問題を提起する。より正確に言えば，連続的な政治理論は，行為主体の運命が受ける影響のうち，当人が責任を負わねばならないものと，共同体がその影響の緩和に関して責任を負うものとを，どのように区別すべきなのか。実際問題として，その区別はどのようにして実施されうるのだろうか。

III　保守派の議論

　我々は，失業者への福祉給付を撤廃する・あるいは急激に削減することを支持する二つの重要な議論を区別することができる。（私のいう「失業者」には，不本意ながら単なるパートタイマーとして低賃金で雇われている人も含まれる。）第一の議論は，前述の戦略的問題を回避したいと考えている。この議論によれば，富を獲得する才能は一種の受取資格（merit）であるから，市場経済において金儲けをして

いる人々は，自分が稼いだものを保有するに値するとされる。第二の議論は戦略的問題を認めた上で，独特の解決を主張する。この立場によれば，殆どの場合，長期失業は仕事嫌いや他のマイナスの性格特性の結果であるから，すべての長期失業は自助努力によって避けられると単純に想定するほうが，失業者を含むすべての人にとって，よりよいのである。

A　受取資格を根拠とする議論

　いかなる連続的な理論も前述の戦略的問題に直面せざるをえない。なぜなら，こうした理論は，富を獲得する才能も含めて，人々の生得的能力に対して報いるつもりはないからである。そこでは，生まれつきの優れた才能は幸運であって，称賛に値するような受取資格の問題ではないと想定されている。第一の保守的議論——受取資格を根拠とする議論——はこの想定に異議を唱える。この議論は，才能も選択されると考えているわけではなく，むしろ選択されないにもかかわらず，才能には報いるべきだと考えるのである。この立場を取る保守派の人々——保守派の多くは少なくとも不明瞭な仕方でこの立場を取る——の主張によれば，ある人々が自分の才能によって集めた富は，彼らがただ勤勉さと専念だけで稼いだものと同様に，彼らが受け取るべき当然の報酬なのである。

　我々はこの主張と，当面の論点ではない他の主張とを，注意深く区別しなければならない。例えば，別の文化においては，富を獲得する才能を多くもつ人々は，それだけ内在的な重要性の高い（intrinsically important）人々であり，他の人々の人生よりも彼らの人生のほうが重要であるという理由で，彼らには自由に使える資源をより多く与えるべきだと言われるかもしれない。この立場は，すべての人の人生が平等な客観的重要性をもつことを否定しているので，我々の文化における基本的な倫理原理に異議を唱えていることになる。これに対して，受取資格を根拠とする議論はこの命題を否定しない。その代りに，この議論は資格（entitlement）に関する独立の根拠を主張する。この説によれば，政府は，富を獲得する才能に報いるような制度を維持すべきだが，その理由は，そうした才能をもった人々には他の人々よりも高い重要性が内在している，ということではなくて，彼らは称賛に値するある属性をもっている，ということなのである。

　受取資格を根拠とする議論は，また別のお馴染みの議論，すなわち，富を獲得する才能をもつ人々は我々の集合的な富に対して他の人々よりも多く貢献するので，

それだけ多く得るのは当然だ，という議論とも異なっている。後者の議論は，正義にかなった社会はどのような経済構造を創り出すかという基本的な問題に関しては，的外れである。ある才能をもつ人々がそれだけ全体的な富に対して貢献することを促進する構造は，いやそれどころか，それを許す構造でさえ，限定されているのである。例えば，いくつかの社会主義国でそうだったように，もし生産が中央集権的に管理されているならば，私が定義したような，富を獲得する才能は，全体的な富に対して殆ど貢献しないだろう。したがって，富を獲得する才能は富を生み出すという主張は，ある特定の経済構造——この主張があてはまる市場構造——を支持する論拠とはならず，むしろそのような経済構造を前提している。もちろん，手段的な根拠に基づいて——例えば功利主義的な根拠に基づいて——，共同体はこの種の経済システムをもつべきだ，と主張されることはあるかもしれない。しかし，富を獲得する才能をもつ人はそれだけ多くの富をもつに値するという主張は，そのような議論において何の役割も果さないだろう。

　現在検討中の主張によれば，才能と報酬との間に存在するある内在的な関係のために，才能は報酬に値する——すなわち，富を獲得する才能をもつ人々は，最速のランナーが当然レースで勝つように，より多くの富を得るに値するという。しかし，この類比はこの主張を反駁するために役立つ。レースその他のコンテストは，ある一定の特性を当然の報酬（desert）の対象とするように考案されている。すなわち，レース等によって創り出される関係は深い（deep）ものではなく——我々はレースを催す義務をもたない——，その行事のために，その行事によって作られたものである。もしレースが発明されなかったとすれば，地上で速く走れるという特性をもっていても，何かを要求する権利は誰にもないだろう。しかし，富を獲得する才能に関する現在検討中の主張が有効な主張となりうるとすれば，それは深いものでなければならない。すなわち，他の人々が欲しがるものを作り出す才能をもっている人々には，財政的な成功を収めるだけの資格がある（entitled）——そのような人々には，彼らが勝利を収めるような経済レースを行う資格がある——と主張しなければならない。しかし，このような形で主張を述べると，それを支持することは不可能であるように思われる。

　まず第一に，我々は精神・嗜好・身体的熟練に関するある性質を賞賛すべきであるという事実から，その賞賛は物質的な形をとるべきであるという結論は導かれない。偉大な科学者や芸術家に費用のかからない勲章を授与する社会は，勲章のほか

に小切手も与える社会と比べて，決して劣ってはいないだろう。(ことによると，共同体の社会的語彙において金銭だけが敬意の表明となりうるような場合もありうるが，そのような場合は除外する。しかしながら，金銭だけが敬意の表明となりうる場合には，徳とこの特定の報酬［金銭］との結びつきは，内在的なものではなく，偶然的なものとなるだろう。)

　第二に，富を獲得する才能そのものが徳である，すなわち賞賛されるべき性質であるという想定は，非常に受け入れがたい。何が富を獲得する才能とみなされるかは，多くの面で偶然的である。つい最近までは，遠くから籠の中［バスケットボールのゴール］にボールを投げ入れる能力は，富を獲得する才能の中でも低く評価されていたし，ビル・ゲイツを世界一の金持にした精神的性質は，かつてはつまらないものとして片づけられていた。なるほど，もっと長期間に互って賞賛されてきた精神的性質の中には，富を作り出す上で重要だと広く考えられているものがある。例えば，知性や勇気，そしてすべてを包み込む徳としての判断力である。しかし，これらの性質自体に多くの側面があり，市場経済において多くの富をもたらすのはどの側面か，そして見る目のある友人たちが賞賛するにとどまるのはどの側面かという問題自体が，偶然性によって左右される。いずれにせよ，幸運こそが，富を獲得する才能のカタログの中でも，ずばぬけて重要なものであり——適切な場所にいるということは，しばしば自分が他の何かに変ることよりも重要である——，我々の多くは幸運を賞賛してしまうのだが，にもかかわらず我々はそれを賞賛すべきでないことを知っている。

　たとえ富を獲得する才能が結局は一つの徳であり，徳に対する報酬は現金でなければならないと仮定しても，依然として，なぜ報酬の測定基準と媒体が商業市場でなければならないのか——すなわち，なぜ正しい報酬とは，その徳を備えた人が課税前に稼ぎうるものでなければならないのか——という点は不可解であろう。部分的には貧困を減少させるために使われる税金を徴収した後に最高経営責任者（CEO）が受け取ることのできる報酬は，前よりも少なくなるだろうが，依然として十分な額だとすれば，なぜこれを正しい報酬とすべきでないのか。「自然な」市場などというものは存在しない。我々が「市場」と呼ぶのは，ある範囲内の経済機構であるが，そのいずれもが何らかの形で規制を受けており，それゆえ限定的なものである。政府は市場を何らかの形で規制しなければならず，ある特定の会社役員の「判断力」に対して支払われる使用料は，他にも無数のことが関係するとはいえ，と

りわけ，法律が独占を阻止するか，安全や保護のために産業を規制するか，あるいは福祉プログラムとは全く無関係な他の点で企業活動を制限するか，といったことの関数であろう。もしこれらの様々な「市場」から選択する際に標準的な選択というものが存在しないとすれば，出資者の徳に相応しい報酬は，再分配的な課税なしに決定されなければならない，ということがどうして明白でありえようか。

B 心理学的議論

　第二の保守的な議論――心理学的議論――は戦略的問題の挑戦に応じる。この立場は，人格と環境との相互作用を認める。しかし，その主張によれば，人格が殆どいつも優勢要因であって，元気とスタミナのある人々が生得の能力を「最大限に活用」して，自分と家族のためにまともな生活を作り上げるのである。こうした性質をもたない人々――我々の中の怠惰な・あるいは無能な人々――は失敗する。成功者にこの失敗者の救済を強制することは誤りである。理由は二つある。まず第一に，共同体におけるアリにキリギリスの援助をさせるのは公正ではない。第二に，それは「依存の文化」を永続させるので，賢明でない。人々は，仕事に専念しなければならないときには，専念するものだが，もし専念しなくても構わないならば，専念しない。福祉を終わらせることは，貧困層にとってよいことである。それは「愛の鞭 (tough love)」であって，彼らが「しっかりやる」ように促すであろうし，他人の施し物に頼って，肩を落として生きるのではなく，仕事をして自活することによって，もっと尊厳と自尊心のある生活を送るようにさせるであろう。この保守的議論は戦略的問題に立ち向うに当たって，［まず］専念の欠如――怠惰・無責任・他の何らかの性格上の欠点――がすべての長期失業の原因であるという仮定を宣言し，次にこの問題への返答として，この仮定を圧倒的な仕方で反駁しうる人にだけ福祉手当を与えるという政策を提案する。すべての失業手当を2年後に打ち切るという福祉法の決定は，この政策に磨きをかけたものである。

　それゆえ，心理学的議論は，たかり屋が福祉受給者に占める割合に関する一連の事実的前提と，福祉がもたらす動機・行動上の帰結に関する一連の予測判断に基づいている。この議論はまた，論争の余地のある道徳に関する判断にも依拠している。その道徳とは，福祉を必要としない人々を罰する・あるいは強制するためには，福祉を本当に必要とする人々に対して――その数がどんなに少なくても――福祉を拒絶することも容認しうる，というものである。リベラル派は主として前提と予測に

異議を唱えて応酬する。しかし、このリベラル派の応酬は二つの欠点をもっている。それは競合しうる福祉戦略を提示していないし、行動責任をめぐる前述の厄介な曖昧性を減少させるために何もしていない。リベラル派は保守派の仮定に対して独自の反対仮定で対抗する。すなわち、たかり屋はあまり多くなく、むしろ少ないと仮定するのである。我々は、これ以上の構造をもった代替戦略を組み立てることができるだろうか。すなわち、相手に容易に斥けられるような、論争の余地のある心理学的仮定や、あるいは相手を容易に怒らせるような、福祉給付に相応しい人のためにペテン師を大目に見てやってほしいという説教に、それほど依拠しない戦略を作れるだろうか。我々は非連続的な正義論に頼りたいという誘惑に駆られるかもしれない。なぜなら、区別に伴う困難が戦略的問題を提起したわけだが、非連続的な正義論は基本的にこの区別を用いないからである。

Ⅳ　お馴染みの非連続的な回答

A　効用

　福祉プログラムの功利主義的アプローチは、効用とはどのようなものかを説明する何らかの適当な観念——例えば「幸福」あるいは「自分が欲しいものを手に入れること」——に依拠しながら、どのような福祉事業計画が共同体において最大の効用を作り出すかを問う。第1章で私は、効用に関する適当な観念は見つからないと論じた——すなわち、功利主義に説得力があるとすれば、それは効用の意味を明示していないためである。というのは、例えば「幸福」あるいは「自分の目的における成功」のような、もっと詳しい明示的定義が一旦選択されると、そのように定義された効用を最大化するという目標は、たとえ実行可能であっても、不公正であることが明らかになる。なぜなら、そのように性格づけされた効用は自分の人生にとって最も重要なものではないと考える人が、少なくとも何人か存在するからである。効用の内容が一旦明示されると、功利主義は倫理的個人主義の第二原理に違反することになる。

　しかしながら、たとえ効用の内容を明示しないでおくとしても、功利主義は不連続的であるという理由だけで、福祉改革のモデルとしては特に不適切である。功利主義は、政治と基本的公正の両方が求めるような仕方では、行動と選択を考慮に入れていない。ことによると、全体的な効用は、仕事よりも余暇を好むために仕事を

しない人々にも相当の手当を支給するような［福祉］事業計画によって、改善されるかもしれない。［これに対して、］功利主義者は、そのような政策はいずれも共同体の生産労働力を低下させ、その富を減少させ、それゆえ平均効用を減少させるので、洗練された功利主義的分析がそのような結果をもたらすことはありえない、と答えるだろう。しかし、この回答には不満が残る。なぜなら、働くことを選択しない人々に、働いている人々から徴収した税金の中から金銭を支給することは、単なる偶然的な不正（contingently wrong）であるにとどまらないからである。すなわち、そのような支給によって、ある望ましくない社会的帰結が生じるだろう、と我々が考える理由が存在するときにだけ、それが不正であるということではない。この政策は、不公正（unfair）であるという理由で、内在的な不正（inherently wrong）なのである。ここで功利主義者は次のように主張するかもしれない。もし我々が、そのような支給は長期的に見ると共同体の全体的効用にとってよくないと、少なくとも無意識のうちに、想定しないならば、我々が怠け者への補償を不公正だとは考えないとしても、それは当然ではないか。しかし、この回答は我々の確信の源泉と確信の内容とを混同している。我々がアリからキリギリスへの強制的移転を内在的な不正だと実際に考えている限り、不正の根拠が偶然的な経済予測次第で変わるような不正の説明を、受け入れることはできない。

　今、私は、功利主義的分析が不適格な人々にあまりに多くの補償を与えすぎる、という事態を想像した。［しかし、］もっとありそうなのは、適格な人々にあまりに少ない補償しか与えない、という事態である。というのは、もし仕事がみつからない人々や子どもの世話をしなければならない人々全員にまともな暮らしを提供するような有効な福祉プログラムを設けることになれば、合衆国の繁栄や国民の平均福祉が損害を被る、という事態は単に考えられるだけでなく、もっともらしいからである。これとは反対の印象的な議論を組み立てることは困難である。リベラル派の主張によれば、貧しい子どもたちの教育を軽視したり、将来暴力に走りかねない下層階級を温存したりすることによって生じる長期的なマイナス効果は、たとえ功利主義的尺度で測ったとしても、現在の富を改善することによって生じる短期的利益を上回るという。しかし、このような予測は非常に思弁的である。そうした予測が我々に訴える力をもっているのは、我々が、何千もの子どもたちから自分の人生を活用するチャンスを奪うのは正義に反すると考えているからであって、その逆ではない。

B　格差原理

　ジョン・ロールズの格差原理は，一次的財（primary goods）における不平等は経済的に最も貧しいグループの地位を改善しないならば，正当化されないと宣言する。そして，この原理を受け入れる人々は，それが保守派の主張に対する適切な回答を提示すると考えているのであろう。しかし，そのような仕方でこの原理を用いるとすると，重大な困難に直面する。まず第一に，最も貧しいグループという概念は伸縮性が大きすぎて，いかなる詳細な福祉事業計画も生み出せない。なぜなら，格差原理を福祉問題に応用する場合，最貧グループを構成する集団としてどのくらいの規模の底辺集団を選ぶかによって，相当な違いが生じかねないからである。例えば，人口の十分の一に当たる最貧層の将来的展望を改善する処置は，もっと多くの低賃金労働者を含む最下位五分の一の将来的展望を害するかもしれないし，最貧の１％——例えば重度の障害者や恒久的な雇用不適任者——の将来的展望さえ害するかもしれない。なぜなら，この１％の人々だけのために立案されたプログラムのほうが，おそらく，彼らにもっと多くの援助を与えることになるからである。しかしながら，一般にそうであるように，格差原理もまた，最貧クラスを定義する上限をどこに設定するかという点に関して何も助言してくれない。

　仮に最下位百分の一を最貧クラスの定義として採用するとすれば，前述の戦略的問題は格差原理にいかなる概念上の困難ももたらさない。なぜなら，格差原理は非連続的だからである。しかし，功利主義と同様に，その非連続的性格のために，格差原理は選択と行動とを正しい仕方で考慮することができない。例えば，次の二つの福祉プログラムを比較してほしい。第一のプログラムでは，働く気のある人だけが福祉を受けられるが，第二のプログラムでは，どのような理由であれ，働いていない人は全員が手当を受け取る。もしかすると，第二のプログラムにおけるどのグループも，第一のプログラムにおける定義上の最貧グループほど暮らし向きが悪くはないということがあるかもしれない。そのような場合，格差原理は第二のプログラムを薦めるだろう。これに対する回答として，いかなる社会においても，経済システムが働ける人全員に働くための誘因を与えるならば，最貧グループの暮らし向きは向上するから，そのようなことは起らない，と言われるかもしれない。しかし，これは必ずしも真理ではない。何人かの人々（その人数は最貧グループの定義次第であろう）はあまりにも強く怠惰な生活のほうを好むため，そのような選択を罰しな

い福祉事業計画における暮らしのほうが財政的に豊かになるということもありえよう。

その上, 格差原理は, 一次的財の最も少ない人々の立場にだけ注目する。この原理は, より多くの一次的財をもつ人々にとってどのような結果になろうとも, 一次的財が最も少ない人々の地位が改善されることを要求する。最貧グループの定義がどうであれ, このグループには含まれないが, それでも自分の家族がまともに暮らせるように奮闘努力しなければならないような人々, 一所懸命稼いだ賃金の一部が税金として取られ, 全然働かない人々に支払われるとき, 当たり前のことだが, 憤りを感じるような人々に対する福祉事業計画の影響を無視することは, 全く不公正であるように思われる。格差原理は, 一般的な期待値が上昇している時代に最も相応しいと思われる。着実に増加する共同体の富を, 可能な限り, 将来的展望の特に貧しい人々を助けるために使ったとしても, 他のすべての人々の資源増加の傾きを緩やかにするにすぎないならば, それは公正であると思われる。しかし, 今やグローバルな資本の流動性が, 経済的成功を収めたどの共同体においても非専門職や非管理職の一般的な賃金水準をどんどん低下させる恐れがある。そのような環境において, 能力の限り一所懸命働いている他の人々もまたひどく傷ついているが, 正義論が関心をもつのは, 最も傷ついた人生を送っている人々だけだ, と言うとすれば, それは無神経であると思われる。ロールズは, なぜ原初状態のメンバーたちが自分の将来の身分を知らずに自分自身の自己利益に基づいて格差原理を選ぶのかという点を, 満足のいく仕方で説明できていない。また, 福祉プログラムをめぐる政治は, この理論上の失敗が落とす実務上の影を示している。「勤勉な中産階級」に対する公正を説く政治家たちは, もちろん票を狙っているのだが, しかし彼らはまた, 世に広まっている正義感を代弁しているのである。

V 仮想保険事業計画

A 物語

倫理的に鈍感な正義論は, これほど個人の責任と結びついた問題を福祉[の問題]として扱うときには, 役に立たない。我々は, 正義に適った福祉事業計画について, すなわち, リベラル派の訴えによく見られるような因果的責任に関する仮定にあまり依拠せず, また〈勤勉な賃金労働者は本当に福祉を必要とする人々を援助するた

第9章 正義・保険・運　　　　　443

めにペテン師に助成金を与えるべきだ〉という当然憤慨すべき命題に基づかない事業計画について，倫理的に敏感な説明を組み立てることができるだろうか。まず空想的な物語から始めたい。(3) 合衆国が次のような仕方で変貌した状況を想像してほしい。ある特定の時点において，富や他の機会は公正に分配されている。しかしながら，その時点において，誰もが，地球規模の競争，技術的な不安定性，[国民の]平均年齢の上昇，その他，現在の我々自身を悩ませている経済的不確実性をもたらすようなすべての要因に気づいている。すべて人には保険に入る機会が提供されており，その保険に入れば，失業時に・あるいは約定所得よりも低い賃金で雇用された場合に約定所得が支給される。また，その保険は共通保険料（community rates）で，すなわち，誰の場合も同じ担保範囲の契約は同じ保険料で提供される。なぜなら——これが殆どありえない唯一の想定なのだが——自分自身を含めて各人が失業する可能性は等しいと誰もが想定しているからである。人々は自分の個人保険について慎重に決定する。すなわち，低所得に備えて保険をかけるべきか，また自分の主だった希望・恐怖・嗜好・価値に相応しい仕方で無収入に備えて保険をかける場合，どのくらいの所得を約定すべきかを決定するのである。

　私はすぐ後で，この仮想商業市場の具体像について——どのような種類の保険証券（policies）が立案され，担保範囲はどのくらいで，保険率はどれくらいかについて——思索してみるつもりだ。しかし，まずその前に，結果的にどのように富が分配されるかについて重要な主張をしておきたい。何が起こるにせよ，福祉援助を受けるに値しない人々，すなわち，働けるのに働かない人々や，もっと早い時期に・あるいはもっと高度の訓練を受けようと思えば受けられた人々が，実際に働いている人々の努力の成果を不正に利用しているという反論には，根拠がなくなるであろう。というのは，すべての人の選択がすべての人の機会に及ぼす影響を反映するような，様々な種類の市場決定の結果として，いくら手当を受け取るかが決まるからである。例えば，もし保険証券を購入した女性が，その保険証券に規定されているという理由で，妊娠中は休業するという選択をして，約定補償金を受け取ったとしても，誰もこれに反対できないだろう。彼女が既に支払った保険料は，その選択が他人にもたらす費用を反映しているであろう。なるほど，詐欺の機会を与えるような保険証券が売り出されることもあるだろう。保険証券が，例えば，保険の受取人には求職の義務があると規定すれば，自分は仕事を探したと嘘をつく人が出てくるかもしれない。しかし，おそらく，他の人々は彼の行動を非難するだろうが，それ

にもかかわらず，彼らは，詐欺の機会を与えた制度的な取決は自分たちにとって公正でない，と不平を言うことはできないだろう。もし詐欺に対する保護がもっとしっかりしている保険証券のほうが，全体的に見て，保険会社にとってもっと有利なものだったとすれば，保険会社はそのような保険証券を，もっと安い保険料で，「詐欺師たち」が購入した保険証券の代りに，あるいはそれに加えて売り出していたであろう。もしそのような保険証券が実際には有利でなかったとすれば，その発売を主張した保険会社は，その損失を埋め合わせるために，他の保険証券の保険料を上げなければならなかっただろう。すなわち，監視システムが穴だらけであることは，すべての人にとって利益になるかもしれないのだ。

　したがって，この仮想環境においては，分別のある人ならば誰も，その保険事業計画は他人に補償を与えるから不公正だ，という不平を訴えないはずである。その上，このような主張は，人々の教育や雇用の機会・行動・あるいは成功に対する因果的影響の——選択と環境の間における——分配について何も仮定せずに，行うことができる。自分で保険に入る決定をしていなければ，誰も補償を受けることはないだろう。例えば，ある人が技術的な熟練不足による失業も担保するような保険に入っていたならば，誰も，彼の熟練不足は彼の性格のせいだから，補償を与えるべきでない，と正当に訴えることはできないだろう。もちろん，保険に入るか否かを決定する際には，企図と性格と生得的資源の豊かさが混じり合って，重要な役割を果すかもしれない。ある人が保険に入らないと決定したものの，後になって入らなかったことを後悔した場合，彼は，自分がそのような選択をしたのは，自分でも手に負えない性格障害のせいであるから，社会は自分をあたかも保険に入っていたかのように扱うべきだ，と訴えるかもしれない。しかし，これは，私が今考察している不平ではない。私はただ，支払いを受けられない人々にとって保険市場の構造は不公正かもしれない，という非難を排除しているだけである。

　現在の米国は，今想像した米国とは二つの決定的な点で異なっている。すなわち，我々の間で富はあまり公正に分配されておらず，また継続的失業の推定リスクは人口のある部分において他の部分よりもはるかに大きい。しかし，それにもかかわらず，我々は想像力を働かせて，もし大部分の米国人がもつ嗜好と企図との典型的な混合物をもっている人々（我々は，典型的な人々は皆同じ嗜好と企図をもつ，と想定する必要はない）が，米国における平均的な富をもっており，かつ慎重に行動しているならば，どのような失業保険に入るだろうか，と尋ねるかもしれない。この

第9章　正義・保険・運　　　　　　　　　　　　　　　　　　　445

ような仮想的な質問に唯一の答えは存在しないということは，私も認めよう。人々にどのような保険の機会が提供され，人々がそのうちのどれを利用するのかは，多くの偶然性および市場的・個人的決定に依存しており，我々は後者を様々な仕方でかなりはっきり想像しうるだろう。しかし，合理的に行動する米国人のほぼ全員が，それ以外にどのような保険に入るにせよ，ある狭い範囲内の失業保険証券を買うであろう，と想定してみよう。この想定がもっともらしくなるような狭い範囲の保険証券を設定できるならば，我々はその情報に基づいて，大いに弁護可能な福祉プログラムの中核構造を立案することができるだろう。

　もし本当に，この仮想事例において，ほぼ全員が特定の一般的水準の失業保険に入ったとすれば，我々は，ある特定の人が現実世界において保険に入らないのは，環境——我々の共同体でそのような保険が利用できなくなるような・あるいはその人にそれだけの資力がなくなるような環境——のせいだと自信をもって想定できよう。というのは，現実世界と仮想世界との違いは，疑問の余地なく，人々の環境の違いである——すなわち，我々の共同体の一部（保険数理上の一グループ）が被保険リスクにさらされる推定上の可能性を他の人々の場合よりも高めるような，富および教育的・社会的機会における違いである。したがって，資源の平等——すなわち，分配は選択には敏感に反応しても，環境には反応すべきではない——という一般的目標を満足させる保険事業計画とは，保険が等しい条件で利用可能だった場合に人々が置かれたであろう環境に，人々を置くような事業計画なのである。

　このような仕方で生み出された福祉手当の事業計画は，他の事業計画案に比べると，他にもいくつかの利点をもつであろう。この事業計画においては，個人の選択が作用を及ぼしたり，性格が影響を与えたりする余地が残されるだろうし，ギャンブルのもつ魅力と効用が発揮される余地も残されるだろう。この事業計画は，（もっと徹底した平等主義的提案が行うように）人格や生活の中から差異を締め出そうとはしないだろう。やる気を挫いたり，社会を平準化したりしないし，いかなる分別のある自由観をも弱体化しないだろう。それがあくまでも固執するのは，公正に関する否定しえない教義だと思われることだけである。すなわち，社会が，人々の［現実の］選択以外に，環境がもっと平等に近かったならば人々がしたであろう［仮想の］選択をも考慮するならば，人々を平等な存在として扱うという目標にもっと近づくであろう，ということである。その上，これは現実的な事業計画である。その算定は，自分の資源に対する様々な要求の中で選択している現実の人々の仮想的

決定に基づいているから，共同体は，その成員の生活に不可欠な他のサーヴィスを提供する責任を負うと仮定すれば，然るべき金額以上の費用を福祉手当に支出するよう要求されることは決してないだろう。こうした手当の資金となる所得税は，その市場における仮定保険料に基づいているから，そのような所得税は公正であると同時に実施可能でもあるだろう。

B 市場の具体像

したがって，我々はこの仮想世界における失業保険市場の具体像について思索をめぐらさなければならない。一見すると，仮想世界の合理的な人々は「マクシミン (max-imin)」戦略——彼らの将来展望の下限を可能な限り引き上げようとする戦略——を追求するであろうから，仮想保険アプローチは（私が今述べたのとは反対に）全く非現実的な水準の福祉を正当化してしまうように思われるかもしれない。実際には，賢明な人々はそのような戦略を採らないだろう。すべての保険は，我々にお馴染みの意味において，損な買物である。すなわち，保険料は，補償金を支払うための資金となるだけでなく，保険会社の管理運営費や利益をも賄わなければならない。それゆえ，予想受取額を大幅に上回らざるをえないのである。このことは特に失業保険の場合に当てはまる。というのは，後述するように，失業保険は不可避的に高度の「道徳的危険」(moral hazard)——例えば，自分は求職を試みたという嘘の主張のような詐欺に関して保険会社が負うリスク——を伴うからである。それゆえ，失業保険が意味をなすのは，単に，さもないと富が減少してしまうという危険に対して備えるような場合ではない。その地位を回避するためには，技術的に不利な投資をあえて行うだけの価値があると思われるほど，著しく劣悪な地位に陥る危険に対して備える場合にのみ，意味をなすのである。それゆえ，マクシミン低所得政策の保証する個別合計額が少しでも下がることは顕著かつ重大な事件であると感じる人々（もしそのような人がいるならば）を除けば，誰にとってもマクシミン低所得政策は賢明な政策ではない。

しかしながら，同様に明らかだと思われることがある。すなわち，長期の失業や極端な低所得はあまりに重大な結果をもたらすので，平均的な資産をもつ非常に賢明な人々は，ある程度はこうした結果に備えて保険に入るであろう。そのような人々は，少なくともある程度は尊厳のある生活が維持できるような——すなわち，食料・きちんとした住まい・自分や家族に対する最低限の医療を提供するような——

担保範囲の保険に入ろうとするだろう。現在，殆どの国は,「貧困線」(poverty line)を定義することによって，様々な目的のために，そのような生計水準を算定している。我々は，必要な保険料を払える人はほぼ全員が，少なくとも共同体の貧困線の水準を保証するような保険に入る，と想定するだろう。人々は仮想共同体においてそのような保険証券を購入するだけの余裕があるだろうか。答えはその共同体の経済状態次第であるが，雇用されている状態がその共同体全体を通して標準的状態である限りは，生計を担保するための保険料が平均所得の大きな部分を占めることはないであろうから，人々はその保険に入るだろう，と想定することができる。

しかしながら，ここで我々は被保険リスクの定義に関するもっと複雑な問題に出会う。人気のある保険証券は失業や低賃金雇用の被担保リスクをどのように定めるであろうか。もちろん，自分の望む職を得られない場合に備えて保険をかけることは，不可能であろう。そのような保険をかけると，おそらく，保険料は保険金額に近づいてしまうだろう。反対に，人々に負担可能な保険証券はいずれも，受取人は求職によって自分の［劣悪な］地位を緩和するよう努めることと規定するだろう。しかし，その条項はどのように起案され，どのように執行されるのだろうか。もちろん，損害査定人が人々の言葉をそのまま信用することもありうるだろうし，一定の共同体においては，たぶん，そのようにしたほうが効率的だろう。しかし，我々は，米国では負担可能な保険証券は請求審査のためにそれ以上のことを要求する，と想定しよう。

さて，次の四つの失業保険証券を考えてみよう。いずれの保険証券も請求者に職を捜すように要求する。また，いずれの保険証券においても，請求者が職を提供されながら断ったことが証明されれば，手当は停止される。厳格な保険証券（severe policy）においては，更に，請求者に職を見つける能力があったか否かにかかわらず，2年以内に職に就かなかった場合は，各失業付随条件に対する保険の適用は終了すること，ならびに，いかなる場合においても生涯に合計5年を超えて手当を請求することはできないことが，規定される。寛大な保険証券（generous policy）においては，請求者は職を捜し，引き受けなければならないという条項以外に，支給停止や他の形式の制限は存在しない。任意介入主義的な保険証券（optional-interventionist policy）においては，一律停止の規定はない。しかし，保険会社は費用を負担して失業中の請求者に職業訓練を受けさせてもよいこと，ならびに，請求者は，保険会社が提供する・もしくは見つけるいかなる職も引き受けなければならず，そのような

申し出を既定回数に達するまで拒否した場合，補償金は没収されることが，規定される。強制介入主義的な保険証券（*mandatory-interventionist* policy）は任意介入主義的な保険証券とそっくりだが，ただこの保険証券においては，保険会社は訓練を提供しなければならず，職を見つけるために最善の努力をしなければならないことも，規定される。

　厳格な保険証券は，おそらく，四つの保険証券の中で（担保範囲は他の点では同じだと仮定して）最も低い保険料で売り出せるだろう。なぜなら，この保険証券の場合，保険会社は二つの重要な点で出費を節約できるからである。まず第一に，「たかり屋」が保険金を受け取るのは，いずれにせよ，2年間だけであるから，保険会社は，たかり屋を見分けるための高価で不確実な手続に，他の保険証券の場合ほど多くの費用をかける必要がない。第二に，2年間無職のままの人々の中には，たかり屋以外に，熟練不足や訓練不足の人々，あるいは経済的に不安定な環境で仕事を見つける運に恵まれなかった人々がいるであろう。それゆえ，保険会社は，完全補償（full coverage）よりも事実上はるかに少ない担保範囲の保険を売り出すことによって，出費を節約する——すなわち，失業保険ではなく，短期失業の少数の付随条件に対する保険を売り出すのである。したがって，厳格な保険証券は確かに寛大な保険証券よりも安いであろうし，それはまた——もっとも，これは付加的な事実次第であるが——いずれの介入主義的保険証券よりも安くなるかもしれない。しかし，この保険証券は，その価格が他の保険証券よりも魅力的であるにもかかわらず，おそらくあまり人を惹きつけないであろう。我々の想定によれば，人々は低水準保証の——例えば貧困線保証の——失業保険に，新手の宝くじを買うようなつもりで，入るわけではない。自分たちが破滅だと考えるものを恐れているから，入るのである。彼らがその水準の保険へと駆り立てられる理由は，保険金が低いと，その保険証券が，投資用語で言うところの，よい買物となるからではなく，自分がその程度の金銭さえもてないというリスクが恐ろしいからである。それゆえ，彼らにとって，最悪のリスク——長期の失業——を除外した保険証券にはあまり魅力がないであろう。それゆえ，我々は，他の保険証券が法外に高くない限り，厳格な保険証券はあまり売れない，と考えてよいだろう。

　寛大な保険証券は，もちろん，はるかに魅力的だろう。他の保険証券と同様に，寛大な保険証券も請求者に仕事を捜して引き受けるよう求めるが，このこと自体は，大多数の人々が望む担保範囲を減じるわけではない。しかしながら，寛大な保険証

券はまた非常に高価なものとなろう。これを売り出す保険会社は，［厳格な保険証券の場合よりも］更に厳しい審査手続を採用しなければならず，そのような手続は有効なものであったとしても，高価なものとなろう。保険会社は煩瑣な請求処理作業に振り回されるかもしれない。その審査手続がどんなに精巧かつ高価なものであっても，まさにその保険証券が仕事をせずに暮らすチャンスを与えてくれるという理由でこれに惹きつけられるたかり屋を，保険会社は何人か抱え込むことになるだろう。そして，保険会社が請求審査に費用をかけなければかけないだけ，たかりによる損失は増大するだろう。もし他の形式の保険証券も売り出されるならば，寛大な保険証券はまた逆選択（adverse selection）——自分がたかり屋志望であるか，致命的な熟練不足である場合にだけ，この保険証券を選択するという人々の性向——によって苦しめられるであろうし，このために保険証券の価格は更に上がらざるをえないだろう。

　任意介入主義的な保険証券は寛大な保険証券よりも高価になることはありえない。なぜなら，この保険証券を売り出す保険会社が職業訓練を提供したり，その資金を出したり，あるいは就職先を用意するのは，それが商業上の利益となるときだけ，すなわち，支払額の減少から生じる予想節約額が，このようなサーヴィスの費用を上回るときだけだからである。現在および予見しうる将来において，この予想節約額が何人かの請求者の場合に，ことによると多くの請求者の場合においてさえ，費用を上回る可能性が高いので，任意介入主義的な保険証券は寛大な保険証券よりも安くなるであろう。したがって，もしこの保険証券が仮想共同体において売り出されたならば，寛大なプランを駆逐してしまうだろう。大多数の人々——たかり屋志望者以外の全員——にとって，このプランの介入主義的な特徴自体が，プランの価値を高めるであろう。なぜなら，訓練のおかげで，担保水準以上の給料をもらえる職に就くことが，可能になるからである。また，多くの，おそらく大多数の請求者は［失業よりも］働くことを，とりわけ熟練を要する職に就いて働くことを好むからである。

　任意介入主義的な保険証券が厳格な保険証券よりも安価であるか否かは，複雑な計算に依存するだろう。おそらく，厳格な保険証券において支給停止に至るまで補償金を受け取る人々の中には，職業訓練と就職援助が行われれば，支給停止以前に職を見つけることができる人もいるだろう。厳格な保険証券においてそのような請求者に支払われる追加的補償金のほうが，任意介入主義的な保険証券における訓練・

援助プログラムの費用よりも全体として多いとすれば，後者のほうが前者よりも安くなるであろう。それゆえ，厳格な保険証券における支給停止までの期間が長くなれば長くなるほど，任意介入主義的な保険証券のほうが安くなる可能性は高まるだろう。また，後者のほうが他の点でもはるかに魅力的であるから，厳格な保険証券が提案しうる支給停止年限には限界があるだろう。したがって，市場においてそのような保険証券は最も望ましくないものであり，おそらく最も人気がないであろう。

　強制介入主義的な保険証券は大多数の人々にとって任意介入主義的な保険証券よりも更に魅力的であろう。なぜなら，よりよい生活を送れる更に大きなチャンスが，約束されるからである。確かに，この種の保険証券は保険会社にとって，短期的に見れば，より多くの出費をもたらすだろう。しかし，長期的に見れば，おそらく，この方程式は変化するだろう。例えば，一世代に亘って経済的な破局を阻むことができれば，保険会社にとって当初は高価だった訓練・就職プログラムが，事実上寛大な保険証券より安くなり，任意介入主義的なパッケージの費用に近づいていくと予想できよう。したがって，保険会社は長期契約の強制介入主義的な保険証券を売り出したほうがよいかもしれず，たとえいくらか高くても，この種の保険証券のほうが任意介入主義的な保険証券よりも人気が出るかもしれない。

C　扶養家族

　失業保険を求める女性たちは，とりわけ，自分が扶養する子どもの面倒を見るのに十分な担保範囲を確保したいと切望して，妊娠後期および子どもが非常に小さい間は，就職・訓練要件を何らかの形で免除されることを求めるだろう。しかし，保険会社は，そのような保険が利用可能になれば，そのこと自体が低所得者層の妊娠を増加させるだろう，と心配する。このような疑念──十代のシングル・ペアレントの増加については福祉に大きな責任がある──が，福祉「改革」の背後にあった主要な政治的圧力の一つだったのであり，この「改革」によって，連邦の資金による「要扶養児童家族扶助」（Aid for Families with Dependent Children）プログラムは打ち切られ，各州はシングル・ペアレントに2年間を超えて補償金を支払うことはできない，と定められたのである。多くの政治家が，依存の悪循環を断つためにはそのような厳しさが必要だと断言する。彼らの意見によれば，この悪循環のために，多くのティーンエージャーは妊娠するか否かに無関心になり，中には魅力のない家庭を去って独立した暮らしをするための手段として，故意に妊娠する者さえ出てき

第9章 正義・保険・運　451

たというのである。しかし，「改革」の結果として，十代の妊娠が著しく減少する見込みはないが，幼児に対して重大な害悪がもたらされることはほぼ確実である。多くの幼児は親から引き離されて，里子・養護プログラムに参加させられるであろう。

　もし我々がこれまで調べてきた仮想保険アプローチに従い，仮想共同体において人々はどの保険に入るだろうかと尋ねることによって，福祉事業計画を立案しようとすれば，そして，もし我々が，失業のリスクに直面している人々が自分で入るような保険だけに注目するならば，気の滅入る結論に達するであろう。親となる可能性のある人々のために作られた保険証券が，自分の生活を維持するだけでなく子どもを育てるためにも十分な担保範囲を規定しているとすれば，〈未婚の（あるいは他の点で経済的に不適格な）親には保険の適用を認めない〉という条項を含む可能性が高く，そうなると未婚の親は，避妊を怠ったり・あるいは避妊に失敗した場合のリスクを負わされることになろう。もし我々がこの保険にならって自分たちの社会の福祉条項を作ったならば，現在は福祉援助を受けている多くのシングル・ペアレントがそれを受けられなくなるだろう。仮想保険アプローチは，少なくともこの例では，最近の立法の緊縮戦略を是認するように思われる。

　しかし，これは誤解である。なぜなら，仮想保険アプローチは，分配を［本人の］選択や行動に敏感に反応させることによって，倫理的に敏感な正義論の要求にかなうように立案されたものであり，それゆえ，あるグループ——子どもたち——への分配が別のグループ——彼らの親たち——の行動によって左右されるような使い方をしてはならないからである。我々は別の問いを立てなければならない。すなわち，子どもたちは，貧乏で失業中の親のもとに生まれる場合に備えて，どのような条件で，どれくらいの保険に入るであろうか。この問いに答えるために，胎児が保険証券について交渉している状況を想像する必要はない。我々は次のように問うことができる。保険料は後に，長期の延納が認められた何らかの分割払い方式で，子どもたち自身が支払うという了解のもとで賢明な後見人が子どもたちのために保険に入るとすれば，どのような条件で，どのくらいの保険に入るであろうか。明らかに，賢明な後見人ならば，幼児が自分の親と一緒に暮らせるだけの十分な担保範囲の保険，しかも生存のために十分な医療費と，適当な場合に就職に備えて資格を取得するために十分な教育費が受け取れるような保険に入るであろう。保険会社は，他の形式の健康保険の場合と同様に，このような保険証券を統計的な手法で立案するだ

ろう。なぜなら，ある人の行動を補償の条件にしたりすれば，その保険の意味は失われてしまうからである。しかしながら，保険会社は，貧しい未婚の女性たちが妊娠しないようにすることの営利上の重要性には気づいているだろう。そして，おそらく，保険会社は，喫煙に関する情報提供のために現在そうしているように，教育キャンペーンのために利益の一部を確保しておかなければならないだろう。また，保険会社は，保険証券の一条項として，不在の親に対する幼児の権利を尊重すべきことを要求するかもしれない。もし保険会社が不在の父親に対して執拗に実父確定請求をできるとすれば，ことによると何らかの抑止力として作用するかもしれない。

D まとめ

　仮想保険アプローチは，ある福祉プログラムの範囲を画定しようとする。それは，分別ある人や立法府が，人々の人生は等しい重要性をもつという原理と，各人は自分自身の人生を管理する責任を負うという二つの原理によって要求されていると考える福祉プログラムの範囲である。このアプローチは，非常に多くの読者が既に抱いていると私が考える確信を更に強める。すなわち，福祉事業計画のうち，訓練や就職援助を提供しうる・あるいは提供しなければならない事業計画，しかも誠意ある求職努力を補償の条件とするような，支給停止なしの事業計画のほうが，更に厳格な・あるいは更に寛大なプログラムよりも好ましい，という確信を一層強めるのである。もしそうであるならば，それは保険アプローチにとっても，この確信にとってもよい知らせである。なぜなら，両者は互いに支持し合うからである。

　実際，いくつかの州はこのような福祉事業計画を，連邦政府が任意に権利放棄した場合の特別な試験的プログラムにすぎなかったとはいえ，遂行してきた。しかし，新たな「福祉改革法」の諸条項は，保険アプローチが許容する範囲内には収まらない。それらは厳格な保険証券をモデルにしており，この保険証券は賢明な保険会社の間で疑いなく不評を買うだろう。貧しい親への福祉を2年間で停止することによって，子どもたちを非常に侘びしい貧困状態に陥れ・あるいは里子として養護してもらう運命へと追いやるような諸条項は，とりわけ遺憾である。これまでに見たように，仮想保険アプローチはこれらの条項を非難するが，その理由は，それらが誤った答えを出したからではなく，誤った問いを立てたからである。

VI　くじ運

第9章　正義・保険・運

　前述の保守的議論は，仮想保険装置が承認する福祉事業計画はあまりに気前がよすぎる，と主張する。ここで我々は，この装置は気前がよいどころか，あまりにけちだという，更に深遠かつ重大な反対意見について考察しなければならない。仮想保険をモデルとした［富の］移転は，失業によって生じた不平等を緩和することはあっても，根絶することは決してないだろう。なぜなら，仮想上の賢明な人は，就労者が稼ぐ最高額に等しい賃金はおろか，就労者の平均賃金を保証する保険にさえ，入らないと思われるからである。

　この新たな反対意見によれば，仮想保険装置においても，あまりに多くのことが依然として運によって左右される。すなわち，富を獲得する才能が生まれつき乏しい人や，そうした才能が磨かれにくい背景のもとに生まれた人は，保険装置が正当化する手当を受け取った後でさえも，生涯を通じて，より少ない資源しか手にできないだろう。この意見によれば，我々はもっと徹底的かつ急進的な福祉プログラムを必要としている。たぶん，勤勉さの等しい人々が一生涯に使いうる資源を，生まれつきの才能がどうであれ，平等に分配することによって，第2章で論じた「羨望」テスト（"envy" test）に完全に合格するような福祉プログラムが，我々には必要なのである。

　この最後の野心的見解は，第2章ですべて述べたように，様々な概念上の難点をはらんでおり，また本章の初めで述べたような戦略的問題が，更に難点を追加する。なぜなら，いかなる政治プログラムであれ，非自発的失業者の所得を勤労者の所得と等しくしようとすれば，実際上，分配は選択に敏感に反応すべきである，という原理に対する重大な違反が不可避的に生じるからある。選択から派生する富の格差を何ら消滅させずに，才能の不平等から派生するあらゆる富の格差をすべて消滅させることは不可能である。それはちょうど，シャイロックが一滴も血を流さずに1ポンドの肉を切り取ることができないのと同様である。しかし，ここではこうした概念上および実践上の難点は脇にのけて，反対意見が提起した基礎的な原理問題に焦点を合わせよう。仮想保険装置は，本当に働きたいのだが仕事を見つけられない人々に十分な補償を与えないから，欠陥があるのだろうか。第2章でこの装置を導入したとき，私は留保をつけた。すなわち，平等主義者たちは，少なくともこの装置が推奨するのと同程度の補償は擁護できるだろうが，しかし，我々は，更に多くの補償を正当化する別の分析装置が見つかることを望むかもしれない。そのように私は述べた。我々が今考察している反対意見は，この留保へと立ち返る機会を与え

てくれる。そうした留保はどの程度まで正当化されるのだろうか。

　仮想保険戦略には，自然の不運（brute bad luck）――熟考してなされた賭けからではなく，人生そのものから生じる不運――がもたらす結果を除去する効果はない。そのような不運を，賢明な保険が通常行っている方法で，通常行っている程度まで緩和するだけである。この戦略の狙いは，リスクを完全に否定することではなくて，人々をリスクに関して平等な立場に置くことである。この狙いは，すべての市民に対する平等な配慮を示しているだろうか。それとも，本当の平等な配慮は，私が第8章で「救命」アプローチ（"rescue" approach）と呼んだものを要求するだろうか。このアプローチによれば，共同体は，どんなにわずかであろうと患者の余命を延ばすような治療法を，どんなに投機的な（speculative）・あるい高価なものであろうと，すべて提供しなければならない。既に指摘したように，いかなる共同体も，自らを破壊せずにこの約束を守ることは，実際にはできないだろう。すなわち，共同体は医療に非常に多くを支出しなければならないので，そのメンバー――幸運な人も不運な人も――の生命を延ばすだけでなく，生活を改善しようとしても，そのための予算は全く残されていないだろう。更に困難なのは，救命アプローチにおいて病気ではなく失業に関してどのような補償が求められるかを規定することである。しかし，例えば，次のような要求は考えられるかもしれない。すなわち，自分に過失がないのに失業した人は，雇用中の最終賃金に物価変動による修正を適宜加えた金額を受給し続ける，という要求である。この政策を認めるならば，それが共同体にもたらす様々な費用と，共同体の経済に与える損害は，非常に大きな額になろう。

　すべての人を平等に配慮する共同体がリスクをどのように扱うかという点に関して，保険アプローチは全く異なった理解を反映している。この異なった考え方は，いくつかの文脈において明らかに救命アプローチよりも優れている。次のような病気を想像してほしい。この病気にかかると，身体に障害が生じるのだが，遺伝的な病気ではなく，社会階層による偏りも存在しない。ランダムに，しかし40歳以上の人だけが発病するのである。富が公正に分配されており，すべての市民が40歳未満であるような共同体を想像しよう。保険アプローチにおいて，共同体は，私的に営利保険会社によって・あるいは公的に国家プログラムによって，この病気に対する保険を市場価格で提供しなければならず，その結果，市民が自分自身で，その保険に入るか否か，またどの程度の担保範囲にするかを決定できるようにしなければならない。このアプローチは誰にとっても（たぶん，賢明でない市民を除けば）初め

から救命アプローチよりもよいものであろう。なぜなら，保険アプローチにおいては，将来的にどのくらいの保護を希望するか，現在は保険料という形でどれくらいの犠牲を払うつもりか，どのくらいならば適正だと考えるか，といった点について各人が選択するからであり，誰も自分ではしないような集合的決定（collective decision）を強制されないからである。この政策は，少なくともこうした状況においては，すべての人に対して平等な配慮を示すための理想的な方法であると思われる。しかし，この政策においては，共同体は，後に実際に発病する人々に対する援助を，彼らが入った保険の担保範囲に限定しなければならない（たぶん，あまり賢明でない人々に対するパターナリズム的援助を除けば）。もし最初の病人が出たときに，共同体がもっと救命アプローチに近いやり方に切り替えたとすると，共同体は，自分で入るのが賢明かつ適切だと市民が考える保険制度よりもはるかに高価な保険制度を，事実上，すべての人に将来的に押しつけることになろう。

　さて，別の物語を想像してほしい。実際にはこの病気は遺伝的に偏っている——ある遺伝構造をもつ人々の発病率は他の人々の場合よりもはるかに高い——が，しかし特定の市民がこの危険な遺伝子をもっているか否かは，実際に発病するまで，本人も含めて誰にも判らないとしよう。ここで主観的利益と客観的利益を区別しなければならない。共同体が救命アプローチではなく保険アプローチを選択することは，依然としてすべての人にとって主観的利益——本人あるいは他の誰かが知っている範囲における本人の利益——になるが，すべての人にとって客観的利益になるわけではない（あるいは，少なくとも等しく客観的利益になるわけではない）。しかしながら，このことのために，なぜ違った扱いをしなければならないのか。我々の人生においていつ［不幸な］運命が襲いかかってくるかということが，なぜ問題にならなければならないのか。保険に入った直後に不運に見舞われようとも，あるいはもっと早い時期に，知らないうちに，既に不運に見舞われていようとも，この問題を公正に考えようとするとき，何の違いもないように思われる。ポーカーの中には，プレーヤーが［既に］自分に配られているカードを見ずに，それに賭けるというゲームも，色々ある。そのようなゲームは，プレーヤーがこれから配られるカードに賭けるゲームに劣らず公正である。したがって，保険アプローチは，物語をこのように変えたとしても，依然として公正であるように思われる。たとえ人々が入る保険の対象となっている不運が，既に知らないうちに襲いかかっているとしても，共同体が，すべての人々が各人の選択する担保範囲の保険に同じ条件で入れる

ようにしているならば，その共同体は平等な配慮をもって人々を扱っているのである。

さて，再び物語を変えよう。ここでは，誰が発病するかを予測するために必要な遺伝情報が容易に入手できるので，誰が病気になるかを，すべての人が知っているとしよう。実際に，共同体がどのような補償政策に従うかを最初に検討し始めたとき，そのような人たちのうちの何人かは，既に発病していたと想定しよう。そうなると，この病気に関して通常の保険市場は存在しえない。たとえ保険会社がすべての人に同じ条件で保険証券を売り出しても，自分は危険だと知っている人しかその保険に入らないだろう。また，保険会社は保険料を，保険が将来の被害者にとって役に立たなくなるほど高く設定しないと，破産してしまうだろう。しかし，それにもかかわらず，政府が仮想保険装置に従うことは可能である。すなわち，政府は物語を変形して，反事実的にではあるが，それを我々の考察した最初の二つの物語のように変えることができる。政府は，第一あるいは第二の物語において大部分の人が購入したと合理的に想定できるような保険証券に従って，発病する人々・あるいは既に発病してしまった人々に給付することができる。この場合，このように反事実的に理解された保険アプローチは，他の［二つの］場合に比べると不適切――すべての人に対する平等な配慮が少ない――であろうか。

最初の二つの物語と第三の物語とは，［この問題に］関連する二つの点で異なっている。最初の二つの物語においては，政府が救命アプローチではなく保険アプローチを追求するという最初の決定を下すとき，反対の決定のほうが自分には有利だ，と訴えることのできる市民は一人もいない。これに対して，第三の物語においては，政府の最初の決定がいつなされようとも，そのように非難しうる市民が存在している。その上，最初の二つの物語においては，個々の市民自身が，保険に入るか否か，どのくらいの保険に入るか，を決定する。すなわち，どのようなリスクを負担するかという決定は，自分自身が下すのである。しかしながら，第三の物語においては，政府がすべての人のために集合的決定を下さねばならない。そのとき，被害者の中には，もし自分自身で決定できるチャンスがあったならば，もっと多くの保険をかけただろう，と主張する人々がいるかもしれない。

この二つの相違点のうち，最初の相違点のほうが重要だと思われるかもしれないが，それは実際には錯覚である。なぜなら，いかなる政治的決定が一旦下されようと，その決定は絶えず決定し直されるからである。第一の物語において，最初の被

第9章　正義・保険・運　　　　　　　　　　　　　457

害者が発病したとき，共同体は考えを変えて，その人のために救命政策を採用することもできた。そして，被害者のそのとき確認可能な特別な窮状に直面しながら，共同体がその政策を採用しなかったとすれば，それは新たな正当化を要する新たな決定だったのである。確かに，第一の物語の被害者は，発病する前に既に保険アプローチから利益を得ていただろう。すなわち，教育・雇用創出のための資本投下・その他の，共同体が救命アプローチの資金を確保しなかったがためになしえた事柄に対する共同体の支出から，利益を得ていただろう。しかし，このことは第三の物語にも当てはまる。なぜなら，生まれた時から宿命を背負った人々でさえ，それにもかかわらず，もしはるか以前に救命アプローチが確立されていたならばありえなかったような共同体の支出から，利益を[他の人々と同様に]得ているからである。第三の物語において，例えば，被害者が生まれる直前に救助アプローチが採用されていたならば，すべての事情を考慮した場合，その被害者の暮らし向きはもっとよくなっていたということもありえよう。しかし，このことは第一の物語の被害者の場合にも，[発病という]事情が本人に明らかになったときには，当てはまるだろう。第一の物語から第二の物語へ移行する際に，客観的発病可能性（objective vulnerability）が存在する時点に違いがあっても，正義の要求する内容に違いは生じない。それと全く同様に，第二の物語から第三の物語へ移行する際に，主観的[に予測しうる]発病可能性（subjective vulnerability）に違いがあっても，正義の要求する内容に違いは生じないのである。保険アプローチは，それを諸個人が参加する共同体の永続的な政策として扱うときにのみ，意味をもつ。すなわち，このアプローチは，生まれた時から不運に見舞われている人々に対してさえ，その不運に備えて保険をかけるのである。

　私が述べたもう一つの相違点――第三の物語において市民は関連する保険の決定を自分では行わない――は，もっと重要である。保険アプローチにおいては，人々が自分自身の資源を自分自身の判断・企図・嗜好・確信・公約に合わせて使えるように，様々なリスクの相対的重要性について自分自身で決定することが認められている。この点は，救命アプローチと比べたとき，最初の二つの物語において保険アプローチがもっている大きな強みである。このために，保険政策は二つの物語において救命政策よりも平等主義的かつリベラルである。すなわち，このアプローチは，平等と自由の両方に仕えることによって，本書の中心的主張を例証しているのである。しかしながら，第三の物語においては，人々が自分で判断を下すことはできな

い。共同体が人々のために判断を下さねばならない。その判断は反事実的想像において，もし人々にその機会があったならば，自ら下したであろう決定を総括しようと試みながら，下すのである。しかしながら，それは実際には，個人的な心理学の問題——自分の発病可能性に関する知識を生涯もっているある特定の個人が，もしその知識をもっていなかったならば，保険についてどのような決定を下しただろうか，ということを我々はどのように決定できるか——ではありえない。

　平等な配慮を保険として理解する共同体は，反事実的な問いを，個人的なものとしてではなく，統計的なものとして扱わなければならない。大雑把に言えば，次のように問わなければならないのである。すなわち，適当な保険料構造と大多数の人々の必要・嗜好・企図を前提とするとき，当該人物のはらむリスクに対してどの程度の担保範囲を設定するのが，その共同体の大多数の人々・平均人・あるいは何かその種の人々にとって合理的だと思われるだろうか。もちろん，このような漠然とした問いに答える際にも判断が要求されるので，異なった市民や公職者はいくらか異なった答えを出すであろう。しかし，彼らの答えはほぼすべてが一定の範囲内に収まるであろう。平均人は何らかの保険——例えば，病気の治療やその結果の緩和を確実に期待しうるような医療を提供してくれる十分な保険——を要求するだろうが，非常に投機的な・あるいは周辺的な治療法も担保範囲に含むような「救命」保険証券は，購入しないだろう。なぜなら，救命保険証券の費用が高ければ，たとえ病気に全くかからなくても，自分の人生が破壊されることになるからである。もちろん，平均人が行ったであろうことに関して，共同体がどのような反事実的判断を下そうとも，生まれつきこの病気をもつ人，あるいはその遺伝的傾向をもつ人は，たとえ自分が病苦について無知だったとしても，自分ならばもっと多くの保険に入っておいただろう，と信じるかもしれない。しかし，そのような人が，自分ならば救命保険証券に近いものを購入しただろう，と主張することは殆どありえないだろう。そして，彼が，その担保範囲が救命保険証券よりも少なく推定平均担保範囲よりも多くなるような保険に入ったとすれば，それは一体どのような保険なのかを立証することができない以上，後者で満足するように彼に求めることは，十分に公正なことであると思われる。

　しかしながら，本章の主要な論題は病気ではなく，失業であり，この二つの主題の間には重要な違いが存在する。病気の場合は——たとえ遺伝的根拠がある場合でさえ——不運な出来事だと想定してもよいように思われるが，失業の場合には，必

ずしもそのように想定してよいとは思われない。[確かに,]ある人が望ましい職を見つけられる可能性は,遺伝的な運によってある程度確定される。なぜなら,富を獲得する才能も,多少は,ことによると大部分が,生得的なものだからである。しかし,社会階層や偏見は運の問題ではなく,不正義の問題であり,現代民主主義における職と所得の分配では,こうしたことも重要な役割を果している。

しかしながら,我々の分析目的のためには,この二つの要因——運と不正義——とを区別するように努めねばならない。もし資源の平等の主眼点が実現されたならば,社会階層というものは,少なくとも時とともに,消滅するだろう。もし適正な公民権法が制定され施行されたならば,偏見が雇用に及ぼす影響力は弱まるだろう——雇用差別が禁止されてから30年になるが,現在の合衆国においては,女性や少数者に対する職場での組織的差別は,立法以前に比べると,はるかに少なくなっている。我々が今考察している保険アプローチに対する反対意見は,もっと幅広いものであり,たとえ社会階層や偏見が既に重要性を失ったとしても,依然として適切なものであろう。というのは,依然として市民の中には,自分自身の過失のためではなく,[職に]相応しい才能を欠いていた,あるいは適当な時期に適当な場所にいなかったという理由だけで,失業していたり,比較的低い賃金で雇われていたりする人々がいるだろうから。彼らは不運なのである。そして,病気の事例において我々が救命アプローチではなく保険アプローチを支持するために概説した議論は,こうした理由によって,失業の場合にも同様に当てはまるのである。本節において我々が考察してきた反対意見——保険アプローチは平等な配慮を示していない——は,理解可能であるが,間違っている。

VII 運・社会階層・世代

私はここで,なぜ資源の平等が社会階層の区別を生み出さないのか,という点について述べておかなければならない。既に触れたような理由のために,この[資源の平等という]平等観は,市民の非個人的資源を時とともに平等化することはないだろう。ある人々は,高収入の職に就く・あるいは余暇を惜しんで働くという選択を行うことによって,あるいは投資ギャンブルが期待通りに成功することによって,他の人々よりも多く稼ぐであろう。その上,我々が研究してきた保険装置は,不運が生じる事前(ex ante)リスクに関して人々を平等化しようとするが,不運が生じたときの事後(ex post)環境に関しては平等化しない。したがって,時が経つにつ

れて，ある市民は他の市民よりも裕福になるだろう。仮想保険をモデルにして所得税が定められ，自然の不運に苦しむ失業者・その他の人々に対する補償として用いられるならば，所得や富における格差は，現在の合衆国や他の成熟した経済圏におけるほど著しいものではなくなるだろう。しかし，それにもかかわらず，ある市民は他の市民よりも多くの富を蓄積するだろうし，もし彼らがその多くの富を，生前贈与もしくは遺贈によって，自分の子どもたちに自由に譲渡するならば，この格差は増大していき，社会階層制というお馴染みの性格を帯びがちであろう。

　どのような正当な政策がこれを妨げうるであろうか。多くの国は贈与や遺贈に資本譲渡税（capital transfer taxes）を課しており，近年は多くの国が資本譲渡税を引き下げる傾向にあるが，従来はしばしば急勾配の高度に累進的な税制——富裕な被相続人の財産の場合は最高税率が100％に近いこともある——が行われてきた。しかし，こうした税制は資源の平等のもとで正当化されるのか，仮に正当化されるとして，どの程度まで正当化されるのか，という点は直ちに明らかなわけではない。もし仮想失業保険をモデルとした所得税制が制定され施行されるならば，そしてその税収が，仮想保険のもとで請求権をもつ被害者たちに再分配されるならば，税引後は誰も不正に多くの所得を手にしない。もしそうであるならば，市民たちはそれ以上の税金を負担せずに，自分の富を自分の望むままに——例えば，高価な自動車や芸術や旅行に——使っても，道徳的には本人の自由である。なぜ彼らがそれ以上の税金を負担せずに，自分の富を自分の望むままに，ある特定の仕方——生前または死後の贈与——で使うことは，許されないのだろうか。

　我々は次のように言いたい。人々が他者に与える・あるいは残すものに課税することは許される。なぜなら，他のあらゆる支出とは異なって，この支出形態は次の世代における不正義を生み出すからである。しかし，我々は，それがどのような不正義であるのか，また，なぜ相続税や他の形態の資本譲渡税がその不正義に対する正しい救済策となるのか，を明らかにしなければならない。我々の達した結論によれば，もし自分自身が行った選択や賭けのためではなく，自然の不運のせいで，ある人々が他の人々よりも少ない富しか利用できずに暮らしている，あるいは他の人々よりも他の点で不利な境遇で暮らしているとすれば，それは不正である，というのが平等に関する支配的原理である。比較的貧しい家庭に・あるいは利己的な・あるいは浪費的な家庭に生まれることは，不運である。この考えを採用するために，次のような空想をする必要はない。すなわち，人々は受胎前から何か幽霊のような

形で先在しており，そうした思弁的［に考えられた］人格のうち，ある人格は運良く勤勉で幸運で寛大な両親のもとに宿り，他の人格は運悪く貧乏な・あるいは不運な・あるい利己的な両親のもとに宿る，というような空想は必要ない。というのは，我々は遺伝子構造を運――すなわち，幸運であれ，人々が不運であれ生まれた時から背負っている運――の問題として扱ってきたからであり，もし様々なハンディキャップは不運であるという常識的見解を受け入れるならば，我々はそのように扱わなければならないからである。我々の分析のために，幸運の中に，アイデンティティが確立した後で生じる出来事だけでなく，アイデンティティの問題［そのもの］と考えられるようなことも含めることにしよう。その意味においては，本人の身体能力と同様に，その人の両親や親戚の境遇や財産も運の問題なのである。

　我々の目的にとっては，相続も運の問題だとすれば，我々は相続税や他の資本譲渡税をいまやお馴染みのやり方で正当化できる。もっと平等に近い世界においては，人々は遺伝的な不運に備えるのと同様に相続上の不運に備えて保険に入ることができるだろう。それゆえ，我々は，仮想の人々が全員同じ条件でそのような保険に入れるような別の仮想保険市場を構成することによって，そうした税制を正当化し，容認可能な水準の幅を定めることができよう。我々は，後見人がこれから生まれる人のために障害・失業保険の契約をする状況を想像した。それと全く同様に，被後見人が運悪く，［子どもに］比較的少ししか与えられない親・あるいは残さない親のもとに生まれる場合に備えて，後見人が保険契約を結ぶ状況を想像できる。

　しかしながら，相続保険における仮想市場の特性を明細に述べることは困難である。我々はまず初めに，なぜ人々はそのような保険を欲するのか，また，彼らがどのくらいの保険料をすすんで支払うかを決定する際にどのような考慮が影響を及ぼすのか，と尋ねるべきである。そのような保険は［我々を］，絶対的な害悪からではなく，むしろ相対的な害悪から守るものだと言えよう。人々がいくらの健康・失業保険に入るかを決定したと想定しよう。すなわち，有益だが投機的ではない医療を受けられるように，また失業した場合に共同体の貧困線をいくらか上回る収入を得られるように備えておくことには意味がある，と人々は決定したと想定しよう。彼らは，それ以上の医療や収入を保証する保険には，その保険料を払うだけの価値がない，と決定したのである。それゆえ，相続保険に意味があるとすれば，絶対的な見地からもっと高い生活水準を保証するからではなく，低い社会階層に属することによって生じる別個の害悪に備えるためであろう。すなわち，他者が自分や自分

の子どもたちよりももっと多くの金銭をもっており、その結果、もっとよい地位やもっと多くの権力をもっているような共同体での生活に備えるためであろう。しかし、この相対的な不利益に備えるために現在の所得から保険料を支払うことは、彼らにとって無意味である。なぜなら、前述のように、彼らは既に、もっと多くの絶対所得を保証するためにもっと多くを支出することは賢明でないだろう、という結論に達していたからである。

　今や我々は、なぜ急勾配の累進税率をもつ相続税がこの問題への自然な応答だと思われるのかを理解できる。この場合、我々はお馴染みの税制の諸特性から、この税制を正当化するような仮想保険市場の構造へと遡って、この構造がもっともらしいか否かを調べる。我々が構成する仮想市場においては、被保険者が死亡する・あるいは自発的に贈与するまでは保険料を払わなくてもよく、その後支払うべき保険料は贈与・遺贈された資産に基づいて算定され、保険料率は、細やかな贈与・細やかな財産を受け取る場合の保険料ゼロから、巨万の富を受け取る場合の非常に高い限界比率に向かって、急勾配を描くのである。この構造においては、保険に入っても、保険料がその人自身の人生に悪影響を及ぼすことはない。すなわち、本人自身のために、また贈与や遺贈があっても通常は保険料が免除される配偶者等の人々のために、その人の目標や企図が犠牲になることはない。

　もちろん、大多数の人々は自分の子どもたちの福祉について心配する。それも、しばしば自分自身のこと以上に心配する。そして、もし必要ならば、子どもたちのために貯金をしたいとか、犠牲さえも払いたいと考える。しかし、この動機は両刃の剣である。この動機は、相続保険料をついに支払うべきときになって、死亡時に残っていた全資産をその保険料のために使い尽くしたくない、と考える理由になる。しかし、それはまた、自分自身が人生においてかなり平等なスタートを切るという保証を得るための、すなわち、自分自身のために・それゆえ自分の子どもたちのためにもよい人生を送りたいと望むときに、自分の親の失敗や不運のために最初から不利な地位に立つことはないという保証を得るための、強い理由にもなる。いずれにせよ、急勾配の累進保険料明細表は、自分自身の仕事や成功が自分の子どもたちの利益となることを保証するだろう。高度に累進的な保険料を課す保険に入ることによって人々が払うべき唯一の犠牲は、自分の子どもたちを彼らの同時代人よりもはるかに裕福にすることはできない、ということだけである。

　したがって、お馴染みの相続税の性格が、反事実的にもっともらしい仮想保険市

第9章　正義・保険・運　　463

場を示唆するのである。その上，一番もっともらしい形態の市場が今度は，相続税制が採るべき更に具体的な形態を示唆する。すなわち，相続税は累進的であると同時に，人々を経済的階層化から守るのに十分なくらい高水準でなければならない，と示唆するのである。結局，これが保険の主眼点である。多くの国において相続税は歴史的に高い水準から減額されてきたが，我々の分析が示すように，このような減税はたとえ政治的には人気があるにせよ，おそらく不正なものであろう。我々の考察はまた，政府は贈与・相続税から調達した資金をどのように使うべきかを示唆している。医療・失業手当を給付するために，そうした資金を使うべきではない。我々の分析によれば，そのような手当の資金を調達するのは所得税である。政府はむしろ相続税の収益を，改善された公教育や，専門職志望者のための教育・訓練ローンのために，そして税徴収後にも残存するあらゆる経済的階層化の影響を和らげる他のプログラムのために用いるべきである。

Ⅷ　保険と効用

　誤解に対する注意として，最後に次のことを強調しておかなければならない。すなわち，本章で展開された平等な配慮に関する考え方は，保険アプローチの事前 (ex ante) 利益を強調するにもかかわらず，資源の平等を，功利主義を含む何らかの形態の福利主義 (welfarism) へと変形することはない。確かに，これまで論じてきた様々な問題において保険アプローチを用いる共同体は，我々がどのような福利 (welfare) 観念を選択しようとも，救命アプローチを用いようとする共同体よりも大きな集合的福利を確保するであろう。しかし，この戦略の主眼点は何らかの集合的目標ではなく，個々人に対する公正さであるから，結局のところ，集合的効用最大化のために立案されたプログラムが推奨することとは，殆ど調和しないであろう。再分配のための税制は，保険が各個人に同様の料金で提供されるような保険市場を模倣すべきである，と定めることは，功利主義者の立場からすれば，道理にかなっていないであろう。現実の人々における客観的リスクと主観的リスクとの違いは，いかなる功利主義的計算にとっても最も重要な事柄であるが，我々が今や理解したように，平等な配慮にとっては何の重要性ももたないのである。

　⑴　「個人責任と就業機会を和解させるための法律 (Personal Responsibility and Work Opportunity Reconciliation Act of 1996, *Public Law* no. 104-193, 110 Stat. 2105)」。こ

の法律は「我々にお馴染みの福祉の終焉 (The End of Welfare as We Know It)」として一般に知られている。「福祉」という語は，本書の他の部分では，この語が哲学や経済学の文献において獲得した，より専門的な意味で用いられるが，本章では，資金を貧困な市民に移転する政府のプログラムという，もっとありふれた政治的な意味で用いる。
(2)　この区別は第2章と第7章で詳述される。
(3)　以下で述べるのは，第2章で更に詳しく述べた仮想保険アプローチを要約し，再定式化したものである。
(4)　Ronald Dworkin, "Do Liberty and Equality Conflict?" in *Living as Equals,* ed. Paul Barker (New York: Oxford University Press, 1996), p. 39 を参照。

10

言論の自由・政治・民主主義の諸次元

I 序

世紀末のアメリカ政治

　我が国の政治は破廉恥であり，問題の根本は政治資金である。我が国の政治家が選挙期間ごとに必要とし集め費やす資金は，ますます多くなる。1998年の中間選挙でも実証されたように，最も資金を持っているか，または集める候補者がほぼ常に勝利する。公職者は，選挙が済んだその翌日から次の選挙に向けて資金集めを始めるし，公約の実現よりもその仕事のほうに多くの時間と努力を傾けることもよくあることである。更にまた，公職者は集めた運動資金の大部分を，しばしば中傷的であり殆ど常に無内容であって心地よい標語はあるけれども議論がないテレビ広告に費やす。

　政治家が選出されるために資金が必要になればなるほど金持の献金者が必要となり，当選したあかつきには政治的決定へのそのような献金者がもつ影響力も大きくなる。連邦法は，個々の市民や集団が政治運動にどれほど支払えるかを制限はしている。しかし新しい抜道が大きくなるせいでこれらの制限は年ごとに効果が低下している。近年，候補者や心配のある寄附者は，「ソフトマネー」という抜道を使っている。これによって，寄附者は——単に個人だけでなく，その方法以外では政治献金をすることを禁じられている法人や組合も——，政党や政治活動委員会に無制限の寄附ができる。政党はその資金をメディアの「論点支持活動（issue advocacy）」キャンペーンに費やす。これは，技術的には，つまり明示的な用語では，どの候補者への賛成票も反対票も促さないが，候補者を遠慮会釈なく賞賛したり糾弾したりするものであって，しばしば最終的には，糾弾された候補者に方針を改めるよう「告げる」ことをその聞き手に助言する。「論点支持活動」というからくりは，長らく存続した政治献金への法統制を骨抜きにした。1996年の大統領選挙では，民主・

共和の両党候補者ともこの抜道を使って, 献金制限を回避すると同時に, 連邦からの資金補助の見返りとなっている選挙運動費の随意支出制限の遵守という法的義務をも回避した。そこでニューヨークタイムズ紙はこの選挙をアメリカ史上最も腐敗した選挙の一つだと呼んだ。

連邦選挙委員会の事務レヴェルではクリントンおよびドールの双方の陣営に献金の強制的返還を勧める案が提出されたが, 委員会決定ではその事務局案は受け入れられなかった。そしてその決定のせいで, 2000年の大統領選挙では更に一段と加熱した「ソフトマネー」装置が見られるであろうことはほぼ確実である。両党の大統領候補と目される人は独自の政治活動委員会を設立して, 自分に有利な論点広告や直接の対立候補あるいは対立候補一般には不利な論点広告を流すための巨額の寄附を企業や労組や金持の私人ができるようにしている。

他の民主主義国はアメリカの選挙で金銭が過剰に重要だということに驚いて, アメリカがなぜ自分たちのところのように, 個々の選挙運動において候補者が合法的に使える金額の総額に端的に上限を設けないのかと不思議がる。金銭が政治を支配したり, 強大な企業や労組やその他の集団が献金の見返りを受け取ったりすることを阻止する最も効果的な方法は, 政治家の金銭への必要性を減少させることであり, そうする最も効果的な方法は, 政治家が使える金額を制限することである。議会はウォーターゲート事件の後, 1974年に運動費制限を立法化しはした。しかし2年もしないうちに, バックリー対ヴァレオ事件[(1)]で最高裁は, 運動費制限は違憲だと判示した。議会は言論や結社の自由を縮小する「いかなる法も制定す」べきではないことを定めた合衆国憲法修正第1条に, この支出限度が反しているからだというのがその理由である。自分の政治信条や政策を表明するために自分が望むだけの金銭を支出することを政治家でもその他の誰でも禁止されることは, 当人の言論の自由を限定することになる, と裁判所は述べたのである。選挙運動費の規制は, たとえ裁判所が支出制限を合憲としていたとしても, 多くの問題を提起していたであろう。しかし, 私が挙げた選挙費用を厳格に制限する他の民主主義国の経験は, そのような制限が機能しうることを示している。

多くの憲法学者は(決して全員ではないが), 運動費制限の取消を命じたバックリー判例が誤りであったと信じており, 将来的には覆されることを望んでいる。しかしながら, とにかく時間がたてばバックリー判決がきれいさっぱり覆されるだろうと想定するのは楽観的である。それよりも, この判決が誤りだという確信が広ま

るにつれて，規制強化を許すようにこの判決が再解釈され狭められるであろうと想像することのほうが信憑性がある。それにもかかわらず重要なのは，バックリー判決が誤りだったのかどうか，そしてもしそうであるならばそれはなぜなのかという問いをめぐって立ち止ってみることである。なぜならば，この判決の批判の多くが批判に有利となる最も強力な論拠を無視しているからである。これらの論拠をはっきりさせてはじめて，我々は，あれほど多くの学者や法律家にとってあれほど間違っていると見える判決が，最高裁やこの判決を擁護し続けているあれほど多くのそれ以外の学者や法律家にとってはなぜ，あれほど正しいものだと見えたのかを理解できるのである。実際，バックリー判決をめぐる法的・政治的な不一致は深くかつ重要である。なぜなら，我々がこの判決を正しいと考えるか悪いと考えるかは，アメリカの民主主義の性格およびこの民主主義を擁護し完成させるに当たっての修正第1条の役割を，我々がどのように受け取っているかに依存しているからである。哲学的問い——民主主義の最善の捉え方は何か——への我々の解答は，選挙運動費の制限はもとより，我々の選挙過程のその他の規制方法を我々が是認するかそれとも放棄するかにとって決定的なものとなりうる。

これからの議論

運動費制限が違憲だというバックリー判例への最強の言い分は，民主主義を実現し保護する最良の方法についてのお馴染みの戦略的前提に依存している。この前提を（有名なラーニド・ハンド連邦裁判官に従って）「民主主義の賭け」（democratic wager）と呼ぶ。これは，民主主義が最も保護されるのは，いかなるやり方であれ政府が民主主義を守るという目的のために，政治的言論を制限・統制するということを禁止する原理によってなのだと説く。つまり民主主義の賭けは，選挙をもっと公正なものにしようとして金持の候補者や政党がどれだけ使えるかを制限しようとする法を禁止するのである。この原理は逆説的なものに見えるかもしれない。統制そのものが民主主義を改善するであろうと政府が信じているときに，政府による政治的言論の制限を阻止することが，どのようにして民主主義の改善になりうるのだろうか。しかし賭けということで想定されているのは，政治的言論への制約は，その制約制定が民主主義を改善するという意図からでたものであったとしても，その意図が本当であろうと見せかけであろうと民主主義を害する蓋然性が高いということである。ハンドが「我々が全財産を賭けた」賭けだと称した所以である。そこで，

言論の制約というやり方で政府が我々の政治システムを一層民主主義的なものにしようと試みることを禁止するという予防的手法を採用しているのである。政府は，その他の理由から——例えば，国家の安全や個人の名誉を守るために——言論を規制したり制限したりするかもしれないけれども，この特定の理由では言論の規制や制限はできない。裁判所がバックリー判決で，法的記録の他のどこよりもはっきりとした民主主義の賭けの言明の中で述べたように，「他者の関連する声を強化するために我々の社会の一定の要素の言論を制限することは，修正第1条とは全く無縁である。」

我々が民主主義の賭けを受容するのであれば，その場合我々はバックリー判例に賛成するこの極めて強力な論拠を認容しなければならない。我々はこれを受容すべきであろうか。民主主義を，多くの政治理論家と同様に，多数派の意思を強行するよう考案された政治的枠組としてのみ受け取る場合には，おそらく我々は受容すべきであろう。しかし，我々が民主主義のこの多数主義的な捉え方を放棄し，もっと野心的な捉え方に与して，能動的で平等な参画者になる機会が市民に与えられる集合的自己統治への参画として民主主義を理解するのであれば，我々はこの多数主義的な捉え方を放棄すべきである。我々は代りに，もっときめ細かく場合分けをするテストで，しかも依然として厳格なテストを採用して，民主主義のために政治的言論を規制することをいつ政府は許されるのかを決定すべきなのである。このテストは，政治運動費の合理的な制限を許容するものとなろう。また，なぜバックリー判決が原理的に誤りであって，今では覆すべきなのかをはっきりとさせるものとなろう。

私は，言論の自由が道具的価値にすぎない，つまり，もっと重要な目標への一手段にしか過ぎないなどとは想定していない。その反対であって，言論の自由はそれ自体が基本的な人権である。自由な言論と民主主義は，道具的にではなく，もっと深い仕方で結合している。なぜなら，言論の自由が守る尊厳は，正しく構想された民主主義の本質的部分だからである。我々は，自由な言論であれ，民主主義であれ，それらを完全に理解したり，修正第1条を全体としての憲法の一部として適切に解釈したりすることを望むのであれば，これらの価値を一緒に解釈し，夫々が他方の説明全体において果す役割の理解に努めなければならない。(2)この二つの理念がこのように一緒に結び合っているという前提はそれ自体，アメリカの憲法実践の一部である。つまり，我々は憲法を，ある特有の形式の民主主義を構築するものとして扱

っているし,修正第1条をこの形式に寄与しかつ確定するのに役立つものとして評価しているのである。もちろん,自由な言論は他の目的のためにも役立っている。多くの人々は,ジョン・ステュワート・ミルと同様に,自由市場戦略を採用する社会のほうがこの戦略を放棄したり限定したりする社会よりも,例えば真理発見において効果的であろう,と想定する。しかし,修正第1条の法理の真髄は,自由な言論と民主主義の結合であった。

　私が試みようとするのは,この法理の議論のもつ抽象性を二つの仕方で緩和することである。まず私は冒頭で,アメリカの選挙法改革のために批判者が行ってきた色々な提案の一般的な形式を記述することにする。これらの提案は,私が議論する原理の例証としてもテストとしても役立ちうるし,最終的には,バックリー判決がこれらの提案の施行にとっての障碍でなくなったらどのようにこれらの提案を評価できるかを考察することができる。現在の政治情勢では議会がこれらの提案のいずれかを立法化しそうだというわけではないけれども,私が記述する民主主義の様々な捉え方の中での選択がこれらの様々な種類の改革の原理的な望ましさにどのように影響するかを検討することは,啓発的であろう。第二に,これからの議論の中で我々が問う必要があるのは,民主主義のどの捉え方が,そして民主主義を守る際の自由な言論の役割のどの捉え方が,抽象的な政治道徳の問題としてすぐれているかということだけではなく,どの捉え方や役割がアメリカ憲法をはじめとする法実践のよりよい解釈を提供するかということである。そこで私は,バックリー判決をはじめとする最高裁判決を選び出してこの光の下で解釈を試みる中で,理論的主張を例証し洗練していくことにする。

Ⅱ 提案された改革

改革のためのよくある提案は四つの項目にまとめることができる。

1. **支出の上限**　　政党および候補者による運動費総額は,各選挙期間ごとに規定額に制限すべきである。運動費の上限は,殆ど無名の候補者や政党が,自身やその立場に一般の人々の注意を向けさせることができるほどには潤沢で,莫大な資金に手が届かない候補者や政党が,選挙から駆逐されないほどには低額でなければならない。
2. **寄付と関連する運動費**　　政治運動や政党への個人献金の制限は継続すべきで

あり，特定の候補者の選挙運動と関連する運動費も，この制限内に算入されなければならない。この目的のために，関連性の定義には，候補者の宣伝組織や世論調査組織，選挙戦略組織など，選挙運動陣営のあらゆる部局との協議やそれらの部局への報告依頼の一切が含まれる。「ソフトマネー」の抜道は，除去すべきである。

3. **独立支出**　もちろん，個人や政治活動委員会による政治的支持活動への自己資金支出は自由にしておくべきである。しかし，選挙期間中は，政党や公職候補者に言及する支持活動への各個人の支出は，それとは別個の制限に服すべきである。個人が献金した支持活動委員会や集団によって選挙期間中になされるこのような支出は，献金の限度で，この個人の制限全体に加算されるべきである。

4. **政治放送向けの条件付き公金支出**　候補者および政党のために潤沢な公的政治運動資金を用意すべきであるが，その候補者および政党は，通常のキャンペーンコマーシャル——我が国の選挙の恒例となっているラジオ・テレビのレギュラー番組の合間に放映される短い広告——を選挙期間中は放映しないことに同意した候補者および政党に限定すべきである。このような公金を受領した者は選挙期間中，候補者や政党の利益になるよう，もっと長くて実質的な政見放送 (political broadcasts) を自由に放映することになる。政見放送は，他の番組の合間のコマーシャル枠に放送されるのではない独立した番組であって，少なくとも3分間の長さがあり，そこでは候補者や政党の役員は放送の大半をカメラやマイクに向って話すものとなろう。このような公金は，以上の条件の下で，主要政党およびその他の政党に，一般の人々の支持の証拠によって定まる割合で，平等に提供されるべきである。

　はじめの三つの提案は，選挙運動費と献金への制限を課すことで，我が国の選挙における金銭の役割を直接に扱う。四番目の提案は更に進んで，テレビ・ラジオを使ったメディア政治の形式に影響するよう考案された条件を課している。この提案は，一定の表現メディア——テレビとラジオ——とそれ以外との間に線を引くが，その狙いは，選挙全般への金銭の影響を減らすことだけではなく，細切れの政治コマーシャルを排除することによって政治的討論の性格と質を改善することも狙っているのである。それゆえ第四の提案は，はじめの三つよりも面倒である。なぜなら，修正第1条は政治的言論の内容を規制しようとする動きにとりわけ敵対的であるし，細切れに代えて実質的な議論を提供するよう政治家に促すことは，内容を規制する試みだと見られかねないからである。運動費の上限設定は政治的言論の質を制限す

るものではないけれども，それにもかかわらず，許された支出を使って公表されるであろう政治的メッセージの形式に関しては中立的である。第四の提案で課される諸条件はこの意味では中立ではない。これらの条件は――確かに一律禁止を通じてではないにしても，公的助成への条件として――，特別の制約のために放送メディアを選り分けるものであり，その統制は，いずれかの特定の政党や政治的立場や政治信条に与したり反対したりという区分のためではないにしても，政治的言論の形式に影響を与えてもっと論議を活性化したものにするべく考案されているのである。最後の提案が提起する修正第1条の論点は，バックリー判決がたとえ覆されたとしても，憂慮すべきことと考えられよう。

III　民主主義とは何か

　民主主義は今日世界中で，ごくごくありふれたものである。しかし民主主義とは何かについて人々は一致していない。この不一致は文化横断的にはしばしば手に負えないものとなる。指導者によっては，例えば，一党独裁国家で国家の管理する報道メディアしかなく，選挙も形式的手続である場合が最も民主主義の理想の実現に近いのだと主張することもある。成熟した西側の民主主義諸国の内部にあっても，相当の不一致がある。アメリカ人の中にも，制定法を違憲だと宣言する権能を持つ裁判所による制定法の司法審査が，民主主義を掘り崩すものだと信じている人もいれば，司法審査は民主主義を完成させるのに役立つと説く人もいる。アメリカ人とヨーロッパ人は，比例代表や連邦主義や色々な種類の有権者からの発案のどれが，代表された政府を民主主義的なものとするのかしないのかについて一致しない。

　民主主義は唯一受容可能な統治形式だというほぼ共通の合意は，以上の性格をもつもっと深い不一致を隠すものである。憲法学者の間での，選挙運動費制限の合憲性についての議論をはじめとする適切な修正第1条理解についての不一致の多くについての最善の説明は，それが民主主義についての以上のようなもっと一般的な不一致の帰結だとすることである。もちろん，明示的な民主主義観を定式化した法律家は殆どいない。法律家は，民主主義とは何かということの直観的な意味に依拠しているのである。しかし，これらの直観的な理解には，お互い驚くほど異なっているところがある。

　民主主義は，誰もが言うことであるが，何らかの家族や階級，何らかの専制者や将軍による政府ではなく，人民による政府を意味する。しかし，「人民による政府」

(government by the people) は，二つの根本的に異なったやり方で理解できる。一つの見解——「多数主義的な」(majoritarian) 捉え方——では，これは人民の最大多数による政府を意味する。この多数主義的見解では，民主主義的理想は，政治的決定とある意見の多数派ないし過半数の意思とが合致することにある。我々は民主主義のこの一般的説明から様々な形のものを構築できる。一つは迎合的な形のものである。この形によると，国家の民主主義的成熟度は，最大多数の市民によってその時点で実際に歓迎される法や政策を政府が制定したり追求したりする程度に比例する。しかしながら，多数主義的見解のもっと洗練された形のものは，市民が情報を与えられその論点について熟慮する適切な機会を持たない限りは，多数派の意見は多数派の意思として数えられるものではない，と主張する。この洗練されたほうの説明では，国家が民主主義的なのは，その制度が市民にこの機会を与えており，次に，自分の意思に合致する政策を持っている公職者を選出することが，市民の多数派に許されている場合である。この洗練された説明は迎合的説明よりも明らかに魅力的であり，私は本章の以下の部分で民主主義の多数主義的な捉え方に言及する場合，この洗練された説明を念頭に置くことにする。

　私は，それに敵対するかなり異なる民主主義の捉え方を，「参画」(partnership) という捉え方で呼ぶことにする。参画という捉え方によると，「人民」による政府は，自己統治という集合的企てにおいて完全かつ平等な参画者としてともに行為する全ての人民による政府を意味する。これは，多数主義的な捉え方よりも抽象的で問題を孕んでおり，それが何を民主主義的理想だと見なすのかを明瞭に言明することは，以下で見るように一層困難である。しかし，即座に注目すべきは，民主主義の多数主義的な捉え方と参画という捉え方の間の一つの関連する根本的な相違である。

　市民は成熟した民主主義国家では二つの主要な役割を果す。第一に，市民は，政治的競技の裁判官であって，正式な選挙や国民投票やその他の形式の直接立法において表明されるその評決は通常，終審的なものである。「民意」(public opinion) は，この資格で行為する市民の関連意見である。しかしながら市民はまた，自分が判断する政治的競技への参加者でもある。市民は候補者や支持者として行動し，様々な点で，民意を形作ったり他の市民の投票の帰趨を決めたりすることになる。民主主義の多数主義的な捉え方はこれらの二つの役割のうちもっぱら第一のものに注意を払う。私の記述した洗練されたほうの形のもので主張されるのは，誰が政府に選出

されるか,そしてひとたび選出された政府が何をするか,にとって,実行可能な限りで,情報を受け取り熟考の上での最大多数の意見が終審的だということである。しかし,自分以外の人の意見形成に個々の市民や集団が果すことを許されなければならない役割について,それ以上は何も述べられていない。参画という捉え方は二つの役割を両方とも認識している。なぜなら参画という捉え方では,真の民主主義国家において,市民は一般の人々の意見を形作る際にもその意見を制度化する際と同様に,自己統治という集合的企てにおける平等な参画者として役割を果さなければならない,と想定されているからである。

Ⅳ 民主主義と自由な言論

A 自由な言論と多数派という理想

自由な言論は,多数主義的な捉え方において明白な役割を果している。民主主義のこの理解では,市民は,可能な限り完全な知識を持つこと,そして自らの選択について個人的にも集合的にも熟慮する機会が与えられることが要請される。そしてこの機会を提供する戦略的に不可欠だと判断される最善の方法は,一般の人々に呼びかけをしたい人は誰でも,その人のメッセージを政府やその他の市民がいかに支持できないとか価値がないとかと思おうとも,気の済むままに望むだけの長さでそう呼びかけることを許すことだとされる。もちろんこの戦略は絶対的ではありえない。自由な言論は,安全やおそらくは名誉という私的利益のような他の価値に劣後しなければならないことがある。その場合,言論を禁止したり規制したりする法は,公職者やその政策への一般の人々の評判に影響するという副次的結果を持つことがあろう。しかしこの痛ましい副作用は,この結果とは全く独立した理由から採用された制約の副作用なのである。

しかしながら,民主主義の改善を意図する規制は,私が先に記述した選挙改革への色々な提案のように,何らかの点で民意を変えることを意図的に狙っている。一般の人々が特定の選挙で全く異なった評決に到達することを狙っているわけではない。しかし,民意の形成において欠陥だと見なすものをこの規制が攻撃している以上,民意の内容がそうでない場合のものとは異なるものとなることを狙ってはいる。選挙運動への支出の制限を望む改革者は,例えば,金持の候補者や集団が現在あまりに大きな権力を持ち,民意を自分たちのやり方で形作っていると考えている。そ

れゆえ，金持が支出できる金額を制限することによって，一般の人々の少なくとも一部が信じたり望んだりするものが違ってくるであろうと踏んでいるのである。そのような制限が特定政党や特定の政治的見方に与することはおそらくないであろう。つまり，憲法学者の言葉では，中立的な観点だとできよう。しかし，これが民意を変えるのは確実であろう。これが結局改革者の眼目なのである。そこでこの提案は多数主義的モデルについて以下の問いを提起する。つまり，選挙関連の言論の全体量を減らす法的制限は，そのような制約がない場合とは民意を異なるものにするという目標を持つが，かかる法的制限を許すことは，多数主義的な民主主義の捉え方と両立するのか，という問いである。

多数主義的な捉え方が提案される選挙の仕組のテストの際に問うのは，その仕組によって，可能な限り最大限の情報と熟考の機会を与えられた後に市民の多数派が下すであろう選択が見えてくるかどうかということである。しかしながら，我々がそのテストを使えるものにしようとするのであれば，その可能な限り最大限の機会はいかなる条件によって提供されるのかをもっと厳密に特定する必要がある。公的な討論や議論のいかなる仕組がこの目的にとって理想なのであろうか。ある特定の仕組はこの理想にどの程度合致することになるのか。

我々は，結果から入る解答（a result-oriented answer）を考察するかもしれない。つまり，理想的な条件とは，市民が自分の「真の」(true) または「真正な」(authentic) 利益にかなった投票を行う蓋然性を最大化するような条件だと述べるかもしれない。我々が自らの配慮を市民の狭い経済的利益に限るならば，この示唆である程度は意味が通じるようにできるだろう。我々は，例えば広告に費やせるほどの金銭を持っている政治家が市民に反対のことを信じ込ませるかもしれないと知っているとしても，何らかの税制その他の経済政策が実際に，大半の市民の経済的利益に反するように働くと考えるかもしれず，どの形式の選挙規制がそのような策略を最も防ぐかを冷静に考察するかもしれない。結果から入るそのような研究が示すであろうことの予言は困難である。我々は例えば，すべての政党と候補者に，自分たちの主張を論じる平等な時間を与える枠組が，正しい結論に到達する最大の可能性を市民に与えるだろうと結論するかもしれない。あるいは，何らかのもっと驚くべきそれほど魅力のない結論——例えば，金持の候補者の言論行為を全く許さない枠組が最も保護を提供するだろうという結論——に到達するかもしれない。しかしながら，我々はこのような可能性を追いかける必要はない。なぜなら，いずれにしても，結果か

ら入る戦略は，市民が自身の狭い経済的自己利益を超えて持っている利益や信条を考慮できないからである。例えば，経済的正義や外交や中絶について持っている信条を考慮することができないのである。というのも，ある特定の市民の「真の」あるいは「真正な」政治信条・社会的確信・道徳的確信が何であるかということについての隠れた真相が存在する，つまり，当人が問いに答えたり投票したりすることなく決定可能な事実があるのだと考えることは，意味が通じないからである。そのような世論調査や投票の実施の前には必ず，最低限のものであっても特定の議論が公にされているのであって，どの議論の仕組が「本当の」解答を出す蓋然性が最も高いかを確証するには，その仕組のどれかに与して問いの先取りをせざるをえないのである。

　そこで，別の戦略によって多数主義的な捉え方が展開するテストに磨きをかける必要があり，我々はこれを，第一に，よい推論一般の条件についての前提と，第二に，民主主義の多数主義的な捉え方それ自体に通底する前提の二領域の何らかの組合せの中に探し求めなければならない。第一に我々は経験から，一定の知的実践や環境が他のものよりも，広く多様な事柄についてのよい推論を生み出す蓋然性が高いことを知っている。科学者や歴史家や実践家はみんな，例えば，限定的なものよりもむしろ広汎な関連データ群に基づいて，しかも，手っ取り早く結論を出すのではなく，むしろ時間をかけて熟考し吟味した後で結論を出す場合の方が，うまくいく。よい推論についてのこれらの一般条件が，政治的判断に他のあらゆる事柄と同様に当てはまらないと想定する理由はない。このように，多数主義的な捉え方は，政治過程への政府の介入――例えば，資金不足や非主流派の意見の公表を支援すること――を是認し，一般の人々がそれ以外では手に入らないような情報や議論，アピールへの接近の機会を提供できる。

　運動費制限のためにこれと似た論法を使うことは，魅力的であるように見えよう。つまり，一般の人々は，一方の側の話を聞くのであれば，どちらの側からも話を聞くほうがまだしも，よい推論を行うであろうと論じられるかもしれない。しかしこの論法は，よく考えると極めて弱い。確かに，金持の候補者の広告を制限することによって，投票者が何らかの誤った方向に導かれることが予防できる状況の想像は可能である。そのような制限は，例えば資金のある候補者が多くの地域で虚偽の広告を放送して，それほど資金のない対立候補がそのすべてには応答できないなどということを阻止するかもしれない。しかし，同じように簡単に想像できるのは，そ

のような制限によって自分が価値を置く情報の受容が妨げられる投票者がいるという状況である。テレビで止むことなく繰り返される政治的メッセージですら，夫々の回ごとに初めて目にする人はいるのであり，このメッセージはその投票者にとっては価値があるように見えるであろう。それで，すべての候補者の影響力を一層平等にするために政治的情報の総量を減少させることで，投票者が更に明晰に考えられるようになるだろうなどと，一般的にしかも前もって述べることはできないのである。

いずれにしても，熟考の方法論についての一般原理に訴えたからといって，この示唆は支持できない。投票者が多くの情報を手にすればする程よいのだという考えが支持できるのとは異なる。科学者や歴史家や実践家は，ある仮説や決定に賛成する文献のほうが反対のよりも多く手に入るからという理由だけで，その仮説や決定に賛成する資料をすべて読まないということはしない。たとえ，多くの文献を生み出した集団が何らかの別の理由から資金が潤沢だったと知っていたとしても，読まないようにするわけではない。自分が読んだものを評価する際に文献の多寡という事実を考慮に入れることもあるにはあるが，それを理由にして，読むものを制限するようなことはしないのである。自分自身の鍛えた判断を信頼するであろう。

確かに，文脈によっては——例えば，上訴審での法的議論や公式の討論では——どちらの側も平等な時間を与えられる。しかしこれらの文脈は，二つの関連する点で特殊なのである。第一に，上訴審の議論や公式の討論のために取ってある総時間数は決まっており，一方の側が取ってしまうと他方の側はその分失うのである。対照的に，どの投票者も一人一人は政治に割ける時間が実際問題として限られているけれども，そのような制限は正式のものでも厳格なものでもない。また，金持の候補者のほうが多く放送できるにしても，それは，資金の少ない候補者が提供できるような広告への投票者の注目度が，運動費が平等であった場合の注目度に劣るということを意味するわけではない。第二に，法的議論や公式の討論での時間の平等規制は主として，政党や参加者に対する公正への配慮という独立した配慮によって正当化される。つまり，どちらの側も他方の側よりも自分の言い分を述べる機会が多いわけではないということが，参加者にとって公正なのである。この公正への配慮は，正確さやよい推論への配慮のいずれとも別のものである。このことは，参画という民主主義の捉え方では認識されているが，今その含意を考察している多数主義的な捉え方では認識されていない。

多数主義的な捉え方が政治的議論の理想条件を画定するのに役立てようとして引き出す二番目の考えは，民主主義理論それ自体である。民主主義の主張とは，人民は自由に自分で判断しなければならないのであって，公職者や支配階級によって自分のために決めてもらってはならないということであるが，それが意味するのは，市民は個人としてその自由を有していなければならないということである。多数派の意思を代表しているとはいえ，どう投票すべきかを考察する際に何に着目するのが適当かを立法府が個々の市民に命じてもかまわないとすることは，この前提と一貫しない。立法府が個々の市民に，提供する意思がありしかもそうできるある特定の候補者の政治広告を全部見るのをやめさせることは一貫しないのである。バックリー判決はここでもこの点を明言しており，これによりその判決は，多数主義的な捉え方のあのように断固とした是認となっている。「わが憲法によって定められた自由な社会では，政治運動において公的論点に関する論争の分量と範囲の管理を保持しなければならないのは，政府ではなく，──個々には市民や候補者としての，そして集合的には結社や政治委員会としての──人民なのである。」多数主義的な捉え方では，政治的討論の分量制限のための唯一の論法は，人々が何を聞くかを政府が制限するほうが人々は一層明瞭に考えるであろうというものだが，それはパターナリスティックで受容不可能である。(参画という捉え方ではこのような前提は必要ない。なぜなら，この捉え方は運動費制限を正当化する際に，政治的競争者間での公正への配慮という独立の配慮に訴えかけるからである。)

ゆえに，多数主義的な捉え方の主張者が運動費制限を受容するために考察するであろう以上の二つの根拠──よい推論の条件についての一般的前提と多数派という捉え方それ自体に埋め込まれている一般的前提──のいずれも，そのような制限のための説得力ある論拠を少しも提供しない。それどころか，両者はともに，先に記述した民主主義の賭け，バックリー判決が前提とした賭けの強力な──そして圧倒的だとも考えられる──言い分になっているのである。

B 参画という捉え方：民主主義の三つの次元

民主主義の多数主義的な捉え方は極めて人気があり──これは，政治科学者や哲学者によって最もよく是認されている捉え方である──，それゆえ，運動費制限に反対するバックリー判例が多くの法律家や判事に正しいものとして響いたのは，さほど驚くべきことではない。しかしながら，バックリー判例が誤りだという同様に

広まっている印象は，この民主主義の捉え方を他の多くの法律家や素人が少なくとも直観的には斥けていることを示唆している。私は別のところで，多数主義的な捉え方には根本的に欠陥があると論じたことがある。(3)我々はほぼ全員，民主主義は価値がある，不可欠ですらある統治形式だと思っている。それを守るためには，戦ったり，更にはおそらく死をも辞さない価値があると考えている。我々には，民主主義の価値のこの感覚に寄り添う民主主義の捉え方が必要である。つまり，民主主義について何がそれほどよいのかを我々に示す理解が必要なのである。多数主義的な捉え方はこれをし損っている。なぜなら，多数派が自らの意思を少数派に押しつけるのを許す過程については，内在的価値などありはしないからである。多数決ルールはそれ自体では公正なものでも価値あるものでもない。それが公正で価値あるものであるのは，多数意思を確定する政治過程における参加者間での平等といった，一定の諸条件が充足される場合だけである。

我々はここで，それと反対の，参画という民主主義の捉え方を探ってみなければならない。これは，これらの諸条件を認識することが真の民主主義にとって本質的だと主張する。参画という捉え方では，諸制度が民主主義的である度合は，各人が能動的で平等に参画する集合的自己統治が，当該諸制度によって市民に許される程度に比例する。これの狙いは，私が認めたように，極めて抽象的であり，夫々の制度パッケージによって，どれほど実現されるかは違ってくる。英国の民主主義はアメリカの民主主義とは構造が異なり，両者は南アフリカの民主主義とも異なる。しかしそれらはすべて，全面的にではないにしても，参画民主主義をいくらかは取り入れている。ある社会がどの程度成功して参画民主主義を作り出しているかの検討に際して我々が行うのは，多数主義的解釈を描くために私が作ったような単一の基準をあてがって当該社会の諸制度を検討することではなく，様々な次元を網羅しているもっと複雑な理念群に照らして検討することである。

参画民主主義の第一の次元は，人民主権（popular sovereignty）である。それは，全体としての一般の人々と政府を作り上げている多様な公職者との関係である。参画民主主義は，主人は公職者ではなく人民だとする。18世紀に勃興した近代民主主義革命の際の平等要求のスローガンは，この種の平等を念頭に置いていた。当時は，民主主義の敵は相続や身分による特権だったのである。多数主義的な捉え方も人民主権を要求するが，そこでは，人民一般とその公職者との関係としてではなく，最終的に自分のやり方を通す最大多数の市民の権力として画定される。

参画民主主義の第二の次元は市民的平等である。民主主義国家においては，市民は集合的には主権者であるが，同時に個人としては市民が集合的に判断する競技への参加者でもある。市民的平等は，市民が平等な存在として参加することを要求する。平等のこの次元の独特の重要性が明らかになるのは，民主主義の話でも後になってからである。つまり，何らかの君主や圧制者ではなく人民が全体として統治の最終権力を持つべきだということは争われなくなったけれども，この集合的権力がどのように市民の間に個別に分配されるべきなのか——集合的な政治決定がなされ民意や公的文化が形成される色々な過程において誰が投票や演説を許されるべきか——が，依然として不明確なままであった時代なのである。現在では，成熟した民主主義国家では原理上，成年市民は全員，ごく少数の例外を除き，平等な投票の影響力を持つべきだという点で決着はついている。民主主義の多数主義的な捉え方が平等な投票を主張するのは，この方法を使ってはじめて，最大多数の市民意思の，選挙による測定が見込めるからである。参画という捉え方も平等な投票を主張するが，市民が政治過程の判断者として平等であることだけでなく，それへの参加者としても平等であることを要求する。このことは，各市民が他の市民の考え方への平等な感化力（influence）を持たなければならないことを意味するものではない。その見解が特に説得力があったり心を動かすものであるとか，特に賞賛されているとか，政治や公務で一生をすごしたとか，ジャーナリストの職歴やその経験が豊富だという理由から，一部の市民が他の市民に比べ大きな感化力を持つことは，不可避であり，かつ望ましい。こうやって獲得される特殊な感化力は，それ自体では，参画という民主主義理解と両立不可能だというわけではない。(それどころか民主主義は，次段落で導入する民主主義の第三の次元で成功するには，特殊な感化力を以上の少なくともいくつかの場面で推奨しなければならないであろう。）しかし，裕福で強力な寄附者と競い合う資金を欠いているせいで，市民集団によっては，自分の信条を訴えかける機会が全然なかったり，ごくごく乏しい機会しかなかったりしたら，参画民主主義は損われる。法外の高額入場料を支払えないからといって政治的討論から事実上締め出される場合には，誰も自分自身を自己統治という企てへの参画者と見なしえない蓋然性が高いのである。

　民主主義の第三の次元は民主主義的言説（democratic discourse）である。本物の集合的行為は相互行為を必要とする。つまり，人民が集合的に，各市民を政治的企てへの参画者にするようなやり方で統治されるべきだとしたら，人民は集合的行為

の前に，個人として一緒に熟慮しなければならないし，しかもその熟慮は，その集合的行為への賛否の理由を中心としたものでなければならない。そうすることによって，ある論点で負けた市民も，自分には他人を説得する機会があったがその説得に失敗したのであって，数で負けたのではないと満足できるのである。自分の述べることの長所に注目を促すような構造や雰囲気の中で市民が共同体に向かって話すことができないとしたら，民主主義はどのような形の本当の自己統治も提供できない。公的言説が，検閲によって損われるとか，怒鳴りあいや中傷合戦に堕してしまって，双方が相手側の述べていることを歪めようとしたり掻き消そうとしたりするだけであるならば，そこにあるのは，集合的な自己統治や集合的な企てなどではなく，形を変えた戦争としての投票集計だけである。

　以上の参画民主主義の簡単な説明は，もちろん，理想化の三つの方向である。どの国家も，市民による完璧な公職者統制であれ，市民の間での完璧な政治的平等であれ，不合理によって汚されていない政治的言説であれ，達成したことはないし，達成はできないであろう。アメリカには完全な人民主権はない。なぜなら，我々の政府は依然として強大な権力を持って，我々に知られたくないことを隠しているからである。完全な市民的平等もない。なぜなら，金は不正義に分配され，しかも，それが政治においてあまりにもものを言いすぎているからである。まずまずの民主主義的言説すらない。つまり我が国の政治は，市民の議論というよりは，私が記述した戦争のほうに近いのである。しかし我々は，参画という捉え方に立って民主主義を改善するに当たって，そのような統治形式の純粋事例に到達できないながらも少なくともそれに近づけるに当たって，修正第1条にどのような役割を割り当てるのが適切かを判断しなければならないし，その判断を下す際に，我々はこの三方向の理想を念頭に置かなければならないのである。

C　民主主義的参画における自由な言論

　参画という捉え方に立つと，ある国家の民主主義のこの三つの次元の夫々は，政治的言論を促しまた守るために制定される憲法や法律の仕組によって影響を受ける。人民主権は，公職者ではなく，人民が統治の最終権力を持つことを要請する。しかし，公職者がその決定への批判を「扇動罪」として処罰したり，批判を惹起しかねない情報の公表を禁止したり，公職者の誤りや犯罪を暴露するような新党結成や新聞の発刊を封じたりすることが許されるならば，人民が管理しているとか，完全な

第10章　言論の自由・政治・民主主義の諸次元

管理をしているということにはならない。それで，公職者による検閲から言論の自由を保障する憲法構造は，主権者としての市民の民主主義的役割という点で，市民を保護している。

　自由な言論は市民的平等を守ることにも役立っている。市民が抱いているどのような関連意見であれ，それが他の市民によってどれほど退けられたり嫌われたり恐れられたりするものであろうとも，原理上自由に表明できるということは，民主主義的参画にとって本質的である。現代民主主義国家において検閲が求められるのは，公職者が人民を秘密に近づけまいとするからではなく，多数派市民が軽蔑する意見を抱いている他者を沈黙させようとする欲求から生じることが多い。これは，例えば，ネオナチが行進したり人種差別主義者が白いシーツをかぶってパレードしたりするのを阻止する法律を望んでいる集団の欲求である。しかしそのような法律は民主主義を損うものである。なぜなら，考えが危険だとか有害だと見なす場合にはいつでも仲間の市民に言論の権利を拒む権力が多数派市民にあるとしたら，その場合その仲間の市民は，権力に向けた論戦において平等な存在ではなくなるからである。我々はこれらの法律の制定過程において，法律に拘束されると我々が主張するすべての市民に平等な声を許容しなければならない。たとえ，彼らの抱く信条を我々が嫌悪するのが正当である場合でもそうである。さもないと，法律をその者に課すという我々の権利が危うくなるのである。言論の自由はこの原理を強化し，それによって市民的平等を守るのである。

　一部では，ある人種や民族集団や性を貶める意見の表明は——しばしば「憎悪言論」（hate speech）と呼ばれるが——，それ自体で市民的平等を傷つけると論じられる。なぜなら，その標的となった市民を侵害するばかりでなく，その市民が平等な存在として政治に参加する能力そのものも損うからである。例えば，人種差別的発言は，その標的となった人種的少数者を「沈黙させる」と言われる。この過大な一般化にどのくらいの力があるかは経験的には定かでない。つまり，そのような言葉がどれほどの影響力を誰に対して持つのかは，不明確なのである。しかしいずれにしても，心理的であっても傷を負わせる政治的意見が自由に流通してかまわないとすることによって市民的平等が侵害されると想定するとしたら，市民的平等や，更には参画という民主主義の捉え方一般についての深刻な誤解であろう。市民的平等が要請するのは，検閲のない公正な政治的競技では自分の見解への注目を集めることが更に困難になったり，自分の意見を自ら傷つけたりする信念や信条や意見か

らも，市民が検閲によって守られるということではない。このような保護の権利を生み出すには，我々は言論や意見表明をことごとく禁止しなければならないであろう。——例えば，キリスト教原理主義は，このようにしなくては守れないであろう。我々は一丸となって先入観や偏見と闘わなければならないが，このようなやり方ではない。

　しかしながら，市民的平等が要求しているものはある。様々な市民集団は自らの見解への注目や尊重を得ようと努力する際に，意見ないし議論の実質や感化力の正当な源泉からかけ離れた状況，つまり富という状況によって不利になってはならないのである。経験上——そして，最近の選挙ではこれまでになく劇的に——示されているのは，どの集団の政治的成功も，重点的な支出態度，とりわけテレビ・ラジオへの支出と直接に関連しているので，政治的成功を説明する際にはこの因子が抜きんでているということである。このことが，政治運動費制限に賛成する民主主義的な論拠の核心である。

　言論の自由と民主主義の第三の次元——民主主義的言説——との繋がりもまた複雑である。メディアの調査権力を制限する法をはじめとして，政府が採択しそうな言論規制の中には，情報と多様性を否定することで，民主主義的言説を損いかねないものがある。しかし，心地よい標語を繰り返すばかりで何の論議ももたらさない愚かな政治コマーシャルによって我々の公的言説が衰えると，同時にその言説による論議も少なくなっていくが，私のリストの最後の提案のように一定の形式でこの言説を間接規制することは，この損傷を阻止するのに役立つ。

　したがって自由な言論の憲法的保障と，民主主義的言説とは別の次元での参画民主主義の質との繋がりは，複雑で微妙なものとなる。我々がそのような保障を新憲法の一部として構築していたのだとしたら，三つの戦略から選ばなければならないであろう。先に記述した民主主義の賭けか，「比較衡量」アプローチ（"balancing" approach）をとって，民主主義全般を強化すると考えられる複合的効果がある場合に民主主義の一つの次元は損うが別の次元は改善する政治的言論規制を許容するか，それとも，もっと場合分けをするアプローチ（discriminating approach）をとって，これら二つの戦略の夫々の要素を組み合わせるかである。

　民主主義を一つの次元では傷つけるが合算すると全体としては民主主義を改善する規制を許す比較衡量アプローチを許容するべきであろうか。このような比較衡量の言い分は，抽象論としては強力である。自由な言論の保障はいずれにしても絶対

的ではない。他の点では合理的な，国家の安全やあるいは個人の名誉を守るために必要な規制を禁止することはできないのである。更に，それほど差し迫っていない理由から規制が支持されることもありうる。宣伝カーによる夜間放送の禁止のような，「時間と場所」の限定ならおそらくは許されるであろう。有益な目的に役立ちしかも民主主義全般は毀損されないという理由から以上の制約が受容可能だとしたら，その場合我々はなぜ，民主主義全般を現実に改善する他の規制のために例外を作るべきでないのか。

しかし，この単純な論法に対しては二つの強力な答え方がある。第一に，民主主義の様々な次元を一つの優越的な目標にまとめて，全般的な改善と引替にして一つの次元の侵害を許すわけにはいかない。とりわけ，市民的平等は個人の権利の問題であって，この権利の——例えば，民主主義的言説を改善するであろうということを根拠にして人種差別主義者を検閲することによる——侵害は，どのように合計を計算しても正当化することはできない。第二に，このような例外はどれもとりわけ濫用されやすい。つまり，何よりも全体主義的な政府が別のところで行ってきたように，政府が民主主義的言説や市民的平等の名の下に，目障りな新党や強力な批判者を押しつぶそうと試みる恒常的危険があろう。例えば，連邦議会や州議会は，混乱させるという理由からある政党が人民主権にとって危険なメッセージを発していると宣言して，その政党の法的資格を剥奪するかもしれない。

これらのおそれは，比較衡量戦略を斥けることを正当化する。その場合我々は民主主義の賭けを受容すべきであろうか。私が記述した危険の大きさは，数多くのやむをえない理由から政府は政治的言論を規制してもかまわないが，民主主義それ自体を改善するためという判断からは規制すべきでないと主張すべきほどのものなのであろうか。こう言えるかもしれない。我が国の憲法が我々に求めているのは予防的な判断なのであって，民主主義を改善しようとして，時に応じて，望むときにしかも望むだけの頻度で自分の言いたいことを述べる人々の自由を弱めるいかなる権力も政府が持つことを禁止するルールによって，民主主義は長期的には最も充たされるのだ，と。スカリア判事はこの議論を，1990年に特徴ある鮮やかな言葉で提示した。彼は，「言論がありすぎることは，民主主義的多数派が差し止めることのできる悪なのだ」という考えに言及し，この考えは，「修正第1条の絶対的な中心的真理，つまり，政府が検閲を通じて政治的討論の『公正さ』を確保するなどということは信用できないという真理と両立不可能だ」と宣言したのである。[6] 我々がこの

警告を受容するのであれば，民主主義の賭けを我が国の憲法の一部にすることになろう。

　民主主義の賭けに賛成するこの議論には二つの部分がある。第一は危険の診断（diagnosis of danger）である。つまり，民主主義にとっての最大の脅威がどこにあるかというと，それは今日でも，政府が自身を守り，市民からその民主主義的主権をだまし取ろうとして，一般の人々が何を見たり読んだり聴いたりしてよいかを篩い分けて選択し，また，多くの専制国家が実際に行ってきたように，民主主義をある別の次元で守ることにとって必要なのだと主張することによって，この不当な統制を正当化しようとするところにあるとするのである。第二の部分は戦略の格率（maxim of strategy）である。この脅威からの最善の保護は過剰予防だと想定するのである。つまり，たとえ明白に正当と見えようとも，言論抑制について政府がこの種の正当化に訴えかけることを絶対的に禁止する法理である。しかし，この危惧の信憑性とこのような戦略の知恵を歴史は支持しているが，政治的言説が全く規制されないということの——とりわけテレビ・ラジオの時代での——正反対の危険も我々は今日では無視するわけにはいかない。我々は，二つの危険を比較しなければならない。それほど厳格ではない憲法保障のせいで，裁判所が見張っていても，政府が策を弄して一般の人々がその持つべき情報や議論をだまし取られてしまうという危険と，その反対の，もっと厳格な保護によって富と特権が著しく非民主主義的な権力を持ち，また政治的言説による論議が全く失われるまでに低俗化してしまうという危険である。

　まさしくこの衰退の兆候は現在極めて明白であって，脇に置くわけには行かない。民主主義そのものがあるかと思えば，民主主義の茶番（parody）もあるのである。1996年と98年の選挙では，政治運動費は以前では信じられないほどの額に膨れ上がり，大統領・副大統領を含んであらゆる段階の政治家は裕福な寄附者に頭が上がらなくなった。政治家は，その必要をなくすためのルール作りをしている最中でも，絶えず資金を求め続けては消耗している。多くの政治家にとって，それは古典的な囚人のディレンマ状況である。各々は運動費を制限して欲しいと願っているであろうのに，制限されない以上は，可能な限り多く調達し支出すべく奔走しなければならないのである。相対的に資金の乏しい立候補予定者はあらゆる段階の選挙戦から締め出され，金持の間であまり人気のない信条を代表する集団は政治的支援の受付を開始することすらできない。選出された公職者は選挙の翌朝から新たな資金調査

を開始しなければならず，これに非常な努力を継続して傾けるため，一般の人々のための仕事をする時間が深刻に侵食される。これらの政治家が調達する資金は，原理にも政策にも何の関心もなく，細切れの心地よい繰り返しによって消費者を誘惑することしか能のない世論調査会社やコンサルタント会社の指揮の下で費やされる。

その帰結が民主主義世界での政治的言説のこの上ない堕落と中傷である。政治への一般の人々の参加は，渋々と投票する市民の数で測定したとしても，自己統治をしていると我々が真顔で主張できる水準を下回っている。一般の人々の嫌気は政治過程そのものにまで及んでいる。政治における金の力が一般の人々を冷ややかにし，テレビ政治の下品さが一般の人々を辟易させたのである。民主主義の賭けの過剰予防は今日では，本当の民主主義においてあまりに高くつきすぎている。今日では，用心というより愚かであり，賢明というより見えていないのである。

それで，柔軟さを備えているが比較衡量戦略の危険は有していない，政治的言論保護のための戦略を構築しようとする強力な根拠がある。「場合分け」戦略（と私が称するもの）はこの危険を認知しており，市民主権か市民的平等かのいずれかをはっきりと侵害する一切の言論規制を禁止する。この戦略は政府が，例えば，公職者の性生活を報道機関が議論することを禁止して人民主権を弱めることを許さない。たとえ，この制約によって民主主義の第三の次元——民主主義的言説——が改善するであろう高度の蓋然性があっても。人種差別的発言や性差別的発言を禁止するのは，少数者集団や女性を「沈黙させる」ことを回避したり，政治的言説の性格を改善したりするためなのだという私が言及した議論は，市民的平等と両立不可能として退けられる。[7]

しかし，場合分け戦略が容認する政治言論規制はある。その規制により実質的な欠陥が修復され，かつ市民主権にも市民的平等にも本当の損害をもたらさない制約であって，民主主義を何らかの次元で改善する規制である。つまり，政治における市民の著しい不平等を修復するのに役立つ場合には，選挙運動費の上限が政府批判を挫かないほど高いものであって，しかも人気のない政党や候補者を締め出すことによる新たな不平等は生じないという条件で，場合分け戦略は上限設定を許容するのである。

V　法の記録

A 論点の形成

　これまで私は，最高裁がバックリー判例の基礎にした「民主主義の賭け」の哲学的基礎を検討してきた。この予防的戦略は，民主主義の核心を情報に基づいて熟考する多数派意思に従った政府にあると受け止める多数主義的な捉え方から自然に出てくる。バックリー判決の批判者の中には，自分の望むままに自分の財産を使用し自分の金を消費する権利が人々にはあることを根拠に，かつて最高裁に進歩的な社会経済立法を退けさせることとなったロックナー判決の精神構造の再来を，この判決は表わしているのだと述べた人もいる。しかし，ロックナー判決との類比は予防的な読み方の真の魅力を誤解している。予防的解釈が依拠しているのは，金持は常に自分の望むままにその金を自由に使えるべきだという，ほぼあまねく退けられている見解ではなく，民主主義は多数意思による統治を意味するというもっと支持される見解なのである。民主主義にはこの単一の次元しかないのだとしたら，民主主義の賭けは割のいい賭けだと無理なく受け取れよう。

　しかしながら，多数主義的な捉え方は，民主主義の唯一可能な捉え方だというわけではない。参画という捉え方のほうが魅力ある選択肢である。つまり，この捉え方は，民主主義を検討する際に最低限必要な三つの次元を提供し，民主主義の賭けではなく，私が記述した自由な言論のもっと場合分けをする解釈を推奨するのである。我々が白紙の上に新しい憲法を構築しつつあるのだとしたら，我々には，参画民主主義を念頭に置いて新憲法を構築し，自由な言論を場合分けして保護する起草をする強力な理由があるであろう。しかし我々は新しい憲法を起草しているのではない。我々は現に持っている憲法と，その下にある実務や裁決の歴史を解釈しようとしているのである。そこで，我々が問わなければならないのは，民主主義のどちらの捉え方の方が，我々自身の憲法構造や憲法実践のよい解釈を提供するのか，ということである。

　私は別のところで，参画という捉え方はそれを提供すると論じた。なぜならこの捉え方は，多数主義的な捉え方にはできないが，民主主義的多数派に対する個人の権利という憲法の規定を説明できるからである。[9]確かに，これらの権利の中には，多数主義的民主主義国家を創設し守るためにも必要だと説明できるものもある。[10]修正第1条を民主主義の賭けを組み込んだものとして読むならば，自由な言論への市民の権利が民主主義的多数派のできることを制限するという事実にもかかわらず，我々はその権利を，多数主義的民主主義国家を守る権利として扱えるであろう。し

かし，憲法には，このような仕方では民主主義の多数主義的な捉え方とは両立不可能な——裁判所が解釈してきたようなものとしての平等な法的保護への権利のような——個人権が含まれている。

　しかしながら，このことのためには，我々の解釈の問いをもっと狭く形作った方がよいであろう。我々は，修正第1条の法理に限定して，自由言論条項の二つの読み方を区別すべきである。第一は，民主主義の賭けを基にして作った予防的な読み方である。これは，政治的言論を民主主義のために制限したり規制したりすることは決してしてはならないと宣言する。第二は，参画という捉え方から導き出されるもっと柔軟な読み方である。そこでは，私の記述した場合分け戦略の厳格な基準を充足するという条件つきで，市民的平等を改善する自由言論の規制は許される。憲法が何を言っているのか，あるいは，自由な言論について裁判所は何をなしてきたのかということを，この二つのうちのどちらの読み方がよく説明するように見えるか。

B　文面と言い回し

　これら二つの解釈的な読み方から選ぶ際に，憲法の文面からは殆ど助けを得られない。修正第1条は，「議会は，言論の自由を縮小する……いかなる法も制定してはならない」と規定する。この文言は，いかなる理由からのものであれ，言論規制を禁止しているのだと，絶対主義的なやり方で読むことが可能である。しかし，民主主義の賭けも場合分け戦略も，ほぼすべての法学者や判事と同様に，この絶対主義的な解釈を退けるし，文面はこれらの二つの読み方からの選択に関してこれ以上の指針を提供するものではない。文面が国家の安全や地域の平穏を守るために言論規制を容認しているとすると，文言の境界問題として，民主主義を守ったり完全化したりするためにも規制を容認することになる。

　裁判所の言い回しもまた，いずれの方向にとっても決定的ではない。平等への配慮は修正第1条には「馴染まない」というバックリー判決での平板な宣言は，既に述べたように，民主主義の賭けの方の明確な是認になっている。しかし，それと対立する場合分け戦略を同じように明確に是認する更によく知られた言明を見つけることもできるのである。その中での主な言明としては，ブランダイス判事の有名なホイットニー事件判決での意見がある。

　　　我が国の独立を勝ち取った人々は，自らの資質を人間が自由に展開できるよ

うにすることが国家の最終目的であること、そして、政府においては、熟慮した上での力のほうが恣意よりも優越することを信じていた。彼らは目的としても手段としても、自由に価値を置いていた。彼らは自由が幸福の秘訣であって、勇気が自由の秘訣であること、……自由にとっての最大の脅威は人々が無気力であること、公的議論は政治的義務であること、このことはアメリカ政府の根本原理たるべきことを信じていたのである。[11]

この言明は、人民主権の重要性を認識している。しかしこれはまた、修正第1条の全般的正当化の一部として、民主主義の他の次元に特に力点を置いている。つまり、市民的平等の重要性、そして何よりも、熟慮された民主主義的言説にも力点を置いている。ここで、言論の自由の眼目が単に、政府が人民を抑圧するのを止めさせるということにではなく、個々の市民が自分の資質を展開できるようにすることにあるということ、自由はこの理由から、他の民主主義的目標にとっての手段でもあるが、民主主義的目的でもあるということ、そして、他者との公民的な協議が、市民主権者としての投票義務と並ぶ「政治的義務」なのだということが宣言されている。修正第1条に込められた色々ある狙いをこのように強く是認しつつ、なおかつ、この狙いを促進するように修正第1条を解釈したり、適用したりしてはならないと主張することは、奇妙であろう。

それで我々は、我々の敵対する読み方を司法実践の解釈として評価するには、文面と言い回しのその先を見ていかなければならない。我々は、二つの読み方が競合している事例で実際の判決を見ていかなければならないのである。このような事例はそれほど多くはない。大半の修正第1条判決では両方の読み方が両立している。両方の読み方は、ニューヨークタイムズ対サリバン事件[12]、国防省文書判決[13]、スコーキー事件[14]、国旗焼却事件[15]、その他の修正第1条の主な判決を正当化する。私は、この二つの読み方が正反対の方向に引っ張る比較的少数の事例のいくつかに集中して、夫々の事例でどちらの読み方の重力が優位していたかを見ていくことにする。この問いは、問題になる意見の文言によっては決着がつかない。文言は我々の問いに殆ど決して直接には取り組んでいないからである。我々は、アメリカの裁判所が実際にこれらの事例において、提出された事実を背景にして何を行ったのかを見て、二つの読み方のどちらの方がその行ったことをよく説明しているのかを判断しなければならない。

C　寄付制限

　既に見たように，バックリー判決の一部——運動費への上限設定は違憲だという判示——は予防的な読み方によってしか支持されない。裁判所はこの判示の中で，修正第1条の目標は人民主権を守ること——一般の人々に「多様で対立する情報源からの情報の可能な限り広範な流布」をもたらすこと——に限られていると宣言し，市民的平等を守るために政府による言論規制が可能だという議論を明確に退けた。我々は，バックリー判決を継承する判決——コロラド州共和党判決のような，先例としてこのバックリー判例に訴えかけて判決された事例——でも同じ見方をしなければならない。しかし，バックリー判決の中には，別の判例——他人の政治運動に人々がするかもしれない献金への制限を議会が課すことを許容した裁判所の判例——もあって，この判例もまた同じく憲法記録の一部となっている。これは，予防的な読み方ではなく，場合分けをする読み方を前提にしているものである。なぜならこの正当化は，一部の人々の政治活動を制限することで他の人々の市民的平等を擁護する権力が議会にはあるという前提に立ってしかできないからである。裁判所は，この判決についてはこの理由づけを否定した。望むだけ献金して他の人々の発言のための資金調達の手助けをするという人々の間接的発言を阻止することは，自分の金を自身で発言するために費やすことを阻止することとは異なるもので，この献金制限はそれゆえ，運動費制限よりも低い憲法基準に服するのだと述べたのである。しかし，ここで想定されている区別は，トーマス判事がコロラド州共和党事件で力強く指摘したように幻想である。

　自らの政治信条を表明するための大半の人々が持っている最も効果的な手段は，当人の信条に沿った広報活動やその他の行為に取り組んでいる組織や運動に献金することである。寄付制限は，人民主権にとって運動費制限と同じくらい大きな——あるいは小さな——脅威である。金持が政治運動に望むだけ献金することを阻止されるならば，政治家は自分のメッセージを望む頻度で放送することができなくなり，市民主権者は阻止されなければ聞けたはずのメッセージを聞くことができないであろう。政府は運動の情報やアピールの流れを，政治家が使える金額を制限したときとちょうど同じように，直接的に制限することになったであろう。献金者は，許されていたならば，特定の運動への献金と同じくらい，他のやり方や公開の場での献金をすると考えられるであろうけれども，殆どの人はそうしそうもない。それには色々な理由があるが，独立支出は有力な公職者の感謝をそれほど引き出しそうにな

いという明白な事実もその一つである。予防的な読み方のどこにも，直接支出の制限法ほどには厳格でない基準による政治献金制限法のテストを正当化するものはない。

多くの評者が到達した結論——バックリー裁判は運動費制限を除去し，献金制限を受容することで折り合いをつけようとしたのだということ——は，やむをえないように見える。しかし，それは悪い種類の折り合い，修正第1条の一つの読み方を第一の論点に適用し，もう一つの論点には別の読み方を適用する場当たり的な折り合いである。バックリー判決は，一面では，場合分けをする読み方に対抗する今ある最強の権威であるが，別の面では，それに賛成する強力な議論なのである。

D 公正ドクトリン

修正第1条が関係するのは，出版社が出版したり放送局が放送したりするのを政府が止めようとする場合だけでない。できれば出版や放送をしたくないことを政府が無理矢理やらせようとする場合も関係がある。なぜならそのような場合も，政府は，どの情報が市民に届くかを変更することによって政治的言説に介入しており，これもまた，市民が何を聞くのかを政府が選択してはならないという人民主権原理を害するからである。しかしながら，レッド・ライオン事件では最高裁は，連邦通信委員会の当時効力のあった「公正ドクトリン」(fairness doctrine) を支持した[17]。「公正ドクトリン」は争いのある政治的論点に関して声明を放送する (editorialize) という選択をした放送局に，対立する見解も提示することを要請するものであった。裁判所は，「自分自身の事柄を遂行する能力のある情報に通じた一般の人々を生み出すという修正第1条の狙い」を引合に出し，もっと釣合のとれた番組を政府が要請することは，この狙いと完全に両立すると述べたのである。この考えは，修正第1条の場合分けをする読み方と具合よく適合する。しかしこれは，予防的な読み方にとっては禁じ手である。なぜなら，これが依拠しているのは，まさに予防的な読み方が非難する種類の判断——同じ放送局によって対立する見解が提供されているときの方が，望む場合には自分自身で対立する見解を探すように放置されているときよりも，市民には情報がよく行き渡っており，また市民の責任も大きくなるのだという判断——だからである。

しかしながらよく言われることだが，レッド・ライオン判決は「稀少性」(scarcity) と呼ばれる理由づけに基礎を置いていた。ある特定の地域の範囲内では相対的に少

第10章　言論の自由・政治・民主主義の諸次元　　491

数の放送局しか放送できないので，政府には，これらの少数の放送局に自分のとは相反する意見を放送するよう強制することに，それだけ強い関心があるのだというのである。もしそうであるとしたら，その場合，この判決はケーブルテレビや衛星放送の時代には適用できないことになる。今の時代は，国土の至るところにもっとずっと多くの放送局があるからである。しかし，稀少性への配慮は，予防的な読み方を示唆するような判決には登場しえないであろう。なぜなら，稀少性はその読み方の下では関係がないからである。一般の人々への政治的情報や議論の流れを管理しようとする政府の試みが原理上誤りだとしたら，その場合，政府が管理しようとする放送局が稀少だとか，それらの放送局の供用を政府が認可したとかという事実は，要点ではないであろう。というのも，どのような情報と議論がその稀少なメディアから流れ出ることになるのかを決定したのは，諸個人の決定を集めてできた力ではなくて，やはり政府であろうからである。政府には，そのような介入なしに放送の周波数を認可する選択肢があった以上，修正第1条は予防的な読み方に立つと，そのような介入をせずに認可するよう要求するであろう。

　実際裁判所が稀少性に言及したのは，放送メディアへの参入が極めて高価であるという命題を支持するためだけであった。——裁判所は，それまでに参入していた者の圧倒的な地位に言及したのであり，周波数帯に依然として余裕があったとしても，この地位は脅威だったのだと述べたのである。しかしもちろん，このような経済的な理由からテレビの使用を否定された言論人が，自分の見解を公表するためのそれほど稀少ではないメディアやさほど高価ではない他のメディアを探すのは自由である。裁判所の議論は実際，その意見の中ではほぼ自明の前提に基づいていた。放送のように政治において支配的なメディアへの接近が——免許制度や経済力によって——，極めて少数かつ力のある人々に限定されている場合には，不公正かつ非民主主義的であって，政府はそれゆえ，政治過程をもっと平等なものにするために介入する権利を持っているという前提である。判決は場合分けをする読み方を前提にしているのである。つまり，政治における市民的平等は憲法の民主主義の捉え方全般にとって極めて中心的であるので，修正第1条は，平等の改善がときとして適切な規制にとってのやむにやまれない理由になることを認めなければならないというのである。

　もちろん，場合分けをする読み方を受け入れるにしても，レッド・ライオン裁判がこの読み方を正しく適用したことには必ずしもならない。人によっては，相反す

る見解を放送すると高くつくとかそうでないとしても不快なものとなろうという理由から放送局の声明の担当者が争いのある意見の表明を思いとどまらされる場合には，市民主権は著しく損われ，この判決はこの理由から，場合分けをする読み方を前提にはしていても，誤りだったと論じるかもしれない。しかしながらこれは放送会社の場合には強力な論拠ではない。放送会社の放送した声明の内容が番組編成上重要な部分を構成することはいずれにしても稀であり，私は判決は正しかったと信じている。しかしながら，他の状況においては，そのような議論はもっと説得力があるものとなろう。例えば，裁判所はトーニロゥ事件では，新聞社により批判された候補者のために，応答用の平等なスペースを割くことをその新聞社に要請するフロリダ州法を退けた。判事は，そのような法が新聞編集者の批判的熱意に萎縮効果を持つであろうと考えたのかもしれないので，この判決は，場合分けをする読み方とも，予防的な読み方とも両立する。

E 必要的再送信ルール

二つのターナー判決で，最高裁は，ケーブルテレビ施設会社に一定の状況の下で放送局を設置［して当該地域で放送されている番組を再送信］するよう要請する「必要的再送信」規制（"must carry" regulations）を支持した。第二次ターナー事件の5対4の判決で決定票を投じたブレイアー判事は分析を始めるに当たり，修正第1条の利益は事案の双方の立場で見出せることに着目した。予防的な読み方に立つとこの主張の意味は通じにくい。修正第1条はこの読み方に立つと，一般の人々に言論という手段で何が提供されるかを決める色々な決定から政府を遠ざけておくことによって民主主義を守るという戦略に，国家を与させるものである。もしそうならば，修正第1条の論点が存在するのは一方の側だけである。それは，どのような番組の組合せを提供するかという決定に際して政府の介入から自由でありたいと望むケーブルテレビ施設会社の側である。ブレイアーが強調した考察——ケーブルテレビ施設会社に放送局の設置を要請することは，ケーブルテレビの受信者が他で探さなければならない地方ニュースや議論が提供されるので，政治的言説を改善するという考察——は無関係である。しかしながら，場合分けをする読み方によると，ブレイアーは正しい。なぜなら，この読み方は，情報を得た上での言説の民主主義的な重要性を認知しており，このことを確保するのに役立つなら政府はメディアの決定に介入してかまわないということを受容するからである。問題の政策は「ブランダイ

ス判事が何年も前に指摘したように，民主主義的な政府が前提にし，かつ修正第1条が達成しようとしている公的議論と情報を得た上での熟慮を促進しようとするものである」とブレイアー判事が宣言したとき，彼は場合分けをする見解を採っていたのである。ブレイアー判事は更にまた，ブランダイスのホイットニー意見だけでなく，レッド・ライオン判決にも言及することによって，場合分けをする読み方に自分が依拠していることを強調した。

　ブレイアーの意見は第二次タナー訴訟では唯一の意見だったし，第一次訴訟には参加していない。しかし，オコナー判事が第二次タナー訴訟の反対意見で強調したように，ブレイアーの意見は，経済分析に依拠している多数派の意見よりもはるかにずっと意味が通っている。複雑なタナー訴訟は，場合分けをする読み方の最も基本的主張の一つを認めていると読むのが，結局一番よい。つまり，テレビ・ラジオメディアへの介入が，人気のあるなしとは無関係にどちらの立場にも与せず，しかもそれ以外の点では，市民主権も市民的平等も危うくしない場合には，政府は公的な政治的言説を改善するためにそのような介入をしてかまわないと読むのである。

F　選挙運動のない選挙区

　バーソン判決で[20]最高裁は，投票所から定められた距離の範囲内での投票日の遊説を禁止する州法を支持した。最高裁はこの判決を，修正第1条の予防的な読み方が要請するような仕方で正当化しようと試みたが，この判決は実際には，場合分けをする読み方でしか支持できない。最高裁は，投票日に投票記入所の周辺の広い範囲から政治的言論を締め出すことは，政治的形態の言論や懇願だけに関係しており，他の形態のものには関係していないからといって，中立的であるわけではないと述べた。しかし最高裁はまた，州には威圧を排除する選挙手続へのやむにやまれぬ利益があるので，内容に関わるこのような規制の修正第1条による禁止を覆すための厳格な「やむにやまれぬ正当化」基準をこの規制が充たしているとも述べた。この議論は正しく予防的な読み方の形をしている。なぜなら，政治的言論への制約を正当化するのに，情報をふまえた上の言説とか，民主主義のその他の次元には訴えかけていないからである。それは代りに，威圧されないという人々の別個の利益に訴えかけている。

　しかし，この議論の形態は，正しく予防的ではあるけれども，愚かな議論であって，この事件の反対意見で，スティーヴンズ判事，オコナー判事，およびスーター

判事が適切にもこき下ろしていた。[21]州は威圧を防止するために，3万平方フィートを越える（州によっては75万平方フィートを越える）領域にわたって政治的言論を禁止する必要はない。ここでもまた裁判所は現実には予防的な読み方を退け，場合分けをする読み方を受け入れたのだと想定するほうが，判決ははるかによく正当化できる。我々が，市民的平等や政治的言説の性格とかの改善によって民主主義を守るという修正第1条の想定される最終目標を促進する言論規制を許すように同条を読むならば，この事案は簡単なものになる。どの候補者や集団にも，投票という決定的瞬間で最後のお願いという特殊で見苦しい利得を許さないほうが，参加者としての市民にとっては公平であるし，市民に投票前に，しつこさから逃れて熟考するための最後の空間が許されていること——最も重要なときに市民に政治からの自由が許されていること——は，民主主義的熟慮を改善する。

　修正第1条は，場合分けをする読み方では，このような規制が政治的不偏性という核心的原理や人民主権のその他の側面を侵害しない限りは，政府が市民を助力するために介入することを禁止するものではない。この限定の重要性は，バーソン判決で支持された州法と一見よく似ているように思われる州法を最高裁が取り消した以前の判決では力説されている。ミルズ対アラバマ州事件[22]で裁判所は，新聞社が投票日に候補者への支持社説も反対社説も表明することを禁止する法が違憲だと宣言した。違憲とされなかったならば，市民は政治的な議論や助言の伝統的な源泉を奪われてしまい，投票日でも，家の中で現実の投票記入所の喧噪から離れて，あれこれ読みながら思いを巡らせることができなくなっていたであろう。この法では，新聞読者としての消費者たる地位への影響力は大きいが，熟慮に熟慮を重ねることへの貢献は存在していないとされたのである。

G　団体選挙運動

　オースティン対ミシガン商工会議所事件で裁判所は，法人が政治目的のためと明言して徴収した分離資金（segregated funds）を使うのは許されるが，法人の一般資産（general assets）を候補者の支援活動ないし反対活動に使用するのは禁止する制定法を支持した。裁判所の議論はほぼ明示的に，場合分けをする読み方を是認し，予防的読み方を退けている。政治的言論への制約を正当化するためには，バックリー判決によると，州には「やむにやまれぬ」利益が必要とされていると認め，この事件で認定される唯一そのような利益は腐敗（corruption）を防ぐ利益だと認定した

第10章　言論の自由・政治・民主主義の諸次元　　495

のである。しかし，裁判所がオースティン判決で述べたが，州が防ごうとしている「腐敗」は，よくある，献金者を贔屓する類のものに限られるものではなく，「政治の場の別の種類の腐敗」を含むのである。「つまり，法人という形態の力で蓄積され，当該法人の政治的理念への一般の人々の支持とは殆どあるいは全く交渉のない巨大な富の集積による浸食・歪曲作用である。」

　問題になっている「歪曲」は，お馴染みの腐敗とは何の関係もない。これは，人民主権の譲歩ではない。つまり，政治コマーシャルが法人の献金によって支払われてきたという事実によって，その分この宣伝を見た一般の人々にとって，それの含んでいる情報やアピールが価値がなくなるというわけではない。莫大な法人支出の「浸食」効果はすべて，市民的平等への影響にある。つまり，バックリー判決の予防的な修正第1条解釈が無関係だと宣言した民主主義の次元への影響である。また，予防的な理解の視点からは，法人の利益がどのように得られているかも問題にならない。法人の利益が一般の人々の政治信条を反映していないことは，この理解では無関係なのである。つまり，主権者としての一般の人々にとっての情報の価値は，その法人献金が分離された政治活動基金からのものなのか，当該法人の一般的金庫からのものなのかにかかわらず，同じになる。しかしながらこのことは，場合分けをする読み方にとっては無関係ではない。なぜならこの読み方は，選挙言論の規制が民主主義をどの次元でも侵害しない場合には，政府による市民的平等を守るような規制を許すものだからである。しかも法人が自由に，自己の巨大な一般的富を使って，個々の市民にはできる人も稀な政治的感化力を生み出す場合には，市民的平等は深刻に害されるのである。

　場合分けをする読み方が提供するのは，オースティン判決のための説得的な正当化だけではない。精神においてオースティン判決と相反すると多くの評者が感じたそれ以前の判決と，オースティン判決との間の説得的な区別も提供するのである。ベロッティ事件で裁判所は，州の住民投票に際して賛成運動にも反対運動にも法人の資金支出を一切禁止するマサチューセッツ州の制定法を違憲だと宣言した。この制限は市民主権にとって，オースティン判決で支持された制定法が投げかけるよりもはるかに深刻な脅威をもたらした。なぜならこの制限は，それ以外では手に入らないかもしれない情報を市民から剥奪するという脅威があったからである。多くの住民投票は複雑な経済問題に関わっており，法人が個人にはない，議論の一方の側を提示する誘因を持っていることがよくある。ベロッティ事件の制定法は，そのよ

うな法人が，この議論を提示するために特に集めた分離資金を使用することも許さなかった。反対にオースティン事件の制定法は選挙に限られていた。選挙では，政党やその他の集団には，自分の候補者に賛成し，対立候補に反対する議論を提供することに強烈な利益があるからである。またこの制定法では，法人が他では効果的になされていないと信じたのであれば，分離資金を使って，候補者に賛成する議論も反対する議論も行うことが許されていたのである。

VI　真理に向けての議論

このように，参画という民主主義の捉え方と結びついた場合分けをする読み方は，多数主義的な捉え方と結びついた予防的な読み方と同程度に，関連する先例に適合している。本節までの分析が健全であるならば，それはこれらの先例に全体として，更に一層適合している。しかしながら，憲法解釈は，適合の問題だけではない。これはという解釈は，記録に適合しているだけでなく，それの正当化もしているべきなのである。この点で優位するのは，予防的な読み方であろうか，それとも場合分けをする読み方であろうか。確かに，あえてどちらかといえば，場合分けをする読み方の方が，自身を批判から守ったり，自身の立場を強化したりすることばかりを願う政府によって濫用されやすい。そのような政府は，実際には自分自身を守っているにすぎないのに民主主義を守っているのだと主張して，政治的言論を規制するかもしれないのである。しかし，場合分けをする読み方にそのような濫用の危険が大いにあるわけではない。なぜなら，私が区別した比較衡量的な読み方とは異なり，この読み方は市民主権や市民的平等を顕著な仕方で侵害する政治言論規制を許すものではないし，いずれにしても，濫用の危険は，予防的な読み方が我々に耐え忍ぶことを要請する民主主義への明白な危険よりはるかに少ないのである。

しかし予防的な読み方は全然別の理由から一段と魅力的であるように見える。修正第1条のためのよくある理由づけとして，言論の自由は一般の人々が統治するのに役立つだけでなく，どのように統治するのが最善かについての真理を一般の人々が発見するのにも役立つというものがある。この主張の信奉者はよく，ジョン・ステュワート・ミルの議論を引合に出す。それは，思想の競争は，どの思想もその競争から排除されない場合，科学と価値の両方にまたがる真理（truth）――人々が何を望んでいるかについての真理だけではなく，人々が何を望むべきかについての真理――を発見する最善の手段だというものである。予防的な読み方のほうが，この

第10章 言論の自由・政治・民主主義の諸次元

ような競争に一層深く与しているように見える。なぜなら，民主主義の改善という想定される利益のための言論規制を一切排除するからである。それで真理に向けてのミルの仮説（Mill's epistemic hypothesis）は，この読み方に賛成する議論を行っているように見えるのである。しかしながら実際には，両方の読み方とも，真理に向けてのミルの主張において支持を見つけられる。ただしその主張は二つの読み方では異なった形態をとり，実際には，予防的な読み方でのものよりも，場合分けをする読み方でのほうが信憑性がある。

我々がミルの主張を予防的な読み方のための正当化根拠だと受け入れるとしたら，この主張は，純粋に言論の・分・量がそれ自体で真理に向けての価値を持っているとして是認するものと受け止めなければならない。この見解では，公的な討論のもつ価値を少なくとも長期的に全般に亙って改善するためには，次の二つが言われる。まず，言論行為は多ければ多い程よく，実質的に同一の主張や思想を反復することには，当該論争での真理への見込みにわずかながらも寄与するという価値があるはずだという原理が施行される。また，議論の質を改善するような設計を施してこの原理を修正することは一切退けることが必要とされる。他方，この主張を場合分けをする読み方のための正当化根拠として差し出す場合に強調されるのは，どの言論行為も排除されないと説く原理の真理に向けての重要性ではなく，どの思・想も排除されないと説く原理の真理に向けての重要性である。このもう一つの見解では，重要なのは，提示される内容が認識と感情の混合だということであって，分量それ自体ではない。また，発言内容や表現内容が危険だとか有害だと見られるからといってどの言論も検閲されたり制約されたりしてはならないと，我々も宣言するし，場合分けをする読み方も宣言するが，その場合に使われるのは，分量ではなくこの混・合・なのである。この原理を厳格に施行することは，可能な限り広範な多様性のある思想に討論をさらす最善の方法である。純粋に言論の分量を最大化することまでは必要ではない。

更にまた，場合分けをする読み方では，真理に向けての主張を敷衍して一層信憑性を持たせることが可能になる。どの思想も形式的には排除されていない言説がうまく配置されて，それらの思想の長所に即した検討が促される場合には，真理を確保する蓋然性が一層高まると主張されるのである。予防的な読み方はこの敷衍した主張をすることができない。なぜなら真理に向けて主張されるのはただ一つ，規制が何の配置換えもしていない言論の最大化という徳だけだからである。先の考え——

―分量だけでなく質も勘定されるという考え――は他の文脈では，例えば上訴審の議論や，マルチメディア的パフォーマンスではなく論拠を出し合う場合の公式の討論において，広く受容されている。予防的な読み方は反対に，不健全なやり方だけで真理に向おうとする。つまり，厳密さが真理発見に役立つといういずれの主張についても，配置換えをされていない討論のほうが，思想の数は同じだが言論行為が少なくなるようにうまく配置された討論よりも，真理の発見手段としては効果的なのだという大いに疑わしい前提に依拠しなければならないのである。

Ⅶ 提案の再考

　修正第１条の場合分けをする読み方によれば，政治的言論の制限・規制立法が許容されるのは，その立法が他では手に入らない情報や議論への一般の人々の接近を妨げない場合，政府に与したり何らかの政党やイデオロギー，政策を他のものよりも贔屓したりするように設計されていない場合，メッセージやその表明の真偽，危険，侵害について何らかの前提を反映していない場合，および更に多数の市民が同じ資格で参加できるようにしたり，公的言説の質を改善したりすることによって，公的な政治的言説の民主主義的性格が改善される蓋然性がある場合である。

　我々が修正第１条を予防的な読み方をしていたとしたら，現行の選挙運動への献金制限をはじめとして，本章の冒頭で並べたいずれの提案もその合憲性を擁護するのは困難であろう。ここで，私が擁護してきた場合分けをする読み方に照らして，これらの提案を検討しなければならない。まず，気をつけておくといいかもしれないのは，提案の中には，アメリカ人には過激だと見るものもあるかもしれないが，他の民主主義国では当り前のものがあるということである。すべての提案を容認すると，アメリカの選挙制度を，例えば，一般的な国際的意見によれば円滑に機能している英国の選挙制度のようにしてしまうかもしれない。確かに，強力な党議拘束を伴った議院内閣制の下での選挙は，行政機関と立法機関を分離する我が国の複雑な連邦制度の下での選挙と，多くの点で異なっている。しかし，その相違は比較を不可能にするものではない。選挙運動改革を呼びかけているクリントン大統領は1997年11月に，トニー・ブレアがジョン・メイジャーを破った選挙は，自分がロバート・ドールを破った選挙よりも公平でしかも理由もしっかりと論じられたものだった，と示唆した。[24] 提案はまた，我が国の選挙制度を，他の主要民主主義国で行われている制度に近いものにするであろう。これらのいずれも，無制限の運動費を許

第10章 言論の自由・政治・民主主義の諸次元

容するものではないし，全部がテレビやラジオによる政治運動を規制している。

選挙運動費を制限する提案はもちろん，バックリー判示とは対立する。この判例が場合分けをする読み方に倣って覆されるならば，修正第1条は運動費制限を許容することになるが，その上限は，現職者が新人候補に対して既に持っている有利な点は増やさず，しかも，名前の売れていない候補者や新奇な政策を唱える集団が報道関係者や放送局の注目を集められるだけの一般の人々の関心を確保することは阻止しないほどのものとなるであろう。これらの条件を充足しない限り，運動費制限は市民的平等を弱めるであろうし，人民主権も損うであろう。なぜなら，一般の人々は，そのような候補者や集団が可能ならば提供するであろう考えに触れられないであろうからである。場合分けをする読み方は，民主主義のどの次元にも顕著な侵害をもたらさない。

最後の提案は，政治運動向けに潤沢な公金を支給するものであるが，この公金を受領した候補者が，ラジオやテレビで政治コマーシャルを流すことを禁止する。ただし，論議を喚起する政治的放送で，潜在意識に訴えて論議を抑える技術を使わない構成のものは除かれる。この提案のほうは新しくて定着していないし，場合分けをする読み方が承認され採用されたとしても，論争を引き起こすものとなろう。立法は何も禁止しないであろう。立法は公金使用について条件を課すにとどまり，自分の限られた運動経費から通常の政治コマーシャルに支払おうとする政治家には，公金を拒否して自由にそうすることができるようにしておくであろう。しかし，候補者であれ放送局であれ，一般の人々のなけなしの金を受け取る圧力は，他の候補者や放送者が受け取ったという前提の下では殊に，極めて強いので，課される条件は強制的な痛みを伴うであろう。それゆえ，場合分けをする読み方は，これらの提案の構成部分が実際には，民主主義をどの次元でも侵害しないことを示すよう要請する。

反論として例えば，そのような条件を課された官給番組は一般の人々の望む形での政治的な訴えかけを生み出さないよう政治家を誘導するので，これは市民主権を侵害するであろう，と言われるかもしれない。結局政治家が番組を30秒の細切れの中傷で埋め尽すのは，個人的な好みからではなく，そのような広告に最も影響力があるとの判断からなのである。しかしながら我々は，一般の人々が政治的言説を通して何を適切だと見るかと，一般の人々が何に実際に反応するかとを注意深く区別しなければならない。（広告業界は概ね，これら二つの現象の区別の上に築き上げ

られている。)我々が政治家から，更に世論調査から学んだのは，一般の人々が政治コマーシャルというジャンルを非難しているということ，そして，あれほど多くの人々を政治から疎外したことの責任の一端はこの嫌悪にあると考えられるということである。

しかしながらこれで反論に完全に答えたとすることはできない。なぜなら，公金に課される条件のために，その条件がなければ政治家が提供するであろう分量と形式での政治的訴えが，少なくともある人々には自分の望むようには入手できないだろうということが依然として真であるからである。しかし，市民主権や，民主主義のその他の二つの次元のいずれかが，各市民には，自分の選んだ形式で政治的情報を受領する権原があることを要請すると考えることは誤りである。予防的な読み方に立っても，政府は，政治的訴えの時間や場所，やり方の規制が許される。市民の中には，政治的訴えが朝の3時に宣伝カーによって家に届けられるのを望む人もいるかもしれない。これが自分の仕事の予定や毎日の流れに完璧に適合しているかもしれないのである。しかし民主主義は，規制によって各市民に究極的にかつ合理的に入手可能である情報が少しも減少しない限りでは，その規制が真夜中の宣伝カーによる政治運動を不可能にするからといって損われるわけではない。私が記述した政治放送規制は，それと同じ限られた効果しか持たない。放送時間に政治放送の局にダイヤルを合わせたり他の選挙区を見たりして，候補者や集団が何を言おうとしているのかを知る合理的な努力を惜しまない市民には誰でも入手可能であるような情報や議論を，これは減少させるものではない。いずれの読み方に立っても修正第1条が，この努力をしないような無関心な市民でも，自分の好きなフットボールティームの試合を見ている最中のコマーシャルという形式で，安価で不適切な代用品を手に入れることまでは要求していない。

しかしながらここで，政治の論議を活性化させるよう設計されたテレビ・ラジオによる政治のための公金使用に対する限定条件は，政治的な面からすると結局中立ではないのだから，市民的平等を害すると言われるかもしれない。これらの条件は，エリート主義的な形態の政治言説に与するとされるのである。ここでもまた，市民的平等を適切に理解して，要求されている中立性の形式を誤解しないよう注意しなければならない。市民的平等が要求しているのは，悪しき議論がよき議論と同じくらい効果的であり，心地よい文句が理性と同じくらい強力であったりするように，あるいは，知識や信条や資格のない候補者でもこれらの恥ずべき欠点を極力隠せる

機会を持つように，政治手続を構築するということではない。我々が目指すべき中立性は，ほぼ正しくそれと反対である。つまりそれが要請するのは，資金状態が最悪で，当初は全然支持のない候補者や考えを筆頭に，全ての候補者とその考えの構造や長所，魅力を市民が判断できるようにする仕組なのであって，提案されている仕組はこの中立性の考えにとって，規制のないテレビ・ラジオの政治よりもはるかに効果的に役立つであろう。ここで私が主張しているのは，場合分けをする読み方ならこの枠組を端的に許容するであろうということではなく，ただ，場合分けをする読み方はこの枠組を許容すべきだという議論は当初思われていたであろうよりも，複雑でかつ信憑性があるということだけである。

Ⅷ 結論

　私は，我が国の民主主義が金銭の呪縛によって深刻な損傷を受けているという広く行き互っている見解を報告することから始めた。我々は参画という民主主義の捉え方の色々な次元をここで区別したのであるが，それを使ってこの非難をもっと明瞭なものにすることができる。選挙運動費を制限しないと，金持はメディアの膨大な広告キャンペーンに資金援助が可能なので，政治における感化力が増大して市民主権を侵害するということは明らかではない。金持からの資金は，多数派の意見のとりまとめに使われるのであって，多数意見が命じることから逃れるために使われるのではない。富の格差が甚大だと，一般の人々は誤って，狭い意味では本当の経済的利益にならないものを自分たちが望んでいると考えさせられるようになるという議論はありうる。しかし，選挙運動費が制限されるならば，一般の人々の投票が一層的確に，自らの「真正な」信条を全体として反映することになると想定する根拠はない。それは，我々には，これらの「真正な」信条を確定したり発見したりする独立したやり方がないからでもある。そこで，人民主権が我々の唯一の関心事だったとしたら，合理的なのは，一般の人々に望むだけかつ供給可能なだけたくさんの情報や広告を許し，次に，一般の人々が，反復されたり誤解を招いたりするメッセージを話半分に聞いたり，零細なケーブルテレビ局のような報道機関やそれほど高価でないメディアを通じて資金の足りない群小候補者についての情報を探し求めるのを当てにすることであろう。人民主権がそのような政策によって脅かされることはないし，バックリー判例が持っている魅力はいずれも，この政策の一見すると合理的なところにある。

しかしながら我々が参画という民主主義の捉え方を採用するならば，民主主義的な尺度にあと二つ次元がつけ加わるのであって，この二つの次元の夫々における我々の現在の民主主義の欠陥は明白である。市民的平等は，金持だけが政治競技における競技者である場合には破壊されるし，我々の押売政治を民主主義的な熟慮だと間違える人などいない。参画という捉え方はまた，これらの失敗において何が問われているのかを明らかにする。我々は我が国の政府の民主主義的な正当性に誇りを持っている。我が国が，人民が自らを統治する国家であることを誇りにしているのである。しかし自己統治は，投票が平等であって，選挙が頻繁に行われるという以上のことを意味している。それは，共通善についてともに議論する平等な存在としての参画なのである。我々はこの理想を完全には達成しえない。どの国家もそうであろう。しかし，我が国の政治が現在そうであるように，政治が金まみれである場合，我々は単に不完全という危険を冒すだけでなく，偽善という危険も冒すのである。

(1) Buckley v. Valeo, 424 U. S. 1(1976).
(2) 私は自由な言論と民主主義がこのように概念的に結合しているという主張を，*Freedom's Law* (Cambridge, Mass.: Harvard University Press, 1996) で展開している。
(3) *Freedom's Law* の序論を見よ。
(4) この点に関して，および，民主主義的目標としての感化力の平等についての一般的な所見については，第4章をみよ。
(5) 富やその他の資源が大いに不平等な社会では，相対的に裕福だという理由だけで，これらの強い感化力のある地位のどれかを占める機会が他の者よりもはるかに大きくなる市民がいるだろう。これは実際，市民的平等にとって脅威である。しかし，前者の一般的な不公正を終わらせるには，富や富のもたらすものの大々的な再配分によるしかないであろうが，政治家に多額の献金をする余裕があるというだけで裕福な者に感化力がもたらされるというもっと特殊な不公正のほうは，運動費制限という単純な便法によって終わらせたり，最小化したりできるであろう。
(6) Austin v. Michigan Chamber of Commerce, 494 U. S. 652, 679 (1990).
(7) 私はこの点を，*Freedom's Law,* chaps. 9 and 10 でやや詳しく論じた。
(8) Lochner v. New York, 198 U. S. 45 (1905)(雇用者が労働者に勤務を要請できる時間数に上限を課した法を廃した)．
(9) Dworkin, *Freedom's Law* の序論を見よ。
(10) ジョン・ハート・イリィが *Democracy and Distrust: A Theory of Judicial Review* (Cambridge, Mass.: Harvard University Press, 1980) で論じたとおりである。

第10章　言論の自由・政治・民主主義の諸次元　　　503

⑾　Whitney v. California, 274 U. S. 357, 375 (1927)（ブランダイス判事は同意）.
⑿　376 U. S. 254 (1964).
⒀　New York Times Co. v. United States, 403 U. S. 713 (1971).
⒁　Collin v. Smith, 578 F. 2d 1197 (7th Cir.), 上告は却下 439 U. S. 916 (1978).
⒂　Texas v. Johnson, 491 U.S. 397 (1989); United States v. Eichman, 496 U.S. 310 (1990).
⒃　Colorado Republican Federal Campaign Committee v. FEC, 518 U. S. 604 (1996)（候補者と「独立した」選挙運動に対し無制限に支出できるという政党の権利を保護した）.
⒄　Red Lion Broadcasting Co. v. FCC, 395 U. S. 367 (1969).
⒅　Miami Herald Publishing Co. v. Tornillo, 418 U. S. 241 (1974).
⒆　Turner Broadcasting System, Inc. v. FCC, 512 U. S. 622 (1991) ［第一次タナー訴訟］; Turner Broadcasting System v. FCC, 520 U. S. 180 (1997) ［第二次タナー訴訟］.
⒇　Burson v. Freeman, 504 U. S. 191 (1992).
(21)　504 U. S. at 217（スティーヴンズ判事は反対意見）.
(22)　384 U. S. 214 (1966).
(23)　First National Bank of Boston v. Bellotti, 435 U. S. 765 (1978).
(24)　*Meet the Press,* November 9, 1997.

III 積極的差別是正措置(アファーマティヴ・アクション)は成功しているか

I

　30年以上に互って，米国で最良の総合大学・単科大学は，黒人・ヒスパニック［ラテンアメリカ系］・チカーノー［メキシコ系］・先住アメリカ人・その他のマイノリティの学生を増やすために，人種に敏感な（race-sensitive）入学許可政策を採用してきた。保守的な著述家や政治家は，当初から「積極的差別是正措置」（affirmative action）というこの政策を攻撃してきたが，今やこの政策はこれまでで最大の危機に瀕している。しかも，政治面と法律面という二正面で危機に瀕しているのである。1995年，カリフォルニア大学理事会は，投票の結果，賛成14，反対10という票差で，今後は大学のいかなる分野においても入学の決定に際して人種を考慮することはできない，と宣言した。1996年，カリフォルニアの有権者により「プロポジション［提案］209」が承認された。この提案は，いかなる州機関も「公共雇用・公共教育・公共契約において，いかなる個人またはグループに対しても，人種・性別・肌の色・民族・出身国に基づいて差別をしてはならないし，優遇措置を講じてはならない」と規定することによって，大学による禁止を追認し，拡張するものである。

　この理事会決定はただちに影響を与えたが，多くの教員の見方によれば，それは悲惨な影響であった。カリフォルニア大学バークレー校ボールト・ホール法科大学院(ロー・スクール)（Boalt Hall Law School at Berkeley）――カリフォルニア州で一番の公立法科大学院――は，過去28年間に毎年平均24名の黒人学生を入学させてきた。［しかし，］1997年に入学させたのは１名だけであり，その１名も前年に入学を許可されながら，入学を延期した学生であった。積極的差別是正措置に反対する政治的キャンペーンは，カリフォルニアで提案が成功したことに励まされて，他の州でも続くであろう。1998年にはワシントンで同様の禁止が立法化されたが，他の州もこれに従うであろ

第11章 積極的差別是正措置は成功しているか　　505

う。

　第二の［法的］危険は更に大きな脅威かもしれない。1978年の有名なバッキー（Bakke）事件において，最高裁判所は要するに次のような判決を下した。すなわち，人種に敏感な入学許可計画は，何らかの人種またはグループに定員を割り当てるのではなく，人種を多くの要因のうちの一つとして考慮するにとどまる限り，「いかなる州といえども，何人に対しても法律の平等な保護を拒んではならない」という合衆国憲法修正第14条には違反しない，という判決を下した。(4) しかしながら，1996年のホップウッド（Hopwood）事件において，第5巡回控訴裁判所は，テキサス大学オースティン校法科大学院（University of Texas Law School at Austin）の入学許可プログラムは憲法違反であると宣言した。しかも，この事件における多数派であった3名の判事のうち2名が，バッキー事件で示されたルールはごく最近の最高裁判決によって，明示的にではないにせよ，覆されたと宣言したのである。(5)

　第5巡回裁判所の判決もまた，ただちに劇的な結果をもたらした。テキサス法科大学院は1996年には31名の黒人学生を入学させていたが，翌年には4名しか入学させることができなかった。最高裁判所は第5巡回裁判所判決の再審理を斥けたので，この判決は，巡回裁判所の管轄内にあるテキサスその他の州において，法としての地位をもっている。首都ワシントンに本拠地のある「個人の権利のためのセンター」（Center for Individual Rights）［という保守系法律事務所］は，既にホップウッド事件においてテキサス大学を大々的に攻撃していたが，1998年10月にはミシガンにおいて同様の訴訟を提起して，ミシガン大学の入学許可プログラムもまた憲法違反であると主張している。同様の訴訟は他の州でも予想される。遅かれ早かれ，最高裁判所はこのような事件を取り上げて再審理するように求められるだろう。そして，もし最高裁判所がバッキー判決を覆したり，実質的に制限したりすれば，今後，積極的差別是正措置は国中で弱体化されるであろう。憲法が修正されなければ，あるいは最高裁判所がもう一度考えを変えなければ，たとえ政治状況が変化しても，元に戻すことはできないだろう。(6)

　積極的差別是正措置に対する政治的・法的攻撃の多くは，それがもたらす結果に集中していた。すなわち，批判者によれば，積極的差別是正措置は，教育から利益を得る資格のない学生を入学させることによって，教育水準を低下させ，また人種間の緊張を和らげずに，むしろ激化させたという。それゆえ，米国の大学における30年に亙る積極的差別是正措置が及ぼした実際の影響について，最初の包括的で統

計的に洗練された調査結果がつい最近公刊されたことは、まさに時宜にかなった出来事である。プリンストン大学元学長ボーエン（William G. Bowen）とハーヴァード大学元学長ボック（Derek Bok）の共著『川の形』（*The Shape of the River*）は、「大学およびそれ以降」（College and Beyond; C&B）データベースと呼ばれる巨大な記録データベースを分析している。このデータベースは、ボーエンが会長を務めるメロン財団（Mellon Foundation）が4年間かけて編集したものである。[7]

このデータベースには、1951年・1976年・1989年に28校の難易度の高い（selective）単科大学・総合大学に入学した8万人以上の学部生（undergraduates）一人一人についての情報が収められている。これらの教育機関は積極的差別是正措置を行ったエリート校の代表であって、入学許可の難易度（selectivity）から見れば、その範囲はブリン・モー（Bryn Mawr）やイエールから始まってデニソンやノース・キャロライナ（チャペル・ヒル）にまで及ぶ。[8] 1976年群・1989年群の場合、データベースは、学部生の人種・性別・高校の成績・大学進学適性検査（SAT）の得点・大学の専攻と成績・課外活動・もしあれば研究者／専門職養成大学院（graduate or professional school）の記録、そして多くの場合、家族の経済的・社会的背景を記録している。データベースはまた、抽出標本のうちで、データベース編集時に送付された詳細なアンケートに回答した全員の大学卒業後の経歴に関する情報も提供している。調査対象のうち、いつになく多くの人々——1976年群の80%、1989年群の84%——が回答を寄せたのである。

ボーエン、ボック、および彼らの同僚たちは、高度な統計技術を用いて、この研究が分離した広範な変数の夫々が及ぼす明白な影響を、可能な限り分析している。その際に彼らは、積極的差別是正措置がその実質的な実施期間中に、個々の学生・卒業生、彼らの単科大学・総合大学、そして国全体における人種関係にもたらした結果を図表化しようと企てたのである。本書は、積極的差別是正措置に関する特定の調査結果は別にしても、極めて価値のある社会学的研究であり、詳細な付録においては、本書が用いている複雑な統計技術が明晰に説明されている。

もちろん、本書の研究にも限界はあり、著者たちはそれを注意深く認めている。統計的調査は、データがどんなにしっかりしており、技術がどんなに入念なものであろうと、実験室で行う実験ではない。著者たちはかなり巧妙に対照群（controls）やその他の結論検査資料（checks）を見つけ出して用いているが、彼らが指摘しているように、いくつかの結論は不可避的に何らかの推測を含んでいる。この研究は

第11章 積極的差別是正措置は成功しているか

高等教育における積極的差別是正措置だけに限られているので、研究の結果は、他の目的のための——例えば、雇用する際や、マイノリティが所有する店舗に機会を与える際の——人種分類が及ぼす影響とは、殆ど関係がないかもしれない。大部分の大学の積極的差別是正措置は様々なマイノリティ・グループの入学を増やすために立案されているにもかかわらず、この研究は、ヒスパニック系学生に関する若干の議論を除けば、主として黒人の学生・卒業生に関するデータを提示し、分析している。その上、Ｃ＆Ｂリストに載っている教育機関は非常に難易度の高い総合大学・単科大学を代表しているので、この研究の調査結果はそれほど難易度が高くない部門には当てはまらないかもしれない。

著者たちは、彼らのデータが提起するすべての問いに答えることはできなかった。彼らが認めているように、例えば、グループとしての黒人学生たちは、同じ教育機関で学んでいる白人学生のうちでSATの得点や他の大学進学資格に関して等しい学生たちと比較した場合、大学の成績において劣っている、という特に心配な事実を十分に説明できていない。(9) しかしながら、これらの限界があったとしても、この研究の到達した結論の説得力が弱められることはない。後述するように、これらの結論の多くは、最近の積極的差別是正措置論争において主要テーマとなっている前提や主張をきっぱりと否定するのである。

『川の形』研究の重要性と限界を評価するためには、この論争において絡まり合っている二つの主要な撚り糸を注意して分けなければならない。(10) 第一の撚り糸は原理の問題である。すなわち、各入学志願者には各人の個人的な実力によって判断してもらう権利があり、黒人に対する積極的差別是正措置はこの権利を侵害しているという理由で、不公正なのであろうか。第二の撚り糸は政策あるいは実践的結果の問題である。すなわち、積極的差別是正措置は、一部の黒人学生を能力以上の学業に就かせる、あるいは黒人全体に劣等者という汚名を着せる、あるいは共同体の人種差別意識を減少させるのではなく増大させるという理由で、有益である以上に有害なのであろうか。これら二つの問いは結びついている。なぜなら、多くの人々は次のように考えるからである。すなわち、積極的差別是正措置は、それが利益を与えようと意図している人々・あるいは共同体全体のいずれかにとって実質的に有益ならば、公正であるが、いずれにとっても有益でないならば、不公正である。なぜなら、後者の場合、積極的差別是正措置が他の入学志願者（これには白人だけでなく、アジア系アメリカ人のように、グループとしての試験得点が相対的に高い他の

マイノリティも含まれる）の入学見通しに対して与える損害は，無意味（pointless）からである。[と，多くの人々は考えるからである。]しかしながら，それにもかかわらず，二つの問題は互いに独立している。なぜなら，人種に敏感な入学許可政策は，たとえそれがまさに達成すべき立案目的を達成していたとしても，不合格志願者に対して・あるいはグループとしての黒人に対して不公正であるかもしれないからである。

　近年においては，実践的な問題のほうが一層激しく議論されてきた。積極的差別是正措置の主唱者はしばしば，もし長期的に見て人種の影響が根絶される・あるいは減少することを本当に期待すべきであるならば，人種に敏感な多様な政策が短期的には不可欠である，と主張する。そのようなプログラムに対する最も傑出した批判者たちは，白人であるか黒人であるかを問わず，積極的差別是正措置はあらゆる点で逆効果だったと応じる。すなわち，積極的差別是正措置は，入学を許可された黒人たちを救ったというよりも，むしろプログラムのために「犠牲にした」（sacrificed）のであり，黒人は劣っているという意識を白人および黒人自身の両方にもたせ続けて，黒人統合や人種を区別しない（colorblind）共同体よりも，むしろ黒人分離主義と人種意識の強い（race-conscious）社会を助長したというのである。[11]

　しかしながら，主唱者と批判者のどちらもが，単なるスケッチ風の事実証拠に頼って，自分たちの大きな主張を裏づけようとしている。彼らは，大学における異人種間の協力――あるいは異人種間の不和――といった孤立的な出来事に関する新聞記事を引用する。彼らは，積極的差別是正措置がチャンスを与えてくれたと信じている黒人成功者たちの，あるいは積極的差別是正措置は自分たちに汚名を着せ・侮辱し・見くびっていると非難する黒人成功者たちの，自己反省的あるいは逸話的な報告に依拠している。彼らのほぼ全員が，白人および黒人はそのように感じたり反応したりする「はずだ」あるいは「かもしれない」という，常識的とされる憶測に訴えているのである。

　しかしながら，主唱者や批判者に対して，このような薄っぺらな証拠に頼って大きな主張をしていると非難するのは誤りであろう。なぜなら，特定の問題についてはいくつかの優れた研究がなされてきた――ボーエンとボックはそのうちのいくつかに言及している――とはいえ，必要とされる研究範囲については，殆ど研究がなされてこなかったからである。だからこそ，『川の形』がこれほどまでに重要なのである。本書は，従来利用可能だったものと比べると，はるかに包括的な統計と，

はるかに洗練された分析を提供している。本書は既にかなりの影響を及ぼしており，その調査結果は新聞でも広く報道され，議論されている。

　もちろん，このように明らかに際立った研究であっても，これを無批判に認めないように注意しなければならない。やがて，その統計分析に不備があることが，示されるかもしれない。あるいは，やがて，その主要な結論のいくつか・あるいはすべてを反駁するような，更に包括的な研究が発表されるかもしれない。しかし，もし『川の形』がこの長期に亙る政治的・法的論争の性格をはっきりと改善しないとすれば，それは驚くべきことであり，恥ずべきことである。その分析は議論の水準を著しく上げた。印象に基づく・あるいは逸話的な証言だけでは，もはや不十分であろう。今や大学における積極的差別是正措置がもたらした結果についてまともに議論しようと思えば，本書の調査結果を認めるか，あるいはこれに異議を唱えるかのいずれしかない。そして，いかなる異議を唱えるにせよ，統計学的専門技術と幅広さに関して，ボーエン，ボックおよび彼らの同僚たちが到達した水準に対抗できなければならないのである。

II

　この二人の元学長は慎重で思慮深い学者であり，自分たちの主張を，証拠によって正当化されることだけに注意深く限定している。しかし，彼らは，自分たちの研究における最も重要な結論に関しては何の疑いも抱いていない。

> とどのつまり，最も難易度の高い単科大学・総合大学は，既にかなりの成功を収めた，やがては社会の指導的地位に就くと思われる相当数のマイノリティ学生の教育に，果して成功したのか否か，ということが問われているならば，この問いには問題なく答えられる。絶対的に……。
>
> 全体的に見れば，大学として難易度の高い単科大学・総合大学は，人種に敏感な入学許可政策を用いて，すべての人にとって重要な教育目標を推し進めることに，大いに成功してきた。[12]

しかしながら，この全体的見地からの結論は，その基礎となっている非常に多様な別々の調査結果に触れずに評価することはできない。もちろん，私には，すべての調査結果を適切に要約することはできないし，調査結果を入手したり・弁護したりするために用いられた，しばしば巧妙な専門技術を説明することもできない。その代りに，私は，政治的・法的議論に非常に密接に関連すると思われる調査結果だ

けに専念する。

　積極的差別是正措置は無資格の黒人たちを受け入れているのだろうか。1951年には，記録が入手可能だった19のＣ＆Ｂ教育機関の新入生クラスにおいて，黒人は合計63人——1校あたり平均0.8％にすぎない——であった。1989年には，黒人は全Ｃ＆Ｂ校の新入生クラスの6.7％を占めており，最も難易度の高いグループでは7.8％であった。この増加の大部分は，人種に敏感な入学許可に帰されるはずである。ボーエンとボックは，［人種以外の］他の変数の影響力を析出することによって，人種に中立的な入学許可政策を採っていたとすれば，黒人入学者数は，この研究が扱った全校において2.1ないし3.6％まで減少したであろう，と見積もっている（入学を許可された黒人のうちのどれぐらいが入学しようと決心するかに関しては様々な想定がなされており，想定次第で数字は変わる）。この減少は最も難易度の高い学校において最も大きいであろう。

　しかしながら，こうした「遡及的に不合格となる」(retrospectively rejected) 黒人たちは，彼らが受けた教育を受ける資格がなかったのだ，と想定するならば，それは重大な誤りであろう。テストにおいて，白人の入学志願者たちは確かにグループとして黒人志願者たちよりも有意に高い得点を取っていた。しかしながら，学籍登録をした黒人の得点と，入学を許可された白人の得点のうちで最下位に当たる1割とを比較するならば，差は急激に縮まる。法科大学院の入学許可に関する研究によれば，LSAT［法科大学院進学適性試験］の得点に関しては10％の差しかないのである。いずれにせよ，白人志願者と黒人志願者との得点差は，黒人志願者たちには資格がない，と想定するよりも，難易度の高い大学を志願する白人たちの大学進学資格が最近数十年の間に著しく高まった——ボーエンとボックはこのような入学志願者たちを「抜群に」有資格な者（"spectacularly" well qualified）と呼ぶ——と想定したほうが，うまく説明される。他の点でも全Ｃ＆Ｂ校を代表する五つのＣ＆Ｂ校は，1989年の自校志願者に関する全情報を保管していたが，数学SATの得点では75％以上の黒人志願者が，また言語SATの得点では73％以上の黒人志願者が，白人受験者の全国平均よりも高い得点を取っていた。後述するように，Ｃ＆Ｂ校の黒人卒業生たちが職業的な成功を収めていること自体が，こうした黒人たちにはグループとして彼らが受けた教育を受ける資格がなかった，という想定を反駁している。

　その上，1989年に最も難易度の高い学校に入った黒人学生のSAT平均点は，同じ教育機関における1951年の全入学許可者の平均点よりも高い，という顕著な事実が

ある。著者たちが述べているように，中年および初老の卒業生は，積極的差別是正措置プログラムによって受け入れられた黒人たちは彼らの大学に相応しくない，と主張する前に，この事実をよく考えてみるべきである。遡及的に不合格となる黒人たち――すなわち，この研究の予測によれば，もし人種中立的なテストが使われていたならば，入学を許可されなかっただろうと思われる人々――のテストの得点が，いずれにせよ入学を許可されたであろう黒人たちの得点とあまり違わなかった，という事実もまた顕著である。前述の5校において，前者のSAT平均点は1145であり，後者の場合は1181であった。したがって，積極的差別是正措置を廃止すれば，難易度の高い学校に通う黒人の数は大幅に減るだろうが，それらの学校に通う学生たちの平均点が大いに上がるということはないだろう。

　黒人たちは，提供された機会を無駄にしているのだろうか。彼らにもっと「適した」(fit)，それほど厳しくない教育機関に入ったほうが，もっとうまくいく (better off) のだろうか。ステファーン・サーンストロームとアビゲイル・サーンストローム (Stephan and Abigail Thernstrom) の近著『アメリカの黒人と白人』(*America in Black and White*) における報告によれば，1984年から1987年までの間に約300の「一流の」(major) 単科大学・総合大学を中退した学生の割合は，白人学生の場合が43%，黒人学生の場合が66%であった。著者たちは，この事実を「惨憺たるもの」と評する『高等教育黒人雑誌』(*Journal of Blacks in Higher Education*) の記事を引用するとともに，同じ事実を引合いに出して，「積極的差別是正措置に基づく入学政策は……登録学生数を増やすという効果は確かにあったが，しかし，もしアフリカ系アメリカ人の大学卒業者数を増やすことのほうが更に大きな目的だったとすれば，優遇政策がもたらした結果は期待はずれだったばかりか，かえって逆効果でさえあった」[14]という自分たちの結論を正当化しようとしている。しかし，(もし彼らが『雑誌』から引用した文のすぐ後に続く二つの文を引用していたら，明らかになっていたように)[15] 彼らの議論は非常に誤解を招きやすいものである。彼らが引合に出す数字は，全米大学体育協会 (National Collegiate Athletic Association; NCAA) 第1部所属の301校の記録から得られたものであるが，これらの学校の中には，明らかに「一流の」教育機関もいくらか含まれているとはいえ，同じくらい明らかに「一流」ではない非常に多くの教育機関も含まれているのである。[16] 301校全体では，黒人の中退者数は確かに白人の中退者数よりもはるかに多いけれども，白人の中退者数でさえ驚くほど多いのであるから，このことは，積極的差別是正措置が主要な問題ではありえ

ないことを示唆している。いずれにせよ，サーンストロームたちは，これらの301の教育機関のうち何校が積極的差別是正措置を実施しているかに関して証拠を提示していない。(ボーエンとボックが言及しているある研究によれば，すべての4年制教育機関のうち上位20％しか実施していないという。)もし多くの大学が実施していないならば，たとえ他の大学において積極的差別是正措置をやめたとしても，[白人と黒人の]卒業率の格差はそのままであろう。[17]

『川の形』研究は，サーンストロームたちが引合に出した研究よりも，はるかに判別力に富み有益である。この研究によれば，C＆B校における黒人中退率は全国水準から見れば低い。すなわち，1989年の黒人C＆B群のうち75％は，彼らが入学した学校を6年以内に卒業しているのに対して，NCAA第1部所属の301校の白人学生の場合は，59％である。とはいえ，C＆B校においてさえ，黒人の卒業率は白人の卒業率よりも——1989年のグループの場合，11％——低いのである。

この隔たりの幾分かは明白な要因——例えば，黒人学生は概して比較的貧しい家庭の出身であり，財政的な理由のために退学を強いられがちである——によって説明しうるが，隔たりのすべてをこのやり方で説明することはできない。しかしながら，SAT得点の各レヴェルに属する黒人について見ると，C＆Bグループの中でも難易度の高い学校ほど，黒人の卒業率も徐々に高くなる。SAT得点最下位（1000以下）の黒人たちでさえ，C＆Bグループの中でも難易度の高い厳しい学校に通ったほうが，彼らの得点と他の同級生の平均得点との差は広がるにもかかわらず，高い卒業率を示すのである。[18]

ボーエンとボックはこうした結果について様々な説明を検討している。難易度の高い学校ほど豊かな学校であり，奨学金や他の形態の学生支援のために利用しうる財源を多くもっている。その上，大学の学位がもつ経済的な価値は大学の名声とともに上昇するので，すべての学生にとって，学校の難易度が高くなればなるほど，その学校に在学しようとする財政的な動機づけも強まるのである。また，そのような学校には財源があるので，入学前に勉学や研究上の処理技能についてあまり十分な訓練を受けていない黒人たちを援助するために，「指導教師制度」(mentoring)やその他のプログラムが設けられている。そして，本研究はそのような援助がもつ価値を他の点でも証明している。いずれにせよ，こうした調査結果は非常に重要である。なぜなら，これによって，サーンストロームや他の論者が擁護する「適性」(fit)仮説——すなわち，もし積極的差別是正措置が廃止され，その結果，黒人たちがも

っと難易度が低く・競争が厳しくない学校に通ったならば，黒人の卒業者数はもっと増えるだろうという仮説——は論駁されるように思われるからである。

　この陰鬱な仮説はまた，『川の形』研究で示された他の多くのデータや分析によって否定される。グループとしての黒人は，難易度の高い学校に通った場合に，財政的な点でも他の点でも損害を被ることはない。どのSATレヴェルにおいても，黒人たちは難易度の高い学校に通った場合のほうが，［通っていない場合よりも］多くの収入を得ているし，彼ら自身の報告によれば，自分たちの経歴についての満足度も高い。また，難易度の高い学校に通った黒人たちの大部分は，学部時代の経験を顧みたとき，いかなる不愉快なことも後悔の念も報告していないし，他の仕方で，自分たちが積極的差別是正措置プログラムの「犠牲にされた」ことをほのめかしてもいない。Ｃ＆Ｂ校の黒人卒業生は，他のすべての学生たちと同様の非常に高い割合で——1989年群においては91％が「非常に」もしくは「いくぶん」満足していると自ら言明している——大学での経験に満足していると報告している。その上，更に難易度の高いＣ＆Ｂ校では黒人たちのSAT得点と学校の要求水準との隔たりは大きくなるわけだが，そうした学校に通った黒人たちは，どのSATレヴェルにおいても，更に高い満足度を示しており，これは「適性」仮説の主張とは正反対である。この仮説は近年の積極的差別是正措置をめぐる論争において非常に顕著な役割を果した。しかし，『川の形』研究は——少なくともこの研究に対して似非学問や逸話によってではなく証拠に基づいて異議が唱えられるまでは——この仮説の役割に終止符を打つことになろう。

III

　積極的差別是正措置は，期待通りに，ビジネスマン・専門職業人・共同体リーダーとしての成功者を［以前よりも］多く生み出したであろうか。もし成功を収入で測るならば，確かに生み出している。1976年群における28のＣ＆Ｂ校の黒人男子卒業生は，テストの得点と大学・専門職大学院の成績が同じ程度の白人同級生と比べた場合，相対的に給料の低い仕事に就いている。[19]そして，この悲しい事実だけでも，我が国の経済から人種差別は消え去ったという示唆を反駁するのに十分である。しかし，黒人のＣ＆Ｂ卒業生は，学士号（B.A.）をもつ平均的な黒人よりもかなり高い収入を得ている。1976年群の黒人女性の収入は，学士号をもつ全黒人女性の平均よりも，平均して73％，すなわち27,200ドル多く，同じ群の黒人男性の収入は，学士

号をもつ全黒人男性の平均よりも，82％，すなわち38,200ドル多いのである。

　いくつかの要因がこうした格差を説明するのに役立つ。Ｃ＆Ｂ群の黒人は，黒人卒業生一般と比べると，概してテストの得点がよく，概して恵まれた社会・経済環境の出身者である。しかし，それにもかかわらず，彼らが通った学校の難易度が重要な役割を果している。すなわち，黒人卒業生の出身校の難易度が高ければ高いほど，他のすべての要因が等しいときにさえ，予想所得は多くなるのである。著者たちが指摘しているように，「難易度の高い大学を卒業しても，職業的な成功は殆ど保証されないとはいえ，そのことによって，ドアが開かれ，黒人の入学者たちは，依然として何人かの雇用者がもつ否定的なステレオタイプに打ち勝つのを助けられ，他の仕方では得られない機会が与えられるであろう。」[20]

　難易度の高い学校に通うことが黒人にとって所得上の利点になるということは，啓発的である。その理由は単に，こうした入学政策がその予定受益者に害悪ではなく援助を与えていることが示されるからではない。受益者たちには，彼らが受けた教育から利益を得るだけの資格が十分にあった，という証拠が更に提供されるからなのである。Ｃ＆Ｂ教育機関の黒人卒業生は，もし彼らの能力や教育のおかげで，他者との競争の中で，その会社や専門職業のために本当に貢献し，その［高い］給料を稼げるようになったのでなければ，彼らがビジネス・法律・医療関係の高給職に就き，そこに留まるはずはないであろう。

　しかしながら，積極的差別是正措置の成功度をもっぱら給料だけで測ることはできない。また，『川の形』研究によれば，この政策は黒人の経営者・法律家・医者・教授を生み出すのに役立ったとはいえ，その成功度をもっぱらそうした人々の数だけで測ることもできない。ボーエンとボックによれば，積極的差別是正措置は，「また，我が国においては，夫々の共同体および国民生活のあらゆる方面で指導的役割を引き受けうるような，立派な教育を受けた黒人およびヒスパニック系の男性・女性が切に求められている，という認識によっても鼓舞された。」[21]この点においても，『川の形』研究は成功を報告している。全国的に見ると，黒人および白人の大学卒業生は同程度に様々な種類の市民グループ・職業グループに参加している。しかし，Ｃ＆Ｂ卒業生の場合は，黒人の参加率のほうが著しく高い。特に，黒人共同体にとって非常に重要と思われる活動への参加率が高く，それには社会奉仕・ユースクラブ（youth club）・小中学校の諸団体が含まれる。例えば，1976年群の場合，白人のほぼ２倍の黒人が共同体の奉仕組織に参加している。その上，ここで例示し

たあらゆるタイプの活動において，白人男性よりも黒人男性のほうが指導的な地位に就いているのである。

この調査結果は，世にはびこる心配を考えると，特に興味深いものである。その心配とは，とりわけヘンリー・ルイス・ゲイツ（Henry Louis Gates）とオーランドー・パターソン（Orlando Patterson）が表明したもの，すなわち，教育を受けた中流の黒人たちは，もっと大きな黒人共同体が抱く関心とは離れたところで新たな生活を始めるだろう，という心配である。(22)この心配はまだ続いているが，しかし，『川の形』研究の統計は希望を与えてくれる。「このグループが首尾一貫して白人の同等者たちよりも多くの市民的指導者層を送り出しているという事実は，個人的な成功の兆しが現われたとしても社会参加や共同体への関心が投げ捨てられはしなかった，ということを示している。(23)」

大学の学生集団における人種的多様性は，学生間のステレオタイプや敵意を打ち壊すのに役立っているのだろうか。もし役立っているとすれば，その恩恵は卒業後の生活においても存続するのだろうか。あるいは，人種による優遇はキャンパスにおいては憎悪を，そして共同体一般においては人種間の緊張を減少させずにむしろ増大させるような反動を引き起こしているのだろうか。批判者たちは，キャンパスにおける人種的敵意という広く喧伝された出来事や，大学の食堂における「黒人専用テーブル（black tables）」のような慣行を引合に出して，人種的多様性は人種隔離や敵意を減らすのに少しも役に立っておらず，かえって悪化させた可能性さえある，と示唆している。

態度や感情を調べることは困難であるが，ボーエンとボックの研究はこの点について印象的な統計を提示している。『川の形』のアンケートはその研究対象群の卒業生たちに次のように尋ねた。すなわち，人種関係をどのくらい重要だと考えているか。自分たちが受けた学部教育は他の人種との関係改善に貢献したと考えているか否か。学部生のときに他の人種のメンバーとどのような相互関係にあったか。大学の入試政策は人種的多様性を重視しすぎだと思うか，まだ不十分だと思うか，あるいはほぼ適正だと思うか。多肢選択式の質問は個人の経験や意見の複雑さを部分的にしか捉えられないが，それにもかかわらず，手応えのある結果が得られている。

予想通り，白人よりも黒人のほうが，他の人種の人々を知ることは特に重要だと考えている。1976年群において，白人の45％が，「異なった信仰」の人々と知り合うことは「非常に重要」だと考えているが，異なった人種の人々を知ることが「非

常に重要」だと考えているのは43％にすぎない。これに対して，同じ群の黒人の74％が後者を非常に重要だと考えており，前者を非常に重要だと考えているのは42％にすぎない。しかしながら，人種関係を非常に重要だと考える白人・黒人両方の人数は，1989年群においては増加した——黒人の場合は２％という細やかな増加であったが，白人の場合は13％という劇的な増加であった。（市民組織において指導的な地位を占める白人卒業生の場合，増加率は更に高い——59％にまで達する。）

他の人種の人々と「仲良くやっていく」（get along with）能力の改善に関して自分の大学時代の経験がもつ価値を評価するように求められたとき，1976年群の回答者のうち，白人の46％，黒人の57％が４または５（５は「非常に重要」を表す）と評価し，白人の18％，黒人の30％が５と評価した。1989年群において，この数字は急上昇する。回答者のうち，白人の63％が４または５と評価し，34％が５と評価した。また，黒人の70％が４または５と評価し，46％が５と評価したのである。二つの群の間には，このような有意な差が存在する。著者たちの推測によれば，1989年までの間に人種の相互関係に関する学生の意識が高まったのかもしれないし，大学がそうした相互関係を容易にする環境作りに熟達してきたのかもしれない。あるいは，最も可能性が高いのは，その両方であろう。

多様性が重要であるというこうした主観的判断が実際の行動にどれくらい反映されているかを調べることによって，主観的判断を確認してみることは重要である。特に，学生グループ同士はしばしば互いに隔絶している，という世にはびこる信念を考慮すれば，重要である。『川の形』研究はその回答者たちに，地理的および経済的な背景・一般的な政治的方向性・人種を含むいくつかのカテゴリーの夫々において自分とは異なっている二人以上の学生を「よく知っていた」か否かを尋ねた。黒人学生は学生集団の10％未満（１校においては12％だったが，これは除く）であったにもかかわらず，1989年群においては56％の白人回答者が，二人以上の黒人学生をよく知っていると答えた。(88％の黒人学生は，二人以上の白人学生をよく知っていると答えた。）著者たちによれば，疑いなくキャンパス内でも，例えばクラブや食堂の座席配置において，人種に基づく自己分離がいくらか行われてはいるが，「下位グループ間の壁には非常に多くの穴があいている」[24]と結論づけられる。

『川の形』研究は回答者たちに更に別の質問をしている，すなわち，回答者は，自分の出身教育機関が人種的多様性について示したと思われる関心のレヴェルを是認するか否か，という質問をしているが，これは二重の意味で重要な質問である。な

第11章　積極的差別是正措置は成功しているか　　　　　　　　　517

ぜなら，この質問のおかげで，卒業生たちが自分自身の人生において人種的多様性にどのくらいの価値を認めているかだけではなく，彼らが一般公衆の一人として人種的優遇措置にどの程度の憤りを感じているかを判断できるからである。1976年群では白人の大部分が，彼らの出身教育機関は同窓会・大学対抗スポーツ・学部の研究活動を重視しすぎると考えている。しかし，人種的・民族的多様性を重視しすぎていると考えているのは，彼らのうち22％にすぎず，これに対して，まだ不十分であると考えている者は39％もいる。この群の黒人たちは同窓会・スポーツ・研究に関して白人同級生たちと同じ意見であるが，当然のことながら，断然多くの黒人が，彼らの出身教育機関は人種を十分に重視していないと考えている。（1989年群の意見は1976年群の意見と驚くほどよく似ているが，後者の卒業生よりも前者の卒業生のほうが，自分たちの大学は人種的多様性をもっと重視している，と考えている点が異なっている。）

　この研究はまた1951年群について興味深い数字を報告している。この群に属する人々は，現在60代半ばである。彼らの大学時代には積極的差別是正措置は存在しなかったので，このグループはそのような措置について後の群よりも保守的だと予想されよう。しかし，1951年群の41％（これに対して，1976年群では37％，1989年群では48％）が，人種的多様性の追求を非常に重視すべきだと信じている。大雑把に言えば，そのメンバーの三分の一が，現在は人種的多様性を重視しすぎていると考えているが，半分は現在の措置が適正だと考えており，17％はもっと重視してほしいと思っている。

　SAT得点が比較的低い白人学生の場合は，入学が許可される前に，人種に敏感な入学基準から受ける影響を心配したであろうから，そのような基準を否認する学生が［他の学生の場合よりも］多いだろうと想定することは，もっともらしく思われよう。しかし，［実際には］SATレヴェルの全領域において，人種に敏感な政策を是認するか否認するかに関して有意な差は見られないのである。ことによると，もっと驚くべきことだろうが，第一志望校に入れなかった白人学生は，自分の失敗を人種的優遇措置のせいにしてもよさそうだが，［実際には］人種的多様性の追求を否認したりしないのであって，その点では最初からうまく合格した同級生たちと同様なのである。1976年と1989年の両方のC＆B群において，一度不合格になった白人卒業生の［否認］数は，すべての白人卒業生の［否認］数とほぼ同じである。

　こうした統計は，合衆国全体で積極的差別是正措置に対してどの程度の一般的反

動が生じたかを評価しようとするあらゆる企てにおいて重要であると思われる。積極的差別是正措置に対する政治的な戦いは，雇用における人種的優遇措置に集中しており，労働者階級に属する多くの有権者は，自分たちにはこれに憤慨すべき理由があると信じているが，何人かの時事解説者は，雇用に関してさえ，積極的差別是正措置に対する本当に根深い国民的な憤慨が存在するのか否か，疑っている。例えば，ルイス・ハリス（Louis Harris）は，すべての積極的差別是正措置を禁止するカリフォルニア州のプロポジションが成功したのは，誤解を招く提案方法のためだった，と主張している。彼の報告によれば，彼自身が行った世論調査は，プロポジションがもっと公正に提案されていたならば，成功しなかっただろう，ということを示唆している。[25]いずれにせよ，『川の形』研究は，特に大学の入学許可における積極的差別是正措置に対して何らかの一般的な根深い敵意が存在するのか否か，疑うべき理由を示している。もちろん，多くの不合格となった入学志願者（おそらく，私が言及した訴訟の原告も含まれる）は実際に憤りを覚えている。しかし，この研究の推定によれば，一度不合格となった学生のうちで，憤りを感じている学生の数は比較的少ないのである。

　積極的差別是正措置は，黒人たちを侮辱したり，彼らに屈辱を与えたり，自尊心を破壊したり，あるいは黒人のイメージを歪めたりすることによって，彼らを傷つけているのだろうか。積極的差別是正措置に反対する議論のうちでも，黒人には特別扱いが必要だという想定によって侮辱された・あるいは傷つけられたと感じている黒人たちの議論が，最も心を動かす。黒人の卒業生であろうと，あるいは，どの人種であれ，裕福な・あるいは高名な両親をもつ成功した子どもであろうと，誰でも自分の個人的な業績を過小評価するような邪推に対しては憤りを感じるだろう。そして，多くの高名な黒人たちは，積極的差別是正措置がこのような邪推を助長することを心配しているが，この事実は優遇政策に伴う疑う余地のない悲しむべきコストである。

　しかしながら，このコストの大きさを評価する際には，何人の黒人がこのような見方をしているかを知ることが，明らかに重要である。もし多くの黒人がこうした見方をしているならば，コストは大きい。しかし，エリート教育機関の黒人卒業生たちは，彼らの成績証明書あるいは業績には汚点があるという憶測によって，あるいは国中で黒人のイメージが傷つくことによって，職業的および個人的に特に損害を被りがちであるが，もし彼らの大部分がこうした見方を断固拒否するならば――

逆に，もし大部分の卒業生が，人種に敏感な入学許可政策によって人種的多様性を追求することは，自分たちおよび自分たちの人種にとってよいことだったと信じているならば——，これに反対する非常に少数の人々が被る苦痛に，人種が獲得したと大多数の人々が信じる利益を上回るほどの重要な意味があるとは考えられない。事実，『川の形』研究が調べた圧倒的多数の黒人たちは，自分たちの大学が実施した人種に敏感な政策を称賛している。彼らは，大学が人種的多様性を，これまで以下ではなく，これまで以上に重視すべきだと考えている。そして，彼らは，この研究が確認したことを，すなわち，積極的差別是正措置は収入増という点でも他のそれほど物質的でない点でも彼らにとってよいものだったということを，認めているのである。

もし積極的差別是正措置をやめて，代りに人種中立的な基準を用いたならば，名門教育機関における黒人比率は維持されうるだろうか。『川の形』研究は，もっともな想定に基づいて，厳格な人種中立的入学許可政策を行ったならば，Ｃ＆Ｂ校における黒人数は50％から75％少なくなったであろう，と算定している。[26] 人種中立的な政策が専門職に及ぼす影響は，特に劇的かつ有害である。米国法曹協会（American Bar Association）が認定する173の法科大学院の場合，もしこれらの学校が大学成績とテストの得点だけで合格を判定したならば，全学生に占める黒人の比率は1.6から3.4％にすぎなかったであろう。また，最も難易度の高い法科大学院の場合，1％未満になっていただろう。[27]

エリート校における黒人数を減らしたくないと考える多くの学者も含めて，何人かの学者が，非常に多くの黒人志願者は貧しいので，もし黒人志願者の代りに低所得志願者が優遇されたとしても，ほぼ同数の黒人が入学を許可されるだろう，と示唆してきた。『川の形』研究は，この示唆が誤謬に基づくことを示している。すなわち，黒人志願者たちは不釣合なほど貧しいにもかかわらず，貧しい志願者の殆どは依然として白人であって，経済的多様性をめざす人種中立的なテストが行われたとしても，結果的に黒人数は大幅に減少するであろう。[28]

なるほど，この算定は，Ｃ＆Ｂリストに含まれるような教育機関は教室における黒人の劇的な減少を甘んじて受け入れ，いかなる政治的あるいは法的決定が人種中立的な基準の使用を強制しても，逃れようとはしないだろう，と想定している。この想定は必ずしも妥当でない。カリフォルニア大学のボールト・ホール法科大学院および他の分校は，入学許可手続の変更について研究しており，その中には，あま

り難易度の高くない大学の上位成績をハーヴァードの上位成績と全く同様に重視して，テストの得点全体への依存度を減らすことも含まれている。[(29)]

　テキサス州議会は，第5巡回裁判所のホップウッド判決に応えて，クラスの上位10%に入るすべての州立高校卒業生を，同州の公立大学に受け入れるよう求める新プログラムを制定した。いくつかの高校には殆ど黒人生徒しかいないので，この変更によって，以前は非常に難易度が高かったテキサスの諸大学では，黒人入学者の増加が期待されうる。［しかし，］たとえこのような調整がその目標を達成するにしても，それは，おそらく，定評のある開かれた積極的差別是正措置プログラムが選んだであろう黒人たちの代りに，適性に劣る黒人たちを入学させることによって達成するであろう。かつて積極的差別是正措置に反対した人たちの中には，この可能性を心配して，考え直した人もいる。ボールト・ホールのジョン・ユー（John Yoo）教授は［かつて］プロポジション209の推進運動を行ったが，今では，通常の積極的差別是正措置は人種的多様性を維持しつつ，なお大学入学基準一般に対する——彼の言葉を借りれば——「被害を抑える」有益な方法であることを悟ったという。[(30)]

　厳密に収入で判断した場合，合衆国では，最も難易度の高い総合大学・単科大学が過去30年に亙って積極的差別是正措置を実施したために，暮らしが一層よくなったであろうか。1976年群の「遡及的に不合格となる」黒人学生たちは，もし人種中立的な基準が用いられていれば，C＆B校に通えなかったはずであり，彼らの大部分は難易度がそれほど高くない他の大学に通ったであろう。しかし，『川の形』研究は，SAT得点・高校の成績・社会経済的な背景のあらゆるレヴェルについて，出身大学の難易度と後の成功との間に強い相関関係があることを証明しており，このことは，彼らがC＆B校に通えなかったとすれば，高名な教授・医者・弁護士や，高給取りの有力な経営者や，政治的あるいは共同体奉仕の指導者になれた者の人数は，現実の卒業生たちに比べると，はるかに少なくなることを示唆している。1989年群のうち1,000名の「遡及的に不合格になる」黒人学生たちは，既に，もっと前途有望なのである。そこで，問いを次のように言い換えることができる。もし現在および次の世代に亙って，そのような重要な地位に就く黒人が大幅に減ったならば，米国の暮らしは一層よくなるであろうか。一層よくなるという想定は，信じがたいように思われる。我々の社会が階層化されるあらゆる次元——収入・富・力・名声・権威——において，黒人は上位レヴェルで十分な代表をもたない。そして，結果的に生じる事実上の人種的階層化は永続的な恥辱であり，浪費であり，危険である。

もしこの人種的階層化が現状以上に絶対化され，減少の兆しが全く・あるいは殆どないとすれば，どうして我々は，自分たちの暮らしが一層よくなると考えられるのだろうか。

IV

しかしながら，もし積極的差別是正措置が白人や他の志願者の権利を侵害するという理由で不公正であるならば，たとえ我が国の暮らし向きを一層よくするとしても，この措置は不適当（improper）であろう。この可能性の検討を始める前に，積極的差別是正措置が特定の優遇されない志願者に与える損害は非常に小さい，ということを指摘しておかなければならない。『川の形』研究によれば，研究対象となった学校のある集合において，人種中立的な基準が使われ，それゆえ黒人の入学者が減少したとしても，実際には不合格となった特定の白人志願者が［この基準によって］合格する推定確率は，約25％から約26.5％へ増えるにすぎない。なぜなら，テストの得点や他の資格に関してほぼ同じレヴェルのところに非常に多くの不合格白人志願者がいるので，いくらか合格者を増やしたとしても，彼ら各々にとってのチャンスはあまり増えないからである。第5巡回裁判所が，テキサス法科大学院の入学許可計画は憲法違反であると宣告して，訴訟を起こした不合格白人の原告たちに対する賠償金を裁定すべく，事件を下級審に差し戻したとき，下級審は各原告に1ドルしか賠償金を認めなかったのである。その理由は，たとえ人種中立的な基準を用いていたとしても，彼らは誰も合格しそうになかったからである。

積極的差別是正措置は，志願者が個人的な資格（qualification）だけに基づいて判定してもらう権利を侵害しているのだろうか。この文脈において，何が資格として考えられるのか。美人コンテストやクイズ・ショーのようないくつかの競争では，資格とは何らかの身体的あるいは知的性質の問題にすぎない。すなわち，優勝者は，最も美しい候補者あるいは最も物知りの候補者でなければならない。書物に与えられる賞や勇敢な行為に与えられる勲章のような他の競争では，資格とは事前に成し遂げた業績の問題である。すなわち，優勝者は，過去において最もよい作品や成果を生みだした人，あるいは何らかの仕方で特別な性格を示した人でなければならない。しかしながら，更にまた別の競争では，資格とは後ろ向きの業績や自然的な特性ではなく，むしろ前向きの見込み（promise）である。合理的な人ならば，医者の技量に敬意を表するために，あるいは医者が過去に行った治療に報いるために，医

者を選んだりはしない。合理的な人は，将来自分のために最善を尽くしてくれると期待される医者を選ぶ。医者の生得的な才能や過去の業績は，将来その医者が自分にとってもつ価値をよく表わしているという理由でのみ，またその限りにおいてだけ，考慮されるのである。

　大学入学資格をめぐる競争は，もちろん，この最後の種類である。入試担当者は，過去の業績や努力あるいは生まれつきの才能や美徳に対する褒賞として，入学資格を与えてはならない。彼らの義務は学生集団を選ぶことだが，その学生集団は全体として彼らの教育機関が定めた正当な (legitimate) 目標に将来最も貢献するような集団でなければならない。エリート高等教育は価値のある稀少資源であり，非常にわずかな学生しか受けられないにもかかわらず，共同体一般がその費用を支払っている。「私立」大学の場合でさえ同様で，部分的には公的な補助金で賄われており，大学に寄付をした人は所得控除という恩恵に与る。それゆえ，総合大学・単科大学は公的な責任を負っている。すなわち，自分たちの学部や学生よりもはるかに広い共同体に利益をもたらすような目標を選ばなければならないのである。そうした目標は，狭義の経済的あるいは社会的あるいは政治的目標である必要はない。逆に，我々がすべての教育機関に，特に最も豊かな資金を得ている名門中の名門教育機関に期待するのは，科学や芸術や哲学──その振興は我々の集合的責任の一部だと考えられる──に貢献することであり，この目標をしっかり念頭に置いて学生および教授団を選ぶことである。

　しかし，教育機関による追求を我々が認める・あるいは期待するような目標は，学問の振興だけではない。我々はすべての教育機関に，特に最も豊かな資金を得ている教育機関に，学生たちおよび更に大きな共同体を，更に実践的なやり方を含む他のやり方でも援助してほしいと期待する──名門大学は，もっと基礎的な別の研究のほうが理論的にもっとやりがいがあると知っていても，エイズやアルツハイマー病の治療法を研究しようと正当にも決定するかもしれない。我々はまた，すべての学校が同じ目標を採用したり，あるいは彼らが選んだ目標に同じ相対的重要性を認めることを期待しない。Ｃ＆Ｂデータベースに含まれる専門研究中心の名門総合大学は，同じデータベースに含まれるもっと小さな一般教養中心の単科大学 (liberal arts college) とは異なった優先事項をもっており，どちらの大学も，農業単科大学，コミュニティ・カレッジ，その他のデータベースには全く載っていない教育機関とは異なった目標をもっている。我々が重んずる大学の自由とは，他にも多くの意味

第11章 積極的差別是正措置は成功しているか　　523

をもつが，とりわけ，各教育機関が広い範囲で自由に自己目標を設定し，その目標にとって最も適当だと自ら信じる大学運営戦略を，入試戦略も含めて自由に定められることを意味している。

　すべてのC＆B校は伝統的に，高校やカレッジにおける好成績や，SATその他のテストにおける高得点を，大学および専門教育のための重要な資格とみなしてきた。しかし，いずれの学校もこれらの明らかに学究的な (academic) 資格を排他的なものとして扱ってはこなかった。すなわち，いずれの学校も，ときには最上位のSAT得点や成績をもつ志願者――黒人志願者でさえ――を不合格にして，成績や得点がもっと低い他の志願者を合格させてきた。他の資格のリストは長いものとなる。このリストには，公職に就こうという動機，運動競技の能力，稀な地理的背景，そしていくつかの学校の場合は，「相続身分」(legacy status) が含まれる。この相続身分とは，親がその大学の卒業生であることを意味している。入試担当者はこれらの各属性を，そして更に多くの属性を，特定の志願者がその教育機関の伝統的目標のうちの一つ以上に貢献するであろうことを示す指標（完全なものにはほど遠いが）とみなしている。『川の形』研究が示すように，また米国の名門総合大学・単科大学が30年の間に認識したように，志願者の人種を，入試担当者が考慮する無数の要因の一つに含めるならば，そうした伝統的目標のうちの少なくとも二つに大いに役立つのである。

　第一に，前述の通り，米国の学校は，いくつかの点において多様な学生のクラス［の実現］を志してきた。これらの学校は次のようなもっともらしい想定をしてきた。すなわち，もし学生たちが，異なった地理的背景・異なった経済階級・異なった宗教・異なった文化・そして――今やとりわけ――異なった人種の同級生と一緒に勉強し，一緒に遊ぶならば，商業的・職業的生活を営む能力がもっとよく身に付き，多元的民主社会において善良な市民として活動するための準備がもっとよくできる，と想定してきたのである。批判者たちによれば，人種に基づく選抜は，多様性を追求するためには不適当な手段である。なぜなら，そうした選抜は，すべての黒人学生が階級や政治的態度や文化において多様性をもたらしており，それができるのは黒人学生だけだ，と誤って，しかも侮辱的に想定しているからである。この批判者たちによれば，黒人学生を捜し求めるよりは，いかなる人種であれ，貧しい両親をもつ学生や，ソウル・ミュージックのよさがわかる学生を受け入れたほうがましである。黒人学生の中には，裕福な両親をもつ学生もいれば，バッハが好きだという

学生もいるのである。

しかし,この反論は,問題となっている多様性の一側面を見逃している。それは,人種が指し示したり・指し示さなかったりするものではなく,人種そのものである。不幸にも,依然として米国を汚染しているステレオタイプ・疑い・恐れ・憎しみのうちで最悪のものは,階級や文化ではなく,肌の色によってコード化されている。黒人と白人が互いにもっとよく知り合い,互いのよさをもっと認めることが,決定的に重要である。そして,もし黒人の何人かは,彼らとステレオタイプに結びつけられる階級的・文化的・あるいは他の特質をもっていないことが判れば,このことは明らかに人種的多様性の有用性を損うのではなく,高めることになる。

第二に,我が国の学校は伝統的に,共同体における集団生活の改善を援助しようと志してきたが,そのためには単に文化を守り,科学を振興し,あるいは医学・商業・農業を進歩させるだけではなく,その集団生活をもっと正義にかなった調和のとれたものにするために援助しようとしてきたのである。結局のところ,こうしたことは,我が国の法科大学院や政治・行政大学院 (schools of politics and public administration) が抱いてきた主要な企図に含まれており,他の学校においても同様にその目標の一部となるべきものである。確かに,我が国の総合大学・単科大学には,人種・階級・職業・地位によって合衆国を継続的かつ衰弱させるような仕方で分離することは正義と調和の両方にとって敵である,と考えるだけの資格が備わっている。そして,『川の形』研究がもたらした最も劇的な結論の一つは,積極的差別是正措置が,他のいかなるプログラムや政策もおそらくできないような仕方で,この分離を崩し始めたということなのである。我々は,教育機関が我々の肉体的・経済的健康に貢献することを期待するが,我々は更に,教育機関が我々の社会的・道徳的健康のためになしうることをなすように期待すべきである。

したがって,積極的差別是正措置は学生の多様性と社会正義という二つの目標のうちのいずれか・あるいは両方を追求する際に,〈学生の入学資格は正当かつ適切な資格だけに基づいて与えられるべきである〉という原則を決して傷つけてはいない。どの学生にも,過去の業績や生得的な美徳・才能・その他の性質に基づいて大学入学資格を要求する権利はない。学生たちの合否判定は,各学生は同一基準で選ばれた他の学生たちと一緒に,教育機関が正当に選んだ様々な目標に貢献するであろう,という見込だけに基づいて行われなければならない。私は,黒い肌の色がそれ自体で美徳であるとか,美点の一様態であるとか,(何人かの批判者が,積極的

差別是正措置の擁護者はそのような想定をしている，と非難してきたが）言うつもりはない。しかし，それにもかかわらず，黒い肌の色は，私が述べてきた意味における資格である。我々は個人の身長を美徳や美点だとは考えない。しかし，背の高い人は，まさにそのために，バスケットボールのコートにおいて大学の伝統的目標の一つに［他の人よりも］よく貢献できるかもしれない。同様に，もっと悲しむべき理由ではあるが，肌の黒い人は，まさにそのために，教室や寮や卒業後の経歴において大学の他の目標に［他の人よりも］よく貢献できるかもしれない。

それならば，なぜ積極的差別是正措置は不公正であるとそれほど広く考えられているのだろうか。なぜ支持者の多くでさえ，積極的差別是正措置は，彼らの見解では必要なものであるにせよ，不愉快な救済策である，と認めてしまうのだろうか。我々はこれらの問いに対する様々な答えを区別して考察するように注意しなければならない。なぜなら，夫々の答えは，公衆の反応に見られる重要だが・ときに不明瞭な部分を，含んでいるからである。まず第一に，人種に敏感な入学許可政策は志願者を個人としてではなく，大きなグループのメンバーとしてだけ判定している，としばしば言われる。この反対意見は，バッキー事件で憲法違反とされた定員割当制（quota system）のような，初期の比較的未熟な形態の積極的差別是正措置に対して強く主張された。なぜなら，パウエル（Powell）判事が述べたように，白人定員が一旦充たされてしまうと，それ以上の白人志願者を，たとえ万事を考慮した上であっても，その白人の代りに合格した黒人と比較することができなかったからである[31]。しかしながら，大学入学許可に関する現代版の積極的差別是正措置では，定員は割り当てられない。すなわち，その点では，パウエルが明確に是認したハーヴァード案に似ているのである。現在，入試担当者は実際に一件ごとに，万事を考慮した判定を行っている。ときには，不合格となった黒人志願者よりも SAT 得点が低い白人学生を入学させることもある。単に人種だけに基づいて入学させられたり・あるいは排除されたりする者は，一人もいないのである。

多くの人々は実際に，たとえ大学が様々な幅広い特性を，彼らの認める入学許可資格に含まれるものとして見るべきだとしても，人種を特別な理由でこれに含めるべきではない，と強く感じている。しかしながら，人種は特別であるとする考え方には色々あるので，それらを区別して，各々の含意を考察することが決定的に重要である。我々は既に一つを論じた。多くの人々は，人種に敏感な入学許可基準は人種間の緊張緩和を促進するよりもむしろ緊張を激化する，と信じている。しかし，

この主張は,『川の形』研究に対して何らかの疑問が提起されない限り,この研究に照らして斥けられよう。しかしながら,多くの人々はまた,たとえ人種による分類がそれ自体として望ましい結果をもたらすとしても,そのような分類は原理的に常に不正である,と信じている。彼らは次のように指摘する。すなわち,もしある法科大学院が,〈黒人を歓迎しない地方法律事務所でしっかり働く［白人］卒業生を生み出すことによって,共同体の経済を助けるつもりだ〉という理由で,黒人志願者全員を不合格にすると主張するならば,我々はこの法科大学院の議論を受け入れないであろう,と指摘するのである。彼らの主張によれば,それ自体は称賛に値する結果を達成するための人種の不当な利用と,いわゆる「良性の」(benign) 利用とを区別することは,原理的に不可能である。たとえ原理的に可能であったとしても,現実的にはそれを実行することはできないだろう。なぜなら,不当な利用は良性の利用であるかのように容易に装いうるからである。

　これらの議論のうち,最初のものに答えるほうが容易である。すなわち,積極的差別是正措置と悪性の (malign) 人種利用とは,少なくとも原理的には,二通りの仕方で区別できる。まず第一に,我々は,悪性形態の差別によっては侵害されるが・適切に立案された積極的差別是正措置プログラムによっては侵害されないような個人権を,定義することができる。すわなち,それは,各市民が,政府および政府の援助を受けて活動する教育機関によって,平等に配慮と尊重(concern and respect)に値する者として扱われることを要求しうる基本的な権利である。学校が,他の人々がその人種のメンバーに対して偏見を抱いているという事実に訴えて,ある黒人市民に対する差別を正当化するとき,その黒人はこの［基本的な］権利を否認されたことになる。

　しかし,積極的差別是正措置を擁護する論拠は,直接的であれ間接的であれ,白人市民に対する偏見を反映してはいない。地理的多様性の追求が大都市中心部の出身者に対する偏見を表わしていないのと同様に,人種的多様性の追求は白人に対する偏見を反映してはいない。第二に,大学がそれ自身の目的や目標を立案する際に,大学に広範な自由を認めることは重要であるが,それにもかかわらず,我々は,ことによると大学が採用するかもしれないいくつかの目標は正当なものではなく受け入れがたい,と主張することができるし,社会の人種的階層化に迎合し・これを強化するような目標を,そのようなものとして斥けることができる。

　しかしながら,確かに,こうした原理的な区別は実施するのが難しいかもしれな

い。とりわけ,そうした区別は,しばしば確認しがたい教育機関の動機についての判断に依拠しているからである。例えば,黒人やヒスパニック系のようなマイノリティを優遇するプログラムが,テストの得点もよく・人種中立的な入学許可政策が採られても大量に入学が認められるような他の市民グループ——例えば,アジア系アメリカ人やユダヤ人——に対する敵意によって動機づけられていないことを,我々はどのようにして確信できるだろうか。あるいは,いくつかの教育機関における入試担当者——彼自身が黒人かもしれない——が抱いている,他者を犠牲にしてでも自分の仲間の便宜を図りたいという,もっともむき出しの願望によって動機づけられていないことを,我々はどのようにして確信できるだろうか。大学入学許可においては人種の利用を断固禁止して,このような考えられうる堕落に対して備えたほうがよいのではないだろうか。

　この議論は大学以外の状況において強く主張されてきた。例えば,市議会は黒人メンバーが支配的であったり,あるいは黒人層の支持に頼ることもあるが,そのような市議会が黒人所有の会社のために建設工事契約の割当(quota)を取り置こう(set aside)とするとき,これに反対する議論として主張されたり,あるいは,州議会はあれやこれやの仕方で人種政策に影響されることもあるが,そのような州議会がもっと多くの黒人公職者を選出するような選挙区を立案しようとするとき,これに反対する議論として主張されてきた。(32) しかし,人種分類の断固たる禁止を支持するこの議論が,こうした[大学以外の]他の状況においてどれほど説得力をもとうと,もつまいと,高等教育にこれを適用するならば,それは気まぐれであり,見当違いである。人種に敏感な入学許可基準を定め用いる学部および大学の管理者たちは,その基準から利益を得るいかなる共同体に対しても,その権限あるいは財政的支援に関して,決して恩義を受けてはいない。彼らは伝統的目標を追求して行動しているのであり,『川の形』研究は,このやり方が伝統的目標[追求]のために最も有効であることを示している。

　その上,やはり偏見の的であった別のグループに対する敵意が隠されているのではないかという疑いに関しては,おそらく人種中立的な基準によれば入学できたであろう人々の中でそのグループの占める割合が,不釣合なほど多いか否かを調べることによって,容易にテストできるだろう。なるほど,このような考察も,[入学許可において]正当でない動機が働いている,という想像しうる可能性を完全に取り除きはしない。しかし,〈一つか二つの教育機関はその権限を濫用しながら見つ

からずに逃れるだろう〉という僅かな見込みに基づいて，大学が多様性・社会正義・安定性を高めるために自らなしうることをなす権限を，いかなる大学にも認めないとすれば，それは，〈何人かの研究者は剽窃をしたり使い込みをしたりするかもしれない〉という理由に基づいて，医学研究のための公的資金の利用を認めないようなものであろう。

　そういうわけで，我々は原理と政策に関するこれらの謬論を斥けてよいだろう。それにもかかわらず，我々は重要な心理学的事実を認めなければならない。すなわち，「正しい」（right）人種でないという理由で大学に不合格とされることは，技能や身体能力のような何らかの他の性質を欠くという理由や，あるいは親がその学校の出身者でないという理由で不合格とされる場合に比べても，はるかに悪い——一層憤りに耐えない侮辱的なことである——と多くの人々が実際に考えているのである。しかしながら，この特別な憤りは［我々にも］理解できる。その理由は，人種が人格的同一性の形而上学においてある特別な重要性をもっている——すなわち，なまの能力を見る限り，どんなに頑張ってもSATテストで決して1,400点以上取れない若者が出てくるが，そのような能力と同様に肌の色も［本人の］選択の問題であり，遺伝には基づかない——ということではない。その憤りが理解できるのは，我々はみな不当な人種分類の性格と帰結を非常によく知っているからなのである。

　人種差別は侮蔑を表現している。自分の自然的特性のゆえに非難されるならば，それは著しく正義に反しており，人を傷つける。その上，人種差別はその被害者の人生を完全に破壊してしまう。それは単に，他者に開かれているあれやこれやの機会を，被差別者に閉ざしてしまうだけでなく，彼らの抱きうるほぼすべての将来的展望と希望において彼らを傷つけることになる。人種差別社会においては，実際に人々は，彼らが誰であるかという理由で絶対的に拒絶される。それゆえ，人種分類は特別な形態の危害を与えかねない，と考えられるのも当然である。しかし，それにもかかわらず，その危害をもたらす真の永続的原因である人種差別主義に対する闘いを援助するためであっても，人種分類を用いることを許さないとすれば，それは邪道である。人種がもつ特別な心理学的性格は，政策がつねに敬意を払うべき不変の事実ではない。この性格は人種差別主義の産物であり，その現われである。そして，それを生み出した人種差別主義を擁護することは，許されるべきではない。

　我々は，人種が特別だと考えられる最後の理由を，考察しなければならない。この理由は道徳的関心と法的関心の交差点に位置している。米国の社会・憲政史の中

第11章　積極的差別是正措置は成功しているか

で我々は国民として，単に我々の窮極目標の問題としてだけではなく，何らかの目的のために用いうる手段の問題としても，人種を区別しない（colorblind）社会を建設すると公約してきた，としばしば主張される。この議論によれば，南北戦争後に採択された憲法の修正条項には，「法律の平等な保護」を保障する修正第14条が含まれているが，これらの修正条項は，いかなる事柄においても人種に公的な役割を認めないという——法的であるとともに道徳的な——国民的公約だったのである。もしそうであるならば，大学の積極的差別是正措置プログラムは，誰かの個人としての権利を侵害するか否かにかかわらず，原理的に不正となる。なぜなら，この重要な国民的公約を欺いているからである。

しかし，この議論は，人気があるにもかかわらず，説得力がない。前述のように，積極的差別是正措置に対する批判者の何人かは，人種を区別しないという公約は賢明な戦術的決定である，と実際に主張している。彼らによれば，もし我々があらゆる人種分類を，短期的には人種差別撤廃に有効であるかのように見えるものさえ含めて避けるならば，長期的にはもっと効果的に人種差別主義に立ち向かい，これを除去することができるという。しかし，彼らはこの戦略的仮説の論拠を示しておらず，『川の形』研究はこの仮説が誤りであることを証明しているように思われる。また，憲法が，あるいは他の何かが，国民にそのような戦略を公約させたと想定すべき根拠も存在しない。修正第14条は人種に言及しておらず，この修正条項をどのように解釈しようと，この条項が更に大きな正義［実現］のための手段としてあらゆる人種分類を排除していることを自動的に示すような，もっともらしい解釈は存在しない。また，米国の国民がこうした目的［実現］にためのあらゆる人種分類を，何らかの長年に互る・あるいは持続的な合意によって，排除したこともなかった。ここで想定されている国民的公約は幻想なのである。

したがって，現在利用可能な極めて良質な証拠に基づくならば，積極的差別是正措置は逆効果ではない。反対に，感動的なまでに成功しているのである。また，積極的差別是正措置は不公正でもない。すなわち，いかなる個人権も侵害していないし，いかなる道徳原理も傷つけていない。それにもかかわらず，第5巡回裁判所判事たちがホップウッド事件で判断したように，積極的差別是正措置は憲法違反なのであろうか。

第12章において，私は憲法原理に基づく議論と，この判事たちが依拠している最近の最高裁判決の分析について考察する。そこにおける私の主張は，原理と判例の

両方が，適切に起草された人種に敏感な入学許可基準は合憲であるというバッキー原理を支持し続けている，ということである。もちろん，積極的差別是正措置は——失望した白人志願者と，黒人が成功するためには特別待遇が必要だった，という邪推に憤る黒人成功者の両方にとって——コストをもたらしてきた。そして，この優遇政策が，その憤りの規模がはっきりしないとはいえ，確かにもっと一般的な憤りを引き起してきた。しかし，これを禁止するならば，それによって生じる道徳的および実務的コストは，はるかに大きなものとなろう。過去における組織的な人種差別によって，権力や名声を伴う地位の大部分が一つの人種のために予約されているような国が，創られてしまった。優遇政策のもたらす結果がまだ不確実だったときには，善よりも多くの悪をもたらすだろうという理由で，批判者たちが積極的差別是正措置に反対しても，無責任ではなかった。しかし，包括的な統計と分析がその価値を明白に論証した現在，国家が優遇政策を禁止するならば，それは不正であろう。『川の形』研究に対して，もっと優れた——もっと大規模な・あるいはもっと洗練された——研究が疑問を提出しない限り，そして提出するまでの間は，嘆かわしい人種的階層化と闘うための武器として大学の積極的差別是正措置を禁止する理由は，この問題に対する我々の無関心や，あるいは，人種的階層化がひとりでに消滅しなかったことに対する我々のせっかちな怒りを除けば，存在しない。[33]

(1) 本章において，私は人種の概念を，私が論じる政治的・法的論争においてこれまで通用してきた意味で用いる。とりわけ，アンソニー・アピアー (Anthony Appiah) は，この用法が「人種」を「肌の色」や「住民」と取り違えている，と主張してきた。Appiah and Amy Gutmann, *Color Conscious: The Political Morality of Race* (Princeton: Princeton University Press, 1996), p. 73 における彼の議論を参照。

(2) サンフランシスコの連邦裁判所［合衆国地方裁判所］判事はプロポジション209の施行を停止したが，第9巡回控訴裁判所はこの停止を取り消し，最高裁判所がこの決定を不服とする上訴を門前払いにしたので，現在，このプロポジションは効力をもっている。The Coalition for Economic Equity v. Wilson, 122 F. 3d 692 (9th Cir. 1997), *cert. denied,* 118S. Ct. 397 (1997) を参照。

(3) John E. Morris, "Boalt Hall's Affirmative Action Dilemma," *American Lawyer,* November 1997, p. 4 を参照。

(4) Regents of the University of California v. Bakke, 438 U. S. 265 (1978). 判事たちはこの事案において様々な意見を述べた。そして，本文で述べられているルールを主張したルイス・パウエル元判事の意見が，5名の判事の見解を表明するものとみ

第11章　積極的差別是正措置は成功しているか　　531

なされるようになったが，この5名には，カリフォルニア大学デイヴィス校医科大学院が用いた定員割当計画さえも認めたであろう他の4名の判事が含まれていた。パウエルは残りの4名の判事と協力して，この計画を違憲としたのである。この段落の後半で述べるホップウッド事件の意見においては，2名の判事が，パウエルは彼自身の考えだけを述べていると断言した。しかし，この解釈については激しく争われ（"Recent Case: Constitutional Law," *Harvard Law Review* 110 [1997]:775 を参照)，一般的な憲法理解においては反対の見方が広まっている。この事件における様々な意見をめぐる議論については，Ronald Dworkin, "The Bakke Decision: Did It Decide Anything?" *New York Review,* August 17, 1978 を参照。

(5) Hopwood v. Texas, 78 F. 3d 932, *cert. denied,* 116 S. Ct. 2581 (1996). この事件の判決に加わった5名の判事のうち，2名——スミス (Smith) とデモス (DeMoss) の両判事——が，バッキー判決は覆されたので，大学はもはや人種的に多様な学生集団を作り出すために人種分類を用いてはならないという判断を下した。別の判事——ワイナー (Weiner) 判事——は，テキサス法科大学院の計画は人種的多様性という明言された目標を達成するために適切に「仕上げられて」いないというはるかに狭い理由で，この計画を違憲とすることに賛成の投票をしたが，いずれにせよ，この計画は既に別の計画によって取って代わられていた。しかし，彼はもっと大きな問題についてスミスおよびデモスと意見が合わず，人種的多様性は正当な目標ではないという判断を下すことを断った。残りの2名の判事——ポリッツ (Politz) 首席判事とキング (King) 判事——も異議を唱えた。したがって，5名の判事のうち2名だけが，バッキー判決は覆されたと実際に宣言したのだが，しかし，第5巡回裁判所全体としてはこの事件の再審理を認めなかったのである。

(6) 修正第14条は州の行為にだけ適用され，私人の行為には適用されない。そして，高等教育における積極的差別是正措置をめぐる主な訴訟事件の被告は，すべて州立大学の一部門であった。しかし，私立大学も実際上は同じルールに従う。なぜなら，公民権法は，公的な資金や助成金を受け取る大学がいかなる人種差別をすることも禁止しているからであり，租税法は差別的な大学に対して非課税資格を認めないからである。おそらく，積極的差別是正措置は憲法違反だと考えるどの最高裁判所法廷も，大学による差別はこうしたルールの意味範囲に含まれる，と言うつもりであろう。ホップウッド判決以後，テキサスの私立法科大学院のいくつかは，入試実務において人種を一要因として考慮することをやめてしまった。 "Beyond Hopwood: Texas Schools Consider New Approaches," *Dallas Morning News,* October 26, 1997 を参照。

(7) William G. Bowen and Derek Bok, *The Shape of the River: Long-Term Consequences of Considering Race in College and University Admissions* (Princeton: Princeton University Press, 1998). 本書の題名，および——たぶん本書が使いすぎている——川との類比は，マーク・トウェインの『ミシシッピの生活』(*Life on the Mississippi*)

から取られている。

(8) この研究はC＆B校を入学許可の難易度に従って三つのグループに分けている。ここでは1989年の各難易度グループに含まれる学校を載せる。1976年のリストでは難易度の割当にいくらか変動があったからである。最も難易度が高いグループ（アルファベット順）に含まれるのは、ブリン・モー (Bryn Mawr)、デューク (Duke)、プリンストン (Princeton)、ライス (Rice)、スタンフォード (Stanford)、スウォースモー (Swarthmore)、ウィリアムズ (Williams)、イエール (Yale) である。次に難易度が高いグループは、バーナード (Barnard)、コロンビア (Columbia)、エモリー (Emory)、ハミルトン (Hamilton)、ケニヨン (Kenyon)、ノースウェスタン (Northwestern)、オーバリン (Oberlin)、スミス (Smith)、タフツ (Tufts)、ペンシルヴァニア (Pennsylvania) 大学、ヴァンダービルト (Vanderbilt)、ワシントン (Washington) 大学、ウェレズリー (Wellesley)、ウェズリアン (Wesleyan) である。最も難易度が低いグループは、デニソン (Denison)、マイアミ (Miami) 大学（オハイオ Ohio）、ペンシルヴァニア (Pennsylvania) 州立大学、チューレイン (Tulane)、ミシガン (Michigan) アン・アーバー (Ann Arbor)、ノース・キャロライナ (North Carolina) チャペル・ヒル (Chapel Hill) である。

(9) 著者たちによれば、黒人の中退率を上げる要因として、高校において勉学技術をしっかり学んでいないことや、大学においても紋切り型の見方が続いていることが考えられる。

(10) 原理の問題と政策の問題との区別に関する更に一般的な議論を、特に積極的差別是正措置をめぐる論争に関連づけながら考察したものとして、Ronald Dworkin, *A Matter of Principle* (Cambridge, Mass.: Harvard University Press, 1985) を参照。

(11) 『川の形』で引用されている他の資料のうち、とりわけ次のものを参照していただきたい。Stephan Thernstrom and Abigail Thernstrom, *America in Black and White* (New York: Simon and Schuster, 1997)（「大学はマイノリティの学生たちの居心地をよくしたいと考えた。しかし、マイノリティの人数が劇的に増加し、マイノリティ向けの学生寮が作られるにつれて、マイノリティの学生の不快感は実際には増大した。」）また、Shelby Steele, "A Negative Vote on Affirmative Action," in *Debating Affirmative Action: Race, Gender, Ethnicity, and the Politics of Inclusion*, ed. Nicolaus Mills (New York: Delta, 1994)（「優遇措置——黒人の比率を増やすために通常の基準を引き下げたこと——の結果として、人を無気力にするような疑惑の領域が拡大し、黒人たちはこれと戦うことになる。このため、疑惑自体が認識されざる先入観となり、黒人たちの実力を損うのである。特に、［人種が］統合された状況において、そのようなことが起る。」）

(12) Bowen and Bok, *The Shape of the River*, pp. 284, 290.

(13) 白人と黒人とのSAT平均点の差は、比較的難易度の高いC＆B校においては1976年から1989年にかけてかなり縮まった。ibid., p. 30.

第11章 積極的差別是正措置は成功しているか　　533

⑭　Thernstrom and Thernstrom, *America in Black and White.*
⑮　後に続く二つの文には次のように書かれている。「しかし，最上位にランクされる学校では，黒人の卒業率は非常に高く，白人の卒業率にほぼ匹敵する例もいくつか見られる。このことによって，全国のエリート単科大学・総合大学における積極的差別是正措置が黒人たちを，実力不相応なために彼らが中退しがちな教育機関に押し込んでいる，というテーゼは論駁されることになる。」"Graduation Rates of African-American College Students," *Journal of Blacks in Higher Education,* Autumn 1994, p. 44.
⑯　NCAA は，様々なスポーツで競い合う総合大学・単科大学から成る協会である。この協会はしばしば黒人の卒業率に関するデータ・ソースとして用いられるが，その理由は，そのメンバーに対して卒業データを性別や人種とともに記録することを求めているからである。
⑰　南部教育財団 (Southern Education Foundation) が公刊した最近の研究では，19州の大学における黒人の入学許可について述べられている。この19州は南部の州だけではないが，大部分が南部に属しており，南部の州では，黒人が大学生に相当する年齢の若者に占める割合が非常に高い。この研究は，19州の公立教育機関における黒人学生の，気が滅入るほど高い中退率について報告している——黒人は入学クラスの17％を占めていたが，卒業クラスでは10％にすぎない。しかし，この研究はまた，これらの教育機関の多くが人種中立的な入学許可基準に固執して，積極的差別是正措置を拒否あるいは制限したため，厳しく批判されてきたことも報告している。Ethan Bronner, "Black Gains Found Meager in the Old Segregated States," *New York Times,* August 28, 1998, p. B8 を参照。
⑱　『川の形』研究は，世にはびこる別の憶測をも否定する。この研究が言及している何人かの批判者たちは，黒人学生たちの大部分が「黒人研究と文化多元主義」のような「黒い」科目を，彼らにとって良い成績を取りやすいという理由で専攻している，と非難する。Lino A. Graglia, "Racial Preferences in Admission to Institutions of Higher Education," in *The Imperiled Academy,* ed. Howard Dickman (New York: Transaction, 1993), p. 135 を参照。実際は，Ｃ＆Ｂ校における黒人学生たちの専攻分布は，白人学生の場合と大体同じ比率だった。
⑲　女性のほうが，格差は少なかった。Bowen and Bok, *The Shape of the River,* p. 123 を参照。
⑳　Ibid., p. 130.
㉑　Ibid., p. 156.
㉒　Ibid., p. 171 を参照。Ibid., p. 171 を参照。
㉓　Ibid. ボーエンとボックはまた，黒人およびヒスパニック系の医師はマイノリティの近所で開業する傾向がはるかに強く，その患者にはマイノリティや貧しい人々が含まれている，という事実を示す研究にも言及している。

⑳ Ibid., p. 231. この研究はまた，どこで異なった人種の学生との相互交流が始まったか，と質問した。異人種の親しい友人が2人以上いると答えた学生のうち，黒人の93％が，そして白人の80％が，「クラスや研究グループ」および「同じ寮あるいはルームメイト」を挙げており，両グループの約67％が「パーティーや他の社会活動」および「課外活動」を挙げている。

㉕ Louis Harris, "The Power of Opinion," *Emerge*, March 1996, pp. 49-52. ハリスの世論調査については，アンドルー・ハッカー (Andrew Hacker) の重要な論文 "Goodbye to Affirmative Action?" *New York Review*, July 11, 1996 において論じられている。

㉖ ある分析によれば，本当に人種中立的な入学許可政策が用いられたならば，1989年にC＆B校に入った2,171名の黒人のうち，1,000名以上が不合格になったであろうし，C＆B校の中でも最も難易度の高いグループに入った646名のうち，473名が不合格になったであろう。Bowen and Bok, *The Shape of the River*, p. 350.

㉗ 最近の研究によれば，もし医科大学院の入学許可から積極的差別是正措置をなくしたならば，「全国でも最上位の医科大学院」への黒人入学者は「90％も減少するだろう」と見積もられている。"What If There Was No Affirmative Action in Medical School Admissions?" *Journal of Blacks in Higher Education*, Spring 1998, p. 11.

㉘ 大部分の大規模単科大学・総合大学と同様に，C＆B校も，自分たちは経済的に不利な生い立ちの志願者をできる限り多く入学させるように努めている，と報告している。しかし，驚くことではないが，そのような志願者は受験の準備が殆どできておらず，難易度の高い学校に入れる者は，たとえ黒人であっても，殆どいない。『川の形』研究は，社会経済的地位のおおまかな分類を用いて，次のような事実を発見した。すなわち，16歳から18歳の子どもをもつ米国の黒人家族の50％が，三つの階層のうちの最下層（両親はいずれも大学を出ておらず，家族の収入は2万2千ドル未満である）に属していたにもかかわらず，1989年にC＆B校に入学を認められた黒人のうち，この階層の出身者はわずか14％にすぎなかった。また，そのような黒人家族のわずか3％しか，三つの階層のうちの最上層（両親のうち少なくとも一人は大学を卒業しており，家族の収入は7万ドルを超える）に属していないにもかかわらず，黒人入学者の15％はこの階層の出身であった。著者たちが指摘するように，エリート校は主に中間階層に教育の機会を提供することによって，社会の流動性に奉仕する。「社会経済的な梯子を最上段まで昇るには，通常，一世代以上かかるのである。」Bowen and Bok, *The Shape of the River*, p. 50 を参照。それにもかかわらず，たとえ14％であっても，黒人入学者がそれほど恵まれない家庭から出ていることは，励みになる。

㉙ Jeffrey Rosen, "Damage Control," *New Yorker*, February 23 and March 2, 1998.

㉚ Ibid., p. 58.

㉛ 初期の定員割当計画と後年のもっと複雑な計画との間に存在するとされるこの

区別は，誇張されているが——Dworkin, "The Bakke Decision" を参照——しかし，憲法の中に今やしっかりと埋め込まれている。

㉜ City of Richmond v. J.A.Croson Company, 488 U. S. 469 (1988) における最高裁判決を参照。この判決は，黒人が支配的なリッチモンド市議会が作ったそのような排斥プログラムを違憲とした。また，Shaw v. Reno, 509 U. S. 630 (1993) および Miller v. Johnson, 515 U. S. 900 (1995) も参照。これらの判決は，黒人代表を増やすために立案されたゲリマンダー選挙区案は憲法違反である，と宣告した。私は第12章でクロソン判決について詳しく論じる。

㉝ 確かに，何人かの最高裁判事は，人種を区別しない (colorblind) 社会としての米国という憲法上の理念について語ってきた。しかし，彼らがそう語ったのは，平等保護条項が人種分類に反対してどのような憲法上の権利を規定しているかを考察しているときであって，憲法は戦略の問題としてそのような人種分類を禁止していると読まれるべきだ，という議論の一部として述べたわけではない。判事たちは，専門家たちの集合的英知を無視して，戦略に関する自分自身の政策判断を述べる権限も，またそうした戦略的判断をあらゆるテストや異議申立から守るために憲法を用いる権限ももっていない。Ronald Dworkin, *Freedom's Law* (Cambridge, Mass.: Harvard University Press, 1996) を参照。

12 積極的差別是正措置は公正か
アファーマティヴ・アクション

I

　積極的差別是正措置は憲法違反だろうか。我が国の最良の大学が30年間やってきたように，大学入学資格をめぐる熾烈な競争において大学が黒人や他のマイノリティを優遇することは，「法律の平等な保護」を保障する修正第14条に違反しているのだろうか。1978年にルイス・パウエル判事は，有名な最高裁のバッキー判決における彼の意見の中で，もし人種的優遇措置の目的が学生間の人種的多様性を増進するものならば，またそうした措置がマイノリティへの定数割当を規定するものではなく，人種を多くの要因のうちの一つとして考慮するものであるならば，そうした措置は許される，という判断を下した。[1]この事件を担当した他の4人の判事は，定数割当制（quota system）さえも支持したであろうから，9人のうち5人は，パウエルの条件を充たす計画が合憲であることを認めたのである。

　しかしながら，多くの法律家は，最高裁判所が近いうちにバッキー判決を再考して，入学許可プロセスにおけるいかなる人種的優遇措置も結局は憲法違反だと宣言するだろう，と心配している。1996年に第5巡回控訴裁判所はホップウッド事件においてテキサス法科大学院の積極的差別是正措置計画を違憲としたが，これに賛成した3名の判事のうち2名は，教育以外の領域における積極的差別是正措置政策について最高裁判所が最近下した判決は既に事実上バッキー判決を覆しているので，大学における積極的差別是正措置は今やすべて憲法違反である，と言明したのである。[2]

　第5巡回裁判所の判決はただちに，しかもテキサス法科大学院教授団の見方によれば悲惨な結果をもたらした。すなわち，この法科大学院は1996年には31名の黒人学生に入学を許可したが，1997年に入学させたのは4名にすぎなかった。最高裁判所はこの判決の再審理を拒否したが，「個人の権利のためのセンター」（Center for

Individual Rights）――首都ワシントンに本拠地のある組織で，ホップウッド訴訟を援助した――は，1998年にミシガンで新たな訴訟を提起して，ミシガン大学の積極的差別是正措置計画に異議を申し立てており，他の裁判所の管轄においても別の訴訟が予想される。最高裁判所はこの問題に関してまもなく判断を下さなければならないだろう。

　もし最高裁が永年維持した判断を今になって覆すとすれば，それは皮肉であるばかりか，悲しいことでもある。なぜなら，エリート高等教育において積極的差別是正措置がもつ価値を示すような劇的な証拠が，つい最近，利用可能になったばかりだからである。この政策の批判者たちは長い間とりわけ積極的差別是正措置は善よりも多くの悪をもたらすだろう，と主張してきた。彼らによれば，その理由は，この措置によって人種間の敵意が減少するよりもむしろ激化するからであり，またエリート校に選抜されたマイノリティ学生は，その中で自分よりもテストの得点や他の学究的資格においてはるかに優れた他の学生たちと競争させられ，傷つけられるからである。しかし，一つの新しい研究――ボーエン（William G. Bowen）とボック（Derek Bok）の共著『川の形』（*The Shape of the River*）――が，学生の成績および経歴に関する情報の巨大なデータ・ベースと，洗練された統計処理技術に依拠しながら，こうした主張を反駁するだけでなく，反対の主張を論証している。[3]『川の形』研究によれば，積極的差別是正措置は驚くべき成功を収めた。すなわち，この措置がなかった場合に比べれば，黒人大学生の卒業率は上昇し，産業・専門職・共同体や地域社会サーヴィスにおける黒人指導者は増加し，異なった人種間の相互交流と友情が持続するようになった。（第11章において，私はこの研究の調査結果と含意について詳しく論じた。）この研究によれば，もし最高裁判所が積極的差別是正措置は憲法違反だと宣言するならば，エリート総合大学・単科大学の黒人入学者は急激に減少し，最良の法科大学院や医科大学院(メディカル・スクール)に入学できる黒人学生は殆どいなくなるだろう。[4]そうなれば，人種間の調和と正義が大敗北を喫することになろう。最高裁判所は，憲法が我々にこの敗北の甘受を求めている，と判断するのだろうか。

　第5巡回裁判所判事たちは，最高裁判所がそのような判断を下すと確信している。そして，彼らがそう考える理由を理解し，また非常に多くの時事解説者たちが判事たちの考える通りになるだろうと心配している理由を理解しうるためには，最高裁判所が最近数十年間に亙って発展させてきた，平等保護条項を適用する際の補助装置となるような法理と区別について探求しなければならない。というのは，我々の

憲法体系は，米国の社会的・政治的な未来が入念な法的分析次第で決定されるような事例をいくつか作り出してきたが，これはそのような事例の一つだからである。

もちろん，平等保護条項は，市民に不利益をもたらすすべての法的区別・分類から，市民を保護するわけではない。政府は決定を下さなければならない。どの医学研究を援助するか，どの芸術を助成するか，どの産業あるいは生産物を関税やその他の通商政策で保護するか，どの企業を環境保護のために規制するか，どこに新たな軍事基地あるいは新たな核廃棄物集積場を作るかを決定し，様々な市民の運命に非常に様々な影響を与える他の何千もの問題について決定を下さなければならない。公職者たちは様々な理由に基づいてそのような決定を下す。原則として，彼らが目指すべき決定は，それによって利益を受ける人も不利益を被る人もいるが，共同体全体にとっては一般的な利益をもたらすような決定である。実際には，利益集団による政治がしばしば決定的な役割を果す。ある産業が保護を受けられなかった場合，あるいは規制の対象に選ばれた場合，異なった決定をすれば公共の利益が減少するという理由ではなく，その産業がこの機会に異なった決定を押し通すだけの政治的な力を欠いていたという理由で，立法上の闘いに敗れたのかもしれない。

ある集団が，その事案の実体的事項（merits）に基づいて・あるいは政治の力によって，重要な決定において敗れたとしても，必ずしも平等保護条項が侵害されたとはいえない。しかし，その集団が偏見や敵意やステレオタイプによる被害を特に受けやすく，その結果として政治共同体において制限された身分——二級市民——としてしか認められないために，この敗北が生じたならば，平等保護条項が侵害されたのである。この条項はすべての市民にあらゆる政治的決定から平等に利益を得ることを保障するわけではない。この条項が保障するのは，そうした決定が下される政治過程や審議において市民が平等な存在として（as an equal）——平等な配慮と尊重をもって（with equal concern and respect）——扱われることだけである。

しかし，このために修正第14条は，これを実現しなければならない裁判所に，特別な困難を課すことになる。すなわち，裁判所は，立法が様々な集団に及ぼす結果を判断するだけでなく，その立法の背後にある動機について判断するように要求される。何らかの集団を害する法律は，その集団に対する偏見に基づく禁じられた態度から生まれたのだろうか，あるいはもっと良性の動機に基づいていたのだろうか。動機や態度を一般的な立法に帰属させることは，極めて困難である。その理由は，個々の立法者や公職者の心理状態を確認するのは困難だ，というにとどまらない。

もっと深い理由が存在している。すなわち,我々はこうした個々人の動機——および,その立法の採択によって利益を受けるとされる選挙人の動機や態度——を,立法自体に帰属させうるような全体的（overall）動機へと,どのように翻訳すべきかという点が,しばしばはっきりしないのである。⁽⁵⁾

いくつかの事例においては,こうした判断は,少なくとも過去を振り返ってみる限り,容易であるように思われる。1954年に裁判所は,人種に基づく学校の分離は黒人児童の劣等性と排除を示唆するので,彼らの平等保護権を侵害している,という正しい判決を下した。1996年に裁判所は,同性愛者を差別から保護するような地方条例をすべて禁止するコロラド州の憲法修正は,アンソニー・ケネディ（Anthony Kennedy）判事が述べたように,「この修正は当該集団に対する敵意以外のものでは説明できないように思われる」ので,その集団のメンバーの平等保護権を侵害している,という正しい判決を下した。

しかしながら,他の事例の評価ははるかに難しい。例えば,地方の地代統制条例は,賢明で公正な住宅管理に関する理論を表明しているのか,あるいは地主階級に対する特別な敵意を表明しているのか。誰かが異議を唱える立法の一つ一つについて,その政治社会学［的背景］を再調査するように裁判官に求めることは,馬鹿げているように思われる。なぜなら,彼らにはそのような研究をする時間も知識もないからである。また,そのようなことは民主主義にとっても危険である。なぜなら,裁判官が不適当な動機に関するわずかな思弁だけに基づいて民主的な決定を覆すかもしれないからである。

その代りに,裁判所は動機の問題に間接的に,すなわち,法律の現実的効果という明らかにもっと客観的な問題に専念することによって不適当な動機を「燻し出そう」（smoke out）ともくろむ法理を用いて,接近しようとした。［まず,］裁判所は,平等保護を根拠に異議を唱えられたすべての政治的決定に対して,最初の入口における分類（initial threshold classification）を行う。もしある決定が,最高裁判所のいう「疑わしい」（suspect）クラス——ある有名な定義によれば,「障害を負っていたり,歴史的に意図的に不平等な扱いをされていたり,政治的に無力な地位に追いやられているために,多数決主義的な政治過程から特別に守られるべき」クラス——に重大な不利益を与えるならば,その決定は「厳格審査」（strict scrutiny）を受けなければならない。すなわち,もしその不利益が何らかの「やむにやまれぬ」（compelling）政府の利益を守るために必要不可欠であることが証明されないならば,

その決定は平等保護条項に違反するものとして拒否されなければならない。しかし，もし法律から不利益を受ける人々がそのような「疑わしい」クラスを形成していないならば——もし彼らが特定のビジネスや職種のメンバーであったり，あるいは特定の地域の住民であるにとどまり，歴史的に偏見や反感と結びつくようないかなる点においても彼らの同胞市民と異なっていないならば——，その法律は「緩やかな」（relaxed）審査を受けるだけでよい。すなわち，その法律が何の目的にも役立たない・あるいは無意味であることが証明されない限り，合憲なのである。

　最初に特定の法律や決定をこれらの「審査のレヴェル」のいずれか一方に割り当てたならば，それはほぼ常に最終的なものとなることが判明した。ある一流の時事解説者がだいぶ以前に述べたように，厳格審査は「理論的には厳格であるが，事実上は致命的」である。なぜなら，殆どいかなる利益も，疑わしいクラスに対して更に不利益を課すことを正当化するほど十分に「やむにやまれぬ」ものだとは考えられなかったからである。また，「緩やかな審査」は事実上の無審査である。なぜなら，たとえどんなに馬鹿げた立法であろうと，常に何らかの目的を付与することができるからである。

　したがって，積極的差別是正措置プログラムの合憲性を考察する法律家は，当然のことながら，最初の分類においてそのようなプログラムが厳格審査を要求するものとされるか，あるいは単に緩やかな審査を要求するにすぎないとされるか，を問うことから始める。しかし，この問いに答えるのは非常に困難である。なぜなら，いずれを選択しても，十分に適切であるとは思われないからである。一方では，積極的差別是正措置計画は緩やかな審査を受ける資格があるように思われる。なぜなら，そこでは人種分類が用いられているにもかかわらず，主に不利益を受ける集団——単科大学・総合大学に入学を志願する白人たち——は，「疑わしいクラス」，すなわち偏見の犠牲になってきたクラスを形成していないからである。しかし，人種というものは偏重や偏愛と非常に密接に結びついているので，表面的には良性のものと思われるある人種分類が，詳しく調べてみると，憲法上許し難いものであることが判明するかもしれない。ことによると，黒人主導の市議会が，例えば人種的な連帯感から黒人企業を偏重したり，あるいは罪のない白人たちを，彼らの先祖が犯した犯罪の故に処罰したことがあったかもしれない。また，ことによると，黒人を優遇する大学の入学許可計画が，アジア系アメリカ人やユダヤ人の合格者を減らす目的で作成されたこともあったかもしれない。

第12章 積極的差別是正措置は公正か　　541

注意深く調べるならば，そのような不適当な動機はほぼ常に暴露されるであろう——統計を用いれば，積極的差別是正措置によって不合格とされた志願者の中でそのようなグループの占める割合が不釣合なほど多いか否かを証明することができよう——が，しかし，緩やかな審査はこうした調査を許さないであろう。他方，「疑わしい」グループに利益を与えるような人種分類に対して，そうしたグループに更に損害を与えるような人種分類の場合と同じ厳格審査基準を適用するならば，この二つの目的の間に存在する重要な道徳的差異に鈍感であるように思われる。また，それは不当であるようにも思われる。なぜなら，厳格審査は人種差別を阻むために考案されたものであるが，『川の形』研究が明白に証明しているように，積極的差別是正措置は，我々がその人種差別に対抗するための最も有効な武器の一つだからである。

したがって，積極的差別是正措置はこの［厳格審査という］従来の法理に対する重大な挑戦であり，法律家も裁判官もこの挑戦に対しては様々な反応を示してきた。最も直接的な——そして最も魅力的だと私が信じる——反応は，審査のレヴェルを区別する戦術（level-of-scrutiny strategy）はこの問題に関して不適切だと宣言することであろう。その歴史的な理解と用法に従えば，この戦術は次のような目的のために考案されたものである。すなわち，その立法によって不当な差別が生じるリスクが非常に高いため，その不当性が殆ど撤回不可能な形で（irrevocably）想定されなければならないか，あるいは，不当な差別のリスクが非常に低いため，不当である可能性が殆ど撤回不可能な形で斥けられなければならないか，いずれかのリスクを本質的に含むような立法のタイプを同定する，という目的である。表面上は不利益を受ける人種グループを援助するために立案されている人種に敏感なプログラムは，いずれのカテゴリーにも入らないので，これをどちらか一方に押し込もうとするのは牽強付会である。

その代りに，裁判官は，そうした計画に対して訴訟で異議が唱えられた場合，もっと個別事件ごとに（case-by-case）調査すべきである。すなわち，裁判官は，かつてサーグッド・マーシャル（Thurgood Marshall）判事が推奨したように，〈人種分類が平等保護条項によって禁止されている種類の偏見や敵意を実際に反映している〉という何らかの説得力のある証拠が存在するか否かを決定するために，「スライド制」（sliding-scale）アプローチを用いるべきである。(10)このアプローチを採るならば，他にも関連要因がある中で，とりわけ，そのプログラムによって利益や不利

益を受ける集団の性格，その計画を立案し執行する公職者の人種的な・あるいはその他の性格，そして果してその計画が，当該教育機関にとって適当だと歴史的に認められてきた目標——例えば教育上の多様性のような——を目指しているのか否か，といった点が考慮されることになろう。確かに，積極的差別是正措置問題に対するこの個別事件ごとのアプローチは，新たな経験則や法理上の戦略が姿を見せ始めるまでは，裁判官の仕事を増やすであろうし，少なくとも最初のうちは，下級裁判所に対する予測可能性と指導を失わせるであろう。しかし，たとえ最初は予測可能性が失われたとしても，柔軟性の増加によって，価値ある政策と不当な政策との間の区別がそれだけ的確になされるようになるため，このことが最初の予測可能性の減少をはるかに上回って，余りあるだろう。

　最高裁判所の判事たちは，積極的差別是正措置に対する〈審査のレヴェル〉アプローチを放棄すべきか否か，もし放棄しないならば，どちらのレヴェルを選ぶべきかという点に関して，永年に互って意見が一致しなかった。二つの事件において，裁判所は「中間」（intermediate）レヴェルの審査を定義することによって，問題を解決しようとした。この審査は積極的差別是正措置計画に対して「重要な」（important）利益に役立つことを要求するが，必ずしも「やむにやまれぬ」利益に役立つことまでは要求しない。[11]しかし，最近の事件では，主としてサンドラ・デイ・オコナー（Sandra Day O'Connor）が書いた一連の意見によって，裁判所は，疑わしいグループに明らかに損害ではなく恩恵を与えるために立案されたものも含めて，すべての人種分類は厳格審査を受けるべきだ，という決定を下している。ヴァージニア州リッチモンド市議会の作成したある計画では，同市との契約者に対して，あらゆる契約のドル換算額のうち少なくとも30％をマイノリティ所有の会社に下請けに出すよう求めていたが，1986年のクロソン（Croson）事件において裁判所はこの計画を違憲としたのである。[12]リッチモンド市はこの計画を「是正的な」（remedial）ものと呼び，「公共事業の建設工事におけるマイノリティ企業の更に幅広い参加を促進するという目的で」，この計画を採用したと述べている。

　オコナーが下した判断によれば，リッチモンド市が，過去の差別の継続的な影響を矯正することは「やむにやまれぬ」利益だと適切に主張しうるのは，直接的に同市自身が差別的実務を行うことによって，あるいは「その地方建設業界の構成員が行う人種差別的排除制度に『消極的に参加』することによって」，同市自身がその不正義を行った張本人である場合に限られる。[13]そして，彼女によれば，同市は，そ

の計画が同市自身の行った直接的あるいは消極的差別の影響だけを矯正するように注意深く作られていることを証明しなかった。地方建設業界において人種的多様性を増大させることの利益を主張したとしても，彼女によれば，厳格審査基準を満たすことはできない。なぜなら，特定の人種が特定の産業において占める割合がなぜ少ないのかという点に関しては，過去の差別の継続的な影響以外にもたくさんの理由が存在するだろうし，人種的多様性あるいは釣合自体を目的として追求することは，政府の目標として許されないからである。

　第5巡回裁判所の判事たちは，ホップウッド事件に関する彼らの意見においてテキサス法科大学院の計画を違憲とした際に，主として最高裁判所のクロソン判決に依拠しながら，大学の積極的差別是正措置は今や憲法違反であるという自分たちの主張を正当化した。テキサス法科大学院は，人種的に多様な学生集団を作り出すためには——これはバッキー判決においてパウエルが是認した目標である——，とりわけ積極的差別是正措置が必要であるから，自分たちの積極的差別是正措置はたとえ厳格審査基準の下でも正当化される，と主張した。しかし，裁判官たちは，クロソンおよび他の事件によってパウエルの原則は事実上覆された，と述べた。これらの判決は，自分自身の直接的あるいは間接的差別の継続的な影響に対する是正措置を除けば，州の教育機関はいかなる目的のためであろうと人種分類を用いてはならない，という新たなルールを確立したのである。裁判官たちによれば，法科大学院は何年も前にマイノリティに対する差別を中止したのであるから，その基準を充たすことはできない。クロソンおよびその後の事件がこのような劇的かつ破壊的な結果をもたらした，という裁判官たちの判断は正しいのだろうか。このことは米国の教育と社会の未来にとって決定的な問題であり，国民がこれらの最高裁判例のもつ現実的な影響力を理解することが重要である。

II

　実際には，しばしば教科書や裁判所の意見の中で定式化される厳格審査基準は，二つの非常に異なった仕方で解釈することができる。そのうちの一つ（これを「優越的必要性」(overriding necessity) 説と呼ぼう）は，最高裁判所は既に事実上すべての大学の積極的差別是正措置が憲法違反であると宣言した，という第5巡回裁判所の判事たちの意見を支持する。もう一つ（これを「反駁」(rebuttal) 説と呼ぼう）はこの意見を論駁する。厳格審査に関するこの二つの解釈の区別を念頭に置きなが

ら，第5巡回裁判所の判事たちが引合に出した最近の最高裁判所判決を詳しく調べるならば，現在の最高裁判所判事のうち3名——レーンクィスト（Rehnquist）首席判事，スカリア（Scalia）判事，トーマス判事（Thomas）——は優越的必要性説のほうを好むのに対して，オコナーの主要意見は反駁説を前提していることが判明する。また，反駁説のほうが残りの5名の裁判官の意見にはるかに適合することも判明する。

　二つの説の基礎には，人種分類の憲法上の地位に関する著しく異なった想定がある。最初の説，すなわち優越的必要性説によれば，どのような目的のためであれ，政府の何らかの部門が課した人種分類は，すべて自動的に原則として平等保護条項に違反する。それゆえ，人種分類を許容しうるのは，次の場合だけである。すなわち，政府の部門が過去から継続的に行ってきた人種差別を自ら終らせるために，あるいは，それを避けるためには憲法上の重大な不正をも見逃さなければならないほど劇的に切迫した危険——スカリア判事の言葉を借りれば「生命・身体への差し迫った危険というレヴェルにまで高まりつつある社会的緊急事態」[14]——に先手を打つために，人種分類が唯一利用可能な手段として絶対に必要な場合だけである。もしクロソン判決が厳格審査基準に関してこの説を是認していると当然に理解されるならば，第5巡回裁判所の判事たちは正しかったのである。学生集団における人種的多様性は大学および社会の重要な目標かもしれないが，修正第14条に対する重大な違反を見逃すことは，この目標の追求によって正当化されないだろう。法科大学院のクラスでマイノリティが占める割合が少ないということは，「生命・身体への差し迫った危険」を引き起こすとはいえない。

　厳格審査基準に関する第二の反駁説は，非常に異なった前提に依拠している。この説は，たとえ原則としてであれ，あらゆる人種分類が修正第14条に違反するという前提は採らない。それゆえ，憲法上の不正を見逃すことを正当化するほど重大な何らかの緊急事態によって要求されない限り，いかなる人種分類も許容しえない，という想定はしない。この説は，人種分類が平等保護条項に違反するのは，この条項の禁止する偏見やステレオタイプに基づく容認しえない態度によって，その人種分類が生み出された場合だけである，と想定する。しかし，この説はまた次のようにも想定する。すなわち，人種はあまりにしばしば偏見や偏愛の根拠となってきたので，〈容認しえない動機が実際には働いている〉という現実主義的な疑念を反駁しうるような，正当な動機に関する有無を言わせぬ証拠を教育機関が提示するよう

に要求することによって，人種分類を用いるあらゆる教育機関に厳格な挙証責任を課すことは，賢明な憲法上の戦略である，と想定する。

私はスライド制基準のほうを好むと言ったが，この反駁説はスライド制基準よりもはるかに厳しい要求をする。なぜなら，反駁説は非常に高い証明基準を設定するからである。(15) しかし，この説は優越的必要性説よりもはるかに柔軟である。なぜなら，果して教育機関が，その人種分類が役立つ何らかの目標あるいは利益を指摘することによって，すべての疑念を反駁しうるか否かは，抽象的に考えられたときの目標の内在的な切迫性だけではなく，あらゆる具体的な事情によっても左右されるからである。とりわけ，当該目標がその教育機関の伝統的な責任の一部——例えば大学生の多様性——であったか否か，人種分類がその目標に役立つように注意深く立案されていると思われるか否か，その教育機関が行ったことに関して他のあまり立派とはいえない動機がことによると存在するか否かによって，また，その事件のすべての事実が与えられたときに疑念を呼び起す・あるいは静めるかもしれない他のあらゆる要因によって，それは左右される。したがって，最高裁判所は，〈リッチモンド市が，建設業界における人種的多様性を改善するつもりだったと言明しても，厳格審査基準を充たせない〉という判決を下したが，この判決は，〈テキサス法科大学院が，その入学許可政策は教室における人種的多様性を改善することを指摘しても，厳格審査基準を充たせない〉ということを含意しないばかりか，強く示唆することさえないだろう。疑念の根拠と性格は二つの事件においてあまりに異なっているので，一方の事件において疑念を反駁できない目標が，他方の事件では反駁できるかもしれないのである。

反駁説の解釈は，優越的必要性説の解釈よりもはるかに容易に，憲法原理に基づいて正当化しうる。後者の想定によれば，平等保護条項は目的を問わずに，すべての人種分類を自動的に禁止しており，いかなるもっともらしい憲法解釈理論の中にも，そのような理解を正当化する根拠は見出せない。修正第14条は人種に言及しておらず，この修正条項を起草し是認した人々がすべての人種分類を完全に禁止するつもりだったと考えるべき理由は存在しない。それどころか，彼らの多くは様々な人種分類に賛成の投票を行って是認しており，その中には公立学校における人種分離さえ含まれていたのである。

確かに，平等保護条項は政治道徳の一般原則を定めており，現代の解釈者たちはこの一般原則に忠実であろうとする限り，道徳的な判断を下さなければならない。(16)

仮に人種分類が内在的に（inherently）道徳的不正であるとすれば，この理由のために憲法違反と考えられるのも当然だろう。しかし，（第11章で論じたように）人種分類は内在的に不正であるとはいえない。それは，身体的あるいは遺伝的特性に基づく他のあらゆる分類が内在的に不正ではないのと同様である。それゆえ，厳格審査基準に関する反駁説は，なるほどこれならば憲法の原文と趣旨が公認するだろう，と考えらえる最も強力な説である。[この説によれば，]他の点では合法的な政府の行動が人種的な基準を用いている場合，その行動をめぐる諸事情が，不適当な動機が働いていたのではないかという正真正銘の疑念を跡形もなく反駁するならば，裁判所がその行動を中止させるために介入することは許されないのである。

それにもかかわらず，私が引合に出した3名の裁判官——スカリア，レーンクィスト，トーマス——は，優越的必要性解釈に類する説をあくまでも主張することを，ほのめかしてきた。例えば，スカリアはクロソン事件における同意意見の中で，「生命・身体」に対する緊急事態以外で彼がやむにやまれぬものと認める唯一の利益は，「違法な人種分類制度を自ら維持すること」をやめるという共同体の利益だけである，と述べた。[17] しかし，6名の他の現職裁判官は——仮に彼らが積極的差別是正措置を厳格審査にかけるとすれば——反駁説にはるかに近い解釈を選ぶだろう，と考えられる十分な証拠が存在する。

クロソン事件におけるオコナーの意見はスカリアの意見とは全く異なる。確かに，オコナーは，「人種に基づく分類には，烙印を押すことによって危害を与える危険（danger of stigmatic harm）がある。そうした分類を厳格に是正的な環境だけのために留保しておかないならば，事実上，人種的劣等性の観念が助長され，人種的敵意に充ちた政治がもたらされるかもしれない」と述べた。[18] しかし，これは用心深い言葉遣いであって——「かもしれない」（may）は「であろう」（will）ではないし，『川の形』研究は，オコナーの心配が高等教育の場合には当てはまらないことを示唆している——，この言葉は，狭義において是正的でない人種分類がなぜ特に注意深く審査されなければならないか，を説明していると考えれば，最もよく理解できるのである。

いずれにせよ，オコナーが，この狭義の是正的な方法を除けば，いかなる教育機関も決して人種分類を用いることはできない，と言うつもりだったと結論づけるならば，それは確実に誤りであろう。[19] というのは，彼女の提案した厳格審査は，人種の不当な利用を「燻し出す」ために考案された個別事件ごとの（case-by-case）注意

第12章　積極的差別是正措置は公正か

深い審査の代りに，単純でアプリオリな基準に合致しないすべての計画を違憲とするような，均一的で機械的なルールを用いようとするものではない，と彼女は明言しているからである。「そのような人種に基づく措置の正当化について裁判官が探求しないならば」と彼女は言う。「どの分類が『良性』あるいは『是正的』であるのか，どの分類が人種的劣等性という不当な観念あるいは単純な人種政治によって事実上動機づけられているのかを決定することなど，とてもできない。」[20]

オコナーは，リッチモンド市の計画がもつ諸特徴のうちで，この計画が実際には「単純な人種政治」によって動機づけられている，という疑念を招いたと考えられる特徴を指摘しようと特に骨を折った。

> 本件において，リッチモンド市の人口のほぼ50％は黒人である。市議会の9議席のうち5議席が黒人によって占められている。政治的マジョリティのほうが不当な憶測や不十分な事実に[基づいて]マイノリティに不利益をもたらしかねないという心配は，本件においては強化された司法審査の適用に不利にではなく，有利に作用するように思われる。[21]

つまり，彼女はリッチモンド市の主張を斥けているのだが，それは，同市が引合に出した利益はいずれもいかなる状況においてもやむにやまれぬものとは考えられない，という包括的判断によるものではない。そうした利益を引合に出しても，現実的状況の他の特徴から生じてくる疑念を跡形もなく払いのけるには十分でない，という理由であった。例えば，その地方におけるマイノリティ所有の会社の命運に関しては，なるほど市がいくらか責任を負っているかもしれないが，リッチモンド市の計画は，そのような会社だけではなく，国内のあらゆる場所の「黒人，スペイン語を用いる人々，東洋系，インド系，エスキモー族，アレウト族［アリューシャン列島に居住する種族］」の人々が管理する会社も優遇したのである。このことだけでも，次のような疑念が生じる余地を残すことになった。すなわち，〈契約は最高入札者と結ばれるべし〉という通常は賢明なルールは，あらゆる種類の不当な情実から市を守ることを意図しているが，リッチモンド市はこのルールからの重大な逸脱を正当化しうるほど重要な現実的な市政目的を追求してはいなかった，という疑念である。「実際問題として，これまでリッチモンドの建設業界で全く差別を受けたことのない人種グループまで手当たり次第に［優遇対象に］含めたことは，たぶん同市の目的は実際には過去の差別の是正ではない，ということを示唆している。」[22]

後にアダランド（Adarand）事件において彼女が述べた意見（この意見によれば,とりわけ「黒人,ヒスパニック系,アジア太平洋系,亜大陸アジア系（Subcontinent Asian）,および先住アメリカ人」によって管理されている企業に特別な利益を与える中小企業庁（Small Business Administration）の規制は,厳格審査を受けなければならない）の中で,オコナーはこの基準の機械的な理解を更に一層はっきりと否認した。オコナーは,彼女のアプローチでは不当な差別と本当に良性の差別とを区別できない,という示唆に強く反発した。彼女の主張によれば,厳格審査はまさに「『重要な差異』(relevant differences)を考慮に入れており——実際,それがこの審査の基本的な目的である——」,

「人種に基づく異質の諸決定を,あたかも等しく反対すべきものであるかのように扱う」ことはない。……それどころか,厳格審査は人種に基づくすべての政府の決定を,どれが憲法上反対すべきものであり,どれが反対すべきものでないかを決定するために,注意深く評価するのである。人種分類の厳格審査を要求することによって,我々は裁判所に対して,人種に基づく政府の分類が正当であることを確認するよう要求するのである。

「最後に,」と彼女はつけ加えた。「厳格審査は『理論的には厳格であるが,事実上は致命的』であるという考えを払いのけたい。悲しむべきことだが,我が国においてマイノリティ・グループに対する人種差別が依然として行われ,影響を及ぼし続けているということは,不幸な現実であり,政府はこの現実に応えて行動する資格を奪われてはいない。」[23]

現在の［最高］裁判所を構成する他の5名の判事たちは,オコナーよりも更に一層はっきりと,厳格審査のあらゆる機械的解釈を拒否してきた。クロソン事件における同意意見の中で,スティーヴンズ判事は,人種分類は将来への影響によって判断されるべきであると述べて,「人種分類に基づく政府の決定は,過去の不正に対する是正を除けば,決して許されない」という含意をすべて明確に斥けている。[24] 同じ事件の同意意見の中で,ケネディ判事は,「違法な差別の被害者に対する必要な是正ではないすべての優遇措置を違憲とする」スカリアの立場は,「これによって,法律で定められたあらゆる人種的優遇措置について裁判所が審理する必要はなくなるので,重要な構造的目標に役立つだろう」と認めた。それにもかかわらず,ケネディによれば,彼自身,あまりに硬直的な政策は不必要であると信じており,人種的優遇措置は「最も厳しい審査」(the most rigorous scrutiny)を受けなければなら

ないという,彼がオコナーの「それほど絶対的でないルール」(less absolute rule)
と呼ぶルールのほうを好んだのである。
(25)

　スーター(Souter)判事,ギンズバーグ(Ginsburg)判事,ブレイアー(Breyer)
判事は,全員がアダランド事件においてスティーヴンズとともに反対意見を述べた。
スーターは,「過去の差別を是正するための憲法上の権限は,その差別の継続を禁
止する権能だけに限定されず,さもなければ存続するであろう影響の除去にまで拡
張される」と書いた。ギンズバーグの意見にはブレイアーが加わったが,この意見
(26)
の中でギンズバーグは,裁判所は今や厳格審査を機械的にではなく,平等保護条項
が求める平等な配慮に反するがゆえに違法となるような,現実の立法動機を発見す
るための補助装置として用いるべきだ,という自分の意見を強調した。ギンズバー
グによれば,オコナーの多数意見で定義されたような厳格審査基準は,「実際には
悪性であるにもかかわらず,良性であるかのように装っている［人種］分類を捜し
出すための」装置なのである。
(27)

III

　したがって,ホップウッド事件における2名の判事の意見は,裁判所が既に機械
的な厳格審査基準を採用しており,この基準によればバッキー事件における大学の
積極的差別是正措置計画は自動的に憲法違反になる,と想定している点で誤ってい
(28)
た。しかし,だからといって,多くの時事解説者たちが今や予想しているテスト・
ケースにおいて,裁判所がそれほど機械的ではない反駁説に基づいて厳格審査を解
釈して,人種に敏感な入学許可基準を違憲とすることさえないだろう,とは言えな
い。

　したがって,我々は,大学の積極的差別是正措置計画が果して・またいかにして,
そのように解釈された厳格審査基準を充たしうるか,と問わなければならない。『川
の形』研究は,人種に敏感な入学許可基準を正当化する二つの主要目的を提唱して
いる。すなわち,それは,大学自身が学生集団における人種的多様性を必要として
いるということであり,また,もっと多くのマイノリティ・メンバーが重要な政治
的・商業的・専門職業的な役割を担うことを共同体が必要としているということで
ある。これらの必要性のうちいずれかは,志願者評価の際に多くの要因のうちの一
つとして人種を用いることを正当化しうるほど,十分に「やむにやまれぬ」もので
あろうか。『川の形』研究で調査対象となった学校は人種を不当な目的のために用

いてきた，という合理的疑念は，いかにわずかなものであろうと，記録によって反駁されるであろうか。

パウエル自身はバッキー事件において，積極的差別是正措置計画は厳格審査を受けなければならない，と主張したのであり，それゆえ，〈大学は人種的多様性を追求してもよい〉という彼の決定は，〈多様性は厳格審査を通過しうるほど十分にやむにやまれぬ利益である〉という判断であった。確かに，オコナーは他の文脈において，すなわちクロソン事件だけではなく，メトロ放送（Metro Broadcasting）事件における反対意見の中でも，多様性による正当化を斥けた。後者の事件において，最高裁判所は，新たなラジオ・テレビ局の免許申請の際にマイノリティ所有の会社を優遇した連邦通信委員会（Federal Communications Commission）の政策を支持した。FCCは，番組編成において観点の多様性を高めるためにはそのような優遇措置が必要である，と主張したのである。(29) しかし，オコナーのいずれの意見も，教室における人種的多様性を生み出すために人種分類を用いることを，大学に対して認めることを妨げない。

厳格審査の反駁説的解釈にとって最優先の問題は，果して教育機関による多様性への訴えが，〈憲法によって禁止されている動機が働いていたのではないか〉という正真正銘の疑念を跡形もなく十分に払いのけられるのか，という点にある。リッチモンド市による多様性への訴えは，前述の諸要因によってだけではなく，多様性は市の建設契約を担当する公職者の伝統的目標ではなかった，という理由によっても弱体化された。それどころか，もし市が最低入札者と建設契約を結ばない理由として，例えば地理的多様性を主張したとすれば，汚職に関する強い疑惑を招くことになるだろう。オコナーが強調したように，彼女がメトロ放送事件の反対意見の中で非難したFCCの規制は，ある重大な・しかし別種の疑念を免れないのである。すなわち，オコナーによれば，放送の多様性を達成するためには所有の多様性が必要であるという議論は，人種的ステレオタイプに基づいている。なぜなら，それは，人々の「人種や民族性が行動や思考の内容を決定する」と想定しているからである。(30)

番組編成における多様性の利益が［FCCによって］主張されているが，オコナーは，この利益はとにかく「あまりに無定形で，あまりに実体がない」ので，人種的優遇や偏見の可能性を排除することはできないと論じた。彼女によれば，FCCは，ここで主張されている利益にかこつけて，「黒人の」あるいは「アジア的」あるいは「アラブ的」視点を同定した上で，好ましい見解をあまり述べそうもないとFCC

が考える人種や民族グループには，免許を与えないかもしれない。彼女が特に心配しているのは，もし多様性に一般的な利益を認めるならば，人種分類を一定の期間に特定の目的のために利用できるだけでなく，いかなる時にもあらゆる目的にために，大々的に見境なく利用できるだろう，ということである。特定の人種的視点を定義したり，ある視点が別の視点とどれくらい異なっているかを評価することは不可能である，という理由に基づいて，オコナーは次のように述べた。「いかなる人種あるいは民族グループのメンバーであろうと，現在FCCの政策のもとで優遇されているか否かを問わず，［やがて］自分たちが政治的に流行遅れになっており，［自分たちには］不利益だが『良性の』差別を受けなければないことに気づくかもしれない。」[31]

リッチモンド市やFCCに比べれば，大学ははるかに強い立場にあり，〈裏に潜んだ不適当な動機や紋切型の憶測に基づいて人種的多様性を追求している〉という疑念を払いのけやすい。大学の入学許可政策は，人種ブロックの票を得ようとするかもしれない政治家たちによってではなく，公職に立候補していない学部メンバーによって定められる。多様性について彼らが抱く関心は，リッチモンド市の場合のように，新奇な・あるいは異常なものではなく，これまでに承認されてきた伝統的なものである。すなわち，主として白人が通う大規模総合大学には，多くの点で多様な学生集団を作ろうとする教育上の責任があるという点については，誰も異議を唱えていない。そして，もしその種の大学がこの目的を全く放棄するならば，それは無責任な行動であろう。エリート大学は，地理的出身地・社会階層・文化的志向に関して多様性を追求することは今や不合理であるが，人種的多様性の追求は不合理ではない，と信じている。

実際，もし大学が後者の次元の多様性をも追求しないとすれば，多様性に対する大学の一般的関心は恣意的であるように思われよう。人種の代用品として経済的階層に依拠する・あるいは望まれる目的達成のために他の点でそれほど有効ではない手段を用いるといった，間接的方法では人種的多様性を実現できないということは，大学によって確言されており，また『川の形』研究もこの見解を十分確証している。もしそのような［間接的実現］政策を採るとすれば，それは単に不誠実であるばかりか，有害であろう。オコナーによれば，FCCは人種と信念・確信・嗜好・文化・態度との間の推定された関係に依拠しているというが，大学はこのような関係にも依拠していない。

第11章で述べたように，大学が人種的多様性を求めるのは，不幸なことだが不可避的に，人種それ自体が現代の米国において重要性をもつからである。すなわち，各人種の学生たちが，単に異なった態度や文化をもつ他の学生たちとだけではなく，実際に異なった人種に属する学生たちと出会い一緒に勉強することが，極めて重要なのである。裁判所も，バッキー判決をモデルにして積極的差別是正措置を許容し続けることによって，あえて無制限の見境ない人種的優遇措置を認めることはしないだろう。大学は三分の一世紀に互ってこうしたプログラムを思慮深く用いてきたのであり，分別のある割合を超えてまで拡張しようとする傾向は見られなかった。

　その上，これらの教育機関は大学としての名声に関して，絶対的な意味においても，また他の同等の教育機関との相対的関係においても，決定的な利害関係をもっており，このことが，名声を脅かしかねない入試政策やカリキュラムに関する拡張願望を重要な点で抑制するであろう。人種に敏感なプログラムが他の特定の志願者グループを冷遇する口実として用いられる危険性も，本当は存在していない。前述のように，そのような疑念があれば，『川の形』研究で用いられたような統計的方法を用いて調べることができよう。すなわち，遡及的に不合格になる学生たちを分析して，彼らが何らかの疑わしいグループに不釣合なほど多く属しているか否かを調べればよいのである。

　その上，現在の［最高］裁判所に所属する他の数名のメンバーと同様に，オコナーも〈学生間における多様性の追求は，厳格審査を通過するような・やむにやまれぬ利益である〉という考えを既に認めたことを示す十分な証拠が存在する。ミシガンの教育委員会（school board）は，マイノリティ教員に一時解雇に対する特別保護を与える労働協約を団体交渉で結んだが，1986年のワイガント（Wygant）事件において，最高裁判所はこれを違憲とした。すなわち，教育委員会は，共同体全体における過去の差別の影響を是正すること，あるいは黒人学生が自己同一視できるような「役割モデル」（role models）を黒人教職員に与えることに自分たちは利益を見出しており，この利益によって人種分類は正当化される，と主張したが，裁判所はこの主張を斥けたのである。[32]オコナーは個別意見を書いており，その中で彼女は，教育委員会は〈教職員における人種的多様性を守ろうとした〉とは主張していないので，裁判所がこうした利益をやむにやまれぬ利益から除外したと理解すべきではない，と述べている。[33]彼女によれば，「その精確な輪郭ははっきりしないが，人種的多様性の促進に州が見出す利益は，少なくとも高等教育の文脈においては，そうし

た利益を図る際に人種的考慮を用いることを支持するほど，十分に『やむにやまれぬ』ものであることが判った。」[34]

　その上，バッキー事件におけるパウエルの意見は，高等教育における多様性はやむにやまれぬ利益だと言明していたが，オコナーはこの意見を，いかなる人種分類も厳格審査を受けなければならない，という彼女の見解の先例として何回か引合に出してきた。もしオコナーが，〈パウエル自身は自分の厳格審査アプローチの含意を理解していない，あるいは，オコナーが彼の先例を引合に出して支持しようとした法理とは別の法理をその名のもとで主張するつもりでいる〉と考えるならば，彼女がこの［パウエルの］意見にそれほど強く依拠することは，殆どありえないだろう。

　それゆえ，20年以上に互って有効だったバッキー原理は依然として立派な憲法であり，米国の単科大学・総合大学は，多様な学生集団を確保するための人種に敏感な入学許可政策の利用を正当化するために，この原理に依拠し続けることが許される，という議論は強力である。もし私が法廷でこのような［入学許可］計画を弁護するならば，間違いなく学生の多様性という利益を強調するだろう。［入学許可］プログラムが厳格審査を通過するためには，この利益だけで十分であるように思われる。しかしながら，私は次のことを付言しなければならない。教育機関が見出すもう一つの利益——黒人が政府・政界・財界・専門職の枢要な地位に就いていないという依然として嘆かわしい事態の是正を促進すること——については既に述べたが，この利益も少なくとも同じくらい重要な利益であって，人種に敏感な入学許可政策を支持するのに十分なほど，やむにやまれぬ利益であることが認められなければならない，と私は信じている。米国社会の最も由々しい問題の一つは事実上の人種的階層化であり，このために多くの黒人や他のマイノリティが権力・富・名声における最上流階級から排除されてきたのである。そして，見習うべき成功者としての黒人指導者を黒人の子どもたちから奪うような悪循環とともに，過去の人種差別が実質的にこうした階層化をもたらしてきたのである。

　にもかかわらず，私が論じてきた最高裁判所の様々な意見の中に散在する多くの言明は，当然，人種に敏感な入学許可政策に関する二番目の異なった正当化に反対するものとして解釈されるだろう。こうした言明には，医科大学院が黒人医師の数を増やすだけのために積極的差別是正措置を用いることは許されない，というバッキー事件におけるパウエルの意見も含まれる。

数名の裁判官は，人種分類を，過去の「社会的差別」(societal discrimination) がもたらす継続的影響の矯正を促進するものとして正当化することはできない，と言明してきた。また，ワイガント判決は，人種分類は黒人の子どもたちに「役割モデル」を与えるものとして正当化できる，という主張を斥けた。しかしながら，こうした言明は，おそらく，スティーヴンズ判事が何回か用いた区別に十分な注意を払わなかったのであろう。すなわち，人種分類を補償的なものと見る後ろ向きの (backward-looking) 正当化と，状況によっては人種分類が共同体全体の一般的な利益になるかもしれないと主張する前向きの (forward-looking) 正当化との区別である。

　補償的正当化は，スカリアの言葉を借りれば，過去においてマイノリティの人種や階級に与えられた損害を「埋め合わせる」(make up) ためには積極的差別是正措置が必要だ，と想定している。そして，スカリアは，ある人種が別の人種に対して補償の「義務を負う」(owe)，という想定に含まれる誤りを指摘した点で正しかった。しかし，大学は個人もしくは集団に対して補償するために，人種に敏感な入学許可基準を用いているわけではない。すなわち，積極的差別是正措置は，後ろ向きではなく，前向きの企てであって，恩恵を被るマイノリティ学生たちは，個人としては，必ずしも過去の明白な差別の犠牲者だったとは限らない。名門諸大学は更に多くの黒人および他のマイノリティ学生を訓練したいと考えているが，その目的は過去の不正行為に関して借りを返すことではなく，過去が我々全員にかけた呪いを解くための援助をすることによって，よりよい未来をすべての人にもたらすことなのである。

　オコナーおよび他の裁判官が心配したのは，次のようなことである。すなわち，積極的差別是正措置に関する広範で一般的な是正的正当化は，あらゆる産業・社会層・職業層における人種・民族構成が国全体と同じになるまで，人種的優遇装置を許可するであろうから，それはあまりに「無定形」かつ「無制限」なものになってしまう，ということである。しかし，こうした懸念が，政府が課す雇用・契約規制に対する心配として，どれだけ偽りのないものであろうと，あるいは大げさなものであろうと，大学の積極的差別是正措置計画に対する反対理由としては明らかに場違いである。もし政府のある部門——連邦議会であろうと地方の市議会であろうと——が雇用者や契約者に対して，一定数 (quota) の黒人を雇うように，あるいは一定数の契約を黒人所有の会社のために取り置く (set aside) ように要求するならば，この決定は雇用あるいは産業のある部分において特定の人種構成を確実にもたらす。

政府のプログラムが存続する限り，もはやいかなる自然な意思決定過程もこの人種構造を変えたり作ったりすることはできない。このような場合，政府が指定する各民族・人種集団のうちの何名がどの部門・役割・職務においてどのような仕事に就くのか，を決定するのは政府であり，また政府だけである。〈こうした政府の決定の中には不適当な動機に基づいてなされるものもあるかもしれない〉という危険性に特に敏感な裁判官は，〈あれこれの人種が権力・富・名声から排除されるのを妨げるためには，そうした決定が必要だ〉という主張ほど広範な正当化を認めたがらないであろう。

　しかし，単科大学・総合大学・専門職大学院（professional schools）は，個々の学校の個別的決定に基づいて人種に敏感な基準を用いているのであって，中央政府の命令に応えているわけではない。彼らの行動目的は，どの人種のうちの何人が全体的な経済や政治組織においてどのような役割を担うかを決定することではないし，いずれにせよ，そのようなことは彼らの力が及ばない事柄である。ただ単に，予備労働力に含まれる黒人や他のマイノリティの数を増やして，その中から他の市民――自分自身の利益と目的のために活動している雇用者・共同経営者・患者・訴訟依頼人・有権者・同僚たち――が通常の仕方で被雇用者・医者・弁護士・公職者を選び出せるようにすること。それが彼らの行動目的なのである。

　すなわち，積極的差別是正措置の援助によって達成される地位と権力の分配は，人々が自分自身で行う無数の選択に従って，自然に流動し変化する。もしこの政策があらゆるマイノリティの全体的地位の向上をもたらすとすれば――『川の形』研究の示唆によれば，この政策は黒人の地位の向上に役立ってきた――，その唯一の理由は，他の人々がこの政策のもたらした成果を利用しようと決めたことである。その成果とは，彼らの人生に効果的に貢献しようとする動機・自尊心・訓練を身につけたこれまで以上に広範囲で多様な卒業生である。このような仕方で，大学における積極的差別是正措置は，共同体の終局的な経済・社会構造がもつ人為性を増大させるのではなく，減少させるのである。また，バルカン半島的分裂状態をもたらすのではなく，残念ながら今も存続している分裂状態の解消を促進するのである。

　もし裁判官たちが，我が国における最良の大学の行動目標がもつこのような側面を，そうした大学が教育上の多様性を大学として必要としているという事実とともに，認識しているならば，彼らは我々のために特によく働いてくれたことになろう。裁判官たちは，決定的に重要な教育上のイニシアティヴの継続を許可する裁判官と

してだけではなく，次のような教師としても行動したことになろう。すなわち，我々の人種差別的な過去がすべての人にもたらした真の継続的な損失と，もし我々が本当に望むならば，我々全員が更に完璧な団結を達成するのを促進してくれるような教育政策の明確な約束とを，国民に説明するのを手伝う教師として。

(1) Regents of the University of California v. Bakke, 438 U. S. 265 (1978).

(2) Hopwood v. Texas, 78 F. 3d 932, *cert. denied,* 116 S. Ct. 2581 (1996). 第11章において，私はこの事件における二つの反対意見に言及した。事実，1ヵ月後の再審理拒否の際には反対意見があったのである。この事件に関するレクシス(Lexis)のレポートは，この点で誤っている。

(3) William G. Bowen and Derek Bok, *The Shape of the River: Long-Term Consequences of Considering Race in College and University Admissions* (Princeton: Princeton University Press, 1998).

(4) 積極的差別是正措置に対して断固反対してきたアビゲイル・サーンストローム(Abigail Thernstrom)によれば，『川の形』研究は，人種中立的な入学許可政策がもたらす仮想的結果に関する結論を導く際に，「階段下降」(cascading)効果を無視しているという。すなわち，積極的差別是正措置のもとでは非常に難易度の高い学校に入学したであろうと思われる黒人が，人種中立的な基準のもとで不合格になったとすれば，そのうちの何人かはいくらか難易度の低い学校に出願して入学するであろう，という効果を無視しているというのである。Abigail Thernstrom, "A Flawed Defense of Preferences," *Wall Street Journal,* October 2, 1998 を参照。実際には，『川の形』研究はこの効果に対して明示的に注意を促しており，それは，人種中立的な政策は分析対象となった学校における黒人学生数を少なくとも50%減少させる，という本書の結論に明らかに反映している。Bowen and Bok, *The Shape of the River,* pp. 35-42, 349, および付録の表 B. 4 および B. 5 を参照。

(5) 私は，*Law's Empire* (Cambridge, Mass.: Harvard University Press, 1986), chap. 9 において，立法者意思(legislative intention)の概念がもたらす様々な難問を確認し，この概念を明晰化しようと試みている。

(6) Romer v. Evans, 488 U. S. 468 at 511 (スティーヴンズ(Stevens)判事は部分的に同意見で，判決には同意している)。私はこの判決について第14章で論じる。

(7) 多くの憲法史研究者は，最高裁判所は主としてニュー・ディール以前およびニュー・ディール実施期間中に作られた進歩的な経済立法の中心部分を違憲とした際に生じた敵意に反発して，次の段落で述べるような一群の法理を段階的に発展させた，と信じている。例えば，K. G. Jan Pillai, "Phantom of the Strict Scrutiny," *New England Law Review* 31 (1997): 397.

(8) San Antonio Independent School District v. Rodriguez, 411 U. S. 1 at 28 (1973) にお

けるパウエル判事。この事件において，裁判所は，貧困者はそれ自体で疑わしいクラスを形成する，という提案を却下した。疑わしいクラスという概念自体が重大な難点や多義性を免れていない。私は，この概念に含まれるこうした難点について，第14章において論じる。しかし，こうした問題は積極的差別是正措置論争には関係がない。

(9)　Gerald Gunther, "The Supreme Court, 1971 Term — Foreword: In Search of Evolving Doctrine on a Changing Court: A Model for a Newer Equal Protection", *Harvard Law Review* 86 (1972):8. わずかながら例外もあったが，そのうちのいくつか——「日本人収容事件」において，最高裁判所は第二次世界大戦中の日系アメリカ人の収容を支持した——は不幸なものであった。Korematsu v. United States, 323 U. S. 214 (1944) および Hirabayashi v. United States, 320 U. S. 81 (1943) を参照。

(10)　マーシャルは，San Antonio v. Rodriguez, 411 U. S. at 98-99, Furman v. Georgia, 408 U. S. 238, 330 (1972) および Dandridge v. Williams, 397 U. S. 471 at 520-521 (1970) における反対意見の中で「スライド制」アプローチを是認した。

(11)　Fullilove v. Klutznick, 448 U. S. 448 (1980) および Metro Broadcasting Inc. v. FCC, 497 U. S. 547 (1990) を参照。「中間」審査基準は, Mississippi University for Women v. Hogan, 458 U. S. 718, 722 (1982), Califano v. Webster, 430 U. S. 313, 322 (1977), および Craig v. Boren, 429 U. S. 190, 197 (1976) においては性差別に適用され，Clerk v. Jeter, 486 U. S. 456 (1988) においては非嫡出性の問題に適用された。

(12)　City of Richmond v. J. A. Croson Company, 488 U. S. 469 (1988).

(13)　Id. at 492.

(14)　Id. at 521. 第5巡回裁判所の判事たちはスカリアの意見におけるこの一節を引合に出している。Hopwood, 78 F. 3d at 945, n. 26 を参照。

(15)　クロソン事件において，オコナーは，明らかに良性の人種分類に対してさえ厳格審査を要求することのねらいは，すべての人種分類に対して米国人が抱く疑念と嫌悪を憲法理論の中に反映させることである，と明言した。厳格審査の反駁説はこの疑念と嫌悪を，人種分類を用いざるをえないと感じている教育機関に課される重い挙証責任によって表現している。既に示唆したように，国会から市議会に至るまで，政府の諸部門・諸部局は，産業や政治における事実上の人種分離という手に負えない問題と格闘しているのであり，私は，反駁説でさえ彼らに過度に重い責任を課す，と信じている。私が厳格審査に関する反駁説を優越的必要性説から区別するねらいは，前者のほうが後者よりも明らかに好ましいにもかかわらず，前者を是認することではなく，ただ裁判所が実際に下した判決の内容と，その過去の判決が将来の事件においてもたらす帰結とをはっきりさせることにある。

(16)　平等保護をめぐる議論については，Ronald Dworkin, *Freedom's Law* (Cambridge, Mass.: Harvard University Press, 1996) を参照。

⑰　Croson, 488 U. S. at 524.
⑱　Id. at 493.
⑲　実際，オコナーは，引用した言明の根拠として，バッキー事件におけるパウエルの意見を引合に出しているが，この意見は，過去の差別について大学に罪があろうとなかろうと，人種的に多様な学生集団を入学させることは，やむにやまれぬ大学の利益である，ということを認めている。
⑳　Id. at 493.
㉑　Id. at 481. この計画の反対者たちは，これを採用すれば，リッチモンドの数少ないマイノリティ所有の会社にとって棚ぼたとなるだろう，と証言していた。
㉒　Id. at 506.
㉓　Adarand Constructors Inc. v. Pena, 515 U. S. 200 at 228, 237 (1995).
㉔　Croson, 488 U. S. at 511.
㉕　Id. at 518 - 519.
㉖　Adarand, 515 U. S. at 269.
㉗　Id. at 275.
㉘　第5巡回裁判所の判事たちは，大学の学部が，マイノリティ志願者に対して自ら行った過去の差別を終らせるための補助手段としてならば，積極的差別是正措置を用いてもよい，と認めた。しかし，このような例外を認めても，実際上は全く重要性をもたない。第5巡回裁判所の判事たちが気づいていたように，すべての他のエリート大学と同様に，テキサス法科大学院もだいぶ以前にマイノリティ差別をやめていたからである。
㉙　Metro Broadcasting Inc. v. FCC, 497 U. S. 547 (1990).
㉚　Id. at 602.
㉛　Id. at 615.
㉜　Wygant v. Jackson Board of Education, 476 U. S. 267 (1986).
㉝　オコナーは次のように述べた。「以下で裁判所によって論じられる『役割モデル』を与えるという目標は，教員間の人種的多様性を促進するという全く異なった目標と，混同されてはならない。」Id. at 288.
㉞　Id. at 289. ホップウッド事件における2名の裁判官の意見は，この言明を単に「記述的な」ものにすぎないとして，割り引いて受け取っている。これは奇妙である。というのは，この同じ意見が，オコナーの別の言明（「現代の平等保護はたった一つの［やむにやまれぬ州の］利益しか認めてこなかった。それは人種差別が及ぼす影響の是正である」）を自分たちの判示事項の基礎として引合に出しているからである。しかし，この言明も表面的には少なくとも同じくらい明らかに「記述的」である。そして，もしこの言明が，2名の裁判官の意見が与えたような意味を意図していたとすれば，この［記述的］言明は偽である。というのは，オコナー自身が何回も述べたように，バッキー判決は多様性をそのような利益として認

めたからである。いずれにせよ，〈裁判所の意見は積極的差別是正措置に関して大きく分かれてはいない〉という彼女の議論の重要部分を成す言明において，オコナーは彼女自身の法律観を表明するつもりはなかったということは，殆どありえないだろう。

13 神を演じる：遺伝子，クローン，運

I はじめに

　ここ数十年の間に，遺伝子科学よりも刺激的な学問分野は宇宙論を含めても存在してこなかった。将来我々の子孫が送る生活の特徴ほど驚異的なものはこれまで全く存在してこなかったのである。遺伝子科学自体の急速な変化および，医学的診断・予後・治療における遺伝子的応用技術の進展についての理解を深める必要がここにある。政府や産業界がこれらの遺伝子科学上の発展をどのように刺激，抑制し，また形づくっていくか（補助金から特許政策，法規的禁止・制約に至るまでの相互作用の中で）を，我々はより良く認識していかなければならない。

　新世紀に向けて遺伝子関連の新技術は様々な道徳的，社会的，政治的問題を生み出すだろう。我々には，特にこうした諸問題を明確にし，また評価していく必要がある。ある程度までは，これらの問題は既に明確で差し迫ったものとなっている。遺伝子検査によって，疾患に対する予測や素質が明らかにされうるし，また新しい種類の遺伝子検査は急速に展開されつつある。したがって，我々は非常に難しい問題に既に遭遇している。すなわち，こうした遺伝子検査はどの程度，そしてどんな場合に認められ，要求され，あるいは禁止されるべきなのか。雇用者側や保険会社には，検査結果を要求したり尋ねたりすることが認められるべきなのか，そうであるとするならそれはどの程度のものまでか。これらの問題のうち，いくつかはまだ推測的なものである。なぜなら，遺伝子科学が特定の方向に発展してはじめて，我々はそうした問題に遭遇するからである。例えば，クローン人間を作ることが可能となったり，知性的な子どもあるいは攻撃的でない子どもにするために妊娠初期の胎児の染色体をがらりと変更することが可能になったとしよう。その場合に人々は，特定の状況下では，あるいはどんな状況下でも，これらの遺伝子操作は望ましくないものかどうかを決定しなければならないだろう。そしてそれらが望ましくないと

すれば，当該遺伝子操作が法によって禁止されるべきかどうかも決めなければならなくなるだろう。

　私はここでいくつかの道徳的政治的問題に集中するつもりである。それらは明白だが推測的であり，新しい遺伝子学が21世紀に生み出すかもしれないものである。関連するすべての問題を本章で議論するつもりはない。特に，遺伝子に関わる研究およびビジネスの政府的規制についての実現可能性，適切性，特徴などは詳細には論じない。その代りに，基本的で広範囲に亙ると私が考える問題を議論するつもりである。

　道徳理論や哲学においてこれまであまり検討されてこなかった重要な差異を（少なくとも用語法上での差異を）利用しようと思う。ここでそれを紹介する。これは二種類の価値であり，それは新技術の含意を評価する際に用いられる。派生的価値（derivative values）と呼ばれる最初の価値は，特定の人間の利益に依存している。新技術が認められるべきか，規制されるべきか，あるいは禁止されるべきか否かを判断する際には，当該決定の影響によって各個人に与えられる利害が考慮されなければならない。つまり，当該決定によって誰が得をし，誰が損をするのかと。そうした次元で新技術の含意が評価されなければならないのである。言い換えれば，特定の決定や実践が「費用に見合った」（cost-benefit efficient）ものかどうかが問われなければならない。何らかの個人間比較の基準に従えば，ある者にとっての利益は他の者にとっての損失を上回るものなのか。またそうした次元では，帰結が「公正」であるかどうかについても，つまり，そのようにして，ある者が何かを失い他の者が何かを得ることが「正しい」かどうかについても問われなければならない。

　ここでの議論における二つ目の価値とは，「独立的」（detached）価値と私がこれまで呼んできたものである。この価値は特定の人物の利益に由来するものではなく，何らかの点で対象や出来事に内在的なものである。多くの人々が考えるところによれば，偉大な芸術作品は独立的価値を持っており，その価値は実際に楽しみや喜びを人々に与えるかどうかに依存しない。また，種としての各種動物にも独立的価値があると考えられている。特定の動物種が絶滅することは内在的な悪だと思われており，それは現存する人間の利益に与える影響とは完全に切り離されている。

　人工妊娠中絶に対する論争は，こうした二つの価値の差異の意味を際立たせる。これまで私が色々な場所で論じてきたように，妊娠初期の胎児には胎児自身の利益が存在しえないとするなら，誰かしらの利益に反するとの理由から中絶は間違って

いるという議論は支持できないものとなる。だが，それにもかかわらず実に多くの人々が信じているように，中絶は内在的，独立的な価値を（何らかの意味で人間的生の「尊厳」を）損うからという理由によって，それは常に道徳的問題性をはらみ，少なくともある種の事例では道徳的に誤っていると信じることには筋が通っている。以下に見るように，遺伝子科学の進展は派生的利益について多くの問題を生じさせる。これらは効率性と正義の問題である。しかし以下に論ずるように，クローン技術や根本的遺伝子操作などのある種空想的な遺伝子技術に対して市民，政府双方が示してきた非常に鋭い否定的反応は，派生的価値への敏感さとして理解しようとしてもあまり有効ではない。もちろん，それは辻褄の合わないままそうした形でしばしば理解されてはいるが。したがって，そうした否定的反応は，内在的で独立的な価値への非常に有益な敏感さとして理解した方が，はるかに良く理解される。

II　診断と予後

A　遺伝子検査は提供されるべきか

　ここに一連の幅広い問題群がある（部分的には第8章で採り上げられた）。公的私的な手段を通してどれくらいの社会的財がヘルスケアに振り向けられるべきなのか，治療や公衆衛生よりも研究にどれくらいの財が割り当てられるべきなのか，特定の身体状況や疾病に対する研究にどれくらいの財が向けられるべきなのか。おそらく，費用の観点から多くの人々は，ゲノムプロジェクトのような大がかりな遺伝子研究に反対する。彼らが考えるには，もっとためになる金の使い道がある。だが，ここでの議論は予算に関わらない理由からのものにとどめたい。例えば，疾患や疾患素質への遺伝子検査を発展させない理由として，あるいは当該検査が発展したとしても，それを広く利用可能にはさせない理由として考えられてきたものである。

　遺伝子検査によって確実に，あるいは平均値よりも高い蓋然性をもって予測されうる疾患のうち，そのいくつかは別問題としてもよいかもしれない。例えば，一連の治療法，経過観察，食事や日常生活の変更は，当該疾患の蓋然性や深刻さを軽減させる場合がある。これらの疾患の中には，特定の腸の癌やフェニルケトン尿症のような難病が含まれる。これらの疾患に関する遺伝子検査を法的に容易に利用可能とすることに対して反対する十分な理由を考えることは難しい。確かに，そうした遺伝子検査が利用できるようになっても，それで得をするのは貧困者ではなく富裕

者たちかもしれない。なぜなら，そうした検査費用は富裕者たちだけが払えるような額であり，あるいは，検査結果に基づく医療行為（頻繁な結腸ファイバースコープや高価な特別食餌療法など）は庶民には高嶺の花だからである。また，検査結果が他人の手に渡る（雇用主や保険者など）ことも考えられ，それは患者にとって危険なことである。だが，これらの短所を補って余りあるものこそが，寿命を伸ばす価値なのである。けれども，ハンチントン舞踏病や特定の乳ガンなど，少なくとも現段階での医学的知識上，治癒軽快しえないとされる疾患に至る必然性や蓋然性も遺伝子検査は特定できる。そこで，これらの疾患に関する次のような主張が考慮されなければならない。曰く，遺伝子検査は害こそあれ益するところは全くない。なぜなら，死刑宣告にも等しい検査結果は人々を絶望の淵に追いやる可能性が高い。また，雇用主や保険者など，当該遺伝情報を知らせたくないような者たちにそうした情報が渡れば，人々にとってそれは破滅的だからである。けれども私自身の見解は次のようなものである。成人の中で，遺伝子検査を希望し，検査の意味や他者への情報流出の危険性についての知識を可能な限り与えられてきた者たちには，検査が認められるべきである。そうした者たちの中には（例えばハンチントン舞踏病患者の家族には），自分も罹患するのではないかと既にぞっとしている者がいるかもしれない。ゆえに，彼らにとって知らないでいられることの安心感は深刻な検査結果を知ることと同じくらい大事なことかどうかを，自ら判断することが認められるべきだ。もちろん，より大切に余命をすごすために，多くの人々が自らの命が残り少ないことを知りたがるだろう。したがって，彼らにはそうした情報を知る機会が与えられるべきである。後述のように，遺伝子検査情報に対する第三者のアクセス制限には，より一般的な理由がある。だが，共同体が設ける第三者アクセス制限がどんなに実現可能性が高く，望ましいものであろうとも，成人の患者本人には自分の危険の程度を判断することが認められなければならない。

　だが，子どもについてはどうだろうか。出生前とまではいかなくとも，出生後ただちにあらゆる遺伝子異常を調べる検査は果して容認されるべきなのか。確かに，本人の遺伝子異常を他人が知っているという状況下で子どもが育つということは不公正なことかもしれない。たとえ，その情報が何とか家族に限定されたとしても，家族はやはりその子どもを特別視するからだ。だが，そうした家族は，本人の生活をしやすくするために遺伝子情報を用いると同時に，家族全員にとっての最悪の帰結を回避するためにも用いるかもしれない。したがって，そのような情報入手を家

族に否定することは果して正しいのだろうか。加えて，包括的遺伝子検査を法的に禁止することは，研究一般の進展に有害な影響があり，また現時点で治療困難とされている疾患の治療研究にとって障害となる可能性もある。こうしたことを考慮すると，家族には子どもの包括的遺伝子検査が認められるべきではないか。もちろん，今までの実践例が強調するところによれば，遺伝子情報の流出・拡散に対しては効果的な制限が設けられる必要性があるが。

B　出生前検査

　出生前検査に反対する主な理由は，人工妊娠中絶の恐れや，誤った理由による中絶への恐れにある。もちろん，昨今，多くの親たちが胎児の性別を知りたがるように，彼らは軽い気持で可能な限り胎児についての詳しい遺伝子情報を知ろうとするかもしれない。だがそこでの一番の関心事はやはり中絶問題であり，したがって特に難しく恐ろしげな問題に我々は取り組まなければならないのである。米国における既存の法の下で，そして各民主主義国で少なくとも事実上行われているところでは，妊娠初期の無条件の中絶に対して法的には禁止されていないし，今のところ厳格な法的規制が採用される見込みも薄い。こうした状況に鑑みると，強硬な中絶反対派にとっては，中絶数を増やすような情報は入手させるべきでないということにどうしてもなる。反対派が確信しきっているところによれば，殺人と彼らが見なす数を少しでも減らす手段は（遺伝子検査禁止を含め），どんなものであっても正当化される。だが，我々の中で彼らの一般的立場を拒否する者は（なぜなら，感覚器官が発達する前でも，胎児には胎児固有の利益があると考えることは全く当然のことだとまでは信じていないので），より選択困難な状況に陥る。我々は一連の諸問題に遭遇する。そもそも中絶は道徳的に誤っているのか。もしそうだとすれば，誤っているかどうかは中絶動機に基づくものなのか。もしそうならば，我々が多数派であるとして，中絶は悪いものだという信念を刑法的に強要することは果して妥当なのか。もしそうだとすると，現在議論されているような手段（妊娠中の胎児に関する情報を母親が知ることに対する制限など）は，そうした信念を強要するに相応しい手段なのか。

　思い起すべきは，妊娠初期胎児には自らの利益がないという仮定に立つということは，すなわち既述の二つの価値のうち，二番目の道徳的問題について考えているということとなる。それが，派生的価値とは異なる独立的価値の問題である。そう

した価値をめぐる意見は，特定の民主主義的文化内においてさえも全く千差万別である。その理由は主として，民主主義的文化内で共存する全く異なった各々の宗教的信念から来ている。私自身が信ずるところによれば，各々の人間的生が持つ固有の価値に対して尊敬を示さない中絶は，どんな妊娠段階や中絶形態であっても，それは道徳的に誤っている。したがって，各中絶行為が道徳的に正しいか誤っているかはひとえに中絶動機に基づくのである。[(2)] 原則的に言えば，人間的生に対して適切な尊敬を示す中絶とは，次の二つの場合が考えられる。第一に，出生してもその子どもの生のありようが絶望的である場合。例えば，通常の生活にとっては当たり前と思われるような様々な望みが（痛みからの自由，十分に体が動かせること，知的感情的生活を送る能力，計画を立て実行する能力，等々）万が一実現されるとしても，それが非常に限定的範囲で実現されるにすぎない場合である。第二に，その出生自体が，他者の生（母親や他の子どもなど）に壊滅的な打撃を与える可能性が著しく高い場合。その場合には，母親や他の子どもなどの生が持つ固有の価値に対する配慮が胎児の生への配慮を上回ると一見思われるかもしれない。なぜなら，まだ胎児には生物学的実体以上のものがつけ加えられていないからだ。

この二番目の状況は，非常に大きな道徳的政治的重要性を持っているが，ここではこれ以上論じない。最初のほうには更に二つの状況が考えられる。一つには，出生後に予想される生のありようがあまりにもひどいので，そうした生の価値を考慮して当該中絶を正当化するような状況。もう一つは，予想される生のありようがそれほどひどくない状況である。ではその二つをどのように区別すれば良いのか。非常に深刻な遺伝子異常による疾患が出生直後や幼児期に現われ，余命幾ばくもないという状況は，問題なく中絶が正当化されると思われる。私自身としては，そうした状況に該当するものとして次のような事例を想定している。例えば，重篤で致命的な疾患が後に発症する場合において，その発症年齢がそれほど高くなく，殆どの人間の寿命の範囲内であるような場合（ハンチントン舞踏病など）である。だが，多くの癌や心臓疾患のように，多くの人々の寿命内では発症しないような疾患については，いくらその疾患になりやすい傾向であっても，それはここには含まれないだろう。また，そこに含まれると思われる状況には，ダウン症のように知的情緒的発達にとって深刻な障害となる疾患が挙げられる。この疾患をめぐっては，激しい意見の対立が引き起されてきたが，ここで確認されるべきは，中絶が道徳的に悪いという前提で現在議論しているということであり，逆に中絶しないことが道徳的に

悪いという前提で議論しているわけではないということである。両者はもちろん非常に異なった問題である。私はここで，平均値以下の身長にしかなりそうもないといった条件を中絶理由に含めるつもりはない。もちろん，そうした条件について，該当する人間たちは時として恨めしく思うものだが，それは私が想定している状況には当てはまらない。当然，性別をここに含めるつもりもない。どんなにどちらかの性別の子どもを欲しがったとしても，望まない性別だからという理由で中絶することは生命への尊敬を示しているとはとても言えない。

既に私が区別してきたところによれば，特定の理由による中絶が悪いかどうかという問題と，悪いとされるにせよそれを政府が禁止することが正しいかどうかという問題は別である。私の見解によれば，重要な自由の行使を政府が禁止する唯一の正当化根拠が宗教的次元での独立的価値の保護にある場合には，自由行使の実際の動機がどんなものであろうとも，政府はそれを禁止する権利を持たないこととなる。もしそうであるとするなら，直接的に禁止してはならないとされていることを，人々に情報を与えないというやり方によって，間接的に禁止する権利を政府は当然持っていない。もちろん，以下のことが強調されるべきであることは言うまでもない。重要な独立的価値に関わる決定を責任を持ってなすよう，人々に対して教育し説き続けることは政府の権利であり責任であるということ。したがって，一方の性別だけの中絶や，他の相応しくない動機による中絶は違法でないとしても誤っているという見解を，政府担当者は強く主張しても良いのである。

C 胎児選別

試験管内受精は特定の接合子を選別して移植することが必要であり，したがって他の接合子は捨てられることとなる。こうした理由から，接合子を人格的存在と見なす中絶反対派は，人工受精を糾弾する。しかし繰り返して言えば，そうした信念を持たない者はここでも区別を行わざるをえない。数回の細胞分裂の後に当該接合子の包括的な遺伝子情報が仮に判るとしたら（論者によってはその段階は近いとされる），どの接合子を母胎に移植するかという選択に際してその遺伝子情報を利用することは正当化されるのだろうか。もし当該接合子中に深刻な遺伝的欠陥が発見され，その欠陥を持った胎児を中絶することが道徳的に認められるとするならば，そもそもそうした接合子を移植しないことが道徳的に認められ，ひょっとしたらそうすることが道徳的に求められるとも言えそうである。だが，逆もまた真なりであ

る。生まれてくる子どもが標準身長よりも低くなりそうだからといって，あるいは望んでいない性別であるからといって中絶することが道徳的に誤っているとするならば，やはりそうした性質を持った接合子を排除することは道徳的に誤っていることとなるのだろうか。

　必ずしもそうなるわけではない。我々は生殖技術として試験管内受精を認める。なぜなら，接合子を作り上げ運命づける過程は，同時に，これまで生まれえなかったような生命を開花させるものであるので，一つの接合子に息づいた生命を断つことが生命への冒瀆を示しているとはとても思えないからだ。ただし，接合子が既に移植されている場合には，その性別が女性であるからといって中絶しようとすることは生命への軽蔑を表わしている。なぜなら，そこでの問題は，確立した一つの生命が生きるか死ぬかの問題だからだ。だが，移植前ならば，いくつかの接合子は必然的に死滅することとなり，そこで性別を選別根拠とするのは機会利用でないのと同様，生命冒瀆でもないだろう。選別に用いられる根拠として性別や他の特徴を持ち出すことは認められないという主張は全くなりたたない，とまでは私は思っていない。そうした主張については遺伝子工学の箇所で検討していきたい。

D　知って良いのは誰か

　ここで全く異なった問題群に移らなければならない。被験者本人ではない者が遺伝子情報を利用することに対して，どのような制限が課されるべきかという問題である。遺伝子検査の批判者たちは，検査結果の流布から起りうる様々な危険性についてこれまで述べてきた。ある人物が近いうちに死亡するだろうとか，ある疾患に対してその人物は非常に脆弱であるということがもし広く知られるならば，その結果として，他者は本人を特別扱いするだろう。例えば，そうした人間との結婚や，場合によっては友達づきあいでさえも，それほど魅力的なものと思われないようになるかもしれない。全く逆に，今度は人々は過度に気づかい，思いやりを見せるかもしれない。こうした態度もやはり望ましいものではないだろう。また，特に雇用主や保険会社がそうした遺伝子情報を知った場合には，金が絡むのでその結果は悲惨である。そのような遺伝子情報が知られた場合には，少なくとも当人が高い地位で雇用されることはないだろうし，また当人向けに特別に設定された，極端に高額な保険料以外で保険加入はできないだろう。こうした破滅的結果は果してどの程度公正なのだろうか。

このような状況をもし不公正とするなら，そうした不公正は既に我々の生活の一部であると認めることから始めなければならない。外見上から障害者と判る人々は，結果として社会的感情的危害を被る。そして雇用主や保険会社は，各自の病歴に関する多くの情報を尋ねる権利を持ち，そうした情報に基づいて行動している。それに輪をかけて，包括的な遺伝子情報の入手や，癌，心臓疾患，攻撃的態度等になりやすいという部分的な遺伝子情報入手は，あるいはエイズ感染が続く限り各自の性的嗜好に関する情報入手も，多くの人が様々な形態の差別に苦しむことを更に助長するだろう。

ある種の人々は，そうした危険に対する直観的反応として，遺伝子情報入手は本人の独占的管理下に置かれるべきだとまず考える。だが，この要請は原則としても強すぎ，実際に行うことは不可能ではないにせよ，非常に困難である。DNAの証拠は，犯罪捜査や訴追において決して用いられるべきものではないのだろうか。忌まわしいO. J. シンプソン事件は，少なくともそうした証拠の強さと脆さの両方を人々に教えてくれた。けれども，そうしたDNA情報利用を完全に控えることまではしない方がよいだろう。なぜなら，特にDNA保管技術や検査技術は信頼できるものになりつつあるからだ。では，特定の病気に非常にかかりやすいことが，社会一般に対して非常に危険を及ぼすような職業においてはどうだろうか。例えば，パイロットにおける心臓発作であるとか，大統領の深刻な病気などである。また，実際には全く異なった危険に対して保険をかけている人々であっても，全員同額の保険料を支払うべきだということは果して正しいのだろうか。そうすることで，誰かは他の人物に対して補助金を与えていることにはならないのだろうか。喫煙者が割高の生命保険料を支払うことは正しいと我々は考えている。ニコチン中毒にかかりやすい一組の対立遺伝子を見つけたとしてみよう。その場合に，喫煙者に対して割高の保険料を要求し続けることは認められないのだろうか。もし認められないとすると，遺伝子の組み合せによって引き起される危険性が，染色体内に潜伏しているのではなく，目に見える行動で現われた場合にはなぜ異なった処遇が必要とされるべきなのだろうか。

では実際にはどのようにして，妥当な遺伝子情報利用とそうでないものとを区別できるのか。保険加入条件として遺伝子検査を求めることや，そうした検査をこれまで加入者が行ったことがあるかどうかを尋ねることが健康保険会社には禁止されているとしよう。その場合には，今度は保険会社が「逆選択」によってつぶされて

しまうだろう。遺伝子検査の結果，非常に将来が危険であると判った場合に，人々は高額な保険に加入し，殆ど危険でないと判った場合に保険には全く加入しようとはしないだろう。そうすれば保険会社の倒産が続出する。では，遺伝子検査を受けた保険加入希望者に対して，保険会社には遺伝子情報を尋ねる権利が与えられるべきなのか。そうした申告義務が設定されれば，多くの人間は遺伝子検査を受けることをためらうようになり，それは自らの健康や公衆衛生にとって打撃となる（こうしたことは「保険のディレンマ」と呼べるかもしれない）。

以上の問いかけと説明は，問題自体の複雑さを暗示している。より劇的な形では，従来からの社会正義的難問として立ち現われるが，我々はそうした問題をこれまで適切に理解あるいは対処してこなかった。少なくとも遺伝子問題の文脈においては，二つの面から立ち向かう必要がある。第一に，公正な雇用基準を更に練り上げていく必要である。その基準は，適格な組織によって公共的利益と商業的利益の配分を考慮しつつ決定されるべきだ。例えば航空会社には，パイロットに対して適切な遺伝子検査を自社費用で要求する権利が与えられるべきだ。なぜなら，公共的利益のバランスからはそうした検査が肯定されるからである。また，ある人物が壮年期にハンチントン舞踏病で死亡するであろうことを知っている会社が，当該人物を雇って訓練しようとはまず思わないだろう。しかし，それでも我々は，そうした疾患の傾向が表面化するような情報を雇用者が求めることを殆どの場合において認めるべきではない。既に運命づけられた人物の短き人生において，一生涯失業中であり続けることの打撃は大きすぎる。その打撃は，常に危険を冒し続けてきたとも言える雇用者側に対して更に危険を冒させることよりもはるかに大きい。それはたとえ，遺伝子科学の進歩によってそうした危険を軽減することが雇用者側にとっては今や技術的に可能となっていてもそうである。

第二に，保険の問題についてはもっと直接的に立ち向うべきである。私が思うに，基本的な健康保険と生命保険は民間部門にもはや任されるべきではない，という否応なしの究極的な議論を保険のディレンマは提供している。繁栄する民主主義諸国家の中で米国だけが，健康保険に関するそうした教訓をいまだに得ていない（生命保険はあまり重要でなくなってきているが，いまだに存在理由があるので，多くの国において民間部門に残されている）。もし私の予想が正しいなら，すなわち遺伝子情報が更に利用可能となるにつれて保険のディレンマがますます問題化するならば，遺伝子研究は上記のように，社会的公正を押し進めるという予期せぬ望ましい

効果を持つかもしれない。基本的な健康保険は誰に対しても供給されるべきであり，それは税によって資金調達されなければならない。その具体的な金額は，仮想的保険市場をモデル化することで見積もられる。そこでの保険は，「共同体的掛金」（community rating）で，つまり各加入者が平均的リスクを示しているという仮定の下での値段で全員に提供されるものである（ヘルスケアに関するこの枠組は第8章の主題である）。遺伝子情報は，この共同体的掛金を計算することにおいて非常に重要であろう。だが人々を選別するためにそうした情報を用いるべきではない。では，民間保険会社に対しては，基本的保険の保障範囲を越えて市場価格で追加の健康保険ないし生命保険を提供することが認められるべきなのだろうか。私自身はそう判断している。そしてその可能性自体が，基本的保険の公正で妥当な範囲（以下に論じる）の確定という問題の重要性を示している。果して保険会社が遺伝子検査を要求することは，保険計算や商業的効率性の観点や，既述の追加的保険への差別的保険料設定の観点から認められるのか。私はそう判断している。

E　正義と遺伝子医学

　税金を財源として国民全員に対して国家が単独で健康保険を提供する場合には，国家は自らの権力を笠に着て遺伝子検査を行い，不遇な遺伝子を持つ人々を選別するなどということをしてはならない（ここで，より大きな危険の引き金となる喫煙などの習慣と，そもそもそうした危険の下地となるような遺伝子的傾向の間にどのような境界線が引かれるべきかという興味深い問題が生ずるだろう。だが，とりあえずこれらの問題は論じないでおく）。そこで，さらなる喫緊の問題が現われる。まず，遺伝子検査をすれば発病傾向が判るような人間を特に選別しない場合，国民健康保険はそうした病気に対して，どの程度の基本的治療を提供すべきなのか。同時に，国民健康保険は，遺伝子研究や遺伝子産業の発展に伴って利用可能となりそうな，疑いもなく高価な最新診断技術や治療をも提供すべきなのか。

　現在利用可能な遺伝子医学の中には，医者の診断を助ける最新技術が含まれている。例えば，各患者がどんな型の癌であるかとか，癌化促進遺伝子が他の遺伝子情報部分といかに影響し合っているかなどである。そうした技術によって，医者は化学療法や遺伝子療法をより効果的に計画・指示できるようになる。遺伝子研究者たちは革命的技術を進展させつつあり，その中には劇的な医学的効果を持つものもあるらしい。例えば，本人の体から取り出した細胞に対して，より改善された遺伝子

情報を生み出すような変更を加え，また体に戻すといった蛋白質構成の改造などだ。ではこうした劇的な診断・治療技術は全員に利用可能とされるべきなのだろうか。我々はついつい次のように言いたくなってしまう。生命を救うものならどんなものでも，できるだけ早く全員に与えなければならない。また，人々の命を救う金を共同体が払いたがらないという理由で彼らの命が失われるなら，それは恥ずべきことだ，と。

けれども第8章で述べたように，そうした「救命原理」(rescue principle) を本当に共同体が実行しようとするならば（単に言葉の上でこの原理に賛成し，実際には行わないという次元ではなく），ヘルスケア以外には何の資源も（教育，職業訓練，文化などへの資源）残らない状態になってしまうかもしれず，そうなれば，長期間に互って人々は惨めな状態に置かれる結果に終るだろう。もしこの悲しい事実を認めて，供給するには高額すぎるという理由から特定救命治療が否定されるとするなら，自らその高額な治療を購入できる人々に対してはそうした治療が認められるべきなのか。あるいは，それらの人々に対しても，不平等な富の分布から生ずる不正義がますますひどくならないようにするために，高額治療の機会は否定されるべきなのだろうか。

これらの問題を適切に考慮すべきであるとするなら，当初，脇に置いていた論点に立ち返る必要があるだろう。つまり，公正の観点から，国家はヘルスケアに対してどの程度出費すべきなのか。そしてその出費はどのように配分されるべきなのか。第8章で打ち出した解答をここで簡単にまとめておく。次の思考実験を考えて欲しい。そこでは次のようなことが仮定されている。すなわち，各々の政治社会における市民は各自の嗜好や企図を持ち，その社会において平均的とされる富を有する。同時にその仮定において，彼らは遺伝子工学がもたらす利益についての最新情報を十分に有し，更にはその利益を保障する保険料についても知っている。もしも，各市民が特定の治療（例えば，化学療法が必要な場合に，その効果を上げるための遺伝子検査など）を保障する保険を一般的に購入しようとすると判断されるならば，国民健康サーヴィスはその治療を提供すべきこととなる。これとは逆に，もしも各市民が特定の治療（例えば，若干未熟児の傾向がある胎児に対する成長促進治療など）を保障する保険を購入しようとはしないと判断された場合はどうだろうか。そうした治療が必要となる確率は非常に低いという事実から，彼らはおそらく保険料分の金を他のより良い使い道に廻そうと考える。その場合には，国民健康サーヴィ

スは当該治療を保障するべきではない。その結果節約された経費には，当然他の使い道が残される。ただ，私の意見をここで繰り返しておくと，全員向けの医療保障についてのこうした判断とは別に，金持には市場価格で高額治療を購入することが認められるべきである。一般的に言って，質を落とすことによって全員の平等を追求すべきではない。また，特定の治療に対する需要がわずかなものであっても，それは研究を刺激するので，予期せぬ一般的利益をもたらすかもしれない。それは試みなければ生まれえないものである。

III クローンと遺伝子工学

A どうしてだめなのか

　これまで我々は，個人的正義および社会的正義に関するお馴染みの問題を，新しい文脈の中で集中的に検討してきた。これらの問題は遺伝子関連の知識・技術の発見・発明によって深刻化しているが，その問題の根本的性格は変化していない。また，人工妊娠中絶についての短い議論を除いては，いわゆる独立的価値よりも派生的価値に我々は関心を寄せてきた。人々の利益を守るためには，新しい技術がどのように利用され規制されるべきかについて我々は憂慮している。以下の議論では，この強調点を入れ替えてみよう。つまり全く新しい論点や，独立的性格を持つ異なった価値について，主として配慮していく。

　遺伝子研究者が現在取り組んでいる可能性の中で最も印象的なことは，どんな人間が生まれるかを選択する力を科学者や医者が持ちうることである。大雑把な方法ではあるが，そうした力を人間はかなり以前から持っていた。それは，特定の者同士が結婚することによって生まれる子どもには，ある種の特徴が出やすいことに人間が気づいた時からのものである。優生学はアドルフ・ヒトラーも支持したし，またジョージ・バーナード・ショーやオリバー・ウェンデル・ホームズも支持したが，それはこうした簡明な洞察によって作り上げられたものである。しかし，今や遺伝子科学には，少なくとももっともらしい空想としては，詳細な青写真に沿って具体的な特徴を持つべく設計された各人間を実際に作り出す可能性がある。あるいは，選択された遺伝子的特徴を持つべく，現存の人間を胎児段階あるいはそれ以降において作り変える可能性がある。

　空想的段階においてさえも，最初にそうした技術が知らされた時には，ショック

と憤慨が起った。そして，スコットランドの科学者が成体のクローン羊を作り出し，更には遺伝子技術は人間のクローンを作り出すことにも利用されうることを科学者やジャーナリストの予測から知って，人々はそのショックを現実のものとした。対応する各種委員会が慌てて政府や国際機関内に創設され，委員会はそうしたクローンの着想をすべて直ちに非難した。クリントン大統領の決定によって，人間のクローン化研究支援に連邦資金は用いられてはならないこととなった。また上院は，包括的で非常識な法令を拙速に作ってまでして，そうした研究を完全に禁止しようとした。また，包括的な遺伝子工学の可能性は（例えば，望ましい一連の身体的・精神的・感情的傾向を作り出す目的で，接合子の遺伝子構成を変更することなど），大きな恐れと反感を引き起した。そして，クローン羊ドリーの創造に匹敵するような哺乳類への遺伝子工学的成功は，同様な公的反応を引き起こすに違いない（本章でしばしば用いられている「工学・操作」(engineering) という言葉に，私は包括的な遺伝子変更と，人間のクローン化という二つの意味を含めている。後者は前者の一特殊事例だと私は考えている。もちろん，遺伝子工学・操作とクローン化は非常に異なった技術である。だが，そこで引き起される多くの社会的道徳的問題は同じなのである）。

　欧州議会が打ち出したレトリックは，遺伝子工学的可能性に対する反応としてはそれほど変ったものではない。「胎児のクローン化に関する決議」において，欧州議会は次のような宣言を行った。曰く，「我々の固い信念によれば，人間のクローン化は，それがまだ実験段階にあろうと，不妊治療や着床前診断で用いられようと，組織移植を目的としたものであろうと，その他のどんな目的であろうと，倫理に反したものであり，道徳的に不快かつ，人格への尊重を損うものである。更には，いかなる状況においてもそれは正当化されえず認められない重大な基本的人権侵害となる。」こうした徹底的な反応を我々はどのように正当化あるいは解釈すればよいのだろうか。こうした反対には三つの理由があるとしばしば言われているが，それらを以下に見ていきたい。第一に，遺伝子研究は大きな危険をもたらすと言われており，したがってそれに対する警戒が声高に主張される。人間のクローン化やその他の包括的遺伝子工学が何らかの程度で可能となるならば，そうしたことへの研究や試みは，例えば，認めがたいほどの数に上る流産や奇形児を生じさせるかもしれない。第二に，遺伝子工学に関する研究は社会的正義の見地から反対される場合もある。クローン化が利用可能となったとしても，それは当分の間，法外な料金とな

るに違いない。したがって，それが利用できるのは，自らの虚栄心からクローン化を望むような金持だけに限られるだろう。それは富による不公正な優越的立場を増すばかりだ（クローン化の行く末を恐れる反対者たちは，幾千ものルパート・マードックやドナルド・トランプの生き写しに言及してきた）。第三に，独立した価値としてのそこそこまともなお馴染みの美学的価値によって，多くの敵対的反応が引き起されてきた。もし遺伝子工学が利用可能となれば，それは現在多くの人々に望まれているような身長，知性，肌の色や人格などの人間的特徴を固定化させるために用いられるかもしれない。世界がそうなってしまえば，新しさ，独創性，新たな魅力，にとって必要な多様性が奪われてしまう。遺伝子研究やその発展を禁止するための以上の正当化理由は，夫々がもっと議論されなければならない。私の考えでは，まだそうした説明では，教条的な反応の強さを個々にあるいはまとまった形で明らかにしているとは言い難い。

安全性　人間のクローン化実験の結果予想に関して，先行事例であるドリーが果してどの程度役立つかは明らかではない。一方で，遺伝子技術はおそらく発展するだろう。他方で，人間のクローン化が羊のクローン化よりもはるかに難しいことははっきりしている。一頭のクローン羊を生み出すためには，数百回もの実験がなされる必要があった。だが，聞くところによれば，それらの生命は妊娠初期段階での流産によって失われ，奇形を持ちながらも生存するわけではなかった。また，クローン化や遺伝子工学が生殖系列（細胞）への損傷を引き起し，それが直ちに催奇性を持つかどうかの判断材料は今のところあまりない。しかしながら，いずれにせよ，こうした危険性自体がさらなる研究の禁止を正当化する十分な理由になるとは思えない。なぜなら，そうした研究によって，危険性に対する認識が更に深まるかもしれないし，実際に起るであろう様々な危険性を未然に防ぎあるいは軽減する我々の能力が高まるかもしれないからである。もちろん，シード博士なる人物が突如マスメディアに登場して，金さえかければ誰のクローンでも作れると請け合ったことは，人々を十分すぎるくらい恐怖に陥れた。だが，規制さえあれば，クローン関連の研究を完全にやめてしまわなくても，シード博士を抑えることは可能であり，延いては何千人ものクローンカウボーイの出現を抑えることも可能である。もしも，遺伝子工学的実験が生み出す危険性を現在我々は考えているというならば，加えて，その技術発展がもたらす期待をも同時に考慮しなければならない。そうした技術発展は，現在のところ先天的あるいは後天的に深刻に現われるような多くの障害や奇

形の数を画期的に減らすだろう。これらの点のバランスを考えれば，実験肯定に傾くかもしれない。

正義 容易に想像しうることだが，遺伝子工学は，金持の特権的利用を押し進め，繁栄した社会および窮乏している社会双方における深刻な不公正を更に悪化させうる。だが，これらの技術には，金持の虚栄心を充たすだけに終らない用途があり，たとえ虚栄心が不適切で禁止された利用動機であるとみなされても，この有益な用途自体が研究や実験を正当化するかもしれない。既述のように，特定の遺伝子工学によって達成されてきた医学的業績や，より包括的な遺伝子工学は，その技術を更に押し進めると固く信じられている。クローン技術によって，非常に劇的な医学的利益がもたらされることは間違いない。絶望的に深刻な病に冒されている子どもを持つ親たちは，もう一人子どもを持ちたいと思い，その子を他の子と同じく愛するだろう。けれども，病気の子どもからクローン化された血液や骨髄が本人の命を救うかもしれないのだ。移植のために，体全体ではなく特定の一器官を作り出すべく，人間の幹細胞をクローン化することは更に明瞭な利益を持つ。癌患者から取り出した細胞に遺伝子操作を加え，その後にクローン化して体内に再び戻すことは，癌治療につながると言われている。また，狭い意味での医療の範囲を超えての利益も当然考えられる。例えば，子どものいない夫婦や，独身女性や男性は，他ならぬクローン技術によって子どもを作ることが好ましいと思うかもしれない。あるいは彼らには，クローン以外の手段が全くないということもありうる。

おそらく，正当化されうる動機以外のすべての動機を排除するために，遺伝子操作を規制することは可能だろう。そうだとすれば，遺伝子工学規制に対する他の異論が万が一ない場合には，正義は遺伝子工学規制を要求するのだろうか。私はそうは考えない。既に言及したように，保障程度を下げることによって平等性を高めようとすべきではない。従来の遺伝医学上の事例が示すように，ある時代においては大金持にしか利用できなかった技術が，全員にとってのより一般的な価値発見に繋がるのである。不正義の救済とは，あくまで再分配のことであり，特定の人間に対する利益（その他の者には当該利益が付与されない場合）の否定のことではない。

美学的価値 既に人間のクローンは存在している。遺伝的に同一の多胎・多生児（不妊治療の結果として増えてきた）はある種のクローン人間だと言える。そして，遺伝子的に同一の子どもの生育史が示すところによれば，同一の遺伝子が同一の表現型を生み出すとは限らない。我々は長年に亙る自然の存在を過小評価して

きたかもしれないが，生育環境もまた重要なのである。したがって逆から言えば，遺伝子工学の行く末に対する不安の大きさは，生育環境の重要性を過小評価してきた証拠である。それにもかかわらず，遺伝的「宝くじ」とも言えるようなこれまでの出生の実態から，遺伝子工学的な出生へと変っていくならば，様々な種類の人間が存在するという喜ばしき状態から，流行の特徴を持った人間だけが存在するという状態へと移行するかもしれず，そうなれば人々は本当に恐れを抱くに違いない。もちろん，ある面で人間の多様性の縮減は間違いなく望ましいことだ。ある人々は体に損傷を持ち，また短命であるべく運命づけられているという事実には，美学的にもその他の観点から言っても何の価値もない。だが，限界つきながらも，多様な対立遺伝子の存在から生ずるような，見た目や行動の違いは，それ自体よいことだと広く信じられている。この考え方は派生的価値に訴えかけている。つまり，すべての人間にとって，多様性のある世界に生きることは誰にとっても望ましい。しかし，この考え方は同時に独立的価値にも訴えかけている。なぜなら，多くの人間が考えているところによれば，多様性はそれ自身が一つの価値であり，したがって何らかの理由で単一性が好まれるようになったとしても，多様性は価値あるものであり続ける。

　だが，いまだ明白とは言えないこととして，遺伝子工学は，それがたとえ自由かつ安価に利用できるようになったしても，望まれるべき多様性を本当にどれくらい脅かすのかということが挙げられる。選択が可能になれば，おそらくすべての親たちは，我が子には現在当り前だと見なされているような程度の知性や技術を，場合によっては相対的に優れたそれを持って欲しいと思うだろう。しかし，それを有害なことと考えてはならない。なぜなら，そうした親の望みは結局，通常のものであれ救済的なものであれ，全般的に知性や技術を向上させるための教育目標だからである。仮に親たちに選択可能性があるとした場合に，彼らは自分たち双方の遺伝子を持つ子どもを作ることとなる通常の性的生殖よりも，父母どちらか一方のクローンや第三者のクローンをしばしば望むかもしれないが，そのことを恐れる理由は果して我々には十分にあるのだろうか。あるいは，有害な対立遺伝子を排除する以外の目的で，または両親の生殖能力に欠陥があるという理由でクローンを選択する場合にも，それを恐れる十分な理由が我々にはあるのだろうか。そうとは思えない。更には，例えば女児よりも男児を作るために，生殖接合子に対して親が操作を加えようとすることを恐れる（多くの人間が実際に恐れるように）理由が我々にはある

のだろうか。確かに，特定の共同体においては（例えばインド北部），男児は明らかに女児よりも好まれる。しかし，そうした男児偏重は，固有の経済的条件や変容しつつある文化的偏見に非常に影響されているものである。したがって，そのような事実から，世界が直ちに圧倒的な男性優位の比率になって男性に支配されてしまうと考える理由は引き出せない。既に，羊水穿刺や，中絶を認める法の存在によって，性別選択的な中絶は可能である。今しばらくは，そのような傾向が強まることはなさそうだが。いずれにせよ，憶測に基づいた理由から遺伝子実験を中止させることは正当化されえない。

　しかしながら，性的非対称の恐れをはるかに超えるような恐れもある。ある種の表現型（例えば，金髪，普通美しいと言われる顔立ち，攻撃的でない性格，背が高い，音楽の才能がある，才気煥発さなど）が特別に好まれる文化において，そうした表現型が席巻するようになるかもしれないという恐れだ。だが，そうした恐れに含まれている科学的前提自体を少し立ち止まってゆっくり考えるべきである。その科学的前提によれば，包括的な遺伝子設計が可能であるだけでなくその設計に沿って望まれる特徴を持った表現型が一人の人間に集められうる。それはあたかも，夫々の特徴は一組の対立遺伝子の産物であり，あるいはその対立遺伝子自体が少なくとも当該特徴出現の可能性を著しく高め，またそうした対立遺伝子は既に特定化されていて，他の対立遺伝子の特定化やその表現型とは無関係に固有の帰結を生むとされるようなものである。だが，これらの前提はすべてあやしいものであり，これらの前提を組み合わせた場合には特にあやしい。対照的に，最先端の遺伝子工学を自由に利用できる親でさえも，表現型の組み合せを選択することは非常に困難であり，またたとえ利用したとしても，養育や経験がそうした影響を減じさせてしまう可能性の方がはるかに高い。また，我々が現在賞賛する多種多様な違い（それは親たちの中にも存在する）自体に応じて，親たちは各人別様の選択をするだろう。この選択の多様性は，今度は生まれてきた子どもたち自身の夫々異なった個人的選択によって（おそらく個性が明確になるに伴って）ますます広がっていくだろう。

　更には，以上の科学的前提が疑わしいのと同様に，恐れの背景にある動機に関する基本的前提もまた疑わしいように思われる。その前提によれば，生殖作用の神秘さ（結局のところ，その価値そのものに，我々の批判の中心がある）に対して殆どの人間は喜びを覚え，多くの，おそらくは大部分の人間が明白な奇形や障害除去の目的以外で遺伝子工学を利用することは忌むべきものとして慎む筈なのである。こ

うした前提がすべて正しいとしても，美学的批判はいささか大仰なものであり，あるいはその批判を高く評価したとしても，それはまだ時期尚早なものである。したがって，研究や実験でしか得られないような種類の情報がもっともっと必要となろう。そうした情報を得た後に，はじめて美学的批判の基礎にある前提自体も判断できるのだ。研究を妨害するためにその批判を利用することは，ゆえに非合理的である。

B 神を演じる

　ここまで，種々の議論やそれに対する反論を検討してきたが，人々の間で直接，広く持たれてきた上記の嫌悪感に繋がるような，T. S. エリオットが言うところの「客観的相似物」（objective correlative）が十分に示されたとは言えない。人々はそうした嫌悪感について，明瞭な根拠のないままにもっともだと感ずる場合がある。たとえその根拠を十分に明確化できない（ことがあった）としても，彼らはその根拠を興奮気味で，論理的にはおかしい言い方で述べることはできる。例えば，前述した欧州議会の決議における「基本的人権」に突飛な形で訴えることなどである。この嫌悪感のより深い根拠を十分に理解しない限り，遺伝子工学研究進展に対する根強い政治的社会的抵抗のありようを適切に認識することはできないだろうし，そうした研究がもたらす本当の道徳的倫理的問題を認識することもできないだろう。まずは，お馴染みのもう一つのレトリックから始めてみよう。特に，より馴染みの批判が通じないと判れば，今度は，神を演じることは誤っていると人々は非難するものだ。

　この非難は，既述してきた価値のうちの派生的価値ではなく，独立的価値によっている。神を演じることは，特定の人物に対してもたらしうる悪い帰結とは無関係に，それ自体誤っていると考えられている。にもかかわらず，神を演じてはならないという命令が本当に意味しているところは全く不明瞭である。つまり，神を演じることとは何であるか，正確に言えば神を演じることによる不具合が全く不明瞭なのである。天災に対して人間が抵抗しようとすることや，自然が人間に与えた手段を改良しようとすることがすべて誤っているわけではもちろんない。人間は常にそうすべきだし，また事実そうしてきた。結局のところ，ペニシリンを発明することと，ペニシリンによって治療可能な病気よりもはるかに恐ろしい病気を治療するために遺伝子操作されたクローン遺伝子を用いることの間には，一体どんな違いがあ

第13章　神を演じる：遺伝子，クローン，運

るのだろうか。自分の子どもに対して減量や体力増強の目的で激しい運動をさせることと，同じ目的で胎児のうちに遺伝子操作することには一体どんな違いがあるのだろうか。

　これらは修辞学的問題ではない。我々はこれらの問題に答えようとしなければならないが，道徳的倫理的経験の全体構造の中では，それらの具体的問題から一定の距離を置いて考えようとしなければならない。というのは，その構造は決定的に次の差異に基づいているからである。すなわち，個人的にせよ集団的にせよ，行為や決定に対して責任を持つべき範囲と，与えられている条件である，行為や決定の背景（それを変更することは殆ど不可能）との間の差異である。古代ギリシャ人にとって，この差異は，自分自身と，運命・宿命（神々の手や責任に委ねられたもの）の差異であった。今日においても，このことは，伝統的な宗教的信条を持つ人々にとっては，如何にして神がこの世界を設計したか（その中には自然的条件も含まれる）ということと，神から付与された自由意思の範囲との差異に対応している。より教養のある人間ならば，科学用語を使って同じ結論を導くだろう。彼らにとっての基本的差異とは，素粒子やエネルギー，遺伝子などによって自然（進化を含む）が作り上げてきたものと，そうして作り上げられた世界の中で，遺伝子的条件の範囲内で我々が実際に行うこととの間の差異である。そうした差異がどのように表現されようとも，神の意志や盲目的過程以外の何物でもないものが原因となるような，我々自らを作り上げるものと，そうして受け継がれた条件の中で我々が個別にせよ集団的にせよ実際に責任を負うべく行動する内容との間には，境界線が誰にとっても存在する。

　偶然性と選択性の間のそうした決定的境界線は，我々の倫理や道徳性の中枢的部分にあり，その大幅な変動は非常に混乱を呼ぶ。例えば，良い生活に対して我々が抱く感覚とは，従来の寿命に関する諸前提に従って基本的に形成される。もし仮に，平均寿命が現在の10倍の長さに突然なったとしたら，魅力的な生活の中身について全く考え直さなければならなくなるに違いない。また，自動車運転などのような，他人を不慮の死に巻き込む危険のある行為の中で，どんなものが道徳的に認容されるのかについても全く考え直さなければならなくなるだろう。既に歴史が示すところによれば，現時点においても，科学的変化が如何に根本的に諸価値を揺るがせているかという具体例は，それほど劇的な形ではないにせよ明らかに存在している。例えば，戦時において指導者たちには自軍の兵士たちをどんなことがあっても保護

する責任があるという，人々の確固たる信念は，科学者が原子分裂を成功させ，その結果，そうした信念によっても正当化されうる殺戮が圧倒的に拡大した時に，変化した。安楽死や自殺についての人々の確固とした信念は，患者にとっての意味ある生を超えて延命させる医者の力を末期医療が劇的に強めた時に，変化した。これらの事例において，道徳的に安定した時代は不安定なそれになった。双方の挿話において人々は「神を演じる」という表現に到達した。一方の事例では，神のデザインにおいて根本的だと考えられてきたものを分割することによって，自然に対する我々の力を劇的に強めた科学者たちを糾弾するために。他方では，過去の医学の限界において，容易に神独自の領域としてきた決定を行う末期患者を批判するために。

　私の仮説によれば，遺伝子科学は，前述の問題と同種だがはるかに論争的な道徳的混乱の可能性に突然気づかせてくれた。我々は，他者をデザインする人間の可能性を恐れる。なぜなら，そうした可能性はそれ自身が（上述の事例よりもはるかに劇的な形で），包括的に我々の価値を形づくる偶然性と選択の境界線を変更してしまうからである。また，そうした変更が危険なのは，派生的価値にせよ独立的価値にせよそれが現存の諸価値を傷つけるからではなく，逆に，こうした諸価値の大部分を突然陳腐なものにしてしまうからである。肉体とは（各個人の物質的基盤を構成する脳と身体は）長い間，我々にとって圧倒的に重要で，同時にその初期条件においては変えられず，ゆえに個人的にせよ集合的にせよ，自らの責任の範囲を超える性質を持つ究極的なパラダイムであり続けてきた。お馴染みの「遺伝的宝くじ」(genetic lottery) という言い回し自体が，根本的には我々は選択ではなく偶然性によって作り上げられているという基本的信念を示している。私は別に，遺伝的連続性が人格的同一性についての細かい哲学的問題への鍵になるとは思わない。何人かの哲学者たちは鍵になると実際に考えているが。ここでは心理学的な点に言及しておく。人々の考えによれば，神や自然が作り上げるものと，それを用いて（その範囲内で）人間が責任を持ってなすこととの間の本質的差異は，物理的に定義されるべきである。例えば，「遺伝子」なる用語や，古い科学の隠喩であれば「血」で語られるべきなのである。

　もし，現在考察中の可能性を，つまり，科学者たちが現実に得てきた能力によって，子どもを欲しがっている人々や科学者自身の望み通りの表現型を持った人間を作り上げてしまう可能性を深刻なものとして捉えるならば，安定した道徳的倫理的態度を殆ど一から組み立て直す必要があるだろう。例えば，我々は偶然性と選択の

違いを,様々な状況や条件に対する責任の割当において用いるだけでなく,誇り(自然が我々に与えたものに対する誇りを含む)の評価においても用いている。現在顕著に見られることだが,人々は自ら選択・創造してこなかった身体的特徴や技能(例えば身体的外見や力強さなど)に対して誇りを持つ。だがそれは,自らが貢献することなく他人の努力の結果,そうなった場合には当てはまらない。つまり,美容整形外科医によって美容整形手術を受けた女性はその結果に喜ぶかもしれないが,それに誇りは持てない。少なくとも,それは,生まれつきそうした美しさであった場合に持ったであろう誇りとは全く違う誇りである。仮に我々の肉体的特徴が,厳然たる自然の結果(その場合には,結果に対して誇りを持てる)ではなく,親や彼らに雇われた遺伝学者の決定の結果であるならば,そうした特徴や,それに更に修正を加えることに対して我々が抱く誇りはどうなるのだろうか。

　だが,偶然性と選択の基本的差異についての最も劇的な用いられ方は,やはり個人的責任および集合的責任を課すことにおけるものであり,ここにおいて最も道徳的不安定さが増すのではないか。我々は,出生時の条件を,自ら担うべき責任の一要素として現在認めている(その責任については可能な限り最善を尽さなければならない)。だが,それは他者を非難しうる潜在的領域としては見なされていない。もちろん例外はある。例えば,比較的最近に解ったことだが,喫煙や薬物服用などの習慣が胎児の発達に悪影響を与えるような特殊事例である。それ以外でも,リチャード・クルックバックのように,我々は自らの運命を呪うこともあるが,その場合,特定の他人を責めているわけではない。同様の区別は,社会的責任についても,少なくとも殆どの人間や多くの思慮深い道徳哲学者に対しては,同じく当てはまる。我々がより大きな責任を感じるのは,労働災害や人種的偏見の被害者たちに賠償する際である。異なった形でではあるが,彼らは両者とも広い意味で社会の犠牲者である。彼らに対するのに比べて,我々がそれほど賠償責任を感じない相手とは,遺伝子的欠陥を持って生まれた者や,稲妻によって傷害を負った人,その他法律家や保険会社が「神の仕業」と呼ぶような種類の出来事によって傷害を負った人物などである。もし自分の人となりが他人の決定によるものであるとしたら(介入せずに自然に任せるという親の決定を含む),こうしたすべてのことはどのように変化するのだろうか。

　それは変化するに違いない。だがどのようにして,またなぜ変化するに違いないのか。繰り返すと,これらの問題は修辞学上のものではない。私にはその答えが分

からないし，予想も殆どできない。しかし，そのことこそが問題なのである。遺伝子操作という考えについて我々の多くが感じる恐怖とは，邪悪であることに対する恐れではない。それはむしろ，何が邪悪であるかが判らなくなる恐れなのである。偶然性と選択の間の境界線が最も劇的に変化したとしても，道徳自身はやはりそこで問われていると我々には考える資格は与えられていない（そのことは非常に混乱を呼ぶだろう）。つまり，いつの日か，もはや悪も正もなくなるかもしれないのである。しかし，我々には次のようなことを憂慮する資格がある。例えば，既に定まった多くの信念が崩される恐れ，ある種の道徳的退廃，そして，新しい問題背景や不安定な結果を再び考慮しなければならないこと。神を演じることとは，危険に手を出すことなのだ。

　さて，次のように想定してみよう。この仮説は，少なくとも修正され改善されるならば，理解できるし，またそれは，遺伝子操作に対する人々の感情的反発の何とも言えない執拗さをうまく説明しているだろう。そうした反発は，当初検討してきた個別の理由によってはよく説明のつかないものなのだから，と。では我々は，「神の役割を演じてはならない」という（少なくとも，これこれの場合には演ずるべきでないとの）反対論の背景説明だけでなく，その正当化理由も発見したこととなるのだろうか。私はそうは思わない。我々は後戻りする口実ではなく，応じなければならない挑戦的課題をおそらく発見したのである。というのは，この仮説には，派生的にせよ独立的にせよ価値が全く含まれていない。これが明らかにするのは，ただ二種類の現代的価値がひょっとしたら誤っていたり，少なくとも無分別である理由だけである。もし我々が道徳的倫理的に責任を負っている存在だとするならば，一旦現代的価値に関する最も基本的な前提のいくつかが現状に合わず誤っていると判断される（既に判断されている）限り，もう後戻りはできない。神を演じることとは，まさに危険に手を出すことなのだ。だが，それは我々生身の人間が，危険な発見の守護聖人であるプロメテウス以来，既に行ってきたところである。我々は危険に手を出し，結果を引き受けるのだ。なぜなら，そうでなければ未知のものに直面した際に臆病になるだけだからだ。

IV　後記：倫理的個人主義のインパクト

　もしも，クローンや遺伝子操作に関してここまで議論されてきた劇的な技術が，多くの生物学者が考えるように，単なる空想科学小説であるとしても，それでもな

第13章 神を演じる：遺伝子，クローン，運　　　　　　　　　　583

お，それは既に人々に普及してしまった空想である。そこでは，人々の道徳的倫理的信念に基づいて広く存在する敵対的反発が，自立的な真の科学的発展の前に立ちはだかる。たとえ，人間まるごとをクローン化することが不可能であっても，それでもクローン化過程を研究することには非常に大きな医学的利益がある。例えば，患者本人の体細胞を用いて，拒絶反応を起さない本人移植用臓器を作成する利益である。しかしながら，人々の広い範囲での敵対的反発は見境のない形で存在し続け，そのような研究すべてに対する一律的禁止を生む恐れがある。したがって，人々の想像の中で恐れられているような形で，最も劇的な結果が実際に生まれるとしても，クローン関連研究を中止させる十分な理由を当の道徳的倫理的異議が提供しているかどうかを議論することは有益である。更に言えば，クローンや劇的な遺伝子操作の前評判によって引き起された論点は，たとえこれらの技術が本当に可能なものではなくても，道徳的には有益なものである。ひとたびこうした技術の噂が広まれば，そこでの議論によって，既に確立された一般的諸前提の一貫性や適切さを判断するための新鮮で価値ある基準が作られる。例えば，我々の多くは生殖の自由を基本的人権と見なしている。そのような権利を認めたとして，それが自分のクローンを作る自由や，特定の人間的理想に基づく子どもの設計にまで拡張されうるとしても，我々はなお，そうした信念を維持できるのだろうか。

　そのような問題が重要に思われるかどうかは，道徳の特質に関して各自が抱く見解にかなり依存している。ある種の人々は，道徳的信念に対して実用主義的態度をとる。彼らによれば，道徳とは，潜在的衝突に際して有益かつ穏便な形で行動調整する装置なのである。そうした実用派にとって，一旦調整された行動の再調整が求められる（求められたとしても長期に亙るものではない）のは何でもないことであり，それを心配するということはおそらく理解不能である。一方，他の人々の考えによれば，道徳とはより独立的な地位にあり，権威を持つ。たとえありそうもない想像上の状況においてさえも，生殖的自律のような原理を彼らは支持しないだろうと自ら認めなければならないとすれば，そうした原理が最優先的権威を持つべきだという主張に対して，彼らはいかなる議論の根拠も（たとえその議論が実践的な重要性を直接持つものであっても）置くことをいやがるだろう。私が信ずるに，殆どの人間は自らの道徳原理や信念に対して，前者の態度（より手段的なもの）よりも，後者の態度（哲学者はそれを「現実主義者」と呼ぶ）を取る。そして，より劇的な遺伝子技術に対する根深い敵意の理由についての私の説明は，後者の態度を前提とし

ている。

　これまで示唆されてきたところによれば、自分たちの子どもの遺伝子構成に対する著しく効果的な管理が可能性として論じられただけでも、自らの選択責任の範囲と、良きにつけ悪しきにつけ自らの管理を超える範囲（偶然性や自然、あるいは神によって定められる範囲）の間にある境界線について、我々が抱く最も基本的な前提が崩れてしまう。我々の遺伝子的アイデンティティ（自分とは一体誰なのか、自分の子どもとは一体誰なのか）は、これまで自然の責任の枠組であって我々のものではなかった。そして、我々人間の責任領域の中にそうした決定を実質的に再配置することは、それがどんなものであれ、従来の殆どの道徳を不安定化させるだろう。そのような技術的可能性を科学者が追求することを認め奨励するか否かが、また科学者が発展させる技術がどんなものにせよ、それを我々は利用するか否かが、少なくとも集合的には我々に委ねられていると一旦考えてしまうと、昔の境界線に戻したいと思っても、既に後の祭りである。なぜなら、科学が提供しうるものから顔を背けるような決定は、形を変えて我々が既に行ってしまったかもしれないからである。良くも悪くも、遺伝子操作の可能性が我々の意識に焼きつけられてしまっただけでも、多くの慣習的道徳や態度に関する基本的前提に対して異議がつきつけられてきており、したがって、私が道徳的失墜状態と呼ぶ危険のただ中にある。

　もしそのような危険に応答すべきだとするなら、我々は自らの道徳のより批判的で抽象的な部分を頼りとしなければならない。批判的な道徳的背景と呼ばれるものを我々は明らかにしようとしなければならない。それは、当然視されてきた道徳的実践や道徳的前提に対して異議申立がなされた時に、導きの系として期待されるいくつかの基本的信念である。あなたは、個人的自由を強調する背景的信念を持つか。あなたは、遺伝子検査、調査、実験に対する法的制限を肯定しようとする前に、そうした検査などが健康や安全に及ぼす深刻な危険についての明白な証明を求めるだろうか。もしくは、あなたの衝動はより保守的なものなのか。つまり、そうした検査方法や研究方法を認める前に、それらが安全で有益である明白な証明を求めるのだろうか。もちろん、これらの二つの背景的立場は単なる荒っぽい枠組である。実際の背景的道徳は、すべてもっと複雑であり、深く根拠づけられたもので、また明瞭化しづらいものだ。だが、そうした種類の批判的な道徳的背景や道徳判断様式は、それでも必要不可欠なのである。

　私自身の考える批判的道徳とは、一組の人道主義的な倫理的理念に拠っている。

それは私が倫理的個人主義と呼ぶ理念であり，また人間の生に関わる価値を定義する。ここから導かれる最初の原理が想定するところによれば，一旦生を享けた人間の生というものは，失敗するよりも成功すべきであること，つまりそうした生の可能性は無駄にされるよりも実現されるべきである，ということが客観的に重要である。そして，こうしたことは，すべての人間の生にとって等しく客観的に重要である。ここで「客観的に」重要だと述べるのは，ある人間の生の成功が重要なのは単に当人あるいは近親者にとってそれが重要だからではない，ということを強調するためである。我々はすべて，いかなる人間の生の行く末をも（見知らぬ人間の生の行く末をも）気にかける理由を持ち，その行く末が成功するように願う理由をも持っている。第二の原理は，この客観的重要性を承認する。しかし，それにもかかわらず，この原理が主張するところによれば，一人の人間は（その生が本人そのものとなる）自らの生に対する特別な責任を負っており，そうした特別な責任ゆえに本人は，自らの人生にとっての成功の中身についての基本的決定を下す権利を持っている。仮に，これら二つの倫理的個人主義原理を政治道徳理論を組み立てる際の基本的指針とするならば，それは平等主義的な理論となるだろう。なぜなら，その主張に基づけば，政府は自らが統治する成員すべての生を非常に重要で等しい重みを持つものとして取り扱わなければならず，また，そうした平等主義的原理を念頭に置きつつ，経済その他の構造や諸政策を組み立てなければならないからである。同時に，ここでの倫理的個人主義原理は自由主義的理論ともなるだろう。なぜなら，その主張に基づけば，自分の生にとっての成功の諸要素を自ら決める自由を，政府は最終的には人々から奪ってはならないからである。

　本書は，上記の二つの原理が政治的道徳にとって持つ一般的含意を記述しようとするものである。ここでの後記においては，二つの原理が本章にとって持つ，より具体的な含意を記そうと思う。ここで再び，「派生的」と「独立的」という二種類の問題の区別を用いたい。特定の人間の最善の利益を保護する方法や，そうした利益間の衝突を公正に解決する方法を政府が決定しなければならない場合に，派生的価値問題は持ち出される。罹患確率に関わる遺伝子情報を明らかにする検査手段は，果して市民一般に利用されるべきなのか。そこには心配な理由がある。例えば，その検査手段を，通信販売によって「無責任な」企業が提供するかもしれない。そうした企業は，自ら提供する検査手段の信頼性や意味についての非常に正確な情報をおそらく提供しない。また，乳癌を誘発しやすい遺伝子の検査を受けるべきか否か

や，陽性結果にどのように対処したらよいのかを決定する立場にある女性に対して，そうした企業は全く有益な相談に乗らないだろう。正確な検査によって罹患が予想されうるいくつかの病気には治療法が存在しない。殆ど確実にハンチントン舞踏病に冒されると本人に告げるような検査を受けるようにと，人々に勧めるべきなのか。他の事例では，検査上のデータは予測結果においてはるかに小さな信頼性しか示さない場合もある。例えば，これまでの調査は，母集団類型（population classifications）に基づいて蓋然性を割り当てるかもしれないが，そうした母集団類型も，幅広い蓋然性の差異を反映したより正確な類型にとって代られるかもしれない。

　これらの難問を目の前にして，様々な政策的選択肢を我々は取りうる。それは，少なくとも遺伝子研究が現在よりもはるかに進むまでは，遺伝子検査を全面禁止とするものから，完全無規制の市場において，どんな遺伝子検査提供業者にも完全な営業の自由を与えることまでと，幅がある。こうした両極端な政策は正当化されないとしても，では両極の間にあるどんな戦略を我々は選択すべきなのだろうか。そこでの答えは，我々自らの背景にある批判的道徳にかなりの程度に基づいている。私が是認した特別責任原理から言えば，いかなる形にせよ強いパターナリズムは妥当ではない。したがって，同原理は，完全禁止よりも規制を求め，更には，限定的禁止よりも正確な情報開示や認可を要求する規制を求める。同原理が認めるところでは，専門的に優れた相談や説明ができるような訓練や経験を積んだ医師によってのみ，遺伝子検査は行われるべきこととなる。しかし同原理から言えば，遺伝子検査の不確かさについて十分に情報開示されさえすれば，遺伝子検査が不確かだからといって相応の人間が受ける検査を禁止することは認められない。

　そもそも遺伝子検査は必要とされるべきものだろうか。特別責任原理はそれを禁じているようにも見える。だが，時として遺伝子検査は，同意が通常必要と思われている人物とは異なる者の利益を保護している。例えば，遺伝子工学や，より伝統的な治療法によって，胎児の様々な深刻な遺伝的欠陥を直すことが可能だとしてみよう。その場合，特別責任原理は，胎児のそうした欠陥を発見する検査を妊娠女性が拒絶することを，もはや認めないだろう。そして，倫理的人道主義に関わる第一原理からは（再論すれば，いかなる生命も始まった以上は成功的であるべきだという目的的関心のこと），義務的検査が勧められる。確かに，現代民主主義において人々は，本人が異議を唱えている医学的措置を受けさせることに対して，心底から嫌悪を覚えるだろう。特に，遺伝子検査やそれに関連してなされる措置に対する異

議が宗教的信念から来ている場合はなおさらである。しかし，肉体的統一性について一貫しているこの原理は，従来から積み上げられてきた道徳性の一つの所産であり，そうした道徳性が正当化されたと思われる時期は，あくまで現代的遺伝医学によって示唆された可能性がそれなりに想像される以前であり，後ではない。もし，すべての人間の生への配慮についてより根本的な原理を認めるべきであるなら，こうした肉体的統一性原理はいつの日か修正されるべきなのかもしれない。

　もしも公正な保険市場の経済に影響を与えるほど遺伝子検査が十分に普及するとしたら，そうした市場に対する我々の態度はどのように修正されなければならないのだろうか。寿命を知る有力な指標と見なされる遺伝子検査を要求することが生命保険業者には認められるべきなのだろうか。あるいは，そうした検査を拒む者に対しては，より高額の保険料を請求することが認められるべきなのか。もしそうすべきでないとしたら，保険加入申込者がそうした検査をこれまで受けたことがあるかどうかを尋ねることや，今後受けた場合にはその結果を知らせるよう求めることが保険業者には認められるべきなのか。英国保険協会の決定によれば，生命保険が抵当権と連動して設定される際に，10万ポンド以下の生命保険金受取額の場合には，遺伝子検査は要求されず，あるいは申込者が検査を受けたかどうかも問われない。だが，それは暫定的で任意の限定でしかない。ではそうした限定は義務的で永続的なものとされるべきなのか。その限定はすべての保険に適用されるべきなのか。

　こうしたことは派生的価値の問題である。なぜなら，遺伝子的に幸運な人物，つまり遺伝子的な罹患傾向が保険料に反映される場合に比較的少額の保険料で済む人物と，高額の保険料を払うこととなる遺伝子的に不運な人物との間の利害衝突に関する妥当な解決策を，派生的価値問題は取り扱うからである。そうした衝突を解決する原則にとって，その候補はいくつかある。その一つは保険統計的正確さの原理 (a principle of actuarial accuracy) と呼ばれるようなもので，保険加入に際して遺伝子検査を次のような理由から拒絶する。保険会社は遺伝子的予知について荒っぽい類型化に頼るだろう。なぜなら，より精巧な保険料の等級づけをするために，こうした類型化を改良することは途方もない運営コストがかかるからだ。そこで，多くの人々には，実際の罹患可能性によって正当化される保険料よりも高額な保険料が請求されてしまう。しかし，こうしたことが不公正だとされるのは，公正さが次のようなことを要請する場合に限られる。つまり，人々が支払うべきコストは自らがリスクプールに負わせるリスクに応じての金額であって，それは当該リスク発見に

いくらコストがかかろうとも変らない，という要請である。そうした公正さの定義は不合理に思われる。なぜなら，上記の説明によれば，公正なシステムとは経済的には無駄の多いものとなるからだ。もし本当に公正観念から，各保険加入申込者が当該保険プールに先行するコストに応じて支払わなければならないとすれば，そこでのコストには，運営コストやその他の二次的コストが含まれているに違いない。そのため結局，実際には遺伝子的危険としては異なった程度の人々をひとかたまりにすることは不公正とは言えないだろう。そうした行いはやはり不公正であるとあなたが思うならば，公正さが要請する次のような考え方，すなわち，高い危険性を有する人々は自分に落ち度がなくてもすべてのコストを含んだ割高の保険料を負担しなければならないという考え方を，あなたは現実には拒絶していることとなる。

　倫理的個人主義の判断システムは，全員の各状況への平等な配慮を要請し，公正さについての異なった説明を推奨する。その主張によれば，危険性および便益の公正な配分は，人々の異なった選択には敏感であるべきで，逆に全くの不運に対しては敏感であるべきではない。そこでの不運の中には，現在の技術水準ではまだ遺伝的宝くじと思われているようなものが含まれる。(公正な保険についてのこの分析は，遺伝子工学の最も極端な可能性が実現されるとすれば，公正さに関する他の比較的に具体的な判断すべてを用いながら，もちろん修正されなければならない。そこでの「道徳的失墜」状態において，子どもたちが自分の親がなした選択の責任をどの程度取らされるべきかを我々は考えなければならない。)したがって，喫煙者に対してより高額な健康・生命保険料を請求することは公正であるように思われるが(ある種の遺伝子が病気を「引き起す」ように，特定遺伝子が喫煙習慣を「引き起す」ということが仮に発見された場合に生ずる問題はここでは考慮に入っていない)，染色体内に乳癌や前立腺癌の危険を持つ対立遺伝子が含まれているからといって，より高額の保険料を請求することは公正ではないと思われる。ゆえに倫理的個人主義の観点から理解された公正さによれば，罹患可能性に関わる遺伝子的根拠が発見されても「共同体的掛け金」が求められる。つまり，保険料は当該共同体内の平均的危険に基づいて決められるべきであり，同一保険料がすべての申込者に適用されるべき(自ら覚悟の上で引き受けた危険についてのみ料金調整される)こととなる。

　だが，保険会社が共同体共通保険料をかけようとしても，適切な規制を受けた遺伝子検査を申込者が受けて自らの遺伝子的条件を知ることが認められるならば，今度は保険会社が「逆選択」と呼ぶ選択を申込者の側が行っていることとなる。そう

なると、最も遺伝子的に危険な人物が高額な保険契約をし、危険の少ない人物は全く保険に入ろうとしないだろう。そこで保険会社は、保険料を著しく引き上げざるをえなくなるか（それは実際には差別を再び持ち込む）、破産に直面するかもしれない。他方、保険加入前に遺伝子検査を受け、その結果遺伝子的に不運であると知ってしまった申込者に対して、今度は保険会社側が高額保険料金を要求することが認められてしまうと、遺伝子検査は受けづらくなり、そうなると遺伝子検査によって救われ治療されたかもしれない人々を破滅に運命づけてしまうだろう。既に述べたことだが、こうした「保険のディレンマ」に対する唯一の解決策は、保険の国営化（生命保険と健康保険双方）がまだなされていない社会では、国営化を進めることにある。

　クローンや他の劇的な遺伝子工学の可能性によって引き起される独立的（価値）問題の周辺には、更に深い亀裂が現われている。これらの問題は超然としている。なぜなら、これらの問題は、主として特定の人々の利益に関わるのではなく、むしろどんな人間がどのような方法で作り出されることとなるのかということに関わっているからである。これらの領域において科学研究はどの程度、そしてどんな進行速度で行われていくべきなのか。ここでも倫理的個人主義が有益な示唆を与える。将来の人類を長命にしたり、より有能で優れたものとさせるような独立価値的野心は、それ自体悪いところはない。それどころか、神を演じることが、一所懸命に人類という種を改善しようとすることを意味したり、これまで長い年月に亙って神が意図的に、あるいは自然が盲目的に進化させてきたものを我々の意図的なデザインの中で更に改善しようとする決意を意味するのであれば、倫理的個人主義の第一原理はこうした努力を命じる。また、第二原理によれば、明白な危険の証拠がないところでは、科学者や医師が自ら進んで行うそうした努力に対して、妨害することが禁じられる。

　　(1)　この差異は Dworkin, *Life's Dominion* (New York: Alfred A. Knopf, 1993) において詳述されている。
　　(2)　中絶に関する以下の議論は、*Life's Dominion* における結論のいくつかの要約であり、そこでの議論を背景にして読んで欲しい。

14 性と死に関わる裁判所

I

　果して「道徳的多数派」は，諸個人の自由に対して，その個人的選択が気に入らないという次元以上の理由がなくても制約を加えることができるのだろうか。殆どの米国の市民は，人間の生命が何らかの意味で非常に尊いものであることは承認する。とは言え，たとえ深刻な痛みや尊厳性の冒涜を避けるためだからといって，そしてどのみち早晩死んでしまうからといって自殺してはならない，という結論になるかどうかは意見の分かれるところである。これらの状況においてさえも，ある者たちによれば命を縮めることは生の尊厳を貶める。他方で，他の者たちによれば，延命が身の毛もよだつような場合に延命することこそが尊厳を貶める。ではそうした決定は個人的になされるべきなのだろうか。つまり，自らの信念から各人は自分の生を決定すべきなのか。あるいは，その決定は集合的になされるべきなのか。そうなれば，多数派の信念が押しつけられ，その結果，押しつけられた側は最も基本的な信念さえもが傷つけられることとなる。[(1)]

　性道徳もまた人々の生活や人格にとって中心的なものである。成人は果して，自らの性行動の決定について，それが他者に直接的な影響を与えない場合には自由であるべきなのか。もしそうであるなら，使用人，仕事仲間や，自分の子どもの教師などを選択する際に，そうした性行動の決定に対する不承認を一私人として表明することはどの程度自由とされるべきなのか。米国人がこれまで認めてきたところによれば，ある種の私的差別は公的関心事となるものであり，黒人や女性，障害者に対する平等処遇は多くの領域において法によって保障されるべきである。では，なぜ同性愛者はそうではないと言えるのか。人種や性別，障害と異なって性的態度は最終的には選択の問題であるということは重要なのか。遺伝的要素がどの程度性的衝動を決定するかについては，科学者の中でも意見が分かれている。もちろん，そ

うした要素が少なくとも重要な役割を果していることは打ち消しがたいらしいが。いずれにせよ，同性愛行為を慎むことは，多くの人間にとって性交渉をしないことを意味し，あるいは虚偽の生活を意味する。そうした犠牲を払うような選択を拒否する人物に対する差別を社会は許すべきなのか。

合衆国においては，そして憲法的権利創設に関して合衆国を手本にしてきた他の多くの国々や国際機関においては，これらの問題はまた法的問題でもある。なぜなら，合衆国憲法が規定するところによれば，諸個人には多数派でさえも侵すことができない特定の権利がある。こうした権利の最も抽象的な法源は憲法修正第14条である。その規定によれば，いかなる州も「法の適正な手続」によらずに市民の自由を束縛してはならず，また「法律の平等な保護」を何人に対しても拒んではならない。適正手続条項は，特定の基本的権利を侵害することを，特にやむにやまれぬ理由からのものを除いては完全に禁止している。各州が自ら認めることにした自由や特権について，不公正に差別してはならないということのみを平等保護条項は要請する。これまでなされてきた両規定の解釈によれば，市民には，少なくともいくつかの道徳的問題についての決定を自ら行う権利が与えられている。例えば，1973年のロー対ウェイド事件において連邦最高裁が，適正手続条項が中絶する権利を妊娠初期の女性に対して与えていると判示した。また最高裁は1996年には平等保護条項に訴えて，コロラド州憲法の修正条項を取り消した。そのコロラドの修正条項によれば，差別からの保護を州内の各都市が同性愛者に対して与えることは違法とされていた。しかしながら1997年には，医師による末期患者への自殺幇助を禁ずる州法は違憲だと表明することを拒絶した。つまり，最高裁は，適正手続条項あるいは平等保護条項が市民に対して自らの死に方を決める憲法的権利を与えていると判示することを拒んだのだ。

果してどの自由を適正手続条項は根本的であると見なしているかについて，そして，どんな種類の差別を平等保護条項は不公正であると見なしているかについて，判事たちはどのように決定すべきなのか。一世紀以上に互って，明瞭に対立しあう二つの見解が憲法上の薔薇戦争を戦ってきた。そこでは，交代にどちらかの見解が支配的になっていった。判事が道徳的問題に判決を下す力を制限しようとする一方の立場によれば，適正手続条項や平等保護条項とは，南北戦争後の米国史の大きな流れにおいて認められ行使されてきた諸権利の中でも，特に限定された権利にだけ法的保護を与えるべきものである。バウワーズ対ハードウィック事件に関する1986

年の連邦最高裁判決は，合意の上での成人の同性間性交渉を犯罪とするジョージア州法を取り消すことを拒んだ。同判決において，バイロン・ホワイト判事は判決文の中でこうした適正手続解釈を示した。その解釈はこの歴史派にとっては金科玉条的なものであった。彼の見解によれば，適正手続条項が保護する権利とは「我が国の歴史と伝統に深く根ざす」権利に限られる。また判事曰く，1961年までは米国全50州がそうした性交渉を違法としていた点を考えれば，同性間性交渉に対する同性愛者の自由権は明瞭に否定される。「そうした行為にふける権利」が適正手続基準あるいは平等保護基準のどちらかを充たすという考え方は，判事曰く，せいぜい「冗談」次元のものだ，と。[5]

この考え方に基づけば，論理的筋道や原理的一貫性などは憲法的権利を明らかにする上で殆どその役割を果さないこととなる。最高裁がある一つの権利（例えば妊娠中絶権）を認容したという事実があるからといって，そのことによっては他の権利（例えば同性愛者の性的自由への権利や，末期患者が自らの死に方を決める権利）が認容されるべきだという論拠とはならない。そこでは，人々は前者の権利は所有すべきではあっても後者の権利は所有すべきではないという主張への原理的な正当化理由は全くなくても良い。唯一の着目点とは，当の権利が歴史的に認容されてきたか否かであり，その判断基準は取り上げられる権利ごとに個別に適用されるべきなのである。ホワイト判事が明示したように，そのようなやり方でのみ，一貫性の名の下に憲法的権利を拡大する判事の権限は縮減されうる。判事曰く，「適正手続条項に含まれている基本権を新たに発見する最高裁の権限をあまり拡張的に捉えたくはない。そうでないと，必然的に司法部は，憲法上の権限を示すことなしに，国家を支配する権限を自らだけに対して拡大することになってしまう。」[6] この見解によれば，権利のリストを拡張するよりも，各権利に対する最高裁の認容の不一致に寛容になるほうが好ましいのである。

憲法戦争において上記の立場と対立する立場（統合派）は，そうした優先順位を否定する。この立場によると，とある集団に対して認められた憲法的権利が，他の集団に対する他の憲法的権利を支援する一般的原理を前提としているならば，後者の権利も同様に認容され実行されなければならない。[7] 1961年に保守派判事であるジョン・ハーランは，この立場の最も強力な見解の一つを示した。バウワーズ事件におけるホワイト判事の立論が歴史派の錦の御旗となったように，ハーランの立論は統合派のそれとなった。ハーラン曰く，適正手続条項によって保障される自由とは，

「切り離された各自由の集合ではなく,合理的に繋がったものであり,大雑把に言えば,非常に恣意的な押しつけや無益な拘束すべてからの自由を含んでいる。」こ(8)の意見をハーランは反対意見の中で述べているが,それはその後の最高裁判決において何度も引用されてきた。例えば,ケネディ,オコナー,スーター各判事は1992年のケージー対ペンシルヴァニア家族計画事件判決の非常に重要な相対多数意見の(9)中でハーラン説を引きつつ,ロー対ウェイド事件における中絶権を最高裁が認容することは,たとえ当事件以前数十年に互って多くの州が中絶を違法としてきたとしても正しいと説いた。言及されてきた同性愛および幇助自殺に関する最近の二つの最高裁判決は,この重要な教義的論争を念頭に置きつつ検討されるべきである。

II

多くのアメリカ人は,自分の国で同性愛者がいまだに法的・経済的・社会的不利益を被っていることに対して恥ずかしく思い,まごついてきた。そして,この数十年の間にそうした差別を禁止制限する法や,会社・学校規則を支援してきた。例えば,コロラド州内のアスペン,ボールダー,デンヴァーなどの都市では,少数人種や女性とともに同性愛者に対しても,住宅供給,教育,雇用,健康福祉サーヴィスにおける差別からの保護を目的とする法律が制定された。しかしながら,コロラドの他の選挙民は,そうした法律は言外に同性愛は合法的な生き方であることを意味していると思い,憤慨した。1992年にはコロラド全州民投票において,州憲法に対する修正第2条が採択された。「同性愛,レスビアン,両性愛的嗜好に基づく地位が保障されないこと」というタイトルの下で曰く,

> いかなるコロラド州の各部門も,また各機関,各政治的部門,各地方自治体や学校区も,次のような性質を持つ法律,規則,条例または政策を制定,採択しまたは施行してはならない。同性愛あるいは両性愛的な嗜好,態度,行動,関係等の要素が,いかなる個人あるいは集団に対しても,少数者としての地位,優先割当,優先権,保護された地位,自分が差別されているとの主張,を妥当なものとし,あるいはその処遇の根拠となって,該当者に関連する権利を与えるような法律,規則,条例または政策。

この規定が有効とされるならば,それはコロラドの同性愛者の政治的状況に対して破滅的な影響を及ぼすだろう。既にいくつかの市が同性愛者に対して与えてきた保護を当該規定は無効にするものであり,また州の各政治部門や州自身が将来にわ

たって保護的立法を制定することをそれは禁ずる。したがって今後同性愛者が反差別立法を制定するには，修正第2条の取消あるいは修正のために州憲法自身を更に修正する必要がある。州の内外において，この状況はとてつもなく不公正だと多くの人々は感じた。彼らの考えによれば，そのような明白な差別は合衆国憲法に違反するに違いなかった。そこでコロラドの同性愛者団体などは，エヴァンズ対ローマー事件においてそうした判決を求めてデンヴァーの裁判所に訴訟を起した。しかしながら，多くの憲法学者は彼らが勝訴する可能性に疑いを持った。長年に亘る連邦最高裁の先例によれば，この修正第2条は適正手続条項も平等保護条項も侵害していないと思われたからである。

　コロラド州憲法修正第2条は適正手続条項に違反していると最高裁が判断を下すことに対して法律家たちが疑いを持つことを理解するためには，学説史が必要である。訴訟当事者が適正手続を根拠として特定の法律に異議を申し立てる際に，裁判官はいかにも彼ららしく次の二つの設問を立てることによって，判決を下す。第一に，果して当該法は「自由の利益」（liberty interest）を，つまり合衆国憲法が原理的に州の行為から保護している権利を損っているのか。第二に，もしそうならば，当該法の目的および効果は，果してそれにもかかわらず，そうした自由の利益を侵害することを正当化するほど重要なものであるのか。前述のように，第一の設問は関係者を歴史派と統合派に分かつ。前者の主張によれば，憲法上の権利は原理的にでさえも，歴史的に制定されてきた具体的な諸権利の範囲内に限られる。他方で，後者の主張によれば，憲法上の権利にはまだ承認されていない権利も含まれ，それらは歴史的に承認された諸権利を正当化する原理から導かれる。第二の設問は，当該法が憲法上の権利を損うと判断された場合にのみ関係することだが，その場合には比較衡量が求められる。裁判所は当該権利の強さを評価しなければならず，またそうした強さを持つ権利への侵害が正当化されるほど，主張される州利益は十分に大きなものであるかどうかを判断しなければならない。

　ゆえに，前述のバウワーズ判決は，コロラド州憲法修正第2条が適正手続条項違反であるとの主張に対して，明確に反対の立場を取っているように思われる。ホワイト判事が明白に判示したところによれば，州が同性愛行為を犯罪とする場合にも，州は憲法上の権利を侵しているわけではなく，同性愛者は原理的にでさえもそうした権利を持ってはいない。したがって，同性愛者救済目的の特別立法が制定されることを修正第2条は妨害するだけであり，同条が彼らに与える不利益はそれほど深

刻ではないので，その不利益を排除するような憲法上の権利を同性愛者が持つと主張することはできないように思われる。1987年にコロンビア巡回裁判区裁判所が述べたように，「もしも最高裁が，特定の集団自体を定義するような行動を処罰する州法への反対をしぶるならば，特定集団に対して州が是認する差別は不当であると判断される可能性は殆どない。結局のところ，集団自体の特徴となる行為を犯罪とするより明白な集団に対する差別は殆どありえない。」

　修正第2条に異議を申し立てる根拠として，平等保護条項は見込みがもう少しあるように思われる。なぜなら，同性愛行為を禁止する法律は，同性愛者以外のすべての集団には開かれている政治的機会（当人たちの基本的利益を保護する地域的立法を行おうとする機会）を同性愛者から奪っているからである。しかし，繰り返しになるが，そうした差別を無効にするべく平等保護条項を用いる際にも，先例が立ちふさがっている。再び，その理由を探るためには歴史を見る必要がある。「法の平等な保護」を各州は何人に対しても拒絶してはならないとの規定は，思うに非常に弱い要請のみを各州に対して課しているとこれまで理解されてきたのではないか。つまり，各州は当該差別的取扱を記述し正当化する法律を最初に制定する場合に限っては，市民を差別しうるとの理解である。だが，そうした陳腐な解釈では，カースト制度を作り上げる自由を州に与えてしまい，そこでは，法律上の明白な規定がある限り，例えば黒人には一切の市民的法的権利が拒絶されてしまう。南北戦争後，修正第14条が制定されて以来，人種的カースト制度の伸張を防ぐ意図から，そうした解釈は認められていない。しかし，正反対の解釈もまた認められない。つまり，他人を犠牲にして特定の人々に便宜を与え，種々の集団を何らかの形で区別する法律を各州は決して制定してはならないとする解釈である。というのは，ほぼすべての連邦法や州法はまさにそうした区別をしているからである。北米自由貿易協定 (the North American Free Trade Agreement) は，特定の労働者の利益に反し，逆に他の労働者の利益となるように機能している。環境法はいくつかの産業に損害を与えるが，他の産業にとってはそうではない。銀行業や治安，専門職に関する州規制は，ある立場の人間を助けるが，他の者には不利益となる。ゆえに，これらの極端で認めがたい二つの解釈を双方とも避けるような，より洗練された平等保護条項解釈を連邦最高裁は発展させてきた。最高裁はこの解釈を，総合して考えれば政治的平等という魅力的な観念に資するようにと意図された一連の規則と区別を用いて行った。

これらの規則と区別の根本には、どんな場合に民主主義が良く機能しているか、つまり政治的闘争に敗れた者が手続的不平等や不公正だと不平を言えない場合についての理論があり、また、どんな場合に民主主義に欠陥があるのか、つまり特定の集団に対する不利益は不公正だと判断される場合についての理論がある。通常の政治状況において、敗れた集団は（例えば、環境立法によって敗れる木材業などのように）、自分の立場を説明する公正な機会を実際に持っただろうし、また人数や利益の大きさに大体比例して、そうした集団は結果に影響を与えてきた。したがって、平等保護の観点から異議が唱えられた通常の法律を、最高裁は「緩やか」な審査基準でのみ検討するだろう。そうした法律が違憲であると最高裁が表明する場合とは、当該法によって利益を得る者と損害を被る者の区別の仕方が全く非合理的であると見なされる場合だけである。なぜなら、その場合には当該法は、いくら不確かな推論枠組で良いとしても、それは正当な統治目的に全く適合しないからである。ゆえに最高裁は、例えば眼科医と検眼士を夫々異なった規制枠組に服させる法を承認してきた。それはたとえ、なぜ両者が異なって処遇されるべきかについての大した説得的理由が提示されなくてもである。実際に、ごく稀にしか、この「緩やかな」合理性審査基準違反となる法律はなかった。

　だが、政治過程が順調に機能してきたという一般的前提そのものも、時として疑わしくなる。その前提に基づくと、公平な条件で政治過程に参加するために必要な政治的権利を特定の集団から奪うような立法の成立を防げない。例えば、当該立法が特定集団の投票権を制限してしまえば、その結果当該集団の政治的影響力はその実数以下のものとなる。したがって、最高裁はそうした効果を持つ法に対しては、異なった「厳格で」「高い次元の」審査基準を創設してきた。当該法以外の穏当な手段をもってしては回避できないような悲惨な結末を防ぐために当該法は必要であると示されない限り、たとえ当該法が州の正当な目的に合理的に関連しているとしても、違憲と判断されることとなる。例えば、一人一票の原則に基づく各自の影響力の平等を否定するような選挙区の区割についての州提案を無効にする一連の「再割当」判決において、最高裁はこうした厳格基準を用いた。[13] 緩やかな審査基準がめったに覆されないのと関連して、本「厳格」基準もめったに用いられない。

　公正な政治過程の前提はまた、敗れた集団が歴史的に偏見や固定観念の犠牲者であり続けてきた場合には疑わしいものとなる。彼らの利益は他の有権者によって低く見積もられがちである。例えば、黒人たちはしばしば政治的争いに敗れてきたが、

それは公正な競争において黒人たちの利益よりも他の人々の利益の方が勝ってきたからではない。それは，組み合わされた次の二つの理由からのものであった。一方で，黒人たちは経済的社会的に周辺化されてきており，また政治家や他の有権者の注目を引くのに必要な訓練や手段を欠いてきた。他方，多くの白人が差別的な法に賛成票を投じてきたのは，競合する自分たちの利益を守るためではなく，黒人を蔑視し，隷属させたいと思ってきたからである。そこで最高裁は，もう一つの特別カテゴリーとなる「高次元の」審査方法を創設した。その主張によれば，黒人は一つの「疑わしい」(suspect) 被差別的クラスを形成しており，よって黒人にとって特別な不利益として機能するいかなる法も，それが他の完全にやむにやまれぬ目的維持のために擁護されえない限り，無効とされるべきこととなる。だが，こうした厳格基準もめったに用いられてはこなかった。最高裁は，この特別な保護に値する「疑わしい」被差別的クラスとして，他の集団をもそのリストに加えてきた。民族的少数派や移民などである。更には，最高裁は「やや疑わしい」(quasi-suspect) 被差別的クラスというカテゴリー（現在では，女性や非嫡出子などがここに該当する）を作り上げ，このクラスに対して不利益となるような立法も，「高い次元の」審査（だがそれは十分に「疑わしい」被差別的クラスでの場合のような「厳格」基準ではない）を受けるだろうとされた。

したがって，いかなる立法に対しても，平等保護に基づく異議は次のどちらかを示さなければならない。すなわち，当該立法に対して「高次元の審査」がなぜ相応しいのかという理由か，あるいは当該立法は正当な統治目的に対して推測的な関連さえも持っていないので非合理的であるということ。高次元の審査法が妥当な場合とは，不利益を被る集団が「疑わしい」あるいは「やや疑わしい」被差別的クラスであると見なされたり，同性愛者が偏見や不合理な憎しみの確かな標的になっている場合である。だが，バウワーズ判決以後，連邦裁判所が判断するところでは，それでも同性愛者たちは疑わしいあるいはやや疑わしい被差別的クラスと見なされてはいない。裁判所曰く，疑わしい被差別集団とは，政治過程を自らにとって公正で民主主義的なものとするために必要な政治的力を欠いている者たちのことである，と。だが，私に言わせれば，黒人の事例の議論において既に区別してきた二つの理由から，ある種の集団にはそうした力がないのではないか。

第一に，当該集団は非常に経済的，社会的，政治的に周辺化されているので，当該集団の利益に対して政治家や他の有権者の注意を引くような手段がない。その理

由から，当該集団は，選挙や，他の集団との連携・現実的妥協に際してその数に見合った力を発揮できない。第二に，当該集団は非常に深刻な先入観，偏見，嫌悪，固定観念の犠牲者であるので，多数者側はそうした理由から当該集団が窮屈な状態に置かれたり罰されたりすることを望んでいる。そうしたことは，他の集団にとってのまともで正当な利益を増さないとしても起りうる。(14) 最高裁がこれまで疑わしいあるいはやや疑わしい被差別的クラスとして扱ってきた黒人や他の人々はおそらく，これら二つの体系的無能力に苦しむだろう。よって，「疑わしい」区別だと認定するために，二つの無能力のどちらかだけで十分かどうかを決定することはこれまで必要とされてこなかった。しかし（少なくともこの論点に関する判事たちの見解においては），同性愛者たちは二番目の無能力にだけ苦しむ。(15) スカリア判事によれば，同性愛者たちは少なくともその数に見合う政治力は持っている。判事曰く，「同性愛行為にふける人々は，特定の共同体においては，不釣合なほど多く住む傾向にあり，高い可処分所得を持ち，もちろん社会一般の人々よりもはるかに熱心に同性愛者の権利問題を気にかけている。彼らは，地域的にも国家的にも，その実数よりもはるかに大きな政治力を持っている。」(16) 判事によると，コロラドのように，もし州が同性愛者の立場を否定する場合，それは同性愛者たちが自らの政治的運動を組織化する機会や他の市民に効果的に訴えかける機会に恵まれなかったからそうなったのではなく，そうした機会があったにもかかわらず多数者側が同性愛者に不利な評決を下したからそうなったのだ。

　したがって，決定すべき重要な事柄として挙げられるのは，二番目の不利な点（多数者側が示す恐れのある偏見や侮蔑）は民主主義の適正な機能にとってそれ自体が欠陥となるかどうかという点である。もし欠陥にそれがなるとするなら，そのような偏見によって傷つく人間を更に痛めつけるような立法に対しては，高次元の審査基準が求められることとなる。この問題に関するバウワーズ判決の応答は否定的なものであった。ジョージア州の反ソドミー法に異議を唱える集団は，当該裁判において次のように主張した。多数者側が特定の人物を道徳的に非難しているという理由だけで，その人物を犯罪者とし，関連する刑法を制定する権利などを州が持っている筈がない。ホワイト判事の応答によれば，「しかし，法とはそもそも常に道徳観念に基づくものであり，もし極めて重要な道徳的選択に関わる法すべてが適正手続条項によって無効にされるべきであるとされてしまえば，裁判所は多忙を極めてしまうだろう。」ホワイトのこの応答は見当はずれである。もちろん，ある共同

体によって制定される刑法の殆どは道徳的選択を示している。殺人を禁ずる法は殺人行為への道徳的糾弾を示しているのである。ここで異議を唱えている者たちは，更に絞りこまれた原理だけを提起した。それによると，特定の人々を道徳的に糾弾するだけで，他の誰の直接的利益をも保護しないような刑法が制定されても，それは違憲である。殺人を禁ずる法とは，殺人者を道徳的に糾弾する以上のことを明らかにしている。その法は，罪のない人々の最も基本的な利益を保護する。一方で，合意の上での成人のソドミー行為を犯罪とすることは，道徳的糾弾（という利益）以外に何の利益もない。そしてジョージア州の反ソドミー法に異議を唱える人々によれば，そうした道徳的糾弾では，刑罰に対する正当化に全くなっていない。

しかしながら，ホワイト判事は，絞りこまれたその原理も明白に拒絶した。したがって，バウワーズ判決は次の原理を擁護していると言える。つまり，私的次元の性的行動選択の自由を政府が禁ずることは，その性的行動が誰の利益をも直接的に侵害していなくても，一般的道徳の観点から糾弾される限り，認められうる。よってバウワーズ判決以降，判事たちが一貫して主張してきたところでは，平等保護目的に資する，疑わしいあるいはやや疑わしい被差別的クラスに同性愛者たちは該当しない。エヴァンズ対ローマー訴訟においてその論点に言及した判事たちは，全員そう判断した。しかしながら，「高次元の審査」基準を要請する立法は，この学説史の始めに見たように，他にもありうる。それは，基本的な政治的権利を傷つける恐れのある立法である。修正第2条が基本的な政治的権利を侵害するという主張を行うからといって，その主張は，同性愛者を疑わしいあるいはやや疑わしい被差別的クラスと見なすことを必要条件としない。それどころか逆に，その主張が支持されうるためにはただ，修正第2条が同性愛者たちを取り扱ったようにして他の人々を取り扱うこと（例えば，家の所有者と対照的に借主を取り扱うこと）は違憲になると示されれば良い。しかし，まさにそうした理由ゆえに，当の権利内容を定義することは非常に困難となる。

エヴァンズ事件を最初に検討したデンヴァーの事実審判事であるジェフリー・ベイレスが下した判決によれば，修正第2条は実際に基本的権利を侵害している。「私的先入観を，州に是認させたり実効的なものとさせたりしないようにする」権利がそれに当る。だが，それはまさしく，バウワーズ判決においてホワイト判事が誰も持っていないとした権利である。ゆえに，事実審の決定を不服としてコロラド州側が州最高裁に上訴した時に，州最高裁は事実審の決定自体を支持しつつも，異なっ

た基本的権利を引合に出した。それは,すべての集団が「政治過程に平等に参加する」権利である。だが,そうした権利指摘にも同様に明白な難点がある。修正第2条は誰の投票権をも縮減したり薄めたりはしていないのである。確かに修正第2条は同性愛者という集団を,立法的に不利な特定の状況に追い込んだ。例えば,そうした不利な状況を特別に配慮した立法を制定するためには,同性愛者たちは州憲法を再び修正しなければならない。しかし,是認されるべきでまた必要だと信じられている立法を行うために,憲法修正を禁ずる権利は誰も持っていない。原理的には,コロラド州憲法が州内の各地方自治体の家賃統制立法を禁止しても違憲ではないだろう。それがたとえ借家人に対して特別な問題を引き起す恐れがあるとしてもである。実際に,合衆国憲法にも同様な解決困難な問題がある。学校での祈祷の復活を熱心に望む人々は,地方教育委員会にそのことを嘆願する前に,合衆国憲法修正第1条をおそらく無効にしなければならない。

そこで多くの法律家たちが恐れたのは,コロラド州が州最高裁から連邦最高裁へと上訴した場合,たとえ判事の多数が修正第2条を取り消そうとしても,連邦最高裁自身がこれまで作り上げてきた見解や先例にがんじがらめになっているので,判事たちには当該修正を取り消す余地がないかもしれないということであった。しかし,何人かの米国の著名な憲法学者たちが集団を組んで,工夫された声明を法廷助言者として発表した。そこでは,こうした憲法理論的な難点に対する打開策が示されていた。(17)この学問的声明は,疑わしい被差別的クラスだとか,基本権や様々な審査基準などに関する既述の複雑なカテゴリーや区別の問題を回避した。その代りに,州がどんな集団に対してであれ,あらゆる重大な差別の危険からその集団がほんの少しでも保護されることが完全に不適格であると宣言することは,平等保護条項への自動的(「本質的な」)侵害だと学者たちは主張した。声明書によれば,そうした宣言は事実上,当該集団を非合法化するものであり,それはカースト的差別を防ぐべき平等保護条項に関わる中心的論点である。

声明中の主張によれば,ここでの議論は同性愛者が疑わしき被差別的クラスであるということを全く前提としていない。声明書によれば,差別から集団を保護する立法を州憲法がすべて禁ずるならば,当該州憲法は平等保護条項を侵害する。声明書は次のような具体例を提起する。想定されうる侵害や損害から借家人を保護する地域法や州法はすべて無効であると規定するような州憲法がもしあるならば,借家人(もちろんこれらの人物たちは疑わしき被差別的クラスではない)への平等保護

を当該州憲法は全く保障していないこととなる。だが，このたとえが図らずも示すのは，声明がいかに限定的な議論をしているかということであり，更には，いかに注意深く本件の事実にぴったりとその議論の焦点を合わせているかということである。声明は，修正第2条の違憲性をその包括性ゆえの問題だとする。したがって，借家人の事例が示すように，その論法では，既に許容されている同性愛者を狙い撃ちにするような破壊的な州憲法規定も，それが包括的規定でなければ無効とはされないかもしれない。というのは，声明が容認したところによれば，借家人に対する特定の保護を州憲法が禁ずること（例えば家賃統制立法の禁止）は，それ自体平等保護違反ではない。同じように考えていくと，単一目的の反差別立法（例えば雇用あるいは入院に際して，同性愛者差別を禁ずる地域法）を州憲法が禁ずることは，それ自体では平等保護違反ではないこととなる。もちろん，これらは夫々全く異なった種類の問題だと言いたくなるかもしれない。家賃統制を禁ずる規定はあくまで経済的理論を反映しているのに対して，同性愛者への援助がどんなに特定化され限定的なものであっても，そうした援助を禁ずる規定は先入観を反映しているだけである，と。だが，学問的声明の中での議論は，私がこれまで明らかにしようとしてきた理由からか，そうした区別に頼らないように注意していた。なぜなら，その区別に頼ることは，同性愛者が疑わしき被差別的クラスであると宣言することに等しいからである。また，それは，ベイレスが引合に出したものの，州最高裁は是認するのを恐れた権利，つまり，特定集団に対する先入観が動機となって作られた立法から自由であるべき権利を主張するに等しいからでもある。

　待ち望まれた連邦最高裁の評決が1996年5月に下された時に，アンソニー・ケネディの述べる多数意見（6人）は驚くべきほど大胆なものであった。それは，どの下級審の意見よりも，そして当の学問的声明よりも大胆なものであった（スカリア判事が皮肉たっぷりに指摘したように，連邦最高裁は，自ら下してきた先例を覆すという，他の判事や法律家には不可能なぜいたくができるのである）。一般的に言えば，ケネディ判事は学問的声明の議論を認めたことになる。判事は次のように強調した。声明が論ずるように，修正第2条は，同性愛者に対する潜在的危害の包括性において全く今まで聞いたこともないような代物であり，差別の形態がどんなに深刻で不公正なものであっても，そうした差別から保護される機会の可能性を（当該州憲法を再修正すれば別だが）同条は同性愛者から完全に奪うものである。しかし，そうした議論の限界性をおそらく意識して，ケネディ判事ははるかに包括的で

ありながらも潜在的にはより改良された主張を行った。曰く，修正第2条は平等保護理論における最も緩やかな審査基準にも違反する。なぜなら，それは全く合理的でないからである。ケネディが言うには，「通常の事例においては，ある法が正当な統治上の利益を増進させると言いうる限り，たとえ当該法が賢明とは思われなくても，また特定集団の不利益に繋がっても，あるいはその正当化手法が不明瞭と思われても，当該法は是認されるだろう。」だがケネディ曰く，「(修正第2条の) 包括性は，そこで提起される理由と全く辻褄が合わないので，同条が影響を与えるクラスに対する憎悪以外のものによって同条は説明できない。同条には，正当な州の利益との合理的関係が見出せない。」[18]

こうした意見は極めて重要である。なぜなら，それは，バウワーズ事件においてホワイト判事が述べた中心的前提と完全に対立するからである。思い起して欲しいのだが，ホワイトが表明したところによれば，特定の集団に対する不利益を州が課すことは，単に当該集団の行動に対する多数者側の道徳的侮蔑が示せれば正当化される。そこでは，他の妥当な目的が，例えば誰かの経済的あるいは安全上の利益保障などが充たされなくてもよいのである。先ほど引用したように，ケネディによればこれは正当化されない。もちろん，ホワイトは道徳的不承認の観点から述べ，ケネディは「憎悪」(animus) の観点から述べているという用語上の違いはある。しかし本件の文脈において，これらの用語が意味するところに違いはありえない。[19]というのは，おそらくコロラド州側が完全に心から断言するには，当該修正の「包括性」は同性愛に対する市民の道徳的不承認の深さによって正当化される。それによれば，同性愛は認容されうる性的結合形態であるとする法を完全に禁止することは，同性愛を容認する道徳的見解に対する多数者側の拒絶感の深さをまさに十分に示している証拠である。「憎悪」に訴える正当化手法を明らかにし，その手法が容認されえないことだと断じつつ，ケネディは事実審におけるベイレス判事の判断を振り返り，バウワーズ事件に触れることなくそこでのとげを抜いた。

仮に同性愛者たちが，疑わしいあるいはやや疑わしい被差別的クラスとみなされた場合に享受するであろう安全な立場に，ケネディは彼らを置かなかった。同性愛者たちには挙証責任があり，彼らに危害を加える特定のルール・法には正当な目的がないどころか，「憎悪」という不公正な目的があるだけだということを同性愛者たちは示さなければならないとされた。無論，多くの事例（例えば，同性愛の軍人を公然と軍務につかせ続けることを拒否する軍隊に対して，異議を申し立てること）

においては，そうした挙証責任を彼らが負うことは困難であろう。だが，同性愛者のすべての性行為を無条件に犯罪化することは不公正な目的以外のいかなる目的にも役立たない，と立証することは，彼らにとってもそれほど難しいことではないだろう。ローマー事件とバウワーズ事件の結果を組み合わせることは滑稽である，とスカリア判事が皮肉たっぷりに反対意見で述べたのは正しかった。つまり，同性愛を実践する者たちは投獄されるかもしれないが，彼らは宗教的原理主義者などが被っているような選挙権上の不利な立場に追い込まれてはいない。しかし，そうした争いに関して将来出されなければならない解決策も，スカリア自身が望むようなものにはならないかもしれない。エヴァンズ対ローマー事件における多数意見は，単純にバウワーズ判決を無視する以上のことをしてしまったのかもしれない。そこでは，バウワーズ判決が分離され，ついにはそれが完全に覆される過程が始まった可能性がある。このことは一つの事件であり，それは同性愛者の市民的自由に大きな影響を与えるだけでなく，憲法理論一般にも大きな影響を与えるだろう。

十年間に互って機能してきた，歴史派にとって最重要なバウワーズ判決に対して，学者や評論家たちは，同判決が自由社会および自由社会のなすことについて非常に狭量な理解しかしていないとしてたびたびこきおろしてきた。同判決は五対四の投票結果であったが，勝負を分ける投票を行ったパウエル判事は引退後に，その投票は在任中の最悪の誤りであったと述べた。5人というぎりぎりの多数意見側の一人であるオコナー判事もローマー判決においてはケネディの多数意見に加わっており，そこから推測すれば，彼女も意見を既に変えたのかもしれない。おそらく，バウワーズ事件もまさに現在提起されていれば，当時の多数意見側には3票しか入っていないだろう。つまり，当時のバウワーズ判決の多数意見側であったレーンクィストおよびスカリア，そしてエヴァンズ対ローマー事件においてスカリア判事の反対意見に加わったトーマスである。いずれにせよ，ローマー判決は統合派にとっての勝利であり，また，平等とは正義原理であるとともに憲法原理でもあるという信念にとっての勝利でもあった。

III

帮助自殺（assisted-suicide）に関して後に出された連邦最高裁判決は，歴史派にとって埋め合せ的な勝利だったのだろうか。当該判決において連邦最高裁は，二つの巡回控訴裁判決を破棄した。破棄された控訴裁判決によれば，自殺帮助を犯罪と

する法令は違憲とされた。第9巡回裁判所曰く，そのような法令は適正手続条項違反である。なぜなら，末期患者には自らの死に方や死期をコントロールする自由があるからである。また，第2巡回裁判所曰く，そうした法令は平等保護条項違反である。なぜなら，クルーザン事件において連邦最高裁判決（1990年）[20]が認めたように，生命維持装置をつけた患者にはその装置をはずす憲法的権利があり，よって，生命維持装置をつけていない末期患者に対して死期を早める他の手段を禁ずることは平等処遇を拒絶することになるからである。団体「死における同情」(Compassion in Dying)関連の判決において，連邦最高裁はこれらの巡回控訴裁判決を圧倒的な9対0の票決で覆した。しかし，この全員一致の投票結果は当てにならないものだった。個別意見を各々書いた6人の裁判官のうち，5人までもが明らかにしたところによれば，協力的な医師に末期患者が自らの死期を早めるよう頼むことは末期患者の権利である，という主張は完全には否定されていない。見方を変えれば，そうした権利に影響を実際に与えるような証拠が更に出てくれば，将来の事件において連邦最高裁は意見を変えうる。

　6人の判事が述べた各種の意見は，これまで数十年に互る歴史派統合派双方の適正手続条項理解に関する最も豊かで率直な議論を形作っている。連邦最高裁長官ウィリアム・レーンクィストは，自分と他の4人の判事の意見を示す多数意見の中で，歴史派的見解を擁護した[21]。彼の主張によれば，適正手続条項とは，各州によって歴史的に尊重され続けてきた特定の自由のみを保護している。レーンクィスト曰く，当該条項は，不要な医療行為や危険な医療行為から各人を正しく保護するものである。なぜなら，大多数の州におけるコモンローは長年に互ってそうした保護を認めてきたからである。だが逆に，ひどい苦痛に苛まれている末期患者が自ら死期を早めることに関して，医師の助力を禁ずる法をそうしたコモンローは別に糾弾してはいない。なぜなら，ほぼすべての州はそうした助力を長い間禁じてきたからである。レーンクィストが認めるには，彼の歴史派的アプローチは原則に対する例外をも生むかもしれない。なぜなら，そのアプローチを採用すると，米国各州がこれまで歴史的に保護してきた自由と，否定してきた自由との間に引かれうる原理的区別がなくなってしまうからである。彼曰く，本件以前の事件であるクルーザン事件の連邦最高裁判決において，生命維持装置を体からはずしてもらう権利を適正手続条項は人々に与えているとされた。ただし，それはコモンローの実践からのみ引き出されるものであり，「人格的自律という抽象的概念から単に演繹されるものではない。

……人の助けを借りる自殺の決定は、不要な医療行為を拒絶する決定と同じように個人的で深い問題である。しかし両者は決して同様な法的保護を受けてきたわけではなかった。」

他方でディヴィッド・スーター判事は、レーンクィスト執筆の多数意見に同意はするものの、別に個別意見を述べた。そこでは古典的な統合派的見解が提示された。スーター曰く、米国の歴史と伝統の中には、これまで承認されてきた特定の権利が存在するのと同時に、「基本的諸価値」も、つまり、より一般的な政治道徳原理のうち、どの原理を当該権利は意味しているかを理解すべく権利解釈を行う際に現われる基本的諸価値も存在している。彼が述べるところでは、おそらく各州は必ずしもそうした基本的諸価値に対して十分に誠実であったわけではない。また、かなり昔からのいくつかの法的実践は、例えば、かなり以前からの中絶禁止などは、今では基本的諸価値を傷つける可能性があり、適正手続条項違反であると見なされる可能性もある。スーター曰く、どの政治道徳原理が本当に米国の歴史の根底にあるかを決める際には、裁判官は慎重にならなければならない。なぜなら、そのような原理は様々な抽象的段階で識別されうるからである。ゆえに裁判官は、妥当な解釈が正当化しうる範囲を超えるような次元で、包括的に政治道徳原理を述べてはならない、と。スーターの意見では、政治道徳原理の妥当な抽象化段階を決めることは「機械的作業ではない。」そうした競合する解釈の一つを選択することは、「この国の法的伝統の中に根付いた具体的な特権や禁止に例証されているような包括的諸原理の中で、一体どの原理が特定事例での主張に最もよく適合するのかという点について、筋の通った判断を要請する。」スーターは、自分なりの適正手続条項理解に基づいて、幇助自殺についてレーンクィストとは異なった結論を引き出した。スーター説によれば、もし幇助自殺問題に理性的判断をすれば、「自殺において医師の援助を求める権利が承認される傾向がいよいよ強まること」と彼が呼んでいる議論が明らかになる。

スーター曰く、これらの議論の中で最も強力なものは、過去の伝統に残されている一般的原理に基づいている。その原理が保障する権利とは、「死が差し迫った時期において適切な情報に基づいて責任ある決定が十分にできない状況下での、医療への権利や、助言を求める権利である。……死期が迫っている場合ほど、医師の援助を求める主張が強い場合はありえない。その主張とは、一種の道徳的判断であり、それは、差し迫った死期を必然的に早める（例えば延命装置をはずすことや、死期

を早める鎮痛処置を認めること）医学的措置の正当性を国家が認めることを含意している。」

　したがって，適正手続条項に関するレーンクィストとスーターの見解は全く異なっている。前者の見解は，殆どの州が制定する理由を見出せなかったような法から個人を保護するだけである。よって，個人的自由が歴史的に広く被ってきた侵害に対する保護をそれは全く提供していない。後者が示す可能性によれば，幇助自殺禁止などの長期に亙って普及している法的ルールでさえも，それがより一般的で確立された自由原理を侵害すると見なされる場合には，違憲と判断されうる。したがって，現在の最高裁においてこれらの各見解の普及度を推測しようとすることは重要である。既述のように，幇助自殺へのいかなる権利をもきっぱりと否定するために，レーンクィストが歴史派アプローチを用いることに困難はなかった。他の4人の判事である，ケネディ，オコナー，スカリア，トーマスたちはレーンクィストの意見に加わった。そして容易に予想されることだが，スカリアとトーマスは間違いなく，レーンクィストの意見での歴史派的な前提を実際に共有している。

　しかしながら，1992年のケーシー中絶事件においては，オコナー判事とケネディ判事はスーター判事とともに，スーター自身が本件で擁護するような適正手続の解釈を支持する連名意見（a joint opinion）を書いた。したがって，なぜ彼らが本件では，レーンクィストの意見に加わったのかが判らない。おそらく，彼らは慣例的な遠慮からそうしたのだろう。その結果，一つの意見（レーンクィストの意見）が5票を得て，それが法廷意見となった。少数意見なしの全員一致の決定というあまり洗練されていない結果は避けられた。しかし，いずれにせよ，オコナーは個別意見の中で，適正手続条項についてレーンクィストが行った歴史派的理解は認められないとはっきり述べた。彼女によれば，一連の事件によって提起された問題とは，「責任能力のある人物が甚大な苦痛に苛まれている場合には，自らに迫り来る死の状況をコントロールすることが憲法的利益と見なされるかどうか」という問題である。オコナー曰く，そうした問題に答えを出す必要はないように思われる。なぜなら，たとえそのような患者がこの権利を持っているとしても，この種の事件で問題とされる州法は別にそうした権利を侵害しているわけではないからである。なぜかというと，そうした州法において，これらの迫りくる死に際しても医師には鎮痛剤投与が認められているからである。つまり，患者には自らの死に方をコントロールする権利があるのか否かという決定的に重要な問題を，オコナーは未決着のままにした。

歴史派的理解から言えば、それは直ちに否定されてしまうような類の問題である。ケネディ判事は個別意見を述べなかった。しかし、ケージー事件での彼の意見だけでなく、ローマー事件での平等保護条項についての彼の明確な解釈を考慮すると、ケネディが歴史派的立場を取るとは考えにくい。

　ギンズバーグは、オコナーと同意見であるとだけ述べた。ブレイアーが明白に述べたところによれば、オコナーの意見については、「それが多数意見に同意している点を除いては」賛同できる。この種の事件における患者の主張は定式化できるだろうが、それはレーンクィストが行ったような形でではなく、むしろ「『尊厳を保ったまま死ぬ権利』というような表現」になるだろうとブレイアーはつけ加えた。ブレイアー曰く、そのような権利に対して、「我々の法的伝統は大きな支援を提供しているだろう。」彼の付言によれば、実際に裁判官に対してそうした権利の承認を適正手続条項が要求するかどうかという問題に結論を下す必要はない。なぜなら、「（死に繋がるような）深刻な肉体的苦痛を避けることは、うまくゆく主張の本質的部分の中には必ず含まれていなければならない」からである。最高裁が本件で検討している法令の下でも苦痛は回避されうる。なぜなら、当該法令は死期を早めるような鎮痛処置を禁止していないからだ、というオコナーの意見にブレイアーも賛同した。ブレイアーは以下の重要な所見で結論を締めくくった。もし「終末期での苦痛を和らげるのに必要な薬剤投与」に対して各州が実際に妨害を行うならば、その時は「オコナー判事が示唆するように、最高裁はこれらの事件において出されてきた結論を見直さなければならないだろう。」

　残り［一人］の判事であるスティーヴンズは雄弁な個別意見を書いた。その説明によれば、下級審判決を破棄した彼の投票は、実体的理由よりも手続的理由に基づくものであった。彼曰く、関連事件での原告である患者たちは全員、最高裁判決以前に死亡しているので、最高裁が直面する問題とは、幇助自殺禁止法が苦痛の除去を求める末期患者に対しても憲法上適用されるかどうかではない。そうではなく、彼によれば、既に患者が死亡してしまっている事例において最高裁に求められていることとは、自殺禁止法が憲法上すべての人間に適用されうるかどうかを決定すること（例えば、抑鬱状態である以外の点では健康な人物が死にたいと望んだ場合を含む）である。スティーヴンズが考えるところでは、死を望む人間を医師が援助することを各州は正当に制約できるという理由から、そうした法律は「表面的に」は無効ではないとして彼は当該法に対する賛成票を投じた。しかしながら、彼の意見

の流れからは，彼が妥当な事例であると見なす場合には，責任能力があり適切な情報を得ている末期患者（死ぬこと以外で苦痛が除去できないという者たちだけではない）の死期を医師が早めることを禁止する法律に対して，彼は殆ど間違いなく却下するほうに票を投じるだろう。スティーヴンズが強調するところでは，どんな種類の死に方が最も良く各自の生の価値を尊重しているかについては，人夫々の宗教的倫理的信念によって異なる。また，個人的自由原理から言えば，末期患者には自らの信念に基づいて死ぬことが認められるべきこととなる。彼は断固たる所説で個別意見を締め括っている。「私の判断によれば，……『人間の生命保護に関して［各州が持つとされる］いわゆる無制約な利益』は……それだけでは自由の利益を十分に上回っているとは言えない。なぜなら，その自由のみが末期患者の尊厳を保ち，耐え難い苦痛を和らげる唯一の手段を正当化しうるからである。」スティーヴンズの意見は，（幇助自殺）禁止法に異議を唱える人々に対して形式的には反対票を投じるものであったけれども，実質的には彼らが求めるものに賛成するものであった。ゆえに，適正手続条項について，狭義の歴史派的見解を採る者は，今や現最高裁メンバーのうち，最も保守的な3人の中核グループ（レーンクィスト，スカリア，トーマス）におそらく限られている。そしてそのことは，合衆国市民が政府に対して持つ個人権の原則的保障に賛同する人にとっては良い知らせである。また，これらの事件において幇助自殺への権利は最高裁によって認められなかったが，将来に互ってそうした権利の憲法的議論を閉ざさぬよう5人の裁判官が留意したことも，個人権賛同者にとっては良い知らせである。

IV

したがって，幇助自殺関連の判決は，歴史派の勝利とは全く見なされない。これまでは，相応しい事例が起なかったために認められてこなかった幇助自殺への権利を認める用意がある，とスティーヴンズは表明した。スーターは個別意見の中で3回も，彼のそうした投票は「今回」限りのことだと述べた。オコナーとブレイアー曰く，状況が変化すれば再考の余地はある。更に，法廷意見でなくオコナーの意見に加わったギンズバーグも，そうした意見に賛同するとはっきり述べた。ゆえに，スティーヴンズを別として，これらの判事たちがなぜ「今回は」当該権利認容を否定したかを考えることは重要である。

既述の如く，オコナー，ギンズバーグとブレイアーが論ずるところでは，苦痛除

去のためにはいかなる憲法的権利も制約されうる。だが、いくつかの理由から、そうした制約は恣意的なように見える。これらの判事たちは、ブレイアーが「尊厳を持って」死ぬ権利と呼ぶものが、苦痛なしに死ぬことだけを意味しているその理由を説明しなかった。現実には、スーターが言及したように、多くの人々は薬によってもたらされた無感覚状態を同様に恐れており、そうした状態は当然、自らの尊厳を侵害するだけだと思っている。(22) これらの判事たちは、苦痛はごく稀な事例を除いては防がれうると満足気に述べたが、更に彼らは、スティーヴンズによって言及された反対の実質的証拠に応答しようとはしなかった。そして奇妙なことに、幇助自殺への限定的権利を認める連邦下級審の丁寧に考慮された諸判決を、彼らは、訴訟において活発に議論されている事実次元の主張へ訴えることによって（彼ら自身は当該主張への論拠を示すことなく）あっさりと覆そうとする。

またこれらの判事たちは、無意識状態に陥らせる以外には苦痛を和らげることが不可能な人々が（人数はともあれ）いても、彼らには死亡を幇助してもらう権利がないという理由も説明しなかった。ブレイアーが実際に承認したところによれば、多くの患者、中でも貧しい患者は、痛みを和らげてくれて患者のためになる治療をそれが高額という理由からあまり受けていない。だが、彼曰く、あくまでそれは「制度的理由、つまり制度的な不適切さや障害であり、克服することができるように思われる。」しかし、貧しい末期患者には深刻な苦痛にある時でさえも幇助自殺への権利がなくても良い。なぜなら、政府は、実際にはまだ供給していない高額の鎮痛処置を将来供給できるかもしれいないからだ、と述べるだけでは不十分である。

今回はいかなる憲法的権利をも認めない理由について、スーターはより手の込んだやり方で説明した。幇助自殺反対派によって押し進められた主張に彼は言及している。それによれば、実際にはまだ死が差し迫っていない人々や、本当は死にたいとは思っていない人々に対して自殺をするようにと、生きながらえさせることでの費用負担を望まない親族や病院によって、あるいは当該患者は死んだ方が望ましいと考える哀れみ深い医師によって、彼らが説き伏せられることを防ぐような規制措置を設けることは殆ど不可能である。特に、幇助自殺や安楽死の唯一の記録化されたプログラムであるオランダの事例はそうした多くの間違いを防げなかった、と主張している本や論文を彼は引合に出した。オランダの事例のこうした分析は他の報告によって反駁され、また、他の重大な医療措置においても避けられない程度までに間違いを減らすような効果的な規制枠組を各州は発展させることができるだろう

と多くの論者は考えているとスーターは述べた。しかし，彼曰く，既に殆どの州で制定されている法律を，論争的な事実判断に基づいて違憲であると判事たちは宣言すべきではない。特にそのことは，調査委員会を設置できる立法機関が，判事たちよりも事実判断をするのに好都合な位置にあるような場合に当てはまる。したがって，彼は次のように結論づける。最高裁は「今回は」反幇助自殺法を違憲であると宣言すべきではない。もちろん，仮により良い証拠が利用可能になったり，より説得的な調査が行われたあかつきには，違憲と判断しても良い。

　こうしたことは原理的には妥当なように見える。だが，スーターが率直に認めているように，最高裁が前提としているところでは，末期患者には生命維持装置を外す憲法的権利があり，それはたとえ装置を外すことが早期死亡を意味するとしてもである。そして，そうした危険の大きさは，特に生命維持技術は通常非常に高価なため，致死薬を飲んで死ぬようにと末期患者が説き伏せられる場合の危険の大きさと変らない(23)。いずれにせよ，事実問題とは判事が決定するには難しすぎたり不確かすぎたりするのか否か，よって判事はそうした理由から立法的決定に従うべきか否か，という問題はそれ自身複雑で難しいものである。したがって，裁判所は証拠の非常に慎重な検討を経た上で，はじめてこうした問題に答えるべきである。特に，一般に各個人の基本権と思われているものが危機に瀕している場合はそうである。更に言えば，幇助自殺の議論においては慎重な検討が特に重要であるように思われる。なぜなら，関連するそうした証拠を集めてきた多くの社会科学者たちは強い倫理的意見を持っており（その意見の中には，宗教的信念や適切な医療倫理学についての信念も含まれている），それは彼らの科学的独立性を減ずるようなものであるかもしれないからである。幇助自殺に対する反対者の多くが主張するところによれば，オランダでは（そこでは，司法によって認められた指針に従う限り，患者が死ぬのを医師が幇助したとしても医師は訴追されない），精神科医のハーバート・ヘンディンの言葉を借用すると，人々は死へ「誘惑」されてきた(24)（ヘンディンは自殺協会と呼ばれる組織の要職にあり，彼の著作によると，その組織は「自殺防止のために機能している」そうである(25)）。スーターは，他の著作とともにヘンディンの著作を，米国司法は現在そうした著作が擁護する見解を斥けるような立場にはない，という彼自身の立場を支持するものとして引用した。

　しかし，「オランダの経験」についてのヘンディンや他の批評家の判断がたとえ正しいとしても，だからといって，オランダの裁判所よりもはるかに強い規制を強

いる自由を持っている米国の各州が，死ぬ方向へ圧力をかけられる危険のある患者に対してはるかに手厚い保護を与えられないとする理由は不明である。更に言えば，オランダの医療実践に批判的な著作を詳細に検討すると，そこに深刻な方法論的欠陥がなかったかどうかもはっきりしない。オランダのグロニンゲン大学の学者である，ジョン・グリフィス，アレックス・ブード，およびヘレーン・ウェイヤースの3人は，バランスのとれた，ある程度オランダの実践に批判的な見解を示している。それによれば，安楽死に対する裁判所公認の指針を実行する方法はもっと改善されうるとのことである。[26] しかし，彼らはヘンディンの方法論には非常に批判的である。彼らの主張によれば，ヘンディンの著作には多くの誤りがあり，彼の主張の大部分の根拠となっているオランダの医師との会話報告のいくつかは誤訳されている。[27]

スーターは次のようなヘンディンの主張に特に言及している。曰く，オランダにおいて医師たちは，患者からの依頼や患者との相談がないままに，十分に法的能力のある患者たちの生命を終らせてきた。レーンクィストもまた，一見したところ衝撃的な事実に言及している。曰く，「オランダ政府自身が明らかにした調査によれば，1990年には，明白な依頼がない安楽死が千件以上もあった。」実際のところは，1992年に英語で刊行された公式調査報告書によれば（それについてはスーターもレーンクィストも言及していないが），「患者側の依頼のないままの」安楽死だと判断される事例は様々な異なった種類に分かれている。例えばその中には，次のような事例が含まれている。断末魔の中にあって同意ができない患者の場合。薬を投与して，その死亡時期をわずか数分間だけ早めるような場合。死のうとする意向を事前に表明していても，それが，専門用語的に明瞭な依頼であることを求めるオランダの厳格な基準に合致するような言い回しでない場合。安楽死させなくてもどのみち生後数日以内に死んだであろう新生児の場合。依頼による新生児の安楽死が親自身の苦悩を救う場合，等々である。[28] 仮に米国の各州が，そうした行いは不快であり望ましくないものであると確信するならば，直接的な立法上の規定により，そうした行いを禁止することができよう。また，厳格な規制や報告義務の下で実際に安楽死を依頼する者に対して幇助自殺を認めることが，上記の行為をどのくらい増加させるのかは不明である。ヘンディンに対するグロニンゲン大学の学者たちの批判が正当化されると私が言いたいわけでは別にない。だが残念なことに，スーターや他の裁判官たちは，ヘンディンの調査技術，および引用されたオランダの実践に対する他の批評家の調査技術を徹底的に検討することができなかった。スーターたちは，

裁判官が今のところ解決能力を持っていない問題もヘンディンたちの著作は論じていると断定する前に、もっと徹底的にそうした技術を検討すべきだった。おそらく、こうした論者たちが主張する危険性を本当にオランダの経験が示しているかどうかを明らかにする妥当な調査は、いまなお存在していないのである。

いずれにせよ、こうした未解決な事実問題がある限り、憲法的議論が継続されていく可能性は非常に高い。さて、その間において、最高裁判決はどのような影響力を持つのだろうか。最高裁が明らかにしたところでは、現行法の枠内での通常のやり方で、すなわち立法化や住民投票によって寛容な改革を推し進める自由が、各市民にはある。そして、死の苦痛を和らげるように医師に頼む機会が末期患者には与えられるべきだという考え方が有力となっている現在、そうした運動の推進は各州においてますます成功していくだろう。しかし、最高裁判決が持つより直接的な帰結は、政治的というより医学的なものである。なぜなら、既に述べられた意見を組み合わせて考えてみると強く示唆されるように、もし苦痛を止める必要があるなら、末期患者にはたとえそれが死をもたらそうとも投薬によって苦痛を除去する権利があるということを、最高裁は認める用意があるだろう（おそらく最高裁内で判断は分かれるだろうが）。もちろん、そうした鎮痛薬投与に同意する医師と患者は投薬後の死までを目指しているのか、あるいは鎮痛だけを意図しているのかを判断することは非常に難しい。だが、多くの医師たちは、死を早めるために、そうした致死量の鎮痛薬を末期患者に対して既に処方し続けてきたのである（その患者の家族を医師たちは良く知っており信頼もしている）[29]。昨今の判決の影響は、そうした実践を承認するだけでなく、拡大するものでもある。

そうしたことは矛盾しているように見える。なぜなら、モルヒネ等の鎮痛薬の大量投与は、幇助自殺を認める政府が絶対に要求しているような方法では規制されていないからである。もし米国において幇助自殺法が制定されるとしたら、そこでは幇助を求める患者に対する十分な情報とインフォームド・コンセントが要求されることとなろう。また病院に対しては、治療や鎮痛処置に関するすべての選択肢が患者に説明され勧められたかどうかの監督基準を充たすよう幇助自殺法は要求することとなろう。そうした法の枠組は該当する患者の状況を改善し、延命効果もあるかもしれない。医療費をかけたがる病院に対して、表向きは鎮痛目的で何ら具体的な制限規定がないままに、致死量のモルヒネ投与を推奨するような政策を採っても、それは既に確立している医療行為に対する違反とはあまり映らないかもしれない。

しかしそうした政策は，痛みに苦しむ末期患者が貧しい場合に，彼らの親類や担当医が一刻も早く死んで欲しいと考えて，患者を危険にさらさないとも限らない。

(1) これらの問題について私は，*Life's Dominion* (New York: Alfred A. Knopf, 1993) において詳論している。
(2) Roe v. Wade, 410 U. S. 113 (1973).
(3) 自殺幇助関連の連邦最高裁判決は次の一対の事件で見られた。Wash-ington et al. v. Glucksberg, 521 U. S. 702 (1997)，および Vacco v. Quill, 521 U. S. 793 (1997).
(4) Bowers v. Hardwick, 478 U. S. 186 (1986).
(5) Id. at 191, 194.
(6) Id. at 195.
(7) 『自由の法』(*Freedom's Law*) (Cambridge, Mass.: Harvard University Press, 1996) で，私はこのアプローチを憲法の「道徳的解釈」を主張するものとして述べ，歴史派の異議は非民主的であるとして，同アプローチを私は擁護しようとした。
(8) Poe v. Ullman, 367 U. S. 497, 543 (1961).
(9) 505 U. S. 833 (1992).
(10) 修正第2条に異議を唱える集団によれば，彼らはバウワーズ判決の効果に長期間苦しむ。なぜなら，同性間性交を州が非合法化することを当判決は認めたが，修正第2条は活動的な同性愛者に適用されるだけでなく，同性愛志向の全員に適用され，その結果，実際の行動ではなく心理的な状態や傾向の故に人々に不利益が及ぶからである。コロラド州側の応答によれば，修正第2条の各部分は分割される。また，州側の示唆によると，コロラド州最高裁が違憲と判断するのは，非実行的な同性愛者に対する反差別法を禁止する部分だけであり，「同性愛あるいは両性愛的行動や関係」を是認するような法律は禁止されたままである。だが，コロラド州最高裁の説明によれば，当該修正条項が違憲であるという判決は，当該条項のすべての部分に適用されるものであり，同性愛実行者たちに対する反差別法の禁止にも適用される。同最高裁はその点から上訴を検討した。
(11) Padula v. Webster, 822 F. 2d 97, 103 (1987).
(12) 最高裁の平等保護条項解釈の緻密さについては，第12章で議論されている。
(13) 例えば，Reynolds v. Sims, 377 U. S. 533 (1964) を参照せよ。
(14) 私は他の著作において，民主主義において有権者を導く二種類の選好を夫々区別してきた。一つが，「個人的」(personal) 選好であり，それは自らの生への各有権者の企図に関わる。もう一つが，「外的」(external) 選好であり，これは他者がいかに生きるべきかあるいは他者に何が起こるべきかについての各有権者の選好である。参照，*Taking Rights Seriously* (Cambridge, Mass.: Harvard University Press, 1977) および，*A Matter of Principle* (Cambridge, Mass.: Harvard University Press, 1985). 私の主張によれば，外的選好が押しつけられることによって，ある

種の人々が政治的に敗北するのは不公正かつ非民主主義的である。ゆえに，平等保護条項は，そうした状況から市民を保護すべく解釈されるべきだ。判決文を素直に読む限り，バウワーズ判決はこれとは反対の意見を持っている。

(15) 例えば，High Tech Gays v. Defense Indus. Sec. Clearance Ofiice, 895 F. 2d 563 (1990) を参照せよ。

(16) Romer v. Evans, 517 U. S. 620, 645 (1996).

(17) ハーヴァード・ロー・スクールのローレンス・トライブ教授が座長を務め，そこにスタンフォード・ロー・スクールのジョン・ハート・イリィ，ジェラルド・ガンサー，キャサリン・サリヴァン各教授や，シカゴ・ロー・スクールのフィリップ・B・クーランド元教授も加わった。

(18) 517 U. S. at 632.

(19) 反対意見の中で，この点についてはスカリア判事も同意している。「確かにここで問題となっているのは，ただ一つの『憎悪』である。つまり，それは同性愛行為の道徳的不承認であり，またそれは数世紀にわたる刑事法を生んだような，バウワーズ事件において合憲とされた道徳的不承認と同じ種類のものである。」Id. at 644.

(20) Cruzan v. Director, Missouri Dept. of Health, 497 U. S. 261 (1990).

(21) 注目すべきことに，レーンクィストは他の保守的法律家がしようとしてきたように，つまり修正第14条を起草・制定した人たちの「当初の意図」(original intention) に訴えるやり方では歴史派アプローチを擁護しなかった。彼は異なった理由から（私が思うに，その方がはるかに現在では評判が良さそうである）当該アプローチを擁護した。それによれば，このように（あるいは他の利用可能な方法で）適正手続条項をぐらつかせることは，各州の多数者側の望みや信念を否定する裁判官の力を縮めてしまう。この議論の評価については，Dworkin, *Freedom's Law* を参照せよ。

(22) もちろん，あらゆる苦痛は完全な感覚麻痺状態によって除去されうる。しかし，患者を意識のある状態に置いたまま（おそらく多少は意識が薄れることもあろうが）でも，殆どの場合において苦痛を和らげることは可能だと判事たちは考えていると私は思う。完全な感覚麻痺状態で余生を送ることは，死ぬよりも悪いと多くの人々は思っているだろう。

(23) 脚注においてスーターは次のように示唆している。生命維持装置解除が死につながることを防ぐという弱い利益を政府は持っている。なぜなら，その場合には「自然」が死をもたらしてしまうからだ。Glucksberg, at 785. 患者の頼みが真正なものであるか，それとも強いられたものなのかということだけが当の問題である場合には，そうした特徴づけはあまり適切ではない。同脚注において彼曰く，生命維持措置は肉体的な侵入であるので，生命維持装置解除の結果が死であるような場合に解除を依頼する人物が十分に責任能力を持たないと恐れる理由は，致死

薬を求める場合よりも大きくない。だがそれは誤った推論であるように思われる。人々がしばしば生命維持装置を外すようにと頼むのは，装置の存在自体が非常に不快であるからではなく，彼らがただ死にたいからなのだ。よって，そうした決定を下すように説き伏せる危険は上記の二つの事例において全く同じように大きい。

⑭ Herbert Hendin, *Seduced by Death: Doctors, Patients, and the Dutch Cure* (New York: W. W. Norton, 1997). 同書は，当該論点に関する拙著に異論を唱えている。

⑮ Ibid., p. 223.

⑯ John Griffiths, Alex Bood, and Heleen Weyers, *Euthanasia and Law in the Netherlands* (Amsterdam: Amsterdam University Press, 1997).

⑰ 5人の医師たち（そのうち4人は，ヘンディン自身が自らの研究の「主たる情報源」として述べている人物である）は，ヘンディンが最初に書いた論文（それは後に刊行された本と同名のタイトルであった）を掲載した雑誌に対して，連名で手紙を書いた。その手紙には次のような記述がある。「ハーバート・ヘンディン博士にインタビューされた以下の人々が（中略）言いたがっているところによれば，インタビューの文章は（中略）正確な叙述になっていない。文章にはいくつかの間違いや翻訳上の欠陥がある。」ヘンディンの当該論文とともに，この手紙が掲載されることを彼らは望んだが，それは掲載されなかった。そして，論文刊行前にヘンディンはいくつかの修正を行った。だが，私が電話で話したグロニンゲン大学の学者や3人の医師によれば，そうした修正の中に翻訳上の誤りの修正は含まれていないそうである。彼らの意見では，以後のヘンディンの著作物においても，そうした誤りは続いているとのことである。

⑱ 参照，P. J. van der Maas, J. J. M. van Delden, and L. Pijnenborg, "Euthanasia and Other Medical Decisions Concerning the End of Life". この論文は，翻訳され特別補遺1，2として *Health Policy* 22 (1992) に掲載されている。

⑲ 1997年のニューヨークタイムズのある記事ではこうした実践が紹介され，カリフォルニア大学の麻酔学の教授の発言が掲載されている。曰く，「そうしたことは常になされている。」Gina Kolata, "When Morphine Fails to Kill," *New York Times*, July 23, 1997. その記事の中での医師たちの意見によれば，モルヒネ投薬量が徐々に増やされていった場合に，患者は最期まで大量投与をしても持ちこたえるものらしい。しかし，そうしたことはすべての患者に当てはまるものとして証明されてきたわけではなかった。また，実際には死に繋がるような鎮痛薬大量投与以外には直ちに痛みはコントロールできない，という医師の決定に異議を唱えることは難しいだろう。これらの論点について医師たちが幅広く様々な意見を持っている具体例としては，*Journal of Palliative Care* 12, no. 4 (1996) の一連の論考を参照されたい。

初 出

第 1・2 章は1981年に *Philosophy and Public Affairs* で初めて公刊された。第 3 章は1987年に *Iowa Law Review* で公刊され，第 4 章は同じ年に *University of San Francisco Law Review* で公刊された。第 5 章は1989年に *University of California Law Review* で発表された。第 6 章は，スタンフォード大学のタナー・レクチャーで発表され，*The Tanner Lectures on Human Values,* volume XI (University of Utah Press, 1990) で公刊された "Foundations of Liberal Equality" を訂正し，もっと短くしたものである。第 8・11・12章は別の表題の下に *New York Review of Books* でそれぞれ1994年 1 月13日，1998年10月22日，1998年11月 5 日に初めて発表された。第10章は *If Buckley Fell,* ed., E. Joshua Rosencranz (New York: Century Foundation, 1999) で初めて発表された。第13章はTwenty-first Century Foundationの1998年集会のために当初準備され，参加者に配布されたものである。第14章は *New York Review of Books* でそれぞれ1996年 8 月 8 日と1997年 9 月25日に初めて発表された二つの論文（このうち一つは別の表題で発表された）を結び合わせたものである。

訳者あとがき

　本書は Ronald Dworkin, Sovereign Virtue: The Theory and Practice of Equality (Harvard U. P. 2000) の邦訳であり，1981年から1999年にかけて平等に関して書かれた14の論文がここに収められている。原著の表題である「至高の徳」は言うまでもなく平等を意味するが，訳書には単純でより明確な「平等とは何か」という表題を付することにした。理論篇と実践篇から成る本書は著者の過去の諸論文を集成したものであるが，実質的には一般的な平等理論とその具体的適用を体系的に展開したまとまりのある単行書になっている。

　平等論の根本問題は，分配的正義の脈絡において人々を平等な存在として扱うことは人々の「何を」平等にすることかという問題であるが，第1章と第2章はこの問題にあてられている。第1章は福利平等論の諸形態を区別したうえで，これらの理論のすべてが当の理論から独立した公正な分前の観念を前提にしなければならない自滅的な理論であることを論証する。「福利」を個人的な選好の充足に限定し，個人的選好の充足の度合を平等にする分配を正しい分配と考える「成功理論」は合理的遺憾という観念を前提としているが，何が合理的な遺憾であるかを判断する規準は成功理論自体によっては提示されえず，このためには成功理論とは別個の資源の公正な分配に関する理論が必要である。また「喜び」といった意識状態の平等を唱える福利平等論も，必ずしもすべての人々が喜びに重要な価値を付与していない以上，同じく公正な分配に関する独立した理論を必要とする。更に高価な嗜好の問題に関しては，福利平等論を採るかぎり，意図的に培われた嗜好に対しても補償せざるをえないという奇妙な帰結が生ずるが，この帰結を回避するためにも資源の公正な分配に関する独自の平等理論が必要である。このような論法で福利の平等を拒否した後，第2章では著者が正しい分配的正義論と考える「資源の平等」論が展開されている。

　ドゥウォーキンの資源平等論の基礎にあるのは，各人が持つ資源が他者に及ぼす機会費用を平等化する分配が正しい分配であるという考え方であり，更にこの分配は羨望テストに合格する分配として理解されている。すなわち，各人の企図や選好

に基づく特定の資源の私有が他者に及ぼすコストを平等化するような資源の分配が正しい平等主義的分配であり，この分配の様態においては誰も他人が持つ資源に羨望を抱くことはない。市場の出発点における資源の分配に際して機会費用の平等化と羨望テストの条件を充たす最善の方法は，平等な貨幣を手にした人々の間で行われる競売である。この点で市場の初期的分配に関するドゥウォーキンの見解は，J・ブキャナンの自然分配やD・ゴティエのロック的条件に拘束された分配に比べ，著しく平等主義的なものとなっている。更に，競売後の市場で生ずる貧富の差に関してドゥウォーキンは人格と環境，選択の運と自然の運の区別を用いながら，生来的能力を資源に含ませることにより，能力の相違から生ずる不平等の是正を主張し，是正の方法としては，能力を競売の品目に含ませる考え方を否定したうえで，仮想保険市場を模倣する所得税制度を提唱する。保険の機能は，能力の欠如のような自然の運を選択の運へと変換することにあるが，所得税は，平均的にみて人々が能力の欠如にそなえてどの程度の保険料でどの程度の担保範囲の保険に入るかを仮想したときの保険料に相当するものと解釈され，所得が仮想保険の担保範囲の平均値に満たない人には，社会のメンバーから強制保険の保険料として集められた税金により補償がなされる。

　ドゥウォーキンによれば，企図や選好に由来する不平等は是正すべきでないのに対し，災害，ハンディキャップ，生来的能力に由来する不平等は是正しなければならない。それゆえ，市場の出発点における平等を主張する一方で，市場の内部で能力の相違から生ずる不平等を是認するスターティング・ゲイト論や機会の平等論は首尾一貫していない理論として拒否される。しかし，選好や企図自体が個人のコントロールに服さない要因によって決定されているならば，人格と環境，選択の運と自然の運の区別に依拠したドゥウォーキンの資源平等論は破綻しないだろうか。この論点は第7章で部分的に議論されている。

　第3章では分配における平等と自由の両立可能性が論証されている。資源の平等論によれば自由と平等は衝突しあう独立した政治理念ではなく，自由は平等の一側面と考えられ，どのような資源の分配が市民を平等な配慮で扱っているかに関する最善の観念に従って自由は保護されなければならない。福利の平等においては自由は人々が抱く選好の偶然的性格に左右されることから必ずしも自由権が正当化されるとは限らないのに対し，資源の分配を機会費用に依らしめる資源平等論は，機会費用の正確な測定のために人々の選択が各自の真正な企図に適合することを要求す

るがゆえに自由を必然的に保護する。自由と平等を和解させる試みとしては，自由を利益に含めることなく，人々の利益を正しい方法に従って保護することが同時に自由の保護をも要請するという論法で自由権を認める考え方と，理想的な平等主義的分配の中に自由を直接的に組み入れる考え方があり，前者は資源平等論の脈絡においては物的資源と自由のパッケージを羨望テストの下で平等に分配することになるだろう。しかし自由を競売の品目に含ませるこの考え方は，人々がどのような自由を自分の利益と見なしているか，という偶然的な事実に理想的分配を依存させることになり，資源の平等にそぐわない考え方である。したがって資源の平等論は後者の考え方を採用しなければならない。後者の考え方は自由（あるいは自由＝拘束の体制）を競売の背景的な前提として捉える。そしてこの自由＝拘束の体制は，羨望テストに合格する数ある競売のプロセスの中から，資源分配が人々の真の機会費用を平等化することになるような競売の様態を選び出さなければならない。そしてこの問題の解決のためにドゥウォーキンは平等な配慮を要求する抽象的平等原理に立ち帰り，ここから正しい自由＝拘束の体制（競売の規準線）の条件となる抽象化の原理，修正の原理，真正性の原理，独立性の原理などを導出し，これらの原理が相俟って競売の前提となる正しい自由の体系が形成されることを主張する。

　第4章は抽象的平等原理の最善の観念が要求する政治権力の分配と民主主義の適正な理解について論ずる。先ず，人々を平等な配慮をもって扱う実質的に正しい決定を結果的に生み出すプロセスとして民主主義を捉える依存的な観念と，平等な投票権と多数決原理を中核とし，結果の実質的な正しさではなく政治権力の平等な分配を促進するプロセスとして民主主義を捉える分離した観念が区別され，更に政治権力の水平的平等と垂直的平等，影響力と感化力の相違が説明された後，依存的な民主主義観念が擁護されている。垂直的な権力の平等が現実に不可能である以上，分離した観念は権力の平等を感化力の平等として理解せざるをえないが，資源の平等な分配が達成されている社会を想定した場合，感化力の平等は言論や結社の自由を否定することになり，それゆえ感化力の平等のみを目指す分離した観念は正しい民主主義観念ではありえない。感化力は平等に分割されるべき資源ではなく，むしろ富の不平等な分配に由来する不当な感化力を排除すべきである。民主主義的政治参加が帯びる二つの価値，すなわち人々の平等な地位を表現する象徴的価値と，人々が倫理的行為者として政治に従事することから生ずる行為上の価値はそれぞれ影響力の平等（すなわち平等な投票権）と言論の自由によって促進される。そして民

主主義的決定の正確性に関しては，選択に敏感な問題と敏感でない問題が区別され，前者の問題は影響力の平等を要求するのに対し，後者の問題の正確な解決は権力の平等を犠牲にしても司法審査制度を採用することが，依存的民主主義観念によって要請されることが論じられている。

　第5章は，同性愛行為処罰を合憲とした判例を素材として，道徳強制の問題を扱う。ドゥウォーキンは強制の根拠を，多数派であること，パターナリズム，およびアイデンティティ構築の必要に求める議論を順次批判し，リベラルな共同体モデルを検討する。これは，個人の生の成功が共同体に依存していると主張するが，ドゥウォーキンはオーケストラの演奏行為を例にしてこの主張に賛成する。オーケストラでは，個々の奏者の出来不出来は全体の演奏に依存するというのである。ただしドゥウォーキンによれば，団員はオーケストラへの依存関係を音楽的観点に限定して把握しており，それ以上の存在としてオーケストラを認めているわけではない。ドゥウォーキンはこの見解を実践的見解と称し，これを政治共同体に適用して，まず，政治共同体の公式の行為が三権の政治行為に限定されると主張し，また，構成員の成功は，当該政治共同体の正義の実現に依存しており，その意味で，政治共同体は個人の生に対し倫理的に優越していると論じる。後半の議論は次章で更に展開されていく。

　リベラリズムでは正義が議論の対象となり，善き生の問題はあまり検討されないが，第6章は後者を主題的に取り上げ，かつ正義との繋がりを模索する。ドゥウォーキンは善き生に関し，それを世界への多大な貢献と考える影響力モデルではなく，挑戦モデルによる把握を提唱する。これは善き生を，時代や文化などの諸制約を受けながら環境への適切な応答をしていく挑戦として捉えることであるが，すべてが制約となるのではなく，その中のあるものは，適切な挑戦を形作り，何が理想的な挑戦かを示す媒介変数だとされる。たとえば，フィギュアスケートの規定演技の規定は，それによって演技のすばらしさが決まってくるという点で媒介変数であり，ドゥウォーキンによれば，正義もこの意味で媒介変数である。すなわち，人々が善く生きるためには正義にかなった挑戦が可能である必要があるが，ドゥウォーキンは正義として資源の平等な分配を考えるため，善き生にとっては平等な資源分配が前提となり，また逆に，資源が不正に少ない場合には，人々は的確な挑戦が妨げられ，善く生きることができない，とされる。最後に，資源の平等の観点から送るのが困難となる生があるにしても，それはその生の品位を問題視することとは異なる

とされ，またそのような形での問題視の否定という意味でのリベラルな寛容が主張される。

　第7章では，資源の平等論に対する批判として，機会の平等論（コーエン）及び潜在能力の平等論（セン）が検討される。まず，各人が責任を負う範囲を分けるものとして，偶然性と選択の対比がなされる。コーエンが主張するには，ある行為が各自の選択と見られる場合でも，その選択が当人の人柄や選好，嗜好に由来するものであるなら，それは社会的に補償されなければならない。この主張に対してドゥウォーキンは，補償されるべきハンディキャップの範囲があることは認めつつ，多くの選好，嗜好は当人の価値判断や認識と密接に関わっているので，コーエン説は結局，福利の平等論であるとする。センの議論に対しては，多様かつ複合的な人間の能力を平等にするということは「ぞっとするような」福利の平等論であるとの批判がなされ，仮に，センの議論を資源の平等論と重なり合うものと捉えたとしても，セン流の諸機能のランキング等は不要であるとされる。

　第8章は，正義の観点から言えばどのようなヘルスケアが保障されるべきかを問う。まず，従来のヘルスケアや医療において主張されてきた救命原理が取り上げられる。これは，生命および健康の優先的追求とヘルスケアの平等分配を意味する。しかし，ドゥウォーキンは，コスト上の限界から本原理を否定する。次に，ヘルスケアはすべて市場原理に委ねられるべきだという議論が検討される。この議論に対しては，富や情報の偏在や，保険会社のフリーハンドの危険性などを指摘し，代替案としての「賢明な保険」原理が提起される。平均的な富を持ち，正確なヘルスケアの知識を獲得している人間がどのような保険に加入しようとするのかという点が，本原理を構成する。賢明な人間ならば，発病前の生活を犠牲にしてまで極端に高額な保険に加入しようとはしないとされ，そうした賢明な人間が加入すると仮想された保険内容が，国民全体に普遍的に保障されるべき内容（国民健康保険等）を示すと主張される。

　第9章においては，ドゥウォーキンのいう「資源の平等」にかなった福祉プログラムが，合理的な人間が仮想保険市場において加入するであろう保険として正当化される。我々の運命は，①自分自身の人格（企図・性格）に基づく選択と，②自分を取り巻く環境によって決定され，環境には，(a)身体的・精神的能力のような個人的資源と，(b)富や機会のような非個人的資源とがある。「資源の平等」の立場によれば，非個人的資源の分配は人々の選択に対して敏感に反応すべきであるが，環境

に対しては反応すべきでない。そこで，ドゥウォーキンはまず，富や機会が公正に配分されており，しかも各人が失業する確率が等しいという二つの反事実的な条件を充たすような仮想的な失業保険市場を想定する。彼の見解によれば，この仮想市場と現実の市場との相違は環境のみであるから，仮想世界において人々が選択する失業保険は，現実世界において我々が採用すべき福祉事業計画を示唆する。その結果，1996年に成立した福祉改革法は「資源の平等」という社会正義に反することが明らかにされる。本章においては，さらに医療保険と相続の問題が同様の仕方で論じられている。

第10章ではドゥウォーキンは，選挙資金制限が言論や結社の自由を定めた合衆国憲法修正第１条違反だと判示したバックリー判決を題材にして，民主主義・言論の自由の問題を取り上げる。まず民主主義においては，多数派の意思と政府の意思との合致を求める多数主義的民主主義観と，自己統治としての被治者の参画に焦点を当てる参画型民主主義観を区別し，市民主権，市民的平等，そして熟慮・決定のための民主主義的言説の三次元での考察が可能になる点で，後者に与する。またドゥウォーキンは，修正第１条解釈として，予防説（民主主義の改善を根拠にした言論の制約がかえって民主主義を損う危険に鑑み，この意味の制約を一切否定する），比較衡量戦略と場合分けアプローチを挙げ，参画型民主主義観に立った修正第１条の場合分け解釈が，主要な憲法判例に適合し，また言論の分量の制限をしないということに止まらない言論の多様性確保にも資することから，望ましい解釈であると論じ，バックリー判決の見直しを主張する。

第11章は第12章とともに積極的差別是正措置について考察する。周知のように，合衆国では1950年代後半から，過去の差別の影響を克服するために，教育・雇用・事業参入等の領域においてマイノリティに対する優遇措置が取られてきた。しかし，1990年代半ばになると，政治的にも法的にもこれを見直す動きが広がり始める。その際，大学の入学許可政策に対しては，しばしば，優遇措置は能力の劣る黒人学生を入学させることによって教育水準を引き下げた，あるいは人種間の対立をむしろ激化させた，といった批判がなされた。第11章において，ドゥウォーキンは，1998年に公刊されたボーエンとボックの共著『川の形』を詳しく紹介しながら，その統計的なデータに基づいて，こうした批判が誤りであることを示している。更に，積極的差別是正措置は，個人の実力だけに基づく判定を期待する入学志願者の権利を侵害している，という批判に対して，ドゥウォーキンは，各教育機関が自ら定めた

正当な目標に照らして入試戦略は決定されるべきであり，優遇措置はこの観点から是認されると反論している。

　第12章においては，大学入学許可に関する積極的差別是正措置は合衆国憲法修正第14条の「平等保護」条項に違反するか，という問題が論じられる。1978年のバッキー判決以来，連邦最高裁判所は大学が行う優遇措置の合憲性を支持してきたが，1986年のクロソン事件においては，リッチモンド市が実施した事業参入に関する優遇措置を，「厳格審査」基準に基づいて違憲とし，また1996年には第5巡回控訴裁判所が，クロソン判決に依拠しつつ，テキサス法科大学院の入学許可政策を違憲とした。しかし，ドゥウォーキンによれば，厳格審査基準の解釈には，①事実上すべての優遇措置を違憲とする「優越的必要性」説と，②優遇措置を実施する機関に厳格な挙証責任を課す「反駁」説があり，最高裁判事のうち3名は前者を採るが，オコナー判事および他の5名の判事は後者の立場であり，厳格審査の機械的解釈を否定していると考えられる。そして，大学が行う優遇措置は，リッチモンド市の場合とは異なって，この反駁説に基づく厳格審査基準を充たすことができる。なお，ドゥウォーキン自身は反駁説よりも更に緩やかな「スライド制」基準を支持している。

　第13章では，遺伝子科学の進展がどのような哲学的問題を生じさせ，そこでいかなる解決策が志向されるのかという論点が取り上げられている。まず，遺伝子検査（出生前検査）による人口妊娠中絶問題については，中絶動機（出生後の子どもの生のありよう等）から検討がなされる。また，遺伝子検査が保険に与える問題（難病遺伝子関連）が検討され，その難問解決のための国民健康保険制度が示唆される。次に，遺伝子工学・操作に対する異論として，安全性，正義，美学的価値等の観点が挙げられる。更には，「神を演じる」ことに対する人々の恐れが持ち出される。ドゥウォーキンは，こうした異論に対して相応の配慮をしつつも，遺伝子科学が提起した問題から逃げるべきではないと主張する。本章の最後に，こうした状況において提唱されるべき理念として「倫理的個人主義」が挙げられる。それによれば，各自の生は無駄にされるよりも実現されるべきであり，また，各自は自らの生に対して特別な責任を負っている。

　第14章では，道徳的多数派が少数派に対して行う制約の問題が扱われる。また，本章はいくつかの米国の判例を素材としている。具体的には，同性愛者の処遇および幇助自殺（安楽死）の正当化をめぐって議論が展開されていく。そこでは，憲法上保障された権利を拡張的に捉える「統合派」的見解と，権利を抑制的に解釈する

「歴史派」的見解が対比される。同性愛者問題に関しては，同性愛者の権利を制約するコロラド州憲法修正条項に対する考察が軸となり，当該条項を違憲とする1996年のローマー判決が取り上げられ，それは統合派的見解の勝利だったとされる。幇助自殺の問題については，対照的に，幇助自殺禁止法を認めた1997年の連邦最高裁判決（グルックスバーグ判決等）が論じられる。本判決は一見，歴史派的見解の勝利のように思われるが，ドゥウォーキンによれば，様々な立論上の理由から結果的に本判決の内容になったとされる。

　以上，14章から成る本書の翻訳は4名が分担し，第1章から4章までを小林が，第5・6・10章を高橋（秀）が，第7・8・13・14章を大江が，そして第9・11・12章を高橋（文）が担当した。本書巻末の索引には基本的に原著の索引の項目がそのまま掲載されている。本訳書の刊行に際しては，当初の翻訳の計画から訳語の統一，校正に至るまで木鐸社の坂口節子氏に大変お世話になった。ここに同氏に深く感謝の意を表したい。

2002年8月

訳者

人名索引

あ行

アロー（ケニス）： 72, 135
ウィリアムズ（バーナード）： 251n.17
ウェイヤース（ヘレーン）： 611
オコナー（サンドラ, デイ）： 494, 542-544, 547-555, 557n.15, 558n.19, n.33, n.34, 593, 603, 606-608

か行

キング（マーティン・ルーサー, ジュニア）： 344
ギンズバーグ（ルース・ベーダー）： 549, 608
グリフィス（ジョン）： 611
クリントン（ビル）： 413, 425, 429, 466, 499
クルックバック（リチャード）： 581
ケネディ（アンソニー）： 539, 593, 601-603, 606
コーエン（G・A）： 386, 388-390, 392, 394-396, 399-401, 407-409

さ行

サーンストローム（アビゲイル）『アメリカの黒人と白人』： 512-513
サーンストローム（スティーヴン）『アメリカの黒人と白人』： 512-513
サンデル（マイケル）： 302
スカリア（アントニン）： 545, 547, 549, 555, 558, 598, 601, 603, 606, 608
スキャンロン（T. M.）： 407n.4, 408n.9
スーター（デイヴィッド）： 549-550, 593, 605-606, 609-611, 614n.23
スティーヴンズ（ジョン・ポール）： 494, 549, 555, 607-609
セルズニック（フィリップ）： 304
セン（アマルティア）： 89, 386, 399, 401-406

た行

デヴリン（パトリック）： 301, 324n.16
ドゥウォーキン（ロナルド）『原理の問題』 250n.10　371；『権利論』 250n.10；『自由の法』 289；『法の帝国』 243, 254n.32
トーマス（クラレンス）： 489, 546, 603, 606, 608
ドール（ロバート）： 466, 499

な行

ノージィック（ロバート）： 125, 154-156

は行

パウエル（ルイス）： 526, 531-532, 537, 544, 550, 553-554, 557-558, 603
パターソン（オーランドー）： 516
ハート（H. L. A.）： 190；『法・自由・道徳』 294
ハーラン（ジョン）： 592-593
ハリス（ルイス）： 518
バーリン（アイザイア）： 12
ハンド（ラーニド）： 467
フォン・ノイマン（ジョン）： 153
ブード（アレックス）： 611
プラトン： 338-339, 361-362；『国家』 320
ブランダイス（ルイス）： 372, 377
ブレイアー（スティーヴン）： 492-493, 549, 607-609
ベイレス（ジェフリー）： 599, 601-602
ヘンディン（ハーバート）： 610-611, 615n.27
ボーエン（ウィリアムズ）『川の形』： 507-522, 524-526, 528, 530-535
ボック（デレーク）『川の形』： 507-522, 524-526, 528, 530-535
ホワイト（バイロン）： 292, 592, 594, 598-599, 602

ま行

マーシャル（サーグッド）： 542
ミル（ジョン・ステュワート）： 294, 309, 489,

497
モルゲンシュテルン（オスカー）： 153

や行

ユー（ジョン）： 520

ら行

レーンクィスト（ウィリアム）： 545, 547, 603-608, 611, 614
ロック（ジョン）： 124, 154
ロールズ（ジョン）： 12, 23, 157-163, 188-189, 191-193, 195, 308, 376, 401-403, 440-442

事項索引

あ

アダランド事件：548
安全性の原理（と競売の基準線）：205
安楽死：611

い

生きていく基準
　――と政治的価値：374-383
　――と批判的価値：332-374
　リベラリズムの下での――：326-332, 383
意識状態論（福利の平等の）：27-28
移植：414-415, 421, 423
遺伝子科学：560-589
　――検査：562-572, 584-589
　――工学：571-583
　――療法：570
遺伝的な運：128-130, 458, 461, 580
医療扶助（メディケイド）：425

う

ウォルフェンドン報告：301
受取資格（メリット）と福祉：430, 434-438
疑わしいクラス（被差別的）：540-543, 553, 557, 597-600
運：99, 104-117, 130, 399-401, 452-463, 580

え

影響力モデル（批判的価値にとっての）：343-374
英国：172
　――の医療：173, 240, 413, 424
　――の最低賃金：137
　――の選挙：277
　――の同性愛（禁止）法：301
　――の分配体制：230, 234-235
　――の民主主義：257, 269, 478, 498-499
エヴァンズ対ローマー事件：594, 599, 603, 607
依怙贔屓：378-379

お

欧州議会：573, 578
オースティン対ミシガン商工会議所事件：494-496

か

改善の理論（平等の）：222-224
外部経済：215-216
快楽：28, 62, 72
架橋的戦略：203-206, 247
格差原理：157-163, 440-442
賭け（ギャンブル）：105-108, 134-136
価値
　――と個人的成功：44-51, 54-60
　行為上の――（民主主義の）：279-281
　参加上の――（民主主義の）：277-281
　政治的――：12, 374-383
　独立的――：561-562, 572, 578, 585
　内在的――：561-562
　派生的――：561-562, 572, 578, 585, 587
　批判的――のモデル：343-347
　分配上の――（民主主義の）：281-287
合衆国憲法：190, 243, 287, 467-469, 477, 483-484, 486-487, 492, 496, 506, 508, 522, 526, 530, 535-536, 535n.33, 537-538, 540, 544-547, 550-551, 554, 591, 594
合衆国最高裁判所：190, 290n.7, 531n.6, 556n.7
　――と平等保護条項：595-597
　――による司法審査：262-263, 288, 471
　最低賃金・最長労働時間に関する――：173-174, 242, 486
　自由な言論に関する――：173, 466-471, 478, 483-484, 486-498, 501
　積極的差別是正措置と――：505-506, 526, 530-531, 537-540, 543-546, 551, 553
　選挙運動費に関する――：173, 239, 466-471, 478, 489-490
　ソドミー法に関する――：292, 381, 591-595,

597-604
中絶に関する——：591-592, 606-607
幇助自殺に関する——：603-610, 612
合衆国連邦議会：312
——と上院の不平等な影響力：267-268, 278
——と自由な言論：468, 483-484, 486-487
——と選挙運動費：172-173, 465-466
——と人間のクローン化：573
——と福祉：429-430
——とヘルスケア：413, 420
カリフォルニア大学：504, 519, 530
カリフォルニア大学理事会対バッキー事件：504-505, 530, 532, 537, 544, 550, 553-554, 558-559
環境：116-117, 194-195, 320, 330, 338, 351, 353-361, 370-371, 373, 377, 380
寛大な保険証券：447-450
寛容：292-294, 297, 301-306, 317, 380-383

——と倫理：341-343, 372-374
リベラルな——：292-293, 351-354
共同体主義：331-332, 364
共同体としての生
共同体の——：307-312
政治共同体の——：312-315
競売：251n.21, 252n.22, 253n.30
資源の——：94-101, 104, 117-122, 124-127, 132-133, 152-153
自由の——：193-203, 214-217

く

苦痛：28, 62, 90
クルーザン対ミズーリ健康局長事件：604
クロソン判決：542-551
クローン化：573-575, 583

け

経済環境：294-297
経済市場：95, 98, 101, 295
契約論：157-164, 188-193, 376
ケージー対ペンシルヴァニア家族計画事件：593, 606
欠損
自由の——：233, 238
持分の——：224-229
決定：42-44, 73, 133, 282-283, 414, 585
ゲーム理論：372
検閲：481
厳格な保険証券：447-450, 452
献金制限：465-466, 470, 489-490, 498-499
源泉問題（善き生の）：327-330
賢明な保険原理：419-426
権利の周縁部分：190
原理の妥協：71, 78-79, 82-83
言論の自由：169, 173, 177, 239, 288, 466-477, 480-502
抽象化の原理と——：220

き

機会：9, 53-54
——の平等：22, 122, 385-387, 389, 401
——費用：205-210, 248
技術：112, 132, 560-562, 572-573
基準線となる自由＝拘束の体制：198-203
犠牲の原理：238-244, 255n.34
喫煙：588
企図（野心・念願）：44, 63, 115-117, 129, 132, 148-149, 151, 432
高価な——：71-72, 76, 81
——と潜在能力：394-395, 399-400
基本的自由：169, 177-178, 244-245
ギャフニー対カミングス事件：290n.7
救命原理：415-416, 423, 427, 454-457, 463, 571
教育：168, 171, 505-536, 543-547, 551-554, 556, 558
強制介入主義的な保険証券：447-450
矯正の原理（ロールズの）：158
共同体：254n.32, 292-293, 326
——と自己利益：301-305
——との統合：306-315
——と配慮：297-301
——と民主主義：294-297

こ

行為
行為上の価値（民主主義の）：279-281
——の単位：307-312

集合的——：309-311
公正：119, 130, 295-296, 587-588, 596-597
　　——な分前：82-84, 323n.7
　　——のスターティング・ゲイト論：123-126
　　——のドクトリン：490-492
厚生経済額：48
構成的戦略：187-189, 203-204, 236-237, 246-248
公的な討論：474, 497-498
幸福：404-406
公民的共和主義：306, 315, 319
功利主義：48, 78-81, 89-92, 153-154, 161, 187, 332, 348, 383, 398, 433, 439-440, 463
　　——的平等主義者：182-183
効率性：40, 79, 95, 119, 128
国防省文書（判決）：488
個人主義：12-13, 162, 582-589
個人的権利：20, 176-177
個人の権利のためのセンター：506, 537
国旗焼却事件：488
雇用：173, 177, 242-243, 434, 443-444, 447, 454, 457, 459, 568-569
コロラド州：539, 591, 593-594, 598-600, 602, 613n.10
コロラド州共和党連邦選挙運動委員会対連邦選挙委員会事件：489

さ

災害：112, 132, 158-161
財産権：154, 222-223, 248, 259
再分配：54, 83-84, 107, 124, 128-132, 137, 140, 144-145, 151, 155, 193-194, 234-235, 430, 575
差別：505, 527, 529-532, 540, 542-545, 548-550, 552-554, 556, 558-559, 568-570

し

死（死に方，死期）：591, 603
資源
　個人的・非個人的——：323n.7, 432
　　——と政治的価値：374-375
資源の平等：20-23, 170-172, 193-195, 538-539, 540, 542, 545-546, 550
　　——と運と保険：102-117
　　——と競売：94-101
　　——と潜在能力：385-387, 389, 396, 399-400, 401-402, 404, 406
　　——と他の正義理論：152-164
　　——と不完全就業と保険：130-140
　　——と保険料としての税金：140-152
　　——と労働と賃金：117-130
　　——の理念：102
嗜好：407n.5
高価な——：70-85, 114-115
高価な——と潜在能力：390-392, 394-395, 400
高価な——の享受：72-75, 81-84
　　——と資源：99-100, 115, 147-148
自己利益：293, 301-305
自然の運：105-106, 108-110, 387-400, 453, 459-460
失業：443-451, 454, 458-459, 569
　　——保険：161
司法審査：262-263, 288, 471
市民主権：478-481, 483-485, 488-490, 494-502
社会階層の区別：459-463
尺度問題（善き生の）：329-330
自由：11-12, 95, 244-248, 249n.7, 250n.9, 328, 595
　基本的——：169, 177-178, 244-245
　　——と競売：193-203
　　——と現実世界：222-233
　　——と修正の原理：214-217
　　——と真正性の原理：217-220
　　——と戦略：186-193
　　——と抽象化の原理：203-217
　　——と独立性の原理：220-222
　　——と平等：168-186
　　——と不正：234-245
　　——の欠損：225-229, 233
　消極的——：168
　信教の——：169, 177
　信念の——：169, 177
宗教：168, 329, 353, 427n.9, 482
修正第1条：173, 466-469, 471-472, 480, 484, 487-500
修正第14条：506, 531n.14, 537, 539, 545-546, 591, 595-597
修正第2条：593-595, 599-602, 613
修正の原理（と競売の基準線）：214-217

自由放任（レセ・フェール）
　——と生産：124-127, 148
　——主義的平等主義者：183
出生前検査：564-566
種の保存（と非個人的選好）：39-40
純一性：296, 323n.8, 366-371
上院（合衆国）：267, 278-279, 574
ジョージア州：292, 592, 598-599
少数派の権利：294-296
植物状態：420
人格（と環境）：116
審査
　厳格——：540-547, 549-551, 553-554, 558, 596-597
　——のレヴェル：541-543, 596-599
　——の優越的必要性説・反駁説：544-547, 558
　緩やかな——：541-542, 596
人種：505-536, 595-597
人種差別主義（人種偏見）：34, 220, 481-482, 529-530, 542, 545
真正性の原理（選択の自由に関する）：217-220, 254m.21

す

スコーキー（イリノイ州）：488

せ

税
　所得——：129, 133, 137, 165n.10
　資本譲渡と——：460-461
　身体障害者に対する補償と——：160
　——と再分配：128, 140, 145, 156, 234-235
　——率：129, 140
　相続——：460-463
正確性（政治過程の）：283-287
正義
　——と医学：421-422
　——と遺伝子科学：570-572, 575
　——と契約論：157-163, 188-189
　——と資源：102, 123-126, 148-149
　——と政治的価値：374-375, 378-380
　——と福祉：426-431
　——と倫理的価値：334, 358-362

　分配的——：89, 169
税金（保険料としての）：140-152
成功（と福利の平等）：26, 29
　——の平等：26-32
　相対的——：42-47
　全体的——：47-61
生産：118, 123-127, 133, 148, 222
政治的感化力：265-268, 283-287
政治哲学：10-11, 164, 387
性的選択（プライヴァシー）：169, 177, 244-245, 313-315, 590-595, 598-602
生（人生）の価値：48-51, 54-57, 76-77, 584-585
政府
　——の正当性：7-8
　——の役割：14-15, 159-160, 169-170, 177-182, 256
責任
　因果・結果——：387, 389, 396
　帰属的・実質的——：407
　——問題（善き生の）：327-330
　特別——：12
積極的差別是正措置
　——の有効性：505-536
　——の公正さ：537-559
是認（とパターナリズム）：299-300, 365
選挙：277-280, 284, 465-466, 469-471, 473-474, 484
選挙運動費：172-173, 239, 465-471, 474-478, 482, 484-486, 489-490, 498-502
選挙区（選挙運動のない）：493-494
選挙区の編制：261, 277-282, 288, 596
選好：72, 99, 114-115, 407n.3
　個人的——：27, 42-61
　政治的——：26-27, 33-38
　——と潜在能力：391-393, 397-399
　非個人的——：27, 38-42
選択：42-44, 118-119, 168-169, 177
　——と環境：432-434
　——と偶然性：387-392, 581-582, 584
　——に敏感な（敏感でない）問題：282-286, 288
選択の運：104-106, 109-110
全米大学体育協会（NCAA）：511, 553

事項索引　631

羨望テスト：96-100, 108, 120-121, 193-197, 201-202, 453
戦略防衛構想：295-296

そ

憎悪言論：481-482
ソドミー（法）：292, 592, 598-599, 600

た

大学：506-538, 541, 544-546, 550-559
大学およびそれ以降：507-508, 510-511, 513-515, 520-521, 523, 532, 535
大学進学適性検査（SAT）の得点：507-508, 511-514, 518, 521, 524, 526, 529, 533
第三の道（政府の）：1, 15
胎児選別：566
卓越主義：331, 364
多数意思：292-297, 478
タナー放送会社対連邦通信委員会事件：492-493
団体選挙運動：494-496
耽美主義（美的価値）：347-348, 351, 353

ち

地域の規制：295-296
抽象化の原理（選択の自由と）：203-217
中絶（人工妊娠中絶）：561-562, 564-566, 577, 592-593
中毒：392-394
中立
　訴求力の——：379-380
　リスク——的：134
挑戦モデル（批判的価値の）：343-374

て

DNA：568
テキサス大学：505, 521, 531n.5, 536, 543, 545, 558n.28
適正手続条項：591-592, 594, 598, 604-608

と

統合（リベラルな寛容に対する反論としての）：293, 306-315, 325n.24, 372-374
統合的権利派（憲法的権利の）：593

同情（死における同情判決）：604
同性愛：245, 294, 300, 308, 323n.13, 365, 540, 590-602, 614n.10
道徳：168-172, 191-193
　政治的——：22, 174, 316-319, 546
　——と生きていく基準：327-331
　——と遺伝子科学：561, 578-586
　——と潜在能力：395-399
　——と中絶：564-566
　——と同性愛：590-591, 599, 602-603
　——と幇助自殺：605, 608
　——と倫理：322n.1, 332-374
　——の強制：210-214
　リベラルな共同体における——：292-308, 315-322
道徳的危険：141, 446
道徳的中立性：211-212
投票権：262-265, 277-278
独立性の原理（と競売の基準線）：220-222
　——と偏見：220-222
トーニロウ判決：492
富：417-418
　——の分配：7-8, 230-235, 433, 444
富の極大化理論（正義の）：154
ドレッド・スコット判決：173

に

乳房X線撮影：414-415, 417
ニューヨーク州：174, 242-243
ニューヨーク・タイムズ対サリバン事件：488
任意介入主義的な保険証券：447, 449-450

の

能力（才能）：121-130, 132-133, 136, 139-140, 146, 151, 432, 434-437, 453, 458-459, 523, 525
能力主義理論：22, 34

は

配給（ヘルスケアの）：413-416
バウワーズ対ハードウィック事件：292-293, 297, 591-592, 594, 597-603
パーソン対フリーマン事件：493-494
パターナリズム：292-293, 307-309, 586

意志的——：297-299
概念的——：323n.13
代替的——：366-370, 371
批判的——：297-301, 323n.13, 364-365
文化的——：369-372
バッキー判決：505-508, 530, 532, 537, 544, 550, 553-554, 558-559
バックリー対ヴァレオ事件：239, 242, 466-469, 471, 477-478, 486, 487-490, 495, 499, 502
パレート改善：229
場合分け戦略（と言論の自由）：483, 485-486, 490-501
反事実的な判断：111-112, 130, 132-133
判断：47-56, 72, 111-112, 219
ハンチントン舞踏病：563, 565, 569, 585
ハンディキャップ（身体障害）
　——と資源：110-117, 130-132
　——と潜在能力：394-397
　——と福利：85-89

ひ

比較衡量戦略（と言論の自由）：482-485
ヒスパニック：505, 508, 515, 528, 534, 548
必要
　客観性の——（共同体の）：304-305
　知的——（共同体の）：301-304
　物質的——（共同体の）：301
必要的再送信ルール：492-493
ヒューマニズム（人道主義）理念：186, 237, 584
平等：326-327
　影響力の——：265-268
　感化力の——：265-274
　機会の——：22, 122, 389, 401
　権力の——：264-265
　市民的——：479-482, 485, 487-489, 498, 502
　自由の——：401-403
　成功の——：27-32, 42-61
　政治的価値としての——：375-378
　政治的——：256-291
　潜在能力の——：385-406
　配慮の——：7-9, 13-15
　——と自由：168-186
　——と民主主義：256-257

——の重要性：7-15
——の諸観念：26-32, 182-185, 249n.8
——の総体的な増大：227-229
——理論：19-23
分配的——：19-23, 69-70, 168-172, 185-186
喜びの——：61-65
平等保護条項：433, 445, 459-460, 463, 591-595-597
貧困：35, 149, 413, 418, 431, 437, 446-448, 452, 461

ふ

福祉
　——改革：429-430, 439, 450
　——改革法：429-430, 452
　——計画（プログラム）：7-8, 430, 437, 439, 440-442, 445-446, 453
　——心理学的議論：438-439
　——戦略：432-434
　——と受取資格（メリット）：430, 434-438
　——と格差原理：440-442
　——と仮想保険アプローチ：442-452
　——と管理運営：431
　——と効用：439-440
　——と正義：426-431
　——と扶養家族：431
　——の水準：431
福利主義：89-92
福利の平等：94, 100, 115, 170, 193-194
　——と客観的福利理論：66-68
　——と高価な嗜好：70-85
　——と身体障害：85-89
　——と成功理論：32-61
　——と潜在能力：385-387, 389-390, 399-404
　——と戦略：31-32
　——と統合論への示唆：68-70
　——と平等理論：19-23
　——と福利主義：89-92
　——と喜びの平等：61-66
　——の諸観念：26-32
　——の理念：23-26
不平等の程度：224-227
不満感：28, 39-40, 62-65

事項索引　633

プロポジション209：505, 519, 521, 531
分配
　権力の——：20, 94
　資源の——：94-99, 125-126, 151-152, 156
　富の——：7-9, 233-235, 433, 444, 502n.5
　平等主義的——：230-233, 238-240
　——と個人的選好：42-47
　——と政治的選好：33-38
　——と非個人的選好：38-41
　——理論：29
　理想的——：187-188, 195-196, 204, 222-223, 234

へ

平均化の想定：165n.6
ヘルスケア（医療・健康保険）：173, 177, 181, 232-233, 240-242, 400, 413-426, 429, 446, 454, 458, 461, 463, 567-572, 587-589
　——の配給：413-416
ベロッティ判決：495-496

ほ

ホイットニー対カリフォルニア州事件：488, 493
幇助自殺：591, 593, 603-612, 614
法的拘束：168, 204-205, 251n.20
法の経済分析：215
北米自由貿易協定：595
保険：104-117, 223
　仮想——アプローチ：442-452, 461-463
　共同——：142-143
　失業——：161
　不完全就業と——：130-140
　——市場：111-115, 117, 130-131, 135, 140-146, 148, 151-152, 155-156, 159, 163, 166n.11, 444, 446, 456, 461-463
　——率：134, 156
　——料：114, 117, 131-144, 443-444, 446-448, 451, 454, 456, 458, 461-462, 587-589
保守主義（保守派）：15, 327, 331-332, 430, 434-439
補償：79-81, 113-115, 399
ボストン第一ナショナルバンク対ベロッティ事件：495-496
ホップウッド対テキサス州事件：505, 520, 529, 531, 558n.34

ま

マイアミ・ヘラルド出版社対トーニロゥ事件：492

み

ミシガン大学：506, 533, 538
ミルズ対アラバマ事件：494
民主主義：8-10, 189, 204, 330, 386, 397, 598
　参画——：397, 472-473, 478-487, 496, 502
　多数主義的——：472-477, 486-487, 496
　——的言説：480, 482-485, 488, 490, 492-494, 498, 500-501
　——と共同体：294-297, 312
　——と自由な言論：466-502
　——と平等：256-257
　——における権力：264-265, 267-269, 275-276
　——の依存的な観念と分離した観念：258-263, 275
　——の賭け：467-468, 482-488
　——の参加上の価値：277-281
　——の定義：471-473
　——の分配上の価値：281-283, 286
　立憲——：287-288
民族（による差別）：504-506, 548, 551

め

メトロ放送対連邦通信委員会事件：550

も

目標（象徴的な）：277-278
持分の欠損：224-229, 238

よ

善い状態（well-being）：29-31, 332-347, 383n.3
善き生（リベラリズムと）：326-332
欲求：75, 391, 393-394
予防医学：421
予防的な読み方：483-484, 487, 489-499
喜び：28, 62-64

り

——の平等：61-65

利益
　意志的——と批判的——：323n.11, n.12, 332-347
　——に基づく戦略：187-193, 195, 236-237, 247

リスク（危険）：105-111, 117, 143, 444-448, 451, 454, 456-459, 463, 568-570, 587
　——中立的：134

立憲主義：287-289

リッチモンド市（ヴァージニア州）：542, 547, 551-552

リッチモンド市対クロソン社事件：543-551

リベラリズム：7, 12, 15, 168-171, 180, 210-211, 247-248, 293, 306, 315-318, 326-332, 430

リベラルな寛容：292-294, 297, 306, 316, 380-383

リベラルな共同体：292-293, 315-322

良心の自由：169

倫理：322n.1, 332-374

倫理環境：294-297

倫理的価値
　意志的な——：332-336
　超越的な——：338, 350-354
　批判的な——：332-347
　付加的な——：339-341, 362-372
　本質要素的な——：339-341, 362-372
　——意義：337, 347-350
　——と共同体：341-343, 372-374
　——と正義：334, 358-362
　——の制約条件（媒介変数）：353-362
　連動する——：338, 350-354

倫理的行為（政治における）：279-281, 288

倫理的個人主義：12, 582-589

倫理的純一性：366-372

倫理的統合：325n.24, 372-374

倫理的優先順位：319-322

れ

レイノルズ対シムズ事件：290n.7

レッド・ライオン放送会社対連邦通信委員会事件：490-493

連邦選挙委員会：466

連邦通信委員会：490, 550-551

ろ

労働：102, 117-130

労働時間：173, 242-244

ロー対ウェイド事件：591, 593

ロックナー対ニューヨーク州事件：174, 242-244, 486

ロマン主義：326-327, 331, 347-348

論点支持活動：465-466, 470

わ

ワイガント対ジャクソン教育委員会事件：552-554

ワルラス的競売：165n.2

訳者紹介

小林　公（こばやし　いさお）
1945年　神奈川県生まれ
1968年　東京大学法学部卒業，同助手
1971年　立教大学法学部講師，1974年　同助教授を経て
現　在　同名誉教授
専　攻　法哲学・法思想史

大江　洋（おおえ　ひろし）
1960年　東京都生まれ
1999年　東京大学大学院法学政治学研究科博士課程修了
現　職　岡山大学教育学部教授
専　攻　法哲学

髙橋秀治（たかはし　ひではる）
1960年　東京都生まれ
1994年　早稲田大学大学院法学研究科博士後期課程満期退学
現　職　三重大学人文学部教授
専　攻　法哲学

髙橋文彦（たかはし　ふみひこ）
1956年　埼玉県生まれ
1987年　一橋大学大学院法学研究科博士後期課程単位取得退学
現　職　明治学院大学法学部教授
専　攻　法哲学，法思想史

© 2000 SOVEREIGN VIRTUE : The Theory and Practice of Equality
by Ronald Dworkin is published by arrangement through The Sakai Agency

---

平等とは何か

2002年10月10日　第一版第一刷印刷発行
2015年 3 月20日　第一版第五刷印刷発行©

訳者との了解により検印省略	著　者　　R・ドゥウォーキン
	訳者代表　小　林　　　公
	発行者　　坂　口　節　子
	発行所　株式会社　木　鐸　社
	印刷　㈱アテネ社　製本　高地製本

〒112-0002 東京都文京区小石川 5 - 11 - 15 - 302
電話（03）3814-4195番　郵便振替　00100-5-126746
ファクス（03）3814-4196番　http://www.bokutakusha.com/

ISBN978-4-8332-2327-0　C3012　　（乱丁・落丁本はお取替致します）

ロナルド・ドゥオーキン／石山文彦訳
自由の法 ■米国憲法の道徳的解釈
A5判・522頁・6000円

R・ドゥウォーキン／小林・木下・野坂訳
権利論〔増補版〕
A5判・400頁・4000円

R・ドゥウォーキン／小林　公訳
権利論　Ⅱ
A5判・250頁・2500円

J・ロールズ／田中成明編訳
公正としての正義
46判・352頁・2500円

ロバート・ノージック／嶋津　格訳
アナーキー・国家・ユートピア
■国家の正当性とその限界
46判・608頁・5500円

ジョン・ローマー／木谷　忍・川本隆史訳
分配的正義の理論 ■経済学と倫理学の対話
A5判・390頁・4000円

ランディ・バーネット／嶋津　格・森村　進監訳
自由の構造 ■正義・法の支配
A5判・448頁・5500円

デイヴィド・ゴティエ／小林　公訳
合意による道徳
A5判・456頁・5000円